郑晓明 ●编著

人力资源
管理导论
第4版

机械工业出版社

CHINA MACHINE PRESS

本书是一本理论与实践相结合、具有中国本土化特色的人力资源管理用书。全书共分 12 章，涵盖人力资源管理概说与基础、人力资源战略与规划、工作设计与工作分析、员工招聘、人员选拔和录用、员工培训、职业发展、绩效管理、薪酬管理、企业文化、跨文化人力资源管理等方面的理论。本书在第 3 版的基础上对内容做了较大的调整，增加了跨文化人力资源管理、数智化人力资源管理、人力资源管理的前沿研究等相关内容。

本书适合作为高等院校和各种类型企业管理培训的教材，也适合所有从事人力资源管理相关职业的读者阅读。

图书在版编目（CIP）数据

人力资源管理导论 / 郑晓明编著 . -- 4 版 . -- 北京：
机械工业出版社 , 2025. 8. -- ISBN 978-7-111-78709-9

I. F243

中国国家版本馆 CIP 数据核字第 2025HT3741 号

机械工业出版社（北京市百万庄大街 22 号　邮政编码 100037）
策划编辑：张竞余　　　　　　　　责任编辑：张竞余　张　霏
责任校对：王小童　马荣华　景　飞　责任印制：刘　媛
三河市宏达印刷有限公司印刷
2025 年 8 月第 4 版第 1 次印刷
185mm×260mm · 34.75 印张 · 1 插页 · 757 千字
标准书号：ISBN 978-7-111-78709-9
定价：99.00 元

电话服务　　　　　　　　　网络服务

客服电话：010-88361066　　机　工　官　网：www.cmpbook.com

　　　　　010-88379833　　机　工　官　博：weibo.com/cmp1952

　　　　　010-68326294　　金　书　网：www.golden-book.com

封底无防伪标均为盗版　　机工教育服务网：www.cmpedu.com

前　　言

《人力资源管理导论》自 2002 年 5 月第 1 版问世以来，得到了学术界和实业界的广泛好评与高度认可，已成为全国众多高校商学院的核心教材及企业人力资源管理从业者的实战指南。历经 23 年的沉淀与打磨，本书已累计完成 3 版系统性修订和 45 次重印，累计销量超过 12 万册。这是对作者的莫大肯定，也是作者持续修订的核心动力。

伴随中国经济的跨越式发展，中国企业已从规模扩张阶段全面进入高质量发展与数智化转型升级的新阶段。在这一进程中，以华为公司为代表的中国企业开创了具有全球影响力的人力资源管理最优实践，为人力资源管理发展提供了丰富的本土化案例。与此同时，在世界百年未有之大变局与时代变革交织的背景下，人力资源管理领域正面临前所未有的机遇与挑战：新理念不断涌现、方法论持续迭代、实践场景日益多元，亟须我们以系统性思维重新审视理论框架与实践路径。本书的此版修订立足于数智时代人力资源管理的前沿发展与变革需求，以高质量发展为目标导向，深度融合数智时代的技术创新与管理实践，既放眼全球人力资源管理的最新趋势，又扎根中国本土企业的最佳实践案例；既注重理论框架的系统性与前瞻性，又强调实践应用的可操作性与创新性。作者整合了 30 余年来服务众多中国企业的人力资源管理咨询经验，并将理论研究成果与实战心得有机融合，力求为读者呈现兼具学术深度和实践价值的知识体系，助力培养适应数智时代要求的人力资源管理人才。

全书共分 12 章。第 1 章"人力资源管理概说"提出了现代企业人力资源管理的环境及面临的挑战，分析了人力资源管理基本概念及人力资源管理者的角色，特别提出如何基于战略来构建人力资源管理系统；第2章"人力资源管理基础"介绍了人性假设理论与人力资本理论，阐述了现代企业人力资源管理的心理学基础；第3章"人力资源战略与规划"讨论了人力资源战略的基本含义，人力资源规划的编制、技术与程序，并介绍了人力资源信息系统；第4章"工作设计与工作分析"不仅详细阐述了工作设计的程序、理论和方法，工作分析的内容、程序、方法与结果，工作评价的程序与方法，还梳理了数智时代工作设计与分析的发展趋势和挑战；第5章"员工招聘"、第6章"人员选拔和录用"着重阐述了人员招募与选择的程序、方法与技术，并且梳理了数智时代招聘、选拔与录用的发展趋势和挑战；第7章"员工培训"重点探讨了企业培训体系构建，介绍了培训需求的分析过程及培训的技术与方法，梳理了数智时代员工培训的发展趋势与挑战；第8章"职业发展"则重点探讨了职业生涯设计与管理人员开发两个方面，阐述了数智技术为职业可持续性带来的机遇与挑战；第9章"绩效管理"介绍了基于战略的绩效管理体系与常见的绩效管理工具，详细阐述了绩效考核的内容、指标与实施过程，并且梳理了数智时代绩效管理的发展趋势与挑战；第10章"薪酬管理"重点阐述了薪酬管理的理论基础、薪酬制度、薪酬设计几个方面，并且对当前热点问题，比如员工福利计划、员工激励计划等进行了探讨；第11章"企业文化"介绍了企业文化的基本概念与基本理论，对企业文化的建设与变革进行了重点分析；第12章"跨文化人力资源管理"介绍了跨文化人力资源管理的基本理论，对跨文化领导者、跨文化团队管理进行了详细分析，并且对中国企业的跨文化人力资源管理实践进行了探讨。

在本版中，我们对原有体系和内容做了较大调整。在第3版的基础上，本版主要进行了如下修改。

每章的开篇增设了精心设计的引导案例，通过真实生动的企业实践场景，帮助读者快速建立章节内容与实际管理情境的关联。

对各章节的结束案例进行了全面更新，特别增加了数字化转型、组织变革、人才发展等热点领域的代表性案例，并且每个案例均配有思考题。

增设了"研究前沿"栏目，通过介绍国内外人力资源管理领域的理论前沿观点与最新实证成果，帮助读者把握人力资源管理的发展前沿，拓展理论视野。

第1章删除了"人力资源胜任力"和"人力资源管理模型——5P模式"，将相应内容整合并入其余小节，新增了"人力资源管理的演进历程"，包括人力资源管理职能角色的演化、人力资源管理组织架构的演化。

第3章将"人力资源战略管理概述"改为"战略人力资源管理概述"，删除了"人力资源战略与规划的执行"，将相应内容整合并入"人力资源规划的程序"，新增了"人力资源信息系统"，包括人力资源信息系统概述、人力资源信息系统的建立、新技术在人力资源信息系统中的应用。

第 4 章对原有体系做了大幅度调整，新增了"工作设计""工作分析""工作评价"和"数智时代工作设计与分析的发展趋势和挑战"，将原有内容整合并入"工作分析"。

第 5 章新增了"招聘中的法律约束"和"数智时代招聘的发展趋势与挑战"。

第 6 章将"人员选拔概念、程序和模式"改为"人员选拔概述"，删除了"人员选拔中的法律约束"，新增了"数智时代人员选拔与录用的发展趋势和挑战"。

第 7 章将原本"培训系统构建"与"培训运营管理"整合优化为新版的"培训系统构建及运营管理"，将"企业大学"的相关内容丰富拓展为独立的一节，包括企业大学的特点、作用、分类及建构，新增了"数智时代员工培训的发展趋势与挑战"一节。

第 8 章删除了"职业发展管理"，将相应内容整合并入"职业发展概述"，新增了"数智技术与职业可持续性"。

第 9 章将"绩效考核"更新为"绩效管理"，删除了"关键绩效指标与平衡计分卡"，将相应内容整合并入新增的"常见绩效管理工具"；删除了"绩效信息的沟通和反馈"，将相应内容整合并入新增的"绩效反馈与改进计划"；新增了"数智时代绩效管理的发展趋势与挑战"。

第 10 章将"员工福利"更新优化为"员工福利计划"，删除了"高级人才的薪酬管理"，将相应内容整合并入新增的"员工激励计划"；新增了"数智时代薪酬管理的发展趋势与挑战"。

第 11 章删除了"企业文化类型"和"企业文化理论"，将相应内容整合并入新增的"企业文化的特征"；新增了"企业文化的变革"。

新增了第 12 章"跨文化人力资源管理"，包括跨文化人力资源管理概述、跨文化领导者、跨文化团队管理、中国企业跨文化人力资源管理。

本书的最大特点是既向读者介绍人力资源管理的新观念、新理论（如作者研究的中国企业人力资源胜任力模型），又提供给读者丰富翔实的企业案例。尤其是书中穿插了大量图表与数据，使得本书具有极强的可操作性。另外，本书在体系安排上新颖、别致，除了每章开头通过"引导案例"栏目来引出本章的基本问题外，还在正文中穿插"实务指南""人力互动""人力测试"等栏目，这些安排能使读者更深入透彻地理解人力资源的理论与实践，不仅能知其然，还能知其所以然。所以，本书不仅适合用作高校工商管理专业教材，而且适合用作企业短期培训的资料。

本书还为每一章配套了 PPT 材料，以供教学参考。

本书在写作中参考了大量的国内外文献，在此谨向原著作者表示诚挚的谢意。本书的完成曾得到多方面的大力帮助，他们分别是凌文栓教授、方俐洛教授、刘红松教授、于海波教授、吴志明教授、宋萌副教授、接园博士、李丽源博士、钱晨博士、徐梦蝶博士、钟杰博士、郑立勋博士等，在此难以一一列举，作者谨向他们表示衷心的感谢。

另外，作者尤其要致谢本书的编辑，没有他们大力的支持与认真细致的校阅，本书难以面世。

最后特别要感谢广大读者，大家不仅对本书的前三版给予了较高的评价，而且对一些问题进行了及时的反馈，此次再版均一一勘正。由于作者水平所限，书中出现的不足之处，敬请广大读者批评指正。

郑晓明教授

于清华大学经管学院李华楼

2025 年 4 月 6 日

目　　录

前言

第 3 章　人力资源战略与规划　／75

第 4 章　工作设计与工作分析　／135

第 1 章
CHAPTER 1

人力资源管理概说

🐚 学习目标

- 理解人力资源管理的概念、职能和重要性
- 掌握人力资源管理的角色演化和三支柱转型
- 明晰人力资源专业人员应当具备的胜任能力
- 阐述人力资源管理模型——5P 模式
- 了解人力资源管理面临的挑战和对策

🐚 引导案例

对人力资源管理认识的误区[⊖]

社会上的许多人，包括企业内部的许多员工，甚至不少领导者和管理者，可能都对人力资源管理职能存在认识误区。这些误区比较典型地有以下几种。

误区一：很多人之所以从事人力资源管理工作，是因为他们喜欢跟人打交道，因此从事人力资源管理工作的往往都是"好人"角色。事实上，人力资源专业人员必须通过设计与实施一些管理政策和实践使员工更加具有竞争力，并且人力资源管理政策和实践

⊖ ULRICH D. Human resource champions: the next agenda for adding value and delivering results [M]. Cambridge: Harvard Business School Press, 1997.

有时还会引起激烈的争论，而人力资源专业人员必须能够直面这些争论甚至是对抗，其工作重点不仅仅充当一种支持性的角色，或者仅仅为了让员工更喜欢他们。

误区二：任何人都能从事人力资源管理工作。事实上，人力资源管理活动是建立在一系列理论和研究基础之上的，人力资源专业人员必须熟悉理论和实践两个方面的内容及最新进展，才能真正为组织做出贡献。

误区三：人力资源管理涉及组织的软性方面，因而无法被衡量。事实上，不仅可以而且必须衡量和评估一个组织的人力资源管理政策和实践对于组织经营结果和组织战略目标实现的影响。人力资源专业人员必须认识到和理解如何将自己的工作转化为组织的财务绩效，并努力实现这种转化。

误区四：人力资源管理的重心在于成本控制。事实上，人力资源管理政策和实践必须着眼于提高生产率及通过增加组织内的人力资本存量来创造价值，帮助组织赢得竞争优势，而不是仅仅着眼于降低成本。

误区五：人力资源管理工作就是严格执行政策和处理一些日常人力资源管理事务。事实上，人力资源管理部门确实负责执行各项人力资源政策，但在很多时候，真正实施人力资源政策的是直线经理，或者是双方通过合作来执行政策。此外，人力资源专业人员从事的也不仅仅是日常的行政事务性工作，他们必须帮助组织获取、开发、激励、留住优秀员工，向他们支付合理的报酬，使他们更加忠诚和敬业。

误区六：人力资源管理是一种时尚。事实上，人力资源管理政策和实践必须与企业的外部政治、经济、法律、文化等环境及组织战略等相匹配，而不能流行什么就实施什么，并且过去有效的一些政策和实践也可能会随时间推移发生变化。因此，人力资源专业人员必须将自己的工作看成发展演变链条中的一环，而不是用过多的专业词汇、时髦的概念和做法等来显示权威或为自己的工作进行辩护。

误区七：人力资源管理是人力资源管理部门的事情。事实上，人力资源管理工作对于直线经理也同样非常重要，跟财务、战略和其他业务领域对直线经理的重要程度一样。在绩效管理及员工的保留、培训与开发、激励等领域，直线经理的作用尤为突出，因此人力资源专业人员应当与直线经理共同应对各项人力资源事务。

当前，中国企业面临的环境越来越复杂：市场的不确定性、技术的创新性、组织的变革性及人员结构的变化正日益困扰着管理者。如何面对挑战？如何保持自己的竞争优势？特别是随着企业的发展、员工素质的提高，企业中高层管理人员如何去管理自己不太擅长的领域？如何去领导与自己有代际差异且更懂技术的下属？这些问题都涉及管理中最根本的问题——人的问题。不难想象，一个不重视人的问题的组织会变成什么样。

现代企业之间的竞争，归根到底是人的竞争。要使优秀的员工成为企业的核心竞争力，怎样去获取、激励与发展他们，已成为人力资源管理的重点所在。在本章中，我们将从影响人力资源管理的环境入手，讨论人力资源管理的基本职能、演进历程和发展趋势，阐述人力资源管理面临的挑战及对策。

1.1　人力资源管理环境

1.1.1　人力资源管理需解决的问题

❤ 个案研究 1-1

王经理的苦恼

王力是深圳凡通通信电子设备制造有限公司（简称"凡通公司"）的人力资源部经理，近一个月来，公司接连发生的事情似乎都与他有关，让他苦不堪言，尤其是执行总裁杨光责令他尽快拿出解决方案。

第一件事是公司准备在柳州再建一个生产基地，由于工厂一年后要建成投入使用，所以必须雇用与培训近500名新员工。同时，还要从深圳总部调去50名技术与管理人员。这是一件不容易的事，因为大家在深圳待习惯了，要动员他们去柳州，这可要费不少口舌。

第二件事是公司的老竞争对手M公司据说已与国外某品牌公司在芯片技术开发上达成战略联盟，这项技术的应用可以大幅削减某类产品的成本。这样，凡通公司生产与销售该类产品的子公司会遭受毁灭性的打击，大量的员工将下岗或被重新安置。如何处理好这个问题，关系到员工的士气与企业的稳定。

第三件事是最近半年来公司中层管理者的离职比例明显高于去年，尤其是总部的采购部老张的辞呈，更让总裁杨光恼火，因为老张是杨总器重的公司元老之一。想要留住骨干，关键在于要有一套好的激励措施。

第四件事是目前人工智能技术已经被较为广泛地应用在企业绩效管理、招聘面试等环节，能节约人力物力，助力降本增效，杨总问他为何还没采取行动……

1.1.1.1　人力资源管理的重要性

上述王经理所面临的苦恼是众多企业人力资源经理经常碰到的。特别是在技术突飞猛进的今天，人们对技术的强调很大程度上掩盖了人力资源管理的重要价值。然而，作为知识的主要载体，"人"始终是创新创意的主体，人的认知边界决定了技术的能力边界。⊖人力资源管理之父戴维·尤里奇在研究中指出，企业面临的最棘手和最重要的问题，如人才部署、卓有成效的领导力、变革管理、信息技术的引入等，都属于人力资源管理的范畴，人力资源管理问题也是企业领导者在应对不断变化的业务挑战中最艰难也最关键的层面。也正因如此，通常董事会有30%～40%的时间用于处理组织和人员层面的问题。⊜可以看出，人力资源管理在不确定性较高的当今环境下，更显重要。这具体体现在以下三个方面。

⊖ TABRIZI B. Going on offense: a leader's playbook for perpetual innovation [M]. Ideapress Publishing, 2023.

⊜ ULRICH D, KRYSCYNSKI D, ULRICH M, et al. Victory through organization: why the war for talent is failing your company and what you can do about it[M]. New York: McGraw-Hill, 2017.

1. 人力资源管理有助于企业战略的实现

人力资源管理在企业战略目标的实现过程中发挥着不可或缺的作用。人力资源管理的各项职能为组织战略目标落地提供了支持。例如，人力资源规划有助于企业战略和其他职能建立有效衔接，促使战略落地；精准的招聘和甄选能够匹配战略需求，为战略实现奠定人才基础；制定培训和员工发展促进计划也能促进战略的持续推进，服务于战略目标；绩效管理更是通过将战略目标分解为绩效考核指标，直接促进战略目标的落地实现。可以看出，人力资源管理能基于战略进行人才储备，满足企业高速成长和未来发展的需要。

2. 人力资源管理能促进企业生产、经营、转型的顺利进行

人力资源管理有助于组织生产、经营、转型所需的各项活动有条不紊地进行。例如，构建包容性的组织文化，让组织变得多元，吸引和凝聚卓越人才；善用员工，使其努力工作，最大化发挥人的主观能动性；激励员工，提升员工满意度和忠诚度，降低员工离职率；采用先进信息技术，为企业决策提供依据；提升部门协作和运营效率，节省时间；培养员工，为员工提供充分的支持，扫清变革障碍；为员工提供公平合理的薪酬，保障员工核心利益等。这些活动都能为企业活动提供人员保障。

3. 人力资源管理有利于企业充分调动员工的积极性

员工是有思想、有感情、有尊严的个体，他们能否安于工作、乐于工作、忠于工作，并主动发挥个人潜力，是企业是否能实现基业长青的关键所在。人力资源管理需要根据不同群体员工的需求，制定适当的物质激励、精神激励及成长激励，在很大程度上调动员工的工作积极性，使其保持旺盛的工作热情，充分发挥专长，从而达到提高劳动生产率的目的。

1.1.1.2 人力资源管理的目标

人力资源管理之所以重要，在于它通过吸引、保留和激励员工，以促进企业战术和战略层面目标的实现。然而，人力资源管理工作的重要性不仅仅表现在这些方面，更重要的是对员工的工作－生活质量、生产率及企业竞争力等方面产生的深远影响。

1. 改善工作－生活质量

随着国民经济不断发展，人们生活水平不断提高，员工逐渐把职业质量和生活质量进一步统一。他们不仅看重工作本身及收入，也在关注工作带来的心理满足。目前，组织中的员工趋于多元化，如年长员工、Z世代⊖等群体正在融入组织。特别是随着渐进式延迟退休和"三孩"等政策的落地，组织中可能出现"三代同堂"及"职场妈妈"部门等特定工作场景。企业可以通过灵活应用人力资源管理的理念和先进技术，充分激励每一类员工的潜能，扬长纳短，改善员工的工作－生活质量，增进民生福祉。

⊖ 1995—2009 年出生的人。

⬤ 实务指南 1-1

工作－生活质量的 11 个方面

（1）劳动报酬
（2）人际沟通
（3）工作安全性
（4）工作时间
（5）工作紧张程度
（6）参与决策程度
（7）工作民主性
（8）利润分享
（9）退休金权利
（10）公司改善员工福利计划
（11）优化工作环境

2. 提高生产率

生产率是任何一个组织的重要目标，而人力资源管理对提高生产率能够做出重要贡献。研究表明：具有高生产率的组织与具有低生产率的组织之间的区别在于两者对人力资源作用的认识不同。

⬤ 实务指南 1-2

工作丰富化与生产率

工作丰富化可以提高企业的生产率。它可以分为以下 7 个步骤完成。
（1）认识到改变的必要性，收集有关工作必须改变的信息；
（2）认识到工作再设计，使工作丰富化的重要性；
（3）全面诊断组织，了解个体和群体的需要；
（4）决定何时、何地、怎样来改变工作；
（5）提供相应的培训和必要的支持；
（6）实施工作丰富化；
（7）比较实施前后的数据，评价工作丰富化的效果。

3. 获取竞争优势

竞争优势是指一个组织必须获得和维持的相对于其竞争者的优势。有效的人力资源管理实践是一家企业获得竞争优势的重要源泉。斯坦福大学教授杰夫里·菲佛认为有16 种能提高一家公司竞争优势的人力资源管理实践活动（见"人力互动 1-1"）。

⬤ 人力互动 1-1

16 种提高竞争优势的人力资源管理实践

（1）就业安全感
（2）招聘时的正确挑选
（3）高工资
（4）绩效薪金

（5）股权计划

（6）信息分享

（7）参与和授权

（8）自主团队和工作再设计

（9）培训和技能开发

（10）工作扩大化

（11）平等主义

（12）缩小工资差异

（13）内部晋升

（14）长期雇用观点

（15）对管理实践的测量

（16）价值观

1.1.2　影响人力资源管理的环境因素

人力资源管理活动离不开组织的内外部环境。研究表明，四种力量正在重塑人力资源管理对业务成功的影响：商业环境、业务变化速度、利益相关者的期待及组织内部环境（见图1-1）。[⊖]

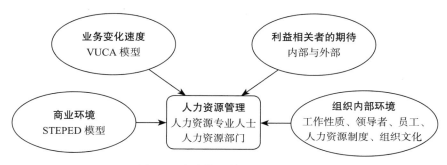

图 1-1　人力资源管理的影响框架

1. 商业环境

尤里奇教授认为外部商业环境包括社会文化因素（society）、科学技术因素（technology）、环境因素（environment）、政治因素（politics）、经济因素（economy）、人口因素（demography）六个方面，并提出了新形势下的商业环境分析工具——STEPED 模型。管理者可以用此模型诊断商业环境的变化将如何影响人力资源管理和业务运作。

（1）社会文化因素。每个地区、每个国家都有其独特的文化，文化会影响人的心理活动和行为。文化是指在一定的历史条件下，通过社会实践所形成的并为全体成员遵循的意识、价值观念、职业道德、行为规范和准则的总和。

（2）科学技术因素。科学技术（如人工智能）的发展迅速地改变着组织的业务活动。技术和产品的更新周期越来越短，导致部分现有的工作岗位不可避免地被不断淘汰，融入新技术、新知识、新技能的工作岗位不断产生。世界经济论坛最新发布的《2025 年未来就业报告》显示，到 2030 年全球将有 22% 的就业机会面临变革，新创造的工作岗位数量为 1.7 亿个，被替代的工作岗位数量为 9200 万个。[⊜]新的工作需要掌握新知识、

⊖　ULRICH D, KRYSCYNSKI D, ULRICH M, et al. Victory through organization: why the war for talent is failing your company and what you can do about it[M]. New York: McGraw-Hill, 2017.

⊜　世界经济论坛. 2025 年未来就业报告 [R]. 2025 [2025-01-08].

新技能的人才来承担。为此，人力资源管理者需密切关注科技发展动向，提前洞察本组织业务及岗位技能需求的潜在变化，及时制订和实施有效的人才培训开发计划。

（3）环境因素。全球对公共政策和社会责任日益重视，也推动了人力资源管理的创新和发展。例如，《2024全球人力资本趋势》报告中，明确呼吁企业人力资源管理要关注信任和人的可持续发展。特别是在智能技术飞速进步的环境下，更需要组织支持员工，要求人力资源管理更加重视员工的价值创造和可持续发展，同时也要求人力资源管理更新理念和方法，以适应不断变化的环境的要求。

（4）政治因素。人力资源管理是一种社会行为，社会行为是在一定的政治现实中发生的。影响人力资源开发和管理的政治因素包含：未来政治环境中有关人力资源发展的法制建设，即人力资源市场管理法、劳动法、职业法、专利法、知识产权法等方面的立法、司法和检察工作的发展情况；未来政治环境中有关人力资源发展的政治民主化进程，即机会均等、择业自主、言论自由、人格尊重等方面的进展情况。

（5）经济因素。管理活动受到整个社会经济状况的影响。在市场经济条件下，就业状况、利率、通货膨胀、产业的演变与整合，甚至股票市场行情，都有可能对人力资源管理活动产生影响。这类因素主要作用于组织对人力资源管理活动的经济投入，涉及人力资源规模、结构及人员的工资、福利、待遇方案等。例如，社会失业率直接影响组织的人员招募及吸收战略的确定和改变。通货膨胀对人员的工资福利待遇会产生直接冲击。经济竞争的压力也可能会迫使组织改变其人力资源管理活动的方式和手段。

（6）人口因素。劳动力市场是企业获取人力资源的源泉。为了尽可能准确地估计和预测组织寻找所需人员的方向和获得所需人员的可能性，人力资源管理者必须了解：

- 人口及劳动力队伍的文化水平构成，尤其是受过高中以上教育的人口及劳动力（包括在校学生）的数量、年龄构成及地区分布情况；
- 专业技术人才队伍的数量、发展速度，培养及获得渠道，专业技术人才的学历、年龄及专业构成，专业技术人才的地区及行业分布；
- 管理人才的供给状况、培养及获得渠道等。

🌀 实务指南 1-3

用于诊断组织商业环境的 STEPED 模型

1. 社会文化因素　　　　　　4. 政治因素
2. 科学技术因素　　　　　　5. 经济因素
3. 环境因素　　　　　　　　6. 人口因素

2. 业务变化速度

除了上述与商业环境有关的因素，业务变化速度也使得人力资源管理在企业中的重要性不断增加。随着业务变化速度的加快，人力资源管理需要更加战略性地思考和行动，以确保企业能够快速适应市场变化，保持竞争力。"易变、不确定、复杂、模糊"（volatile，uncertain，complex，ambiguous，VUCA）模型，被广泛应用于组织管理领域，可用于诠释业务变化的强度和速度。

V（易变）：变化的速度快；

U（不确定）：变化的方向难以界定，缺乏可预测性；

C（复杂）：围绕组织的多种力量、多种问题，以及没有因果的关联性变化；

A（模糊）：条件混乱、因果错乱。

上述四个业务方面的变化特征，要求人力资源管理的反应更加敏捷，具体可以围绕业务在这些方面的表现，帮助业务团队缓解外部变化带来的压力并采用适当的策略进行应对。

3. 利益相关者的期待

STEPED 模型界定了外部环境中的机会和挑战，而 VUCA 模型界定了业务变革的强度和速度。第三个影响人力资源管理的因素是利益相关者的期待，这一因素界定了人力资源管理服务的方向和工作考核的标准。企业中有众多利益相关者，具体包含外部利益相关者（如客户、投资者／所有者、社区／政策制定者、合作伙伴／同盟）和内部利益相关者（如员工／生产力、一线经理）（见图 1-2）。其中，外部利益相关者的期待要求人力资源管理者关注客户服务、企业绩效、社会责任等重要企业目标，内部利益相关者更多期待人力资源管理提供卓越服务，以提升员工效能和部门协作效率。不同利益相关者的期待，也是影响人力资源管理的重要力量之一。人力资源管理不仅要满足内部员工和管理者的需求，还要关注外部客户、投资者和其他利益相关者的期望。这要求人力资源管理在维护内部员工满意度的同时，也要提升外部利益相关者对组织的正面认知。

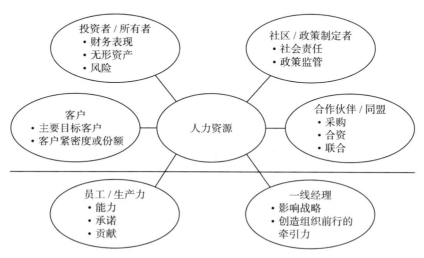

图 1-2   人力资源管理的利益相关者及其期待

资料来源：ULRICH D, KRYSCYNSKI D, ULRICH M, et al. Victory through organization: why the war for talent is failing your company and what you can do about it[M]. New York: McGraw-Hill, 2017.

4. 组织内部环境

组织内部环境是人力资源管理活动的基础。工作性质、领导者、员工、人力资源制度、组织文化等各个因素构成的组织综合环境，在人力资源的决策和管理工作中起着关键的作用，同时也构成了人力资源管理活动的主体。

（1）工作性质。企业行业特点、生产经营性质、工作模式等决定了工作的性质。不同的工作性质对人力资源管理活动的要求不同。比如，工作模式方面，工作是否需要团队协作、是否支持远程工作等，都将对人力资源管理产生重要影响。

（2）领导者。领导方式和方法会影响员工个人与所从事的工作，也会影响人力资源管理的最终结果。有效的人力资源管理，不但要求领导的有效性，而且强调监督和控制的作用。人力资源管理活动的核心是激发和调动员工的积极性，而有效的激励要辅之以有力的监督，若监督不力，领导力也将变得虚弱无力。

（3）员工。员工是企业最重要的资源。每位员工都是具备各自工作需要的能力、价值观和态度的个体，重视员工首先要尊重他们、关心他们并满足他们的需求。员工需求是人力资源工作的导向之一，人力资源管理活动始终要围绕满足员工需求而努力。特别是随着不同群体步入职场，会对人力资源管理方式产生向上的影响。比如，面对以 Z 世代为主体的职场，人力资源管理必须考虑该群体明显的个性特征（自我成就意识强、推崇自由民主、价值观多元、缺乏心理弹性等），提供更个性化、灵活和包容的管理方式。同时，科技进步虽然带来了便利，但也可能导致人与人之间的隔阂和冷漠。人力资源管理部门需要关注员工的个人需求和情感联系，建立更加人性化的工作环境。伴随着人工智能（artificial intelligence，AI）等新技术的广泛融入，人机协同等创新工作模式也将对人力资源管理产生影响。

（4）人力资源制度。人力资源制度是一个组织中人力资源管理基本观念的集中体现，是一切人力资源管理活动的指导思想。制度直接反映公司如何看待人的问题，反映了一种基本的用人观念和价值取向。

（5）组织文化。组织文化是组织内部环境的综合表现。企业的组织文化又称企业文化。组织文化具有 6 项功能特征，即导向性、规范性、约束性、凝聚性、融合性和时代性。它对组织中人们的行为和态度具有持久、深远的影响，最终使人们形成总体的行为倾向。有人把它称为"企业之魂、动力之源"。现实中的人力资源管理方法的不同组合构成了反映不同组织文化的管理模式。

商业环境、业务变革、利益相关者及组织内部环境四方面力量将共同影响组织人力资源管理实践。人力资源管理部门需精准识别上述影响变化，通过不断适应和创新，灵活响应，以打造和维持组织的竞争优势。

🌀 实务指南 1-4

公司目标是影响人力资源管理的重要内部因素

考虑这样两家公司，每家公司都有各自的主要目标：A 公司的目标是在技术进步方面成为行业的先驱，通过开发新产品和运用新工艺促进公司成长；B公司的目标是保持一种稳健的成长，不冒任何风险，只有在另一家公司的产品或工艺已经占领市场后，才设法改变自己。

A公司为鼓励新的思想需要一个有创造性的环境。为促进技术发展，A公司必须招聘到高技能的工人。时刻关心劳动力的培训和开发是十分必要的。为留住和激发最高生产效率的员工设计一个有效的报酬方案也是特别重要的。

对B公司来说，需要另一种劳动力，富有创造性的人可能不愿去B公司工作。也许B公司是因为其目标鼓励不冒风险，所以公司的绝大多数重要决策都由组织中的较高层管理者做出。这样公司基层管理人员的培养没有得到重视。通过比较表明，人力资源经理必须清楚地了解他所在公司的目标。

1.2 人力资源管理的概念和职能

1.2.1 人力资源概述

1.2.1.1 人力资源的基本概念

"资源"是一个经济学术语，泛指社会财富的源泉，是指能给人们带来新的使用价值和价值的客观存在物。一般来说，资源分为两大类：一是物质资源，二是人力资源。我们通常所说的管理中的"人、财、物"，"人"即人力资源，"财"和"物"均属物质资源。

对于什么是人力资源，学术界存在不同的认识和看法。有的专家认为，人力资源是人类可用于生产产品或提供各种服务的能力、技能和知识。也有专家认为，人力资源是企业人力结构的生产力和顾客商誉的价值。还有专家认为，人力资源是企业内部成员及外部的人，即总经理、员工及顾客等可提供潜在服务及有利于企业预期经营活动的总和。更有人认为，人力资源是指具有脑力劳动或体力劳动的人的总称。

我们认为，所谓人力资源是指存在于人体的智力资源，具体是指进行生产或提供服务，推动整个经济和社会发展的劳动者的各种能力的总称。企业人力资源是指人口资源中能够推动整个企业发展的劳动者能力的总称。它包括数量和质量两个方面。而人才资源则是指人力资源中具有创新意识、创造能力的资源（见图1-3）。

图1-3 现代人力资源金字塔结构图

1.2.1.2 人力资源的特征

马克思说：人本身单纯作为劳动力的存在来看，也是自然对象，是物，不过是活的有意识的物。正因为人是这样一种特殊的物质存在，所以这种资源具有显著不同于其他物质资源的特征。

1. 生产过程的时代性

一个国家的人力资源在其形成过程中受到时代条件的制约，人一生下来就置身于既定的生产力和生产关系中，时代特征和社会发展水平从整体上制约着该时代中人力资源的素质。他们只能在时代为他们提供的条件前提下，努力发挥其作用。

2. 开发对象的能动性

自然资源在被开发的过程中，完全处于被动的地位。人力资源则不同，在被开发的过程中，人有意识、有目的地进行活动，能主动调节与外部的关系，具有能动性。对其能动性调动得如何，直接决定着开发的程度、达到的水平。有研究将这个特点概括为"可激励性"。可激励的前提还是对象具有能动性，这就要求人们在从事人力资源开发工作时，不能只靠技术性指标的增减和数学公式的推导，还要靠政策去调动人们的积极性。

3. 使用过程的时效性

矿产资源一般可以长期储存，不采不用，品位不会降低。人力资源则不然，储而不用，才能就会荒废、退化。无论哪类人，都有其才能发挥的最佳期、最佳年龄段，且随着人们生活水平的不断提升，最佳时效范围在不断延长。当然，人依其类别不同，其才能发挥的最佳期也不一样。一般而言，25 岁到 45 岁是科技人才的黄金年龄，37 岁为其峰值。医学人才的最佳年龄一般会后移，这是由其研究领域的业务性质决定的。这一特征决定了组织需要有前瞻性、计划性并适时地开发、使用人才。开发使用时间不一样，所得效益也不相同。

4. 开发过程的持续性 / 增值性

作为物质资源一般只有一次开发、二次开发，形成产品且被使用之后，就不存在持续开发的问题了。人力资源不同，使用过程同时也是开发过程，而且这种开发过程具有持续性。传统的观念和做法认为，毕业了就进入工作阶段，开发与使用界限分明。这种"干电池"理论目前已被"蓄电池"理论所代替。后者认为，人参加工作之后，还需要不断学习，继续充实和提高自己。人类通过自己的知识智力，创造了工具，如机器人、计算机等，使自己的器官得到延伸和扩大，从而增强了自身能力。

5. 闲置过程的消耗性

人力资源与一般物力资源的又一个明显区别是具有消耗性，即为了维持其本身的存在，必须消耗一定数量的其他自然资源，比如粮食、水、能源等。这是活资源用以维持生命必不可少的消耗。在我们使用这种资源的过程中，必须重视这个特点。

6. 组织过程的社会性

人力资源开发的核心在于提高个体的素质，因为每一个个体素质的提高，必将形成高水平的人力资源质量。但是，在现代社会中，在高度社会化大生产的条件下，个体要通过一定的群体来发挥作用，合理的群体组织结构有助于个体的成长及高效地发挥作用，不合理的群体组织结构则会压抑个体。群体组织结构在很大程度上又取决于社会环境，即取决于社会的政治、经济、科技、教育等管理体制。社会环境构成了人力资源的大背景，它通过群体组织直接或间接地影响人力资源开发。

1.2.2　人力资源管理概述

1.2.2.1　人力资源管理的概念

1. 什么是人力资源管理

所谓人力资源管理，是指运用科学方法，协调人与事的关系，处理人与人的矛盾，充分发挥人的潜能，使人尽其才，事得其人，人事相宜，以实现组织目标的过程。简而言之，人力资源管理是指人力资源的获取、整合、保持和激励、控制和调整以及开发的过程，包括人力资源规划、人员招聘、绩效考核、员工培训、薪资福利政策等。它与传统的人事管理有着本质的区别。

2. 人事管理与人力资源管理、战略人力资源管理的区别

传统的人事管理以"事"为中心，注重控制与管理人，属于行政事务式的管理方式。人力资源管理以"人"为核心，把人作为活的资源来加以开发。人力资源管理注重人的心理与行为特征，强调人与事相宜，事与职匹配，使人、事、职能取得最大化的效益。战略人力资源管理更多将"人"视为组织战略资源，始终将人力资源管理工作与组织战略建立关联，通过发挥人的主观能动性实现组织战略目标（见表1-1）。

表1-1　人力资源管理三个发展阶段的区别

阶段	人事管理	人力资源管理	战略人力资源管理
理念	人是一种工具性资源，服务于其他资源	人是组织的一种重要资源	人是组织的战略资源，是最重要的业务伙伴
地位	局限于日常事务，基本不涉及组织的战略决策	是组织战略决策的信息提供者，是战略的执行者和辅助者	是组织战略决策制定的参与者、推动者和执行者
职能	行政事务性职能	直线职能；战略实施与行政事务性职能	直线职能；战略决策者、实施者
关注点	合规、行政设计、项目与职位	流程卓越、标准化、自助服务	员工体验、认知个性化、透明
主要工作内容	关注劳动协议条款与条件，提供HR服务，如薪酬结算、养老金管理、出勤监控、员工招聘等，强调HR的行政事务性工作	包括HR的六大模块，强调HR六大模块的运作及有机结合	将HR工作与企业的战略或业务目标关联起来，强调人才、文化和领导力都为企业战略服务

3. 人力资源管理的内容

人力资源管理的内容有以下几个方面。

（1）人力资源战略与规划。这是通过制定人力资源规划，一方面保证人力资源管理活动与企业的战略方向和目标相一致；另一方面，保证人力资源管理活动的各个环节相互协调，避免相互冲突。同时，在实施此规划时还必须要在法律和道德观念方面创造一种公平的就业机会。

（2）职位分析。这是通过对职位的工作内容、工作职责、任职资格等进行具体、清晰的界定，通过规定每个职务应承担的职责和工作条件、工作任务等，可为人力资源管理的其他内容提供参考和依据，为企业吸引和保留合适的员工。职位分析的结果一般体现为职位说明书。

（3）人员招聘。这是为企业补充所缺员工而采取的寻找和发现适合工作要求的申请者的办法，具体包含招募、甄选与录用三个部分。招募是指组织通过多种措施吸引候选人申请空缺岗位的过程；甄选是组织通过采用特定技术对候选人进行评定，以挑选出最合适人选的过程；录用是基于评定结果，结合职位分析结论进行人岗匹配，并引导最终人选正式进入组织任职并开展工作的过程。

（4）绩效管理。这是通过考核员工工作绩效，及时做出反馈，奖优罚劣，进一步提高和改善员工的工作绩效，具体包含绩效计划、绩效沟通、绩效考核、绩效评估等内容。

（5）培训与开发。培训是组织有计划地对员工进行旨在提高工作绩效的知识传授、技能训练和行为引导活动。开发是帮助员工做好满足未来工作需要的准备，为员工和组织发展提前储备知识、技能的活动。例如，职业生涯规划与管理就是组织根据员工个人性格、气质、能力、兴趣、价值观等特点，同时结合组织的需要，为员工制订职业发展计划，不断开发员工潜能的活动。

（6）薪酬管理。这是根据员工的工作绩效的大小和优劣，企业在兼顾外部公平性与内部公平性、最大化激励员工的前提下，制定薪酬水平、结构、福利待遇标准，进行薪酬测算和发放的过程。

（7）员工关系管理。这是企业管理者与企业内有组织的员工群体就工资、福利及工作条件等问题进行谈判，协调劳资关系。

1.2.2.2 人力资源管理的职能

从人力资源管理的以上内容中，我们可以总结出人力资源管理的五项基本职能。

1. 获取

获取是人力资源管理的首要职能，是指通过人力资源规划确定企业人力资源需求，通过选择合适的招聘渠道和人员选拔方法，保证企业能够及时获得其所需要的人才。在人力资源管理的具体工作中包括人力资源规划、招聘和选拔三个环节。

2. 整合

整合是指使被招聘的员工了解企业的宗旨与价值观，接受和遵从企业的指导，使之内化为他们自己的价值观，从而建立和加强他们对组织的认同与责任感，并通过对员工个人职业生涯规划，使其与组织目标保持一致，使组织和员工的需要都能得到满足。

3. 保持和激励

保持和激励是为员工提供所需奖酬，增加其满意感，最大限度地调动其积极性，包括人员调整、激励、绩效评价、员工福利及服务、保健服务及事故预防等人力资源管理的具体工作。

4. 控制和调整

控制和调整是评估员工素质，考核其绩效，对企业的人力资源进行再配置，做出相应的奖惩、升迁、辞退、解聘等决策，使企业人员及他们的职业需要和能力与工作及职业道路动态匹配。

5. 开发

开发是根据组织或岗位的需要和要求，对员工实施培训，不断提高他们的知识水平、技能，提升其数智素养，并结合员工个人的行为特点和期望为他们提供充分的发展机会，指导他们明确未来的发展方向和道路，激发他们的潜能。

企业的人力资源管理就是对人力资源的获取、整合、保持和激励、控制和调整及开发的过程。数智时代，组织应充分发挥人力资源管理这五项职能的作用，高度重视"人"的工作，不仅表现在对员工的管理与控制上，更重要的表现为如何找到人与事的最佳结合点，提高员工对企业的满意度和忠诚度。

1.2.2.3　人力资源管理模型：5P 模式

目前，在很多企业中，牌子换了（由人事部改为人力资源部），但人力资源管理并没有真正落到实处。究其原因，多在于人事经理并没有真正转变角色，没有形成人力资源管理的新观念，没有理解人力资源管理的实质内容。为此，根据中国企业的实际情况与有关理论分析，笔者提出了人力资源管理模型：5P 模式（见图 1-4），以阐述人力资源管理的精髓。5P 模式认为，人力资源管理是一项系统性的工作，它包括五项基本的工作：识人（perception）、选人（pick）、用人（placement）、育人（professional）、留人（preservation）。它是以识人为基础、选人为先导、用人为核心、育人为动力、留人为本质的工作。

图 1-4　人力资源管理模型：5P 模式

1. 识人

识人就是要认识与了解人的心理和行为规律，洞察人的心理需求的变化，是人力资源管理工作的基础。人事管理通常把人视为机械的、被动的个体加以管制，并没有把员工看成具有能动性、自主性的主体来加以开发。因此，企业的各级管理者大都以自我为中心来管理员工，企业所制定的人事制度由于缺乏员工的参与，在实践中往往缺乏可操作性与可接受性，易导致劳资矛盾、管理冲突。

事实上，企业各级管理者都是人力资源管理者，要真正激发员工的工作潜能、提高员工的工作积极性，就必须深入了解员工的所思所想，分析员工心理与行为的变化，把握员工的个性差异。只有在此基础上建立与形成的各种规章制度才能真正落到实处，起着规范与引导员工行为的作用，实现员工利益与组织利益的高度统一。

所以，笔者认为，要真正做好人力资源管理工作，就必须以识人为基础，只有在此基础上才能选好人、用好人、育好人，最终达到留住人的目的。

2. 选人

选人是人力资源管理工作的首要环节，是对人员的招聘与选拔。要真正选好才，第一，必须了解组织的宗旨、战略与业务的发展，事先必须制定较为详细的人力资源规划；第二，要分析岗位要求，尤其是任职资格，只有这样才能做到人适其事，事得其人；第三，要有一个好的选人标准，处理好德与才的关系；第四，选人者本身要具有较高的素质，有相应的专业知识，才能更好地鉴别人才、发现人才、选好人才；第五，要有科学的选人机制与程序。在选人机制上，要把握公平、公正、公开的原则。尤其必须力戒凭主观印象去选人，要借助科学有效的测评技术来招聘、挑选人员。此外，需要特别指出的是，招聘与选拔主要着重于人员的潜能。能者识能，贤者识贤。潜能是看不见的，要靠挖掘。人力资源开发最有价值的是你挖掘到了员工自己都不知道的潜能，并有效利用。

3. 用人

对各级管理者来说，科学合理地用人是人力资源管理工作中最具挑战性，也最具艺术性的工作。只有用好人，才能发挥人才的积极性和创造性。用人的实质首先是安置好人。如何在最合适的时候把合适的人放在合适的岗位上，如何找到"人"与"事"的最佳结合点，做到事事有人做，而不是人人有事做，是值得中国很多企业管理者深思的。

同时，要真正用好人，必须做到知人善任，量才录用，任人唯贤，用人之所长。大材小用或小材大用都是不合适的。当然，用人不疑、疑人不用，是用人的基本原则。但是，要真正在实践中做到用人不疑，还必须不断完善各种人事管理制度。只有做到能者上、平者让、庸者下，才能真正激发人的潜力。

4. 育人

育人即培养人才。育人的根本目的是激发员工的工作兴趣，提高员工的工作素养，规划员工的职业生涯，以达到使其成为职业专家能手的过程。因此，管理者的角色是老师、教练、专家。在组织发展的同时，帮助员工得以成长，是管理者重要的职责。

培训一定要以岗位为出发点，结合员工的岗位要求，切实帮助其提高工作技能。培训要因人施教，学以致用，与实践紧密结合。培训不光是知识的传授、技能的提高，更重要的是观念的更新、态度的改变。因此，培训不是消耗，而是投资。培训产生的收益不光是企业工作目标的完成，还包括整个企业素质的提升。只有这样，才能使企业具有竞争力，立于不败之地。

5. 留人

如何留住人才，尤其是留住在重要技术岗位与管理岗位上的人才，这是管理者颇感头疼的问题。留人要留"心"，"身在曹营心在汉"的人要不得。如果员工觉得外面有发展前途，不要强行限制他，人才的流动是正常的，也许走的人将来对企业还会产生"反哺作用"。

当然，对员工来说，好的领导、好的工作氛围与工作条件是留人的重要因素。而对企业来说，各种激励措施的制定与约束机制的完善，对预防人才外流、保留一支优秀的员工队伍则是更为重要的。

1.3 人力资源管理的演进历程

传统管理理论多根据人力资源管理活动的变化来划分人力资源管理的发展阶段。比如，传统上认为人力资源管理的发展可分为人事管理、人力资源管理、战略人力资源管理和由外而内的人力资源管理阶段（见图 1-5）。

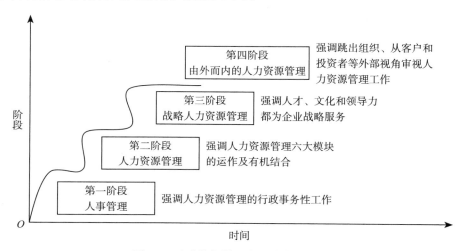

图 1-5　人力资源管理的四次转型演进

资料来源：张正堂.HR 三支柱转型：人力资源管理的新逻辑 [M]. 北京：机械工业出版社，2018.

然而，从企业实践出发，这种单一视角总结的人力资源管理的演变并不完善。事实上，在企业人力资源管理实践上，可以参照两条不同的路径来探寻人力资源管理的演化历程。一是人力资源管理职能角色的变化。该路径是对"人力资源管理到底应该做些什么才能胜任"这一问题的回答。戴维·尤里奇及其团队每5年进行一次全球人力资源管理角色/胜任力调研，追踪人力资源管理角色模型的演化趋势。二是人力资源管理组织架构的变化。这个路径聚焦在"如何完成人力资源管理工作"上，主要反映在人力资源管理组织架构的变化和角色分工上。

上述两条路径间具有一定的关联，人力资源管理职能角色的变化往往会对组织架构提出要求。如果两者中的任何一个不能满足组织对人员管理的需求，就会引起人力资源管理的新发展或变革。下文将分别阐释。

1.3.1　人力资源管理职能角色的演化

随着外部环境和企业经营的动态变化，人力资源管理工作也随之变化，对人力资源管理者角色的要求也在不断升级。

国外率先开展了一系列研究。比较有代表性的是，戴维·尤里奇及其团队每5年在全球范围内开展一次人力资源管理角色/胜任力调研，迄今为止，共进行了8轮追踪，并分别于1987年、1992年、1997年、2002年、2007年、2012年、2016年和2021年发布了人力资源管理者角色模型（见图1-6）。

1987年的HR核心角色主要包括掌握业务知识、HR实践交付和变革管理，试图摆脱传统的行政事务性工作，转为追求职能专业性实务工作；1992年，在角色模型中增加个人信誉；1997年，伴随着全球化发展趋势，首次将文化管理加入HR角色模型，认为HR应执行跨文化管理，主导组织的集体知识、思维模式和整合行动；随着业务的不断扩大，对组织的战略性有了更高要求，2002年调研结论中又增加了战略性贡献者角色，并且针对"HR专业人员所应具有的业务知识"本质展开探索，指出HR专业人员应具有的业务知识开始向企业的价值主张和完整价值链聚焦；构建组织能力是2007年角色模型的决定性特征，具体有三个方面的角色整合：战略业务伙伴（制定并实施客户导向战略）、组织变革推动者（通过文化和变革管理构建能力）、人才管理者（提供专业人力资源管理支持）；2012年（第6版）HR角色调研结论认为，高绩效企业的HR专业人员可以起到"可信任的行动派"的作用，再一次强调HR对成果交付承诺的高可信度，同时也要求HR应获取重要的信息、提供有深度的意见、利用先进技术整合信息和具有创新能力。

2016年角色模型具有较大的改变，包含9项内容，分别是：人力资本管理者、薪酬福利大管家、可信赖的行动派、技术与媒体整合者、数据分析与解读者、合规管理者、战略定位者、文化与变革倡导者、矛盾疏导者。而核心在于矛盾疏导者，要求HR在面对经济转型和组织架构调整时，能够处理和疏导各种矛盾，满足不同利益相关者的需求。

在最新一版的胜任力模型中，中心位置从第7版（2016年）的"矛盾疏导者"更新为第8版（2021年）的"化繁为简"，可以看出第7版聚焦于解决具体问题，第8版更多强调去应对多变的、复杂环境下的内外部挑战。第8版具体包含以下5个维度胜任力。

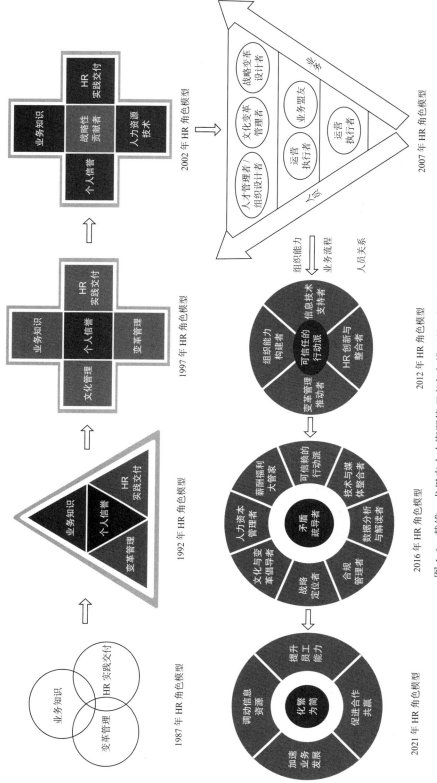

图 1-6 戴维·尤里奇人力资源管理者角色模型的 8 轮演变（1987—2021）

化繁为简：强调 HR 在面对复杂环境时要有审辩式思维，能够独立思考、发现机遇，并抓住机会，迅速行动。

加速业务发展：强调 HR 在复杂情境下助力业务达成目标的能力。HR 需要具备竞争性的市场洞见、社会资本，促进业务发展。

调动信息资源：强调 HR 抓取、分析数据，并依据大数据和技术解决问题，制定策略的能力。

提升员工能力：强调 HR 在组织内部提升人力资本的能力，包括帮助业务领导提升团队人才能力、帮助个人发展晋升，并交付 HR 解决方案，提升个人和组织的整体绩效与能力。

促进合作共赢：强调 HR 促进各利益相关者合作共赢的能力。HR 需要具备足够的领导力，能够激发团队互信和尊重、凝聚人心。

我们可以看出未来 HR 必须要更加聚焦在业务的落地上，包括了解市场环境和业务状态，并赋能组织。VUCA 时代下 HR 的胜任力，不仅仅是胜任岗位的专业能力，更核心在于如何运用 HR 专业能力去支撑和推动业务的发展。

清华大学的郑晓明团队⊖和高中华团队⊜针对这一问题做了系统探索。前者立足于中国的企业实践，提出适合中国文化及管理环境的"中国企业人力资源专业人员胜任力模型"，认为中国企业人力资源专业人员胜任力由个人特质（认知能力、亲和力、正直、沟通能力）、人力资源管理技能（人员配置、核心人才管理、绩效管理、人员开发、薪酬福利）、战略性贡献（文化管理、变革管理、参与战略决策）及经营知识（价值链知识、组织知识）4 个维度和 14 个胜任力因素组成（见图 1-7）。

在个人特质这个领域，人力资源专业人员应在认知能力、亲和力、正直和沟通能力 4 个方面予以加强，尤

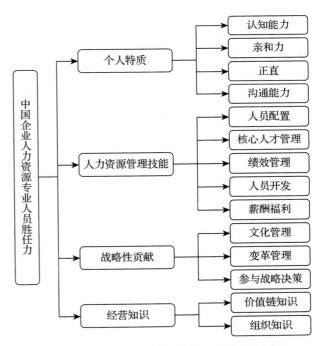

图 1-7　中国企业人力资源专业人员胜任力模型

其应该关注对亲和力的培养，因为随着人力资源管理角色的转变，特别是对于我国的企业而言，人力资源部门的"权力"色彩减弱，而"服务"色彩增强。人力资源部门要通

⊖　郑晓明，王明娇. 中国企业人力资源专业人员胜任力模型研究 [M]. 北京：电子工业出版社，2010.

⊜　GAO Z H, ZHANG Y Y, ZHAO C, et al. Expectations, effectiveness and discrepancies: exploring multiple HR roles in the Chinese business context [J]. International Journal of Human Resource Management, 2016, 27(10), 1101-1133.

过各业务部门来传递组织的战略意图、创造价值，越来越起到协调的作用。在这种环境下，人们对人力资源专业人员的亲和力要求自然会有所提高。

而在人力资源管理技能领域，人力资源专业人员应在人员配置、核心人才管理、绩效管理、人员开发和薪酬福利等方面予以加强。重点是人员配置和核心人才管理，这体现了人力资源专业人员在组织中的首要作用是提供适当的人员，满足组织对人力资源在质和量上的需求，达到组织内部的供需平衡。这要求人力资源专业人员首先要设立本组织所需人力资源的标准，构建关键岗位的梯队建设，关注并培养未来所需的人才，通过各种激励措施吸引、留住合适的员工。

战略性贡献成为人力资源专业人员的核心胜任力是人力资源管理角色转变的结果。当前，人力资源部门不再是一个事务性、支持性的部门，而成为一个战略性、主导性的部门，在组织的战略决策过程中，人力资源部门不仅仅是一个伙伴而是战略决策实实在在的参与者。人力资源专业人员要想提升对组织的战略性贡献，应该从文化管理、变革管理方面入手，并积极参与战略决策。在文化管理方面，人力资源专业人员不仅要对本企业所需要的文化内涵有清晰的认识，据此设计和传递企业文化，还应该确保企业文化既能激励内部员工，也能被外部的利益相关者认可。在变革管理方面，人力资源专业人员要起到引导作用，确保高层管理者认同主要变革计划、大部分员工理解变革的意义，在组织中挖掘并鼓励变革活跃分子参与变革，通过人力资源实践巩固变革的成果，并将从变革中学习到的经验和知识应用于未来的变革计划。

经营知识是现阶段企业对人力资源专业人员非常关注的问题。在很多组织中，人力资源专业人员对组织的业务知识并不了解（特别是高科技行业），这一方面使得人力资源管理的各种制度、方案的制定无法与组织的实际相结合，另一方面使得组织内的技术人员等对人力资源专业人员的信任度下降，即便是有利于组织发展的人力资源管理制度也难以推行。这使得一些企业在聘用人力资源专业人员时常常不得不选择对企业核心业务知识非常了解却完全缺乏专业人力资源管理知识的人员。经营知识这一核心胜任力是和战略性贡献密切联系的。当人力资源专业人员的经营知识缺乏时，他们必然无法对组织战略做出贡献。在经营知识方面，人力资源专业人员一方面要对组织的特点加以了解，另一方面要掌握企业创造利润的价值链知识。

高中华团队也总结了中国情境下人力资源管理者六角色模型（见图1-8），具体从战略主题、运营主题和人员主题三个方面进行界定。战略主题包含推动者和支持者角色：推动者角色是指人力资源管理者要推动业务战略界定；支持者角色则代表开展人力资源实践以支持业务战略的实现。运营主题包含顾问和伙伴两个角色：顾问角色关注业务和职能部门的运营效率；伙伴角色则要求人力资源管理者沟通并推广业务和人力资源管理方案，重视各部门间的沟通和信任，为直线经理提供相应的人力资源管理与开发服务。人员主题包含看护者和激励者两个角色。二者分别代表要照顾员工个人需求和家庭需求，要积极聆听员工意见、激励员工。上述角色同等重要，在实践工作中，人力资源管理者需要同时扮演多个角色以达成目标。

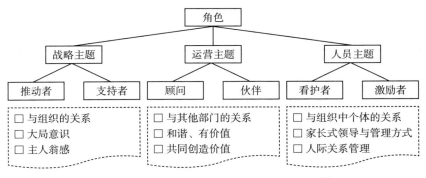

图 1-8 中国情境下的人力资源管理者六角色模型

1.3.2 人力资源管理组织架构的演化

企业的人数规模很大程度上决定着人力资源管理的体系和架构。一般而言，人数规模越大，人力资源管理的体系和架构越完整、越系统，采用的工具、方法也越规范。随着企业规模的扩大和员工管理水平要求的提升，企业人力资源管理的组织结构也会发生变化。在初创企业达到一定规模的发展过程中，人力资源组织架构发展路径一般包含综合办公室、行政人事办公室、人事部、人力资源部等组织架构的递进。在此阶段，人力资源管理面临的主要管理问题之一就是两个方面的水平分工：① HR 与直线经理的分工；②不同 HR 模块之间的分工。

当企业进一步发展形成多体公司[○]时，人力资源管理（HRM）主体就不仅仅局限于上述水平分工了，还存在人力资源管理的垂直分工。这主要体现在不同层级的人力资源管理主体之间责、权、利的分配。HRM 的垂直分工，本质上就是人力资源管控体系的设计。

1.3.2.1 人力资源管理组织架构的水平分工

企业中所有的管理者都是人力资源管理者。人力资源管理者一般分为一般人力资源管理者与专业人力资源管理者。前者是指直线管理人员（直线经理），他们是人力资源管理实践活动的主要承担者。后者往往是指人力资源部专业管理人员（人力资源经理），他们是人力资源管理程序、方法和政策的制定者。在人力资源管理活动中，直线经理与人力资源经理相互作用，一方面人力资源经理要求直线经理提供信息，给予更多的支持；另一方面直线经理更要求人力资源经理在实务上不光扮演监控和评价的角色，更要起到服务与咨询的作用。在此阶段的企业内部，人力资源部门是一个有权力的部门，但又不是"权力部门"，真正的权力落在直线经理肩上，他们处在人力资源管理活动的第一线，是主角。而人力资源部门及其管理人员只是配角，处于二线，起顾问作用。从表 1-2 可

○ 多体公司是企业规模扩张过程中出现的组织形态演进，表现为在保持整体战略统一的前提下，形成多个具有独立法人地位或运营自主权的业务单元。通常表现为设立多家子公司、跨区域分支机构或多元化业务单元等形式。

看出两者在人力资源管理活动上的水平分工。

表 1-2   直线管理者与人力资源专业管理者的职责分工

分类	直线管理者的工作	人力资源专业管理者的工作
招聘与录用	• 对所讨论的工作的职责范围做出说明，为职位分析人员提供帮助 • 提出未来的人员需求及需要雇用的人员类型 • 说明工作对人员的要求，为人力资源部门的选聘测试提供依据 • 面试应聘人员并做出录用决策	• 根据部门主管提供的信息写出工作说明书 • 开展招聘活动，不断扩大应聘人员队伍 • 进行初步筛选并将合格的候选人推荐给部门主管
培训与发展	• 根据公司及工作要求安排员工，对新员工进行指导和培训 • 为新业务的开展评估、推荐管理人员 • 进行领导和授权，建立高效的工作团队 • 对员工进行业绩评估 • 对下属的进步给予评价并就其职业发展提出建议	• 根据公司既定的未来需要就管理人员的发展计划向总经理提出建议 • 在规定和实际运作企业质量改进计划及团队建设方面充当信息源 • 开发业绩评估工具，保存评估记录 • 根据业务部门需求，开发组织成员领导潜能及数智素养
薪酬管理	• 向人力资源部门提供各项工作性质及相对价值方面的信息，作为薪酬决策的基础 • 决定给下属奖励的方式和数量 • 决定公司提供给员工的福利和服务	• 实施工作评估程序，决定每项工作在公司的相对价值 • 开展薪资调查，了解同样或近似的职位在其他公司的工资水平 • 确定最具激励性的薪资结构，与一线经理沟通 • 开发包括保健护理、退休金等在内的福利、服务项目，并跟一线经理协商
劳动关系	• 营造相互尊重、相互信任的氛围，维持健康的劳动关系 • 坚持贯彻劳资协议的各项条款 • 确保公司的员工申诉程序按劳资协议执行，在对上述情况进行调查后做出申诉的最终裁决 • 与人力资源部门一起参与劳资谈判	• 分析导致员工不满的深层原因，预测可能出现的问题 • 对一线经理进行培训，帮助他们了解和理解协议条款及法规方面易犯的错误 • 在如何处理员工投诉方面向一线经理提出建议，帮助有关各方就投诉问题达成最终协议
员工体验	• 保持员工与经理之间沟通渠道畅通，使员工能了解公司大事并能通过多种渠道发表建议和不满 • 确保职工在纪律、雇佣、职业安全等方面受到公平对待 • 持续不断地指导员工养成并坚持安全工作习惯 • 发生事故时，迅速、准确地提供报告	• 向一线经理介绍沟通技巧，促进向上及向下沟通 • 开发确保员工能受到公平对待的程序并对一线经理进行培训，使他们掌握这一程序 • 分析工作，制定安全操作规程并就机械防护装置等安全设备的设计提出建议

此外，如前所说，随着企业规模的扩大，人力资源管理专业人员之间也出现了分工，如人力资源经理、传统水平分工角色（如招聘主管、培训主管、绩效主管、薪酬主管、员工关系主管等）、新型水平分工角色（如人力资源数据分析师、组织发展顾问、员工体验专家、灵活用工管理专家等）。这些人力资源部门内部不同的岗位共同完成人力资源管理部所承接的工作。

1.3.2.2   人力资源管理组织架构的垂直分工

随着企业规模的不断扩大，特别是当形成多体公司时，人力资源管理的主体就不仅仅局限于上述分工了，还会涉及人力资源管理的垂直分工。此时，会涉及多体公司不同层级的人力资源管理主体之间责、权、利的分配。比如，多体公司中母公司、子公司及二级、三级子公司分别承担什么样的人力资源管理角色，不同层级的公司在人才培养上是怎样分工的。人力资源管理的垂直分工，本质上就是人力资源管控体系的设计。

管控体系设计是多体公司（包括集团公司）管理体系设计中的重要方面，也是人力资源管控体系设计的前提之一。目前多体公司根据集权程度不同，多基于如下三种管控模式：财务管控、战略管控和操作管控。①财务管控模式主要基于结果控制导向，以财务目标是否实现为核心目标，只关注子公司是否完成对应的财务绩效，对人力资源管理具体过程干预较少，更多是分权管控；②战略管控模式更多聚焦过程平衡导向，多体公司总部负责整体战略规划、财务和资产运营，从而保证多体公司整体利益和下属企业利益的最大化。各子公司将根据总部战略提出相匹配的经营计划，由总部审批，同时批准其预算后，由子公司负责执行。这是一种集权与分权相结合、相平衡的管控模式。③操作管控模式是指由总部设置具体管理部门，对子公司业务运营和人力资源、营销等进行直接管理。这种模式由多体公司总部制定统一的政策与制度并在下属企业贯彻实施，强调经营行为的统一性。这种模式是集权度最高的管控模式。

人力资源管控体系是多体公司人力资源管理区别于单体公司人力资源管理最重要的特征之一。在不同的管控模式下，人力资源管控体系的功能定位不同。在财务管控模式下，总部人力资源管理的功能更多是为子公司提供咨询服务平台和顾问功能，保障子公司人力资源管理的灵活性和自主性；战略管控模式是集分权和集权于一体，子公司具体开展招聘、任免、考核等人力资源管理活动，但上述活动需报总部备案，总部对上述活动特别是核心人员的任免具有推荐权和任免权，对具体人力资源活动有监控和服务功能；在操作管控模式下，总部统一拟定所有子公司人力资源管理政策、体系、流程，并监控子公司实施，此时子公司只负责实施和报备，并不具备修订权。

可以看出，当企业发展到多体公司，人力资源部门仍然会承担人事管理、人力资源管理和战略人力资源管理等不同角色，但这三重角色更多会在垂直层面上进行分工。一般而言，总部更多地承担战略人力资源管理职能，子公司主要承担人力资源管理职能，而分支机构或具体业务部门可能更多承担人事管理职能。不同层次上传下达，通力合作，共同提升人力资源管理效能。

1.3.2.3 垂直分工的困境

垂直分工在一定程度上解决了大体量多体公司的人力资源协作问题，然而也诱发了一系列新的问题。

1. 垂直层级流程烦琐，不利于快速灵活反应

一方面，因层级隔离及人员执行问题，垂直分工可能会导致总部统一制定的人力资源政策与业务现场越来越远，对业务灵活变化的需求捕捉不准确或不及时。而子公司人力资源管理者虽然了解现场业务实际需求，但更多对上不对下，导致员工不满和抱怨。另一方面，基层人力资源管理者可能更多地从自己的角度出发，解读和看待组织战略，而不是从整体战略角度出发，进而可能导致子公司和基层人力资源部门的策略和行动与

总部整体方向不一致。

2. 管理效率低下，不利于降本增效

在垂直分工中，为确保不同层面的有效运营，不同层级人力资源部门的水平分工都趋向于全面化和细化。这在很大程度上可以确保各个环节的专业性，但也可能导致工作碎片化，缺乏对整体流程的系统掌控，还可能导致资源的浪费及效率下降。同时，当公司体量很大、分支结构较多时，每个基层分支结构都配备人力资源管理相关岗位，可能导致机构臃肿，人力成本也会急剧增加，不利于企业降本增效。

3. 不利于人力资源的有效管控

由于总部和不同分支机构的分散与重复设置，一方面人力资源管理可能无法形成合力；另一方面各人力资源机构工作标准不一致、服务标准不统一，也不利于公司的人力资源管控。

可以看出，垂直分工的不恰当可能导致组织反应迟缓、运营效率降低、人力资源管控不力等困境，都会在一定程度上阻碍人力资源部门发挥作用，这也是实践界对人力资源管理能否创造价值存在争议甚至质疑的根本原因。

1.3.2.4 人力资源管理的三支柱分工转型

面对上述质疑和挑战，如何使人力资源管理更高效地创造价值成了关键，三支柱模型应运而生。戴维·尤里奇将人力资源功能划分为三个主要的组成部分，即专家中心（center of expertise，COE）、人力资源业务伙伴（human resource business partner，HRBP）和共享服务中心（shared service center，SSC）。通过这三个组成部分的紧密合作，组织可以确保其人力资源管理既能实现组织目标，为组织的长期发展提供战略支持，又能满足运营需求，提供高效的日常服务。人力资源三支柱模型的具体内容如图1-9所示。

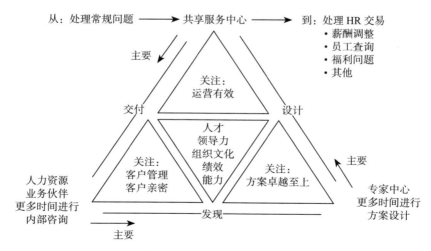

图1-9 人力资源三支柱模型

资料来源：马海刚，彭剑锋，西楠. HR+三支柱：人力资源管理转型升级与实践创新 [M]. 北京：中国人民大学出版社，2017.

1. 人力资源业务伙伴

企业都希望人力资源部门能够从业务发展角度思考问题，为业务部门提供最为有效的人力资源管理支持，成为业务部门真正的合作伙伴。由此，人力资源业务伙伴应运而生。许多企业将 HR 的职能分散到各个业务单元，使 HR 从后台走向前台，以贴近业务、了解业务，及时满足业务部门的要求。人力资源管理工作从专业导向到业务导向，可以为业务发展提供更高效、更高质量的服务。比如，微软亚太研发集团发现原有人力资源管理模式无法满足业务部门对人力资源管理者提出的要求，于是大胆地尝试将人力资源从业者下放到业务部门工作，效果显著。

2. 专家中心

为业务部门提供解决方案意味着需要同时精通业务及 HR 各领域的知识，这就对 HR 专业人才的能力有了更高的要求，产生人力资源专家中心。专家中心作为领域专家，不仅负责跟踪最新的研究、趋势和最佳实践，还要确保这些知识被有效地引入组织，从而确保组织在人力资源管理上达到最佳水平。人力资源管理工作的中心从事务性 HR 转为策略型 HR。专家中心借助其精深的专业技能和对领先实践的掌握，负责设计整个公司业务导向、创新的政策制度、实施体系及工具方法，从而为组织提供完整的人力资源解决方案。同时，专家中心还负责为组织的其他人力资源业务伙伴和业务部门提供培训与发展机会，确保整个组织都能够利用专家中心的专业知识和解决方案。

3. 共享服务中心

要让人力资源业务伙伴和专家中心聚焦在战略性、专业性工作上，就必须把他们从烦琐的事务性工作中解脱出来。企业有很多需求是相对同质、可标准化的。人力资源共享服务中心就是 HR 标准服务的平台和提供者，负责解答管理者和员工的问询，帮助人力资源业务伙伴和专家中心从事务性工作中解脱出来。

三支柱模型将传统垂直分工中人力资源管理职能导向重组，调整为专家中心、人力资源业务伙伴和共享服务中心三条线：人力资源业务伙伴负责为业务部门提供解决方案和整改机制，提交到专家中心进行专业论述和指导；人力资源业务伙伴与共享服务中心共同推行标准服务方案，更好地支持业务部门的基础工作。通过人力资源管理组织的再分工，HR 职能完成从服务型向战略型、从职能驱动向业务驱动、从同质化向定制化的转型，实现了专业化和规模效应。

1.4　人力资源管理面临的挑战与对策建议

在 VUCA 时代，不论是企业内部的直线经理、高层管理人员，还是企业外部的客户，都对人力资源管理提出了新的要求。尤其是在互联网、大数据、云计算、人工智能、区块链等技术加速创新并深度融入经济社会发展各领域和全过程的背景下，数智经济正在成为重组全球要素资源、重塑全球经济结构，甚至改变全球竞争格局的重要力量。企业管理，尤其是融合人际互动与技术特点的人力资源管理活动，正面临着越来越大的挑战。

1.4.1   人力资源管理面临的挑战

1.4.1.1   全球化的挑战

世界经济一体化的趋势，使得越来越多的企业"走出去"开启新局面。中国出海企业如何应对文化差异、法律制度差异及全球化人才供应不足等问题？如何挑选和鉴别适合在海外生活与工作的优秀经理？如何设计培训项目增强经理对外国文化和工作实践的了解？如何调整薪酬计划以保证支付构成是公平的，而且与不同地区的不同生活费用相适应？这些都是全球化给人力资源管理带来的挑战。在中国，企业面临的挑战是严峻的，外国企业人才本地化与中国企业人才在国外属地化的问题就是突出的人力资源管理问题。

1.4.1.2   新技术的挑战

技术极大地改变了人力资源管理者的工作方式。随着科技发展，人力资源经历了传统人力资源管理、信息化人力资源管理（electronic HRM）和虚拟化人力资源管理（virtual HRM）等不同阶段。大数据、人工智能、云计算等技术的渗透进一步改变了组织运营本质，对人力资源管理的各个环节提出了新的挑战。[○○]比如，《2023 年中国网络招聘市场发展研究报告》显示，AI 视频面试的应用场景占比已达 31.8%，如何让 HR-AI 更好地协同，提升面试有效性，理论和实践尚未有解。技术在培训和绩效管理方面的广泛应用也存在类似问题。同时，新技术能够为员工提供个性化的工作模式，如远程办公、虚拟团队等，这些都将对传统人力资源管理理论提出新的挑战。

总体而言，新技术使得组织活动变得更加高效，重新塑造了组织控制、协调和合作模式，也使人工智能、机器人等技术融入组织内部的互动关系网络，重新定义了人力资源管理的对象。在这种新的时代背景下，人力资源管理需要扮演新的角色，承担新的责任。

☯ 研究前沿 1-1

人力资源专业人员如何适应人工智能的发展[○]

本研究通过"悖论视角"分析了 AI 的未来前景，提出 AI 在组织管理中的积极影响和消极影响并存。具体而言，AI 作为一项变革性技术，既可能优化人力资源的效率与公平性，也可能通过过度自动化和监控使工作质量恶化。例如，AI 可通过机器学习技

○ 张志学，赵曙明，连汇文，等. 数智时代的自我管理和自我领导：现状与未来 [J]. 外国经济与管理，2021，43（11）：3-14.

○ 谢小云，左玉涵，胡琼晶. 数字化时代的人力资源管理：基于人与技术交互的视角 [J]. 管理世界，2021，37（1）：200-216.

◉ CHARLWOOD A, GUENOLE N. Can HR adapt to the paradoxes of artificial intelligence? [J]. Human Resource Management Journal, 2022, 32(4), 729–742.

术优化招聘流程、绩效评估和人才管理等，但也可能因为数据偏差或算法问题导致决策不公和员工压力；AI 开发中可能忽视社会影响，倾向于追求技术和商业目标，带来伦理争议，如工作监控过度、员工自主性下降等。因此，本研究呼吁人力资源相关部门和专业人员应主动拥抱 AI 的潜力，同时采取措施防范其可能带来的负面影响，从而塑造一个技术与人性共存的和谐工作环境。具体包括：

- 人力资源专业人员应通过参与 AI 系统设计和部署、加强员工和利益相关者协商等，确保 AI 的设计和应用符合伦理和公平原则。
- 人力资源从业者需提高技术素养，比如学习大数据和人工智能的基础知识，以有效参与 AI 的开发与应用。
- AI 在人力资源管理中的应用需保持技术效率与人性化管理之间的平衡，避免削弱员工的积极性。
- 人力资源部门应推动 AI 技术对员工的增强型（augmentation）应用，而非单纯的自动化（automation）应用，通过人机协同增强人力资源的价值。

1.4.1.3 新型雇用模式的挑战

经济的快速发展及平台组织的蓬勃兴起，不仅带动了"自由职业＋灵活用工"的新型就业趋势，还推进了以人本价值为核心发展驱力的"人本经济"的崛起。越来越多的员工由传统雇用模式下听命于企业的"上班族"和"打工人"转变为以"平台主"和"创客"为代表的企业的合作伙伴。[一]"虚拟员工""斜杠青年"等新就业形态的自由职业者越发常见，员工的价值需要以更加灵活、弹性的方式释放。灵活雇用和去组织化是这类新出现的数字化工作的最大特征。数智经济时代下的员工更像组织的伙伴而不是组织的"打工人"，相较于职位固定、雇佣关系明确的传统隶属关系，数字劳动者与组织的关系更加平等，员工与组织更像是价值创造过程中的合伙人。在这种新型雇用模式下，员工流动性大、职业发展路径不明确、对组织的认同感不高及如何灵活进行绩效考核和激励等，都是人力资源管理者面临的挑战。

🐚 研究前沿 1-2

工作场所伙伴关系[二]

近年来，伴随数智经济及平台型组织的发展，**工作场所伙伴关系**受到理论界和实践界的广泛探讨。具体来说，工作场所伙伴关系是一种提倡员工与组织间对等合作、互利共赢的关系理念，要求基于员工与组织间的互利制度来实现双方的价值共创。通过回顾员工与组织关系的演变历史，本研究指出，数智经济时代的灵活用工模式和新型就业形态正驱动传统雇佣关系向伙伴关系转变，这种转变能够更好地释放员工潜能并推动组织发展。

- [一] 赵晨. 数字人力资源管理 [M]. 北京：中国人民大学出版社，2024.
- [二] 赵晨，林晨，周锦来，等. 工作场所伙伴关系：数字经济时代员工与组织共赢的逻辑基础 [J]. 南开管理评论，2024，27（4）：116-127.

1.4.1.4　人口与劳动力带来的挑战

人口与劳动力的变化也给企业人力资源管理带来了极大挑战，突出体现在劳动力供给需求和人口结构变化等方面。近年来，由于人口老龄化加速和少子化等原因，劳动年龄人口规模和比重持续下降，这对劳动力市场产生了深刻影响。国家统计局公布的第七次全国人口普查结果，15 ～ 64 岁劳动年龄人口比重为 63.35%，相比 2010 年第六次全国人口普查，下降了 6.79%。

到 2030 年，30% 的劳动力将是 Z 世代。成长于信息化、全球化的"Y 世代""Z 世代"员工相继踏入职场，他们与"60 后""70 后""80 后"员工有着截然不同的工作价值观，更具个性分明、思维开放、创新意识强的特征，也更倾向于以平衡工作、家庭生活为重心。他们的加入，将为人力资源管理带来独特的挑战和优势。此外，组织构成也趋于多元，年长员工、残障员工等特殊群体将融入组织。伴随着渐进性延迟退休和"三孩"等政策的落地，组织中可能出现"三代同堂"及"职场妈妈"部门等特定工作场景。如何充分激励每一类员工发挥潜能，扬长纳短，都将是人力资源管理的新议题。

1.4.2　改善人力资源管理的对策建议

1.4.2.1　明确人力资源管理的战略性职能

人力资源管理已经被视为企业的一个战略伙伴，它不仅参与企业战略的制定过程，还通过制定和调整人力资源规划来帮助企业贯彻执行战略工作，助力企业全球化发展。然而要想使人力资源管理在定位上确确实实成为一个战略性的职能，还必须把它当成一个独立的职能部门来看待。企业人力资源的高层管理者应当采取一种以客户为导向的方法来执行该职能。通过确定自己的客户是谁，他们的需求和价值观是什么，以及应当运用哪些新技术去满足这些客户的需求来实现自己的战略性管理职能，这是人力资源管理未来发展的方向。

1.4.2.2　重塑人力资源管理者的任务

德勤在形成《2024 全球人力资本趋势》的过程中调研访问了来自 95 个国家的 14000 位企业和人力资源领导者，以获取未来人力资源管理趋势和任务。结合笔者研究团队的实践调研经验，我们将未来人力资源管理者的任务总结为如下三个方面。

1. 以数据和信任重新定义"人的价值创造"

当前人们的工作具有复杂性、易变性、跨部门及难以量化等特点，工时和任务时长等传统生产力衡量指标不足以全面评估人的价值创造。新技术和数据收集方式的进步为组织带来了更有效的衡量指标。然而，随着数据的增加，组织越来越需要考虑哪些信息应该对员工保持透明。要通过透明的数据实践与员工构建深层次信任关系，这将为组织带来巨大益处。组织不应以牺牲人的价值创造为代价优先考虑业务问题，而应支持人的可持续发展，更广泛地为员工、客户和社会创造福祉。

2. 深研未来员工需要具备的素质

越是 AI 普遍存在的时代，就越需要人类智能（human intelligence，HI）的互补，越要关注人类的独特价值。《2024 全球人力资本趋势》显示，工作越是无边界，人类特有的能力（如同理心和好奇心）就越重要。对"人"这一因素的关注正在成为了解未来工作变化与采取行动以创造积极成果这两者之间的桥梁。作为人力资源管理者，要勇于改变过去的规则、运营结构和管理方式，坚信只有人员绩效可以帮助组织实现飞跃，迈向无边界的未来。这就要求人力资源管理者要深层次理解未来工作所需要员工具备的素质，利用不同的数据和技术，包括合理有效运用生成式人工智能等新兴技术，大幅提升人才能力，以全新的方式衡量和提高人的价值创造。

3. 利用敏捷性向无边界人力资源转型

如今的工作越来越强调敏捷性、创新和协作，这些都是帮助企业取得业务成果的关键要素。首席人力资源官和高级领导都逐渐意识到，HR 向其客户交付产品、解决方案和价值的方式必须改变，并保持敏捷性。随着管理思维方式和数字技术的发展，现在组织正推动人力资源管理从封闭的专业职能部门向开放的价值共创平台演进，通过与员工、业务单元及社会生态的深度协同，重构人才发展的组织边界与价值逻辑。无边界人力资源部门可以帮助组织发展人力资源领域的专业知识，并将其贯穿于业务结构中，为日益复杂的问题提供多学科的解决方案。尽管研究显示，许多组织尚未在思维和运营层面做出关键转变以应对未来的挑战，但认知差距并不是阻碍进步的关键，组织普遍面临的挑战在于如何在实践中提升人员绩效，以取得实质性的进展。敏捷管理是实现该目标的一种方式，通过提升人力资源管理很多职能的敏捷性，以更快速度、更高质量、更低成本为组织目标达成提供支撑。

复习思考题

1. 请举例说明人力资源管理如何行使其 5 项基本职能。
2. 有人认为"人力资源工作缺乏技术含量，门槛低，谁都可以来做"，对此你有何看法？
3. 结合本章所讲的人力资源管理角色的演变过程，请以一个你所熟知的企业为例，阐述该企业中人力资源部门所承担的角色有哪些。
4. 请思考新技术、新雇用模式和劳动力结构改变分别可能对人力资源管理带来哪些影响。

案例 1-1

福临汽车配件股份有限公司

福临汽车配件股份有限公司位于珠江三角洲，由董事长兼总经理乔国栋于 10 年前创立，专门生产活塞、活塞环、气门之类的产品，服务于华南地区的汽车制造与修理业。

乔国栋50出头，他原本在北方一家国有大型汽车制造厂的销售部门工作，20世纪80年代初，他毅然辞职南下，加入一家中外合资汽车制造公司继续从事销售工作。近10年后，他觉得自己干销售得心应手，已建立一个不小的用户联络网并攒了一笔钱，与其给洋老板打工，不如自己干。于是他拉了从北方一起南下的老同事傅立朝一起辞去现职，创办了一家一共才10个人的福临汽车修配站。傅立朝懂技术、有手艺，乔国栋自己管公关、干销售，生意红火，很快发展起来。3年多后，他又拉了一位会计出身的女强人关迪琼入伙，办起这家汽车配件股份有限公司，乔国栋、傅立朝、关迪琼各占股本的40%、30%、30%。乔国栋任董事长兼总经理，但销售是他的拿手项，所以又兼营销副总；关迪琼任财务副总；傅立朝是生产副总，他手下还有一位生产厂长刘志仁，是傅立朝自己找来的。事实上，创业之初，厂区布局、车间设备、工艺、质量标准，直至4位车间主任人选，全由傅立朝包揽，连第一批生产工人中的不少人也都是他招考进来的。乔国栋并未全力关注公司发展的全局和战略，把至少1/4的精力花在他爱干也擅长的营销、采购和公关上了。好在当时公司规模不大，市场也有利，这么干下来，效益相当不错。

从一开始，公司的做法就是大胆放权，各车间主任和科室负责人都各自包下自己单位的人事职能，负责自己手下人的招聘、委派、考核、奖惩、升迁，公司领导基本不过问。

经过7年的发展，公司规模扩大到340多人，业务也复杂起来，乔国栋发现当初那几年全公司"一个和睦大家庭"的气氛消退了，近两年员工士气在不断下降。领导班子开会研究后一致决定，应该专门设立一个管人事的职能办公室。但这个办公室该设在哪一级，班子意见并不一致。争论再三后，领导班子才决定设在生产厂长之下，办公地点在生产厂进门左边一间小房间内。该办公室有主任一名，并配一名秘书。

公司财务科有一位成本会计师，叫郭翰文。6年前，他从北方一所大学工商管理专业毕业，来公司财务科工作。那时，公司还小，工作分工不细，科长让他负责成本控制，他聪明能干，不久就熟练了。他的工作使他跟生产与营销两方面的人多有接触，人缘甚佳。乔国栋和傅立朝都觉得这小伙工作自觉，受到大家喜爱。但他常说："我并不喜欢干财会，我其实爱搞人事工作，爱跟人打交道，不爱跟数字打交道。"他那天在食堂，正巧跟总经理秘书小周同桌吃饭，从小周处听到公司要设"人事办"的消息。于是他闻风而动，马上递上书面申请，要求当"人事办"主任，又分头向乔、傅、关"三巨头"口头汇报，软磨硬缠，终于如愿以偿，当上了"人事办公室主任"。上任前，乔国栋关照他说："你这人事办公室干得好坏，对全厂工作很重要。"

新官上任三把火，郭主任上任伊始就向各车间主任发出书面通知说："为适应公司的扩展，公司领导决定对全厂员工的人事管理实行集权，为此成立本办公室。今后各车间一切人事方面的决定未经本主任批准，一概不得擅自执行。"

通知下发后，各车间主任对此政策变化的不满便接踵而至，都说："小郭这小子太狂了，一朝权在手，便把令来行，手太长了。"厂长开始听到主任们抱怨说："工人们已经和刚招来时不同了，难管多了。"厂长有一回见到一位车间主任，问为什么产量下降了，主任答道："我手脚都给捆住了，还怎么管得了工人。如今奖励、惩罚、招聘、辞退，我都没了权，叫我怎么控制得了他们？怎么让他们出活？"

有一天，有一位女工闯进人事办公室气冲冲地说，她被车间主任无缘无故地辞退了。郭翰文说："别急，让我先弄清楚情况。"郭主任给那个车间的主任打了电话："喂，三车间张主任吗？我是郭翰文，你们车间林达芬是怎么回事？""我炒了她的鱿鱼。""这我知道，但为什么呢？""很简单，我不喜欢她。""你知道，没有人事办批准，你是不能随便辞退工人的。""是吗？可是我已经辞退她了。""老张，你不能这么办。你总得有个站得住的理由才……""我不喜欢她——这就够了。"电话到此就被挂断了。

郭翰文把这件事向刘志仁做了汇报。刘志仁做了不少工作，并坚持让林达芬复职，才将这件事平息下来。但主任们关于招的工人质量差、自己没有人事权管不了的抱怨却有增无减，主任们主张人事办应当管的事越少越好，这件事终于闹到傅立朝那里，但乔国栋出差走访用户去了。刘志仁对傅立朝说，看来，现在工厂的规模还不算大，用不着设一个专门的人事职能部门，他建议还是用行之有效的老办法，让各车间主任自己管本单位人事工作，郭翰文还是回财务科去做原来的成本会计为好。

傅立朝左思右想，觉得恐怕只好按刘志仁的意见办了。但他说还是要等乔国栋回来后，请示了再定。

思考题

1. 你认为福临公司这样处理人事职能（前后两次）恰当吗？为什么？
2. 郭翰文改行干人事，是否合适？为什么？
3. 你若是乔国栋，回来听了傅立朝的汇报，会怎样决定？为什么？
4. 福临公司实行的是传统人事管理还是现代人力资源管理？你从该案例的研讨中得到了什么教益？

案例 1-2

腾讯的人力资源三支柱模型

为了适应数字技术的进步，进行产业升级，腾讯经历了数次重大的内部架构调整。首次调整发生在腾讯上市后的第2年。那时，腾讯决定从单一的社交平台扩展为综合性的生活平台。与此同时，腾讯的组织结构也从职能式转型为业务单元制，使得其产品线日益丰富。2012年的"5·18变革"标志着第二次调整，此时腾讯的组织结构从业务单元制进化为业务组制，进一步优化了各业务组的资源配置，使其能够更高效地管理多项业务。2018年的"9·30变革"是第三次重大调整，腾讯构建了自己的产业互联网模式，并在组织架构上引入了云与智慧产业事业群（CSIG）和平台与内容事业群（PCG），从而增强了公司的线上协同能力。到了 2021 年，腾讯宣布对公司战略进行升级。在这次升级中，腾讯依据人力资源三支柱模型，对人力资源管理架构进行了进一步整合。在这次整合中，腾讯主要采取了三大策略：首先，聚焦于强化核心能力和优化基础服务，以更好地满足用户需求；其次，采用泛娱乐战略，通过"粉丝经济"为旗舰产品创造价值；最后，实施"双打"战略，确保关键管理岗位上的两名管理人员能够互补。在这三大策略的引导下，腾讯的人力资源三支柱模型得到了有效实施，为其在新时代的稳健发展提供了有力支撑。具体来说，腾讯的人力资源三支柱模型涵盖了以下几个方面。

1. 腾讯的专家中心

腾讯对原有的人力资源部门进行了功能性重组，划分为四个部分。首先是人力资源部门，此部门处理的问题更多地接近传统的人力资源管理，主要涉及招聘调配、组织发展协调及员工活力监测三个方面。其次，为了激发员工的工作激情，制定合理的薪酬结构和奖惩机制，腾讯特意设立了薪酬福利部。该部门下又细分了五个中心以进一步明确职责：长期激励管理组、福利管理中心、员工薪酬中心、薪酬福利综合组和绩效管理组。再次，在如此详细的细分管理下，腾讯建立了完整且成熟的薪酬管理和福利架构，组建了腾讯学院。腾讯学院下设领导力发展中心、职业发展中心和培训运营中心三个分中心。腾讯学院作为腾讯内部的人才孵化平台，对腾讯的人才培养具有重要的意义。它会针对不同层次员工的不同需求，展开有针对性的培训。比如，腾讯对中层干部开展的后备计划（飞龙计划）就主要强调开阔管理人员的视野。为达成此类目的，腾讯会安排相应的人员开展到岗实习及企业交流等多项活动。最后是企业文化与员工关系部，下设三个小组：劳动关系组、沟通传播组和组织氛围组。战略目标的达成离不开组织内各个员工的共同努力，因此促进员工之间形成良好的人际关系非常重要。此外，当员工能够对企业文化产生认同时，也更容易自愿地为企业贡献力量。因此，此类部门的存在主要是协调员工之间的关系及员工与企业之间的关系，对于企业的长远发展具有重要意义。

2. 腾讯的共享交付中心

腾讯的共享服务中心升级为共享交付中心的布局主要通过以下三个阶段实现：第一阶段的目标是将员工需求与平台相互连接；第二阶段的目标是将平台进一步延伸，使其成为人力资源服务的整合提供者；第三阶段的目标是进行突破创新，延伸服务场景。这三个阶段的推进都是为了简化操作流程，方便员工交互。以往在传统模式下，员工获取资源的途径单一且员工间相互孤立。转型后，腾讯搭建了自己的资源交互平台，构建了联络生态并推行"一个腾讯"模式，使得员工可以及时获取满足自己需求的服务和产品。在这种情况下，人力资源管理者不再需要应对特定员工的特定需求，而是针对可能面临的问题为所有可能需要帮助的员工搭建资源平台以应对各种可能出现的突发情况。为此，腾讯搭建了多个便捷的业务服务平台，如"HR 助手"等。在平台上，员工可以在操作界面选择需要办理的业务（如开证明），在线上提交申报材料并追踪业务办理进度，全程无须线下参与，大大简化了操作流程。

3.腾讯的人力资源业务伙伴

在人力资源管理中，让相关人员真正成为各部门的业务合作者，一直是人力资源三支柱模型的核心目标之一。而腾讯为了使人力资源部门成为各部门之间的润滑剂，提出了以下四点：第一，强调人力资源管理者需要理解业务的原点是什么，即初始的业务需求是什么。只有了解了初始需求，人力资源部门才能够根据需求进行调度，并协同各部门之间的工作。第二，消除业务合作伙伴之间的盲点。在三支柱模型下，人力资源管理人员不再简单地处理原本本部门的单线任务，而是与其他部门展开积极的、双向的互动。因此，如何利用资源消除合作部门的盲点，成为对人力资源管理者非常重要的考察方向。第三，掌握组织成长的节点。人力资源部门与员工之间的互动非常密切，因此人力资源部门具有促进组织成长的先天优势。人力资源部门可以根据从大数据平台上收集的员工信息绘制人才画像，同时根据人才画像，结合组织需求，进一步满足组织成长发展的需要，使组织的战略目标达成更为顺利。第四，解决管理上的痛点。针对此问题，人力资源部门不仅需要协调员工之间的薪酬体系，还需要在管理战略的达成及业务流程的促进上多下功夫。腾讯基于人力资源三支柱模型进行的布局使其能够迅速应对瞬息万变的市场需求，实现资源的快速、有效整合。转型后，腾讯能够更有效地协调各部门行动，加强跨部门沟通，使跨国业务开展更加顺利，并对市场的变化保持敏锐的洞察力。在三支柱模型的指导下，腾讯有条不紊地进行着人才培养工作，这无疑促进了腾讯在时代浪潮中的长远发展。

资料来源：赵晨.数字人力资源管理[M].北京：中国人民大学出版社，2024：76-77.

思考题

1.腾讯为什么要采用人力资源三支柱模型？

2.腾讯的人力资源三支柱模型解决了哪些问题？具体做法是什么？

第 2 章
CHAPTER 2

人力资源管理基础

🌀 **学习目标**

- 了解几种关于人性假设的理论
- 说明人本管理的基本原则
- 阐述人力资本理论的发展及关注点
- 解释影响人力资源管理的心理学现象
- 理解情绪劳动和情绪管理相关理论

🌀 **引导案例**

名企如何激励员工[一]

如何有针对性地激励知识型员工，激发出他们最大的潜力，成为企业需要破解的难题。那么，国际知名企业是如何激励知识型员工的呢？

• 谷歌的"20% 时间"

谷歌曾经有一项针对工程师的制度，允许他们拿出 20% 的时间做自己喜欢的项目。这也就意味着，这些工程师每周都有一天的时间能够"自由创作"。这无疑极大地激发了工程师的工作热情和创新意愿，谷歌后来一系列产品的诞生，如 Gmail、谷歌地图等

㊀ 赵曙明. 人力资源管理总论 [M]. 南京：南京大学出版社，2021：1-2.

都得益于这个制度的实施。虽然近几年由于战略和政策的调整，谷歌的"20%时间"制度的实施受到限制，但是这项制度对于谷歌曾经的迅猛发展发挥了不小的作用，使谷歌成为最具创新力的公司之一。

• 3M的"15%法则"

与谷歌类似的，以创新著称的美国3M公司有一个"15%法则"。3M要求公司的科技人员花费其15%的时间在自行选定的领域内，从事研究和发明创造活动。在这一制度下，公司员工被激发出的创造力为公司带来了一连串获利丰厚的创新产品，从大名鼎鼎的便利贴到反光牌照等。自从实施"15%法则"之后，3M公司的销售额及盈利均增加了40多倍。

• 芬尼克兹的"裂变创业"

广东新能源与环保科技公司芬尼克兹（PHNIX）的创始人宗毅独创了"裂变创业"模式来激励公司的优秀骨干。这套模式的核心是将母公司的优秀核心骨干转变为裂变公司的创业者。芬尼克兹公司提出某一新项目，鼓励入职5年以上的优秀骨干自愿参加此项目的创业大赛。由企业的管理层和优秀员工担任项目创业大赛的评委，评委将资金投给他们所看好的创业团队，成为其股东。获胜的创业团队自此正式成立为裂变公司，芬尼克兹的创始人占50%的股权，创业团队占25%，评委投资人占25%。当裂变公司盈利时，创业团队分得利润的比例超过25%。芬尼克兹的骨干员工转型成为其裂变企业的创始人，享受高额的利润回报。

• 海尔：从"人单合一"到"小微模式"

海尔的张瑞敏在2005年就推出了"人单合一"的组织管理模式。在这样的模式之下，员工变成创业者和动态合伙人直接面对用户，拥有现场决策权、用人权和分配权，在为用户创造价值的同时实现自身价值。进入"互联网+"时代，海尔将"人单合一"升级成了"小微模式"，人人都可以成为CEO。所谓的小微，就是海尔平台组织上独立运营的创业团队，员工变身成小微主和小微成员，能够充分利用海尔平台上的资源快速变现价值。海尔这种创新的制度激发员工产生了巨大的能量。以"雷神小微"为例，2013年，3名"85后"的海尔年轻员工成立全新产品小微——雷神。在短短两年内，"雷神"完成了三轮融资。2015年，其收入达到7亿元人民币。

知识型员工具备较高的能力和素质，如果企业能根据他们的特点和需求设计一些创新大胆的激励手段，激发他们的工作动机和意愿，据调查，他们所创造出来的绩效至少是普通员工的4倍。上述4个名企示例的一个共同点，就是满足了知识型员工强烈的实现自我价值的愿望，从而为企业的长远发展注入强大的推动力。

有人说，中国企业缺乏的是人力资源管理的技术和操作方案，这诚然不假。但笔者认为，人力资源管理的基础工作是否做得扎实，更是值得企业人力资源管理者们深思的问题。任何人力资源管理的技术与方法只是手段，调动员工的工作积极性、激发员工的工作潜能才是目的。人力资源的管理技术与方案如果不符合组织的特点、员工的心理和岗位的需求，那它必然只是一纸空文，不能对企业产生实际影响。

要建立科学有效的人力资源管理制度与方法，各级管理人员就必须提高自己的认识，深入了解人性的特点，分析员工的心理与行为规律，把握工作的特性。只有这样，才能使人力资源管理工作落到实处。因此，本章将从人力资源管理的理论基础（人性理论、心理分析等）来阐述这些问题。

🌀 个案研究 2-1

电子商务事业部的管理

某天，某公司顾问陈博士接到该公司王总的求助电话："陈博士，您这两天是否有空来公司一趟，有些事想请教。"陈博士到公司后得知，近一个月来，公司人才流失很严重，尤其是技术与管理人才，特别是在电子商务事业部，人员像走马灯似地轮流转，难怪老总着急。

陈博士经过数天的调查、访谈，才得知该公司的两大事业部有较强烈的对立情绪。蛋白饲料进出口贸易事业部是该公司的传统产业，每年有近2亿元的销售额，近千万元的利润，而电子商务事业部新成立不到半年，根本没有现金流，只是投入、投入……尽管在战略上，公司的转型大家都能理解，但是贸易事业部的人心理还是不平衡，尤其对电子商务事业部人员的高工资不满。而电子商务事业部更不满意公司的半军事化管理方式，尤其对上班打卡、迟到扣工资这件事，他们叫着要实行弹性工作时间制……

了解到这些情况后，陈博士决定要和王总好好谈谈。

2.1 人性的假设与管理

人力资源管理的理论基础之一就是企业管理中的人性观。正如著名的管理学家道格拉斯·麦格雷戈在《企业的人性面》一书中指出："每项管理的决策与措施，都是依据有关人性与其行为的假设。"对人的本性的看法，仍是人力资源管理理论、管理原则与管理方法的基础。把人看成是"性本恶"的"经济人"，还是"性本善"的"自动人""复杂人"，甚至是"自由人"的观点，将对制定具体的人力资源管理制度产生深远的影响。

2.1.1 "经济人"假设与管理

2.1.1.1 "经济人"假设理论

1. 什么是"经济人"假设

"经济人"（economic man）也叫"唯利人"或"实利人"。这种假设起源于享乐主义哲学和亚当·斯密关于劳动交换的经济理论。它认为人的行为在于追求自身的最大利益。麦格雷戈在《企业的人性面》一书中将这种人性假设指导下的管理理论概括为 X 理论。这是传统管理科学的管理理论。

2. X 理论的人性观

（1）人们天生懒惰、不愿多做工作。

（2）人们缺乏雄心，缺乏进取心，怕担责任，宁愿受人领导。

（3）人们以自我为中心而忽视组织目标。

（4）人们习惯于抵抗变革。

（5）多数人是愚笨的，无创造力，常有盲从举动。

（6）人们只有生理和安全的低级需求，无自尊和自我实现的高级需求。

3."经济人"假设相应的管理措施

（1）只注重工作任务管理，采用严密的控制、监督，以及"管、卡、压"的独裁式管理方式。

（2）在奖惩制度方面主要是"胡萝卜加大棒"的方法，即以金钱（增加工资奖金）来刺激工人的生产积极性，用惩罚来对付工人的"消极怠工"行为。

（3）管理工作是少数管理者的事，工人只是服从指挥。

2.1.1.2 对"经济人"假设的评价

（1）"经济人"假设以享乐主义哲学为基础，把人看成是非理性的、天生懒惰而不喜欢工作的"自然人"，把人看成是机器，这与马克思认为的人是社会关系的总和，人的本质是一切社会关系的总和的观点是对立的。

（2）"经济人"假设的管理是以金钱为主的、机械的管理模式，否认人的主人翁精神，否认人有自觉性、主动性、创造性和责任心。

（3）"经济人"假设认为大多数人缺乏雄心壮志，只有少数人起统治作用，因而把管理者与被管理者绝对对立起来，反对工人参与管理，其"工人观"是完全错误的。

（4）"经济人"假设和 X 理论也含有科学管理的成分，对于消除浪费和提高效率、促进科学管理体制的建立等有积极作用，在一定的限度内，仍对今天的管理实践有借鉴作用。

2.1.2 "社会人"假设与管理

2.1.2.1 "社会人"假设理论

1. 什么是"社会人"假设

社会人（social man）也叫社交人。这种假设认为：人们在工作中得到物质利益对于调动生产积极性只有次要意义，人们最重视的是工作中与周围人的友好关系。良好的人际关系是调动职工生产积极性的决定因素。"社会人"假设的理论基础是人际关系学说。这种学说是社会心理学家梅奥在霍桑实验中的经验总结。

2. "社会人"假设的人性观

（1）传统管理把人假设为"经济人"，这是不完全的，人应该是社会人。除了物质条件外，社会心理因素对调动人的生产积极性有很大的影响。人类的工作要以社会需要为主要动机。

（2）传统管理认为生产效率主要取决于工作方法和工作条件。霍桑实验结果表明：生产效率的高低主要取决于员工的士气，而士气取决于员工在家庭、企业及社会生活中的人际关系是否协调一致。

（3）传统管理只注意"正式群体"问题，诸如组织结构、职权划分、改革制度等。霍桑实验注意到组织中还存在着某种"非正式群体"，这种无形的组织有其特殊的规范，影响着群体成员的行为。

（4）该假设提出了新型领导的必要性，这种领导善于倾听职工的意见，使正式团体的经济需要和非正式团体的社会需要实现了平衡。

3. "社会人"假设相应的管理措施

（1）管理人员不应只关注组织目标的完成，而应把注意的重点放在对员工需求的关心上。

（2）管理人员首先要注意员工之间的关系，培养员工对集体的归属感和认同感。

（3）在实行奖励时，提倡以集体奖励制度为主、个人奖励制度为辅。

（4）管理人员的职能不应只限于技术—经济问题的处理，而应该更加注意人际关系的处理及在员工与上级领导之间起联络作用。

（5）鼓励员工参与管理。

2.1.2.2　对"社会人"假设的评价

（1）在资本主义社会，从"经济人"到"社会人"假设只是管理思想与管理方法的一个进步，并不涉及社会生产关系的改变。

（2）"社会人"假设过于偏重非正式组织的作用，对正式组织有放松研究的趋向。这是一种依赖性的人性假设，对人的积极性、主动性、动机缺乏研究。

（3）"社会人"假设的管理措施，对今天企业的管理制度有参考意义。如小集体计件、个人超额计件、岗位补差等都借鉴了"社会人"假设理论。

2.1.3　"自动人"假设与管理

2.1.3.1　"自动人"假设理论

1. 什么是"自动人"假设

"自动人"（self-acting man）也叫"自我实现人"，这种人性假设是20世纪50年代末由麦格雷戈在总结马斯洛、阿吉里斯等人的观点的基础上提出来的，被概括为Y理论。

"自动人"假设认为：人并无好逸恶劳的天性，人的潜力要完全表现出来，才能充分发挥出来，这样人才会获得最大的满足。

2．"自动人"假设的人性观

（1）人性勤。使用体力和脑力来进行工作，就像娱乐和休息一样，同样是人的本性。在某些条件下，工作能使人得到满足。

（2）控制和惩罚不是实现组织目标的唯一方法。人们在执行任务中能够自我指导和自我控制。

（3）在正常情况下，一般人不仅会接受责任，而且能主动承担责任。

（4）人对实现目标是否尽力，依赖于完成目标所能得到的报酬。在这些报酬中，最主要的不是金钱，而是自尊需要和自我实现需要的满足。

（5）大部分人都具有解决组织中问题的想象力和创造力。但在现代企业条件下，一般人的智慧能力只是部分地得到了发挥。

3．"自动人"假设相应的管理措施

（1）管理重点的变化。"自动人"的假设把管理重点又从重视人的因素转移到重视工作环境上来。它主张创造适宜的工作环境、工作条件，以便能充分发挥人的潜力、才能、特长和创造力。其重视环境的实质和"经济人"假设不同，它更加重视人的因素，强调人的价值和尊严。

（2）管理者职能作用的变化。管理者的主要职能不是生产的指挥者和控制者，也不是人际关系的调节者，而是生产环境与条件的设计者。他们的主要任务是创造适应的环境条件，以发挥人的聪明才智和创造力。

（3）奖励制度的变化。该假设重视内部激励，即重视职工获得知识、施展才华，形成自尊、自重、自主、创造等自我实现的需要以调动职工的积极性。

（4）管理制度的变化。该假设主张民主管理，下放管理权限，建立较为充分的决策参与制度，更多地满足人们的自尊和自我实现的需要，并且强调运用适度的激励，把个人的利益与组织的利益结合起来。在这种情况下，努力完成组织目标，是达到个人目标的最好方法。该假设建议采取"工作扩大化、工作丰富化"的管理措施。

麦格雷戈主张 Y 理论的管理方式，反对 X 理论的管理方式，认为企业搞得不好，不应当归咎于人的"本性"，而应当归咎于组织工作和管理者的方法。这种主张在现代管理学中，越来越为人们所重视、接受。

2.1.3.2　对"自动人"（Y 理论）假设的评价

（1）"自动人"是资本主义高度发展的产物。

（2）"自动人"的理论基础是错误的。因为人既不是天生懒惰的，也不是天生勤奋的。人格与人性的发展是先天素质与后天环境和教育的结果。

2.1.4 "复杂人"假设与管理

2.1.4.1 "复杂人"假设理论

1. 什么是"复杂人"假设

"复杂人"（complex man）假设是 20 世纪 60 年代至 70 年代组织心理学家埃德加·沙因等提出来的。无论是"经济人""社会人"还是"自动人"的假设，虽然各有其合理的一面，但并不适用于一切人。因为人是很复杂的，人的需要是多种多样的，人的各种特性都会因情境变化而变化，由此出现了一种新的管理理论——"权变理论"（contingent theory），即根据具体情境采用相应的管理方式。这种理论也被称为"超 Y 理论"。

2. "复杂人"假设的人性观

（1）人的需要是多种多样的，会随条件发展而变化，每个人的需要不同，需要层次也因人而异。

（2）人在同一时间有各种需要和动机，它们会发生相互作用并结合为一个统一的整体，形成错综复杂的动机模式。

（3）动机模式的形成是内部需要和外界环境相互作用的结果。在组织环境中，工作与生活条件的变化会使人产生新的需要与新的动机模式。

（4）一个人在不同单位工作或同一单位的不同部门工作，会产生不同的需要。

（5）由于人们的需要不同、能力各异，对同一管理方式会有不同的反应，因此没有万能不变的管理模式，要求管理人员善于观察职工之间的个别差异，根据具体情况采取灵活多变的管理方式。

3. "复杂人"假设相应的管理措施

根据"复杂人"假设提出的超 Y 理论，并不要求管理人员放弃上述以三种人性假设为基础的管理理论，而主要是探讨"管理功能"与"环境因素"之间的关系，要求管理人员根据具体人的不同情况，灵活地采取不同的管理措施。

根据"超 Y 理论"提出的主要管理措施有：

（1）采用不同的组织形式提高管理效率。根据工作性质的不同，可以时而采取固定的组织形式，时而采取灵活的、变化的组织形式。

（2）根据企业情况不同，采取弹性、应变的疏导方式，以提高管理的效率。若企业任务不明、工作混乱，应采取较严格的、控制的疏导方式；若企业任务明确，则应采用民主的、授权的领导方式。

（3）善于发现职工在需要、动机、能力、个性方面的差异，因人、因时、因事、因地制宜地采取灵活多变的管理方式与奖酬方式。

2.1.4.2 对"复杂人"假设（超 Y 理论）的评价

（1）"复杂人"假设及其相应的超 Y 理论，强调因人而异进行灵活多变的管理，包含辩证法思想，对改善企业的管理具有启示作用。

（2）"超Y理论"人性假设过分强调个别差异，在某种程度上忽视了共性，其结果往往过分强调管理措施的应变性、灵活性，不利于管理组织和制度的相对稳定，否认了管理规律的一般性特征，不利于科学的发展。

我国学者周可真教授在《管理哲学元论》[1]中提出"自由人"（free man）假设，指出人既不是天生懒惰也不是天生自我激励，而是处于这两种极端之间的某个位置，具体取决于特定的情境和条件。"自由人"假设与"复杂人"观点异曲同工，都强调人的行为和动机不是固定不变的，而是受到多种因素的影响。所不同的是，"自由人"假设更侧重于成就人，而非利用人。

随着人性认识的纵深化发展，以人性假设为基础的管理也从"经济人""社会人""自动人""复杂人"假设下的利用人性来达成管理目标，转变为"自由人"假设下成就人的一种手段，管理的本质也从对他人行为的控制上升为对自我人生的管理。[2]

🌀 研究前沿 2-1

人性假设启发式分类框架[3]

发表在《人力资源管理评论》（*Human Resource Management Review*）上的研究将人性假设与领导理论相整合，提出人性假设启发式分类框架（a typology of human nature heuristics），试图用于理解和比较不同领导理论中关于人性的基本假设（具体见图 2-1）。通过这个分类框架，研究者可以评估多种领导理论的内部一致性，并通过人性假设探索不同领导理论之间的逻辑联系。

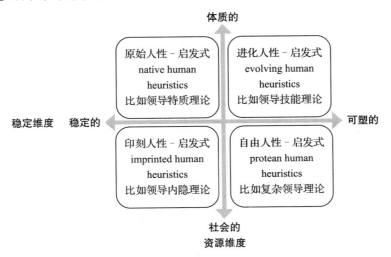

图 2-1 人性假设启发式分类框架

[1] 周可真. 管理哲学元论 [M]. 北京：中国社会科学出版社，2023.
[2] 吕晨，朱光磊. 管理理论中人性假设的批判性反思 [J]. 领导科学，2024（4）：57-63.
[3] ALOK, K. Finding human nature coherence in theoretical narratives: a heuristics approach and a leadership illustration[J]. Human Resource Management Review, 2022, 32(4): 100897.

2.2　人本管理与人力资本理论

人本管理的思想贯穿于人力资源管理的始终，尤其是舒尔茨人力资本理论的提出，更突出了人的价值，显示了生产力要素中人的重要地位。人既是管理的主体，又是管理的客体。人的积极性、主动性和创造性的发挥程度，决定着事业的盛衰。

2.2.1　人本管理的基本原则

现代企业的人力资源管理是"以人为本"的管理。人本管理的核心是尊重人、激励人。在管理中，要体现"人的价值高于一切"的理念，就需要我们在实践中注重贯彻人本管理的基本原则。

1. 个体差异原则

俗话说：人心不同，各如其面。世界上没有哪两个人的长相或哪两个人的心理一模一样。人与人之间存在差异是不可否认的事实。在管理中，各级人力资源管理者要注意员工的智力、个性与能力等方面的差异，有的放矢，因材施教。只有这样，才能使人与事、人与人的关系达到合理的境界。

2. 科学管理原则

人本管理建立在科学管理的基础之上。没有科学管理的基础，人本管理就成了一句空话，就成了一种形式。企业的管理者特别是高层管理人员必须具备与管理相关的基础科学知识，掌握管理的科学方法，才能有效地管理数智经济时代的企业。

3. 要素有用原则

在人力资源管理中，任何要素（人员）都是有用的，关键是为它创造发挥作用的条件。换句话说，"没有无用的人，只有没用好之人"。泰勒曾提出"第一流工人"的思想。所谓第一流工人，包括两个方面的含义：一是具有从事某种工作所需的能力；二是愿意从事该种工作。他还说："每一种类型的工人都能找到某些工作，使他成为第一流工人，除了那些完全能做这些工作而不愿做的人。""人具有不同的天赋和才能，只要工作对他合适，就能成为第一流工人。"

4. 激励强化原则

所谓激励就是激发员工工作动机，满足员工要求，实现组织目标的过程。它是人本管理的核心。据研究表明，一个人在无激励状态下工作，只能发挥个人潜能的20%～30%，但通过适当的激励，员工的潜力就能发挥80%～90%。而发挥的程度取决于激励的程度。在组织中，尤其对组织赞许的行为往往通过正激励，即正强化的方式来加以巩固，而对组织反对的行为，往往通过负强化来加以消除。

5. 教育培训原则

员工是企业最宝贵的财富。要增强企业的竞争力，就必须加强对员工的教育与培训，支持员工持续学习与发展，帮助他们主动适应企业生产与经营的需要。

6. 文化凝聚原则

人力资源管理的一个重要方面就是提高组织的凝聚力，以便吸引和留住人才，并保持竞争力。在现代社会条件下，企业文化已经成为塑造组织凝聚力的一种重要方法和手段。每一家优秀的企业无不重视企业文化的建设并拥有优秀的组织文化。

2.2.2 人力资本理论

在知识经济时代，人力资本已超越了物质资本成为最主要的生产要素。诺贝尔奖获得者贝克尔教授指出，发达国家资本的 75% 以上不再是实物资本，而是人力资本，人力资本成为人类财富增加、经济进步的源泉。人力资本因具备价值性、稀缺性、难以模仿性、不可替代性及组织性等特征而成为企业有价值的战略资源和组织持续竞争优势的源泉。如何将普通人力资源打造成组织所需要的、具备战略特征的人力资本资源，正是组织战略人力资源开发与管理要回答的问题。可以看出，人力资本理论是人力资源理论的重点内容和关键基础。

2.2.2.1 人力资本理论沿革

人力资本理论起源于经济学，伴随着在多学科的应用，其理论体系也在不断深化，并逐步延伸至心理学和管理学科的人力资源开发与管理领域，表 2-1 列出了人力资本概念的代表性观点。

表 2-1　人力资本概念的代表性观点

不同学科	代表性观点	侧重点
经济学	个体所拥有的知识、信息、观念、技术和健康等，这些资本形式以个人为载体，由所有者或使用者在权衡成本与收益的基础上决定对其的投资行为	将人的能力看作特殊资本，关注投资回报
心理学	个体的知识、技能、能力和其他特征等要素的组合，这些要素实质上为各种能力的集成	侧重于有效测量人力资本
管理学	个人通过教育、培训、健康、经验和其他形式的投资所获得的知识与技能的总和，这些知识和技能能够提高个人的生产力与创造价值的能力	侧重于有效开发和利用人力资本，达到管理的目的

1. 经济学领域开创性研究

古典经济学家在研究人力资源之始就提出了人力资本的概念。亚当·斯密在其名著《国富论》（1776 年）中提到，人的能力是一种"资本"，人们经过学习得到的有用的才能，可以变成社会财富的一部分。一个国家全体居民所有后天所获得的有用能力是资本的重要组成部分。因为获得能力需要花费费用，所以人力资本可以看作每个人身上固定的，已经实现了的资本。后来，贝克尔在 1964 年基于微观分析结论对人力资本的内涵进行界定。他指出，人力资本是个体所拥有的知识、信息、观念、技术和健康等，这些资本形式以个人为载体，由所有者或使用者在权衡成本与收益的基础上决定对其的投资行为。同时，贝克尔开创性地区分出通用型人力资本（general human capital）和专业型人力资本（specific human capital）。前者更具有广泛适用性，是可以在不同组织和行业中使用的知识或技能（比如外语能力、管理知识等），后者更多是在特定组织中使用时不断增值的人力资本（比如企业专用技术、操作特定机器设备的技能）。它们是与个体人力资本相互关联但内涵不同的两个概念，为人力资本理论在管理学领域的应用奠定了基础。

🌀 研究前沿 2-2

AI 时代两种人力资本的再定义[⊖]

清华大学研究团队关注了生成式 AI 对不同类型人力资本价值的影响。研究通过一系列行为实验，得出结论：生成式 AI 对不同类型人力资本的影响呈现出显著的差异化效应，会显著增强人们的通用型人力资本。通用型人力资本之所以在 AI 时代更具优势，是因为 AI 的功能需要人类的指导和整合。比如，AI 可以生成多种创意方案，但最终的选择和优化离不开人类的判断力。

与此同时，它也可能对专业型人力资本构成替代和削弱效应，特别是在那些与特定任务直接相关的技能领域，比如数据分析能力等。因为 AI 能够快速学习、复制甚至超越人类的专业知识，这将降低传统专才的独特性和稀缺性。

这要求组织在人力资源管理实践中，既要充分利用 AI 技术提升员工的通用技能，也要警惕其对专业技能可能产生的替代风险，并采取相应的策略来平衡和优化人力资本的配置。

2. 心理学领域的纵深性研究

经济学领域更多将人的能力看作特殊资本，从宏观上分析其在经济增长中的作用。不过，此视角无法揭示人力资本的内核特征，心理学家对此进行了深入探讨并做出了发展。心理学领域基于个体差异，认为人力资本是个体的知识、技能、能力和其他特征等要素的组合，这些要素实质上为各种能力（competencies）的集成。与经济学关注投资不同，应用心理学侧重于对人力资本的测量，比如开发出很多针对个体认知能力、个性心理等方面的测量工具（具体详见本章第 2.3 节的内容）。心理学将人力资本抽象到人的能力层面，使得人力资本理论进一步细化，能够对个体能力结合工作特征进行科学度量，从而更好地对员工的岗位能力、工作行为和绩效表现进行有效的评价、开发与管理。这些研究发展也为人力资本理论在管理学，特别是在人力资源管理开发领域的应用提供了依据和微观基础。同时，心理学研究过于关注微观的特点，也决定了对个体知识技能、能力和其他个性特征等微观构成要素的简单识别与聚合，难以解释组织层面人力

⊖　参见 M. L. Huang, M. Jin, N. Li 的 Augmenting minds or automating skills: the differential role of human capital in generative AI's impact on creative tasks。

资本的构成、结构及如何涌现组织能力和提升组织绩效等问题。[注]因此，管理学者将人力资本理论引入更广阔的组织情境中开展研究，从组织层面拓展了人力资本研究视野。

3. 管理学领域的拓展性研究

如前文所述，管理学领域从组织层面关注人力资本行为，深化了人力资本理论的组织情境和战略视角。比如，从战略匹配视角考察团队人力资本提升对组织绩效的作用机制，厘清不同性质个体 KSAOs[注]如何动态交互、聚合、涌现为组织层次的人力资本等，[注]结合不同学科探讨组织管理中人力资本的形成、转化及战略价值实现问题。随着人力资本理论与组织动态能力理论的有机结合，进一步深化了战略人力资本研究：从关注人力资源到凝聚组织的人力资本资源，从挖掘静态的战略资源特性到整合组织的战略能力开发，从强调人力资源管理职能转型到致力于组织内外各系统的战略协同等。从这些研究方向可以看出，关注组织层面人力资本研究将是战略人力资源管理探讨的新阶段。

🌀 实务指南 2-1

人力资本与物力资本的异同点

按美国经济学家舒尔茨的观点：完全资本包括人力资本与物力资本。它们既有相似性，又有区别。

（1）相似性集中表现在：

①二者作用的结果都能使个人收入和国民收入增加；

②二者都是通过投资形成的，对人投资形成人力资本，对物投资形成物力资本；

③二者均具有资本的性质，均具有带来利润的作用，也有损耗与折旧的风险，都需要控制风险来获取稳定的资本回报。

（2）其区别主要表现在：

①物力资本的所有权可以被转让或被继承，人力资本的所有权一般是不能被转让或被继承的；

②人力资本还具有间接性、高效性、迟效性、多效性和易流失性等特征。

2.2.2.2　人力资本、人力资源与人力资本资源

人力资源是人力资本内涵的继承、延伸和深化。现代人力资源理论以人力资本理论为依据，人力资源经济活动及其收益的核算基于人力资本理论。两者都是在研究人力作为生产要素在经济增长和经济发展中的重要作用时产生的。

㊀ 李新建，李懿，魏海波. 组织化人力资本研究探析与展望——基于战略管理的视角 [J]. 外国经济与管理，2017，39（1）：42-55.

㊁ KSAOs 模型，是人力资源管理岗位描述中常用的用来分析员工胜任特征的框架，具体指个体知识（knowledge）、技能（skills）、能力（abilities）、其他特质（others）等维度。

㊂ 李炜文，等. 组织能力的微观基础：研究述评与展望 [J]. 外国经济与管理，2024，46（12）：37-54.

人力资源是资本性资源，是人力投资的结果，它不是原生劳动力，而是一种经过开发而形成的具有一定体力、智力和技能的生产要素资源。而人力资本是通过投资形成的以一定量存在人体中的资本形式，强调以某种代价所获得的能力或技能的价值。

人力资源管理专家帕特里克·怀特等人（2014）整合人力资本与人力资源研究，提出"人力资本资源"（human capital resource）这一概念，具体是指基于个体 KSAOs 形成的有助于实现组织目标的个体或单元层次的能力。该概念强调人力资本既不同于一般的人力资源，也不是单纯的个体人力资本，它是在特定的组织战略目标下，强调为企业而非个体创造收益的资本性资源，或称组织化的人力资本集成。人力资本资源更强调人力资本的战略属性和重要性，认为在个体人力资本向组织人力资本转化的过程中，个体人力资本经由组织战略或群体目标平台实现复杂的聚合。

2.2.2.3　战略人力资本管理

研究成果《战略人力资本资源》（*Handbook of Research on Strategic Human Capital Resources*）⊖对人力资本资源的理论、方法论及管理进行了梳理，指出战略人力资本管理（strategic human capital management，SHCM）是人力资源管理发展的新阶段，这一领域的开拓使得人力资本理论填补了中观层次的研究空白，把个体层面的研究升华到组织或单元（unit）层面，同时将员工的能力开发与组织的战略目标密切关联。

战略人力资本管理不同于战略人力资源管理，后者是通过对人力资源管理的战略化设计，使得人力资源管理和组织战略一致，各种人力资源管理活动间协同和一致。通过全员对人力资源管理的参与和支持，可以实现组织的长期绩效和竞争优势。⊖

战略人力资本管理在一定程度上关注个体人力资本资源涌现发展为组织人力资本的过程，然而，仍不能忽略在未来新型组织（比如平台型组织、虚拟组织等）情境下，员工对组织不再有很强的隶属性，对组织的归属感减弱、承诺感淡化的客观现实。在这种情境下，组织运用传统的交换、激励策略，很难获取对员工拥有的人力资本的使用权和长期价值回报。⊜因此，未来研究应关注互联网和大数据时代人力资本开发的管理特征与实现途径，探索新型的员工与组织、组织与组织、组织与市场的关系，以及这些关系的变化对组织人力资本资源开发手段与途径的影响。

⚙ 个案研究 2-2

华为的知识管理

华为技术有限公司，自 1988 年成立以来，已经成为全球领先的信息与通信技术

⊖ NYBERG, MOLITERNO. Handbook of research on strategic human capital resources [M]. Northampton: Edward Elgar Publishing, 2019.
⊖ 张正堂. 战略人力资源管理研究 [M]. 北京：商务印书馆，2012.
⊜ 李新建，李懿，魏海波. 组织化人力资本研究探析与展望——基于战略管理的视角 [J]. 外国经济与管理，2017，39（1）：42-55.

（ICT）解决方案提供商。截至 2023 年，华为拥有超过 190000 名员工，其中包括大量的博士、硕士及高级工程师和高级管理人员。公司在全球范围内的业务持续增长，年收入超过千亿美元，这得益于其在研发上的持续投入和对创新的不懈追求。对于这样一家高科技企业，如何吸引和留住最优秀的人才，如何开发和管理其知识资源，成为企业保持竞争优势的关键。

高科技企业的兴衰史表明，拥有大量聪明人才的公司也很容易退化为一个由傲慢、极端独立的个人和小团队组成的混乱集体，不分享知识，不吸取经验教训，妄自尊大，不研究同业竞争，不倾听消费者意见。华为深知，企业的成功不仅依赖于个别天才的创新，更在于团队协作和知识共享的文化。华为的企业文化强调团队合作、持续学习和创新精神。公司通过《华为基本法》明确了对知识价值的认可和对人才的尊重。例如，《华为基本法》第 15 条规定："我们以劳动、知识、企业家和资本创造了公司的全部价值。"这表明华为对知识型员工的重视，并为他们提供了一个能够发挥潜力的工作环境。

华为实施了一套全面的员工激励和股权激励计划，确保员工的个人成长与公司的发展紧密相连。通过全员持股计划，华为不仅让员工分享公司的成功，还鼓励他们积极参与公司的长期发展。这种股权结构设计旨在激发员工的主人翁意识，促进知识共享和团队合作。

此外，华为还建立了一套完善的知识管理系统，鼓励员工之间的知识交流和经验传承。公司通过内部培训、研讨会和在线学习平台，不断提高员工的专业技能水平和创新能力。华为还与全球的学术机构和行业伙伴合作，以保持在技术创新的最前沿。

华为对知识资源的有效开发和管理，以及将其资本化的策略，不仅为公司带来了持续的增长和竞争优势，也为员工提供了实现个人价值和职业发展的机会。这种以知识为核心的企业文化，是华为在全球市场中保持领先地位的重要因素。

2.3　人力资源管理的心理学基础

企业要做好人力资源管理工作，必须要认识人、了解人。只有在识人的基础上建立的人力资源管理制度才有强大的生命力，才能真正贯彻实行。所以，企业管理者必须要了解员工的心理、分析员工的行为，才能构建良好的人力资源管理基础。

个案研究 2-3

王军和梁生的烦恼

北京信息系统有限责任公司软件部工程师王军毕业于某著名大学计算机科学系，专业为软件工程。几年来，王军工作积极、待人真诚，是软件部公认的业务骨干。王军希望有一天自己能够晋升到经理的职位，并为此努力。令人意想不到的是，当软件部经理职位空缺时，王军未能如愿以偿。荣升经理的是一位资历、年龄、技术都逊色于他的同事。王军极度失望。一位长辈告诉他，如果想在事业上有所发展，就应该提高自己的人际交往能力。

天润房地产责任有限公司经理梁生任职一年来，困扰不断。主修建筑学的他似乎不善管理。虽然公司员工的薪金、福利在当地首屈一指，但是员工的工作积极性并不高。更加令他恼火的是，员工之间矛盾重重。梁生真不知道应该如何领导他们。

2.3.1　认知心理分析与人力资源管理

2.3.1.1　心理与管理

1. 心理的本质

心理是人对客观现实的主观反映，脑是心理活动的器官。人的心理现象包括心理过程与个性心理（见图 2-2）。心理学家认为，人的心理是可以借助科学的方法与手段来被认识和了解的。孟子云："权，

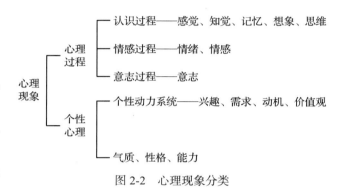

图 2-2　心理现象分类

然后知轻重；度，然后知长短。物皆然，心为甚。"所以，在企业管理中，管理者要想做好管理工作，必须要了解人的心理，也只有了解人的心理才能做好管理工作。

2. "认知世界"的概念

实验研究证明，人的行为表现有赖于主体对客观环境的看法，而这个看法是人通过知觉过程而产生的关于客观世界的主观映像。它是客观世界的反映，但与客观世界并不完全相同，所以它被称作人的"认知世界"。由于每个人的认知世界中都渗透着个人的需要、态度、价值观念、知识经验等各种因素的影响，所以从某种意义上说，每个人的认知世界并非客观实在的世界，而是以他自己的看法所构成的主观世界，然而正是这个属于个人的认知世界决定着个人的行为。例如，人人都在买自己认为最好的商品，但实际上每个人买的都不一样，此人认为是最好的，彼人可能认为不怎么样。对待工作也是如此，有人认为这项工作好，有人则认为这项工作并不好，其原因就在于个人的认知世界不同。

这种直接影响人的行为的认知世界被称为"行为环境"，其用意在于区别于客观存在的外部世界、客观环境。事实上，世界上没有任何两个人的行为环境是完全相同的。

2.3.1.2　社会知觉与管理

认识和学习知觉非常重要。因为个体的行为并非基于外界环境现实，而是他们对此的知觉和感受。行为跟着知觉走。要影响人们在工作中的行为，就需要分析他们对工作和环境的知觉。有的行为乍看不可思议，但只要明白行为人背后的感知，就很容易理解了。

1. 知觉三要素

知觉是人对客观事实的整体属性的反映。知觉的正确与否取决于知觉者自身的特征、知觉对象及知觉者与知觉对象所处的情境。比如，经济背景不同的人对硬币的大小的知觉是不一样的；三个裁判对比赛中的好球坏球也会各执己见。

在知觉理论中最重要的是对象与背景的原理。知觉的对象与背景差异越大，对象越容易从背景中分离出来。有时，对象与背景还会发生相互转化，在管理中换位思考就显得非常重要，多以员工的角度考虑问题才能把握事物的发展方向。

2. 社会知觉

对组织管理来说，社会知觉则更为重要。社会知觉是指在社会情境中以人为对象的知觉，有时也称人际知觉。社会知觉中重要的是选择性原理，它是指人们在某一具体时刻只以对象的部分特征作为知觉的内容（见"实务指南 2-2"），这也就容易导致知觉中的偏见。

✿ 实务指南 2-2

知觉的选择性

德威特·迪尔伯恩和赫伯特·西蒙曾做过一项知觉选择性的经典实验研究。23 位企业主管阅读一篇某钢铁公司的卷宗。在这些主管中，有 6 位来自销售部门，5 位来自生产部门，4 位来自会计部门，8 位来自总务部门。读完卷宗之后，请他们写下他们认为这家企业最需要解决的问题是什么。结果，有 5 位（占销售主管总数的 83%）销售主管认为最需解决销售问题，而其他各类主管中只有 29% 强调解决销售问题的重要性。这一结果及其他统计表明，主管只注意与自己部门有关的问题，而且对组织活动的知觉与决策也只会选择与自己部门相关的内容予以注意。这种本位主义式的知觉，不自觉地反映了人的职业与工作的特点、兴趣、需要、利害关系的影响。

2.3.1.3　知觉中的偏见

在知觉中常会产生许多偏见，主要包括以下 5 种。

1. 第一印象

两个素不相识的人第一次相见，各自所形成的印象叫第一印象，又叫初次印象、首因效应。

第一印象从客观上说，所获得的仅是对人的表情、姿态、仪表、年龄等显露在外的东西的认识，但从内容上说包含远比外在东西多得多的内在东西。就是说，人们总会根据这些有限的资料，对对方做出总体性判断，并且长久地留在记忆里，影响着今后的交往，产生第一印象的惰性。

第一印象的惰性在企业管理中经常发生，企业领导者必须力求避免因第一印象的惰性造成的对他人认知的片面性，不要因第一印象好就再也看不到对方的缺点，或第一印象不好就再也看不到对方的优点。同时，领导者要利用这种效应，凡事争取有一个好的开端，给员工留下良好的第一印象，为以后的工作打下有利基础。

2. 刻板印象

在一般情况下，人对他人的印象是从直接交往中产生、形成的。但是，也有另外的情形：个人对某人或某类人仅靠一些间接资料就形成了一定的印象，并且使自己对某人或某类人的认知受此印象的强烈支配，这在心理学中叫"定型作用"。比如人们普遍认为：英国人保守，有绅士风度；德国人严格，有纪律；法国人浪漫，感情充沛；美国人天真、务实；日本人进取、能拼搏。这些就是典型的刻板印象，其实我们并未与这些人有过多少来往，但往往对此深信不疑。

总之，像这样既不以直接经验为根据又不以事实为基础，凭道听途说、一孔之见而对某人、某类人形成的印象，叫"刻板印象"。

刻板印象有三大特征：第一，它所依据的是一种过分简化的分类方式；第二，在文化群体中有一定的一致性；第三，多与事实不符。

因此，一家企业的管理者必须与刻板印象做斗争，避免因刻板印象而造成对他人的伤害。

3. 晕轮效应

我们常常把长得漂亮、大眼睛、眼睛有神的人看作聪明的人，据此而不分青红皂白地把一个人的其他品质也都认为是可取的，就是晕轮效应。或者根据一个人做的一件错事，就不管其他事做得如何完美，就认为他毫无可取之处，这也是晕轮效应。更具体地说，前者叫"光环效应"，一好百好；后者叫"扫帚星效应"，一丑百丑。

这是什么原因呢？原来我们总把人当作一致性对象来认知。现实生活中的人似乎有许多相对独立的特性，但我们在认知某人时，都会把它们紧密地联系在一起，这样就常常导致推理错误而产生晕轮效应。

一个人被赋予了一个肯定的、受人欢迎的特征，那么很快就会被赋予许多其他优秀的特征。这种晕轮效应常常造成许多不良后果。企业管理者在人才选拔、任用或评价过程中，应避免这种倾向，防止这种偏见。

4. 近因效应

研究表明：在人与人的交往中，最后给人留下的印象对人的社会知觉具有更强烈的影响，这叫近因效应。

为了说明近因效应，有人曾进行了这样一项实验：选取甲、乙两组学生作为被试，向他们介绍一个陌生人，在甲组学生中先讲这个人的外倾特征，在乙组学生中先讲他的内倾特征，介绍完后让学生做一定时间的数学题（即中间进行干扰），然后再向甲组学生介绍此人的内倾特征、向乙组学生介绍其外倾特征，最后让两组学生描述这个人的特点。结果表明，后半部分的介绍给两组学生留下了更深刻的印象，甲组学生认为这是个内倾型的人，乙组学生认为这是个外倾型的人。

比较研究表明：在知觉陌生人时首因效应的作用较大，而在知觉熟悉人时近因效应的作用较大。

5. 假定相似性

人们在社会知觉中有这样一种倾向，即总是假定别人与自己相同，这就是假定相似性。例如，有的人出差好游山玩水，他认为别人出差也必然去游山玩水；有的人把别人想得很坏，他往往怀疑别人也如此看他。此所谓"以小人之心，度君子之腹"。研究表明，当一个人知道别人的年龄、民族、国籍和社会经济地位等方面与自己相同或相似时，更容易产生这种偏见。

这种偏见会产生以下两个相互联系的结果：

第一，当一个人评价别人时，他把别人评价得实际更像自己。实践证明，通过放映喜剧片或令人生厌的录像，会影响被试对别人（如照片上的面部表情）的判断。被试总是根据自己的情绪评定他人的表情，即自己愉快时也认为别人很高兴，自己心烦时也看到别人在忧愁。也就是说，他歪曲了别人的人格，以至于他给别人的评价与其说像那个人，不如说更像他自己。

第二，当一个人在评价与自己相类似的人时，评价得就比较准确。因为人们评价别人时总以自己为参照标准，所以一旦遇到了一个相似的人，自然评价就准确得多了。从这种偏见中，也可以推导出一个效应，即当一个人在评价别人时，往往也就评价了自己。也就是说，对别人的评价实际上是评价者自己的自我人格测定。研究表明：因为一个人在评价别人时总是力求客观，既不想隐瞒缺点，也不想夸大优点，所以这种间接的测定就比较客观、准确。从这里我们可以得到一个启示：如果你要了解一个人，简单易行的方法就是让他去评价别人。

从以上偏见可以看出，知觉有可能严重地扭曲我们的判断。这些知觉的偏见在人力资源管理各个环节中都很常见，比如雇用面试、绩效评估及员工互动等。面对种种知觉偏差，人工智能是一种有效的对抗措施，比如基于人工智能技术的绩效评估工具就能帮助我们绕开评判他人时的知觉捷径。这一类"机械的"数据分析方法是很有效的。一项综述研究也发现，在评价工作绩效时，"机械方法"比"主观方法"的有效性高50%。不过，这些实践也可能引起许多管理者和员工的忧虑，让人们担心人工智能会取代自己，引发技术性失业威胁。

2.3.1.4　归因理论

对社会对象的知觉与对物的知觉有很大的不同。我们对人的认知总要涉及他的内部心理状态，如动机、态度、情绪、品德和信念等，而这些无法直接被观察到，只能依据他的言语行为去推断，这样就产生了归因问题。人们根据他人的所作所为推断其内心状态，并对其言语行为做出解释的过程，就叫归因。对他人的归因叫客观归因，对自己的归因叫主观归因。

对归因的研究最早是在研究社会知觉的实验中被提出来的，现今已远远超出了社会知觉的范围。如今归因理论的研究主要包括：心理活动的归因，即人的心理活动的产生应归于什么原因；行为的归因，即对人产生某种行为及行为成败的心理原因；归因偏见，即归因过程中的非合理性问题。

归因的本质是找出员工成功与失败后面的真正原因，归因是手段而非目的。

美国社会心理学家哈罗德·凯利曾提出他的归因模型。在对人的知觉过程中，可以把这个人的行为归结为三个方面的因素，或者归结为知觉者本人的特点，或者归结为知觉对象的特点，或者归结为知觉者与知觉对象进行交往时所处的情境。究竟归结为何种因素，要按下述三个标准来决定：

（1）前后的一贯性，即人们的行为在不同的时间是否前后一贯；

（2）普遍性，即观察某个人时是否与周围其他人有相同的反应；

（3）差异性，即一个人在另一种情况下是否也以同样的方式做出反应。

这里举一个例子来说明。比如，一个工人很称赞他的厂长。这种行为应归结为工人本身，还是归因于厂长，或工人与厂长当时所处的情境呢？这就要从上述三个标准来考虑。

首先，要看这个工人是一贯地称赞这个厂长，还是这种称赞只是他偶然的心情变化的结果。其次，要看是厂里的多数工人都称赞这位厂长，还是只有这个工人称赞这位厂长。最后，要看他在日常生活中是对所有其他厂级领导干部都是称赞的，还是只对这个厂长抱以称赞的态度。如果这个工人对所有厂级领导干部都抱以称赞的态度，那么就要把他对厂长的称赞归结为他的内部心理特点。如果他有时称赞这个厂长，有时批评这个厂长，而且如果厂里的多数工人都称赞这位厂长，那么就应把他对这位厂长的称赞归结为外部原因，即厂长本人的特点。

归因研究中的另一个重要问题就是研究人们获得成功和遭到失败的归因倾向。

美国心理学家伯纳德·韦纳提出了成功和失败的归因模型。他认为人们的行为获得成功或遭到失败主要归因于四个方面的因素：努力、能力、任务难度和机遇。这四种因素可以按内外因、稳定性和可控制性三个维度来划分。

从内外因方面看，努力和能力属于内因，而任务难度和机遇属于外因。

从稳定性来看，能力和任务难度属于稳定因素，努力和机遇属于不稳定因素。因为一个人的能力和他面临任务的难度是很难改变的，而一个人的努力程度和是否遇到适当的时机是不断变化的。

从可控制性来看，努力是可控制的因素，而任务难度和机遇都是不以人的意志为转移的。

人们把成功和失败归因于何种因素，对于以后的工作积极性有很大的影响。韦纳的研究指出，把成功归结为内部原因（努力、能力）会使人感到满意和自豪；把成功归结为外部原因（任务容易或机遇好），会使人产生惊奇和感激的心情。把失败归于内因，会使人产生内疚和无助感；把失败归于外因，会产生气愤和敌意。把成功归因于稳定因素（任务容易或能力强），会提高以后的工作积极性；把成功归因于不稳定因素（碰巧或努力），以后的工作积极性可能提高也可能降低。把失败归因于稳定因素（任务难或能力弱），会降低以后的工作积极性；而归因于不稳定因素（运气不好或不够努力），则可以提高以后的工作积极性。

　　我国管理心理学家经小样本研究，初步提出了在企业中员工归因的模型（见图2-3）。这个模型表明，工作责任制对员工的绩效有很大的影响，并且影响着对成功和失败的归因。同时，员工的归因倾向也受个人特征的影响。此外，员工是否能对自己工作的成败做出正确而恰当的归因，会影响以后的工作情绪、目标和期望，而这一切将会影响以后的工作积极性（努力水平）。

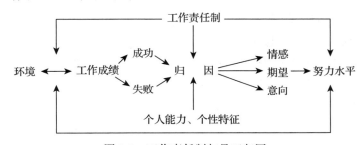

图 2-3　工作责任制与员工归因

2.3.1.5　工作态度

1. 什么是态度

　　态度是个体对一定的对象所持有的比较稳定的评价与行为倾向。它是个体在其社会化的进程中，通过与社会环境中的人和物的交往、接触而逐渐形成的复杂的心理结构，是人的个性倾向的一个重要组成部分。

　　一般来说，态度包括认知、情感和行为三个要素。认知要素是指对态度对象的认识、了解和评价，包括对态度对象的所有知识、思想和信念，是态度的基础，比如对某一社会行为做出善还是恶的评价等。情感要素是指对态度对象的喜好或厌恶等内心体验，是态度的核心成分，比如对某一事物是喜欢还是厌恶等。行为倾向要素又称意向要素，是指个体对态度对象准备做出的反应。它是行为的准备状态，而非行为本身，比如"我想向领导提出有关建议""我准备举手反对某项决定"等。心理学家罗森伯格曾经描述了态度的内在心理结构的特征及其在社会刺激和个体行为中的作用，并明确地指出它是刺激与反应之间的中间变量。

　　图 2-4 展示了态度的三种要素之间的关系。在这个案例中，一名员工没有得到期望的晋升机会。那么，他对上司的态度可能是这样的：他认为自己应该得到晋升（认知），所以特别讨厌自己的主管（情感），并且对此有很多抱怨，已经或准备采取行动（行为）。

2. 改变别人态度的方法

态度的改变包括两个方面：一是方向的改变，即由"赞成"到"不赞成"，或者相反；二是强度的改变，即由"稍稍赞成"到"很赞成"，或者相反。

态度的改变依其主动性程度可分为个人主动改变和被迫改变。当然，即使"被迫"最终亦要达到个人自愿，否则仍不能改变。

态度是由认知、情感和行为三种要素组成，并且它们之间是协调一致的。因此，我们在改变他人的

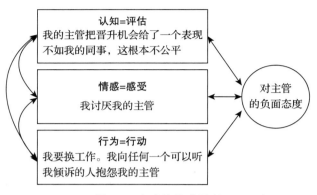

图 2-4　态度的构成要素

资料来源：罗宾斯．组织行为学精要 [M]．郑晓明，杨来捷，译．北京：人民邮电出版社，2025.

态度时，就可以从这三种要素中的任何一种入手，只要使某种要素发生变化，就必然影响态度的协调性，造成内心的紧张和冲突；为了摆脱紧张、冲突带来的不安，当事人便会改变其他两种要素，以取得新的协调一致。

当然也有这种情况：被改变了的要素不稳固，不足以战胜另外两种要素，于是改变后的态度又"旧态复萌"。

心理学家凯尔曼提出态度改变要经过"顺从、认同、内化"，采用这种方式被改变者需经历以下三个阶段：

（1）顺从阶段。在外部压力下，被改变者仅从外显的行为上表现出与"改变要求"一致。这种改变是外制的，受奖惩的支配。

（2）认同阶段。被改变者变被动为主动，觉得"改变要求"是值得的、合理的和有吸引力的。这时的基础机制主要是模仿，涉及情感要素。

（3）内化阶段。被改变者从理智上认定"基础要求"合理和有价值，并进而内化为个人的态度。这个阶段的改变主要基于理智地思考，涉及的是认知因素。

🌀 实务指南 2-3

不受欢迎的食品

著名社会心理学家库尔特·勒温在第二次世界大战期间比较了两种让家庭主妇购买不受欢迎的食品（如牛心、甜面包等）的方法的优劣。第一种方法是由能言善辩的人向主妇讲解上述食品的营养价值，以及食用这些食品对国家的贡献（当时物资极度缺乏）。第二种方法是让主妇进行群体讨论，讨论的结果是大家一致决定购买。一段时间后，派人调查实际购买情况。结果发现，听讲解的主妇中只有 3% 的人购买了上述食品，而参与群体讨论的主妇有 32% 购买了原先不爱吃的上述食品。

3. 工作满意

在组织中，管理者往往只关注三种态度：工作满意（工作满足）、工作投入及组织承诺。其中最主要的仍为工作满意，它在本质上取决于员工的期望与实际结果的比较。针对 312 篇研究的元分析表明，工作满意度与工作绩效具有显著的正相关性，与缺勤率、流动率大多呈负相关，人力资源管理者要更多关注员工的工作满意度。⊖因为工作满意度较高的人表现更好，员工满意度高的组织比员工满意度低的组织更高效。但同时也需要关注，工作满意度与绩效产出并不绝对相关。高满意度员工未必是高绩效员工。组织管理重点应该在如何帮助员工提升业绩上，而不应为了提升满意度而关注满意度。

2.3.2　个性心理分析与人力资源管理

2.3.2.1　能力差异与管理

1. 能力的定义

能力是指人能顺利地完成某种活动所必须具备并影响活动效率的心理特征。能力是工作行为的核心要素。

能力有一般能力和特殊能力之分。人在顺利完成某项任务时，必须既具有一般能力，又具有特殊能力。一般能力是指在很多种基本活动中表现出来的能力，比如观察力、记忆力、思维力、想象力和注意力等。所谓"智力"就是这五种认识能力的综合。特殊能力是指出现在某种专业活动中的能力，比如数学能力、音乐能力和专业技术能力等。一般能力与特殊能力在活动中的关系是辩证统一的。一方面，某种一般能力在某种活动领域得到特别的发展，就可能成为特殊能力的组成部分。另一方面，在特殊能力得到发展的同时，也发展了一般能力。

2. 能力结构理论

能力是具有复杂结构的心理特征。研究能力的结构、分析能力的组成因素，对于深入理解能力的本质、合理设计能力测量的手段，以及科学地拟定能力培养的原则，是十分必要的。由于能力是一个十分复杂的心理特征，研究者对能力的结构有不同的认识，因而出现了不同的理论。下面介绍三种主要的能力结构理论。

（1）"二因素结构"说。英国心理学家和统计学家斯皮尔曼在 20 世纪初运用因素分析法对智力问题进行研究，提出了能力的二因素结构理论。斯皮尔曼认为，能力由一般因素（G）和特殊因素（S）构成，完成任何一项作业都需要 G 和 S 两种因素。例如，完成一项算术推理作业需要 G+S1，而完成一项语言测验作业则需要 G+S2。两套测验的结果如果出现正相关，则是因为它们有共同的因素 G；而如果它们不完全相关，则是因为每项作业包括不同、无联系的因素 S。根据这些相关性，他认为在能力结构中，第一

⊖ JUDGE T A, THORESEN C J, BONO J E, et al. The job satisfaction-job performance relationship: a qualitative and quantitative review [J]. Psychological Bulletin, 2001, 127(3): 376-407.

位的和重要的因素是一般因素 G，各种能力测验就是通过广泛取样而求出因素 G。

（2）"多因素结构"说。美国心理学家塞斯登提出了多因素结构理论。塞斯登认为，能力是由许多彼此无关的原始能力构成的。他指出大多数能力可以分解为七种原始的因素，它们是：计算、词的流畅性、词语意义的理解、记忆、推理、空间关系和知觉速度。他对每种因素都设计了测验的内容和方法。然而，实验的结果同他设想的相反，每一种能力与其他能力都呈正相关。这说明各种能力因素并不是绝对割裂的，而是可以从中找到一般的因素。

（3）"智慧结构"理论。美国心理学家吉尔福特提出了一种新的能力结构设想，称为"智慧结构"学说。他认为智慧因素是由操作、内容和产品三个变项构成的，因此，他以排列组合的方法，提出智慧可能由 120 种因素组成（见图 2-5）。

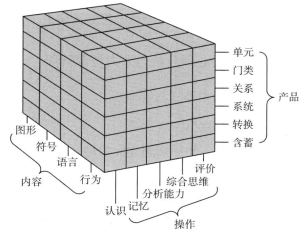

图 2-5　吉尔福特"智慧结构"图

吉尔福特认为，能力的第一个变项是操作，它包括认识、记忆、分析能力、综合思维和评价 5 种能力类型；能力的第二个变项是内容，它包括图形、符号、语言和行为 4 种类型；能力的第三个变项是产品，即能力活动的结果，它包括单元、门类、关系、系统、转换和含蓄 6 个方面。每个变项中的任何一个项目与另两个项目相结合，一共可以得到 $4 \times 5 \times 6 = 120$ 种结合。每一种结合形成一种能力因素。

3. 能力差异与管理

人的能力是有个体差异的，即不同个体的能力是不同的。从能力水平上看，有人能力水平高，有人能力水平低；从类型上来看，完成同一种活动取得同样的成绩，不同的人可能采取不同的途径或使用不同能力的组合；从发展时间来看，有人能力发展较早，有人能力发展较晚。

怎么才能做到合理地使用人力资源，达到人尽其才的目的呢？具体来说，应注意以下几个问题。

（1）掌握能力阈限，使人与工作匹配。心理学的研究表明，在工作性质与人的能力发展水平之间存在着一个"镶嵌"现象，即每种工作对人们能力的要求都有一个阈限，它既不需要超过这个阈限，也不能低于这个阈限。也就是说，完成某种性质的工作，只需要恰如其分的某种能力水平。这是因为如果让一个能力发展水平达不到工作要求的人去从事某项工作，这个人往往会感到力不从心，不能胜任工作，从而做不好工作，同时也会使这个人产生焦虑心理，严重的还会感到群体压力，可能出现人格异常，甚至出现事故。反之，如果让一个能力远远超过工作要求的人从事这项工作，他就会觉得工作过于容易，往往会对工作感到乏味，不能对该项工作保持兴趣，也就会影响工作效率。

（2）同一个人不可能适应所有部门的每一项工作。同一个人在不同的工作条件下，不可能时时事事都保持同样的成绩。此外，一个人的工作成绩和主观心理环境也有密切的关系，他在感兴趣、心境好的时候，可能会取得最大的成就；而在相反的主观心理环境下就可能一事无成。所以，先进的不可能时时事事总是先进，他的行为是主观心理环境与客观外界环境相互作用的结果。因此，管理人员既要重视合理地分配工作，又要注意员工的主观心理状况。

（3）同样智商的人，不一定适应同一项工作。这是因为任何一项工作除了必须具备一般智力水平，还要求具备某种特殊能力才能适应该项工作。这里所说的特殊能力，就是以下六种主要能力：

①对各种模式进行分类的能力；

②适宜地改变行为的能力；

③归纳推理的能力；

④演绎推理能力；

⑤形成概念模型并使用这些模型的能力；

⑥理解能力。

当然，各种工作需要的特殊能力在不同种类和水平上不尽相同，管理人员必须进行工作分析，对各种工作所需要的特殊能力及其水平进行鉴别并做出明确的规定。与此同时，对执行各种工作的人员也必须进行各种特殊能力测验以鉴定他是否适合做这项工作。

（4）教育程度相同，能力水平并不相等。知识的掌握并不等于能力的必然发展，知识的发展是能力发展的前提条件之一，但不是唯一前提条件。所以在管理过程中，必须分清文凭与能力的关系，文凭并不完全代表一个人能力的发展水平，而是意味着他接受过某种文化知识的训练。在没有相应文凭的人中，也不乏佼佼之才。因此，管理人员在用人时应进行能力鉴定，真正做到量才用人。

（5）管理人员应该针对员工的能力发展的不同水平，实施不同的职业教育和训练。在培训中，制定最低能力的标准，然后根据能力差异进行有针对性的培训。

（6）完善组织机构，确立人才"金字塔"。对于工作能力高者，应该分配责任较重、技术复杂性高的工作；对于能力中等者，应该分配中等难度的工作；对于能力低下者，应该分配一些较简单的工作。实际上，任何一个组织，客观上都存在着这样三种类型的人。管理人员必须使这三种人紧密配合，才能实现组织目标。

（7）在选择和安排工作时，尽量考虑员工的兴趣，提高他们的专业技术能力。

2.3.2.2 气质差异与管理

1. 气质的类型与特征

气质是人的个性心理特征之一，一般人讲的"性情""脾气"是气质的通俗说法。气

质是指个体在心理过程的强度、心理过程的速度和稳定性及心理活动的指向性特点方面
所表现出的动力方面的特点。所谓心理过程的强度，是指情绪的强弱、意志努力的程度
等；所谓心理过程的速度和稳定性，是指知觉的速度、思维的灵活程度、注意力集中时
间的长短等；所谓心理活动的指向性特点，是指有的人倾向于外部事物，从外界获得印
象。有某种气质的人，常常在很不相同的活动中都会显示出同样性质的动力特点。例
如，一个具有活泼、好动气质特征的服务员，会在饭店的各种活动中表现出来。一个人
的气质特点不以活动的内容为转移，仿佛使一个人的全部心理活动都涂上了个人独特的
色彩，表现出一个人生来就具有的特性。

气质具有极大的稳定性，虽然在环境和教育的影响下，气质会发生某些变化，但是
同其他心理特征相比，其变化要迟缓得多。

早在公元前 5 世纪，古希腊著名医生希波克拉底就提出了气质学说，即把人的气质
分为胆汁质、多血质、黏液质和抑郁质 4 种类型（见表 2-2）。

表 2-2   气质类型分类

类型	特征
胆汁质（兴奋型）	精力旺盛，行动迅速，易于激动，性情直率，进取心强，大胆倔强，敏捷果断。但自制力差，性情急躁，主观任性，易于冲动，办事粗心，有时会刚愎自用
多血质（活泼型）	灵活机智，思想敏锐，善于交际，适应性强，活泼好动，情感外露。富于创造精神。但往往粗心大意，情绪多变，富于幻想，生活散漫，缺乏忍耐力和毅力
黏液质（安静型）	坚定顽强，沉着踏实，耐心谨慎，自信心足，自制力强，善于克制忍让，生活有规律，心境平和，沉默少语。但往往不够灵活，固执拘谨，因循守旧
抑郁质（抑制型）	对事物敏感，做事谨慎细心，感受能力强，沉静含蓄，办事稳妥可靠，感情深沉持久，但遇事往往缺乏果断和信心，多疑、孤僻、拘谨、自卑

我国古代学者也有过一些类似气质的分类，如孔子就把人分为"狂""狷""中行"
之类。这里孔子所说的"狂"，是指狂妄的人；"狷"，是指拘谨的人；"中行"，是指行
为合乎中庸的人。孔子认为，"不得中行而与之，必也狂狷乎？狂者进取，狷者有所不
为也"。也有人按阴阳的强弱把人分为喜静的太阴型、少阴型，好动的太阳型、少阳型，
以及动静适中的阴阳平型。还有的根据五种学说，把人分为金、木、水、火、土 5 种类
型。实际上，阴阳、五行就是指不同身体状况、气质或个性的人。

不过，在现实生活中，只有少数人是典型纯属于某一气质类型的，大多数则是接近
于某种气质，而又兼具其他气质的某些特征。

2. 气质在管理中的作用

气质是个性的重要组成部分，它不仅影响人的外部表现，而且贯穿到心理活动的所
有方面。气质类型对人的兴趣、爱好等都有重要的影响，是人的能力发展的自然前提。

气质类型无所谓好坏，任何一种气质类型在一种情况下可能具有积极意义，而在另
一种情况下，可能具有消极意义。例如，多血质类型的人情绪丰富，活动能力较强，容
易适应新的环境，但注意力不稳定，兴趣容易转移，情绪变化也快。抑郁质的人工作中
耐受能力差，容易疲劳，孤僻羞怯，然而感情细腻，做事小心审慎，具有敏锐的观察能

力。同样，胆汁质和黏液质的人也各有积极的一面和消极的一面。

气质虽然对人的实践活动不起决定性作用，但也有一定的影响，气质影响活动进行的性质和效率。对于管理人员来说，除了认识自己的气质特点，还应学会了解与掌握员工的气质，并做到以下几点。

（1）根据员工的气质类型，为他们安排适当的工作。企业管理人员要善于掌握和控制员工的气质类型和特点，为他们安排适当的工作，以便使不同气质的人能够发挥自己气质中积极的一面，抑制消极的一面。

不同气质的人工作效率是有显著差异的，比如《水浒传》里的黑旋风李逵脾气暴躁、为人耿直，是典型的胆汁质类型的人，而《红楼梦》里的林黛玉多愁善感、柔弱孤僻，是典型的抑郁质类型的人。如果让李逵去卖肉，是轻而易举的，叫林黛玉去卖肉则是强人所难。反之，让林黛玉去绣花，恰如其分；让李逵去绣花则是故意刁难人了。

在企业各部门人员的选择安排上，确定完成某项工作所必需的特殊能力和气质的特点，然后选拔、鉴定适合完成这项工作的人，是实现企业目标的一项重要工作。

（2）注意气质的互补性。企业在选拔团队成员上，应注意各种气质类型人员的适当搭配。这样，在工作中各种气质可以得到适当的互补。因为一个集体有各种不同性质的工作，即使是同一工作，也有不同的情况发生。把各种不同气质的人搭配在一起，就可以发挥各种气质的积极因素，而弥补其中的消极成分。可以设想如果一个团队全部是由黏液质和抑郁质类型的人组成，这个团队将毫无生气。所以，如果一个集体里同时具备了不同气质类型的人，就比单纯的同一气质类型的人在一起工作更容易搞好人际关系，工作效率也要高得多。

（3）从员工的气质类型出发，施用不同的管理手段与方法。气质可以影响人的情感和行为，管理人员也要注意针对不同气质类型的员工，施用不同的管理方法。胆汁质的人易于冲动、脾气暴躁且难自制。同他们谈话，应该冷静理智，努力使他们心平气和，如果一开始就形成剑拔弩张之势就很难收场了。多血质的人思维敏捷，活泼多变，但有时较为轻浮，似乎什么都无所谓。对他们不妨敲一下警钟，如果随便应付，他可能根本没往心里去。黏液质的人外柔内刚，情绪含而不露，有话爱闷在肚子里。对他们有时不妨稍微刺激一下，使他们倾吐心头之隐。抑郁质的人敏感多疑，自尊心强，你若稍有损害他的自尊或委屈了他，他就可能从此对你闭上心灵的窗扉。然而正因为他们羞怯内向，不善言谈，所以当你能处处表现出对他们的理解、同情和尊重时，他们就会把你当成难得的知己，你的话就可能具有极大的说服力（见表2-3）。

表 2-3　个体差异与管理

性格特征	气质类型	行为表现	管理方法
开朗直爽	多血质	坦白、直爽、兴趣广泛、爱发牢骚、不拘小节，其言行有时易被人误解	表扬为主 防微杜渐
倔强刚毅	胆汁质	能吃苦、办事有始有终，但缺乏灵活性，与领导意见不一致时，不冷静、容易产生对抗，求胜心切	经常鼓励 多教方法
粗暴急躁	胆汁质	好冲动，心中容不得不公平之事，好提意见，不太注意方式方法、事后常后悔	肯定成绩 避开锋芒

（续）

性格特征	气质类型	行为表现	管理方法
傲慢自负	多血-胆汁质	反应快、聪明能干、过分自信、好出风头、好发议论、听不进不同意见、虚荣心强	严格要求 表扬谨慎
沉默寡言	黏液质	少言寡语、优柔寡断、任劳任怨、踏实细致、有时工作效率不高	少用指责 多加鼓励
心胸狭窄	抑郁质	小心眼儿，遇到不顺心或涉及个人利益的事，往往患得患失，难以摆脱	多加疏导 开阔胸怀
自尊心强	各种气质类型都有	上进心强、严于律己、争强好胜、听不得批评、情绪忽高忽低	开阔视野，正确认识自己和他人
疲疲沓沓	各种气质类型都有	大错不犯，小错不断，工作拈轻怕重，漠视规章制度、生活懒散	提出闪光点、及时鼓励，要求严格且具体

2.3.2.3　性格差异与管理

1. 性格与性格特征

性格是个性中的重要心理特征，人与人之间的个体差异首先表现在性格上。

性格是指一个人对客观现实的态度和在习惯化了的行为方式中所表现出来的较稳定的心理特征，受一定的思想、意识、信仰、世界观的影响和制约。气质没有好坏之分，而性格有好坏之分。

人的性格个体差异是很大的。例如，有的人活泼、外向，有的人孤僻、内向；在待人方面，有的人诚实、和善，有的人虚伪、狡诈；在对待生活的态度上，有的人乐观进取，有的人悲观失望；在情绪上，有的人稳定持久，有的人忽高忽低；在行动上，有的人坚毅、果断，有的人谨慎、怯懦，等等。

按照性格的结构，性格的特征主要表现在以下 4 个方面。

（1）对现实态度的性格特征。它主要表现在处理各种社会关系方面的性格特征，比如处理个人、社会、集体、他人的态度；对学习、劳动、工作的态度；对自己的态度等。

对社会、集体、他人的态度构成的性格特征，主要表现在是善于交际，还是行为孤僻；是正直、诚实，还是狡诈、虚伪；是富于同情心，还是冷酷无情；是热爱集体，还是损公肥私，等等。对学习、劳动、工作的态度方面的性格特征，主要有：是勤奋，还是懒惰；是认真细心，还是马虎粗心；是富于首创精神，还是墨守成规，等等。对自己的态度方面的特征，主要有：是自信，还是自卑；是谦虚谨慎，还是骄傲自大，等等。

（2）性格的理智特征。它是指人们表现在感知、记忆、想象和思维等认知方面的个性差异。

在感知方面表现出来的性格差异有：是主动观察型，还是被动感知型；是概括型，还是详细罗列型；是快速型，还是精确型；是描述型，还是解释型，等等。在想象活动中表现出来的性格差异有：是具有现实感的幻想家，还是想象脱离生活实际的幻想家；是片面地选择想象的客体，还是想象范围很广阔，等等。在思维活动中的性格上的差异表现在：有的人喜欢独立地提出问题、思考问题、解决问题，有的人则极力回避问题而借用现成的答案，不善于独立思考和解决问题；有的人爱好分析，有的人爱好综合，等等。

（3）性格的意志特征。它主要是指人为了达到既定的目标，自觉地调节自己的行为，千方百计地克服前进道路上的困难时所表现的性格特征。这是人对现实态度的另一种表现。

（4）性格的情绪特征。当情绪对人的活动影响，或人对情绪的控制具有某种稳定的、经常表现的特点时，这些特点就构成性格的情绪特征。

2. 性格的类型

性格的类型有不同的分类方法，下面介绍几种常见的分类方法。

（1）按心理活动的指向性可将性格分为内向型和外向型。

内向型：重视主观世界，常沉浸在自我欣赏的幻想之中，仅对自己感兴趣，对他人较冷漠。

外向型：重视客观世界，对客观事物和他人都感兴趣。

（2）按理智、情绪和意志三者之间哪种因素占优势可将性格分为以下三种类型。

理智型：以理智来衡量一切，并支配行动。

情绪型：情绪体验深刻，行为主要受情绪影响。

意志型：有明确的目标，意志坚强，行为主动。

（3）按个体行为是否易受暗示可将性格分为独立型和顺从型。

独立型：独立思考，不易受暗示，临阵不慌。

顺从型：缺乏主见，易受暗示，紧急情况下显得手足无措。

🔧 实务指南 2-4

A 型性格与 B 型性格

据研究，对人的性格，根据情绪特征可分为 A 型与 B 型性格，其特征如下。

● **A 型性格是急性格的人。**性急、做事匆匆忙忙，易焦急；好胜，易发火，经常处于紧张状态，追求工作数量，他们的行为更易于预测。

● **B 型性格是轻松的人。**不太过分追求业绩、追求工作质量；性格开朗，注意休闲与放松，有创造性。

在下面各特质中，你认为哪个数字最符合你的行为特点，请选择。

1. 不在意约会时间　1　2　3　4　5　6　7　8　从不迟到
2. 无争强好胜心　　1　2　3　4　5　6　7　8　争强好胜
3. 从不感觉仓促　　1　2　3　4　5　6　7　8　总是匆匆忙忙
4. 一时只做一事　　1　2　3　4　5　6　7　8　同时要做好些事
5. 做事节奏平缓　　1　2　3　4　5　6　7　8　节奏极快（吃饭、走路等）
6. 表达情感　　　　1　2　3　4　5　6　7　8　压抑情感
7. 有许多爱好　　　1　2　3　4　5　6　7　8　除工作之外没有其他爱好

记分键：

累加 7 个问题的总分，然后乘以 3，分数高于 120 分，表明你是极端的 A 型性格。分数低于 90 分，表明你是极端的 B 型性格。

分数	性格类型
120 分及以上	A+
110 ~ 119 分	A
100 ~ 109 分	A-
90 ~ 99 分	B
90 分以下	B+

3. 与工作行为相关的典型性格属性

随着研究不断深化和拓展，心理学领域对个体的性格进行了更细致的探索，延伸出很多人格分析框架，其中与工作行为最相关的几项如下。

（1）大五人格框架。该模型认为，人类绝大多数的个性特点都被涵盖在以下五种基本的人格维度中。

尽责性。尽责性衡量了个体言行的一贯性和可靠性。尽责性高的人更富有责任心、条理分明、值得信赖、坚持不懈。在这个维度上得分偏低的个体容易分心、缺乏条理且不太可靠。

情绪稳定性。情绪稳定性衡量了个体的抗压能力。情绪稳定的人往往沉着冷静、充满自信且有安全感。情绪稳定性较高的个体更拥有积极乐观的心态，感受到的负面情绪（比如紧张、焦虑、不安全感）也比较少，他们通常比得分较低的个体更快乐。

外倾性。外倾性描述的是个体处理社会关系的模式。外倾者通常比较合群，不惧言明自己的主张，并且乐于与人交往。比起内倾者，他们通常会体验到更多的正面情绪，也能更自如地表达自身的感受。相反，内倾者（也即具有较低外倾性的个体）倾向于深思熟虑，他们更加保守、胆怯和安静。

经验开放性。经验开放性代表了人们兴趣的广泛程度及对新颖事物的热衷程度。开放性高的个体更具创造力和好奇心，而且富有艺术细胞，开放性低的个体则在面对传统、熟悉的事物时才舒适自如。

宜人性。宜人性是指个体迁就他人的倾向。宜人性高的个体善于合作、温和、热情且愿意信任别人。一般而言，宜人性高的个体比宜人性低的个体更快乐。相反，宜人性低的个体比较冷漠，且常常与人针锋相对。

大量研究关注了大五人格特征与工作绩效之间的关系，并得出了丰富的研究结论。其中，尽责性是工作绩效最有力的预测指标。越尽责的人，往往有越高的工作效率和产出，发生事故和不安全行为的概率也越低。[注]情绪稳定的个体更能适应职场中的意外和变化，与生活 / 工作满意度的关联最为紧密，同时也最能缓解工作倦怠，降低离职意

⊖　罗宾斯 . 组织行为学精要 [M]. 郑晓明，杨来捷，译 . 北京：人民邮电出版社，2025.

愿。外倾性高的员工有更强的人际交往技能，更富有创造力和创新精神，而宜人性高的员工则更能胜任人际导向的岗位（比如客户服务），此类员工的组织承诺也更高。

（2）核心自我评价。核心自我评价是个人对自己的能力、胜任力及价值的基本看法。拥有积极核心自我评价的人喜欢自己，认为自己高效，并能够控制周围的环境。拥有消极核心自我评价的人讨厌自己，质疑自己的能力，认为自己无法控制周围的环境。拥有积极核心自我评价的人表现更好，因为他们有更远大的目标，且对自己的目标更加坚定，为了实现目标更加坚持不懈。这种人能提供更好的顾客服务，更受同事欢迎，他们的事业在最初有良好的基础，职业生涯更顺利。

（3）主动性人格。主动性人格的个体善于识别机遇、常常展示出主动性，并且一直坚持努力，直到实现有意义的改变。这种员工对组织而言，是求之不得的。他们的绩效水平更高，并且不需要太多监督。他们往往对自己的工作更满意，在工作中投入更多，也更容易获得职业成功。当然，这也可能引起同事们的嫉妒（甚至加以诋毁或拒绝帮助）。一项针对33家中国企业中95个研发团队的研究表明，团队成员主动性人格的平均得分越高，团队创新水平就越高。[⊖]不过，主动性人格个体在遭遇失败时容易选择后退，[⊖]这需要组织管理者给予特别关注。

（4）黑暗人格。个体身上还都或多或少存在三种不为社会认可的人格特征：马基雅维利主义、自恋和心理变态。因为比较负面，研究者将它们统称为"黑暗人格三联征"。这些特质大多会损害组织绩效。

马基雅维利主义。信奉马基雅维利主义的个体讲求实效，保持情感距离，并且为了目标不择手段。"只要行得通就可以用。"这是高马基雅维利主义者一贯的思想准则。高马基雅维利主义者比低马基雅维利主义者更愿意操纵别人，赢得更多利益，并在工作中做出一些适得其反的行为。令人惊讶的是，马基雅维利主义与总体的工作绩效并不呈正相关关系。高马基雅维利主义的员工通过操纵他人为自己牟利，可以在短期内获得工作中的收益，但他们失去了长远的利益，因为他们不招人喜欢。

自恋。自恋是指个体认为自己极其重要，希望获得更多称羡，并且通常比较傲慢。自恋者往往幻想获得巨大的成功，倾向于充分利用环境和他人来达到自己的目的。与此同时，他们拥有一种自我优越感，缺乏同理心。这种人格类型在商业领域格外常见。因为自恋者更有可能被选中担任领导职位，而且中等水平的自恋（即自恋程度不是极高也不是极低）与领导效能呈正相关。自恋者更善于调整适应，因此在遇到复杂问题时往往能做出更好的决策。

心理变态。心理变态是指个体缺乏对他人感受的考虑，以及在行为对他人造成伤害时毫无愧疚之心。研究表明，心理变态与施加强硬的控制策略（威胁、操纵）及职场欺

⊖ CHEN G, FARH J L, CAMPBELL-BUSH E M, et al. Teams as innovative systems: multilevel motivational antecedents of innovation in R&D teams [J]. Journal of Applied Psychology, 2013, 98(6): 1018-1027.

⊖ VAN HOYE G, LOOTENS H. Coping with unemployment: personality, role demands, and time structure [J]. Journal of Vocational Behavior, 2013, 82(2): 85-95.

压行为（口头或肢体威胁）有关，当事人甚至不会产生任何心理负担。⊖

4. 性格与管理

心理学家约翰·霍兰德提出了职业性格—工作搭配理论。他认为，一个人的性格的外在表征与其职业是否相适宜，决定着满足感及辞职行为。他提出了六种性格类型及相适应的职业类型（见图 2-6）。

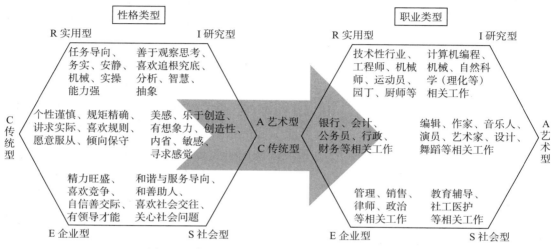

图 2-6 霍兰德的六种性格类型与相应的职业类型

性格相关研究对于我们理解人力资源管理工作非常重要。可以依此考虑求职者或员工与工作和组织的匹配问题。个体的人格特征、职业性格特征和其他方面的特征有助于判断他们是否能胜任特定的工作岗位、是否适合团队或组织。

2.3.2.4 情绪劳动和情感事件理论

1. 情绪劳动

员工投入工作时，不仅要投入体力劳动、心理劳动，有的工作还需要付出情绪劳动。情绪劳动是指员工在工作过程中与人交往时，应展现组织所希望的情绪。情绪劳动是工作效能的关键组成部分，比如我们认为空乘人员应该是热情洋溢的，殡葬师应当肃穆悲伤，而医生则应该冷静中性。

事实上，我们展现出来的情绪并不总是与真实体验的情绪一致。感知的情绪是我们的真实情绪，展示的情绪是组织要求员工展示的得体情绪。在很多工作情境下，员工需要伪装出得体的情绪，这就意味着压抑自己真实的情感。当隐藏内心的真实感受，并在行为上遵从情绪表达规范时，即为表层扮演。例如，当一名员工即使心有不快也依然对顾客露出微笑时，就是在进行表层扮演。当根据情绪表达规范做到调整我们内心的真实感受时，就做到了深层扮演。

⊖ CONVERSE P D, PATHAK J, DEPAUL-HADDOCK A M, et al. Controlling your environment and yourself: implications for career success [J]. Journal of Vocational Behavior, 2012, 80(1): 148-159.

员工展示的情绪与他们真实感受之间的这种不一致即为情绪失调。长期的情绪失调可能引发工作倦怠、工作绩效下降和工作满意度降低。情感事件理论很好地阐释了上述过程。

2. 情感事件理论

情感事件理论将工作情绪、劳动要求、工作事件、工作满意度及绩效相结合，认为工作中的事件会引起员工的情绪反应，进而对工作绩效和工作满意度产生影响。工作事件会触发积极或消极的情绪反应，这些反应的强烈程度取决于员工的人格特质和当时的心境。比如，当员工发现公司要通过裁员实现降本增效时，他可能会体验到各种负面情绪，担心自己会在裁员名单上。如果对此难以控制，他可能感到不安、恐惧甚至崩溃，会将注意力更多放在这些情绪而不是工作上，工作态度和工作绩效都会受到很大影响。

从情感事件理论可以看出，情绪也是生产力，它能帮助我们理解工作事件对员工绩效和满意度的影响。因此，员工和管理者都不应忽视情绪，而应巧妙地管理情绪。

3. 情商

情商（emotional intelligence，EI）又叫情绪智力，是指个体能够体察自己和他人的情绪，理解这些情绪的意义，并以此为依据管理自己的情绪。不少研究都发现了情商对工作态度、学业表现和工作绩效的重要影响，个体情商高也有助于提升团队效能、促进组织公民行为和优化职业发展决策等。

🌀 研究前沿 2-3

培训能否提升情商⊖

人力资源从业者高度重视选拔和培训情商更高的员工。情商是指个体识别和管理自身及他人情绪的能力，这种能力对于角色表现有着积极的影响。自从丹尼尔·戈尔曼在1995年将其引入主流媒体以来，情商便受到了广泛的关注，并被视为招聘、培训、领导力发展和团队建设的重要工具。目前，有越来越多的机构和高校开展"提升员工情商"的培训项目，这种趋势促使研究者系统地调查情商是否可以通过培训得到提升。

相关研究通过元分析提供了情商可经培训提升的证据，这表明，通过适当的培训和发展计划，组织可以提高员工的情商，进而可能提高工作表现和团队效能。其中，培训的设计对于情商提升至关重要。有效的情商培训应该包括互动式学习、实践机会和个性化反馈。人力资源管理者应该基于这些发现设计和实施情商培训计划。此外，评估培训效果的重要性不容忽视。人力资源管理者应该使用培训前后测试和对照组设计来评估培训项目的有效性，并根据评估结果调整培训内容。

情商的提升不应被视为一次性活动，而是一个持续的过程。人力资源管理者应该提供持续的支持和后续培训，以确保员工能够持续应用和发展他们的情商技能。

⊖　MATTINGLY V, KRAIGER K. Can emotional intelligence be trained? a meta-analytical investigation [J]. Human Resource Management Review, 2019, 29(2): 140-155.

4. 情绪管理

情绪管理的本质是识别自己感受到的情绪并试图改变它。有效管理情绪能带来诸多好处。有研究显示，在某些工作中情绪管理能力能显著预测个体的任务绩效和组织公民行为，比如前台服务部门、客服中心等。但研究也表明，试图改变情绪是有代价的（见"情绪劳动"相关内容）。客服中心的员工更可能面临顾客的不文明行为，他们需要进行更密集的情绪管理，因而也更容易发生情绪耗竭。

研究者对情绪管理策略也进行了研究，并提出两种应对策略。一种策略是压抑情绪，即试图阻断或忽视情绪反应。从短期来看，这种方式的确能让人把注意力从情绪中转移出去。但有时，越是想压抑情绪，情绪反而会变得越强烈，越想逃离负面情绪，负面情绪反而愈演愈烈。另一种比较有效的情绪管理策略是认知重评，即重新审视引发我们情绪的状况，重构对它的理解。高情商的人更倾向于采取此种策略，理解、接纳并拥抱情绪（尤其是对负面情绪）。不要压抑、抵抗，要看到情绪，认清它的来源，并采用最合理的方式进行应对。

管理学领域对如何构建组织积极情绪氛围做了很多探索。比如，如何从招聘源头通过科学的心理测试甄选出更积极的人（见第 6 章），从培训上提升领导者和员工的情绪管理能力等。其中，正念（mindfulness）训练是一种有效的帮助员工和领导者进行情绪调节的技术。我国学者郑晓明所在团队对此做过一系列系统研究，提出正念是"一种有目的且不加任何判断地关注当下的方式"[一]。正念不仅能正向预测个体在工作场所的行为表现，还能预测其在家庭场域的积极状态。[二]此外，领导的正念能显著促进团队成员间的积极工作行为（比如组织公民行为），降低负面工作表现（比如反生产行为）。[三]因此，在组织中应加强对员工和领导的正念训练与干预。正念有效的关键机制是，把自己从当下的时刻中分离出来，减少使用自动思维，提高对自己身体的认识。然而，对员工正念的研究是一个新的领域，我们还没有系统认识实现和维持正念状态的最有效方法，需要未来理论研究和组织实践持续探索。

复习思考题

1. 你对人性的假设是什么？探讨一下这种假设与你在工作中表现出来的某些行为之间的关系。
2. 现在许多企业都提倡"以人为本"，你认为什么样的管理能真正做到"以人为本"？
3. 分别举例说明第一印象、刻板印象、晕轮效应、近因效应、假定相似性对人力资源管理造成的影响。

[一] 郑晓明，倪丹. 组织管理中正念研究述评 [J]. 管理评论，2018，30（10）：153-168.

[二] 倪丹，刘琛琳，郑晓明. 员工正念对配偶家庭满意度和工作投入的影响 [J]. 心理学报，2021，53（2）：199-214.

[三] NI D, ZHENG X, LIANG L H. How and when leader mindfulness influences team member interpersonal behavior: evidence from a quasi-field experiment and a field survey [J]. Human Relations. 2023, 76(12): 1940-1965.

4. 有一种说法是"情绪也是生产力",你怎么看?应如何进行情绪管理?

案例 2-1

企业如何持续激活员工的工作动力[⊖]

当前,企业发展模式正在经历深刻变革,组织与员工的关系逐渐从"雇用"模式向更为紧密的"共生"演化,员工的积极投入成为决定企业赢得竞争优势的关键要素。在餐饮这一典型的服务型行业中,当前企业普遍面临一个严峻的挑战:人员流动性大且难以有效管理,特别是基层服务人员的频繁跳槽问题。这不仅会对餐饮企业的运营产生不利影响,还会妨碍企业的稳健发展和规模化扩张。

木屋烧烤作为国内一家知名中式餐饮连锁企业,不仅在高度分散化的烧烤餐饮市场中迅速扩张成为全国性直营烧烤连锁品牌,而且在新冠疫情肆虐导致餐饮市场断崖式下跌的情况下,仅用 28 天实现生死自救。木屋烧烤之所以能够在激烈的市场竞争中脱颖而出,关键在于其对员工工作动力的持续激活。通过构建独特的企业文化、实施有效的激励机制、提升系统能力并进行组织再造,木屋烧烤成功激发了员工的积极性和创造力,为企业的持续发展和创新变革提供了有力保障。

1. 文化引领,用"成就梦想"激活员工的内在动力

木屋烧烤通过塑造明确的使命、愿景和价值观,为员工构建共同目标与行为准则,激发员工强烈的组织归属感与认同感。如何激励每一位平凡的员工成就一番不平凡的事业?木屋烧烤给出的答案是,将宏伟不凡的愿景具象化、明确化,并使员工个体目标和组织目标相统一。如此一来,员工不仅能够清晰地了解企业要做什么、如何去做,而且实现组织目标的过程也成为其实现自我目标的过程。由此,员工的工作积极性、个体绩效和工作满意度就会获得提升。隋政军为木屋烧烤设定了"千城万店,有我一份"的愿景,并且在微信朋友圈中发布愿景倒计时。隋政军添加了绝大多数木屋员工的微信,既包括新入职的门店基层员工,也包括门店经理、门店助理、金牌服务员和金牌烤师,他们都可以看到隋政军的朋友圈。木屋烧烤与员工始终在努力建立一种"共享共创"的关系。

不仅如此,木屋烧烤每季度面向全员展开"梦想达成"调研,内容包括个人存款目标、买房买车目标、学习与晋升目标、情感归属目标、运动健康目标、旅行目标等,以及在工作体验和精神成长方面的感受和改变。通过对员工个性化需求的关注,将成就员工个人"梦想"和实现组织战略目标相关联,促使员工把企业的事转变为自己的事,从而能够在工作中全力以赴,实现各门店和企业总体的高效、持续运转。

木屋烧烤坚守六大核心价值:劳动、诚信、创新、学习、分享及坚持(见图 2-7),其中劳动为首,倡导通过辛勤工作实现个人价值与归属感。公司愿景"千城万店,有我

⊖ 郑晓明,张梦怡. 企业如何持续激活员工的工作动力——来自木屋烧烤的启示 [J]. 清华管理评论,2024 (Z2),6-14.

一份"让员工为之付出劳动和努力的同时，备感自我价值的实现，计件制与分红则确保收入与绩效挂钩，激发员工工作热情。而创新比赛与 PK 机制打破单调，驱动个人和团队的业绩不断攀升。

劳动才能改变命运　诚信才有合作伙伴　创新才能与时俱进　学习才有无限可能　分享才能幸福快乐　坚持才能成就伟大

图 2-7　木屋烧烤的核心价值观

2. 系统支撑，用组织机制保障员工的不断成长

（1）分层多维激励机制。组织激励机制在提升员工工作积极性和主动性方面发挥着至关重要的作用。木屋烧烤创新采用分层多维激励机制（见图 2-8），将员工视作创业伙伴，强化归属感与工作投入。该机制按新伙伴至高管团队做五级划分，配合清晰的职业发展路径，在收入、成长、发展机会、成就、友好环境和美好生活等多个维度激励方面随职级进行灵活调整。

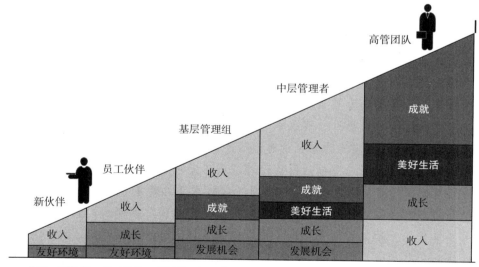

分层：新伙伴、员工伙伴、基层管理组、中层管理组、高管团队
多维：收入、成长、发展机会、成就、友好环境、美好生活

图 2-8　木屋烧烤的分层多维激励机制

木屋烧烤首创分级合伙人制，设门店、高级、核心合伙人及品牌联合创始人四层，为员工拓宽职业路径与激励范围。门店合伙人面向服务逾三年的老员工，且经抽签可获分红资格，基层管理者兼享业务绩效分红，强化参与感。高级合伙人定位为中层管理精英，享有固定和超额利润分红，以及虚拟股权增值，旨在激发中层管理者对业务增长的

积极参与，为公司发展注入更多活力。核心合伙人则面向高层管理者，享有实股分红与期权，鼓励其参与战略决策，奖励其在业务管理中的战略贡献。

由此，木屋烧烤的分层多维激励机制精准匹配了谋生、求趣、追梦三类员工需求。谋生者享有业内优渥薪酬与福利、宜人的工作环境；求趣者获得实时奖励与游戏化工作体验，在 PK 机制中促进竞争，营造积极的工作氛围；追梦者获得"放飞梦想"的平台，实现个人与公司的目标融合，增加对工作的深层次投入，增强文化共鸣。

（2）PK 竞争机制。木屋烧烤的 PK 制度根据 271 原则，实行 10% 左右的末位淘汰，以实现优胜劣汰。该制度渗透在不同层级和班次（夜班、白班）的员工、门店、区域和市场之间。其 PK 标准是一整套完整的量化指标体系，不但对员工的工作表现和投入进行全流程计件制量化，还结合企业文化实践实现价值观的量化，形成 ABC 三个等级，进行差异化激励。PK 形式也很多样，从"冲 A"活动到全国门店质量比拼，从员工才艺到"3E 认证"竞赛，实现全员参与。此外，木屋烧烤还通过五星门店 PK 体系综合评定门店经理，考量内容包括营业额、净利润等财务指标，以及大众点评评分、顾客体验、员工满意度等非财务指标。

（3）人才赋能机制。人才赋能是组织管理中至关重要的一环，通过赋予员工更多的自主权和责任、提供培训和发展的机会，组织能够激发员工的工作积极性、提高其工作满意度和业绩表现。木屋烧烤多措并举，深耕员工培养，以确保每位员工在职业生涯中都有机会不断成长。

首先，木屋烧烤将员工的晋升与通岗技能相连，激励员工精进专业，拓展能力边界，成为全能型人才，增强职业竞争力与适应力。利用"屋檐下"平台与商学院，木屋烧烤构建多元化、碎片化的学习生态，兼顾关注传统的系统化培训和员工个性化发展需求，激发员工的自主学习热情，确保知识更新无缝隙。通过鼓励员工充实自己，利用一切闲暇时间进行学习，木屋烧烤向员工传递一种"随时随地持续学习"的理念，使学习和成长真正融入员工的生活习惯。

通过 PK 机制、ABC 强制分布及能力评定与薪酬结合等多种方式，木屋烧烤成功引导员工认识到工作任务的高要求与个人成长发展的密切关系，形成任务完成与个人成长双轨并进的良性循环。

在木屋烧烤，厨师的最高等级被亲切地称为"老 A"，而服务员的最高标准则是"金服（金牌服务员）"。木屋烧烤对厨师和服务员的专业能力进行严格的评定，通过老 A 和金服评选的员工将会参与盛大的授勋仪式。此后，他们不仅拥有标志性的红色制服，在技术和能力上受到全公司的认可，工资、福利、晋升都将比普通员工更优一筹，老 A 甚至还可以拥有个人专属调料罐。

在门店员工培训方面，木屋烧烤采用三步训练法，集基础技能解析、目标设定与训练排班于一体，加速员工适应过程，提升岗位表现。通过将员工训练与门店 ABC 评估结合，实现培训与业绩评估的有机结合，推动员工全面发展。另外还有知识点大赛等寓教于乐，激发员工学习欲望，构建学习型文化。

（4）数字化管理系统。信息技术的兴起促使企业视数据为竞争优势，将构建数字化管理系统作为战略重心。随着餐饮业步入"线上线下双主场"时代，数字化管理不仅是潮流，更是未来成功的关键。在人才管理方面，数字化管理系统助力木屋烧烤全面提升人员招聘、培训、调配、考核、激励等管理工作。首先，各门店招聘流程得到全方位优化。从需求提出到候选人筛选、录用，每个环节都通过系统高效追踪，不但保证了招聘质量，还提升了整体招聘效率。其次，数字化管理系统也为员工提供多维度、碎片化的学习资源，使其能够根据个人需要选择培训课程，获得个性化的培训和发展路径。再次，木屋烧烤通过数据化系统实现对员工、门店绩效的客观、及时评估；每一个订单的收入、利润率，每一位员工的计件情况、工作表现，每一家门店当日、当月、当季度计划的完成情况，同一区域中此门店排名、同比及环比增长情况等，都在系统中实现实时记录与更新反馈。这对于公司及时调整激励措施和技能培训计划、更好地满足员工的需求至关重要。此外，木屋烧烤的数字化系统进一步提高了其薪酬管理的透明度和公正性，使得员工能够清晰了解薪酬结构和其与业绩的关联，极大地提升公平感。最后，数字化系统将员工的晋升与其是否掌握相应技能挂钩，鼓励员工全面发展自身技能；通过制订和跟踪员工的发展计划，为其提供清晰的晋升路径，提高员工对实现个人成长和未来职业发展的信心。

思考题

1. 木屋烧烤是如何通过企业文化激发员工的内在动力的？这种文化驱动模式能否在其他行业中推广？

2. 木屋烧烤的分层多维激励机制如何帮助不同层级员工找到自己的发展动力？你认为这种激励机制存在哪些潜在的风险？

3. 木屋烧烤如何通过数字化管理系统提升员工的工作效率和积极性？

人力测试 2-1

你是什么气质

我国心理学工作者陈会昌教授编制了一个气质测验表，帮助你大致确定自己的气质类型。答题方法如下所述。

请你仔细阅读下面的每个问题，你认为很符合自己情况的，在题前括号内记 2 分，比较符合的记 1 分，比较不符合的记 -1 分，完全不符合的记 -2 分，介于符合与不符合之间的记 0 分。

测验题：

（　　）1. 做事力求稳妥，不做无把握的事。

（　　）2. 遇到可气的事就怒不可遏，把心里话全说出来才痛快。

（　　）3. 宁可一个人干事，不愿很多人在一起。

（　　）4. 到一个新环境很快就能适应。

（　　）5. 厌恶那些强烈的刺激，比如尖叫、噪声、危险镜头等。

（　　）6. 和人争吵时，总是先发制人，喜欢挑衅。

（　　）7. 喜欢安静的环境。

（　　）8. 善于和人交往。

（　　）9. 羡慕那种善于克制自己感情的人。

（　　）10. 生活有规律，很少违反作息制度。

（　　）11. 在多数情况下情绪是乐观的。

（　　）12. 碰到陌生人觉得很拘束。

（　　）13. 遇到令人气愤的事，能很好地自我控制。

（　　）14. 做事总是有旺盛的精力。

（　　）15. 遇到问题常举棋不定，优柔寡断。

（　　）16. 在人群中从不觉得过分拘束。

（　　）17. 情绪高昂时，觉得干什么都有趣；情绪低落时，又觉得干什么都没意思。

（　　）18. 当注意力集中于一个事物时，别的事很难使我分心。

（　　）19. 理解问题总比别人快。

（　　）20. 碰到危险情景，常有一种极度恐怖感。

（　　）21. 对学习、工作、事业怀有很高的热情。

（　　）22. 能够长时间做枯燥、单调的工作。

（　　）23. 符合兴趣的事情，干起来劲头十足，否则就不想干。

（　　）24. 一点小事就能引起情绪波动。

（　　）25. 讨厌做那种需要耐心、细心的工作。

（　　）26. 与人交往不卑不亢。

（　　）27. 喜欢参加热烈的活动。

（　　）28. 爱看感情细腻、描写人物内心活动的文学作品。

（　　）29. 工作、学习时间长了，常感到厌倦。

（　　）30. 不喜欢长时间谈论一个问题，愿意实际动手干。

（　　）31. 宁愿侃侃而谈，不愿窃窃私语。

（　　）32. 别人说我总是闷闷不乐。

（　　）33. 理解问题常比别人慢些。

（　　）34. 疲倦时只要短暂的休息就能精神抖擞、重新投入工作。

（　　）35. 心里有话宁愿自己想，不愿说出来。

（　　）36. 认准一个目标就希望尽快实现。

（　　）37. 学习、工作同样一段时间后，常比别人更疲倦。

（　　）38. 做事有些莽撞，常常不考虑后果。

（　　）39. 老师或师傅讲授新知识、新技术时，总希望他说慢些，多重复几遍。

（　　）40. 能够很快忘记那些不愉快的事情。

（　　）41. 做作业或完成一项工作总比别人花的时间多。

（　　）42. 喜欢运动量大的剧烈体育活动，或参加各种文艺活动。

（　　）43. 不能很快地把注意力从一件事转移到另一件事上去。

（　　）44. 接受一项任务后，就希望把它迅速解决。

（　　）45. 认为墨守成规比冒风险强些。

（　　）46. 能够同时注意几件事情。

（　　）47. 当我烦闷的时候，别人很难使我高兴起来。

（　　）48. 爱看情节起伏跌宕、激动人心的小说。

（　　）49. 对工作抱认真、严谨、始终一贯的态度。

（　　）50. 和周围人的关系总是不融洽。

（　　）51. 喜欢复习学过的知识，重复做已经掌握的工作。

（　　）52. 希望做变化大、花样多的工作。

（　　）53. 小时候会背的诗歌，我似乎比别人记得清楚。

（　　）54. 别人说我"出语伤人"，可我并不觉得这样。

（　　）55. 在体育活动中，常因反应慢而落后。

（　　）56. 反应敏捷，头脑机智。

（　　）57. 喜欢有条理而不甚麻烦的工作。

（　　）58. 兴奋的事常使我失眠。

（　　）59. 老师讲新概念，常常听不懂，但是弄懂以后就很难忘记。

（　　）60. 假如工作枯燥无味，马上就会情绪低落。

判断方法：把每题得分按下表题号相加，并算出各类型的总分。

气质类型	题号															总分
胆汁质	2	6	9	14	17	21	27	31	36	38	42	48	50	54	58	
多血质	4	8	11	16	19	23	25	29	34	40	44	46	52	56	60	
黏液质	1	7	10	13	18	22	26	30	33	39	43	45	49	55	57	
抑郁质	3	5	12	15	20	24	28	32	35	37	41	47	51	53	59	

气质类型测试答案

1. 如果有一种气质类型的得分远高于其他三种，并且得分在 20 分以上，则为典型的该类气质。

   例如：胆汁质得分为 23 分，而另外三种分别为 7、3、-6 分，则此人为典型的胆汁质。

2. 如果有一种气质的得分远高于其他三种，但得分在 10～19，则为该气质的一般类型。

   例如：多血质得分为 17 分，则此人为一般多血质。

3. 如果四种气质中有两种气质的得分都比较高且比较接近，而另外两种的得分远低于它们，则属于前两种气质的混合型气质。

例如：胆汁质得分为18分，多血质得分为16分，而另外两种分别为5分和 −3
分，则此人为胆汁质和多血质的混合型气质。

4. 如果有三种气质的得分都较高且较为接近，则属于三种气质的混合型气质。

例如：黏液质得分为13分，抑郁质得分为15分，多血质得分为10分，而胆汁
质得分为4分，则此人为前三种气质的混合型气质。

人力测试 2-2

你是什么人格特征

（1）全问卷有50道题目。

（2）每道题目有两个形容词，中间有9个答案可供选择，请选择每题中最能代表你
的答案。

（3）选择"1"代表左边的一组形容词完全适合你；"9"代表右边的一组形容词完
全适合你；"5"代表你在两者之间。

（4）请尽量精确作答并避免所有的答案都在"5"附近。

	1	2	3	4	5	6	7	8	9	
1. 杞人忧天	☐	☐	☐	☐	☐	☐	☐	☐	☐	处变不惊
2. 紧张	☐	☐	☐	☐	☐	☐	☐	☐	☐	轻松
3. 神经紧张	☐	☐	☐	☐	☐	☐	☐	☐	☐	松弛
4. 情绪化	☐	☐	☐	☐	☐	☐	☐	☐	☐	不情绪化
5. 情绪起伏大	☐	☐	☐	☐	☐	☐	☐	☐	☐	情绪稳定
6. 没安全感	☐	☐	☐	☐	☐	☐	☐	☐	☐	有安全感
7. 自怜	☐	☐	☐	☐	☐	☐	☐	☐	☐	自足
8. 没耐心	☐	☐	☐	☐	☐	☐	☐	☐	☐	有耐心
9. 易行动	☐	☐	☐	☐	☐	☐	☐	☐	☐	不行动
10. 主观	☐	☐	☐	☐	☐	☐	☐	☐	☐	客观
11. 爱独处	☐	☐	☐	☐	☐	☐	☐	☐	☐	爱社交
12. 稳重	☐	☐	☐	☐	☐	☐	☐	☐	☐	喜欢开玩笑
13. 含蓄	☐	☐	☐	☐	☐	☐	☐	☐	☐	感情容易流露
14. 喜欢保持距离	☐	☐	☐	☐	☐	☐	☐	☐	☐	友善
15. 自制力强	☐	☐	☐	☐	☐	☐	☐	☐	☐	爱做便做
16. 沉静	☐	☐	☐	☐	☐	☐	☐	☐	☐	健谈
17. 被动	☐	☐	☐	☐	☐	☐	☐	☐	☐	主动
18. 孤独	☐	☐	☐	☐	☐	☐	☐	☐	☐	合群
19. 无情	☐	☐	☐	☐	☐	☐	☐	☐	☐	热情
20. 冷漠	☐	☐	☐	☐	☐	☐	☐	☐	☐	温情
21. 随俗	☐	☐	☐	☐	☐	☐	☐	☐	☐	爱创新
22. 务实	☐	☐	☐	☐	☐	☐	☐	☐	☐	富想象
23. 少创意	☐	☐	☐	☐	☐	☐	☐	☐	☐	多创意
24. 少爱好	☐	☐	☐	☐	☐	☐	☐	☐	☐	多爱好

（续）

	1	2	3	4	5	6	7	8	9	
25. 简单	☐	☐	☐	☐	☐	☐	☐	☐	☐	复杂
26. 不好奇	☐	☐	☐	☐	☐	☐	☐	☐	☐	好奇
27. 不爱冒险	☐	☐	☐	☐	☐	☐	☐	☐	☐	敢于冒险
28. 喜欢常规	☐	☐	☐	☐	☐	☐	☐	☐	☐	喜欢变化
29. 服从	☐	☐	☐	☐	☐	☐	☐	☐	☐	独立自主
30. 不喜欢分析	☐	☐	☐	☐	☐	☐	☐	☐	☐	喜欢分析
31. 暴躁	☐	☐	☐	☐	☐	☐	☐	☐	☐	温驯
32. 暴虐	☐	☐	☐	☐	☐	☐	☐	☐	☐	菩萨心肠
33. 粗野	☐	☐	☐	☐	☐	☐	☐	☐	☐	有礼貌
34. 自私	☐	☐	☐	☐	☐	☐	☐	☐	☐	不自私
35. 不合作	☐	☐	☐	☐	☐	☐	☐	☐	☐	爱帮助别人
36. 硬心肠	☐	☐	☐	☐	☐	☐	☐	☐	☐	有同情心
37. 多疑	☐	☐	☐	☐	☐	☐	☐	☐	☐	信任别人
38. 吝啬	☐	☐	☐	☐	☐	☐	☐	☐	☐	阔绰
39. 有挑衅性	☐	☐	☐	☐	☐	☐	☐	☐	☐	常认许别人
40. 爱批评	☐	☐	☐	☐	☐	☐	☐	☐	☐	宽厚
41. 粗心	☐	☐	☐	☐	☐	☐	☐	☐	☐	谨慎
42. 大意	☐	☐	☐	☐	☐	☐	☐	☐	☐	小心
43. 不可倚靠	☐	☐	☐	☐	☐	☐	☐	☐	☐	可倚靠
44. 懒散	☐	☐	☐	☐	☐	☐	☐	☐	☐	勤奋
45. 没组织性	☐	☐	☐	☐	☐	☐	☐	☐	☐	有组织性
46. 得过且过	☐	☐	☐	☐	☐	☐	☐	☐	☐	绝不苟且
47. 不自律	☐	☐	☐	☐	☐	☐	☐	☐	☐	自律
48. 不整齐	☐	☐	☐	☐	☐	☐	☐	☐	☐	整齐
49. 迟到	☐	☐	☐	☐	☐	☐	☐	☐	☐	准时
50. 不讲实际	☐	☐	☐	☐	☐	☐	☐	☐	☐	实际

人格类型	题号										总分
情绪稳定性	1	2	3	4	5	6	7	8	9	10	
外倾性	11	12	13	14	15	16	17	18	19	20	
经验开放性	21	22	23	24	25	26	27	28	29	30	
宜人性	31	32	33	34	35	36	37	38	39	40	
尽责性	41	42	43	44	45	46	47	48	49	50	

人格类型测试答案

1. 情绪稳定性 =（1+2+3+4+5+6+7+8+9+10）/10

2. 外倾性 =（11+12+13+14+15+16+17+18+19+20）/10

3. 经验开放性 =（21+22+23+24+25+26+27+28+29+30）/10

4. 宜人性 =（31+32+33+34+35+36+37+38+39+40）/10

5. 尽责性 =（41+42+43+44+45+46+47+48+49+50）/10

当在任何一个维度得分低于3分时，则表明在此方面表现较差。如情绪稳定性不足3分，则表明情绪管理能力一般；外倾性不足3分，则代表相对内向。

第 3 章

人力资源战略与规划

学习目标

- 知道什么是战略人力资源管理及其重要性
- 根据不同的组织战略制定相应的人力资源战略
- 知道什么是高绩效工作系统
- 阐述人力资源规划的步骤
- 预测人力资源需求和供给
- 更有效地执行人力资源战略和规划
- 了解如何进行人才盘点
- 了解人力资源信息系统的内容和功能

引导案例

上海波特曼丽思卡尔顿酒店的人力资源战略⊖

丽思卡尔顿公司（Ritz-Carlton Company）接管位于上海的波特曼酒店（Portman Hotel）之后，将酒店更名为上海波特曼丽思卡尔顿酒店。新管理层总结了它的优势和弱

⊖ 资料来源：德斯勒.人力资源管理基础 [M].江文，译.北京：中国人民大学出版社，2021.

点，并盘点了它那些快速崛起的竞争者。他们决定提升酒店的服务水平以展开竞争。要达到这个目标，需要制定新的人力资源管理战略和实践活动计划，包括雇用、培训及薪酬计划。公司的目标是运用新的人力资源政策来激发新的员工技能和行为，而这些技能和行为是酒店实现高品质服务所必需的。其人力资源战略包括以下几个步骤。

在战略上，新管理层决定通过提供一流的客户服务来使上海波特曼丽思卡尔顿酒店成为一家卓越的酒店。为实现这一战略，上海波特曼丽思卡尔顿酒店的员工就需要展现出新的技能和行为。例如，他们需要发自内心地真诚关心客户，在提供优质客户服务方面表现得更积极主动。

为了激发员工的工作热情，丽思卡尔顿酒店的管理层将本公司的人力资源管理系统引入波特曼丽思卡尔顿酒店。他们知道这些人力资源管理政策和措施能够为酒店带来高品质的服务行为。例如，公司的高层管理者会亲自面试每一位求职者。他们深入探究每一位求职者的价值观，最终只选择那些真正关心和尊重他人的员工："我们的甄选过程重点考察求职者的才干和价值观，因为这些东西是无法通过培训来教会的……它们直接关系到关爱他人及尊重他人等方面的问题。"管理层的努力得到了回报。他们的新人力资源战略、实践及计划帮助员工提升了服务水平并且吸引了新的顾客。这一切取得了良好的效果，从那以后，上海波特曼丽思卡尔顿酒店成为"亚洲最佳企业""中国最佳商务酒店"及中国国家旅游局⊖认证的白金五星级酒店。利润的大幅度增长很大程度上取决于有效的人力资源管理战略。

党的二十大报告指出："教育、科技、人才是全面建设社会主义现代化国家的基础性、战略性支撑。必须坚持科技是第一生产力、人才是第一资源、创新是第一动力，深入实施科教兴国战略、人才强国战略、创新驱动发展战略，开辟发展新领域新赛道，不断塑造发展新动能新优势。"⊜由此可见战略和规划对人才发展与人力资源的重要性。"凡事预则立，不预则废"。企业的管理工作首先是从战略和规划（计划）开始的，战略和规划有助于减少未来的不确定性。人力资源管理的重要性在于它的战略地位，而保持战略地位的关键则是人力资源战略和规划的制定与实施。人力资源战略和规划是企业计划的重要组成部分，是各项具体人力资源管理活动的起点与依据。就像一个出色的裁缝师可以用最少的布料做出一套舒适合身的西装，有效的人力资源战略和规划可以预防组织的臃肿，使资源的配置达到最优化。

⊖ 2018 年 3 月，根据第十三届全国人民代表大会第一次会议批准的国务院机构改革方案，设立中华人民共和国文化和旅游部，不再保留国家旅游局。

⊜ 中华人民共和国中央人民政府．习近平：高举中国特色社会主义伟大旗帜为全面建设社会主义现代化国家而团结奋斗——在中国共产党第二十次全国代表大会上的报告 [EB/OL]．（2022-10-25）[2025-03-16]. https://www.gov.cn/xinwen/2022-10/25/content_5721685.htm.

3.1　战略人力资源管理概述

个案研究 3-1

百度如何应对 AI 的风口[⊖]

2017 年随着人工智能的兴起，百度也在变化趋势中不断调整业务，把更多的精力放在人工智能及 AR（增强现实技术）、VR（虚拟现实技术）等科技创新项目上。而在刚刚转型的初期，百度智能驾驶业务的人力资源架构较为松散，驾驶业务项目的职员来自不同的业务群组，人事关系较为复杂，人员工作效率低下。为了提升效率，适应战略调整，2017 年 3 月百度高层人事也进行了重大调整。同年，百度成立了智能驾驶事业群组（IDG），由自动驾驶事业部（L4）、智能汽车事业部（L3）、车联网业务（Car Life etc.）共同组成。调整之后的人力资源架构简单明了，促进了部门内部资源的统筹分配与业务的协调发展。同时，百度也引入了很多"新鲜血液"，其中包括多名高管和高科技人才。为了应对互联网的新风口，百度不断积极调整人力资源架构来适应战略发展，百度未来的人力资源战略也会随着企业的战略发展而持续调整……

在上述案例中，百度在应对互联网新风口的过程中，不断调整人力资源战略。人力资源问题不仅是百度面临的问题，也是现实社会中诸多企业面临的问题。人力资源战略是企业整体战略的重要体现，要与公司战略挂钩。人力资源部门只有积极调整人力资源战略与规划，才能为企业的持续发展助力。因此，在开展人力资源各项活动之前，首先要理解和熟悉组织战略，并且制定与之相匹配的人力资源战略。

3.1.1　战略人力资源管理的含义

快速变化的外部世界使得战略在企业管理中变得越发重要，同时也使得战略在企业中的实施更为困难。越来越多的高层管理者认识到企业任何战略目标的实现都离不开人力资源部门的配合，同样人力资源管理活动也必须与企业的基本经营战略、发展战略、文化战略等相互配合才能发挥最大的效用。20 世纪 80 年代中后期，"战略人力资源管理"的理念由美国人率先提出，之后关于这一思想的研究与讨论日趋深入。

关于什么是战略人力资源管理，一般采用 Wright 和 McMahan 的定义，即"为企业能够实现目标所进行和所采取的一系列有计划、具有战略性意义的人力资源部署和管理行为"。特别值得注意的是，战略人力资源管理的基本思想出发点是"投资观"，就是指在战略人力资源管理中，企业将员工视为"资产"，通过制订有效的政策和计划来对这些资产加以投资，而这些更高价值的资产反过来可以帮助企业目标的达成和战略计划的实现。

⊖　本案例改编自：李燕萍，李锡元. 人力资源管理 [M]. 3 版. 武汉：武汉大学出版社，2020：105-106.

相比于传统的人力资源管理，战略人力资源管理所扮演的角色更进一层，不但包含短期导向的经营性角色，还包括长期导向的战略性角色（见表 3-1）。

表 3-1   战略人力资源管理角色

角色分类	战略性角色	经营性角色
侧重点	全球性任务、长期性目标、创新	行政工作、短期目标、以日常工作为目的
汇报对象	总经理或总裁	负责企业行政管理的副总裁
常规工作	• 制定人力资源规划 • 跟踪不断变动的法律与规则 • 分析劳动力变化趋势和有关问题 • 参与社区经济发展 • 协助企业进行改组和裁员 • 提供公司合并和收购方面的建议 • 制订报酬计划和实施策略	• 招聘或选拔人员填补当前空缺 • 向新员工进行情况介绍 • 审核安全和事故报告 • 处理员工的抱怨和申诉 • 实施员工福利计划方案

总的来说，战略人力资源管理具有以下特征：

（1）从人力资源的重要性看，人力资源是组织获取竞争优势的最重要资源，强调获取与组织匹配的个体成员。

（2）从职能看，人力资源管理参与决策，根据内外环境需要倡导并推动变革，进行组织整体的人力资源规划，并实践相应的人力资源管理活动。

（3）从其与战略的关系看，它们是一体化联系，即一种动态的、多方面的、持续的联系。

（4）从其实践看，更加关注员工目标与组织目标的一致性，强调系列人力资源管理活动的协同作用。

（5）从其绩效看，集中在组织绩效与组织持续竞争优势的获取上，人力资源管理部门的绩效与组织绩效整合成一个整体。

3.1.2   战略人力资源管理的重要性

前面提到，战略人力资源管理的基本思想出发点是"投资观"，然而这一观点在许多企业中往往得不到采纳，主要原因是担心员工的流失造成投入的财力和精力的浪费。这些企业忽视了通过战略人力资源管理对人力资本进行长期投资带来的巨大收益。高效的战略人力资源管理可以为企业带来三个方面的财富：增加价值的员工、难得的员工和难以仿效的文化（见表 3-2），而这三者都是企业获得可持续竞争优势的重要来源。[○]

最终，通过战略人力资源管理，员工的工作绩效得以提高并为组织目标的达成做贡献，顾客和员工的满意度提高，为组织带来更高的收益和持续发展的动力。

○ 资料来源：JACKSON S E，SHULER R S. 人力资源管理：从战略合作的角度 [M]. 范海滨，译 . 北京：清华大学出版社，2005：4.

表 3-2 战略人力资源管理为企业带来的可持续竞争优势

增加价值的员工	员工会对顾客关于组织产品和服务的看法产生正面的影响。例如，他们 • 提供优质的服务 • 在产品方面产生更好的创意 员工可以帮助企业获得创造竞争优势的其他资源。例如，他们 • 招聘其他优秀的人才 • 帮助组织了解和获得进入新市场的途径 员工可以帮助促进组织变革和适应变革。例如，他们 • 领先于其他人来预测环境的变化 • 实施迅速的改革
难得的员工	在技术知识和专业技能方面，员工具有非同寻常的高水平 在具体的企业经营知识方面，员工具有非同寻常的高水平。例如，他们 • 理解组织的战略，以及该战略与竞争对手战略的差异 • 知道组织的历史，吸取经验教训，不犯以往的错误 员工有良好的职业素养，对组织高度忠诚，积极为组织的成功做贡献
难以仿效的文化	人力资源管理各项政策和活动协调一致，为员工的行为提供清晰和始终一贯的指导 公认的态度、价值观和习惯比书面的规章制度与手册更能指导员工的行为

3.1.3 战略人力资源管理模型

战略人力资源管理模型有助于人们理解战略人力资源管理系统的要素、思想路径与要素间的相互关系，也为企业提升核心竞争优势提供了战略人力资源管理的框架。

1. 5P 模型

兰德尔·舒勒提出的 5P 模型为人力资源管理提供了一个全面的框架，强调了哲学（philosophy）、政策（policies）、计划（plan）、实践（practices）和过程（processes）之间的相互关系。通过关注这些要素，组织可以更好地管理和发展人力资源，提升员工的绩效和满意度，从而实现更大的组织成功，如图 3-1 所示。

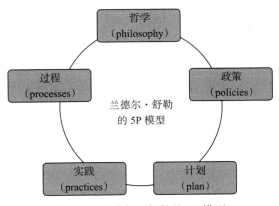

图 3-1 兰德尔·舒勒的 5P 模型

哲学是人力资源管理的理念，是指组织对人力资源的基本信念和价值观，包括如何看待员工、管理方式和企业文化，强调员工是重要的资产，而不仅仅是资源。这种理念影响人力资源政策和实践计划的制订。如果管理哲学倾向于授权和参与，员工会感到更有价值，进而提高工作满意度和生产力。

政策是指人力资源政策，具体是指组织在招聘、培训、绩效管理、薪酬和员工关系等方面的正式政策与程序。制定明确的招聘、培训、薪酬和绩效管理政策，这些政策应与组织的战略目标相一致。例如，在招聘时明确所需技能和文化适配度，以确保吸引到合适的人才。人力资源政策还应遵循相关法律法规，确保公平性和透明度，避免歧视和偏见。良好的政策能够提升员工的信任感和组织声誉。随着外部环境和市场需求的变化，政策需要具有一定的灵活性，以适应新的挑战和机遇。例如，在新冠疫情期间，许多组织调整了远程工作政策以应对新的工作环境。

计划是指人力资源管理计划，是人力资源管理的目标、内容实施的计划，其核心计划是战略人力资源管理的政策体现。计划的实施有赖于人力资源提供支持，同时计划的内容依据企业战略目标而确定。人力资源管理计划大致包括企业战略目标、业务类型、组织结构、人员组成及数量、绩效水平等。有效的人力资源管理计划有利于企业政策的落地，也能促进企业实现战略目标。

实践是人力资源管理实践，包括实际的招聘、培训、绩效评估、职业发展等操作层面的活动和流程。实践应包括对员工的培训和职业发展机会，以提高员工的技能水平，确保他们能够应对未来的挑战。人力资源管理实践应当落实政策并反映企业的理念，能够有效支持员工的发展和绩效提升。

过程是人力资源管理的流程，是指组织在实施人力资源管理实践时的程序和步骤，包括如何进行员工选拔、培训计划的实施等。建立标准化的流程，可以确保一致性和高效性，定期对流程进行优化，识别瓶颈和改进点，可以提升整体人力资源管理的质量。有效的流程管理可以提高工作效率，减少资源浪费，并提升员工体验。

2. 雇用模型

美国著名战略人力资源学者 Lepak 和 Snell⊖强调了不同类型的人力资源在组织中的重要性，以及如何根据员工的技能和角色制定相应的雇用策略，提出人力资源管理的雇用模型。Lepak 和 Snell 首先将人力资本分为四类能力，分别是核心能力、边缘能力、通用能力、特殊能力，这些能力对组织的战略和竞争优势至关重要（见表 3-3）。

根据人力资本的分类，Lepak 和 Snell 提出了四种主要的雇用模型。

固定合同（commitment contract）：适用于具有核心能力的员工，重视长期关系、员工发展和忠诚度。这种策略通常涉及较高的薪酬和福利，以激励员工的长期承诺。

临时合同（contingent contract）：适用于具有边缘能力的员工，强调灵活性和短期关系。这种策略可能包括外包或临时雇用，适应市场需求的变化。

合作合同（collaborative contract）：适用于具有特殊能力的员工，重视知识共享和团队合作。这类雇佣关系强调员工的参与和合作，以实现共同目标。

买卖合同（transactional contract）：适用于具有通用能力的员工，强调短期交易关

⊖　LEPAK D P, SNELL S A. The human resource architecture: toward a theory of human capital allocation and development [J]. Academy of Management Review, 1999, 24(1): 31-48.

系，关注具体的工作任务和报酬。这种策略往往对培训和发展的投资较低。

　　Lepak 和 Snell 的雇用模型通过将人力资本的类型与不同的雇用策略结合，帮助组织更有效地管理和利用其人力资源。这种战略人力资源管理模型强调根据员工的特征和组织需求确定人力资源管理实践的重要性，从而提高整体绩效。

表 3-3　人力资源管理的雇用模型

能力类型	核心定义	示例	雇用策略
核心能力 （Core Capabilities）	核心能力通常需要一定的培训、专业知识和长期的承诺	研发团队、关键管理人员等	固定合同
边缘能力 （Peripheral Capabilities）	在组织的整体运作中重要性较低，且较易于替代。这些职位往往不需要高度的专业技能	行政助理、临时工等	临时合同
特殊能力 （Specialized Capabilities）	通常具有特定的行业或市场需求，员工可能在某一特定领域拥有独特的技能	IT 专家、特定行业的技术工人等	合作合同
通用能力 （Generic Capabilities）	这些能力在多个行业和角色中都适用，但对特定组织的贡献相对较小	基础的沟通能力、管理技能等	买卖合同

3.1.4　高绩效工作系统

　　高绩效工作系统（high-performance work systems，HPWS）最早起源于美国，是战略人力资源管理的最佳实践，是企业通过人力资源管理政策和实践，激励员工实现高绩效的人力资源管理系统。以下是部分研究者的观点：高绩效工作系统是以选拔、培训、留用和鼓励员工为目的的一系列人力资源管理实践的组合（Way，2002）；[一]高绩效工作系统是通过提升员工绩效，进而提升组织绩效的人力资源实践；[二]高绩效工作系统是培养员工工作动机、提升员工工作能力、实现组织目标的人力资源实践；[三]高绩效工作系统是选拔、任用、培养、留用员工等一系列相互关联的人力资源实践。[四]高绩效工作系统的假设是组织会培养自己的员工，员工会改变自己的工作态度，增加对组织的满意度与承诺，提升工作积极性，促进工作绩效的提升。建立高绩效工作系统的企业通过培训员工，提升员工知识与技能、积极主动性等使企业获得竞争优势，实现企业目标。

　　具有高绩效工作系统的企业与低绩效的企业存在很大的差异。例如，在员工培训上，建立高绩效工作系统的企业新员工培训时长会比低绩效企业高约 3 倍。建立具有高绩效工作系统的企业在招聘、选拔、培训、评价等方面与低绩效企业都存在较大差异，[五]如表 3-4。

[一]　WAY S A. High performance work systems and intermediate indicators of firm performancewithin the US small business sector[J]. Journal of Management, 2002, 28(6): 765-785.

[二]　BOXALL P, MACKY K. Research and theory on high-performance work systems: progressing the high-involvement stream[J]. Human Resource Management Journal, 2009, 19(1): 3-23.

[三]　JIANG K, LEPAK D P, HU J, et al. How does human resource management influence organizational outcomes? a meta-analytic investigation of mediating mechanisms[J]. Academy of Management Journal, 2012, 55(6): 1264-1294.

[四]　张军伟，龙立荣. 不同层次高绩效工作系统的差距效应：一个被调节的中介模型 [J]. 南开管理评论，2017，20（2）：180-190.

[五]　德斯勒. 人力资源管理基础 [M]. 江文，译. 北京：中国人民大学出版社，2021.

表 3-4　具有高绩效工作系统的企业与低绩效企业在管理实践上的差异

管理实践	具有高绩效工作系统的企业	普通企业
招聘：合格的岗位者数量（家）	37	8
选拔：成功选拔上的员工比例	30%	4%
培训：新员工平均培训时长（小时）	117	35
评价：获得常规绩效评价的员工比例	95%	41%
薪酬：获得激励型工资的员工比例	84%	28%
团队运行：自主化、半自主化、跨部门工作的员工比例	42%	11%
运营信息分享：获得运营相关信息的员工比例	82%	62%
财务信息分享：获得财务相关信息的员工比例	66%	43%

⑤ 研究前沿 3-1

高绩效工作系统的前沿研究

大量研究表明，高绩效工作系统的实施对企业及员工能够产生积极影响，最为明显的影响就是能够提升员工、团队或企业的绩效。[一][二]已有研究表明高绩效工作系统不仅能提升企业的创新能力[三]，还能提高企业内部的程序公平，提升员工的组织承诺和工作满意度[四]。高绩效工作系统的实施虽然会给企业带来高绩效，但长期高绩效的压力在一定程度上也会给员工带来角色超载和焦虑，进而提高他们的离职倾向[五]，也会使员工产生情绪劳动[六]，增加员工的工作压力[七]，引发员工的工作倦怠[八]。因此，高绩效工作系统的实施需要结合企业与员工的具体情况而定，这样才能使高绩效工作系统充分发挥积极效应。

[一]　CHEN C C, WANG Y, CHEN S J, et al. High commitment work system and firm performance: impact of psychological capital and environmental uncertainty [J]. Asia Pacific Journal of Human Resources, 2021, 59(1): 132-151.

[二]　BARTRAM T, COOPER B, COOKE F L, et al. High-performance work systems and job performance: the mediating role of social identity, social climate and empowerment in Chinese banks [J]. Personnel Review, 2020, 50(1): 285-302.

[三]　MEHRALIAN G, SHEIKHI S, ZATZICK C, et al. The dynamic capability view in exploring the relationship between high-performance work systems and innovation performance [J]. International Journal of Human Resource Management, 2023, 34(18): 3555-3584.

[四]　WU P C, CHATURVEDI S. The role of procedural justice and power distance in the relationship between high performance work systems and employee attitudes: a multilevel perspective [J]. Journal of Management, 2009, 35(5): 1228-1247.

[五]　JENSEN J M, PATEL P C, MESSERSMITH J G. High-performance work systems and job control: consequences for anxiety, role overload, and turnover intentions [J]. Journal of Management, 2013, 39(6): 1699-1724.

[六]　郑晓明，余宇，刘鑫. 高绩效工作系统对情绪劳动的影响：一个多层次模型 [J]. 科学学与科学技术管理，2020，41（11）：132-145.

[七]　WOOD S, VAN VELDHOVEN M, CROON M et al. Enriched job design, high involvement management and organizational performance: the mediating roles of job satisfaction and well-being [J]. Human relations, 2012, 65(4): 419-445.

[八]　KROON B, VAN DE VOORDE K, VAN VELDHOVEN M J P M. Cross - level effects of high - performance work practices on burnout: two counteracting mediating mechanisms compared [J]. Personnel Review, 2009, 38(5): 509-525.

此外，近期一项研究提出了一个"双重内部契合模型"[一]，指出要想最大化人力资源实践的效能，企业需要注重各项人力资源实践之间的协同作用。首先，企业应根据其战略需求，精心设计不同人力资源实践之间的互动关系，确保它们能够相互支持，形成更大的系统效应。例如，将招聘与培训结合起来，往往能比单独实施其中任意一项更显著地提升员工的生产力。优秀的招聘机制能吸引顶尖人才，但若缺乏针对性的培训，员工潜力可能无法充分发挥。同样，如果只注重培训而没有选对合适的人才，这也是一种资源浪费。再比如，当绩效评估和奖励制度配合实施时，员工不仅能够清楚自己的目标，而且能够通过奖励保持更强的工作动力。通过信息共享与授权的双重机制，员工能更好地理解组织战略方向，并有更多机会参与决策，从而增强其参与感与工作满意度。其次，企业还应关注跨领域的（如能力、动机与机会）互动效应，以确保员工不仅具备完成工作的必要技能，还能获得足够的激励和参与机会。最后，企业应不断收集并分析人力资源实践及员工绩效的相关数据，灵活调整各项实践的组合，以确保达到最佳的"内部契合"。

3.2　人力资源战略的制定

3.2.1　人力资源战略的含义及重要性

"战略"原是一个军事术语，是指对战争全局的谋划和指导。企业中的战略是指企业为自己确定的长期发展目标、任务及为实现这一目标制定的行为路线、方针政策和方法。企业战略作为对整体经营活动的指引，决定着企业的长远发展方向，是宏观的、系统性的问题。企业战略一般分为三个层次：企业总战略、事业部战略、职能战略（见图3-2）。

人力资源战略属于职能战略，它是指人力资源管理者从组织的全局、整体和组织长远的、根本的利益出发，通过周密的科学论证，所设计的具有方向性的、指导性的、可操作性的人力资源管理与开发的谋划、方针、原则、行动计划与谋略。[二]人力资源战略是一面旗帜，为人力资源各项职能活动的展开提供明确的方向；它又是一种黏合剂，将人力资源管理与企业战略联系在一起。

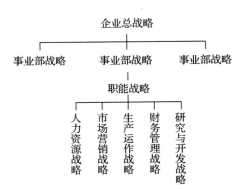

图 3-2　企业战略的层次分类

　　[一] KANG S, HAN J H, OH I, et al. Do human resource systems indeed have "system" effects? the dual internal fit model of a high-performance work system [J]. Journal of Applied Psychology, 2024.
　　[二] 汪玉弟. 企业战略与 HR 规划 [M]. 上海：华东理工大学出版社，2008：46.

◐ 实务指南 3-1

战略决策包含的内容

1. 在哪里进行竞争？进行竞争的领域在哪里？

2. 竞争的外部环境如何？

3. 如何进行竞争？采取何种竞争策略？

4. 依靠什么进行竞争？运用哪些资源来竞争？

5. 竞争的长期目标是什么？

3.2.2 人力资源战略的制定

人力资源战略的制定受到企业外在环境和内在环境的共同影响。外在环境包括产业结构、劳动力市场、政府法规和工会等，当这些外在因素发生变化时，企业势必在人力资源管理上做出相应调整，以适应当前环境的要求。企业的内在环境与外在环境存在密切联系，通常企业因外在环境的机会或威胁，制定出一套经营战略及演变出企业文化，这套战略和文化在很大程度上决定了人力资源战略。除此之外，企业的生产技术和财务实力，也对人力资源战略的制定有很大的影响。图 3-3 说明了人力资源战略与企业外在环境、内在环境的关系。

由于人力资源战略与企业竞争战略和文化联系最为密切，在此我们重点讨论这三者之间的关系。

1. 企业竞争战略

企业竞争战略是指为了使企业在竞争中具备某方面的竞争优势而形成一连串系统的、协调一致的决策和行动，它一般由公司高层管理者制定，为企业整体的行动给出长期性的指导方向。

图 3-3　企业外在环境、内在环境与人力资源战略的关系

资料来源：何永福，杨国安. 人力资源策略管理 [M]. 台北：三民书局，2005.

哈佛大学迈克尔·波特教授将企业竞争战略分为以下三类。

- 廉价竞争战略，即在生产同样或类似物品时，凭借高科技、生产规模或财务实力等，在采购、生产或销售环节中节省开支，强调以最低的单位成本价格为价格敏感的用户生产标准化产品。

- 创新性产品战略，旨在为价格相对不敏感的用户提供某产业中独特的产品与服务。

- 高品质产品战略，即和竞争对手相比，其产品以优质取胜。

由于企业采取的战略不同，因此对员工工作价值观和行为的要求也会不同。例如，廉价竞争战略是通过规模效应和稳定的生产技术制造低价产品，那么企业就会需要出勤稳定、技术可靠、能够重复且有效率地工作的员工。创新性产品战略依赖于员工的创造性，企业在进行工作设计时，就要注重创造一个宽松活跃的环境，以激发员工的独特想法。高品质产品战略又有所不同，它需要员工之间紧密合作和良好沟通，以及早发现问题，确保产品质量。可见，竞争战略需要人力资源战略和各项职能活动的配合，才能影响和塑造员工的思想和行为。

2. 企业文化

企业文化泛指组织内全体员工形成及共享的一套与企业有关的观念、信念和假设。美国密歇根大学的奎因教授将企业文化分为四大类：部落型文化、活力型文化、市场型文化和等级型文化（详细内容请见第11章的对立价值观模型）。[⊖]

部落型文化像一个家族，强调人际关系，员工之间合作互爱，忠诚于企业；活力型文化强调创新，组织层级设计扁平化，关注员工的成长和创新；市场型文化强调目标导向和任务完成；等级型文化的特点是规章至上，通常企业层级多、结构稳定。

不同的文化必须与企业竞争战略相互呼应，比如廉价竞争战略需要员工的稳定和可靠性，因此等级型文化最为理想；创新性产品战略强调员工创新，因而活力型文化更为契合；高品质产品战略要求员工合作、信任和沟通，所以部落型是最佳匹配文化。

3. 人力资源战略

当企业制定竞争战略并确立相应的企业文化类型之后，人力资源战略的制定就应当与这两者有效地配合起来。美国康奈尔大学研究显示人力资源战略可以分为三大类：吸引战略、投资战略和参与战略，[⊜]表3-5显示与不同企业竞争战略和企业文化相匹配的三类人力资源战略及其职能活动重点。

在实际中，企业通常采用几种战略并形成不同文化的混合体，因此在制定人力资源战略的时候，应当辨识主要战略和强势文化，形成相应的人力资源战略。虽然人力资源战略的制定直接受到组织战略和文化的影响，但是不能忽视人力资源参数对企业战略的形成和执行的影响，因此在自上而下制定人力资源战略的同时，人力资源职能部门的每个业务单位都要参与进来，确定重要的人力资源问题并加以分析、预测和评价，发展成为意义深远、内容丰富的战略，形成自上而下、自下而上结合的战略制定形式。

⊖ 卡梅隆，奎因. 组织文化诊断与变革 [M]. 谢晓龙，译. 北京：中国人民大学出版社，2006.

⊜ 何永福，杨国安. 人力资源策略管理 [M]. 台北：三民书局，2005.

表 3-5　企业竞争战略、企业文化和人力资源战略及活动的匹配

企业竞争战略	廉价竞争	创新性产品	高品质产品
企业文化	等级型文化	活力型文化	部落型文化
人力资源战略	吸引战略	投资战略	参与战略
人力资源管理活动			
招聘			
员工来源	外在劳动市场	内在劳动市场	两者兼用
晋升阶梯	狭窄、不易转换	广泛、灵活	狭窄、不易转换
工作描述	详细、明确	广泛	详细、明确
绩效评估			
时间性观念	短	长	短
行为/结果导向	结果导向	两者兼有	结果导向
个人/小组导向	个人导向	小组导向	两者兼有
培训			
内容	应用范围局限的知识和技巧	应用范围广泛的知识和技巧	应用范围适中的知识和技巧
薪酬			
公平性原则	对外公平	对内公平	对内公平
基本薪酬	低	高	中
归属感	低	高	高
雇用保障	低	高	高

✍ 实务指南 3-2

美国联合邮递服务公司的人力资源战略实例

　　美国邮递服务行业有以下特点：①该行业除政府邮局外，私营的主要有四五家，竞争颇为激烈；②当文件不多或不需寄送原件时，邮递服务的替代品颇多，如图文传真、电话、电子邮件等；③顾客的流动性较高。基于以上产业分析，美国联合邮递服务公司决定采取成本领先战略，以低价争取较多顾客。而为了达成成本领先战略，美国联合邮递服务公司采用科学管理方法，把工作简单化及标准化，以求提高生产效率，员工并不需要参与标准和程序的决策。企业对员工的招聘相对简单，员工的训练重在一些技术上的操作，员工绩效评估主要基于短期表现。员工流失率并不会对企业造成严重威胁，因此企业不用提供员工工作保障。但美国联合邮递服务公司以较高的薪酬吸引员工，比起其他竞争者的员工，其一般员工的每小时工资要高出 1 美元左右。

3.3　人力资源规划概述

✍ 个案研究 3-2

桑科机械设备制造公司的"难题"

　　北京桑科机械设备制造公司的营销经理赵旺在每周经理例会上说："我有个好消息，

我们可以与麦多德公司签订一笔大合同。我们所要做的就是在一年而不是两年内完成该计划。我告诉过他们我们能够做到。"

　　然而人力资源部副经理王琳的话却使每个人都不得不面对现实，她说："在我看来，我们现有的工人并不具备按麦多德公司的标准生产出优质产品所需的专业知识。在原来两年的计划进度表中，我们曾计划对现有工人逐步进行培训，但是按现在这个新的时间表我们将不得不到劳动力市场上招聘那些具有该方面工作经验的工人，或许我们有必要进一步分析一下这个方案，看看是否确实需要这么做。如果我们要在一年内而不是两年中完成这一计划，人力资源成本将大幅度上升。不错，赵经理，我们能够做到这一点，但是由于有些约束条件，这个计划的效益会好吗？"

　　在上述情况下，赵旺在其计划中没有考虑人力资源计划的重要性，会使原本深思熟虑的计划付之东流。在当今充满竞争的环境中，必须要认识到人力资源计划的必要性，而在国内很多企业只考虑其经营计划，没有科学的人力资源规划，往往等到用人时再去找人，这样带来的结果是招来的人要么成本太高，要么不满足岗位的要求，这又怎能完成其经营计划呢？未雨绸缪，方显人力的价值。

3.3.1　人力资源规划的含义

1. 什么是人力资源规划

　　人力资源规划（HRP），也称人力资源计划，是指企业根据战略发展目标与任务要求，科学地预测、分析自己在变化环境中的人力资源的供给和需求情况，制定必要的政策与措施，以确保组织在需要的时间和需要的岗位上获得各种需要的人才的过程。

　　人力资源规划是企业发展战略的重要组成部分，也是企业各项人力资源管理工作的依据。人力资源规划不仅是一个短期的反应过程，也是一个长期的战略性活动，旨在确保组织在不断变化的市场环境中，能够有效地管理和利用其人力资源，从而支持整体业务目标的实现。人力资源规划主要包括以下内容。

　　（1）需求预测：评估未来业务发展的需求，确定所需的员工数量、技能和专业背景。这通常基于组织的战略目标、市场趋势和行业动态。

　　（2）供应分析：评估现有员工的技能、能力和数量，分析当前人力资源的优势与短板，以了解如何填补未来的人力资源需求。

　　（3）差距分析：比较需求和供应，识别出人力资源的缺口和不足。这一步骤有助于明确培训、招聘和人才引进的方向。

　　（4）招聘与选拔：根据需求预测和差距分析，制定相应的招聘策略，吸引、选拔和聘用合适的人才，以满足组织的需求。

　　（5）培训与发展：规划和实施培训与发展项目，提升现有员工的技能，以应对未来的挑战和变化，确保组织内部的持续发展。

　　（6）留才策略：制定员工留任策略，减少人员流失，通过优化薪酬福利、职业发展机会和工作环境等方式，提高员工的忠诚度和满意度。

（7）绩效管理：设计和实施绩效管理系统，以评估和提升员工的工作表现，并根据评估结果调整人力资源策略。此外，随着外部环境和内部需求的变化，人力资源规划需要具备灵活应变的能力，以及时调整策略和计划。

☙ 实务指南 3-3

影响人力资源规划的因素

影响人力资源规划的因素来自两个方面，即外来因素与内在因素。

2. 人力资源规划的外部一致性与内部一致性

人力资源规划应当具有外部一致性与内部一致性。外部一致性是指人力资源计划应当同企业的整体计划相配合，比如与企业战略计划、经营计划、财务计划相一致（见"实务指南 3-4"）。内部一致性是指人力资源计划应当同所有其他人力资源管理活动，如招募、培训、工作分析等计划相一致或相互协调。例如，招聘 50 名新员工就意味着必须对他们进行培训并制定相应的薪酬预算（见图 3-4）。

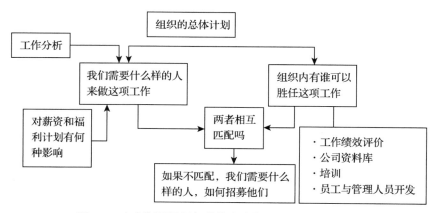

图 3-4　人力资源规划与其他人力资源管理活动的关系

⚫ **实务指南 3-4**

三个层次的企业计划对人力资源规划的影响

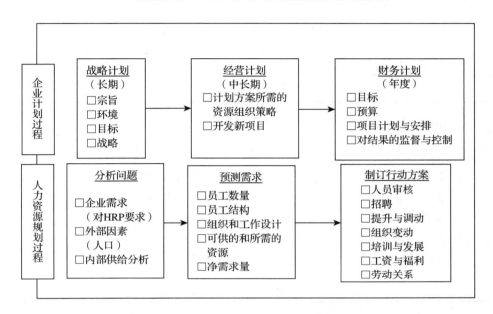

3.3.2 人力资源规划的内容

1. 人力资源规划层次

人力资源规划包括两个层次，即总体规划及各项业务计划。人力资源的总体规划是有关计划期内人力资源开发利用的总目标、总任务、总政策、实施步骤及总的预算安排。例如根据某企业发展战略，确定公司人员总数从目前的 3000 人扩大到 5000 人，其中专业技术人员占比 15% 以上，90% 以上的员工应达到高中或中技水平，劳动生产率达到人均 5 万元。总任务包括举办大规模培训、人员招聘等。总政策包括提高专业人员待遇、改革人事制度等。实施步骤，第一年补充 500 人，培训 500 人；第二年……总预算为每年 2500 万元（包括工资总额的增加及培训费用），如此等等。

人力资源规划所属业务计划包括人员补充计划、人员使用计划、晋升计划、教育培训计划、退休计划、劳动关系计划等。这些业务计划是总体规划的展开和具体化，每一项业务计划都由目标、任务、政策、步骤及预算等部分构成，这些业务计划的执行结果应能保证人力资源总体规划目标的实现（见表 3-6）。

表 3-6 人力资源规划的内容

计划类别	目标	政策	步骤	预算
总规划	总目标：（绩效、人力总量、素质、员工满意度等）	基本政策（如扩大、收缩、改革、稳定等）	总体步骤（按年安排），如完善人力信息系统等	总预算（万元）

（续）

计划类别	目标	政策	步骤	预算
人员补充计划	类型、数量对人力结构及绩效的改善等	人员标准；人员来源；起点待遇	拟定标准（月） 广告宣传（月） 考试（月） 录用（月）	招聘、挑选费用（万元）
人员使用计划	部门编制，人力结构优化及绩效改善，职务轮换幅度	任职条件；职务轮换范围及时间	（略）	按使用规模、类别及人员状况决定的工资、福利预算

2. 人力资源规划的期限

人力资源规划期限是短期（1年）、中期（3～5年），还是长期（8～10年），一般来说要与企业总体规模相一致。它主要取决于企业环境的确定性、稳定性及对人力素质的要求。通常，企业经营环境不确定、不稳定，或人力素质要求低，从而随时可以从劳动力市场上补充时，可以以短期规划为主；相反，若经营环境相对确定和稳定，对人力素质要求较高，补充比较困难时，就应当制定中长期规划。人力资源规划期限与经营环境的关系可参见表3-7。

表 3-7　人力资源规划期限与经营环境的关系

短规划期——不确定 / 不稳定	长规划期——确定 / 稳定
出现许多新的竞争者 社会、经济条件飞速变化 不稳定的产品 / 服务需求 变动的政治 / 法律环境 组织规模较小 恶化的管理实践（危机管理）	很强的竞争地位 渐进的社会、政治、技术变化 很有效的管理信息系统 稳定的需求 强有力的管理实践

3.3.3　人力资源规划的目标

人力资源规划的目标是随组织所处的环境、企业战略与战术规划、组织目前工作结构与员工工作行为的变化而不断改变的。当组织的战略规划、年度计划已经确定，组织目前的人力资源需求与供给情况已经摸清时，就可以据此制定组织的人力资源目标了。目标可以用最终结果来阐述，比如"到明年年底，每个员工的年培训时间达到40小时""到明年年底，将人员精简三分之一"，也可以用工作行为的标准来表达，比如"到培训的第3周，受训者应该会做这些事……"企业的人力资源目标通常都不是单一的；每个目标可能是定量的、具体的，也可能是定性的、比较抽象的。

例如，麦当劳的人力资源目标是：把工作范围规定得很窄，易于员工在短期内掌握工作技能；付给大多数非管理人员以最低工资，以减少辞职所造成的损失；改进工作设计，使工作过程尽可能不受操作人员个人因素的影响（例如采用计算机控制烹调过程，将产品目录标在先进现金出纳机上）。

另外，核心人员是企业持续增长的关键因素。公司的主要产值贡献来自核心人员创造的无形资产（新知识、新发明等），占员工人数 20% 的核心人员创造了 80% 的产值（见"实务指南 3-5"）。

🍥 实务指南 3-5

人力资源规划的关键任务：规划核心人员

核心人员是企业持续增长的关键因素。知识经济时代，公司的主要产值贡献来自公司的无形资产（例如：新概念、新知识、新发明、新技术、新信息等），传统的有形资产（机器、设备、装置等）所能够创造的产值将大大降低。

核心人员所创造的无形资产将不断增加附加价值。花费巨资购置的有形资产将不断折旧、贬值。

与传统的员工人数贡献模式不同，新时代的员工人数份额贡献并不与相应的产值份额贡献等同。下图以正三角形与倒三角形描绘出在知识经济时代，少数核心员工对企业产值的贡献很可能占有很大的份额。

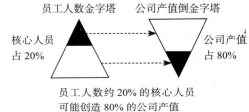

3.3.4 有效人力资源规划需考虑的因素

有效的人力资源规划需要深入分析组织战略目标、市场趋势、员工需求、法律合规、技术应用等多方面的因素。通过灵活应对外部环境变化和内部需求，HR 能够制定出切实可行的规划，以支持企业的可持续发展和竞争优势。有效的人力资源规划需要综合考虑多种因素，以确保能够满足组织的长期目标和短期需求。

1. 组织战略目标

（1）战略对齐。人力资源规划需从企业的愿景、使命和战略目标出发，确保 HR 的方向与组织的长远发展一致，预测未来 3 ～ 5 年组织的可能变化（所在行业的全球性 / 地区性 / 地域性发展趋势预测，企业本身的中期与长期经营规划），确定各部门人员的总人数预算与公司业务发展的关系（未来 3 ～ 5 年）。举例来说，如果公司计划进入新市场，HR 需要预见性地规划相应的人才需求，包括市场研究、销售和支持团队的建立。例如，公司在决定开发新产品时，提前评估所需的研发人员和技能组合，确保在新产品推出时，团队已具备所需能力。

（2）短期与长期平衡。在制定人力资源规划时，HR 需要平衡日常运营与实现长期战略目标的需求。例如，在短期内可能需要快速招聘临时员工，但也要考虑长远的员工培训和发展，以防止未来出现人才短缺。

2. 市场趋势与竞争分析

（1）行业趋势分析。HR 应定期进行行业分析，了解市场动态，包括技术发展、消费者偏好和竞争对手的战略。这可以通过市场研究报告、行业协会的数据和竞争分析工具实现。使用 SWOT 分析（优势、劣势、机会、威胁）识别市场机会和挑战，可以为人力资源规划提供数据支持。另外，还可以参考同类行业的组织形式、配置、功能、效率、不足。

（2）人才市场供需分析。通过分析不同职位的人才供需关系，HR 可以确定关键岗位的招聘难度和人员流动情况。例如，如果公司发现数据科学领域的人才紧缺，可以在规划中加强数据分析相关岗位的招聘和培训。

3. 员工需求与能力评估

（1）配置多功能人员。通常情况下，规划人力的单位较为粗糙，这会造成人力单位的浪费，这种考虑可以改变，即不一定以"一个人"为人力计算单位，可以采用 0.4 人、0.6 人等非整数的人力计算单位。要配合这种非整数的人力计算法，我们必须以一种新的、灵活的思维来处理部门之间、功能之间的模糊分界情况。举例来说，生产部需要额外 4 小时的人力（0.5 人），生产计划部也需要额外大约 4 小时的人力，人事经理就不必给每个部门各自多加 1 人，因为使用这种思维去规划人力而带来的全公司的浪费不只是人力的增加、效率的降低，并且附带着公司资源（薪金、福利、培训、能源、消耗品、公司长远负担等）浪费。

针对这种情况，人事经理可以根据非整数人力计算，原则上建议部门协商指派受过多功能训练合格的人员，同时为两个或者多个部门服务，用精明的思维来规划人力配置，提升组织整体行政效率，减少整体组织不必要的资源浪费与低效运作。

（2）能力评估工具。运用能力评估工具（如 360 度反馈、绩效考核）来评估员工的现有技能和潜力。通过这些工具，HR 可以识别出未来发展所需的技能差距，并制订个性化的培训计划。例如，制造企业通过能力评估工具识别出操作工的技术短板，随后可以实施针对性的技能提升培训。

（3）流动性分析。通过分析历史数据，识别高离职率的部门或岗位，并探讨原因。了解员工流动的原因（如薪资、工作环境、职业发展机会）有助于制定有效的留才策略。

4. 组织结构与文化

（1）结构设计与优化。涉及组织的形式、功能配置、运作部署、各级管理人员的比率（管理幅度）。例如，经理与主管的比率，以及其他各级人员的比率。要确保组织结构能够支持业务战略的实施，避免层级过多导致决策缓慢。需要定期审查组织架构，确保其灵活性和适应性。例如，初创企业在快速扩张时，会重新设计组织架构，使得各部门之间的协作更加高效，从而提高业务响应速度。考虑是否需要设立共同事务功能中心，比如取消部门各自设立文秘工作人员，集中人力资源成立精简人力的文秘中心，既省人力又易于控制与管理。

（2）部门功能配置的重叠原则。举例来说：产品的质量应该由质量部门把关，并且为客户对出厂的产品负质量保证的责任。而生产员工往往利用这种功能配置原则，实际上做出违背公司质量原则的活动，只顾追求产出的数量，不顾产出的品质，因此造成生产部门、质量部门之间尖锐的矛盾，大量次品流入客户手中，最终结果是严重破坏了公司的质量信誉，动摇了公司信誉的基础。

这个例子说明大部分人对于功能与责任两个独立的主题混淆不清，概念性误解极大，因为产品质量是制造出来的，并不是靠检查出来的，况且质量人人有责，只要作为公司的员工，不论是总裁还是清洁工都或多或少、或直接或间接同产品质量有关。虽然他们可能不属于质量管理部门，不一定直接执行质量管理的功能，但这并不表示他们可以推卸、逃避作为一个员工应有的和应尽的质量责任。

（3）打破职责与职位的教条式安排。人事经理一定要以新观念来配合时代的要求。举例来说，一般人总是习惯安排经理职位的职责一定要大于非经理职位的职责，这种传统的安排对现在的组织来说是毫无意义、不合理、不切实际的做法，会阻碍组织的整体运作效率，压抑员工的工作潜能，挫伤员工的积极性。想想看，现在的组织是一种扁平化的组织，它减少了传统组织的阶层，取消了许多"官衔""职衔"，取而代之的是一种务实的、独立的、干练的单兵式战斗。组织编制肯定不需要太多经理头衔，所以人事经理也不一定要以头衔（职位）来定职责，很多没有经理头衔的员工的工作能力、潜力也不一定会比现任经理差。我们应该抛开头衔的包袱，不断赋予员工较大的工作责任，运用这种规划手段来培养人、成就人。只有通过不断地磨炼、锻炼，才能保证员工的能力经得起企业之间激烈的竞争考验，为企业在市场上打出成功的战役。

（4）文化评估与建设。组织文化是影响员工行为和绩效的关键因素。需定期评估企业文化，通过员工调查和文化审计来了解员工的价值观和期望，确保文化与战略目标一致。要实施文化变革，如果企业文化需要转变，则可以通过内部宣传、培训和文化活动，逐步引导员工接受新的价值观。例如，弹性工作制可以看作组织文化的一部分。很多工作是没有必要同时启动或同时结束的，硬性规定同时上班、同时下班并不合乎经济原则与效益原则。

常见的一种情况是，有些设备、系统，全公司只有一套，而需要使用该设备、该系统的人却不少，大家同时上班，只会造成更多的无效等待时间，并且连带造成工作纪律问题、整体生产力损失问题、工作士气低落问题等。大家不妨参考下田径接力赛，看看能有什么新启示。

5. 法律法规与合规性

（1）合规性审查：HR需要定期审查人力资源政策和实践，确保其符合当地和国家的劳动法律法规。这包括薪资、福利、工作条件和员工权益等方面的合规性。建立合规审查机制，企业可以设立专门的合规团队或聘请外部顾问，定期进行合规审查和培训，确保人力资源政策的合法性。

（2）法律变更的适应性：随着劳动法和政策的变化，HR需要迅速调整相关政策，及时培训管理层和员工，确保每个人都了解新的法律要求。

6. 善于应用技术

（1）人力资源信息系统的选择与实施：选择适合组织需求的人力资源信息系统，并确保其能够整合所有人力资源相关的数据。这种系统可以提高信息的可获取性和决策的准确性。例如，公司引入新的人力资源信息系统后，通过自动化招聘和考勤管理，节省了大量人力成本，同时提高了数据的准确性和实时性。

（2）技术在员工管理中的应用：利用 AI 工具进行员工招聘、绩效评估和离职预测等。通过分析员工行为数据，HR 可以识别出潜在的绩效问题和离职风险，提前采取措施。例如，公司采用机器学习算法分析员工的工作习惯，发现某些高离职风险员工，通过提前干预，减少了人员流失。

7. 预算与资源分配

（1）预算编制与控制：HR 在制定预算时需考虑各种因素，包括招聘成本、培训预算、薪资增长和员工福利等，通过历史数据和市场基准，合理规划预算。

工具应用：使用预算管理软件帮助 HR 进行资源的分配和跟踪，确保资金的有效使用。

（2）资源优化与配置：HR 应根据业务需求和优先级合理配置人力资源，确保关键岗位得到足够的支持。例如，在项目高峰期，增加项目团队的人手以确保项目按时交付。

8. 外部环境因素

（1）经济环境监测：经济波动对人力资源规划的影响深远。HR 需关注经济形势、通货膨胀和失业率等因素，及时调整招聘和薪酬策略。

（2）社会文化变迁：关注社会文化的变化，比如员工对工作与生活平衡的需求、对远程工作的期望等，以便在人力资源规划中做出相应调整。例如，有些公司在新冠疫情后引入了灵活的工作政策，以适应员工对远程工作的需求，提高了员工的满意度和留存率。

3.4 人力资源规划的程序

个案研究 3-3

替换还是不替换

"张经理，你说我将不得不为需要一名排字工提供依据，是什么意思？我的 10 名排字工中有 1 人刚刚辞职了，而我现在需要 1 个人来代替他。我在这个单位工作的 13 年里，这个部门一直有 10 名排字工，也许很早以前就是这样了。如果过去我们需要他们，那么将来我们肯定也会需要他们。"这是一段谈话的开头，谈话是在飞翔印刷厂二车间王主任与人力资源部张经理之间进行的。张经理该如何回答呢？

一个部门的人员补充计划不是车间主任按惯例说了算，因为需求的人数往往多于实际需要的人数；也不是人力资源部的经理能够决定的，它受到诸如市场、战略、人员、政策等很多因素的影响，因此企业要有一套科学的人力资源规划，就必须遵循编制人力资源规划的程序（见图 3-5）与方法。具体来说，人力资源规划的制定有下列步骤。

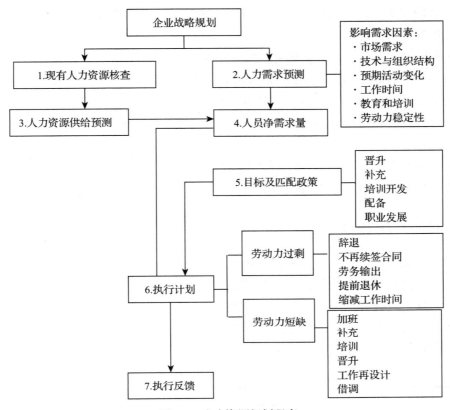

图 3-5　人力资源规划程序

3.4.1　收集分析有关信息资料

收集分析有关信息资料是人力资源规划的基础，对人力资源规划工作影响很大。

与人力资源规划有关的信息资料包括以下内容。

（1）企业的经营战略和目标：明确组织的长期目标和价值观，了解各部门的战略目标及如何通过人力资源支持这些目标的实现。

（2）外部环境信息收集：市场趋势分析，涉及行业趋势、经济状况、竞争对手动态和市场需求变化；劳动力市场数据分析，研究人才供给和需求情况，包括招聘市场、薪酬水平和员工流动率等；法律法规的查找，关注相关的劳动法律法规和行业标准，以确保合规性。

（3）组织结构的检查与分析：对组织架构进行分析，确保熟悉组织架构。

（4）职务说明书：确定每个岗位的职责和工作内容。

（5）核查现有人力资源：关键在于弄清楚现有人力资源的数量、质量、结构及分布状况。通过绩效评估记录收集员工的绩效评价、晋升记录和培训经历信息。进行人才盘点，识别关键人才和高潜力员工的信息，包括他们的职业发展路径。

（6）培训与发展信息：进行培训需求分析，识别现有员工技能与未来需求之间的差距，确定培训需求。借助培训项目评估数据，评估以往培训项目的效果，包括培训后绩效提升的指标。

（7）薪酬与福利信息：进行薪酬结构分析（现行的薪酬体系包括基本工资、奖金、福利等）。开展市场薪酬调查，了解行业内同类职位的薪酬数据，以确保薪酬具有竞争力。

（8）员工满意度调查：进行员工反馈分析，通过问卷、访谈等方式收集员工对工作环境、管理方式和发展机会的反馈；进行员工参与度分析，衡量员工的参与度和满意度，以识别改进机会。

（9）项目与预算信息：项目计划涉及各项人力资源活动的实施计划和时间表；人力资源预算，为招聘、培训等人力资源活动分配的预算信息。

3.4.2　预测人力资源需求

预测人力资源需求主要是指根据公司发展战略规划和本公司的内外条件选择预测技术，然后对人力资源需求的结构和数量进行预测。从逻辑上讲，人力资源的需求明显是产量、销售量、税收等的函数，但对不同的企业或组织，每个因素的影响并不相同。预测者在选择影响因素和预测计算上要小心谨慎（详见"实务指南3-6"）。

在发达国家，一家企业各个部门的员工和管理人员的比例相对稳定（见表3-8与表3-9）。

表3-8　发达国家一家企业各个部门的员工和管理人员的比例

机构类别	员工：管理人员
研究部门	10：1～8：1
工程（设计）部门	12：1～10：1
制造部门	20：1～15：1
质量控制部门	14：1～12：1
财务部门	12：1～10：1

表3-9　各类人员比例预测法实例

	实际	预测				
	2024 年	2025 年	2026 年	2027 年	2028 年	2029 年
营业额（千元）	42000	49000	59000	70000	82000	98000
营业额／员工总数（千元／人）	42.0	45.6	49.5	54.0	60.0	68.2
员工总数（人）	1000	1075	1192	1296	1367	1437
工程师／员工总数	0.17	0.18	0.19	0.20	0.21	0.22
工程师总数（人）	170	194	226	259	287	316
电子工程师／工程师总数	0.34	0.34	0.34	0.34	0.34	0.34
电子工程师总数（人）	58	66	77	88	98	107

🌀实务指南 3-6

人力资源需求预测的典型步骤

人力资源需求预测分为现实人力资源需求预测、未来人力资源需求预测和未来流失人力资源需求预测三部分。具体步骤如下：

1. 根据组织战略与目标，并结合行业数据和市场趋势，进行职务分析，来确定职务编制和人员配置；

2. 评估当前人力资源，进行人力资源盘点，统计出人员的缺编、超编情况及是否符合职务资格要求；

3. 将上述统计结论与部门管理者进行讨论，修正统计结论；

4. 统计确定部门现实人力资源需求，确定未来职位的具体职责、所需技能和经验要求；

5. 根据企业发展规划，进行工作量分析，确定各部门的工作量；

6. 根据工作量的增长情况，确定各部门还需增加的职务及人数，并进行汇总统计；

7. 该统计结论为未来人力资源需求；

8. 对预测期内退休的人员进行统计；

9. 根据历史数据，使用模型进行预测，对未来可能发生的离职情况进行预测；

10. 将 8、9 统计的预测结果进行汇总，得出未来流失人力资源需求；

11. 将现实人力资源需求、未来人力资源需求和未来流失人力资源需求汇总，即得到企业整体人力资源需求预测。

3.4.3　预测人力资源供给

供给预测包括两方面：一方面是内部人员拥有量预测，即根据现有人力资源及其未来变动情况，预测出规划期内各时间点上的人员拥有量；另一方面是外部供给量预测，即确定在规划期内各时间点上可以从企业外部获得的各类人员的数量。一般情况下，内部人员拥有量是比较透明的，预测的准确度较高，而外部人力资源的供给则有较高的不确定性。企业在进行人力资源供给预测时应把重点放在内部人员拥有量的预测上，外部供给量的预测应侧重于关键人员，比如高级管理人员、技术人员等。

无论是需求预测还是供给预测，对做预测的人的选择是十分关键的，因为预测的准确性与预测者个人关系很大，应该选择那些有经验、管理判断力较强的人来进行预测（详见"实务指南 3-7"）。

🌀 实务指南 3-7

人力资源供给预测的典型步骤

人力资源供给预测分为内部供给预测和外部供给预测两部分。具体步骤如下：

1. 进行组织盘点与人力资源盘点，了解企业员工现状，绘制人才地图。

2. 分析企业的职务调整政策和历史员工调整数据，统计出员工调整的比例。

3. 向各部门的人事决策人了解可能出现的人事调整情况，制订人才发展计划。

4. 汇总人员需求与人才发展计划，得出企业内部人力资源供给预测。

5. 分析影响外部人力资源供给的地域性因素，包括：

（1）公司所在地的人力资源整体现状；

（2）公司所在地的有效人力资源的供求现状；

（3）公司所在地对人才的吸引程度；

（4）公司薪酬对所在地人才的吸引程度；

（5）公司能够提供的各种福利对当地人才的吸引程度；

（6）公司本身对人才的吸引程度。

6. 分析影响外部人力资源供给的全国性因素，包括：

（1）全国相关专业的大学生毕业人数及分配情况；

（2）国家在就业方面的法规和政策；

（3）该行业全国范围的人才供需状况；

（4）全国范围从业人员的薪酬水平和差异。

7. 根据外部人力资源供给的地域及全国因素分析，得出企业外部人力资源供给预测。

8. 将企业内部人力资源供给预测和企业外部人力资源供给预测汇总，得出企业人力资源供给预测。

3.4.4　确定人员净需求

人员需求和供给预测完成后，就可以将本企业人力资源需求的预测数与在同期内企业内部可供给的人力资源数进行对比分析。从比较分析中可测算出各类人员的净需求数。净需求数如果是正的，则表明企业需要招聘新的员工或对现有的员工进行有针对性的培训；需求数如果是负的，则表明企业这方面的人员是过剩的，应该精简或对员工进行调配。需要说明的是，这里所说的"净需求"既包括人员数量，又包括人员结构、人员标准，即既要确定"需要多少人"，又要确定"需要什么人"，数量和标准需要对应起来（详见"实务指南3-8""实务指南3-9"）。

人员净需求的测算结果不仅是企业调配、招聘人员的依据，还是企业制定其他人力资源政策的依据。企业根据某个具体岗位上员工余缺的情况，可以分析企业在这方面人员培训、激励上的得失，从而及时采取相应的措施。

🐚 实务指南 3-8

人力资源净需求评估表

项目类别		第 1 年	第 2 年	第 3 年	第 4 年	第 5 年
需求	1. 年初人力资源需求量	120	—	140	—	120
	2. 预测年内需求之增加	20	140	−20	120	—
	3. 年末总需求	140	−140	120	−120	120

（续）

	项目类别	第1年	第2年	第3年	第4年	第5年
内部供给	4. 年初拥有人数	120	140	140	120	120
	5. 招聘人数	5	5	—	—	—
	6. 人员损耗	20	27	28	19	17
	其中：退休	3	6	4	1	3
	调出或升迁	15	17	18	15	14
	辞职	2	4	6	3	—
	辞退或其他	—	—	—	—	—
	7. 年底拥有人数	105	118	112	101	103
净需求	8. 不足或有余	−35	−22	−8	−19	−17
	9. 新进人员损耗总计	3	6	2	4	3
	10. 该年人力资源净需求	38	28	10	23	20

🎣 实务指南 3-9

按类别的人力资源净需求

主要工作类别（按职务分类）	1. 现有人员	2. 计划人员	3. 余缺	预期人员的损失							11. 本期人力资源净需求
				4. 调职	5. 升迁	6. 辞职	7. 退休	8. 辞退	9. 其他	10. 合计	
1. 高层主管											
2. 部门经理											
3. 部门管理人员											
……											
合计											

3.4.5 人力资源方案的制订

人力资源方案的制订包括制订晋升计划、补充规划、培训开发规划、配备按类别的人力资源净需求规划等。规划中既要有指导性、原则性的政策，又要有可操作的具体措施。供求预测的不同结果，决定企业应采取的政策和措施也不同。

如果预测结果表明组织在未来某个时期内在某些岗位上人员存在短缺，即需求大于供给，则应该采取以下政策和措施：

（1）培训本组织职工，对受过培训的员工据情况择优提升补缺并相应提高其工资等待遇；

（2）进行平行性岗位调动，并适当进行岗位培训；

（3）延长员工工作时间或增加工作负荷量，给予超时间超工作负荷的奖励；

（4）重新设计工作以提高员工的工作效率；

（5）雇用全日制临时工或非全日制临时工；

（6）改进技术或进行超前生产；

（7）制定招聘政策，从组织外招聘。

　　解决人力资源短缺最根本、最有效的方法恐怕是采用正确的政策和措施调动现有员工的积极性，比如设置多样化的物质和精神奖励、让员工多参与决策、开展各种培训以提高员工的技能、鼓励员工进行技术革新，等等。

　　如果预测结果表明组织在未来某个时期内在某些岗位上人员过剩，即供过于求，则可选择如下策略：

　　（1）永久性裁减或辞退职工；

　　（2）暂时或永久性地关闭一些不盈利的分厂或车间，精简职能部门；

　　（3）提前退休；

　　（4）对员工进行重新培训，调往新岗位，或适当储备一些人员；

　　（5）减少工作时间（随之亦相应减少工资）；

　　（6）由两个或两个以上的人分担一个工作岗位，并相应地减少工资。

3.4.6　人力资源战略与规划的执行

　　人力资源战略与规划的执行能够有效地促进组织的整体发展和员工的成长，确保组织在竞争中的优势。

1．人力资源战略的有效实施

　　战略管理过程有三个阶段，如图3-6所示，前两个阶段是战略制定阶段，所谓"好的开始是成功的一半"，但是如果一个优秀的战略不予实施则一文不值。战略实施需要将员工期望、人员配备、能力开发、绩效管理等与战略紧密结合起来，辅之相应的技术支持系统。[一]

　　如何使员工的期望与战略一致？首先要向员工明确地说明战略本身的内容和意图。全球最负盛名的管理学作家之一罗萨贝斯·莫斯·坎特

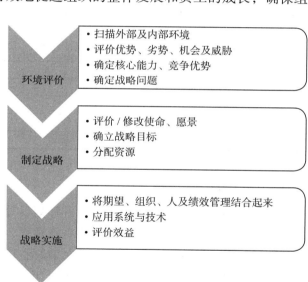

图3-6　战略管理过程

说："强有力的领导者能清楚地说明方向并使组织免于'放任自流'的变化。他们能在现有能力和优势的基础上创建一种愿景，使他们自己及其他人能更清楚地看到未来可能要采取的步骤。"通常一个新的战略方向意味着变革，为人们展现出积极和消极两种可能性，管理者不能期望员工欢迎变革或已经为变革做好准备，因此管理者有必要帮助员工认识变革的必要性，了解具体的行动计划，听取员工对新战略的评价和建议，为接下

　　㊀　沃克．人力资源战略 [M]．吴雯芳，译．北京：中国人民大学出版社，2001：56．

来战略的有效实施铺平道路。至于人员配备、能力开发和绩效管理等职能模块，我们将在后面的章节中做详细阐述。

实务指南 3-10

实施新战略的步骤○

步骤	员工提出的问题	有效措施
认识变革的必要性	• 为什么我们应当改变	• 陈述竞争环境、客户需求、期望的变化及其他变革因素 • 交流企业的愿景、使命、战略及价值观 • 帮助员工了解，如果不改变，企业会面临怎样的后果
理解必要的变革	• 计划是什么	• 让员工了解具体的实施计划 • 可以让员工参与制订计划的过程
评价与接收	• 它对我有什么影响	• 与员工开诚布公地讨论变革对他们产生的积极影响和不利影响
行动	• 你们希望我做什么	• 详细和清晰地说明员工该如何改变行为 • 利用人员培训、人员配备及奖励等方式来塑造期望的员工行为
反馈	• 我做得如何 • 接下来我该怎么做	• 经常就活动及结果进行交流 • 对员工为变革过程所做出的贡献给予肯定 • 引导员工成功度过变革，进入常规程序

2. 人力资源规划的执行

企业中的人力资源可以归为四个不同的层次：决策层、人力资源职能层、直线部门职能层、员工。这四个不同层次的人员在人力资源规划的制定执行过程中扮演着不同的角色，但他们都是人力资源规划的承担者，联系紧密，缺一不可。企业的决策层是企业经营战略的决策者、人力资源规划的决定者；人力资源职能层是企业经营战略的倡导者、人力资源规划的制定者、设计者、规划实施的监督者；直线部门职能层是人力资源政策的实施者、人力资源规划的执行者；员工是人力资源政策的体验者、人力资源规划的对象。人力资源规划是这四个层次的人员通力合作的结果。

人力资源规划可能用较短的时间就可以完成，但在执行时往往被束之高阁，所以在执行中必须坚持每一步都按计划实施，企业全体员工要对此有充分的认识，不折不扣地落实下去。

企业层次：企业的"一把手"必须亲自参与，尤其是人力资源规划中对人力资源管理各个体系有重大影响的方针、政策，必须由高层决策，他们是把本企业的人力资源规划由技术层面上升到制度层面的关键人物。

跨部门层次：跨部门层次上需要由副总级别的管理者对各部门人力资源规划的执行情况进行监督和协调，并对实施效果进行评估。

部门层次：人力资源部门不仅要完成本部门的人力资源规划工作，还要对其他部门的人力资源规划工作进行指导和提供服务，及时解决实施过程中出现的各种人力资源、

○ 部分采用了詹姆斯·W.沃克（2001）中的观点，沃克.人力资源战略[M].吴雯芳，译.北京：中国人民大学出版社，2001：56.

部门协调、人员沟通、技术支持等问题；其他部门应根据实施计划开展日常工作，积极主动地与人力资源部门进行沟通，实现本部门的人力资源规划目标。

3.4.7　人力资源规划的审核与评估

人力资源管理人员可以通过审核和评估，调整有关人力资源方面的项目及其预算。

1. 审核与评估过程中的组织保证

在一些发达国家的大企业中，一般都会设立人力资源管理委员会（或称人事管理委员会）。该委员会由一位副总裁、一位人事部经理及若干专家和员工代表组成。委员会的主要职责是定期检查各项人力资源政策的执行情况，并对政策的修订提出意见，交董事会审批。委员会的主席由委员轮流担任，任期一年。除委员会外，人力资源部也会定期检查人力资源政策的执行情况及具体项目的执行效果。

我国企业可以借鉴这些经验，但也要注意符合我国的国情，比如在国有企业中，党委、工会在人力资源委员会中应该有代表席位。

2. 审核评估的方法

可采用目标对照审核法，即以原定的目标为标准逐项进行审核评估；也可广泛收集并分析研究有关的数据，如管理人员、管理辅助人员及直接生产人员之间的比例关系，在某个时期内各种人员的变动情况，职工的跳槽、旷工、迟到、报酬和福利、工伤与抱怨等方面的情况等。

一家企业通过定期与非定期的人力资源规划审核工作，能使企业高层领导高度重视人力资源管理工作，使有关的政策和措施得以及时落实和改进，有利于调动职工的积极性、提高人力资源管理工作的效益。

🍃 实务指南 3-11

评估人力资源规划过程的关键问题

1. 公司使用战略规划概念吗？

2. 人力资源部参与组织的总体战略规划吗？

3. 公司的目的和目标是可以测量的吗？已传达给组织中的每一个人了吗？

4. 经理按战略规划把职能授予各部门了吗？

5. 所有等级制层次上的经理都有效和持续地规划了吗？

6. 组织的结构已被塑造得能使所有的部门都参与战略规划过程了吗？

7. 员工的道德是可以接受的吗？

8. 工作的职责、具体规定和描述清楚吗？

9. 员工的流动率和缺勤率低吗？

10. 组织的奖励和控制机制有效吗？与总体战略目的和目标有联系吗？

11. 所有的单位、部门、员工、经理等都在朝相同的、一致的目标努力吗？

人力互动 3-1

一个假设人力资源系统中的审核与评估过程

例：一个假设的人力资源系统中的审核与评估过程：

目标 今后两年将公司管理干部的平均年龄降低到 35 岁以内。

政策 重视对年轻人才的培养和使用，选聘和提拔年轻人进入管理层。

方案 加强对现任管理干部的高级管理培训；选择优秀一线员工接受管理培训及其他培训；在招聘工作中向有管理经验的年轻人倾斜；对现任管理干部进行规划，通过退休、聘为顾问等途径有计划地使大部分年龄大于 55 岁的干部退出现任管理岗位。

方案评价 （两年以后进行。）

评价的主要问题：

1. 我们最初的目标（两年 35 岁）定得太高吗？

2. 公司是否真正重视管理干部的年轻化，是否真正愿意为年轻人提供展示才能的舞台？

3. 多大比例的现任管理干部参加了高级管理培训？参加这种培训的干部的平均年龄是多少？

4. 有多少优秀一线员工接受了管理培训？

5. 新招聘了多少有管理经验的年轻后备人才？

6. 有多少 55 岁以上的管理干部已经退出了原任管理岗位？他们是否已经得到了妥善安置？

7. 公司的管理思想、管理效果是否发生了变化？这种变化与干部年轻化有多大关系？

8. 是否应推迟或改变原来的目标？

3.4.8 人力资源绩效的测量

人力资源战略和计划执行之后，还有一个很重要的步骤就是人力资源绩效的测量，因为它起着积极的作用：从员工和直线经理那里获得人力资源各项活动执行效果的真实反馈，为下一步人力资源战略、计划的制订、执行提供改进建议；证明人力资源部门存在的价值和对企业经营目标的实现所做的贡献，还可以为争取合理的预算说明理由。

如何测量人力资源绩效？相应的维度和指标有哪些？目前关于这方面的学术研究有很多，也形成了各种评估量表，然而，如果企业根据自身特点发展出自己所特有的人力资源绩效测量体系，将会使测量更有针对性，测量结果更有使用价值。美国著名战略人力资源管理学者布赖恩·贝克（Brian E. Becker）等就如何帮助企业建构自己的人力资源绩效测量体系提出一套步骤和方法，并将该体系称作"人力资源计分卡"，包括四个维度：人力资源传导机制、高绩效工作系统、外部人力资源系统的一致性及人力资源效率。之所以选择这四个维度作为人力资源计分卡的要素，是因为这种安排反映了人力资源管理成本控制和价值创造之间的平衡。成本控制来自人力资源效率的测量，而价值创造则来自人力资源传导机制、高绩效工作系统，以及外部人力资源系统一致性的测量。

布赖恩教授以高科技企业为例，阐述了制定人力资源计分卡的几个步骤。[⊖]

1. 确定人力资源传导机制

这一步旨在分析支持公司各层次绩效驱动力提升的人力资源传导机制都包括哪些绩效推动力和激活力。例如，高科技企业以收入增长和生产力提高为重要业绩驱动力，收入增长来源于顾客满意度的增加，顾客满意度又由产品创新和可靠的交货时间来决定。

- 产品创新大大依赖于公司中经验丰富、有才干的员工。研发员工必须具备高科技公司所要求的特殊能力，这些能力能把最先进的高科技知识与特定的产品需求结合起来。一般来说，在公司拥有两三年的发展经验才会形成这些能力，所以公司会保持低水平的员工流失率，通过按才录用的选择方法和留人项目，为研发提供稳定的、有才能的员工。
- 可靠的交货时间部分取决于在制造业中保持最佳的员工配置水平，即使员工流失率高，公司也必须快速补满空缺。因此，要通过缩短招聘周期来保持最佳员工配置水平。

另外，生产力提高和保持最佳生产时间相联系，最佳的生产时间又依赖于保持适当的员工配置。因此，研发员工必须具备公司所要求的特殊技能和制造部门保持最好的员工配置水平是该企业的两项人力资源传导机制。

2. 确定高绩效工作系统

一旦确定了人力资源传导机制，就可以开始确定并测量高绩效工作系统。在高科技公司，这意味着要设计并执行一种有效的能力素质模型来进行员工的雇用、开发、管理和奖惩；这还意味着要向全体员工提供定期的绩效考评，定期评估员工。高绩效工作系统调查项目的设计，可以参考"实务指南 3-12"。

❀ 实务指南 3-12

高绩效工作系统评估要素举例

- 我们为战略性职位空缺招聘到了多少高素质人才？
- 我们新招聘到的员工有多大比例是通过有效的选拔方法招收的？
- 公司在多大程度上采用职业发展和有效的能力素质模型作为雇用、开发、管理和奖励员工的基础？
- 每位新员工每年有多少小时接受培训？

⊖ 摘引自：贝克，休斯理德，乌里奇. 人力资源计分卡 [M]. 郑晓明，译. 北京：机械工业出版社，2003.

- 有多少比例的员工定期地接受正式的绩效评估?
- 员工从各种渠道获得对其工作绩效的正式反馈的比例是多大?
- 奖励工资有多大比例由正式的绩效评估决定?
- 如果总报酬的市场比率处于第50个百分位,那么公司当前在总报酬上所处的位次是怎样的?
- 在高绩效员工和低绩效员工中所实施的奖励工资有何区别?

3. 确定外部人力资源系统的一致性

为了形成这两项人力资源传导机制,人力资源系统需要补充什么内容呢?在高科技公司,研发部门的人才选聘必须与现有的人才素质模型相一致,而且应该保证雇用质量是最佳的。公司也需要制定留人政策,来迭代研发部门的经验。为了在制造部门实现最优的员工配置,人力资源管理必须要保持较短的招聘周期。

4. 确定人力资源效率

在这个简单的例子中,公司以每位员工的雇用成本作为人力资源效率的测量要素。"实务指南3-13"中列举了一些评估人力资源效率的标准。

◕ 实务指南3-13

人力资源效率评估要素举例

- 每位员工的雇用成本
- 每位员工的人事成本开支
- 每位员工招聘的成本
- 每个小时的培训成本
- 培训费占工资总额比例
- 每位员工的薪酬成本
- 每位员工福利的成本
- 工作压力所造成的疾病数量
- 人力资源信息系统中正确数据资料所占的百分比
- 得到适当培训和获得发展机会的员工所占百分比
- 人力资源部门预算占销售额的百分比
- 人力资源开支/总开支
- 与人力资源有关的诉讼成本
- 面试人数占招聘人数的比例
- 求职者中申请者数量比例

图3-7给出了高科技公司人力资源计分卡的基本样式。当然,一张全面的公司人力

资源计分卡会包括更多的条目，企业可以根据上述四个维度和步骤来建构自己的人力资源绩效评估体系。[⊖]

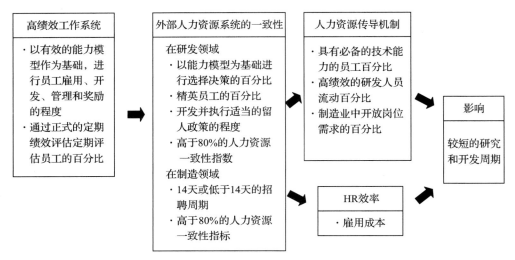

图 3-7 高科技公司的人力资源计分卡

在测量过程中，人力资源部门应该注意让测量意识深入直线经理和全体员工心中，通过沟通，让他们明白测量不是走形式，不是人力资源部用来夸耀自己业绩的手段，而是通过反馈了解自身的达标程度和努力方向，推动人力资源管理质量的不断提升，最终目的都是为企业的价值创造做贡献。

3.5 人力资源需求和供给预测技术

个案研究 3-4

制造公司的扩展难题

某制造公司是一家专注于生产智能设备零部件的公司，近年来随着智能家居和物联网市场的崛起，业务量激增，订单源源不断。然而，公司的生产和人力资源规划并未跟上业务扩展的步伐，导致人手不足、产能受限，最终错失了几个重要订单。总经理意识到，公司的快速扩展必须要有充足的人力资源支撑。

在分析了现有情况后，总经理发现公司不仅缺乏技工等一线生产人员，许多关键岗位的人才储备也严重不足。一些重要项目由于缺乏经验丰富的项目管理人员，进度一再拖延。而且随着现有员工的工作量持续增加，员工的流失率也在逐渐上升，使得情况进一步恶化。公司面临的一项重大挑战是如何在短时间内补足各类人才缺口，以满足未来业务的需求。

⊖ 贝克，休斯理德，乌里奇.人力资源计分卡 [M].郑晓明，译.北京：机械工业出版社，2003.

在这种情况下，总经理邀请人力资源总监讨论解决方案。人力资源总监建议公司立即进行人力资源需求预测和供给预测。她指出，仅靠当前的招聘力度很难满足未来的用人需求，必须从战略上提前规划。她建议通过需求预测来确定未来几年各岗位的人才数量，并结合业务发展方向确定关键技能的需求。同时，通过供给预测分析公司内部的晋升和培训潜力，以及外部人才市场的资源情况，从而制订出合理的人才储备计划。

人力资源预测是在企业内外环境因素的影响下，估计未来某个时期的人员需求。这种预测分为人力资源需求预测和人力资源供给预测。

3.5.1　人力资源需求预测

3.5.1.1　人力资源需求预测程序

人力资源需求预测的程序有两种，一种是自上而下的预测程序，另一种是自下而上的预测程序。从实践应用的情况来看，自上而下的预测程序较为普遍，具体如下所述。

1. 预测企业未来生产经营状态

从根本上说，企业未来生产经营状态决定着人员需求量。一般来说，未来生产经营状态的预测，可直接从企业发展战略规划中分离出来而无须预测。企业未来生产经营状态，可由各种具体职能活动的水平和分类计划表示，比如各职能的增减及职能领域的扩大或缩小、产品结构的改变、目标市场的变化和市场占有率的增减、新技术的引进或采用、销售额的水平变化、生产率的水平变化等。为了能准确地预测人力需求，上述各种活动和指标要定量描述，否则无法转换为具体的各类人员需求量。

2. 估算各职能工作活动的总量

未来生产经营目标的实现，是由各职能活动来支撑的，因而必须估算各职能活动的总量及其在不同活动层次上的活动总量分布。例如对销售职能活动总量的估算，可根据以往销售活动资料的统计分析和未来目标销售额进行。根据以往销售活动资料的统计分析，我们得到每销售千元货物需要 1.5 人／时，若在未来第 5 年预计销售额为 2100 万元，则可得到 31500 人／时的销售活动总量。此时，若不考虑其他因素的影响，则可估算出销售人员需求量为 13 人（按每年 300 个工作日，每日 8 小时工作制计算）。但是，光有各职能未来活动总量的估算还不够，因为这些活动的质量或等级是不同的。因此，在总量确定以后，还要将其分配到该职能的不同层次上。仍以上例为准，我们可以把销售活动总量分配到推销、市场研究、宣传广告、销售管理等不同层次上，从而为确定各类销售人员需求量预测提供基础。

3. 确定各职能及各职能内不同层次类别人员的工作负荷

由于生产技术基础的改善，工作效率不断提高，因而必须在充分考虑各因素变化对工作效率的影响下，确定各职能及各职能内不同层次类别人员的工作负荷。在不同条件下，工作效率与工作负荷的相关性是不同的。在生产环节，新技术的采用或人员积极性的高度发挥，会使工作效率提高，而工作负荷可以不变或减少。但在销售环节，随着市场竞争的加剧，尽管提高了工作效率，但推销单位价值货物的活动量却会增加，导致工作负荷增加。因此，在确定各类人员的工作负荷时，要充分考虑各种变量的影响，不能仅从主观愿望出发进行推测。

4. 确定各职能活动及各职能活动内不同层次类别人员的需求量

如若上两步预测活动的结果相当可靠，则这步就相当简单了，只需进行简单的转换即可。有一点需要注意的是，要留有充分的余地，以防不测。

◎ 实务指南 3-14

人力规划的兑换率表

招聘申请			兑换率（减少招聘申请人数的水分）					招聘申请
部门	职位	100%	−20%	−10%	−10%	−5%	−5%	/	50%
		一季度	加班安排	能力因素	发展因素	计算公差	工作优化	其他	/
制造工程部	工程师	/	预计可每日加班2小时	招聘为甲级能力的人员	保留员工能力发展空间	部门计算需求人数造成的误差率	根据原有工作描述重新设计工作更为简单有效	/	经调节后的实际需求人数为
		15人	−3人	−1.5人	−1.5人	−0.75人	−0.75人		7.5人

3.5.1.2 人力资源需求预测技术

（1）上级估计法。这是组织各级领导根据自己的经验和直觉自下而上确定未来所需人员的方法。具体做法是，先由企业各职能部门的基层领导根据自己部门在未来各时期的业务增减情况，提出本部门各类人员的需求量，再由上一层领导估算平衡，最后由最高领导层进行决策。这是一种很粗的人力资源需求预测方法，主要适用于短期预测，若用于中长期预测，则相当不准确。当组织规模较小，结构简单，发展较均衡、稳定时，也可用来预测中长期人力资源需求。

（2）经验法。这是根据过去经验将未来活动水平转化为人力资源需求的主观预测方法，主要用于短期和中期，在长期预测中使用较少。具体做法是根据产量增量估算劳动力的相应增量，并把这一活动向未来延伸。

（3）替换单法。替换单法是通过职位空缺来预测人力资源需求的方法，而职位空缺主要是因离职、辞退、晋升或业务扩大产生的。这种方法最早被用于人力资源供给预测，现在可用于企业短期乃至中长期的人力需求预测。通过替换单，我们可以得到由职位空缺表示的人员需求量，也可以得到由在职者年龄和晋升可能性将要产生的职位空缺，以便采取录用或提升的方式弥补空缺。

（4）德尔斐法。德尔斐法为专家会议预测法，也是一种主观预测的方法。它以书面形式分几轮征求和汇总专家意见，依靠专家个人经验、知识和综合分析能力进行预测。德尔斐法有三个显著的特点：①采取匿名形式进行咨询，使参与预测咨询的专家互不通气，以消除心理因素的影响；②分几轮反复发函咨询，每一轮的统计结果都寄回给专家，作为反馈供下轮咨询参考；③对调查咨询结果采用一定的统计处理，使之有使用价值。但是，由于统计是建立在主观基础之上的，故不能算作统计法。一般来说，经过四轮咨询，专家意见基本能协调一致。当然，协调程度受专家人数的制约，一般以 10 ～ 15 人为宜。

（5）回归分析法。回归分析法是一种非主观的方法，对人力资源需求预测有相当大的实用价值。回归模型旨在在一种或多种独立变量条件下，建立生产经营活动水平与人员需求量之间的数学关系，并用这种关系推测未来。

（6）AI 预测法。AI 系统使用机器学习算法处理大量数据，构建企业人力资源的需求模型，并结合企业战略规划和企业实际选拔、培训、离职等情况，为企业量身定制人力资源的具体需求量，同时 AI 能够实时变更数据，更加灵活地给出人员需求的数量。

3.5.2　人力资源供给预测

人力资源供给预测，也称人员拥有量预测，是人力资源预测的又一关键环节。只有进行人员拥有量预测，并把它与人员需求量相对比之后，才能制定各种具体的规划。

人力资源供给预测分为内部人力资源供给预测和外部人力资源供给预测。

3.5.2.1　内部人力资源供给预测

在进行人力资源需求预测之后，接着进行人力资源供给预测。在这里，我们首先进行内部人力资源供给预测，一般采用以下几种方法。

1. 人才盘点

内部人力资源供给预测中非常重要的部分就是人才盘点。人才盘点是一项评估企业人才数量与能力以支撑企业战略的方法，以便使组织能够全面了解人才状况，制定有效的人才发展战略。组织与人才盘点是战略规划执行的重要流程，如图 3-8 所示。⊖

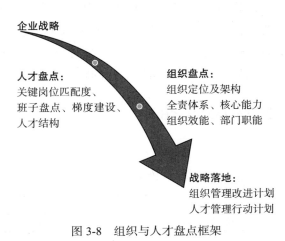

图 3-8　组织与人才盘点框架

⊖　李常仓，姜英男 . 人才盘点：创建人才驱动型组织 [M]. 3 版 . 北京：机械工业出版社，2024：23.

🐟 实务指南 3-15

人才盘点的目的是什么

人才盘点的具体目的：

- 客观真实地诊断组织现状，明确公司经营战略、业务战略，分析与战略方向匹配的组织类型，对组织战略及匹配的未来组织架构进行提前规划。
- 对现任各层级人才进行识别，同时确保公司的关键位置匹配合适的人才，提前找出和培养关键位置的接班人选。
- 能针对识别出的各类人才给出相应的后续行动，如关键岗位继任计划，关键人才发展计划，培养、晋升、降免、激励等，提升组织活力。

禾思咨询基于多年人才盘点的经验，依据评价的数据来源及评价结果的负责者，总结出四种人才盘点的模式，[○]如图 3-9 所示。企业需要依据人才盘点技术、组织环境、内部文化及企业内部政策等因素选择相应的评价模式。

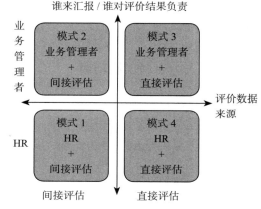

图 3-9　人才盘点的四种模式

人才盘点的实施通常包括以下几个关键环节。

（1）明确目标：确定人才盘点的具体目的。例如识别关键岗位后备人才、制订继任计划或优化人才配置。

（2）制定评估标准：确定评估的具体指标，确定人才胜任力模型。胜任力模型一般会包含 5 ～ 8 项能力，比如技能水平（专业技能、软技能）、工作绩效（年度评估、项目成果）、潜力评估（领导力潜质、学习能力）、文化契合度（与公司价值观的匹配程度）等。"实务指南 3-16"展示了业绩标准的划分。

🐟 实务指南 3-16

业绩标准划分

按照业绩的标准对盘点人员过去 1 年的工作绩效进行划分：

业绩分类	定义	备注
不合格（需提升）	未达到预期的要求	10%
合格（符合要求）	持续地满足业绩要求，有时候超越预期目标	
优秀（杰出）	持续的高业绩创造者，超越要求并远胜目标	≤ 15%

○　李常仓，姜英男．人才盘点：创建人才驱动型组织 [M]．3 版．北京：机械工业出版社，2024：23．

（3）数据收集：收集员工信息。收集信息的方式主要有自评、主管评价、360度评价及从人力资源管理部门获取数据。自评是让员工填写关于自身技能和发展需求的问卷。主管评价是主管对直接下属进行评估，提供绩效和潜力的反馈。360度评价是指从同事、下属和上级收集多方反馈，以获得全面的视角。从人力资源管理部门获取数据，主要包含分析员工的历史绩效记录、培训经历和职业发展路径。

（4）进行人才盘点：结合收集的数据，召开人才盘点圆桌会议，对员工进行系统的评估与盘点。人才盘点会议是人才盘点过程中的重要环节，包括会议前的准备（例如"实务指南3-17"展示的人才盘点圆桌会议需要准备的资料）与会议中的分工等，如表3-10所示。人才盘点通常可以使用矩阵工具，比如人才矩阵即人才九宫格，将员工按绩效和潜力分为不同类别，以识别关键人才，并依据不同类别进行人才规划，如图3-10所示。可以用技能地图展示各员工在特定技能上的掌握情况。

（5）分析和汇总结果：对评估结果进行汇总，识别出关键人才（高绩效、高潜力）、高潜力人才（绩效良好，未来发展空间大）、需要发展的员工（绩效一般，技能存在短板）。

（6）制订发展计划：根据评估结果，为不同类型的人才制订个性化发展计划、培训计划，以及为技能存在短板的员工设计的专业培训。制定辅导和导师制度，为高潜力员工配备导师，提供职业发展指导。明确晋升机会，为关键人才设计明确的职业发展路径。

实务指南 3-17

人才盘点圆桌会议材料

圆桌会议需准备的材料：

- 信息收集表，包括基本信息和述职报告
- TBEI故事整理（如有）
- 360度在线测评结果
- 绩效结果和面谈记录
- 上一年盘点结果和发展计划实施情况
- 预打分表

表3-10 人才盘点圆桌会议流程与分工

标号	环节\分工	评价人（间接上级）	陈述人（直接上级）
1	被盘点人基本信息介绍	听取陈述人介绍被盘点人基本信息	陈述被盘点人的基本信息：分管工作、个人基本信息
2	当前岗位特点	讨论当前岗位特点，如所处阶段、主要职责等，以及当前岗位对人的要求	
3	素质项评价	听取陈述人介绍并提问 对被盘点人的素质项进行打分，并就其与预打分结果的差异进行讨论，达成共识	陈述对被盘点人七条素质项预打分结果、行为示例及打分理由

（续）

标号	环节＼分工	评价人（间接上级）	陈述人（直接上级）
4	绩效评价	听取陈述人介绍并提问 对被盘点人的绩效进行打分，并就其与预打分结果的差异进行讨论，达成共识	陈述对被盘点人绩效预打分结果及打分理由
5	关键经历及个人特点讨论	听取陈述人介绍，并进行必要的讨论，达成共识	陈述被盘点人的关键经历及个人提点
6	评价小结及未来发展建议	共同讨论、总结被盘点人的优势与不足、九宫格分布位置 对被盘点人提出发展建议，讨论并达成一致	

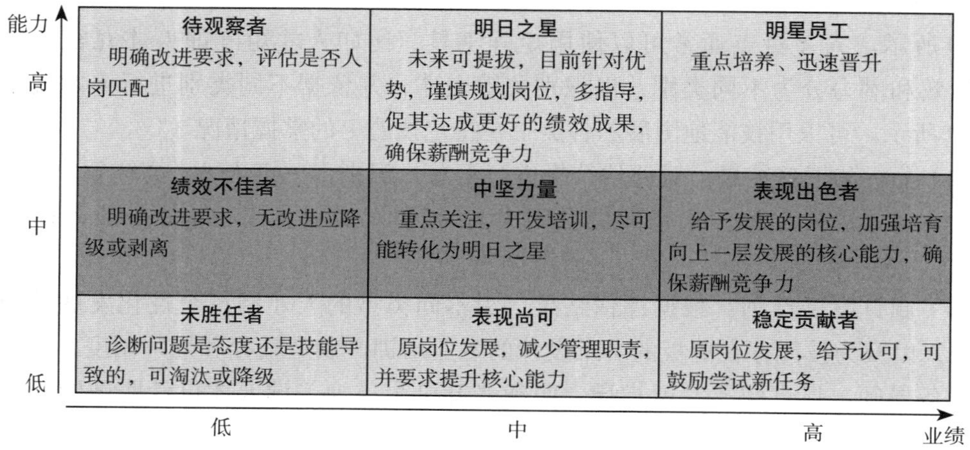

图 3-10　人才九宫格

2. 人员储备与技能开发系统法

保存员工资格特征的人工信息系统有许多种。在"实务指南 3-18"所示的"人员储备与开发记录卡"中，将每位员工的信息加以整理，然后记录在人员储备库中。这些信息包括：教育状况、参与过何种由公司资助的课程学习、职业与发展兴趣、语言、技能水平等。这一类信息可用于晋升人选的确定、员工培训、奖励计划、工作调动、职业生涯规划等。

🔅 实务指南 3-18

人员储备与开发记录卡

			日期： 　年　月
部门	地区或事业部	分部门或科	工作地点
到公司服务日期 （　年　月　日）	出生日期 （　年　月　日）	婚姻状况	工作名称
教育状况　受教育程度、取得学位的年份、毕业大学及学习的主要领域			
小学	高中		
大学			

（续）

所学过的课程（公司资助的）：

课程类型	科目或课程	年　限	课程类型	科目或课程	年　限

职业与发展兴趣

你对换一种工作是否感兴趣 □感兴趣　□不感兴趣	你愿意接受去其他部门的安排吗 □愿意　□不愿意	你愿意接受横向调动以求得进一步发展吗 □感兴趣　□不感兴趣

如果愿意，请说明是何种类型	你满足工作要求的资格条件有哪些

你认为自己需要参加何种类型的培训
A）在自己目前的职位上改善技能与绩效
B）增加经验、提高能力以实现进一步发展

姓　名

你认为自己目前还有能力完成哪些其他的工作任务

语言	书面	口头	
□	□	□　□	社会保障号码
□	□	□　□	

社团或组织：请列举你在过去的五年中所参加的社会组织的名称及你在其中所任职务

技　能

技能的类型	证书（如果有）	技能的类型	证书（如果有）

导师制记录

导师姓名	所属部门	指导内容	时长

其他重要的工作经验或在部队服役的经历（重复性的工作可省略）

地　　方	开始年份	结束年份	

人才发展计划

发展领域	发展计划	完成日期	

3. 马尔可夫分析法

马尔可夫（Markov）分析法是内部人力资源供给预测的另一种方法。尽管这种方法在理论上很复杂，但人们可以不研究其理论本身而只要应用便可。该方法的基本思路是：找出过去人力资源变动的规律，以此来推测未来人力资源变动趋势。下面以一个公司实例来加以说明。

分析的第一步是做一张人员变动矩阵表。表中每一个因素表示从一个时期到另一个时期人员变动的历史平均百分比。一般以 5 ～ 10 年为周期来估计年平均百分比。周期越长，根据过去人员的变动所推测的未来人员变动情况就越准确。如"实务指南 3-19（A）"中表明的，在任何一年里，平均 80% 的高层领导人仍在该组织内，而有 20% 退出；在任何一年里，大约 65% 的会计员留在原工作岗位，15% 被提升为高级会计师，20% 离职。

分析的第二步是用这些历史数据来代表每一种工作中人员变动的概率，将计划初期每一种工作的人员数量与人员变动概率相乘，然后纵向相加，即得到组织内部未来劳动力的净供给量。如"实务指南 3-19（B）"，可以预计下一年将有同样数目的高层领导人（40 人），以及同样数目的高级会计师（120 人），但基层领导人将减少 18 人，会计员将减少 50 人。

将这些人员变动的数据与正常的人员扩大、缩减或维持不变的计划相结合，就可以用来决策怎样使预计的劳动力供给与需求相匹配。

🐌 实务指南 3-19

某公司人力资源供给情况的马尔可夫分析

（A）职位层次	人员调动的概率				
	G	J	S	Y	离职
高层领导人（G）	0.80				0.20
基层领导人（J）	0.10	0.70			0.20
高级会计师（S）		0.05	0.80	0.05	0.10
会计员（Y）			0.15	0.65	0.20

（B）职位层次	初期人员数量	G	J	S	Y	离职
高层领导人（G）	40	32				8
基层领导人（J）	80	8	56			16
高级会计师（S）	120		6	96	6	12
会计员（Y）	160			24	104	32
预计人员供给量		40	62	120	110	68

4. 人员配置图

人员配置图用来对每一位内部候选人进行跟踪，以便为组织内最重要的职位挑选人员。这种图显示了每一位可能成为组织重要职位候选人的内部员工，当前工作绩效如何及可以提升的高低程度（见图 3-11）。

3.5.2.2 外部人力资源供给预测

以上我们讨论的是组织内部人力资源供给的预测，对于组织外部人力资源供给进行预测时需着重考虑以下因素。

（1）本地区内人口总量与人力资源率。它们决定了该地区可提供的人力资源总量。当地人口越多，人力资源率越高，则人力资源供给就越充裕。

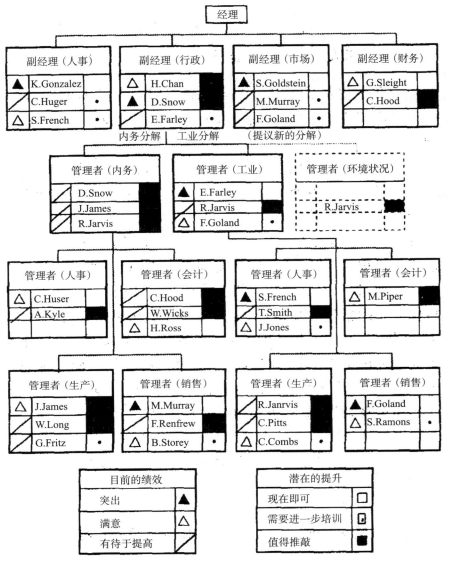

图 3-11　人员配置图

（2）本地区人力资源的总体构成。它决定了在年龄、性别、教育、技能、经验等层次与类别上可提供的人力资源的数量与质量。

（3）本地区的经济发展水平。它决定了对外地劳动力的吸收能力。当地经济水平越发达，则对外地劳动力的吸引力就越大，当地的劳动力供给也就越充分。

（4）本地区的教育水平，特别是政府与组织对培训和再教育的投入，直接影响人力资源供给的质量。

（5）本地区同一行业劳动力的平均价格、与外地相比较的相对价格、当地的物价指数等都会影响劳动力的供给。

（6）本地区劳动力的择业心态与模式、本地区劳动力的工作价值观等也将影响人力资源的供给。

（7）本地区的地理位置对外地人口的吸引力。一般说来，沿海地带对非本地劳动力的吸引力较大。

（8）本地区外来劳动力的数量与质量。它对本地区劳动力的供给同样有很大的影响。

（9）本地区同行业对劳动力的需求也会影响本组织对人力资源的需求。

（10）许多本地区外的因素对当地人力资源供给也会产生影响，比如全国人力资源的增长趋势、全国对各类人员的需求与供给（包括失业状况）、国家教育状况、国家劳动法规等。

🐚 人力互动 3-2

贝尔公司在经济衰退中管理动荡不定的员工队伍的新方法

贝尔公司采取了一套措施来提高自己在管理动荡不定的员工队伍时所需要的灵活度。采用这些措施的目的是在不采取解雇或提前退休计划的情况下，帮助公司渡过这场经济衰退。

这种新的完全自愿式的方案除了保留目前员工可以选择减少工时和要求工作分摊的权利之外，还允许员工以个人或接受教育的原因请假离岗。员工还可以从其他的选择中获得一些好处，比如对那些希望从事非全日工作而不愿意领取退休金的员工，可以改善其退休待遇；对于那些自愿辞职的员工，可以给予一些特殊的福利。

面对日益严重的衰退局势，贝尔公司采纳了一套新的管理措施来管理冗员（这类人员在整个公司中大约有 2500 名），将这些规定与财务预算相联系，并提高公司在短期内的灵活性。

所采用的新措施：

- 由于个人原因离岗一年者——一年之内保健费用和生活费用由公司支付；允许在别处任职；提供全套信用服务；为重新就业提供担保；继续特许使用电话服务。
- 为接受教育而离岗四年者——学费由公司支付；发给教育津贴；保险费、保健费及生活费用由公司支付；提供全套服务费用；为夏季就业及重新就业提供担保；继续特许使用电话服务。
- 对那些希望从事非全日工作而不愿意领取退休金的员工，可以为他们改善退休待遇。
- 给予自愿辞职者特殊待遇。

现存的规定：

- 减少加班时间。
- 减少使用外部人力资源。
- 冻结（停止）雇用。
- 停止自愿选择（退休或从事非全日工作）。
- 临时压缩工时（如在某一特定时期，将工作重新分类成零星工作）。
- 工作分摊。

3.6　人力资源规划的编制

个案研究 3-5

人力资源规划是什么

假设你是一位人力资源顾问，一家大型造纸厂新任命的总经理给你打电话。

总经理：我在这个职位上大约一个月了，而我要做的所有事情似乎只是与人们面谈和听取人事问题汇报。

你：你为什么总在与人面谈？你们没有人力资源部吗？

总经理：我们有，但是人力资源部还没有雇用高层管理人员。我一接管公司，就发现两个副总经理要退休，可没有人来接替他们。

你：你雇用了什么人吗？

总经理：是的，我从外部雇用了一个人，但我一宣布这个决定，就有一个部门经理来辞职。他说他想得到这个职位已经有8年了，可我怎么知道他想得到这个职位呢？

你：你打算如何安排另一个副总经理的位置？

总经理：还没想好，因为我怕又有人辞职。还有一个问题就是公司里最年轻的专业人员——工程师和会计师在这几年的流失率非常高。

你：有人问过他们为什么要离开吗？

总经理：问过，他们的回答基本相同，觉得这里没有前途。可是他们都是在我们这里得到提升的人。

你：你考虑过推行一个人力资源规划系统吗？

总经理：人力资源规划？那是什么？

人力资源规划的编制是指制定人力资源开发与管理的总规划，并根据总规划制订各项具体业务计划及相应的人事政策，各项业务计划相互关联，在规划时要全面考虑，不能分散地做个别单一的计划。它是人力资源规划中比较具体、细致的工作。人力资源规划的成果是人力资源管理决策的依据，是诊断人力资源管理效果的核心标准，也反映了人力资源管理服务的总体性质。

编制人力资源规划的实质目的是要落实企业的战略规划，引导企业发展方向，传达和执行人力资源战略，实现在适当的时间、地点为目标工作获取合适的人才。

人力资源规划的各项计划中应主要包括以下要素。

（1）计划的时间段：该计划从何时开始到何时结束。

（2）计划目标：具体的人力资源供需平衡目标、人力资源数据化。

（3）情景分析：目前状况、未来状况。

（4）计划内容：该项涉及内容较多，比如工作分析、员工绩效评估、员工培训、招聘等。

（5）计划制订者：如董事会、总经理、人力资源经理。

（6）计划制订的时间：如董事会正式通过的时间或总经理批准的时间。

🐌 实务指南 3-20

人力资源规划的确定性

（1）确定企业及其不同层次所需要的人力资源数量与质量，确定短期、中期、长期人力资源要求。

（2）确定获取、满足人力资源要求的方式与途径。

（3）确定人力资源规划的预算与成本等。

由于各企业的具体情况不同，不同的人力资源经理会有不同的做法，编写人力资源规划的步骤也不尽相同，但一般都包括制订职务编制计划、制订人员配置计划、合理预测人员需求、确定人员供给状况、制订培训计划、制订人力资源管理政策调整计划、编写人力资源费用预算和规避风险八个环节。企业可以根据自己的实际情况进行裁减。

第一是制订职务编制计划。在企业发展过程中，不但会诞生许多新的职务，原有职务也会发生很大的变化，所以，要根据企业的发展规划充分做好职务分析，编制职务计划，详细陈述企业的组织结构、职务设置、职位描述和职务资格要求等内容。

第二是制订人员配置计划。根据企业现状确定每个职务的人员数量、人员的职务变动、职务人员空缺数量等，掌握企业整体的人员配置情况，并根据企业发展规划，制订人员配置计划，描述企业未来的人员数量和素质构成。

第三是合理预测人员需求。预测人员需求是整个人力资源规划中最困难和最重要的部分。在做人员需求预测时，应注意将预测中需求的职务名称、人员数量、希望到岗时间等详细列出，形成一个标明员工数量、招聘成本、技能要求、工作类别及为完成组织目标所需的管理人员数量和层次的分列表，依据该表有目的地实施日后的人员补充计划。

第四是确定人员供给状况。通过分析人力资源过去的人数、组织结构和构成、人员流动、年龄变化和录用的资料，预测未来某个特定时刻的供给状况，针对企业对未来人员需求的预测，便可制订出对策性计划，即人员供给计划。该计划主要包括人员供给方式（内部提升、外部招聘）、人员内外部流动政策、人员获取途径和获取实施计划等内容。

第五是制订培训计划。对员工进行必要的、有计划的、系统的培训，已成为企业发展必不可少的内容。培训计划要包括培训政策、培训需求、培训内容、培训形式、培训效果评估及培训考核等内容，每一项都要有详细的文档，并具有时间进度和可操作性。

第六是制订人力资源管理政策调整计划。人力资源政策调整涉及企业的方方面面，包括招聘政策调整、绩效考核制度调整、薪酬和福利调整、激励制度调整、员工管理制度调整等。为了更好地实施人力资源调整并实现调整的目的，必须出台相应的人力资源管理政策调整计划，明确阐述人力资源政策调整的原因、调整步骤和调整范围等。

第七是编写人力资源费用预算。费用预算包括招聘费用、员工培训费用、工资费用、劳保福利费用等。人力资源部应编制详细的费用预算，让公司人员尤其是高层知道本部门的每一笔钱花在什么地方，这样才更容易得到决策层的支持。

第八是规避风险。在编写人力资源规划时，还要注意防止人力资源管理中可能会遇到的风险，比如优秀员工被猎头公司相中、新的人力政策导致员工不满、内部提升遇到阻力、外部招聘失败等。这些潜在的风险有些会影响公司的正常运作，甚至造成致命的打击。规避这些风险是人力资源部的一项重要职责，在编写人力资源计划时要结合公司实际，提出可能存在的各种风险及应对办法，尽可能减少风险带来的损失。

人力资源规划编写完毕后，应积极地与各部门经理进行沟通，根据沟通的结果进行修改，最后再提交公司决策层通过。

🌀 人力互动 3-3

人力资源规划中常见的陷阱

- 身份危机：人力资源规划者在一个法规和公司政策不明确、管理风格多样的环境中工作。
- 最高管理层的支持：为了确保人力资源规划的长期发展，至少需要一位具有影响力的高级管理人员的全力支持。
- 初期活动的规模：许多人力资源规划方案之所以失败是由于过分复杂的初期活动。成功的人力资源规划方案要缓慢地开始，当获得成功时再逐渐扩大。
- 与其他管理及人力资源职能的协调：人力资源规划必须与其他管理及人力资源职能协调起来，然而人力资源规划者往往倾向于专注他们自己的职能而不与其他人交流。
- 与组织计划整合：人力资源规划源于组织计划，要在组织计划者及人力资源规划者之间建立良好的沟通渠道。
- 定量与定性的方法：一些人把人力资源规划看作一种用来跟踪人员进、出、上、下和跨越组织中不同单位的流动的数字游戏，这些人对人力资源规划采用一种严格的定量的方法。另一些人则采用严格的定性的方法，并把重点集中在员工所关心的个人晋升的可能性和职业发展等方面。只有求得两方面平衡的方法才能产生最好的结果。
- 运营经理不参与：人力资源规划不完全是人力资源部门的职能。成功的人力资源规划需要运营经理和人力资源专员的协同努力。
- 技术陷阱：由于人力资源规划变得越来越流行，因此开发出了一些新的、高级的技术来协助进行人力资源规划，尽管许多技能很有用，但有时存在着这样一个趋势，即采用一种或多种方法并不是因为它们能做什么，而是由于每一个人都在使用它们。人力资源规划人员应该避免仅仅由于一种技术是"新近流行的事物"就迷恋它。

下面是某公司人力资源部编写的一个较为完整的人力资源规划实例。该规划主要分为六个部分，分别是职务设置与人员配置计划、人员招聘计划、选择方式调整计划、绩效考评政策调整计划、培训政策调整计划和人力资源预算。由于人员招聘是人力资源部新年度的工作重点，所以规划中"人员招聘计划"部分最为详细。

❀ 2025 年人力资源规划

（一）职务设置与人员配置计划

根据公司 2025 年发展计划和经营目标，人力资源部协同各部门制订了公司 2025 年的职务设置与人员配置计划。2025 年，公司将划分为 8 个部门，其中行政副总负责行政部和人力资源部，财务总监负责财务部，营销总监负责销售一部、销售二部和产品部，技术总监负责开发一部和开发二部。具体职务设置与人员配置如下。

（1）决策层（5 人）：总经理 1 名、行政副总 1 名、财务总监 1 名、营销总监 1 名、技术总监 1 名。

（2）行政部（8 人）：行政部经理 1 名、行政助理 2 名、行政文员 2 名、司机 2 名、接线员 1 名。

（3）财务部（4 人）：财务部经理 1 名、会计 1 名、出纳 1 名、财务文员 1 名。

（4）人力资源部（4 人）：人力资源部经理 1 名、薪酬专员 1 名、招聘专员 1 名、培训专员 1 名。

（5）销售一部（19 人）：销售一部经理 1 名、销售组长 3 名、销售代表 12 名、销售助理 3 名。

（6）销售二部（13 人）：销售二部经理 1 名、销售组长 2 名、销售代表 7 名、销售助理 3 名。

（7）开发一部（19 人）：开发一部经理 1 名、开发组长 3 名、开发工程师 12 名、技术助理 3 名。

（8）开发二部（19 人）：开发二部经理 1 名、开发组长 3 名、开发工程师 12 名、技术助理 3 名。

（9）产品部（5 人）：产品部经理 1 名、营销策划 1 名、公共关系 2 名、产品助理 1 名。

（二）人员招聘计划

1. 招聘需求

根据 2025 年职务设置与人员配置计划，公司人员数量应为 96 人，到目前为止公司只有 83 人，还需要 13 人。所缺人员具体职务和数量：开发组长 2 名、开发工程师 7 名、销售代表 4 名。

2. 招聘方式

开发组长：社会招聘和学校招聘。

开发工程师：学校招聘。

销售代表：社会招聘。

3.招聘策略

学校招聘主要通过参加应届毕业生洽谈会、在学校举办招聘讲座、发布招聘张贴、网上招聘等4种形式。

社会招聘主要通过参加人才交流会、刊登招聘广告、网上招聘等3种形式。

4.招聘人事政策

（1）本科生：

1）待遇：转正后待遇6000元，其中基本工资4000元、住房补助1000元、社会保险金1000元左右（养老保险、失业保险、医疗保险等），试用期基本工资4500元，满半月有住房补助；

2）考上研究生后协议书自动解除；

3）试用期3个月；

4）签订3年劳动合同。

（2）研究生：

1）待遇：转正后待遇8000元，其中基本工资6000元、住房补助1000元、社会保险金1000元左右（养老保险、失业保险、医疗保险等），试用期基本工资6000元，满半月有住房补助；

2）考上博士后协议书自动解除；

3）试用期3个月；

4）公司资助员工攻读在职博士；

5）签订不定期劳动合同，员工来去自由；

6）成为公司骨干员工后，可享有公司股份。

5.风险预测

（1）由于今年本市应届毕业生就业政策有所变动，可能会增加本科生招聘难度，但由于公司待遇较高并且属于高新技术企业，基本可以回避该风险。另外，由于优秀的本科生考研的比例很大，所以在招聘时，应该留有候选人员。

（2）由于计算机主业研究生愿意留在本市的较少，所以研究生招聘将非常困难。如果研究生招聘比较困难，应重点通过社会招聘来填补"开发组长"空缺。

（三）选择方式调整计划

上一年开发人员选择实行了面试和笔试相结合的考查办法，取得了较理想的结果。

2025年首先要完善非开发人员的选择程序，并且加强对非智力因素的考查。另外在招聘集中期，可以采用"合议制面试"，即总经理、主管副总、部门经理共同参与面试，以提高面试效率。

（四）绩效考评政策调整计划

上一年已经开始对公司员工进行绩效考评，每位员工都有了考评记录。另外，上一年对开发部进行了标准化的定量考评。

2025 年，绩效考评政策将做以下调整：

（1）建立考评沟通制度，由直接上级在每月考评结束时进行考评沟通；

（2）建立总经理季度书面评语制度，让员工及时了解公司对他的评价，并感受到公司对员工的关心；

（3）在开发部试行"标准量度平均分布考核方法"，使开发人员更加明确自己在开发团队中的位置；

（4）加强考评培训，减少考评误差，提高考评的可靠性和有效性。

（五）培训政策调整计划

公司培训分为岗前培训、管理培训、技能培训三部分。

岗前培训在上一年已经开始进行，管理培训和技能培训从 2025 年开始由人力资源部负责。

2025 年，培训政策将做以下调整：

（1）加强岗前培训；

（2）对于管理培训，将与公司专职管理人员合作开展，不聘请外面的专业培训人员，且该培训分成管理层和员工两个部分，重点对公司现有的管理模式、管理思路进行培训；

（3）技能培训根据相关人员的申请进行，采取公司内训和聘请培训教师两种方式。

（六）人力资源预算

1. 招聘费用预算

（1）招聘讲座费用：计划本科生和研究生各 4 所学校，共 8 次。每次费用 5000 元，预算 40000 元；

（2）交流会费用：参加交流会 4 次，每次平均 2000 元，共计 8000 元；

（3）宣传材料费：2000 元；

（4）报纸广告费：6000 元。

2. 培训费用

上一年实际培训费用 80000 元，按 20% 递增，预计 2025 年培训费用约为 96000 元。

3. 社会保险金

上一年社会保险金共交纳 ××××× 元，按 20% 递增，预计 2025 年社会保险金总额为 ××××× 元。

3.7　人力资源信息系统

3.7.1　人力资源信息系统概述

1. 什么是人力资源信息系统

人力资源信息系统（human resource information system，HRIS）是为组织获得人力

资源决策所需相关和及时信息所采用的一套支持系统，它往往通过利用计算机或其他先进技术来促进决策过程。

🌀 实务指南 3-21

人力资源信息系统特征

一个人力资源信息系统应提供具有以下特征的信息：

- 及时。管理者必须能够获得最新信息。
- 准确。管理者必须能够依赖所提供信息的准确性。
- 简明。管理者一次只能吸收这么多的信息。
- 相关。管理者应只获得特定情况下所需信息。
- 完整。管理者应获得完整的而不是部分的信息。

如果缺少上述特征之一，则会降低人力资源信息系统的有效性并使决策过程复杂化。相反，拥有上述所有特征的系统将使决策过程更容易、更准确。一个有效的人力资源信息系统还可以产生出若干重要的报表及与经营相关的预测。

- 常规报表。按时间进度汇总的经营数据被称为常规报表。每周或每月用人情况报表可能被送达总经理，而每个季度该报表可能被送达最高管理层。
- 例外情况报表。例外情况报表着重强调在经营活动中十分严重、足以引起管理者注意的变化。有一种类型的例外情况报表是质量例外报表，它会在产品缺陷数量超过原定最高值时被提交。人力资源经理可能对这类信息感兴趣，从而确定是否需要额外的培训。
- 按需提供的报表。按需提供的报表是根据特殊需求提供的信息。例如，具有 5 年工作经历、能讲流利的西班牙语的工程师的数量是人力资源可能要求的一种按需提供的报表。
- 预测。将一些预测模型应用于特定情况。管理者需要预测为满足对企业产品的需求所需的员工数量和类型。

2. 人力资源信息系统的功能

企业人力资源信息系统除为人力资源规划决策提供信息外，还具有以下功能：

（1）可为企业制定发展战略提供人力资源数据。

（2）可为人事决策提供信息支持。

（3）可为企业管理效果的评估提供反馈信息。

（4）可为其他有关人力资源的活动提供快捷、准确的信息。具体地说，人力资源信息系统对人力资源管理的方方面面均有重要作用。

一般来说，人力资源信息系统至少应包含下列具体信息：

（1）自然状况：性别、年龄、民族、籍贯、体重、健康状况等。

（2）知识状况：文化程度、专业、学位、所取得的各种证书、职称等。

（3）能力状况：表达能力、操作能力、管理能力、人际关系协调能力及其他特长的种类与等级。

（4）阅历及经验：做过何种工作，担任何种职务，及任职时间、调动原因、总体评价。

（5）心理状况：兴趣、偏好、积极性水平、心理承受能力。

（6）工作状况：目前所属部门、岗位、职级、绩效及适应性。

（7）收入情况：工资、奖金、津贴及职务外收入。

（8）家庭背景及生活状况：爱好情况及偏好、家庭背景、职业取向及个人对未来职业生涯的设计等。

（9）所在部门使用意图：提、留、调、降。

实务指南 3-22

HRIS 举例

HRIS 的最终目的是实现组织的长期和短期目标，因此发展这一系统是一项非常有价值和具有战略意义的任务。目前在许多公司中联机信息系统已得到广泛使用。然而，它们中虽然许多都有 HRIS，却没有很好地进行利用，仅仅把它当作存储员工信息的数据库。事实上，HRIS 的使用范围几乎涉及每一个人事领域。下图就是一个 HRIS 的例子。

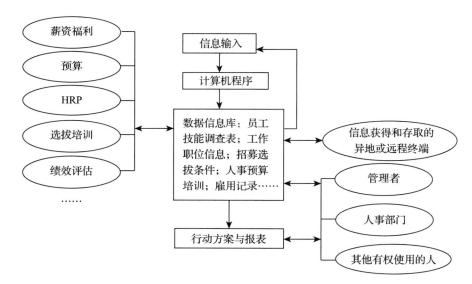

由以上 HRIS 的例子我们可以看出，它提供的信息几乎各个部门都可以使用，当然它也需要以来自各个部门的信息为基础。

根据上述信息，可综合开发许多有用的二次信息，比如人力分布、结构、积极性及冗员等。据国外有关经验，对 250 人以下的组织，工人的档案管理和索引卡系统十分有效，而对大型组织则须采用计算机，且须配备既有人力资源管理经验，又懂计算机的专门人员负责建立和管理人力资源信息系统。我国有部分企业的人力资源管理仍停留在手工管理档案的水平上，人事档案资料还未得到充分利用。随着现代企业制度的逐步建立，我国企业与国际社会日益接轨，企业需要尽快建立人力资源信息系统，以利于制定精确的人力资源规划，准确及时进行人事决策，取得人力资源的最优利用。

3.7.2 人力资源信息系统的建立

⏺ **个案研究 3-6**

海底捞：信息化建设推进餐饮品质提升⊖

海底捞餐厅遍及全国多个城市，由于知识传递、技术传授等方面的需求，需要经常进行人事调配，支持新店开业等业务活动。而人员轮换涉及复杂的人事事务处理，海底捞拥有员工 1.2 万人，经常性的人事轮换是常有的事情，因为它是职员晋升为管理层的必要条件之一。为此，海底捞人事事务处理通过采用集中管理、分散操作的方式，解决了各地区之间人员调动的问题，便于总部对人力资源状况进行统一调配、统一规划，也便于薪酬的统一审核及总部财务环节的工作开展。金蝶人力资源系统设计出了符合"海底捞"管理模式的人事异动工作流程，总部管理人员通过人力资源系统人力规划和报表查询，在全国范围内找到合适的人选，由各个分店人事主管发起异动申请，通过总部人事经理、业务主管经理的审批，最终完成人员轮换工作。目前，海底捞总部不再需要具体参与各个分店的人事工作，而是由熟悉分店员工的店长进行操作，这种安排既减轻了总部人事事务的工作量，还便于分店对所属人员的日常管理。通过高效的人事事务处理，海底捞实现了对全公司人力资源状况统一控制的目标，并推进了各门店人员技能的快速复制。在企业内部网站中，海底捞的员工可以办公，也可以自由交流，其中包括经理查询系统、企业邮箱、创新管理、人力资源管理等多种办公平台，以及一个分主题的匿名员工论坛（员工可以在论坛中进行业务交流和提出建议）。

建立人力资源信息系统，事先要进行周密的筹划，包括清楚地阐明目标，充分地分析系统的要求，并认真研究细节。特别应该强调的是，要帮助管理者和全体员工了解什么是人力资源信息系统，其用途是什么，它将怎样助力企业等。还要强调的是，如果得不到将受到新系统影响的那些人的全力支持与合作，几乎是不可能成功的。

建立人力资源信息系统必须具体地考虑以下四个方面。

⊖ 资料来源：郑晓明，赵子倩.海底捞：供应链与信息化建设推进餐饮品质 [DB/OL]. 北京：中国工商管理案例库.（2011-06-20）.

1.系统的规划

此方面包括：使全体人员充分理解人力资源信息系统的概念；考虑人事资料设计和处理方案；做好系统发展的时间进度安排；建立起各种规章制度等。

2.系统的设计与发展

此方面包括：分析现有记录、报告和表格，以确定对人力资源信息系统中数据的要求；确定最终的数据库内容和编码结构；说明用于产生和更新数据的文件保存与计算过程；规定人事报告的要求和格式；决定人力资源信息系统技术档案的结构、形式和内容；确定计算机制作的员工工资福利表的格式及内容等要求；确定工资和其他系统与人力资源信息系统的接口要求。

3.系统的实施

此方面包括：考虑目前及以后系统的使用环境以找到潜在问题；检查计算机硬件结构、所用语言和影响系统设计的软件约束条件；确定输入—输出条件要求、运行次数和处理量；提供有关实际处理量、对操作过程的要求、使用者的教育情况及所需设施的资料；设计数据输入文件、事务处理程序和对人力资源信息系统的输入控制。

4.系统的评价

此方面包括：估计改进人事管理的成本；确定关键管理部门人员对信息资料有何特殊要求；确定人们对补充特殊信息的要求；对与人力资源信息系统有关的组织问题提出建议；提出保证机密资料安全的建议（见"实务指南3-23"）。

实务指南 3-23

保护敏感性的人力资源信息系统资料秘密的安全措施

1. 保证所有使用者在离开个人电脑以前（哪怕是仅仅离开很短的时间）都加上锁。
2. 提醒使用者不把他们的口令给任何人。
3. 在一个有规律的基础上改变口令。
4. 保证目前的和替代的复印件、资料档案、软件和打印输出都恰当地被控制在这种程度——只有被授权的使用者才能获取它们。
5. 建立监视程序，以保证个人电脑使用者处于某种有效的安全水平。
6. 为原始资料编上密码，从而使它对于一个未经授权的使用者来说没有任何意义。
7. 保留一份详细的复核记录，确保在资料上所做的任何操作都被记录在一份详细的执行档案中。

3.7.3 新技术在人力资源信息系统中的应用

人工智能（AI）在现代人力资源信息系统中的应用正在重新定义人力资源管理的各

个方面，提升了效率、准确性和员工体验，推动组织的人才发展和战略目标的实现。

1．招聘与选拔

（1）简历筛选与评估。**自动化简历筛选**：AI系统使用机器学习算法处理大量简历，能够识别和筛选出与岗位要求相匹配的候选人。这一过程包括关键词匹配、技能提取和经验分析。通过对历史招聘成功案例的数据进行训练，系统能够不断提高筛选的准确性。

（2）视频面试分析。一些AI系统可以分析候选人在视频面试中的表现，包括声音的语调、面部表情、眼神接触和肢体语言。通过情感分析和面部识别技术，这些工具能够提供关于候选人自信程度、情绪状态等方面的信息，辅助招聘决策。

2．员工绩效管理

（1）实时绩效监控。**数据驱动的绩效评估**：AI系统能够实时收集员工的工作表现数据，使用分析工具提供绩效反馈。通过设定预定义的关键绩效指标（KPI），管理者可以即时监测员工的目标达成情况。

趋势分析：AI系统可以识别员工绩效的历史数据和趋势，自动生成报告，帮助管理层及时发现潜在问题，并制订改进计划。

（2）360度反馈系统。**智能反馈收集与分析**：AI系统可自动收集来自不同来源（如同级、上级和下属）的反馈，并使用数据分析生成综合评估报告。这样可以帮助员工了解自己在团队中的表现和发展方向。

3．培训与发展

（1）个性化学习路径。**学习推荐系统**：AI系统利用算法分析员工的技能和职业发展需求，提供个性化的培训推荐。例如，基于员工的当前角色和未来目标，系统可以推荐相关的课程和学习资源。

自适应学习平台：这种平台会根据员工的学习进度和反馈，实时调整学习内容和难度，以确保员工能够以最佳的方式进行学习。

（2）培训效果评估，绩效影响分析。AI系统可以跟踪和分析培训项目实施后的绩效变化，评估其有效性。通过数据模型，HR可以分析哪些培训内容对员工绩效提升产生了显著影响，从而优化未来的培训计划。

4．员工关系管理

（1）情绪与满意度监测。**情绪分析工具**：通过分析员工在内部社交平台和反馈系统中的语言表达，AI系统可以识别员工的情绪状态。情绪分析结合NLP技术（自然语言处理技术），可以帮助HR了解员工的满意度和工作氛围。**实时满意度调查**：AI系统可以设计和实施员工满意度调查，收集数据后迅速分析，识别出影响员工体验的主要因素，及时采取措施改善。

（2）离职风险预测。**流失风险评估模型**：基于历史数据（如工作年限、绩效评估、薪资变化等），AI系统可以预测员工的离职风险，并为HR提供相应的干预建议。例如，

AI 系统可能会识别出在工作表现下降或薪资停滞的情况下，某些员工的离职风险显著增加。

5. 薪酬与福利管理

（1）薪酬公平性分析。**市场对标工具：**AI 系统可以自动收集和分析行业薪酬数据，与公司的薪酬结构进行比较，识别潜在的薪酬不平等问题，确保薪酬具有竞争力。

薪酬满意度分析：通过对员工薪酬的反馈和行业标准的分析，AI 系统能够评估薪酬结构的合理性，并提供改进建议。

（2）个性化福利推荐。**福利使用数据分析：**AI 系统可以跟踪员工对不同福利项目的使用情况，分析员工的偏好，并根据其个人需求提供个性化福利建议，比如健康管理、灵活工作安排等。

6. 智能工作应答

自动应答系统：AI 驱动的聊天机器人可以全天候为员工解答常见问题，比如假期政策、薪资相关查询等，减少 HR 团队的工作负担。**自动化任务处理：**AI 系统可以帮助处理入职、离职和转岗等人事流程，自动化生成必要的文档和报告，减少人工错误。

⬥ 个案研究 3-7

谷歌：基于数据分析的人力资源管理[⊖]

谷歌搜索被公认为全球规模最大的搜索引擎，其智能手机操作系统居全球次席，谷歌公司不断推向市场的各种应用软件涉及范围之广，在不知不觉中影响着人们的工作和生活。一家成立 20 多年的公司为何有如此骄人的业绩？谷歌领导层认为这在很大程度上应归功于其基于数据和数据驱动的人力资源管理决策。

（一）优化招聘

谷歌公司会在招聘初选环节淘汰海量简历，人员分析团队对这些被淘汰的简历展开数据分析，通过分析，他们发现简历筛选的错失率高达 1.5%。人员分析团队随之开发了相关算法，以便从被淘汰的简历中分辨出简历筛选环节错过的优秀应聘者。人员分析团队还开发了算法，用来预测应聘者在获聘后是否具有最佳生产力，以供面试官参考。人员分析团队通过数据分析，显著缩短了招聘周期，简化了招聘流程。

（二）氧气项目

谷歌公司的人力运营部展开了一项长达多年的名为"氧气项目"（Project Oxygen）的研究，经过实验和数据分析，推翻了公司创始人的假设。分析师将表现最好和最差的经理人进行了对比，发现优秀经理人带领的团队员工离职率较低，而且这些团队从各种标准来看都拥有更高的绩效水平。

⊖ 资料来源：陈国海，马海刚. 人力资源管理学 [M]. 2 版. 北京：清华大学出版社，2021：34.

（三）算出来的待遇与福利

谷歌公司十分注重其员工的多样性，即女性、少数族裔等员工的比例，以及这部分人的留任和升职等问题。人力资源部门注意到一个问题：女性员工的离职比例要远远高于其他类型的员工。当人力运营部分析该问题时，其发现与谷歌公司的平均离职率相比，刚刚生过孩子的女性员工的离职率要高出一倍。通过这一分析，促使人力运营部反思给"新妈妈"的薪酬福利。经过测算，谷歌公司于2007年改变了产假政策：新妈妈将获得5个月可任意分割的带薪产假，这期间她们将获得全额工资和福利。推出这项政策以后，谷歌公司新妈妈的离职率降低了50%，下降到公司离职率的平均水平。同时，人力运营部还运用数据分析验证了这项政策的成本效益，如果考虑到该政策节省的招聘成本等因素，那么给新妈妈的5个月产假更加合算。

（四）数据来源

谷歌公司人力资源管理数据来源于多个方面：员工调查与反馈；各类别员工定期360度评估数据；招聘与离职数据整理、分析；通过技术手段对不涉及个人隐私的员工工作上的行为偏好的跟踪分析等。此外，谷歌公司还善于利用其技术优势开发算法，建立数学预测模型，比如其招聘预测模型和留/离职预测模型等。为保证数据的可靠性，谷歌公司数据分析团队十分注重隐私保护。员工习惯了人力资源部门知道他们的个人信息，比如住址、配偶的名字等，但他们并不希望有一个运营团队知道他们的想法、情绪和感受，因此谷歌公司人力运营部开展数据收集和分析严格遵循两项原则：机密性和透明度。

复习思考题

1. 虽然越来越多的人意识到战略人力资源管理的重要性，为什么在中国许多企业的人力资源管理还是停留在人事管理层面？
2. 你所在的公司有人力资源战略吗？如果有，评价该人力资源战略与你所在公司的总体战略是否契合？
3. 有人说："'计划赶不上变化'，特别是在某些竞争激烈、环境多变的高科技行业，没有必要制定人力资源规划。"你对此有何看法？
4. 如何在企业中开展人才盘点，有哪些关键的实施步骤？
5. 讨论人力资源战略和规划在执行过程中可能遇到哪些阻碍？对于如何克服这些阻碍，你有何建议？

案例 3-1

三一集团：人才队伍年轻化的思考

三一集团是一家以工程建设机械、煤炭机械为主的民营装备制造企业。随着集团的快速发展，员工人数也开始迅速增加。20～35岁的年轻人占了管理人员的 64.5%，管理人员队伍平均年龄 34 岁，最年轻的中层管理人员 24 岁。2011 年新任命的管理人员平均年龄仅 32 岁，约六成是年轻员工。人才队伍年轻化趋势非常明显。

"帮助员工成功"战略从 2005 年开始实施。2010 年，这一理念被赋予了新的内涵。董事长梁稳根指出，要帮助员工从能力、职业生涯和事业上获得成功；从品格、胸怀、理念上获得成功；从经济和家庭上获得成功。"帮助员工成功"战略贯穿于招聘、培训、薪酬、绩效等人力资源体系的各个环节。"帮助员工成功"是三一集团人力资源的重要战略，就是要帮助员工在事业上谋求发展，物质上获得丰富，精神上感到富足。其中，前提是帮助员工树立正确的思想价值观，塑造积极、乐观、向上的阳光心态，保证员工的发展目标与企业的发展目标相一致，基础是保证员工物质丰富，核心是帮助员工提升能力，促进职业发展。

1. 招聘

三一集团的招聘主要分为内部竞聘、社会招聘、校园招聘和联合办学四大类。

内部竞聘： 三一集团倡导"机会优先内部"的用人战略，对于公司产生的职位需求，由各人力资源部组织，通过公开发布需求信息，在充分尊重员工意愿的基础上，在公司内部员工中选拔。

社会招聘： 三一集团主要通过网络在线招聘、专场招聘会、春节招聘会及中高级人才定向寻聘四种途径招募成熟人才。

校园招聘： 校园招聘是三一集团研发力量的主要来源渠道。三一集团借鉴市场营销理念，开展特色校园招聘。在重点高校内派驻校园经理，持续发掘优秀学生，推动校园雇主品牌的建设。

联合办学： 联合办学是集团技工的主要来源渠道。一种方法是联合优秀高职院校建立合作办学，另一种方法是完善自身的三一工学院。

2. 培训

在三一集团的费用预算中，有两项费用是不封顶的，一项是研发费用，另一项就是培训费用。从员工入职开始，三一集团有一整套帮助员工成长的培训体系来"培养自家经理人"，推动"帮助员工成功"战略的实现。三一集团建立了梯级培训体系，相对于其他企业更重视中高层培训的做法，三一集团对各层级的培训都投入了极大的力度，依据员工的职业生涯发展路径，依次有：新员工入司培训、岗前培训、专业培训、员工送读、干部培训（S1000 培训、干部领导力培训、高管讲座）等层级，同时打造一个完整的在线学习平台，将学习资源固化，使每个人都能找到他需要的课程，可以根据兴趣进行自主学习。

三一集团还为培训提供了必要的组织保障。集团内设有人力资源本部的单位都设立了培训部，设有人力资源部的单位和各专业体系对应的职能部门都设立了培训科。从 2010 年 1 月起，人力资源总部开始从培训计划执行情况、培训满意度、人均学时、教材配置、课程完整性、新增师资等六个指标对各单位培训工作进行考核，还系统性搭建了 15 个系、57 个专业的岗位应知应会课程体系，出台了《培训效果评估管理制度》，使培训内容紧密贴合企业发展实际的需要。

3. 薪酬激励

三一集团的薪酬体系主要侧重于：调研区域内、行业内薪酬，建立"1、7"制，即每年 1 月、7 月各进行一次调薪，确保薪酬福利水平在市场中具有持续竞争力。三一集团组织全体员工开展半年度/年度述职，运用十六宫格模型进行考核。各单位对员工从文化认同与业绩两个维度进行区分、评价，对 20% 以内的 A 类优秀员工和 10% 以下的 C 类不合适员工加强管理，让优秀员工拥有鲜花和梦想，让不合适的员工尽快通过培训、调岗得到提升。

另外，三一集团还设计了一系列具有特色的中长期激励政策。例如，其在研发体系中设计了"积分制"，研发人员的工作成果按标准换算成积分，累积到相应的数值就可以兑现成房子、汽车或现金，其中 2010 年三一集团 3000 余人兑现研发积分，共获奖金 2000 万元；此外，每逢三一节⊖或重大时刻，集团都会重奖对三一事业有突出贡献的员工：市值过百亿元时拿出 20 亿元用作股权和现金激励；2008 年，将 1000 万元重奖抗震英雄；2010 年，根据中长期绩效合约，重点奖励了完成中长期工作任务的 30 余人，共奖励金额 2 亿元。

4. 职业发展

三一集团为员工提供了管理和专业两条职业发展通道。

（1）管理路线：遵循新员工 - 主管 - 科长 - 部长 - 总监 - 公司领导的发展路径，只要员工工作绩效优秀并具有管理潜力，就有机会获得晋升。

（2）专业路线：遵循新员工 - 初级工程师 - 中级工程师 - 高级工程师 - 技术专家 - 资深技术专家的路径，依托专业职称体系，员工可以通过不断提升专业技能，获得相应等级的技术职称，同时可以获得与相应级别管理者一样的薪资福利待遇，比如研发高级工程师可享受部长级待遇。

为了帮助新员工学习成才，快速融入三一集团，自 2010 年 7 月起，集团全面推行了导师带岗制。导师定期与新员工进行面谈辅导，帮助新员工尽快适应工作环境，提升工作技能，并引导新员工做好职业发展规划，具体操作由明确的《导师制与师徒制管理规定》来规范，并将辅导效果计入导师/师傅的考核中。截至目前，集团已有导师和师傅 2500 余人，辅导学生和徒弟 8000 余人，帮助新员工快速融入集团，提高归属感和满意度。

在三一集团快速发展过程中，人才成为其最大的需求。为满足这一需求，"敢用人、压担子"成为三一集团用人的一个明显特征。对有能力、有潜力的员工给以激励并委以重任，以看似较高的人力资源成本换取更高的资本回报。这一做法在一定程度上解决了企业人才短缺的问题，也为员工提供了职业发展的空间。

5. 员工关怀

三一集团除关注员工的成长与发展外，还以人文关怀为基本出发点，加强劳动保

⊖　三一节是三一集团为纪念企业发展历程、弘扬企业文化而设立的内部节日。

护，以促进员工的身心健康。其主要做法有以下两个方面：一方面推行 6S 建设（整理、整顿、清洁、清扫、素养、安全）。集团除为员工发放劳保用品外，还主抓工作环境 6S 建设，设立了 6S 岗位，制定相关管理制度，规范环境管理，不仅为员工打造整洁、舒适的工作环境，还在一定程度上降低了因工作环境不安全可能给员工带来的身体伤害。集团推行 6S 管理以来，每年工伤事故发生数大幅度减少。

另外，集团还创建花园式工作环境。为充分保障一线工人休息，避免因疲劳工作而带来的不适，集团除在确保一线工人下班后的休息时间外，还在各厂区中间地带修建花园式休息区。在三一集团最大的厂房里建造了 6000 平方米的室内公园，方便员工休息。

6. 遇到的问题

目前三一集团人才队伍的构成主体——"80 后"、"90 后"有其特殊的时代特征。他们讲求个人需求实现，具有知识性、开拓意识、创造力、批判精神及个性张扬等优点，同时又存在自我、现实、缺乏集体意识等问题。"三一集团现有员工 6 万余名，遍布全球 150 多个国家和地区。而在 5 年前，也就是 2006 年，这个数字仅为 1 万人。"人力资源总监张解说道，"这几年，三一集团员工总量以平均每年 40% 的速度增长，劳动生产率以平均每年 20% 以上的速度增长。员工队伍学历水平高、年轻富有活力（平均年龄不到 30 岁）。到 2015 年，三一集团全球员工总数有望突破 10 万人，培养符合国际化、全球化要求的员工团队是大势所趋，这都对三一集团的人力资源管理工作提出了很大的挑战。"

资料来源：郑晓明，李晓辉．三一集团：人才队伍年轻化的思考 [DB/OL] 北京：中国工商管理案例中心．（2011-12-07）．

思考题

1. 三一集团"帮助员工成功"战略的实施状况如何？
2. 三一集团人力资源目前面临的挑战是什么？
3. 三一集团的人力资源体系该如何进一步完善和发展？

案例 3-2

谷歌的人力资源战略规划

1. 预测

谷歌公司的人力资源经理使用趋势分析和情境分析进行预测。趋势分析是一种定量技术，允许公司根据当前状况和业务变化预测可能的人力资源需求。情境分析是谷歌公司用于预测人力需求的定性技术。情境分析涉及分析不同的变量组合，以预测每个情境的人力资源需求。通过这种方式，谷歌公司将定量和定性技术相结合来预测人力资源需求。

2. 员工冗余或短缺

谷歌公司对员工冗余或短缺的关注主要集中在产品的生产过程中，比如制造

Chromecast 及提供 Google Fiber Internet 和有线电视服务。在开发和提供基于网络与软件的相关产品时，人力资源冗余和短缺不是一个重大问题。对于生产流程，谷歌公司的人力资源管理通过预测技术识别可能出现的冗余和短缺。因此，公司的人力资源规划包括预测人力的冗余和人力资源短缺。这些信息用于谷歌公司的招聘和人员调度。

3. 供需平衡

在人力资源供需平衡方面，谷歌公司的人力资源管理面临的问题很少。即使对基于网络软件产品和在线广告服务的需求增加，由于这些产品的数字性质，谷歌公司不需要在这些业务领域相应增加人力资源。尽管如此，该公司还需要解决其他领域的人力资源供需问题，比如 Nexus 和 Chromecast 等消费电子产品的生产和分销。在这些领域中，谷歌公司使用灵活的策略，根据人力资源需求的预测来聘用新员工。

4. 工作分析方法

在工作分析所用方法上，谷歌公司将面向工作者的工作分析方法与面向工作的工作分析方法相结合。但是，谷歌公司在针对不同类型的岗位进行工作分析时所使用的方法是有所侧重的。例如，公司针对研究和开发工作，以及产品设计和制造等岗位，重点使用以工作为导向的工作分析方法；对需要大量人际关系技能的工作岗位，如人力资源管理职位，侧重使用面向工作者的工作分析方法。

资料来源：陈国海，马海刚.人力资源管理学[M].2版.北京：清华大学出版社，2021：157.

思考题

1. 谷歌公司的人力资源规划体现了本章中人力资源规划的哪些内容？
2. 谷歌公司人力资源规划中的供需预测有什么优点？
3. 通过谷歌公司人力资源规划的案例分析，结合本章所学的内容，谈谈你对人力资源战略与规划的感想。

案例 3-3

某公司中期人力规划表

	年份	2020 年	2021 年	2022 年	2023 年	2024 年	备注
1	地区经济增长预测	8%	7%	7%	6%	5%	需密切跟进经济、科技、社会等有关形势变化，适时做出修正，保持预测的准确性、完整性、实用性
2	行业市场增长预测	12%	15%	17%	15%	18%	需密切跟进经济、科技、社会等有关形势变化，适时做出修正，保持预测的准确性、完整性、实用性

（续）

	年份	2020 年	2021 年	2022 年	2023 年	2024 年	备注
3	公司年营业额预测	B	B+⁺	B	B+⁺	B+⁺	需密切跟进经济、科技、社会等有关形势变化，适时做出修正，保持预测的准确性、完整性、实用性
4	公司利润率预测	C	C+⁺	B	B	B+⁺	需密切跟进经济、科技、社会等有关形势变化，适时做出修正，保持预测的准确性、完整性、实用性
5	公司整体生产力计划（基于办公和生产自动化投资与回报效益计划）	100%	105%	115%	115%	127%	需要动员全公司人员在各自的领域实现生产力提高的目标，若需资本性投资，应该做全盘、审慎的评估
6	员工总人数计划（人）	3000	3300	3500	3300	3200	通过针对性强的教育培训计划，不断提高人的素质与效率，以达成预定目标 营业额增加时，不一定要增加人力，即便增加，也不应该是线性增加关系
7	各职位人数计划（人） ①工人 ②行政人员 ③业务人员 ④工程人员 ⑤经理	 25000 60 235 200 5	 2700 60 315 250 5	 2900 50 294 250 6	 2622 50 240 280 8	 2652 40 200 300 8	各职位人数应随着市场的变化、科技的变化、组织的变更、产品的转变呈一定比率关系
8	各部门人数计划（人） A 部门 B 部门 C 部门 D 部门 E 部门 F 部门	 650 600 600 600 300 250	 700 650 650 650 350 300	 800 750 650 650 350 300	 700 650 650 650 350 300	 600 650 650 650 350 300	各部门人数与营业额不一定呈线性增加关系 各部门功能随市场需要可能增强、弱化或取消

第 4 章

工作设计与工作分析

学习目标

- 了解工作设计的概念与方法
- 掌握职位与职级体系设计的基本思路
- 知道工作分析的主要内容
- 分清工作描述和工作规范，编写职务说明书
- 了解工作评价的几种主要方法

引导案例

A 科技公司的人才配置挑战

A 科技公司是一家处于快速扩展阶段的高科技企业，以研发智能设备和人工智能解决方案为核心业务。由于市场需求激增，公司近期拓展了产品线，团队规模也迅速扩大，现有的人力资源架构正面临严峻挑战。董事会决定任命新的人力资源总监李明，来应对这一系列复杂的人才管理问题。

李明上任后的首个任务是优化组织内的分工和职责界定，特别是在研发部与市场营销部之间。这两个部门在新产品的开发和推广过程中既需要高度合作，又必须明确各自的职责范围，以确保项目进展顺利。李明很快就发现，当前的部门结构导致了职责模糊

的问题。例如，市场营销部的经理赵蕾希望在产品开发的早期阶段就能直接参与其中，帮助团队更精准地把握市场需求，但研发部的经理王强坚持认为，这会影响研发的独立性和效率。双方常常因为产品功能的开发优先级争论不休。

为了破解这个困局，李明提出了一个新的策略——调整角色与权限分配，并设立跨部门的协作小组，旨在明确两位经理各自的核心职责并减少资源浪费。然而，李明遇到的另一个难题是如何在各部门间建立有效的激励机制，以确保员工愿意承担更多的跨部门协作责任。赵蕾与王强对此各有看法，平衡两者的需求，成为亟待解决的问题。

与此同时，李明还需要重新定义岗位价值和绩效考核标准。公司当前对岗位价值的评定方式过于单一，难以反映不同岗位对公司整体目标的贡献。李明调研后发现，有一些岗位虽然职责简单，但对公司的成功至关重要，而另一些岗位尽管技术含量高，实际上对项目结果的影响却相对较小。如何根据这些复杂的岗位特性制订公平的薪酬和绩效考核方案，成了摆在李明面前的一大难题。

在人力资源管理中经常会遇到这样一些问题，比如：组织如何有效地分工，使组织各个部分彼此之间实现有机地协调配合？营销经理的职责和权限是什么？营销经理和财务经理这两个职位怎样在权限上界定和衔接呢？具备什么素质的人才能承担某一特定岗位的工作呢？如何评估组织内不同岗位的相对价值呢？等等。这些问题不是某位领导一拍脑门或偶然的灵光一闪就能解决的，要从本质上去解决，避免"拍脑门"产生的后遗症，要依靠科学的方法——进行工作设计、工作分析与工作评价。

如果说心理分析的着重点在于人在工作中的心理与行为规律，掌握这些规律有助于管理者认识自己、了解员工，使得管理工作有的放矢的话，那么工作设计、工作分析与工作评价的目的则在于协调岗位与人的关系，使得人尽其才、才尽其职、职尽其用。它为进一步提高管理效率奠定了基础，是提高企业竞争优势和探索现代化管理之路的重要环节。

4.1　工作设计

4.1.1　工作设计概述

4.1.1.1　工作设计的含义

工作设计是指根据组织需要并兼顾个人需要，规定每个岗位的任务、责任、权力及其在组织中与其他岗位关系的过程。[一]工作设计通常基于组织发展战略、业务流程等因素，对工作内容、工作职能、工作关系、工作方式等进行界定和设计。

工作设计的目的在于充分发挥每个人的工作能力，满足提升员工工作效率以及员工

　　㊀　刘善仕，王雁飞.人力资源管理 [M]. 2 版 . 北京：机械工业出版社，2021.

激励和职业发展等多方面需求，实现员工和组织的共同需要。工作设计是否合理，对员工工作积极性、满意度及工作绩效都具有重要影响。

4.1.1.2　工作设计的基本程序

1. 成立工作设计小组

工作设计小组成员包括工作设计专家、一线员工、管理人员。工作设计小组需要对现有工作岗位的基本特征进行调查和诊断，针对岗位现状提出需要改进的内容。

2. 进行工作分析

工作分析是工作设计的基础，工作设计小组通过工作分析对岗位进行诊断，分析判断是否应对原岗位重新进行设计，应在哪些方面进行改进，应选择哪些工作设计方法。对于初创组织来说，工作分析需要系统性分析和整理完成组织目标的所有活动，对于相关岗位的任务、职责、任职资格等进行描述。

3. 制订工作设计方案

根据岗位诊断和评估的结果，工作设计小组提出可供选择的工作设计方案，具体包括工作特征的改进方案、新工作的工作职责、工作规程与工作方式等。对于具体方案，要结合组织所在行业的特点、内外部环境、企业文化等情况，有针对性地进行设计。

4. 评价与推广

方案确定后，可选择合适的部门与员工进行试点，再根据试点情况进行评价。评价主要关注员工的态度和反应、员工的工作绩效、企业的投资效益。若试点效果较好，则应及时在同类型工作中进行推广；若试点过程中发现问题，应及时诊断原因并在必要时开展工作再设计。

4.1.1.3　工作设计的理论与方法

随着组织管理理论的发展及学科交融趋势的加强，工作设计整体表现出以下四种趋向：工程学趋向、工效学趋向、生物学趋向和心理学趋向[一]，这也与雷蒙德·诺伊等人归纳的四种方法——机械型方法、知觉运动型方法、生物型方法和激励型方法相一致[二]。目前应用较多的工作设计方法主要分为以下四类。

1. 基于工程学的工作设计

这一方法强调尽可能降低工作的复杂程度来提高人的效率，要求将工作设计得越简单越好，强调任务专业化、技能简单化，更加关注工作本身而不是从事这项工作的人。

[一] 孙健敏. 人力资源管理中工作设计的四种不同趋向 [J]. 首都经济贸易大学学报，2002（1）：58-62.
[二] 诺伊，霍伦贝克，格哈特，等. 人力资源管理：赢得竞争优势 [M]. 刘昕，译. 北京：中国人民大学出版社，2001.

这种工作专业化设计曾在 20 世纪早期的企业管理中做出了突出贡献，极大地提高了企业工作效率。按照这样的方法进行工作设计，企业可以更容易找到从事某项工作的人、更简单地进行岗前培训，减少了组织对个人的依赖。这一方法通常应用于流水生产线。

2. 基于工效学的工作设计

这一方法强调工作设计应减少工作者的精神负担以提高工作绩效，关注人的心理能力和心理局限。这一方法通过降低工作对于员工信息加工的要求，从而使员工操作时不需要耗费太多的心理能量和精力，保证工作要求不超过员工的心理能力和心理局限，最终提高工作绩效。因此从工效学的角度看，若工作设计得好，从事工作的人应该几乎不犯错误，同时感受到较少的压力、疲劳和心理负担。这一方法与基于工程学的工作设计方法存在相似之处，两种方法都具有降低工作认知度的效果。

3. 基于生物学的工作设计

这一方法强调减少员工的生理压力和紧张感、提高员工舒适度，关注员工身体舒适和健康程度及工作环境的物理特性。工作与工作场所的生物设计将所有因素分为隐私、照明、空气质量、噪声和空间五个特征。例如，空间方面需要关注空间大小和布置，关注办公用具的形状和颜色是否合适、书架的最高层是否能够得着、空间利用是否合理等。这一方法常被运用于对体力要求较高的工作设计。

4. 基于心理学的工作设计

这一方法强调改善工作满意度、提高工作投入度以提高工作绩效，关注人们如何看待所从事的工作、工作意义感、工作在组织中的作用等。该方法把员工的工作态度（如满意度、投入度）看作工作设计的重要结果，并考虑员工心理感受对工作绩效的影响。诸如工作扩大化、工作丰富化、工作轮换、工作特征模型等都属于这一范畴。

其中，工作特征模型将所有与工作有关的因素划分为五个核心工作特征，并分析了每个工作特征如何影响工作者的绩效，图 4-1 描述了这一模型。

（1）技能多样性（skill variety）：员工成功完成这项工作所必需的技能数量。

（2）任务完整性（task identity）：整项工作是否由一个人完成，个人完成的比例有多大。具有任务完整性的岗位员工能够自始至终地处理问题、独立解决整个问题而不是问题的一部分，其工作岗位包括一个"完整的"工作单元。

（3）任务重要性（task significance）：这项工作对其他人工作和生活的影响。

（4）工作自主性（autonomy）：从事这项工作的人用自己喜欢的方式完成工作的自由程度。

⊖ FIELD R H, PHILIPS N. The environment crisis in the office: why aren't managers managing the office environment?[J]. Journal of General Management, 1992, 18(11): 35-50.

⊜ OLDHAM G R, FRIED Y. Job design research and theory: past, present and future[J]. Organizational Behavior & Human Decision Processes, 2016(136): 20-35.

⊜ 罗宾斯，贾奇. 组织行为学 [M]. 孙健敏，李原，译. 北京：中国人民大学出版社，2008：508.

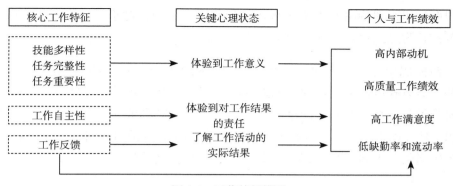

图 4-1　工作特征模型

（5）工作反馈（feedback）：员工能够获得关于自己完成工作的有效性程度的明确信息的程度。关于工作绩效的信息可以从工作本身（如观察产品）获得，也可以通过同事或上司获得。

五个核心工作特征能够通过影响员工心理状态（工作意义感、对工作结果的责任感等），进一步影响工作绩效。技能多样性、任务完整性和任务重要性影响工作对于员工的意义，工作自主性影响员工的工作责任，工作反馈提供关于员工工作效果的结果，这些都能有效转变员工的工作动机、改善工作绩效、提高其工作满意程度。因此，基于工作特征模型进行工作设计，对员工满意度、企业绩效等均会产生积极的影响。

4.1.2　职位与职级体系设计

1. 职位分类与职位分级

职位体系是通过对组织内的职位进行横向分类、纵向分级，形成一个职位组合系统。职位体系的设计会综合考虑职位的性质、任务量、责任范围、任职条件等对职位进行分类和分级，这既是岗位薪酬管理、绩效管理的前提，又是岗位能力胜任体系与职业生涯发展体系建立的基础。

职位体系的相关术语如下。

- 职位族：依据公司价值链、业务流程、所在行业特点和岗位情况等划分的不同岗位族群，比如管理族、技术族等。
- 职位序列：工作性质和特征相似的职位的集合，通常为组织内知识、经验、技能要求相似的岗位集合，不分部门，比如人力资源管理序列、财务序列等。
- 职级：在某职位序列内对岗位进行层级划分，比如人力资源序列分为专员、主管、高级主管等。
- 职等：职级中对岗位的细分，在不同职系之间，将工作难易程度、责任范围及任职资格条件等因素相近的岗位纳入同一等级，从而使职级中具体要求不同的岗位纳入同一职等中。同一职等的所有职位，其薪资待遇相同。

- 职衔：组织对内部某类别等级职位的称谓。例如，对于专业序列的高层级职位，可称其为总工程师、首席专家、技术总监等。

（1）横向职位分类。横向分类是从岗位的职责和特征出发将组织内的岗位进行划分，这种分类方式可以将工作内容相近的岗位归为一类，便于进行统一管理和培训。职位的横向分类是一个从粗到细的过程，比如，首先，根据岗位工作性质将所有岗位划分为若干职位族（如管理族、技术族等）；其次，根据工作性质进行进一步细分，将业务相同或相近的岗位归为同一类；最后，基于组织情况进行层层细分，形成一个个具体岗位。

范例 4-1

华为的部分职位分类[⊖]

表 4-1 展示了华为公司的部分职位分类，公司职位可分为管理族、营销族、技术族、专业族和操作族，共下设 51 个职位类别。

表 4-1 华为公司部分职位分类

职位族	职位类别	职位族	职位类别
管理族	五级管理类		计划类
	四级管理类		IT 类
	三级管理类		流程管理类
营销族	销售类		财经类
	营销策划类		采购类
	市场财经类		项目管理类
	公共关系类		产品数据管理类
技术族	系统类		销售管理类
	软件类		合同管理类
	硬件类	专业族	质量管理类
	测试类		监控类
	机械类		订单管理类
	技术支撑类		行政类
	特殊技术类		法律类
	专项技术类		广告宣传类
	技术管理类		编辑类
	资料类		基建类
	制造类		医务类
	电源技术类	操作族	……

（2）纵向职位分级。纵向职位分级是指在横向职位分类的基础上，进一步依据岗位责任、复杂程度等因素，从低到高划分为不同的职级。在许多组织中，职级体系会分为技术职级和管理职级两部分，分别将技术类（如高级工程师、资深工程师）、管理类（如

⊖ 资料来源：华为人字〔1999〕27 号文件第二部分"华为公司职位类别划分"。

主管、经理、高级经理）岗位级别进行统一划分。纵向职位分级有利于实现对员工的统一管理、激发员工工作积极性。

☙ 范例 4-2

京东的职级体系[一]

京东的岗位序列主要分为 M 序列（管理人员）、T 序列（产品和技术类员工）、P 序列（项目经理）。表 4-2 展示了部分京东的职级体系。

表 4-2　京东的职级体系（部分）

T 职级	职衔	M 职级	职衔
T1	初级 1		
T2	初级 2		
T3	中级 1		
T4	中级 2		
T5	高级工程师	M1	主管
T6	资深工程师	M2-1	副经理
T7	架构师	M2-2	经理
T8	技术专家	M3	高级经理
T9	副总监	M4-1	副总监
T10	总监	M4-2	总监
T11	高级总监	M4-3	高级总监
		M5-1	VP
		M5-2	CXO
		M6	高级副总裁

2. 职业发展通道

职业发展通道是指员工在组织内的职业发展路径，是组织为不同员工提供的不同职业发展路径，以满足不同员工的需求和实现企业的战略目标。目前，大多数企业采用"双轨制"，设置技术序列和管理序列两条职业发展通道，员工可在两条职业发展通道内依据个人兴趣和需求自由选择，这样的设置有助于激发员工的工作动力，最终有助于实现企业目标。

☙ 范例 4-3

腾讯的职业发展双通道[二]

腾讯的职业发展双通道体系分为管理通道和专业技术通道（见图 4-2）。员工可依据所在职位及自身需求选择对应的一类职位作为职业发展通道，这样可以清晰地知道自己

⊖ 彭剑锋. 战略人力资源管理：理论、实践与前沿 [M]. 2 版. 北京：中国人民大学出版社，2022.
⊜ 陈伟. 腾讯人力资源管理 [M]. 苏州：古吴轩出版社，2018.

要努力和发展的方向。为确保管理人员在从事管理工作时能够不断提升专业水平，除总经理办公室领导及执行副总裁以外的所有管理人员都被要求同时选择专业发展通道，走双通道发展路径。

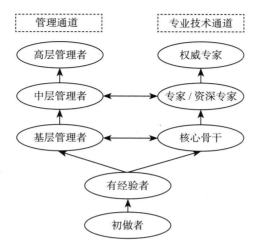

图 4-2　腾讯职业发展双通道示意图

4.2　工作分析

🌀 个案研究 4-1

华益国际食品有限公司

华益国际食品有限公司是一家生产方便面的外商独资企业。由于创业初期实施了卓有成效的经营战略，产品一炮打响，并迅速占领了我国市场。随着市场的扩大，企业规模也急剧扩张，生产线由初期的 2 条扩展到 12 条，人员也增至上千人，随之而来的是管理上暴露出的种种问题，最为突出的是报酬问题。各部门人员都觉得自己付出的比别人多，而得到的并不比别人多，所以都认为报酬不公平。生产部门的人员强调自己的劳动强度大。确实，在炎热的夏季，车间温度超过 40 摄氏度，每天都有人晕倒，劳动强度可想而知。经营部门的人员强调自己整天在外边跑业务，既辛苦又承受着很大的心理压力。还有的部门强调自己责任重大，等等。大家各执一词。又快到分奖金的时候了，究竟该怎么分配？唐总经理决定聘请外界专家协助解决。专家经过一番调查研究，决定从工作分析开始……

4.2.1　工作分析概述

众所周知，企业的生产经营目标是靠有组织的生产经营活动来实现的，而生产经营活动又是通过具体的工作来完成的。因此，人力资源管理者首先要完成的工作就是根据企业的生产经营目标设计工作,对每项工作的内容进行清楚准确的描述,对工作的职责、权力、隶属关系、工作条件进行具体说明,并对完成该工作所需要的行为、条件、人员提出具体的要求。这些都属于工作分析。工作分析是人力资源开发与管理中必不可少的环节,与人力资源管理的主要内容(招聘、甄选、培训开发、绩效评价、薪酬管理)有着密切的联系。

工作分析是通过观察和研究,确定关于某种特定职务的性质的一种程序。也就是说,工作分析就是把每个职务的内容加以分析,清楚地掌握该职务的固定性质和组织内职务之间的相互关系的特点,从而确定该职务的工作规范并确定工作人员在履行职务时应具备的技术、知识、能力与责任。

工作分析的实质就是研究某项工作所包括的内容及工作人员必需的技术知识、能力与责任,并区分本工作与其他工作的差异,亦即对某一职位工作的内容及有关因素做全面、系统、有组织的描写或记载。

为了达到这一目标,心理学家从人力资源管理的角度,提出了工作分析原则(the job analysis formula),涉及:用谁(who)、做什么(what)、何时做(when)、在哪里做(where)、如何做(how)、为什么做(why)及为谁做(for whom)。工作分析与其他人力资源管理职能的关系十分密切(见图 4-3)。

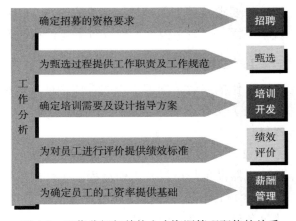

图 4-3   工作分析与其他人力资源管理职能的关系

4.2.2   工作分析的目的与意义

在人力资源管理领域内,工作分析的主要目的有两个:①工作分析所得到的关于工作人员的技术、知识、能力等方面的要求资料可以作为人员选拔的依据,从而达到人与工作的最佳匹配;②工作分析中所得到的工作规范资料可以作为工作绩效考核的依据,通过考核决定奖惩,并通过奖惩等激励手段调动工作人员的工作积极性,从而产生最佳的组织行为,以使其组织的效能得到最大限度的发挥,最有效地实现组织的目标。

工作人员的分析是"人与才"的问题,工作职务的分析是"才与职"的问题,而工作环境的分析是"职与用"的问题。"人与才""才与职""职与用"三者相结合可以充分发挥人力资源的作用,达到组织的目的。这一关系可从图 4-4 中看出。

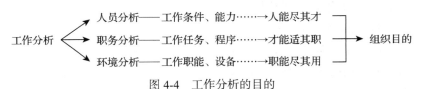

图 4-4   工作分析的目的

工作分析对于人力资源管理有着很重要的作用，具体表现在以下 7 个方面。

（1）选拔和任用合格的人员。

（2）制订有效的人事计划。

（3）设计积极的人员培训和开发方案。

（4）提供考核、晋升和作业标准。

（5）提高工作和生产效率。

（6）建立先进、合理的工作定额和报酬制度。

（7）加强职业咨询和职业指导。

4.2.3 工作分析的主要内容

工作分析的内容取决于工作分析的目的和用途。不同的组织有各自的特点和急需解决的问题，比如有的是为了制定切合实际的奖励制度，调动员工的积极性；有的则是要根据工作要求改善工作环境，提高安全性。因此，不同组织所要进行的工作分析的侧重点就不一样。一般来说，工作分析主要包括两方面的内容：一是工作描述；二是工作要求。

1. 工作描述

工作描述就是确定工作的具体特征，包括以下几个方面的内容。

（1）工作名称。在进行工作描述时，应有其特定的名称，便于记载活动及收集资料。

（2）工作活动和程序。包括所要完成的工作任务、工作职责、完成工作所需要的资料、机器设备与材料、工作流程、工作中与其他工作人员的正式联系以及上下联系。

（3）工作条件和物理环境。包括正常的温度、适当的光照度、通风设备安全措施、建筑条件，甚至工作的地理位置。

（4）社会环境。包括工作团体的情况、社会心理氛围、同事的特征及相互关系、各部门之间的关系等。此外，应该说明企业和组织内以及附近的文化和生活设施。

（5）职业条件。由于人们常常根据职业条件来判断和解释职务描述中的其他内容，因而这部分内容特别重要。职业条件说明了工作各方面的特点，涉及工资报酬、奖金制度、工作时间、工作季节性、晋级机会、进修和提高的机会、该工作在本组织中的地位以及与其他工作的关系，等等。

2. 工作要求

工作要求的主要内容包括：有关的工作程序和技术的要求、工作技能、独立判断与思考能力、记忆力、注意力、知觉能力、警觉性、操作能力（速度准确性和协调性等）、工作态度和各种特殊能力要求。此外，工作要求还包括文化程度、工作经验、生活经历和健康状况等。评估上述要求需结合经验判断与统计分析来进行。

（1）经验判断：由管理人员、员工本人或者专门从事工作分析的人对与职务有关的心理要求做出个人判断。这种判断必须针对具体工作活动，否则会影响判断的信度和效度。

（2）统计分析：通过统计分析方法，可以确定个体特征差异（性别、年龄、文化程度和能力等）与工作实绩差异之间的关系。统计分析中所采用的预测指标，可以是个人简历中的心理特征资料，也可以是测验、谈话与观察的结果，预测标准（又称效标）则包括管理人员评定、工作质量和产量测定等，还可以用评为先进和晋级的次数作为标准。在严格确定预测标准的基础上，选出预测能力比较高的指标，作为工作要求的项目。

4.2.4 工作分析的程序

工作分析是一个细致而全面的评价过程，包括一系列活动，主要分成 3 个阶段：准备阶段、调查阶段和分析与总结阶段。这 3 个阶段相互联系、相互衔接并相互影响。

1. 准备阶段

准备阶段的任务是熟悉情况、建立联系和确定工作分析的样本。在这一阶段，主要应完成以下工作。

（1）对所分析的工作职务类型、基础资料和工作环境等情况进行初步了解。

（2）向与工作职务直接有关的管理人员、员工解释与说明工作分析的目的、作用及意义，学习和熟悉职务方面的关键术语，并建立友好合作关系，使管理人员、员工对工作分析有良好的心理准备。

（3）确定调查和分析对象的样本。做好这项工作需要同时考虑人员、设备和工作任务的种类等，还需要把工作任务和程序合理地分解成若干工作元素和环节，确定职务的基本维度，以便做具体深入的调查。

2. 调查阶段

该阶段要对整个工作过程和工作环境等主要方面做正式的研究和调查。在调查阶段，应灵活地运用访谈、问卷、观察和关键事件法等工作分析方法，广泛深入地收集有关工作职务特征和要求的数据资料。其中尤其应注重人员特征和工作特征方面的情况。例如，工作任务的生理与心理要求、工作负荷与紧张状态、感知运动、记忆、注意和思维等能力的要求、基本工作元素及特征、影响作业成效的环境因素（包括积极与消极两方面）。在进行工作特征分析时，要求管理人员、员工对各种工作的重要性和发生频次（经常性）评出等级。

3. 分析与总结阶段

职务说明书是对某项工作的性质、任务、责任、内容、方法以及人员的资格条件等所做的书面记录。它包括以下要素。

（1）职务名称及其在企业和组织中的地位。

（2）工作程序和任务要求：工作流程、任务特点等。

（3）对任职者的身体、心理和知识等方面的要求。

（4）职业条件和社会环境。

（5）工作技能的训练：工作职务技能的培训要求、培训所需时间及最低标准、工作实绩的评价办法等。

心理图示是对于某项工作所具备的素质的一种直观的图示表示。具体地说，它是根据工作职务要求的得分水平，画出工作要求的轮廓线，表示出从事某项工作的人员所应具备的能力的模式。心理图示法中常用的度量方法是五点量表法，即用五点量表表示职务对不同心理能力的要求，构成"能力模式图"。表 4-3 是某企业质量检验工作的心理图示表。图中的 5 个等级表示质量检验工作中各种能力的重要程度："1"表示工作上几乎不必具备这一能力或品质；"2"表示对该能力的需要比较低；"3"为中等需要程度；"4"表示该能力比较重要，比"3"更为需要；"5"表示该能力相当重要，如果缺乏该能力则无法担任该项工作。

表 4-3　质量检验工作心理图示表

五点量表					心理能力
1	2	3	4	5	
☆	☆	★	☆	☆	控制能力
☆	☆	★	☆	☆	机械能力
☆	☆	☆	★		手指灵巧
☆	☆	☆	★	☆	手臂灵巧
☆	☆	☆	★		手眼协调
☆	☆	☆	★		触摸能力
☆	★	☆	☆		记忆能力
☆	☆	☆	★	☆	注意分配
☆	☆	☆	☆	★	判断能力
☆	☆	☆	☆	★	目测能力

心理图示法又分成个体心理图示法和工作心理图示法。前者运用个案分析法，对员工的工作表现打分，确定干好一定工作所应具备的各种品质和能力；后者则以工作本身所应具备的心理品质作为标准。

4.2.5　工作分析的方法

要想得到一份系统、完善的工作分析资料，最好是对这项工作进行实际的调查研究。调查研究的方法有许多种，下面我们将介绍几种主要的方法。

1. 访谈法

在访谈过程中，被访问的对象往往有所猜疑。因此，在访谈时设法得到被访问者的充分合作是极为重要的。为此，工作分析者必须受过面谈技术训练，能与被访问者建立和谐的关系；还必须能极简要地向被访问者说明访谈的目的，使他们确信访谈并不是为了了解他们的工作能力，从而消除他们的抗拒心理和防御行为。访谈中要问的问题也应事先拟好，这样才能有的放矢，不会漫无边际。这些对从访谈中获得有关的信息是很有帮助的。

访谈时还要注意修正偏差。有时被访问者会有意无意地歪曲其职位情况，比如把一项容易的工作说得很难或把一项难的工作说得比较容易。这要对比多个同职者访谈资料来加以校正。

2. 问卷法

问卷法可以分成职务定向和人员定向两种。职务定向问卷比较强调工作本身的条件和结果；人员定向问卷则集中于了解工作人员的工作行为。

研究表明，人员定向问卷对人员行为模式的描述更具普遍性，而且不大受特定职务在技术方面的限制。因此，用这种问卷获得的数据，更适用于设计人员培训方案或作为员工工作绩效测评的信息反馈。同时，人员定向问卷比职务定向问卷更为灵活，可用于不同的工作职务。

3. 观察法

观察前先进行访谈将有利于观察工作的进行。一方面，它有利于把握观察的大体框架。另一方面，它可以使双方相互了解，建立一定的合作关系。这样随后的观察就能更加自然、顺利地进行。

观察多个在职者的工作情形是很重要的，它可以纠正对单个在职人员观察可能造成的偏差。同时要注意在不同的时间对他们进行观察，因为必须把诸如疲劳等因素考虑进去（譬如，有些人上午的工作效率高）。

应用观察法的一个最大问题是：人们在被观察时，行为可能与平时不同。有些人喜好炫耀，但另一些人则紧张异常。而且多数员工可能会认为，被观察时的行为关系到奖金的评定，所以他们会比平常更努力地工作。因而，工作分析者要尽量不引人注目。

4. 工作日记法

这种方法是让员工用工作日记的方式记录每天的工作活动，作为工作分析的资料。这种方法要求员工在一段时间内对自己在工作中所做的一切进行系统的活动回顾。如果这种记录很详细，那么经常会提示一些其他方法无法获得或者观察不到的细节。

5. 工作参与法

这种方法是由工作分析人员亲自参加工作活动，体验工作的整个过程，从中获得工作分析的资料。要想对某一项工作有一个深刻的了解，最好的方法就是亲自去实践。通过实地考察，可以细致、深入地体验、了解和分析某种工作人员的心理因素及工作所需的各种心理品质和行为模型。所以，从获得工作分析资料的质量方面而言，这种方法比前几种方法效果好。但由于它要求工作分析人员具备从事某项工作的技能和知识，因而有一定的局限性。现代社会和生产中的工作职务日益专门化，即使有些工作分析人员能够参与一部分工作，也很难像熟练员工那样完成工作任务。因此，工作参与法一般只适宜于比较简单的工作职务的分析。

6. 关键事件法

关键事件法是请管理人员和工作人员回忆、报告并记录工作中比较关键的工作特性和事件，从而获得工作分析资料。关键事件记录包括以下四个方面：①导致事件发生的原因和背景；②员工的特别有效或多余的行为；③关键行为的后果；④员工自己能否支配或控制上述后果。

4.2.6　工作分析的结果

工作分析的结果主要通过以下三种形式呈现：工作描述、任职资格及职务说明书。其中，工作描述厘清岗位"做什么"，任职资格界定"谁来做"，而职务说明书通过整合前两者形成"如何做"的指引。三种形式既为招聘、培训、考核提供客观依据，又能够确保岗位要求与人员能力的精准匹配，是组织实现人岗适配与效能提升的重要基础。

4.2.6.1　工作描述

工作描述又称职务描述、工作说明，是指用书面形式对组织中各类岗位的工作性质、工作任务、工作职责与工作环境等所做的明确要求。它说明了任职者应该做些什么、如何去做，并在什么样的条件下履行职责。它的主要功能是让员工了解工作概要，建立工作程序与工作标准，理解工作任务、责任与职权，适用于员工的聘用、考核和培训等。

工作描述的主要内容一般包括以下几个方面：工作识别、工作编号、工作概要、工作关系、工作职责、工作环境。

1. 工作识别

工作识别又称工作标识、工作认定，是用来区分该工作与组织中其他工作的。工作识别可以向工作描述的阅读者传递关于该职位的基本信息，使其能够获得对该职位的基本认识。工作识别的内容包括工作名称、工作地点、工作身份。

（1）工作名称是指一组在重要职责上相同的职位总称，它是工作识别项目中最重要的项目。好的工作名称应很接近工作内容，又能把该工作与其他工作区别开来，在确定职位的工作名称时应注意以下几点。

- 工作名称会影响任职者的心理状态，因为它往往暗示了该工作在社会组织中的地位，所以工作名称的美化不仅会增加工作的社会声望，而且会提高员工对工作的满意度。比如"环境工程师"比"垃圾收集者"好听得多。
- 工作名称应较准确地反映其主要工作职责。比如，"肉品检验员""电子发配员"这样的名称明确指出了这些工作的职责。
- 工作名称应该指明其任职者有组织等级制度下的相关等级。比如"高级工程师"比"初级工程师"的等级高。

（2）工作地点是指工作时所在的位置，可以用工作所在的部门、分部门、工作小组的名称来定义。工作地点有时是非常重要的工作信息，员工往往会把工作地点与待遇或工作满意度相关的重要因素放在一起来考虑。

（3）工作身份又称工作地位，一般在工作名称之后，包括所属的工作部门、直接上级职位、工作等级、工资水平、所辖人数、定员人数、工作时间等。

2. 工作编号

工作编号又称工作代码。一般按工作评估与分析的结果对工作进行编号，组织中的每一种工作都应有一个代码，目的在于快速查找所有的工作。

3. 工作概要

工作概要又称职务摘要，只用简练的语言文字阐述工作的总体性质、中心任务和要实现的工作目标。比如人力资源部经理的工作概要为：制定、执行与人事活动相关的各方面政策与措施。

4. 工作关系

工作关系描述又称工作联系描述，是指任职者与组织内外其他人之间的关系，包括：该项工作受谁监督、监督谁、可晋升的职位、可转换的职位以及可迁移至此的职位等。

🐚 人力互动 4-1

某公司人力资源经理的工作关系

（1）向主管人事的副总做汇报。

（2）监督下列人员：人事部门的工作人员、行政助理、劳工关系主管、劳资关系主管、人员培训主管、秘书。

（3）工作上配合的对象：所有部门的经理和行政主管。

（4）组织外配合的对象：职业介绍所、政府劳动关系机构、各种职位应征者和其他事业单位相关部门。

5. 工作职责

工作职责又称工作任务，是工作描述的主体，逐条指明工作的主要职责、工作任务、工作权限（即工作人员行为的界限）等，因此它比工作概要具体，并指出了每项职责的分量或价值。

6. 工作环境

工作环境是指工作的物理环境和心理环境，通常是指物理环境，重点关注的是对劳动环境中各种有害因素和不良环境条件的测定，涉及温度、湿度、噪声、有害物质（如粉尘、异味、污秽物、放射性物质、腐蚀性物质等）和高空、野外、水下等特殊工作环境。

不同岗位的工作描述范例如下。

🌀 范例 4-4

销售部经理的工作描述

职位名称：销售部经理

职位代号：1137—118

别名：销售部主任、销售部总管、销售部总监

（1）工作活动和工作程序。通过对下级的管理与监督，实施企业的销售计划，并对计划进行组织、指导和控制，指导销售部的各种活动；就全面的销售事务向上级管理部门做出报告；根据上级对销售区域、销售渠道、销售定额、销售目标的批准认可，协调销售分配功能，对推销员销售区域进行分派，评估销售业务报告，批准各种有助于销售的计划，比如培训计划、促销计划等。进行市场分析以确定顾客需求、潜在的消费量、价格、折扣率，开展竞争活动，以实现企业目标，亲自与大客户保持联系，可与其他管理部门合作，建议和批准用于研究和开发工作的预算支出和拨款；可与广告公司就制作广告事宜进行谈判，并在广告发布之前对广告素材予以认可，可根据销售需要在本部门内成立相应的销售群体，可根据有关规定建议或实施对本部门员工的奖惩，可调用小汽车 2 辆、送货车 10 辆、摩托车 10 辆。

（2）工作条件和自然环境。75% 以上的时间在室内工作，一般不受气候影响，但可能受气温影响。温度适宜，无严重噪声，无个人生命危险，无有毒气体。有外出要求，一年中有 10% ～ 20% 的工作日出差在外。工作地点：本市。

（3）社会环境。有 1 名助理，销售部工作人员有 25 ～ 30 人，直接上级是销售副总经理。需要经常打交道的部门是生产部、财务部。可以参加企业家俱乐部、员工乐园等各项活动。

（4）聘用条件。每周工作 40 小时，国家法定假日放假，基本工资每月 8000 元，职务津贴每月 2000 元，绩效奖金根据销售目标达成率浮动发放 0 ～ 3000 元，每年完成全年销售指标奖金 20000 元，超额完成部分再以 1‰ 提取奖金，本岗位是企业中层岗位，可晋升为销售副总经理或分厂总经理。每年 4 ～ 10 月为忙季，其他时间为闲季；每 3 年有一次出国进修的机会，每 5 年有一次为期 1 个月的公休假期，可报销 15000 元的旅游费用；公司免费提供市区两室一厅（85 平方米以上）住宅一套。

🌀 范例 4-5

某车间技术员工作描述

职务：实验车间技术员　　　**职务编号**：15038

部门：技术开发部　　　　　**职务等级**：8

分析日期：2024 年 5 月 4 日

工作范围：从事实验工作，包括零部件的设计、加工、装配和改造。

责任范围：

1. 根据图纸或工程师的口头指示，运用各种机械工具或安装设备，加工改造产品。

2. 与工程师及车间主任一起共同改进生产工艺。

3. 操作机床，使用焊枪并从事钳工的工作。

4. 阅读有关图纸及说明。

5. 指导本车间工人操作机器。

仪器、设备及工具：普通车床、六角车床、成型机、钻孔机、削机、电锯、冲压机、测量仪及其他手工工具。

资格条件：高中毕业，或具有同等学力，具备 3 ～ 4 年操作各种机械设备的经验，有较高的理解、判断能力，会看图纸，能熟练完成实验工作，身体健康。

4.2.6.2　任职资格

🌀 **个案研究 4-2**

需要的是：一份好的工作说明

"小孙，我不能肯定你需要哪种计算机程序员，"李辉（人力资源部负责人）说，"我提供的每位求职者都很精通 FORTRAN，正像工作说明书中规定的那样。""给我一些真正有用的人，李辉，"小孙回答道，"我们不用 FORTRAN 已经有 10 年的时间了。我需要的人必须是会使用最新软件的人。你提供给我的那些没有一个是合格的。"

对此，你将做何回答？

任职资格又称工作规范或岗位规范，是指任职者要胜任该项工作必须具备的资格和条件。它指出了一项工作对任职者在教育程度、工作经验、知识、技能和个性特征方面的最低要求，主要涉及身体素质、受教育程度、工作经验和技能、心理素质和职业品德。

（1）身体素质：包括身高、体型、力量大小、耐力及身体健康状况等。

（2）受教育程度：胜任本岗位工作应具有的知识结构、水平和文化修养，包括最低学历、专业知识、相关政策法规、管理知识、外语水平等。

（3）工作经验和技能：胜任岗位工作应具有的工作年限，包括从事低一级岗位的经历和与之相关的岗位工作经历。工作技能是指对于工作相关的工具、技术和方法的运用。

（4）心理素质：包括视觉、听觉等各种感觉知觉，比如辨别颜色、明暗、距离等的能力，辨别音调、音色、语声等的能力；记忆、思维、语言、操作能力、应变能力；兴趣、爱好、性格类型等个性特征。

（5）职业品德：从职人员应具有的职业伦理，比如教师要关爱学生、教书育人；财务人员要公私分明，非己之物分毫不沾。

任职资格范例如下。

🍂 范例 4-6

"中级文书"岗位工作规范

编号： 140020	**联系方式：**
岗位名称： 中级文书	**职级：**
相似岗位： 部门主管秘书	**职等：**

低一级岗位： 140010 初级文书

高一级岗位： 140030 高级文书

一、职责总述

在一般监督之下，完成文书工作。本岗位工作较为复杂，比如汇总各种资料；准备各类数据资料，并编辑、汇总、分类；草拟各种报告、请示、文件、通知、公告、工作总结；速记会议发言等。

二、工作时间

一般在规定时间内完成，无须加班加点。

三、岗位评价

基本训练：	工作环境：
熟练程度：	工作责任：
智力条件：	受教育程度；
体力条件：	其他：

本岗位评估结果：

四、资格条件

1. 学历：至少应高中毕业，中专毕业更为理想。

2. 经历：至少在低一级岗位工作 3 年以上。

3. 熟练：工作熟练程度，比如打字每分钟至少 30 字，50~80 字最为理想。

五、考核项目

1. 核对稿件：每分钟至少 40 字（最佳为 60 字）。

2. 打字：每分钟至少 45 字，超过 55 字最为理想。

3. 速记：每分钟至少 100 字，120 字为合格。

4. 专门知识：在"秘书学""速记方法""公文写作"等领域都接受过相应的培训。

5. 写作能力：行文格式正确，语言通顺简洁，内容充实，结构严谨。

6. 心理测验：考察情绪稳定性，接受外界信息的灵敏、机警性。

🍂 范例 4-7

"销售部经理"任职资格

职务名称： 销售部经理

年龄： 26 ～ 40 岁

性别：男女不限

学历：大学本科以上

工作经验：从事销售工作 4 年以上

生理要求：无严重疾病；无传染病；能胜任办公室工作，有时需要走动和站立；平时以说、听、看、写为主。

心理要求标准： A——全体员工中最优秀的，在 10% 之内，即 90～100 分

B——70～89 分

C——30～69 分

D——10～29 分

E——9 分及以下

心理要求： 一般智力 A

观察能力 B

集中能力 B

记忆能力 A

理解能力 A

学习能力 A

解决问题能力 A

创造力 A

知识域 A

数学计算能力 A

语言表达能力 A

性格：外向

气质：多血质或胆汁质

兴趣爱好：喜欢与人交往，爱好广泛

态度：积极乐观

事业心：十分强烈

合作性：优秀

领导能力：卓越

4.2.6.3 职务说明书

职务说明书又称工作说明书，是对工作分析结果（工作描述、工作规范）加以整合，形成有企业法规效果的正式文本。职务说明书没有固定模式，需根据同组分析的特点、目的与要求具体编写。职务说明书一旦形成，企业中的各项管理活动都应以此为依据。

一般而言，职务说明书的主要内容包括以下几个方面。

1. 职务概况

职务概况包括职务的名称、编号、职务所属部门、职务等级及日期等项目。

2. 职务说明

（1）职务概要：概括职位的主要工作范围。

（2）责任范围及工作要求：任职者需完成的任务、所使用的材料及最终产品、所承担的责任、与他人的联系、所接受的监督及所实施的监督等。

（3）职务目标：主要关心本职工作所要求达到的目标及所提供的服务等，比如工作数量、质量、时间要求等。

（4）设备及工具：列出工作中会用到的所有机器、设备及辅助性工具。

（5）工作条件与环境：罗列有关的工作条件，比如噪声、可能遇到的危险、工作场所布局等。

3. 任职资料

任职资料是指担任此职务的人员应具备的基本资格和条件，比如受教育水平、经验、培训、性别、年龄、相关工作经历、身体状况、个性、能力、知识要求、基本技能等。

❺ 实务指南 4-1

职务说明书的用途

在人力资源管理中，职务说明书的作用有以下三个。

（1）作为开发其他工作结果表现形式的基础。

（2）作为可直接利用的原始资料。

（3）作为工作研究的依据。

职务说明书编制范例如下。

❺ 范例 4-8

某出版社国际合作室主任职务说明书

职务名称：国际合作室主任　　　　　**所属部门**：国际合作室

直接上级：主管行政副社长　　　　　**在岗人数**：1

工作概要：负责出版社版权贸易、对外交流、国际书展以及有关选题的策划，督促国际合作室科员的日常工作。

工作任务：

1.负责出版社版权输入和输出贸易。

（1）负责与国外出版社联系，进行版权合同洽谈，监督合同履行以及付款结算、版税支付。

（2）向策划编辑推荐国外的优秀选题信息。

（3）督促本部门人员向国外出版社索要最新书目、样书和寄送本社最新书目、样书。

（4）督促本部门人员协助发行科做好本社图书的海外发行工作。

2.负责本社的对外交流。

（1）接待外宾并负责翻译。

（2）与国外合作伙伴联系，制定国外合作伙伴条款，同国外出版社建立稳固的合作关系。

（3）安排办理本社因公出国人员的手续。

（4）起草有关国际合作报告，参加有关国际书展和国际合作会议，负责翻译并做记录。

（5）走访国内有关办事处。

3.与其他部门一起负责本社的国际书展。

（1）与国外有关机构联系，做会谈安排，准备谈判相关材料，配合谈判。

（2）为社领导的国外访问做行程安排，安排社领导参加书展活动。

（3）负责编排书展中英文书目，与其他部门一起组织相关活动。

4.督促本部门人员的日常工作。

（1）确保本部门人员考勤真实。

（2）建立本部门工作日志。

（3）监督本部门人员的其他工作。

5.参与有关选题的策划工作。

工作责任：

1.监督本部门人员的日常工作，确保工作及时、高效完成。

2.负责出版社版权的输入输出贸易，确保任务的完成，监督合同的有效履行，维护本社利益。

3.安排国际书展，保证书展的各项活动顺利开展，展示本社形象，促进合作。

4.确保版权联系及时，不因本方原因延误版权输入输出工作。

任职条件：

1.基本条件：

（1）性别：不限。

（2）年龄：23岁以上。

（3）教育程度：双学士、硕士以上（含双学士、硕士）。

（4）专业：复合型的专业背景、外语专业的背景。

（5）上岗适应期：3个月。

（6）培训需求：一周的出版业务和外事工作培训。

2.专业知识：外语为基础，具有综合知识。

3.基本技能与能力：

（1）熟练的外语听说读写译能力。

（2）熟练使用计算机网络。

（3）国际人际交往能力。

（4）知识产权等方面的法律知识和其他学科的综合知识。

4.工作态度和品性：

（1）责任心强。

（2）开拓创新思维强。

（3）耐心细致。

5.身体条件：健康的体魄、积极的心态。

🍂 范例 4-9

人力资源部经理职务说明书

职位名称	人力资源部经理	直接上级	公司总经理、副总经理		
定员	1 人	所辖人数	12 人	工资水平	
分析日期	2024 年 1 月	分析人	××	批准人	
工作描述					
工作概要	制定、执行与人力资源管理活动相关的各方面政策，为填补职位空缺进行员工招聘、面谈、甄选等活动。计划和实施新员工的上岗引导工作，培养其对公司目标的积极态度。指导公司进行市场调查，确定竞争性市场工资率。制定人力资源管理经费预算。与工会及政治部的主管人员共同解决纠纷，在员工离职前进行面谈，确定离职的真正原因。在与人力资源有关的听证会和调查中充任公司代表。监督指导本部门工作				
工作职责	提交公司人力资源管理规划及人事改革方案，贯彻、落实各项计划				
	负责员工的招聘、录用，劳动合同签订，定岗、定编、定员计划的制订				
	处理职工调配、考核、晋升、奖惩和教育培训工作，制订中层干部调整方案				
	处理劳动工资、职工福利、职称审定的工作				
	处理员工离职、人才交流、下岗分流、再就业等人事变动事宜				
	负责人事档案、安全保卫、出国政审及人事批件事宜				
	负责员工健康检查、献血、保险事宜				
	分析公司业务状况，预测公司发展前景，制订部门发展计划，参与制定公司发展战略				
	协调公司内外部人际关系，向公司高层提出处理人事危机的解决方案				
资格要求					
因素	细分因素	限定资料			
知识	教育	最低学历要求为大学本科，工作中能较频繁地综合使用其他学科的一般知识			
	经验	至少从事公司职能管理工作满 2 年与业务工作满 3 年；在接手前还应该接受管理学原理、组织行为学、人事管理、财务管理等相关知识培训			
管理能力	技能	在工作中要求具备高度的判断力和计划性，要求积极地适应不断变化的环境；经常需要处理工作中出现的问题，由于工作多样化，灵活处理问题时需要综合使用各种知识和技能；具有良好的人际关系协调和人事组织能力			

(续)

	资格要求	
因素	细分因素	限定资料
管理能力	分析	具有较强的分析公司战略发展与业务需要的能力，并能够预测未来的人力资源供求状况
	协调	工作时需要与上级和其他部门的负责人保持密切的联系，频繁沟通。在公司内部与各部门负责人有密切的工作联系，在工作中需要保持随时联系与沟通，协调不利则会对整个公司产生重大影响
	指导	监督、指导6～13名一般员工或3～4名基层管理干部
	组织人事	在工作中，行使对员工进行选拔、考核、工作分配、激励、晋升等法定权利和责任，为中层干部调整制订方案
决策能力	人际关系	能正常运用正式或非正式的方法指导、辅导、劝说和培养下属，紧密配合下属工作和其他管理人员活动，接受一般监督
	管理	工作中向直接上级领导负责，参与公司一些大事的决策，做决策时不需与其他部门负责人和上级领导共同协商
	财务	不能因为工作失误而给公司造成先行或潜在损失；具备财务管理的一般知识，具有较强的节约管理经费的意识
工作环境	时间特征	上班时间根据具体情况而定，但有一定规律，自己可以控制和安排
	舒适性	非常舒适，不会引起不良感觉
	职业病与危险性	无职业病的可能，对身体不会造成任何伤害，去外地出差时可以乘坐飞机，在本地出差时可由公司派车或乘坐出租车
	均衡性	所从事的工作不会忙闲不均
工具设备	办公用品与设备	电脑、传真机等
	工作责任	
	提高工作效率，调动公司员工的积极性，发挥员工的创造性，增强企业的凝聚力，确保公司人力资源实现最优配置，以保证人力资源部工作的顺利开展和正常运行	

4.3　工作评价

4.3.1　工作评价概述

工作评价是指在岗位分析的基础上，按照一定客观标准对岗位进行的系统评比和估价的过程。工作评价通常从工作任务量、岗位责任大小、任职资格条件、所需劳动技能等方面出发，对企业各岗位的相对价值进行衡量。工作评价是工作分析与薪酬设计之间不可或缺的环节，其实质是通过对岗位劳动价值的量化比较，得出各个岗位在组织中的相对价值顺序，以确定企业中各岗位的薪酬等级结构。因此，工作评价是薪酬设计的工具和理论基础。

工作评价起源于美国，美国国会于1838年通过一项政府职员岗位评价法案，基于不同职责和任职条件来确定其报酬，以实现同工同酬。1871年，美国提出了文职人员分类方法，该方法于1909年在州级层面首次使用。之后，相关学者提出了四种岗位评价方法：排序法、分类法、评分法和因素比较法。

4.3.2 工作评价的目的与意义

工作评价的作用主要表现为以下三个方面。

1. 衡量岗位的相对价值

工作评价是在工作分析的基础上，按照一定的客观衡量标准对岗位进行系统的、定量的评价。这个过程首先能够建立岗位价值评判标准，通过岗位价值的客观衡量，使岗位之间能进行横向、纵向比较，同时为各个岗位归级列等、建立整体岗位结构及体系奠定基础。

2. 明确薪酬分配的基础

工作评价所得到的岗位价值序列是薪酬体系的重要基础，也是确定岗位基本薪酬的重要依据。通过工作评价中的评价标准，能够反映不同岗位在相对价值上的差别，建立岗位价值序列，并据此建立一套体现岗位价值的公平合理的薪酬体系，在组织内部可以实现薪酬的内部公平、实现同工同酬。

3. 指明员工职业发展路径

通过工作评价可以得到明确的岗位价值和等级，这可以让员工清楚地了解自己的职业发展方向和晋升渠道，为员工发展指明方向。此外，工作评价为员工薪酬的确定提供了客观依据和法律基础，是解决薪酬相关法律纠纷的重要工具。

4.3.3 工作评价的程序

💫 个案研究 4-3

如何开展岗位评价

某公司是一家位于沿海地区的大型民营房地产公司，早期只是一个小型创业团队，只有十几名员工，分布在财务部、前期开发部、工程管理部和行政部4个部门。当时，所有员工的薪资都由创始人兼总经理赵建国亲自决定。凭借敏锐的市场洞察力，赵总带领公司迅速扩展，项目覆盖多个城市，员工人数也从十几人跃升至600多人，部门增加到10个，业务更加复杂。

然而，随着公司规模迅速扩大，人力资源管理问题逐渐浮出水面。有员工开始抱怨工作压力增大、任务繁重，但薪资水平在不同岗位间差距不大，薪酬分配缺乏公平性。这种不满情绪在各个部门之间蔓延，导致部分员工产生了消极怠工的心理，整体工作效率显著下降，甚至影响了公司的项目进度和客户满意度。

为了解决这一问题，赵总决定让人力资源部立即行动。他要求李经理在两个月内完成全公司的岗位评价工作，并制定科学合理的薪酬标准，以重新分配薪资，激发员工积极性。然而，李经理感到压力巨大，目前人力资源部只有包括他在内的4名员工，既缺乏岗位评价的经验，又要面对庞大的任务量，完成这一目标的难度可想而知。

工作评价的程序一般包括如下。

1. 制订工作评价计划，建立工作评价小组

在工作评价初期，制订详细、具体的工作评价计划对于实现工作评价目标至关重要。一般来说，工作评价计划包括明晰工作评价的目的、时间安排、工作组的建立方式、内外部评价人员的选择方式、工作评价结果的分析及评价报告撰写。

在制订好工作评价计划的基础上，应建立工作评价小组。由于工作评价是一个专业性较强且更多依赖主观判断的过程，因此参加评价的内外部人员应科学、谨慎确定。一般来说，评价人员应涵盖各部门、各职级、各类型的岗位，各部门参与评价的人数应较为均衡，主要包括人力资源专家、工作评价专家、主管、员工代表等。

确定工作评价小组后，应对人员进行相关培训，使其能够明确各项工作间的相互关系，具备一定的工作评价技能，能够客观、公正地进行岗位评价。

2. 划分工作类别，制定工作评价指标体系

在制定工作评价指标体系前，需要按照岗位的工作性质将所有岗位进行分类，岗位类别的多少应根据组织的规模、产品等具体情况来定。不同类别的岗位是否采用同一评价体系，要根据企业的具体情况来考量。

工作评价指标体系通常包括评价指标、指标权重、评价标准。首先要确定工作评价指标，即结合岗位特点选取能够有效测量岗位的关键指标，比如责任、工作强度、工作环境等；其次要确定指标权重（即某一指标的分数占比），这反映了该指标的重要程度；最后要确定指标标准，企业可以自己制定评价标准和规则，尽可能将指标进行量化。构建好工作评价指标体系后，可根据组织的实际情况制定工作评价表格，[⊖]以用于后续的工作评价信息记录。

🐚 范例 4-10

岗位评价表格

岗位名称：		评价等级	评价分数	合计
评价项目	评价要素			
劳动技能（30%）	文化知识			
	操作技能			
	复杂程度			
	预防、处理复杂事故的能力			
劳动责任（25%）	质量责任			
	原材料消耗责任			
	经济效益责任			
	安全责任			

⊖ 刘凤霞.组织与工作设计[M].北京：中国人民大学出版社，2021.

（续）

岗位名称：		评价等级	评价分数	合计
评价项目	评价要素			
劳动强度 （35%）	体力劳动强度			
	脑力消耗程度			
	岗位作业姿势			
	岗位工时利用率			
劳动环境 （10%）	作业条件危险性			
	有害气体危害			
	噪声危害			
	辐射危害			
合计				

3. 开展工作评价，进行公示与交流

在全面进行工作评价之前，一般先以几个重点单位作为试点，以便及时发现问题、总结经验、及时纠正，然后在企业全面实施工作评价。工作评价活动应该是公开透明的，评价过程中也应及时与员工沟通和交流。对于评价的结果，应及时公示，保证员工知晓并接受工作评价的过程及结果。

4. 总结与完善

工作评价结束后，要对全过程进行总结，并撰写工作评价报告，对于过程中发现的问题认真总结经验教训，以为后续工作评价的开展奠定扎实的基础。

4.3.4　工作评价的方法

常用的工作评价法可大致分为两类：定性方法与定量方法，其中定性方法包括排序法、分类法；定量方法包括评分法、因素比较法、海氏评价法。

4.3.4.1　排序法

排序法是指根据简单的标准将岗位的相对价值进行排序比较。这种方法需要参与排序的人对企业所有职位的情况非常了解，对最终排序结果的处理既可以取算术平均值，也可以根据评分人对职位的熟悉情况进行加权平均。排序法具体分为简单排序法、选择排序法和成对比较法三种，介绍如下。

简单排序法：评价人员根据自己的工作经验，简单根据岗位相对价值对岗位进行排列。

选择排序法：评价人员在所有岗位中选出价值最高的和价值最低的，将它们作为第一名和最后一名；然后在剩下的岗位中再挑选出价值最高的和价值最低的，分别排列在第二名和倒数第二名，依此类推，直到完成所有岗位排序。

成对比较法：将每个岗位按照标准与其他所有岗位一一对比，然后将考评结果整理汇总得到最终分数，从而确定岗位排序。

4.3.4.2　分类法

分类法的关键在于先分类、再排序。首先在岗位分析的基础上，按照岗位工作性质、特征、难易程度、责任大小、任职资格等将所有岗位划分为不同类别，再根据每一类岗位确定一个岗位价值范围，并对同一类职位进行排序。分类法的操作步骤通常如下所述。[⊖]

（1）工作分析。对企业岗位进行工作分析，收集岗位相关资料。

（2）岗位横向分类。根据组织实际情况，将全部岗位先分为几大类，再按照大类中各岗位的性质特点划分为中类、小类。

（3）岗位纵向分档。将每个小类中的岗位分成若干层级，比如某公司技术岗位分为11级、管理岗位分为5级。

（4）规定各个档次岗位的工作内容、责任、权限、任职要求。

（5）评定不同类别、不同岗位之间的相对价值和关系。

4.3.4.3　评分法

评分法首先选定岗位主要影响因素，并采用一定点数（分值）表示每一因素，然后按预先规定的衡量标准对现有岗位的各个因素逐一评比、估价，求得点数，经过加权求和，最终得到各个岗位的总点数。评分法是目前运用最广泛的工具，其主要操作步骤如下。

1. 确定岗位的主要影响因素及具体内容

通常选择与岗位工作直接相关的重要因素，选定因素后，需要明确各个评价因素的定义，以便让工作评价人员清晰掌握每个评价因素的具体内容。一般来说，可将评价因素归纳为岗位责任、工作环境、体力要求、脑力要求、技能要求几大类。

2. 确定各评价因素的等级并明确定义

将各评价因素细分为不同等级并明确每个等级的定义。例如，根据美国《国民职位评价方案》，将"才智、创造力"这一子因素定义为为完成工作所需具备的判断、决定、计划和活动能力及所需要的智能程度。这一因素共分为5级，1级定义为"按说明进行工作，几乎不需要进行判断和决策；按照程序使用简单的设备，几乎不需要调整或选择程序"；2级定义为"按照说明和程序进行工作，对程序和方法需要做一些小的调整和选择"；3级定义为"需要在规定的工作程序与方法范围内，对设备、装置、程序和操作方法进行判断分析和计划"；4级定义为"要求有一定的判断能力和计划能力，要主动而机智地进行决策，以完成该工作内非常规的困难工作"；5级定义为"能对涉及面广、复杂的计划项目和目标进行主动而机智的工作，具有广泛的概括判断能力"[⊖]。

———
　⊖　刘凤霞.组织与工作设计[M].北京：中国人民大学出版社，2021.
　⊜　康士勇.薪酬设计与薪酬管理[M].北京：中国劳动社会保障出版社，2005.

3. 确定评价因素的权重和配分

在确定总点数的基础上，根据企业实际情况确定各因素权重，最终得到各因素的最高点数及每个等级的配分。例如，美国《国民职位评价方案》中的评价因素权重及配分如表 4-4 所示。[⊖]

表 4-4　美国《国民职位评价方案》中的评价因素权重及配分表

因素	子因素	子因素等级	最高点数	合计数	权重
智能	1. 知识	5	70	250	50%
	2. 经验	5	110		
	3. 才智、创造力	5	70		
责任	1. 对各种仪器设备所负责任	5	25	100	20%
	2. 对材料或者产品所负责任	5	25		
	3. 对他人安全所负责任	5	25		
	4. 对他人工作所负责任	5	25		
体力	1. 体力	5	50	75	15%
	2. 注意力集中程度	5	25		
工作环境	1. 工作条件优劣程度	5	25	75	15%
	2. 危险性	5	50		
合计			500	500	100%

4. 进行工作评价

评价小组对照各个评价因素，根据各岗位情况进行工作评价，确定各岗位在每个评价因素上所得的点数，最后将点数汇总得到该岗位的总点数，进而确定各岗位的相对价值。

4.3.4.4　因素比较法

因素比较法是指对于选定的标准岗位选择多种评价因素进行比较评分，得出标准岗位分级表，将非标准岗位与标准岗位分级表对比并评价其相对位置的方法。这一方法的关键是确定岗位评价因素和标准岗位。因素比较法的实施步骤通常如下。

1. 确定标准岗位

标准岗位的确定是因素比较法的基础，因为因素比较法依赖于标准岗位的内容及相应的工资额。一般来说，标准岗位的基本条件是其目前的劳动报酬水平基本合理（大多数人公认的）、岗位具有代表性、岗位工作内容相对稳定，一般从全部岗位中选出 15～20 个标准岗位。

2. 确定评价因素

在对岗位进行工作分析的基础上选择各岗位共有的影响因素。因素比较法通常需要 3～5 个比较因素，一般包括体力要求、脑力要求、技能要求、职责和工作环境。使用因素比较法时，组织既可以采用外部成熟的因素评价模型，也可以根据组织需要选择适

⊖　康士勇. 薪酬设计与薪酬管理 [M]. 北京：中国劳动社会保障出版社，2005.

合组织特点的评价因素。

3. 标准岗位排序与工资总额分解

将每一个标准岗位的每个影响因素进行比较并排序，随后对每一个标准岗位的工资总额按照选定的评价因素进行分解，确定对应每个评价因素的工资份额。

4. 对其他岗位进行评价

将企业中的其他岗位与标准岗位进行对比，对于每一个岗位的每个评价因素工资额，按照条件相近的标准岗位工资进行计算，最后累计形成本岗位的工资。最终各个岗位的工资总额确定后，根据其价值进行归级列等。

4.3.4.5　海氏评价法

海氏评价法由美国工资设计专家爱德华·海于1951年提出，其以评分法为基础，将所有岗位所包含的付酬要素抽象为具有普遍适用性的三大要素：知识技能水平、解决问题的能力和承担的岗位责任。三要素间的关系体现为投入"知识技能"来"解决问题"，最终完成"承担的责任"，是一种投入—产出关系，如图4-5所示。海氏评价法对所评价岗位按以上三要素及相应的三套评价量表进行打分，将所得分值加以综合，计算出各工作岗位的得分。

图 4-5　海氏三要素之间的关系

海氏三要素中知识技能水平、解决问题的能力和承担的岗位责任分别由数量不等的子要素构成，共同形成了海氏三要素评价体系，如表4-5所示。○

表 4-5　海氏三要素评价体系

海氏三要素	要素定义	子要素	子要素定义	等级
知识技能水平	绩效达到可接受程度所必须掌握的专业业务知识及其相应的实际操作技能	专业知识技能	对从事该岗位要求的职业领域理论、实际方法与专业知识的理解。该子要素分为8个等级，从基本的（第1级）到权威专业的（第8级）技能	8
		管理技能	为达到所要求的绩效水平而具备的计划、组织、执行、控制、评价的能力和技巧。该子要素分为5个等级，从基本的（第1级）到全面的（第5级）技能	5
		人际关系技能	该职务所需要的沟通、协调、激励、培训、关系处理等主动而活跃的活动技巧。该子要素分为3个等级，从基本的（第1级）到关键的（第3级）技能	3
解决问题的能力	在工作中发现问题，分析、诊断问题，提出、权衡与评价对策，做出决策等的能力	思维环境	环境对职务行使者的思维的限制程度。该子要素分为8个等级，从高度常规性的（第1级）到抽象规定的（第8级）	8
		思维难度	为了得出结论、做出决策、提供解答或发现新事物而进行的思维努力的特征。该子要素分为5个等级，从重复性的（第1级）到无先例的（第5级）	5

○ 朱勇国.工作分析与研究 [M].北京：中国劳动社会保障出版社，2008.

（续）

海氏三要素	要素定义	子要素	子要素定义	等级
承担的岗位责任	岗位人员的活动对工作最终结果可能造成的影响及承担责任的大小	行动的自由度	岗位人员能在多大程度上对其工作进行个人指导与控制。该子要素分为9个等级，从自由度最小的第1级（有规定的）到自由度最大的第9级（一般性无指引的）	9
		岗位对后果形成的作用	岗位对后果形成的作用是岗位最终结果的特征。该子要素分为后勤、辅助、分摊、主要4个等级	4
		岗位责任的程度	工作失误可能造成多大的经济损失。该子要素分为4个等级：微小、少量、中量和大量	4

对知识技能水平、解决问题的能力和承担的岗位责任的子要素赋予不同等级分值后，可得到三张海氏岗位评价指导图表。在应用该方法进行评价时，通常先根据岗位情况确定各岗位在知识技能水平、解决问题的能力和承担的岗位责任三个要素的等级分值；其次确定该岗位三个要素的权重；最后将分值加权求和得到岗位总分，并进行归级列等。

上述各方法的优缺点及适用情境的对比和总结，如表4-6所示。

表4-6　工作评价各方法优缺点及适用情境小结

方法名称	适用情境	优点	缺点
排序法	生产单一、岗位数量较少的中小型组织	• 容易理解和操作，沟通成本低 • 成本低	• 主观性较强，结果依赖于评价人员的判断能力
分类法	结构简单的小型企业	• 等级标准参考工作内容、责任等制定，较客观 • 较为灵活，适应性强	• 确定等级标准较困难，主观性较强
评分法	生产过程复杂、岗位类别与数目多的大中型企业	• 可靠性强，减少评价中的主观性 • 稳定性强，引入新工作时可直接根据评价体系确定等级	• 需要投入较多的时间和人力 • 评价系统的建立对评价人员的技术水平要求较高
因素比较法	劳动力市场相对稳定环境下的规模较大的企业	• 评价结果较公正，将各岗位中的相同因素进行比较 • 耗费时间少，工作量较低	• 各评价因素在总价值中的百分比判断由考评人员完成，可能影响精确度 • 难以解释说明各个评价因素对应工资额的理由
海氏评价法	主要适用于管理人员和专业技术人员	• 易于操作，可靠性强 • 评价准确	• 评价要素选择不全面，忽略了工作环境等的影响 • 适用范围较窄

4.4　数智时代工作设计与分析的发展趋势和挑战

4.4.1　数智时代对工作设计与分析的影响

互联网的飞速发展、4G的成熟与5G的兴起标志着人类社会在移动互联网领域的传播能力、传播速度及通信方式等方面取得了巨大进步，同时也为人们带来巨大的便利。这给工作分析和工作评价带来了深远的影响。当前，数智化工作设计与分析在人力资源管理中扮演着重要角色，不仅在提升人力资源管理效率和效果方面发挥了重要作用，也对人们的工作模式产生了深远影响。本节将从数字赋能的远程办公、人工智能的办公参与、数字驱动的工作分析三个方面进行介绍。

4.4.1.1　数字赋能的远程办公

数字技术的发展构筑起了稳定的公用网络，为人们建立了快速、安全的连接通道，延展了人们的虚拟空间，为远程办公的发展提供了基础和支持。对于远程办公的概念，不同国家的表述各有不同。以时间为线索，2002 年欧盟的《远程工作框架协议》规定，远程办公是指在具有劳动关系的背景下，常规性地在雇主提供的场所之外使用信息技术从事工作的形式；2010 年美国的《远程工作促进法》将远程办公概括为员工在常规工作地点外、雇主认可的其他工作场所履行工作职责或被指派任务的一种灵活的工作安排；2018 年法国修订的《劳动法典》第 L1222-9 条规定，远程办公是指员工在自愿的前提下，在雇主提供的工作场所以外使用信息和通信技术完成工作。这些定义虽有差异，但都指出了远程办公的一些基本特点：使用信息和通信技术，在常规工作场所之外办公，远程办公为常规状态，劳动者与用人单位具有稳定的劳动关系等。

当前，远程办公的基础设施与技术越来越成熟，实践这种工作方式的企业也越来越多，这也促进了远程办公产品的发展。例如，在即时通信领域有企业微信、阿里钉钉、飞书、腾讯会议、Zoom、WeLink 等；在在线协作方面有石墨文档、幕布、腾讯文档、印象笔记、有道云笔记、Google Docs 等；在信息传输方面有百度网盘、Google Drive 等。总体来看，远程办公具有以下三个方面的优点。

1. 节省时间，提高效率

对于员工来说，远程办公可以缩短通勤时间、降低交通成本，避免传统办公模式中员工每天浪费时间在通勤上的问题。此外，远程办公产品使员工在工作交流、协作方面获得了极大便利，员工可以快速处理工作、开展协作、接收和发送信息，这也促进了远距离的合作，提高了工作效率。

2. 降低企业运营成本

通过远程办公，企业可以减少写字楼和办公场所的租赁，减少办公用品的购置，并省去部分资产维修、水电费用，降低了企业运营成本。

3. 吸引和保留优秀人才

通过远程办公，企业的招聘范围将不再受到地域限制，可以直接面向全国甚至全球各地吸纳符合企业要求的人才。此外，远程办公为人才提供了更为灵活和自主的工作环境，有助于充分发挥员工主观能动性、吸引和保留优秀人才。

4. 促进绿色就业，保护环境

从社会角度来看，若远程办公得到推广，将在很大程度上缓解交通压力，减少私家车、地铁、公交等的使用频率，促进绿色就业，降低能源消耗。同时，远程办公也有助于残疾人就业，比如阿里巴巴云客服给上万残疾人提供了云客服工作岗位，促进了弱势群体就业。

在中国，远程办公的市场虽处于启蒙阶段，但比重在不断上升。越来越多的企业开始思考远程办公这一工作模式是否适合自己的企业。例如，携程集团在 2022 年 2 月 14 日率先宣布推出"3+2"混合办公模式新政策，[○]即从 2022 年 3 月 1 日起，每周三、周五，携程将根据实际管理需求在各事业部、职能部门实行或逐步推行 1 ～ 2 天的混合办公。符合条件的员工可以自行选择办公地点（比如家里、咖啡厅等）进行远程办公。

但在实行远程办公前，企业应考虑多方面因素进行有效的远程办公设计，以确保远程办公有序有效进行。[○]第一，企业应提供充足的软硬件条件（比如 IT 设备、协同办公软件等）及相应的福利保障（比如上网费、取暖费等），让员工能够顺利开展工作；第二，企业应关注员工体验，重视对远程工作员工的沟通与指导，关注长时间远程办公过程中可能出现的情绪低落、压力较大等问题，对此及时开展员工援助计划；第三，企业应加强制度建设，除了明晰远程办公工作任务的数量和质量、明确项目节点及具体任务要求之外，还要制定适合远程办公的人事制度（比如人事考评、劳动时间等），解决员工远程办公的后顾之忧。

4.4.1.2　人工智能的办公参与

近年来，生成式人工智能技术对自然科学、经济、社会等诸多领域产生越来越大的影响，也使企业传统的工作内容、形式等发生诸多改变。日本经济学家井上智洋将 2030 年设定为人工智能的分界线，2030 年之前是"弱人工智能时代"，智能化设备只能够处理特定领域、重复性、逻辑性的任务，而 2030 年之后将会是"强人工智能时代"，人类的大部分工作都可以由人工智能来完成，在这一过程中也会将员工从沉重的工作任务中解放出来。[○]当前，许多重复性或高风险的任务已可以交由数字技术和机器人来完成，这种"人机协同"的工作模式极大地提高了工作效率和质量。例如，在医疗领域，阿斯利康与百度合作开发了一款基于深度学习的药物筛选平台 DeepMolecule，借助这一平台可以从数百万种候选分子中筛选出最有潜力的药物分子，并预测其活性、选择性和毒性；在交通运输领域，通用电气公司将人工智能引入了飞机维修过程，其可以对需要维修的发动机进行实时预测，并确定专家进行必要维修工作的合适时间。

AI 数字员工逐渐成为企业不可或缺的力量，总的来说，其优势体现在以下三个方面。

1. 提高工作效率，降低运营成本

人工智能"员工"不受传统工作时间与地点的限制，且可以实现 24 小时不间断地

○ 王玮 . 携程开启混合办公模式　业界关注连发"三问"[N]. 中国旅游报，2022-02-24（7）.
○ 王瀛，赵洱崟 . 数字人力资源管理 [M]. 北京：清华大学出版社，2023.
○ 井上智洋 . 就业大崩溃：后人工智能时代的职场经济学 [M]. 路邈，等译 . 北京：机械工业出版社，2018.

工作。面对工作需求时，它们快速、准确完成数据输入、处理和分析等重复性工作，这极大地提高了工作效率。此外，人工智能"员工"可以短时间内处理大量工作，企业可以在更短时间内获得分析结果，从而更高效地做出决策。

2. 提升员工工作体验，助力员工自我成长

人工智能"员工"承担了更多烦琐的事务性工作，这有助于员工从重复性工作中解放出来，将更多的时间、精力放在能够创造价值和自我成长的工作内容上。在人力资源管理方面，人工智能可以嵌入招聘、入职、职业发展等环节，为员工提供更个性化的工作体验。

3. 实现智慧决策，推动企业创新

从企业角度看，人工智能"员工"可以通过分析大量数据识别市场趋势和机会，并通过机器学习等方式为企业提供有价值的洞察，这不仅能帮助企业实现智慧决策，还能加速产品和服务的创新。在人力资源管理方面，人工智能"员工"的参与使得管理过程中的许多环节减少了诸多人为偏见和矛盾，在一定程度上有助于实现管理公平。

尽管有许多优势，但人工智能"员工"参与办公仍然有很多值得改进的地方，比如人工智能"员工"易产生权责不清的问题，如何明确员工与人工智能"员工"权责界限、避免责任推诿是值得企业关注的问题。此外，人工智能"员工"无法像人类一样思考问题，它无法完全认知到其工作行为的目的和用途，因此大多数企业只将人工智能决策作为参考意见。

4. 数字驱动的工作分析

除了工作领域，数智时代的到来也给工作分析带来了许多新的变化，企业可以逐步采用数字化方式进行工作分析，主要举以下两个实例。

（1）借助 O*NET 进行工作分析。

O*NET（Occupational Information Network）系统是由美国劳工部组织开发的工作分析系统，是一个全面的职业信息数据库，旨在提供与各种职业相关的信息，以帮助组织和个人做出职业相关的决策。这一平台免费对公众开放并不断更新。O*NET 系统将工作者特征和工作信息整合在一起，其中工作者特征包括知识、技能、能力、职业兴趣、工作价值观、工作风格等，工作信息包括工作活动、工作环境、必要条件等。O*NET 网站提供检索功能，可以通过以上任一方面的信息对符合条件的职业进行筛选。

在工作分析方面，O*NET 的内容模型可分为六个部分（见图 4-6）。工作者特征、工作者需求和经验要求界定了职业需要的人才应当具备哪些素质，用于评估个人背景与职业的适配度；职业要求、劳动力特征和职业特定信息用于了解职业本身。这六个部分的含义如下所述。

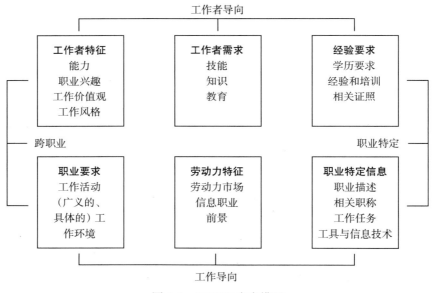

图 4-6 O*NET 内容模型

- 工作者特征：工作者相对稳定的个人品质，这些品质可能会影响他们处理工作的方式及他们如何获得与工作相关的知识和技能，例如职业兴趣、工作价值观、工作风格等。
- 工作者需求：通过经验和教育获得的与工作相关的属性，这些属性可能与绩效表现有关，如工作相关知识、技能等。
- 经验要求：职业工作者的典型经验背景信息，比如经验、认证、培训数据等。
- 职业要求：职业所需完成的各种工作活动和工作任务，以及对工作者或工作活动提出特定要求的环境变量，比如工作环境。
- 劳动力特征：可能对职业产生影响的劳动力市场信息及职业前景，比如薪酬数据、职业晋升空间等。
- 职业特定信息：适用于单一职业或职业族的一组综合要素，除了工作者在工作场所可能使用的设备、工具、软件、信息技术外，还包括与工作相关的知识、技能和任务。

O*NET 可以有效辅助职务说明书的撰写。具体来说，使用者可以访问 O*NET 官网，在首页职业关键词检索的对话框中输入希望查询的职业名称关键词，检索得到与此职业相关的丰富信息，以帮助更高效地撰写职务说明书，省去很多收集资料的工作。

（2）生成式人工智能。

随着人工智能的快速发展，层出不穷的人工智能工具和平台可以帮助我们进行工作分析、撰写职务说明书。例如，ChatGPT、百度文心一言都是功能强大的语言生成器，使用者输入相关信息即可创建一份内容详细的职务说明书。在生成说明书后，使用者可进一步使用工具进行优化和改进。

4.4.2　数智时代对工作设计与分析的挑战及应对

数智技术的飞速发展虽然带来诸多便利，但对工作设计与分析也带来了挑战。

1. 数智技术对工作内容的冲击

数智技术对工作内容造成冲击，容易造成员工技能流失、自主性问题和压力问题。虽然数智技术可以将员工从部分重复性工作中解放出来，更多地投入到价值创造和自我成长当中，但也容易带来潜在的负面影响。随着工作内容的智能化和自动化，许多复杂的任务也会被计算机取代，员工只需要做好监督工作，这会使工作变得单调乏味，使员工缺少实践历练、技能掌握水平下降，长期如此有可能导致工作积极性降低。此外，数智技术的引入可能使员工感受到被替代的压力，进而导致员工工作意义感降低。清华大学战略与安全研究中心人工智能项目组发布的调研报告《中国青年视角下的人工智能（AI）风险和治理》指出，对于人工智能，超过半数的受访青年人（尤其是未毕业的大学生）关心的"头等大事"是人工智能带来的失业风险。

因此，为扩大数智技术对员工的积极影响，尽可能降低消极影响，企业需要采取相应措施。例如，企业可以通过组织技能培训帮助员工适应数智化工作环境，加深员工对人工智能的认识、提高员工数据分析能力，从而保持员工的竞争力；企业还需要鼓励员工主动参与到决策过程中，增加对员工的授权，以激发员工的工作主动性和创造性，激励员工创造更多价值。最后，对工作内容进行再设计，在工作分析和评价中更加注重员工在数字化协同工作方面的能力，以确保员工适应数智时代的工作方式。

2. 数智时代下的动态工作分析与评价

数智时代的工作方式使得岗位的职责快速发生变化，比如新的岗位和职能不断涌现，原有岗位的工作内容和工作要求也可能经常发生变化。因此，这要求未来的工作分析与评价变得更加动态和灵活，以适应不断变化的工作环境要求。对此，工作分析首先需要注重实时性和动态性，方便企业实时了解岗位的工作内容和要求，新的工作分析方法需要具备及时收集和分析工作数据、及时更新工作分析结果的能力；其次，工作评价也需要更具灵活性，需要根据不同的评价标准和要求进行灵活评价，及时更新评价结果，以适应不断变化的工作和市场要求。

此外，数智时代的工作方式鼓励跨岗位的协作，因此不同岗位间的界限变得越来越模糊，未来的工作分析方法需要更加开放，允许员工跨职能领域工作，鼓励跨岗位合作或协作。

复习思考题

1. 企业进行职位与职级体系设计有哪些益处？
2. 假设一家企业缺乏工作分析这个环节，该企业可能会出现哪些问题或危机？
3. 如果你是一名员工，请你评价一下你所在公司的工作分析做得如何？有哪些方面需要改进。

4.工作评价与工作设计、工作分析、薪酬管理的关系是怎样的？

5.远程办公的优缺点有哪些？

案例 4-1

"岗位描述"已过时，需要重新撰写

随着新技术颠覆工作流程并且要求各种新技能，以及公司越来越多地转向项目制的工作，岗位描述也逐渐开始演变，从员工多年遵循的静态的、整体的描述，转变为根据需求变化而变化的动态指导。

例如，一家公司雇用了一名员工执行一组特定的任务，4个月后，可能发现另一组任务成为这名员工的战略优先级任务。即使该员工拥有新任务所需的匹配技能，但他也许会以岗位描述来拒绝执行新任务，宣称这不是他需要执行的任务，或者，即便他承担了新任务，之前的岗位描述也过时了。

因为大多数岗位描述都被牢固地嵌入员工的核心工作领域，所以这些岗位描述也倾向于通过阻碍跨职能协作来促进组织中孤岛的形成。僵化的岗位描述还会阻碍新技术尝试，这些技术在岗位描述撰写之时可能是不可想象的。最后，狭隘的岗位描述可能意味着员工无法在工作中充分发挥其才能，降低了他们的工作满意度。作为应对，许多公司开始以新的、更灵活的方式根据成果、技能和团队来撰写岗位描述。随着公司努力应对快速变化的项目制角色，目前岗位描述主要有三种新的方法。

1. 关注结果的岗位描述

一些公司开始明确其期望在具体岗位看到的结果，而不是员工需要执行的具体任务或职责。这种方法为员工提供了灵活性，让他们可以决定实现这些结果的最佳方式，从而促进创新和主动性，重要的是，允许他们根据情况变化改变方法。例如，销售经理的岗位描述不再是列出诸如"每个季度与关键客户会面一次"或"每月准备销售报告"等任务，而是描述结果，比如"将区域销售额提高15%"和"将客户保留率提高10%"。

谷歌使用结果导向的岗位描述来保持顶尖人才的积极性，其前人力资源高级副总裁拉斯洛·博克解释说："在谷歌，我们相信结果导向的岗位描述对于吸引和留住顶尖人才至关重要。当员工知道对他们的期望是什么以及他们将如何被衡量时，他们更有可能受到激励并投入工作。"

例如，传统上，设计伦理学家的岗位描述可能列出了每月一次分析谷歌搜索算法的偏见，或更新隐私风险日志。但在基于结果的岗位描述中，设计伦理学家被赋予了更广泛的任务，即识别谷歌产品中的道德风险或制定产品道德设计的指导方针。这为员工和谷歌提供了随着技术的发展改变设计伦理学家特定任务的余地——例如，在谷歌的产品中引入生成式AI。

2. 关注技能的岗位描述

还有一些公司会创建动态文档，概述员工为岗位带来或应该努力发展的技能和能力。通过这种方法，重点从一个人应该完成的任务转移到他的才能以及如何在公司项目中应用这些才能。

对于一家公司来说，要采用这种方法意味着确定每个岗位所需的技能和资格，并开发培训计划和职业路径，以帮助员工形成这些技能。这样做的目的是充分利用和发展个人的能力与优势，提高工作满意度和绩效。这也意味着公司可以快速组建拥有完成特定项目或计划所需技能和经验的团队。

例如，一位具有卓越可视化技能的数据分析师可以根据项目需求，从创建复杂的数据模型到制作可视化报告无缝切换。该分析师将遵循专门针对增强特定技能的培训方案，比如通过高级可视化技术和数据讲故事。通过关注分析师的独特优势和更广泛的技能集，组织不仅可以提高其现有的专业知识水平，还可以将其培养成一个更全面、多才多艺的专业人士。

3. 基于团队的岗位描述

还有一些公司不是给每个团队成员一份岗位描述，而是将个人分配到一个团队，该团队被赋予一组集体目标、结果和可交付成果。然后由团队集体决定每个成员将如何做出贡献。一个著名的例子是 Spotify，员工是被称为"小队"（squads）的小型跨职能团队的一部分，每个团队都有一个特定的使命。每个小队自主决定如何最好地实现其目标，往往依靠集体决策和其对每个成员优势与偏好的深入了解。团队经常开会讨论挑战、评估进展、调整目标，并解决任务分配导致的任何冲突或瓶颈。

除了对变革的简单抵制之外，传统岗位描述的转向还需要解决许多问题。最基本的是工作和业绩预期不明确。没有传统的岗位描述，员工如何知道对他们的期望是什么？没有明确的指导方针，管理者如何客观评估他们的业绩，并遵循公平的薪酬和晋升方案？

还有其他方法可以帮助管理者与团队合作来定义岗位和职责，并创建每个人负责什么的共同理解。例如，假设你管理一个软件开发团队，而你的公司正在转向基于团队的岗位描述。你可以和团队合作创建一个技能矩阵，该矩阵可以识别每个团队成员的技能和能力，然后使用诸如敏捷方法或看板等工具来帮助管理工作负载和任务优先级排序。

对于招聘，基于能力的面试是评估候选人是否适合灵活、动态角色的一种更有效的方法，而传统的面试往往侧重于考察候选人的经验和资格。绩效评估、360 度反馈等工具可以帮助经理评估员工在各个领域的表现，包括他们的技能、能力和对团队的贡献。

随着组织变得更加敏捷和响应更加迅速，技术在未来几年会促进新形式工作的出现，项目制工作的趋势和对更灵活的岗位描述的需求将持续存在。这种根本性的颠覆需要思维和文化的转变，并要求个人、经理层、领导者和组织一起尝试、学习和适应新的工作方法。但是，正确的思维方式和方法可以带来一个更加敏捷、响应迅速和创新的组织，以更好地应对未来的挑战。

资料来源：罗德里格斯."岗位描述"已过时，需要重新撰写 [J].哈佛商业评论，2023（12）.

思考题

1. 传统的岗位描述有哪些优缺点?
2. 随着岗位描述逐渐变得灵活,员工可能会面临不明确的工作和绩效预期。公司如何在没有传统岗位描述的情况下,保持绩效评估的公正性?

案例 4-2

跟华为学习如何进行人才盘点

华为认为人才盘点是传递公司战略的一个过程,要为员工树立正确的价值导向、提升企业员工效率、建设健康氛围,最后才是梳理员工发展体系。所以,华为的人才盘点最后盘出的是组织健康度,是组织的拓展能力。华为的人才盘点与众不同的是:首先建立标准,再盘点队伍,最后形成机制。华为常用的人才盘点工具有四个:绩效潜能矩阵(方格图)、学习力(潜力)评价表、工作定量分析表、岗位匹配度矩阵。

一、绩效潜能矩阵(方格图)

用绩效潜能矩阵(见图 4-7)做人才盘点有两个维度:绩效考核和素质评估。纵轴是绩效、KPI(关键绩效指标)或一些量化的结果,横轴是素质或者行为等。它反映的是全面绩效,也就是人才在过去的一年当中达到的业绩的结果和行为,或结果和过程。通过绩效考核和素质评估,组织可以了解队伍状态和人才特点,制订针对性培训计划,推动上级辅导、培养下属,帮助员工认识、发展自我,为人才使用提供依据。

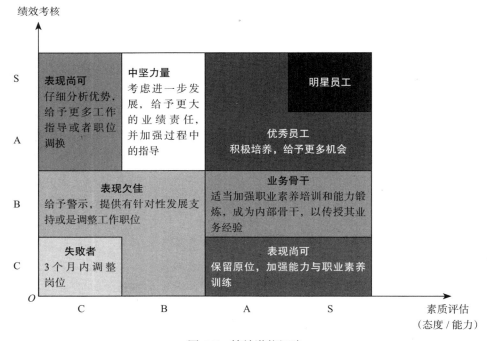

图 4-7　绩效潜能矩阵

华为在使用绩效潜能矩阵进行人才盘点时遵循以下原则：

（1）定期检查，一般按年度组织开展，多放在年度绩效评价后1～2个月内进行。

（2）主要审视绩效贡献和素质评估，也可以审视潜力。

（3）方格图的作用人群规模建议大于40人。

（4）直接上级确定方格图位置时，需要与下属进行一对一沟通。

（5）方格图的结果及应用需要经过至少两级审核。

把人才对号入座之后，怎么去识别关键人才，进行人才发展、晋升和激励呢？华为的做法可供参考。

- 高潜力S：在1年之内有能力承担更重大的职责或挑战。
- 中潜力A：在2年之内有能力承担更重大的职责或挑战。
- 低潜力B：在3～5年内有能力承担更重大的职责或挑战。
- 无潜力C：未看到几年内有能力承担更重大的职责或者挑战。
- 卓越绩效S：每项工作都出类拔萃，成为公司甚至行业内的榜样。
- 优秀绩效A：几乎总是能够出色完成任务，是值得信赖的、公认的优秀员工。
- 良好绩效B：基本能够较好地完成工作任务，工作表现较为稳定。
- 有待改善绩效C：较常出现工作业绩未达到要求的情况。

怎么运用盘点的结果？

（1）对比盘点结果与业务要求，进行差距分析，找到关键缺失点。

（2）按部门确定招聘和提拔重点，以补充关键性的能力。

（3）针对共性，确定成批次的培养方案。

如果发现某个位置的人特别多，到底是好还是不好？怎么评价一个组织健康还是不健康？

通常情况下，无论是什么组织，都不允许出现人才在某个区域过分扎堆的情况。如果出现，应该尝试在平级部门之间做人员置换和调整。

二、学习力（潜力）评价表

潜力等于学习力。华为使用学习力（潜力）评价表（见表4-7）来对人才的潜力进行评估和测量。学习力评估主要包括四个方面，分别是思维心智、人际情商、变革创新和结果导向。依据人才总得分20分及以上、14～19分、8～13分、7分及以下给出高、中、低、弱潜力的评价。

表4-7 学习力（潜力）评价表

学习力	能力	得分	总分
思维心智	在相关专业领域有较强的专业能力和开阔的视野		
	具有解决问题的有效方法		
	能够从容面对复杂模糊的环境		
	能够向他人清晰解读思考内容		
	善于发现错误，并视为改进机会		

（续）

学习力	能力	得分	总分
人际情商	对人际关系有较高敏感度		
	能够通过交流有力地影响他人		
	能够倾听和接纳不同意见和负面情绪		
	能够自我察觉内在情绪和自我进化		
	善于组织和协调各方		
变革创新	不满足现状，持续改善		
	愿意迎接挑战，不轻易放弃难点		
	善于引入新的观点和方式		
	热衷于收集和尝试新的方案和创意		
	能够推动变革		
结果导向	有较强的自我驱动力和能动性		
	愿意付出足够的努力，能吃苦耐劳		
	具有较高的绩效标准并激励团队达成		
	鼓励自己和他人发挥潜力		
	以结果为导向，不拘泥于方式方法		

高潜力分四种，即变革敏锐力、结果敏锐力、人际敏锐力、思维敏锐力。

● 变革敏锐力：永不满足，善于引入新的观点，热衷于创意，能够领导变革。

● 结果敏锐力：能动力高，善于克服万难，打造高绩效团队，能够激发团队。

● 人际敏锐力：政治敏锐力强，沟通能力卓越，善于进行冲突管理，能够自我察觉、自我提高，善于组织。

● 思维敏锐力：视野广，能够从容面对各种环境，清晰解读思考的内容。

三、工作定量分析表

工作定量分析表可以帮助员工进一步明确工作量和实践分配比例，确定工作重点和可能需要的资源，发现工作效率提升的空间。

以一位招聘HR为例，他主要的工作包括发布招聘信息、面试、指导实习生、参加周会、负责劳务派遣相关事宜，由表4-8可知其每天、每周的用时是多少，占工作量的比例是多少。根据工时的统计结果进行分析与调整，可以帮助员工管理时间，引导员工关注关键路径上的重点工作，聚焦工作重心。对于任何公司，在做人才管理和运营的时候，最需要做好的工作就是提升员工效率。

表 4-8　招聘 HR 工作定量分析表

频率	性质	主要工作内容	用时（小时）	日均用时（小时）	占日均实际工作量比例	结合公司和部门目标，实现效率提升的方法	调整后用时（小时）	调整后日均用时（小时）	调整后占日均实际工作量比例
日	固定	发布招聘信息	1	1	11.80%	改变发布频率、辅导用人部门、明确岗位要求	0.5	0.5	7.60%
日	固定	面试	5	5	59.30%		4	4	61.20%
日	非固定	指导实习生	0.5	0.5	5.90%		1	1	15.30%

（续）

频率	性质	主要工作内容	用时（小时）	日均用时（小时）	占日均实际工作量比例	结合公司和部门目标，实现效率提升的方法	调整后用时（小时）	调整后日均用时（小时）	调整后占日均实际工作量比例
周	固定	HR 周例会参加及准备	8	1.6	19.00%		4	0.8	12.20%
月	固定	劳务派遣公司的结算	4	0.2	2.30%		3	0.15	2.20%
月	非固定	劳务派遣、猎头费用审批、流转	3	0.15	1.70%		2	0.1	1.50%
合计				8.45	100.00%			6.55	100.00%

四、岗位匹配度矩阵

通过岗位匹配度矩阵（见图 4-8），可帮助主管明确岗位满足度、匹配度、人员潜力等相关信息，有效支撑组织人才管理的选、育、用、留。

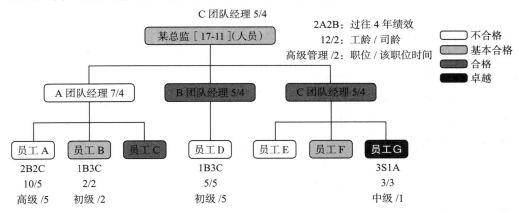

图 4-8 岗位匹配度矩阵示例

岗位匹配度矩阵设计的基本信息维度及盘点思路如下。

岗位能力满足度： 不合格、基本合格、合格、卓越。

职级： 依据年龄和工龄综合评价，职级偏低、职级正常、职级突出。

岗位匹配度： 依据职级及岗位梳理，综合判断岗位匹配情况，不匹配或匹配。

工龄： 从第一份工作开始的总工作年限。

司龄： 在本岗位的工作时间。

绩效表现： 回顾一年以来 3 次以上的绩效评估。

薪酬水平： 与对应岗位平均薪酬对比，偏低、达标或偏高。

上下级关系： 审视是否存在非正常逆向管理逻辑。

岗位匹配度矩阵信息量非常大，图 4-8 中最上方是某总监，数字［17-11］，前者是部门的总编制，后者是现有的人员数量。2A2B 指的是过往 4 年的绩效水平，此外还可以包含工龄、司龄、薪酬水平是否达标、人员调动或借用是否频繁等信息。

从岗位匹配度矩阵可以很清晰地看到组织内部的人才全貌，既有组织结构、上下级关系，又有人员信息和人员状态，一目了然。当新主管管理陌生业务，或者刚刚晋升的主管管理一个部门的时候，他们便会迫切需要这种平面化的全信息呈现，以快速了解每一位员工的情况。

资料来源：彭剑锋．战略人力资源管理：理论、实践与前沿 [M]．2 版．北京：中国人民大学出版社，2022：117-120.

人力实务 4-1

S 公司的工作分析

S 公司是一家大型的健身器材集团公司。由于近年来公司发展十分迅速，人员飞速增长，因此许多问题也逐渐暴露出来，其中表现比较突出的问题就是职责不清，经常发生推诿扯皮的现象。现在公司中使用的职位职责说明已经是几年前的版本，根本起不到实际作用。人员的招聘选拔和晋升全凭领导的主观意见，公司的薪酬体系也无法与职位价值相对等，员工在这方面意见很大，士气下降。最近，公司的高层团队决定从工作分析入手，对人力资源体系进行系统的诊断和重新设计，使公司各个职位的职责、权限和任职者基本要求等内容得到清晰界定，为各项人力资源管理工作打下基础。

一、工作分析的准备工作

（1）成立工作分析实施小组。工作分析实施小组的人员构成及主要任务如下。

- 外部专家顾问：作为项目总体策划和实施的负责人，提供技术方案和指导，通过可行的实施手段实现项目目标。
- 人力资源部人员：作为项目的协调与联络人，配合专家开展工作。
- 公司领导：把握项目的总体方向和原则，并对工作结果进行验收。

（2）制定工作分析的实施程序和时间表，确定参加调查的人员名单。

（3）设计有关研究工具。本次工作分析所使用的方法有：工作日志、调查问卷、访谈、观察法。因此，专家组需要事先设计好相关的表格、问卷和访谈提纲。

二、工作分析的实施过程

（1）了解基本信息。基本信息包括公司组织图（见图 4-9）、各部门职能说明、工作流程图。

（2）信息收集。

第一步：填写工作日志。

填写工作日志的目的是清楚地了解员工的工作任务和职责，以便改进工作流程、提高工作效率。工作日志表如表 4-9 所示。

填写工作日志有几点要求：每天开始工作之前将工作日志放在手边，按工作活动发生的顺序及时填写，切忌在一天结束后一并填写；工作活动内容描述要尽可能具体化，让没有亲自参与工作过程的人能比较清晰地想象出工作活动；描述中用职位代替人名，以免让看工作日志的人感到费解。

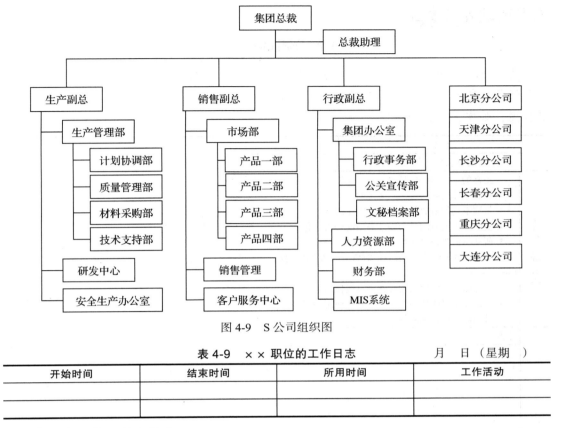

图 4-9 S 公司组织图

表 4-9 ××职位的工作日志		月 日（星期 ）	
开始时间	结束时间	所用时间	工作活动

第二步：填写调查问卷。

调查问卷涉及的内容包括所属部门、职位名称、上级主管、下属、工作目标、工作的时间要求（每日正常工作时间、每周平均加班时间、是否忙闲不均、出差情况）、工作概要、各项工作活动内容占全部工作时间的百分比、工作失误的影响、内部接触及外部接触、监督人员、工作的基本特征（负责范围、决策难度、决策的影响力、灵活度、创新程度）、工作压力、任职资格要求（学历、培训要求、工作经验、能力要求）、工作环境等。

第三步：访谈。

任职者除了填写工作日志和调查问卷外，还要接受工作分析小组成员的访谈，访谈目的主要是获取与工作描述有关的信息，了解与工作有关的职责、任务、权限、工作关系等，并了解任职者的任职资格。注意：确定任职者应具备的最低资格标准时，不要让现有的任职者来决定。

第四步：形成工作说明书。

根据访谈记录、调查问卷、工作日志记录，就可以大致得出工作说明书，之后与该工作的任职者和上级主管反复沟通，得出最后的工作说明书。

资料来源：文征.员工工作分析与薪酬设计[M].北京：企业管理出版社，2006：176-194.

人力测试 4-1

工作分析调查问卷

为了进一步深化公司"三项人事制度"改革，配合现阶段的工作，实施工作分析和工作评价，特别展开本项调查工作。调查只针对公司具体岗位，不针对具体人员，请不必顾虑，如实回答，谢谢！

部门		职称	
职务（岗位）名称		学历	

<table>
<tr><td rowspan="9">工作的时间要求</td><td colspan="3">1. 正常的工作时间每日自（　　）时开始至（　　）时结束。</td></tr>
<tr><td colspan="3">2. 每日午休时间为（　　）小时，（　　%）情况下可以保证。</td></tr>
<tr><td colspan="3">3. 每周平均加班时间为（　　）小时。</td></tr>
<tr><td colspan="3">4. 实际上下班时间是否随业务情况经常变化。（总是，有时是，偶然是，否。）</td></tr>
<tr><td colspan="3">5. 所从事的工作是否忙闲不均。（是、否。）</td></tr>
<tr><td colspan="3">6. 若工作忙闲不均，则最忙时常发生在哪段时间：_____，那么持续时间是否会打破正常的作息时间。（是、否。）</td></tr>
<tr><td colspan="3">7. 外地出差时所使用的交通工具按使用频率排序：</td></tr>
<tr><td colspan="3">8. 本地外出时所使用的交通工具按使用频率排序：</td></tr>
<tr><td colspan="3">9. 其他需要补充说明的问题：</td></tr>
<tr><td rowspan="4">工作目标</td><td colspan="2">主要目标：</td><td>其他目标：</td></tr>
<tr><td colspan="2">1.</td><td>1.</td></tr>
<tr><td colspan="2">2.</td><td>2.</td></tr>
<tr><td colspan="2">3.</td><td>3.</td></tr>
<tr><td rowspan="7">工作职责</td><td colspan="3">1.</td></tr>
<tr><td colspan="3">2.</td></tr>
<tr><td colspan="3">3.</td></tr>
<tr><td colspan="3">4.</td></tr>
<tr><td colspan="3">5.</td></tr>
<tr><td colspan="3">6.</td></tr>
<tr><td colspan="3">7.</td></tr>
</table>

（续）

		失误造成的影响类别	程度	
失误的影响	1. 2. 3.	经济损失		1　2　3　4　5 轻 较轻 一般 较重 重
	1. 2. 3.	公司形象损害		
	1. 2. 3.	经营管理损害		
	1. 2.	其他损害 （请注明）		

	若你出现失误，会发生下列哪种情况?	说明
	1. 不影响其他人工作的正常进行。 2. 只影响本部门内少数人。 3. 影响整个部门。 4. 影响其他几个部门。 5. 影响整个公司。	如出现多种情况，请按程度由高到低依次填写在下面的括号中。（　　）
内部接触	1. 只与本部门内少数几个同事接触。（　　） 2. 与本部门内多个同事接触。（　　） 3. 需与其他部门的人员接触。（　　） 4. 需要与其他部门的部分领导接触。（　　） 5. 需要同所有部门的领导接触。（　　）	将频繁程度等级填入左边的括号中。 偶尔 经常 非常频繁 1　2　3　4　5
外部接触	1. 不与本公司以外的人员接触。（　　） 2. 与其他公司人员接触。（　　） 3. 与其他公司人员、政府机构接触。（　　） 4. 与其他公司人员、政府机构、外商接触。（　　）	将频繁程度等级填入左边的括号中。 偶尔 经常 非常频繁 1　2　3　4　5
监督	1. 直接和间接被监督的人员数量。（　　） 2. 被监督的管理人员数量。（　　） 3. 直接被监督人员的层次：一般职工、基层管理者、中层管理者、高层管理者。	
	1. 只对自己负责。 2. 对职工有监督指导的责任。 3. 对职工有分配工作、监督指导的责任。 4. 对职工有分配工作、监督指导和考核的责任。	
工作的基本特性	1. 仅对自己的工作结果负责。 2. 对整个部门负责。 3. 对自己的部门和相关部门负责。 4. 对整个公司负责。	
	1. 在工作中时常做些小的决定，一般不影响其他人。 2. 在工作中时常做一些决定，对相关人员有些影响。 3. 在工作中要做一些决定，对整个部门有影响，但一般不影响其他部门。 4. 在工作中做一些大的决定，对自己部门和相关部门有影响。 5. 在工作中要做重大决定，对整个公司有重大影响。	
	1. 有关工作的程序和方法均由上级详细规定，遇到问题可随时请示上级解决，工作结果须报上级审核。 2. 分配工作时上级仅指示要点，工作中上级并不时常指导，但遇困难时仍可直接或间接请示上级，工作结果仅受上级要点审核。 3. 分配任务时上级只说明要达成的任务或目标，工作的方法和程序均由自己决定，工作结果仅受上级原则审核。	

（续）

工作的基本特性	在工作中，你需要做计划的程度：	说明
	1. 在工作中无须做计划。 2. 在工作中需要做一些小的计划。 3. 在工作中需要做部门计划。 4. 在工作中需要做公司整体计划。	如出现多种情况，请按程度由高到低依次填写在下面括号中。（　　　　　）

| 工作压力 | 1. 你每天工作中是否经常要迅速做出决定？
　　没有　很少　偶然　许多　非常频繁
2. 你手中的工作是否经常被打断？
　　没有　很少　偶然　许多　非常频繁
3. 你的工作是否经常需要注意细节？
　　没有　很少　偶然　许多　非常频繁
4. 你所处理的各项业务彼此是否相关？
　　完全不相关　大部分不相关　一半相关　大部分相关　完全相关
5. 你在工作中是否要求精力高度集中，如果是，占工作时间的比重约是多少？
　　20%　40%　60%　80%　100%
6. 在你的工作中是否需要运用不同方面的专业知识和技能？
　　否　很少　有一些　很多　非常多
7. 在工作中是否存在一些令人不愉快、不舒服的感觉（非人为的）？
　　没有　很少　有时　较多　非常多
8. 在工作中是否需要灵活地处理问题？
　　不需要　很少　有时　较需要　很需要
9. 你的工作是否需要创造性？
　　不需要　很少　有时　较需要　很需要
10. 你在履行工作职责时是否有与职工发生冲突的可能？
　　完全不可能　几乎不可能　不太可能　不知道　可能　很可能　完全可能 | |

任职资格要求	1. 你常起草或撰写的文字资料有哪些？	等级（1～5）	频率
	（1）通知、便条、备忘录		
	（2）简报		
	（3）信函		
	（4）汇报文件或报告		1　　2　　3　　4　　5
	（5）总结		极少　偶尔　不太经常　经常　非常经常
	（6）公司文件		
	（7）研究报告		
	（8）合同或法律文件		
	（9）其他		
	2. 你常用的数学知识：	等级（1～5）	频率
	（1）整数加减		
	（2）四则运算		
	（3）乘方、开方、指数		1　　2　　3　　4　　5
	（4）统计学和线性规划		极少　偶尔　不太经常　经常　非常经常
	（5）计算机程序语言		
	（6）其他		
	3. 岗位学历要求： 初中、高中、中专、大专、本科、硕士、博士		
	4. 为顺利履行工作职责，应进行哪些方面的培训，需要多少时间？		

（续）

培训科目	培训内容	最低培训时间（课时）

5. 一个刚刚开始你所从事工作的人，要多长时间才能基本胜任工作？

6. 为了顺利履行你所从事的工作，需具备哪些方面的其他工作经历，约多少年？

工作经历要求	最低时间要求

任职资格要求

7. 其他能力要求	等级	（13）群体技能		需要程度
（1）领导能力		（14）谈判能力		
（2）指导能力		（15）冲突管理能力		
（3）激励能力		（16）说服能力		高　5
（4）授权能力		（17）公共关系		
（5）创新能力		（18）表达能力		较高　4
（6）计划能力		（19）公文写作能力		
（7）资源分配能力		（20）倾听敏感能力		一般　3
（8）管理技能		（21）信息管理能力		
（9）组织人事		（22）分析能力		较低　2
（10）时间管理		（23）判断、决策能力		
（11）人际关系		（24）实施能力		低　1
（12）协调能力		（25）其他		

请你详细填写从事工作所需的各种知识和要求程度

知识内容	等级	需要程度
如：计算机知识（例）	4（例）	1　　2　　3　　4　　5 不需要 很少 有时 较需要 很需要

工作中使用的设备与工具	1. 2. 3.

工作环境

劳动强度与劳动条件	等级（1～5）	程度
劳动强度		1→2→3→4→5 一点不消耗　　消耗程度大
劳动条件		1→2→3→4→5 非常恶劣　　非常舒适

填表人：　　　　　部门盖章：

第 5 章
CHAPTER 5

员 工 招 聘

🐚 学习目标

- 了解招聘过程中用人部门与人力资源部门的职责分工
- 阐述内部招聘和外部招聘的来源和主要方法及区别
- 掌握招聘工作的几个关键步骤
- 说明招聘中易出现的问题及提高招聘效果的措施
- 了解招聘中的法律约束
- 掌握数智经济时代员工招聘的发展趋势

🐚 引导案例

某化学公司招聘实例

某化学有限公司主要以研制、生产、销售医药和农药为主，随着生产业务的扩大，为了对生产部门的人力资源进行更为有效的管理开发，年初，总经理决定在生产部门设立一个处理人事事务的职位，主要负责生产部与人力资源部的协调工作，并希望通过外部招聘的方式寻找人才。

人力资源部经理王华开始了一系列工作，在招聘渠道的选择上，他设计了两种方案：一种方案是在本行业专业媒体中进行专业人员招聘，费用为 3500 元，好处是：对口的人才比例会高些，招聘成本低；不利条件是：企业宣传力度小。另一种方案为在网络媒体上做招聘，费用为8500元，好处是：企业影响力度很大；不利条件是：非专业人才的比例很高，前期筛选工作量大，招聘成本高。经过比较，初步选用第一种方案。总经理看过招聘计划后，认为公司处于初期发展阶段，不应放过任何一个宣传企业的机会，于是选择了第二种方案，在网络媒体上发布了招聘广告。

在一周时间内，人力资源部收到了800多份简历。王华和人力资源部的人员在800份简历中筛出70份有效简历，经再次筛选后，留下5人。于是他来到生产部门经理胡欣的办公室，将此5人的简历交给了胡欣，并让胡欣直接约见面试。部门经理胡欣经过筛选后认为可从两人中做选择——李楚和王智勇。

李楚，男，企业管理学士学位，32岁，有8年一般人事管理及生产经验，在此之前的两份工作均有良好的表现，可录用。

王智勇，男，企业管理学士学位，32岁，有7年人事管理和生产经验，以前曾在两个单位工作过，第一位主管评价很好，没有第二位主管的评价资料，可录用。

公司通知两人，一周后等待通知，在此期间，李楚在静待佳音；而王智勇打过几次电话给人力资源部经理王华，第一次表示感谢，第二次表示非常想得到这份工作。

生产部门经理胡欣在反复考虑后，与王华商谈何人可录用，王华说："两位候选人看来似乎都不错，你认为哪一位更合适呢？"胡欣说："两位候选人的资格审查都合格了，唯一存在的问题是王智勇的第二家公司主管给的资料太少，但是虽然如此，我也看不出他有何不好的背景，你的意见呢？"王华说："很好，胡经理，显然你我对王智勇的面谈表现都有很好的印象，人嘛，有点圆滑，但我想我会很容易与他共事，相信在以后的工作中不会出现大的问题。"胡欣说："既然他将与你共事，当然由你做出最后的决定。"于是，最后决定录用王智勇。

王智勇来到公司工作了6个月，在工作期间，经观察：发现王智勇的工作不如期望的好，指定的工作他经常不能按时完成，有时甚至表现出不胜任其工作的行为，所以引起了管理层的抱怨，显然他并不适合此职位，必须加以处理。

然而，王智勇也很委屈：在来公司工作了一段时间后，发现招聘所描述的公司环境和各方面情况与实际情况并不一样。原来谈好的薪酬待遇在进入公司后又有所减少。工作的性质和面试时所描述的有所不同，也没有正规的工作说明书作为岗位工作的基础依据。

那么，到底是谁的问题呢？

招聘与选拔是制约企业人力资源管理工作效率的瓶颈所在。如何按照企业的经营目标与业务要求，在人力资源规划的指导下，根据职务说明书，把优秀的人才、所需要的人力在合适的时候放在合适的岗位，是企业成败的关键之一。

招聘旨在吸引一批候选人应聘空缺位置，而选拔则是企业运用科学的方法从有效的人选中选择新成员的过程。人员招聘与选拔工作十分复杂，涉及企业招聘政策的制定、招聘渠道的选择、求职申请表的设计等，本章将一一加以阐述。

5.1　员工招聘概述

5.1.1　招聘的实质

5.1.1.1　招聘概念

招聘是企业吸收与获取人才的过程，是获得优秀员工的保证。招聘实际上包括两个相对独立的过程，即招募（recruitment）和选拔聘用（selection）。招募是聘用的基础与前提，聘用是招募的目的与结果。招募主要是通过宣传来扩大影响，树立企业形象，达到吸引人应征的目的；而聘用则是使用各种技术测评与选拔方法挑选合格员工的过程。很多组织往往忽视招募，只把工作重点放在选拔聘用上，这是不对的。因为这有可能导致错误的录用与错误的淘汰。组织应该注重招募的计划、时间、宣传、渠道选择等方面，因为它可以节约选拔与培训的成本，提高人与职的适应性。

🐟 **实务指南 5-1**

关于人员招聘的哲学思考

请结合贵企业的人员招聘实际，思考下列问题：

（1）是否确定过谁能够在你的企业中成功？

（2）招聘过程是不是自相矛盾？

（3）是不是每一个从事招聘工作的相关人员都具备了相应的知识？

（4）对招聘成本是否有所关注？在组织的管理者中，有多少人关心过招聘的成本？

（5）是否持续地关心新的申请者来源？如何保证申请者的质量？

（6）是否考虑了申请者的多面性？如何将申请者多面性纳入招聘考虑的范围？

（7）是否对竞争对手的招聘技术和招聘战略进行了研究？

（8）企业在劳动市场上的声誉如何？如何提升企业声誉？

（9）是否认识到招聘是招聘和应聘双方确立共同利益关系的过程？

（10）招聘流程是否公正且有效率？

5.1.1.2　招聘原则

人员招聘是确保组织生存与发展的一项重要的人力资源管理活动。在招聘过程中，应遵循以下原则。

1. 公开原则

公开原则是指把招考单位、种类、数量，报考的资格、条件，考试的方法、科目和时间，均面向社会公告，公开进行。这样做一方面给予社会上的人才以公平竞争的机会，达到广招人才的目的；另一方面使招聘工作置于社会的公开监督之下，防止不正之风。

2. 竞争原则

竞争原则是指通过考试竞争和考核鉴别确定人员的优劣并进行人选的取舍。为了达到竞争的目的，一要动员、吸引较多的人报考，二要严格考核程序和手段，科学地录取人选，防止"拉关系""走后门""裙带风"、贪污受贿和徇私舞弊等现象的发生，通过激烈而公平的竞争，选择优秀人才。

3. 平等原则

平等原则是指对所有报考者一视同仁，不得人为地制造各种不平等的限制或条件（如性别歧视）和各种不平等的优先优惠政策，努力为社会上的有志之士提供平等竞争的机会，不拘一格地选拔、录用各方面的优秀人才。

4. 能级原则

人的能量有大小，本领有高低，工作有难易，要求有区别。招聘工作，不一定要最优秀的，而应量才录用，做到人尽其才、用其所长、职得其人，这样才能持久、高效地发挥人力资源的作用。

5. 全面原则

全面原则是指对报考人员从品德、知识、能力、智力、心理、过去工作的经验和业绩进行全面考试、考核和考察。因为一个人能否胜任某项工作或者其稳定性及发展前途如何，是由其多方面因素决定的，特别是非智力因素起着决定性的作用。

6. 择优原则

择优是招聘的根本目的和要求。只有坚持这项原则，才能广揽人才，选贤任能，为单位引进或为各个岗位选择最合适的人员。为此，应采取科学的考试考核方法，精心比较，谨慎筛选。特别是要依法办事，杜绝不正之风。

7. 效率原则

效率原则是指根据不同的招聘要求，灵活选用适当的招聘形式，以尽可能低的招聘成本录用高质量的员工。

8. 守法原则

人员招募与选拔必须遵守国家法令、法规、政策。在聘用过程中不能有歧视行为。

5.1.1.3 招聘的作用

企业招聘的作用是多方面的，不仅限于填补岗位空缺，还包括提升企业形象、优化人才结构、降低员工离职率及提升员工素质等。以下是企业招聘的几个关键作用。

满足人才需求：招聘是企业获取人才的主要途径，通过招聘，企业可以填补岗位空缺，确保各项业务的正常运转。

提升企业形象：招聘过程是企业与潜在员工的互动过程，一个公正、公平、公开的招聘环境可以展现出企业的形象和价值观，从而吸引更多优秀的人才。

优化人才结构：通过招聘，企业可以引入不同背景、不同技能的人才，为企业带来新的思想和创意，促进企业的创新和发展。

降低员工离职率：通过有效的招聘，企业可以选拔出与岗位匹配的人才，降低员工离职率，减少因员工离职带来的成本损失。

提升员工素质：招聘是企业筛选人才的过程，通过严格的筛选标准，也可以选拔出高素质的员工，提高员工整体素质水平。

市场调查工具：招聘还可以作为市场调查的工具，通过招聘过程中的面试和沟通，企业可以收集同行业相关岗位的薪酬情况等信息，为制定薪酬策略提供参考。

激励员工：适时的招聘可以唤醒员工的危机意识，激发老员工的工作激情，有助于维持企业内部的竞争活力。

综上所述，企业招聘是一个复杂而系统的过程，对于企业的长期发展具有深远的影响。因此，企业应该重视招聘工作，将其视为企业战略规划的一部分，通过科学合理的招聘策略，为企业的发展提供坚实的人才保障。

5.1.2　招聘内容与程序

1. 招聘前提

招聘有两个基本前提。一是制定人力资源规划。从人力资源规划中得到的人力资源净需求预测决定了预计要招聘的职位、部门、数量、时限、类型等因素。二是制定工作描述与工作说明书，它们为录用提供了主要的参考依据，同时也为应聘者提供了关于该工作的详细信息。这两个前提也是制订招聘计划的主要依据。

2. 招聘内容

招聘主要由招募、选拔、录用、评估等一系列活动构成。招募是企业为了吸引更多更好的候选人来应聘而进行的若干活动，包括：招聘计划的制订与审批、招聘宣传、应聘者申请等；选拔则是组织从"人—事"两个方面出发，挑选出最合适的人来担任某一职位，包括：资格审查、初选、面试、笔试（心理测验）、体检、人员甄选等环节；录用主要涉及员工的初始安置、试用、正式录用；评估则是对招聘活动的效益与录用人员质量的评估。

3. 招聘程序

人员招聘大致可分为招募、选拔、录用、评估四个阶段（见图 5-1）。

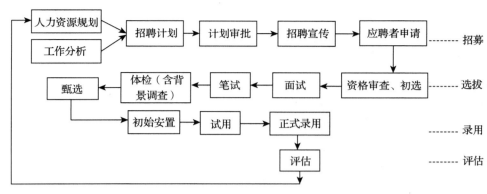

图 5-1 人员招聘流程图

5.1.3 招聘者职责

在招聘过程中，传统的人事管理与现代人力资源管理工作职责不同。在过去，员工招聘的决策与实施完全由人事部门招聘者负责，用人部门的职责仅仅是负责接收人事部门招聘的人员，完全处于被动的地位。而在现代组织中，起决定性作用的是用人部门，它直接参与整个招聘过程，并在其中拥有计划、初选与面试、录用、人员安置与绩效评估等决策权，完全处于主动的地位。人力资源部门只在招聘过程中起组织和服务的功能。表 5-1 是关于招聘过程中用人部门与人力资源部门的工作职责分工。

表 5-1　招聘过程中用人部门与人力资源部门的工作职责分工

用人部门	人力资源部门
1. 招聘计划的制订与审批 2. 招聘岗位的工作说明书及录用标准的提出 3. 应聘者初选，确定参加面试的人员名单	1. 招聘信息的发布 2. 应聘者申请登记，资格审查 3. 通知参加面试的人员
4. 负责面试、考试工作	4. 面试、考试工作的组织 5. 个人资料的核实、人员体检
5. 录用人员名单、人员工作安排及试用期间待遇的确定 6. 正式录用决策 7. 员工培训决策 8. 录用员工的绩效评估与招聘评估 9. 人力资源规划修订	6. 试用合同的签订 7. 试用人员报到及生活方面安置 8. 正式合同的签订 9. 员工培训服务 10. 录用员工的绩效评估与招聘评估 11. 人力资源规划修订

注：表中的数字表示招聘工作中各项活动的顺序。

5.2　招聘渠道的选择

个案研究 5-1

远翔机械有限公司

远翔机械有限公司最近几年在物色中层管理干部上遇到了一些两难的困境。该公司是一家制造、销售高精度自动机床的企业，目前重组成六个半自动制造部门。高层管理者相信这些部门经理有必要了解生产线和生产过程，因为许多管理决策需在此基础上做出。传统上，公司一直严格地从内部提升中层干部，但后来发现这些从基层提拔到中层管理职位的员工缺乏相应的适应他们新职责的知识和技能。

这样，公司决定从外部招募，尤其是那些工商管理专业的优等生。通过一家职业招募机构，公司得到了许多有良好工商管理专业训练的毕业生作为候选人，并从中录用了一些，先放在基层管理职位，拟经过一阶段锻炼后提升为中层管理人员，但在两年之中，这些人都离开了该公司。

公司又只好回到以前的政策，从内部提拔，但又碰到了过去同样素质欠佳的老问题。不久就有几个重要职位的中层管理人员将退休，急待称职的后继者来填补这些空缺。面对这一问题，公司想请咨询专家来出些主意。

5.2.1　内部招聘

1. 内部招聘的主要来源

- 提升
- 工作轮换
- 工作调换
- 返聘或重新聘用
- 内部公开竞聘

2. 内部招聘的主要方法

- 布告法
- 人才储备法
- 人才盘点
- 推荐法（自荐或他荐）
- 跨部门调动

⑤ 人力互动 5-1

一个组织从内部提拔人员要具备的条件

（1）组织具有足够的人员储备和员工开发与培训制度；

（2）组织文化鼓励员工个人不断上进；

（3）完善的人员晋升和提拔制度；

（4）全方位、长时间轴的考察；

（5）绩效的真实性；

（6）候选人对组织有较高的忠诚度。

5.2.2 外部招聘

1. 外部招聘的主要来源

- 人才招聘网站
- 人才中介机构
- 猎头公司
- 就业机构（职业介绍机构）
- 人才市场
- 熟人介绍
- 主动上门求职者
- 失业者（下岗者）
- 竞争者与其他公司
- 学校

2. 外部招聘的主要方法

（1）员工举荐。员工举荐又叫熟人介绍，是常见的招聘方式，很有效。据研究，在外部招聘的方法中，它的有效性排第一。因为员工对应聘者与所空缺职位都比较了解，再加上举荐会涉及他的声望或奖励，所以员工总是举荐高质量的求职者。

（2）广告。招聘广告是利用各种宣传媒介发布组织招募信息的一种方法，也是宣传企业形象的常用方法。招聘广告的编写要做到真实、合法、简洁。在设计上要注意AIDA法则，即吸引注意（attract attention）、激发兴趣（develop interest）、创造愿望（create desire）、促使行动（prompt action）。

一般情况下，招聘广告应包括以下内容：组织的基本情况，政府与劳动部门的审批情况，招聘的职位、数量与基本条件，招聘的范围，薪资与待遇，报名的时间、地点、方式及所需的资料，其他有关注意事项。

常用于发布招聘信息的广告媒介有：短视频平台、广播电视、报纸、杂志、互联网络等，它们各有优缺点（见表5-2），在选择时，企业应根据自身的条件加以确定。

表 5-2　五种发布信息中介的比较

中介种类	优势	缺陷
广播电视	招募信息让人难以忽略 可传达到一些并不很想找工作的人 创造的余地大，有利于增强吸引力 自我形象宣传	成本昂贵 只能传送简短的信息 缺乏永久性 为无用的传播付费

（续）

中介种类	优势	缺陷
报纸	广告大小弹性可变 传播周期短 可以限定特定的招募区域 分类广告为求职者与供职者提供方便 有专门的人才市场报	竞争较激烈 容易被人忽略 没有特定的读者群 印刷质量不理想 报纸媒体愈见势弱，受众人群减少
杂志	印刷质量好 保存期长，可不断重读 广告大小弹性可变 有许多专业性杂志，可将信息传递到特定的职业领域	传播周期较长 难以在短时间里达到招募效果 地域传播较广
互联网络	广告制作效果好 信息容量大，传递速度快，无时效限制 可统计浏览人数，可指定人群投放 可单独发布招募信息，也可以集中发布	地域传播广 网络信息繁杂不易被筛选 有一些人不具备上网条件，或没有使用计算机或智能手机的习惯
短视频平台	广告生动形象，吸引力大 浏览量大，曝光度高，传播速度快 可投放流量推广，精准投放给需求群体 可通过社交媒体传播	更迭速度快 制作成本高，投放流量费用昂贵 受众仅限于平台用户

🐚 **实务指南 5-2**

开发有效的招聘广告的建议

- 确定招聘的对象。
- 考虑招聘的发布方式是网络短文、图片还是短视频。
- 利用特定平台或只针对某一类对象，使招聘精准投放。
- 使招聘广告明了而有创意。采用吸引眼球的清楚的图像或视频和能够使人产生兴趣的语言。
- 利用不同形式吸引不同类型的申请者。
- 为了吸引冲动型的申请者，可以在特定时间或曝光度高的平台发布吸引在职者和没准备好简历的人。
- 确认已详细清楚地定义了岗位对于工作技巧、能力、教育背景的要求。

（3）校园招聘。校园招聘方式有招聘信息张贴、开招聘会、毕业实习、毕分办推荐四种。校园招聘一定要准备充分、尊重学生、不论是否录用，都应该有反馈等。

🐚 **人力互动 5-2**

校园招聘的步骤

1. 进行招聘分析：公司做招聘分析来评估对长期或短期所需要的新的特定人才的要求。

2. 准备职位申请书：对新职位的每一项要求都要被阐述成描述该工作所需要的工作职责、工作技能及能力的申请书。

3. 挑选学校：在夏季选择招聘学校并制定招聘日程表。

4. 发布招聘信息：在学校网站、招聘平台、社交媒体上发布招聘信息，包括招聘岗位、职责、要求、待遇等。

5. 宣讲会：在学校举办宣讲会，介绍企业的基本情况、发展前景、企业文化、招聘岗位等，同时回答学生的提问。有的会在宣讲后进行简短的校园面试。

6. 网申、笔试和面试：校园宣讲过后会有网申（或递简历）、笔试/面试的安排。

7. 审查候选人：招聘者邀请最好的候选人参加现场面试。

8. 评价招聘：人力资源管理部对招聘效果进行评价，以确定工作空缺是否仍然存在、新雇用者的素质及该方案的成本效率。

（4）网络招聘。网络招聘是随着互联网应用的普及而发展起来的新型招聘方式，它包括以下两种途径。

第一种是企业利用自己的网站设立专门的招聘网页或专区，发布招聘信息。为了吸引人才，招聘网页本身应该制作精美、吸引眼球，并且内容专业、翔实，还可以将公司的网站链接在一些知名的招聘站点或者专业人士经常浏览的网站上。

第二种途径是利用第三方专业招聘网站或平台，使用简历数据库或搜索引擎等工具来完成招聘。我国除了"智联招聘网"（www.zhaopin.com）、"前程无忧"（www.51job.com）、"猎聘网"（www.liepin.com）、"中华英才网"（www.chinahr.com）、"BOSS 直聘"（www.zhipin.com）、"拉勾网"（www.lagou.com/wn/）等知名综合招聘网站，另外还有专门针对某类人群而设立的网站，比如按地域划分的"北京人才热线"（www.beijingrc.com）、"广东人才网"（www.gdrc.com）等，按职位性质划分的"阿里 IT 人才招聘网"（www.alijob.com）等，以及专门针对大学生或硕博士人群的"应届生求职网"（www.yingjiesheng.com）、"博士人才网"（www.91boshi.net）等。招聘者可以在这些专业网站上发布招聘信息、利用网上数据库系统自动管理简历，也可以不发布招聘广告而直接搜索网上的简历库，寻找合适的人才。

网络招聘为企业和求职者均提供了非常便利的条件，使招聘不受地点和时间的限制，对双方来说都可以节省时间和成本，并且拥有更广泛的选择范围。

（5）中介机构。

人才交流中心：通过人才交流中心人才资料库选择人员，用人单位可以很方便地在资料库中查询条件基本相符的人员资料，有针对性强、费用低廉等优点，但对于热门人才或高级人才效果不太理想。

招聘洽谈会：随着人才交流市场的日益完善，洽谈会呈现出向专业方向发展的趋势。企业招聘人员不仅可以了解当地人力资源素质和走向，还可以了解同行业其他企业的人事政策和人力需求情况。但是，要招聘到高级人才还是很难的。

　　猎头公司：猎头公司有专业的、广泛的资源，拥有储备人才库，搜索人才的速度快，人才质量高。对中高级管理人才与技术人才，往往委托"猎头"公司来寻找，委托费用原则上是被猎取人才年薪的30%。

📀 实务指南 5-3

各工作年限的求职者常用的求职渠道

求职渠道	工作年限				
	10 年以上	6～10 年	3～5 年	1～2 年	应届生
报纸杂志等广告	57%	62%	59%	47%	42%
网络招聘	66%	71%	73%	67%	64%
员工、朋友推荐	33%	35%	36%	39%	33%
人才招聘会	51%	50%	66%	63%	79%
猎头	14%	15%	7%	2%	2%

　　（6）人才派遣。"人才派遣"是人才流动管理的一种新模式，与传统的人才聘用不同，用人单位与派遣人才之间不存在劳动关系，而只有有偿使用关系。显然，"人才派遣"对用人单位，特别是对实力较小的中小企业及人才本身都有许多益处。对用人单位来说，不必过多储备人才，如临时需要可以通过"人才派遣市场"请到合适的人才，"成本"也不会太高。

　　（7）特色招募。特色招募是指公司组织一些具有特色的招募活动来吸引求职者，比如电话热线、接待日、主题活动等。

📀 实务指南 5-4

　　本指南列举了各种招聘来源有效性评价的排名，第一行表示不同的职位，第一列代表招聘来源有效性的排名，由高到低。例如，行政办公类职位招聘来源有效性评价的排名，由高到低依次是网络招聘、内部晋升、申请人自荐、员工推荐、政府就业机构，其中行政办公类职位内部晋升的招聘来源占比 94%。

有效性（排名）	行政办公	生产作业	专业技术	佣金销售	经理
第一	网络招聘（84%）	网络招聘（77%）	网络招聘（94%）	网络招聘（84%）	内部晋升（95%）
第二	内部晋升（94%）	申请人自荐（87%）	内部晋升（89%）	员工推荐（76%）	网络招聘（85%）
第三	申请人自荐（86%）	内部晋升（86%）	校园招聘（81%）	内部晋升（75%）	私人就业服务机构（60%）
第四	员工推荐（87%）	员工推荐（83%）	员工推荐（78%）	私人就业服务机构（44%）	猎头公司（63%）
第五	政府就业机构（66%）	政府就业机构（68%）	申请人自荐（64%）	申请人自荐（52%）	员工推荐（64%）

　　注：表中括号内的数字是调查样本组织中采取该种招聘渠道的百分比。

5.2.3　内部招聘与外部招聘的比较

根据招聘对象的来源可将招募方式分为内部招聘与外部招聘，它们各有其优缺点（见表 5-3）。在实际中，一般优先考虑内部招聘，因为它有助于激励员工士气，但有时内外结合更能产生最佳效果。它取决于公司的战略业务、经费、资源稀缺等因素。

表 5-3　内外招聘方式的比较

	内部招聘	外部招聘
优点	①了解全面，准确性高	①来源广，余地大，利于招聘到一流人才
	②可鼓舞士气，激励员工	②带来新思想、新方法
	③可更快适应工作	③可平息或缓和内部竞争者之间的矛盾，激励员工进取
	④使组织培训投资得到回报	④现成的人才，节省培训投资
	⑤选择费用低	⑤公平性更强
缺点	①来源局限、水平有限	①进入角色慢，适应期较长
	②"近亲繁殖"	②了解少
	③可能造成内部矛盾	③可能影响内部员工积极性
	④易出现思维定式，缺乏创新性	④有不为工作群体接受的危险

5.3　招聘的工作程序

人员招聘是招聘系统中的一个重要环节，其目的在于吸引更多的人来应聘，使得组织有更大的人员选择余地，以获得具有合适资格人选的过程。有效的人员招募可提高招聘质量，减少组织和个人的损失。

人员招聘的过程包括以下三个步骤：一是制订招聘计划，包括明确招聘的人力需求，对招聘的时间、成本和应聘人数的估算等；二是执行招聘计划，包括发布招募消息、应征者受理、初步筛选等；三是招聘效果评估（见图 5-2）。

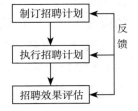

图 5-2　人员招聘过程

5.3.1　制订招聘计划

招聘计划是招聘的主要依据。招聘计划由用人部门根据业务发展需要制订，然后由人力资源部门进行审核，特别是对人员需求量、费用等项目进行严格复查，签署意见后交上级主管领导审批。有效的招聘计划离不开对招募信息的分析，不仅包括对内部信息的分析，比如公司所处城市环境、住房福利、发展机遇等，还包括对外部信息的分析，比如外部人才市场的研究等。

一般来说，招聘计划的具体内容包括：①明确人力需求，确定招聘的岗位、人员需求量、岗位的性质及要求等；②对招聘的时间、成本和应聘人员人数进行估算。

1. 招聘时间的估算

招聘时间是指了解满足这些人员需求的时间限制，因此招聘时间表的制定很重要

（见表 5-4）。

2. 招聘成本的估算

招聘成本的估算可用下面的公式：

$$招聘成本 = 招聘总费用 / 雇用人数$$

这一计算虽然很简单，但还是可以作为一个重要的核算成本的指标。一般说来，招聘总费用可以包括以下几项。

（1）人事费用：招聘工作人员的薪水、福利、差旅费、生活费补助和加班费等。

（2）业务费用：通信费（如电话、传真、邮资、上网费）、专业咨询与服务费、广告费（在广播电视、报纸杂志等刊登的广告）、体检费、信息服务费（公司宣传资料、获得中介信息的费用等）、物资用品等。

（3）一般开支：设备租用费、办公室用具设备所需费用、水电及物业管理费等。

在计算成本时，应仔细分析费用来源，以免漏算或重复导致成本估计产生偏差，不利于今后的评价工作。

表 5-4 招聘的时间

各个环节	平均天数
收到个人简历到发出面试通知	5
发出面试通知到面试	6
面试到提供工作	4
提供工作到接受所提供的工作	7
接受工作到实际开始工作	21
总的时间	43

3. 应聘人员人数的估算

假设某公司的人员招聘和选拔过程分为报名、确定选择名单、初步面试、确定候选名单和选拔聘用五个阶段。如果该公司希望在 6 个月内录用 50 名销售员，候选与录用比例为 2∶1，则需要 100 名候选人；初步面试与候选人比例为 3∶2，则参加初步面试的应有 150 人，依此类推，被列入选择范围的人与面试的人比例为 4∶3，则应有 200 人可供选择；报名者与选择名单比例为 4∶1，则至少需要吸引 800 人前来应征。一项对 500 多家公司的实际调查发现它们采用如下的选择比例：7% 的人被列入选择范围，其中的 26% 被邀请参加面试，面试者中的 40% 将被录用。

4. 确定招聘渠道

首先要明确招聘对象是通过内部推选，还是由外部招聘获得。特别要考虑招聘范围、招聘的渠道与方法。例如，如果此次招聘的是一名人事经理、一名销售主管和若干名文员。那么一般来说，招聘范围和渠道就可以依次定为：委托人才服务公司物色有足够经验、业绩良好的资深人员作为人事经理候选人；销售主管到人才市场中设摊招聘，或在《人才市场报》上刊登招聘广告；文员则到某职业技术学校的文秘专业毕业生中选取。这样，此次招聘除了销售主管选择范围较广，期望获得一名销售精英外，另外两个职位招聘的针对性都很强，范围较小，且十分稳妥。当然，确定这样三种招聘渠道并不是凭空想出来的，应该在明确具体目标的前提下，广泛收集和了解人力资源供求情况，并从招聘成本、质量及时间限制等几个方面加以综合考虑后决定招聘范围多大才合适，选用哪种渠道，或是同时使用哪几种渠道等。

5. 招聘实施部门与人员的确定

招聘实施部门应该既包括用人部门，又包括人力资源部门。特别注意要挑选和培训招聘人员。招聘人员素质的高低不仅直接关系到招聘的效果，还会影响组织的形象和声誉。例如，有些企业每年在毕业季到各高校校园中设立专场招聘或咨询会，其直接目的是在毕业生中吸引优秀生源加盟，这种活动间接地提高了企业在学生中的知名度和形象。前去招聘的工作人员是应征者了解企业的第一个途径，他们的办事能力和效率及外观形象都向应征者传递着企业理念和文化的信息。因此，组织应挑选有经验、对组织内部情况和岗位十分了解，且表达能力强、形象较好的人员作为招聘者，还可以针对每次招聘的具体要求加以培训，确保招聘工作的顺利进行。

🐚 实务指南 5-5

一个招聘计划实例

招聘计划：

根据 2025 年 1 月 3 日第二次董事会决议，向社会公开招聘负责国际贸易的副总经理 1 名、生产部经理 1 名、销售部经理 1 名。

由人力资源开发管理部张一觉经理在分管副总经理周伟的直接领导下具体负责。

招聘测试工作全权委托复兴管理咨询公司人力资源服务部实施。

招聘进程

2 月 1 日，在 BOSS 直聘和智联招聘发布招聘广告。

2 月 15 日—2 月 20 日开通简历投递渠道，收集简历。

2 月 20 日—2 月 28 日，初步筛选，笔试，面试。

人力资源开发管理部经理　　　签名

5.3.2　执行招聘计划

1. 拟定招聘简章

招聘简章的基本内容有：

- 标题，如"招聘""诚聘""××单位诚聘"等；
- 简介，包括招聘公司或企业的性质和经营范围等基本情况；
- 招聘职位、人数和招聘对象的条件；
- 应聘时间、地点、联系方式和联系人；
- 落款，如"××有限责任公司"。

一份优秀的招聘简章应该充分显示组织对人才的渴求和吸引力。招聘简章应该能够突出组织的特色，引起人们的注意。一般说来，它的基本要求是：

- 语言简明清晰；
- 招聘对象的条件应一目了然；
- 招聘人数应比实际需求多一些，一般约为实际需求的 2 倍；
- 措辞既要实事求是，又要热情洋溢，表现出对人才的渴求和应有的尊重。

⚙️ 实务指南 5-6

字节跳动某岗位招聘简章实例

字节跳动成立于 2012 年 3 月，公司使命为 "Inspire Creativity，Enrich Life"（激发创造，丰富生活）。业务覆盖全球 150 个国家和地区，拥有约 15 万名员工（截至 2025 年 2 月）。字节跳动在全球推出了多款有影响力的产品，包括今日头条、抖音、西瓜视频、飞书、Lark、PICO、剪映、TikTok 等。招聘岗位具体如下。

大模型算法工程师：代码方向

北京　正式　研发—算法　职位 ID：A201983A

职位描述

1. 负责代码场景的效果优化，深入研究 LLM 后训练等相关技术，提高算法准确率和效率；

2. 分析业务需求，设计并实现适用于不同场景的算法解决方案，支持产品线在算法方面的需求；

3. 持续跟进 LLM 前沿技术，基于 LLM 完成在研发领域中的复杂任务。

职位要求

1. 硕士研究生及以上学历，计算机、软件工程、人工智能等相关专业；

2. 具有数据建设、指令微调和模型建设经验，具备优秀的代码能力、数据结构和基础算法功底；

3. 熟悉大模型训练、RL 算法者优先；在大模型领域，主导过大影响力的项目或论文者优先；

4. 出色的问题分析和解决能力，能深入解决大模型训练和应用存在的问题；

5. 良好的沟通协作能力，能和团队一起探索新技术，推进技术进步。

进入字节跳动招聘官网，查询具体职位，投递简历吧！

2. 发布招聘信息

招聘简章拟定以后，就要向社会发布招聘信息。招聘信息发布的时间、方式与范围是根据招聘计划来确定的。

- 在条件允许的情况下，招聘信息应尽早发布，这样有利于缩短招聘进程，而且有利于使更多的人获取信息，使应聘人数增加。

- 信息发布的范围是由招聘对象的范围决定的，发布信息的面越大，接收到信息的人就越多，应聘者也就越多，可能招聘到合适人选的概率就越大，相应地，招聘费用也会增加。

3. 应征者受理

企业发布招聘信息后，就会有应征者前来询问，这时招聘者要主动、热情、诚实地解答应征者的疑惑，为他们提供更多了解企业与就业的机会，提供有关公司与职位、工作的足够信息，也可向应征者问一些简单的问题，比如工作经历、兴趣爱好，并从中判断其工作能力和求职动机，从而尽快排除明显不合格的求职者。

✎ 人力互动 5-3

影响求职者接受一项工作之决策的因素

替代性的工作机会	公司的吸引力	工作的吸引力	招聘活动
· 机会数量 · 机会的吸引力	· 薪金 · 津贴 · 提升的机会 · 地理位置 · 组织声誉	· 工作性质 · 工作日程 · 同事的友好程度 · 监督的性质	· 传达给候选人的信息 · 候选人被招聘的方式

4. 初步筛选

让初步合格的求职者填写求职申请表（见表 5-5）。

求职申请表是招聘工作初选的依据，求职申请表的设计很关键。求职申请表内容设计要根据职务说明书来定，不要千篇一律。另外，设计时要注意符合国家的法规和政策。

一般申请表应包括以下内容。

- 所申请的职位、工作性质；
- 个人资料：姓名、通信地址、联系电话、年龄、性别、婚姻状况、出生地、健康状况、兴趣爱好、专长等；
- 教育状况：学校、专业、学位、起止时间；
- 学术及专业活动情况：学术成果、科研项目、发明专利、参加过何种学术团体；
- 技能：有何技能、证书、证书级别；
- 进修培训经历；
- 工作简历：单位、职位、主要责任、证明人、收入、原单位联系方式、离职原因；
- 个人要求：如何时可到位、班次要求、住房及薪资要求、休假要求等。

表 5-5　×××公司应聘申请表　　　　　　　应聘职位：

个人简况	姓名		出生年月		性别		民族		照片
	籍贯		政治面貌		婚否		健康状况		
	现工作单位			职称					
	联系电话			户籍地					
	住址					期望薪资			
个人能力	外语等级			技能			特长		
学习经历	学历	毕业院校		起止时间		专业		导师	
	本科								
	硕士								
	博士								
工作经历	起止时间		工作单位、岗位、薪资及证明人						
家庭成员	姓名		出生年月		学历		工作单位		
晋升期望（职位、时间）培训期望（内容、日期、时间）									
其他									

本人郑重声明：

本人保证表内所填写内容真实，如有虚假，一经公司查证，愿接受公司一切处理意见。

本人保证自行处理与其他单位的劳动关系，如出现劳动纠纷，本人承担一切相关责任。

申请人签名：　　　　　日期

5.3.3　招聘效果评估

招聘效果评估也是员工招聘当中非常重要的环节。招聘效果评估主要包括招聘效果的提高途径与招聘效果评估指标两部分内容。

⑤ 个案研究 5-2

选人错误（换人）的成本[○]

费用项目	占工资的百分比	折合费用（美元）
新员工人数不足而导致的费用（12 个月）	46%	23000
同事帮助新员工的费用（12 个月）	33%	16500
因人员离职导致生产力下降的费用（1.5 个月）	6%	3000
同事因某员工的离职而分散注意力导致的费用	2%	1000
职位空缺或找人临时替补的费用（13 周）	50%	25000
办理离职手续及人力资源部招聘新员工的费用	3%	1500
招聘费用（广告费、代理费等）和人力资源部的审查费用	10%	5000
寻找新的合适员工的费用（49 小时）	8%	4000

　⊖　该表是根据美国人力资源管理协会的研究成果编制而成的，实际的费用数是以每位不需调动岗位的人员 5 万美元 / 年的薪资水平计算的。

（续）

费用项目	占工资的百分比	折合费用（美元）
重新安置该员工的费用	0	0
总费用		79000
总费用相对于平均工资的倍数	1.58%	

5.3.3.1 提高招聘效果的途径

（1）诚恳的招聘态度：要热情周到，诚实可信。用人单位要真实、准确地向求职者介绍自己的企业，既要介绍有利的一面，也要介绍不利的一面，以降低过高的期望。

（2）为求职者着想：既要考虑人—职匹配，还要考虑员工的发展。

（3）增强职位吸引力，满足求职者多元化的需求。

（4）招聘职位描述清晰，定位明确。

（5）合理设计招聘程序，比如可采取定期发送招聘通知的方式。

（6）在招聘中识别弄虚作假的材料，比如假文凭等。

（7）注意拒绝的艺术。

🐚 人力互动 5-4

注意招聘中的几个问题

（1）歧视问题：包括性别歧视、年龄歧视、学历歧视、非名牌大学歧视、区域歧视、籍贯歧视等。

（2）报酬问题：在广告中报酬含糊不清。

（3）资料问题：广告中的"资料恕不退还"，是不对的。

（4）上门问题：广告中的"谢绝来电来访"，也是不恰当的。

（5）公平问题：注意招聘流程的公平性。

5.3.3.2 招聘效果评估指标

招聘效果的评估可从三项指标去评价，即一般评价指标、基于招聘者的评价指标与基于招聘方法的评价指标（见表 5-6）。

表 5-6 招聘效果评价指标体系

一般评价指标	1. 补充空缺的数量或百分比 2. 及时地补充空缺的数量或百分比 3. 平均每位新员工的招聘成本 4. 业绩优良的新员工的数量或百分比 5. 留职至少一年以上的新员工的数量或百分比 6. 对新工作满意的新员工的数量或百分比

（续）

基于招聘者的评价指标	1. 参加面试的数量 2. 被面试者对面试质量的评级 3. 职业前景介绍的数量和质量等级 4. 推荐的候选人中被录用的比例 5. 推荐的候选人中被录用且业绩突出的员工的比例 6. 平均每次面试的成本
基于招聘方法的评价指标	1. 引发的申请的数量 2. 引发的合格申请的数量 3. 平均每个申请的成本 4. 从方法实施到接到申请的时间 5. 平均每个被录用的员工的招聘成本 6. 招聘的员工的质量（业绩、出勤等）

5.4 招聘中的法律约束

在进行人员的招聘选拔工作时，企业除了按照自身的规章制度外，还需了解国家的相关法律、法规和政策，包括企业在招聘选拔时的权利、义务，更重要的是了解一些禁止性条款，用人单位在招聘人员时应依法进行，自觉遵守。

招聘中的就业歧视问题

在企业招聘操作的过程中经常存在着就业歧视问题，招聘中的就业歧视是指企业在招聘过程中以与工作无关的情况为理由，将部分应聘者排除在就业竞争机会之外，这是不公平、不合理、不合法的。就业歧视主要包括以下八个方面。

（1）户籍歧视：如北京某商场规定导购人员必须满足"35岁以下、北京市城镇户口"的条件。

（2）地域与方言歧视："××地方人勿进"，一些用人单位明确贴出告示，拒绝××地方的人。部分企业在招聘中要求应聘者必须会讲当地的方言，比如粤语、闽南语、宁波话、上海话等。

（3）性别和年龄歧视：很多企业招用员工时将女性拒之门外，在同等条件下，除非女性应聘者特别优秀才会考虑；而在招收文秘人员时，则一般要求是女性，且把年龄限制在22～28岁。另有不少企业将用人的最高年龄限定在35岁，致使一些35岁以上的求职者屡屡因年龄"不合格"而失去工作机会。

（4）学历和经验歧视：一些用人单位一味追求高学历，导致研究生做大专生、本科生就可以做的工作，造成人才浪费。另外，招聘广告中常常有对"经验"的要求，这使一些根本没有工作经验的大学生或无工作经验的人很难找到合适的工作。

（5）身体状况歧视：包括身高、相貌、体型、残疾和血型等方面的歧视。如有的企业招聘时要求"五官端正""容貌气质佳"；协保人员王某一眼失明，虽本人持有二级厨师证书，但仍然找不到工作；一家公司不惜重金聘请销售总监和国内、国际市场销售经理的条件之一是血型为 O 型或 B 型。

（6）婚育状况歧视：有的企业在招聘办公室文秘、档案管理、财务、客户服务、人事行政助理等职位时，特别强调聘用已婚女性。很多企业特别是一些电子、电器科技企业在招聘时青睐已婚已育的女员工。

（7）经历歧视：主要是刑释解教人员常因前科失去就业竞争机会。

（8）姓氏歧视：如一位经营布料的老板有意聘用一个女孩当营业员，但一听女孩姓裴，便马上改变了主意，因为"裴"与"赔"谐音，不吉利。

招聘中的就业歧视与合理甄选的实质性区别在于，就业歧视是企业以与工作无关的理由剥夺部分应聘者的竞争机会，因此一个人姓甚名谁，是哪个地方的人，是否有本地户口，是否会讲某些方言，长得是否倾城倾国，血型是 A 型、O 型或 AB 型等都属于就业歧视，因为一般说来它们与能否干好工作没有任何关系。

我国法律把平等就业作为劳动者应享有的基本权利和劳动就业工作的基本原则，反对就业歧视，保障劳动者的合法权利。

《中华人民共和国劳动法》第十二条规定："劳动者就业，不因民族、种族、性别、宗教信仰不同而受歧视。"第十三条规定："妇女享有与男子平等的就业权利。在录用职工时，除国家规定的不适合妇女的工种或者岗位外，不得以性别为由拒绝录用妇女或者提高对妇女的录用标准。"《中华人民共和国残疾人保障法》第三十八条规定："在职工的招用、转正、晋级、职称评定、劳动报酬、生活福利、休息休假、社会保险等方面，不得歧视残疾人。"此外，我国政府还出台了大量政策照顾少数民族、军队转业人员、下岗职工等特殊群体的就业。

因此，每个公民都享有平等就业权，就业歧视是违法的。

🌀 研究前沿 5-1

招聘结果中的性别差异证据[一]

本文分析了企业内部各类决策者在招聘环节中的作用，以及这种角色分配对性别差异产生的影响，重点观察了一家大型跨国企业通过改变招聘流程，将筛选候选人的责任从业务部门负责人转移到人力资源部门，结果发现女性被录用的比例有所上升。

性别差异在招聘环节是职场性别不平等的一个关键因素。研究显示，组织内的决策可能受到不确定性和偏见的影响，从而导致不平等的结果。业务部门负责人和人力资源部门作为招聘过程中的主要决策者，由于他们的背景和职责不同，对候选人的评价也会有所差异。业务部门负责人通常对候选人是否适合岗位负有直接责任，而人力资源部门则更关注候选人的筛选过程。下面将通过以下三个方面来解释人力资源部门主导的筛选如何减少招聘中的性别差异。

〇 SARABI A, LEHMANN N. Who shortlists? evidence on gender disparities in hiring outcomes[J]. Administrative Science Quarterly, 2024, 69(4): 1044-1084.

（1）人力资源专业人员在招聘和筛选方面通常具有更高的专业性与一致性，他们更倾向于根据既定的标准来评估候选人，而不是因性别而有所偏颇。这种"差异化评估"有助于减少主观偏见，使候选人能够更公正地被考虑。

（2）在招聘过程中，利用社会网络和内部推荐是一种普遍的做法，尤其是在业务部门负责人主导的情况下。但是，社会网络往往具有同质性，倾向于推荐与现有员工相似的候选人，这在男性主导的环境中可能会加剧性别不平等。相比之下，人力资源部门由于其独立性，较少依赖社会网络和员工推荐，从而减少了性别偏见。

（3）决策者可能存在同性偏好，即更倾向于与自己性别相同的候选人合作或对其给予更高的评价。这种偏好可能导致业务经理更倾向于录用男性候选人，因为他们的团队中男性比例较高。而人力资源部门中女性比例相对较高，因此将筛选任务交给人力资源部门可能会增加女性候选人的比例。

研究表明，当人力资源部门主导筛选任务时，女性候选人被录用的比例显著增加，这表明组织决策者在招聘过程中的角色分配对性别不平等有显著影响。这一发现为公司提供了通过调整招聘流程来减少性别差异的实践建议。

5.5　数智时代招聘的发展趋势与挑战

AI 面试技术正是数智化赋能招聘的产物，随着大数据、AI 技术的发展，数智时代的招聘将迎来一个个技术变革与挑战。

5.5.1　数智时代招聘的发展趋势

1. 招聘决策的数据化趋势增强

（1）企业在招聘中越来越多地使用大数据分析，通过对候选人背景、职业轨迹和技能数据的分析，预测其在岗位上的表现及稳定性。例如，通过分析以往高绩效员工的特质，设计理想候选人的画像。

（2）精准招聘的程度提升。在大数据支持下，企业可以更精准地评估市场中人才的供需情况，优化职位发布和筛选策略。企业还可以利用历史招聘数据建立模型，精准刻画岗位需求，从而促进简历与岗位的智能配对，实现供需双方的精准匹配。

（3）优化招聘指标。数据驱动的招聘还可衡量关键指标（如招聘周期、招聘成本和入职后的绩效），帮助企业不断优化招聘流程。

2. 远程招聘越来越普及

随着数字化技术的进步，视频面试（依靠 Zoom、腾讯视频等平台）、虚拟评估越来越普及与流行，使企业能够吸引全球范围的优秀人才。虚拟招聘活动，比如线上招聘会、虚拟职业展览使企业能够接触到世界各地的候选人。招聘不再局限于地域，人才获取更加全球化和多样化。

3．招聘智能化程度增强

AI驱动的招聘工具（如聊天机器人、智能筛选系统）简化了候选人筛选、面试安排等流程。

（1）智能简历筛选。AI算法快速扫描数千份简历，根据关键词匹配候选人，极大节省了招聘时间，提高了效率。

（2）AI聊天机器人助力招聘选拔。智能聊天机器人可以处理求职者的常见问题，提供实时反馈，提升候选人体验。

（3）任务评估平台帮助筛选候选人。企业通过在线平台对候选人进行工作情境测试或技能评估，比如代码编写或营销策划。

4．招聘的技能导向明显

（1）技术技能优先：在快速变化的技术环境中，学历不是唯一的敲门砖，技能比学历更受关注，企业更注重候选人掌握的特定技能，注重评估候选人的实际能力及学习潜力。

（2）实践为王：项目经验、创新能力和解决问题的实际能力在技术型岗位的招聘中变得尤为重要。候选人通过短期课程或在线认证（如Coursera、Udemy）证明其在特定领域的能力，此类方式受到企业的青睐。

5．灵活就业与多元用工模式

数智经济催生了自由职业者、短期合同工等灵活用工形式，企业招聘策略更加多样化。

（1）自由职业平台推动灵活就业，Upwork、Fiverr、58同城等平台推动了自由职业和按需招聘的发展。

（2）零工经济兴起，短期任务型岗位（如共享经济中的司机、配送员）不断增加，为多元用工模式提供了范例。

5.5.2　数智时代招聘面临的挑战

1．技术与隐私的平衡

数据隐私： 数字化招聘需要处理大量个人数据，可能引发隐私泄露的风险。

法律合规： 各国关于数据隐私的法律不同（如欧盟的《通用数据保护条例》、美国的《加州消费者隐私法案》），跨国企业在招聘时面临复杂的合规挑战。

信任问题： 候选人对AI和大数据应用在招聘中的公平性与透明度存疑，可能影响他们的申请意愿。

2．技术壁垒与人才缺口

招聘技术的成熟度： 不同企业对新兴技术（如AI、区块链）的接受度和运用能力参差不齐。

技术型岗位短缺： 特别是AI、数据科学和网络安全领域的高端人才严重供不应求，竞争激烈。

技能更新速度： 候选人往往难以跟上行业技能的快速变化，导致技能与职位要求之间的错配。

3. 算法偏见与公平性

AI 招聘的偏见： 如果算法训练数据不平衡，可能导致对某些群体的系统性歧视，比如性别、种族或年龄。

多样性挑战： 数字化筛选标准化的流程可能导致人才多样性受到影响，限制企业的创新能力。

❺ 研究前沿 5-2

AI 招聘实践中的伦理与歧视[⊖]

在招聘过程中使用 AI 可以帮助企业更准确地评估人才，从而增强企业竞争力。但如果 AI 训练数据存在偏见，可能会导致算法歧视和社会不平等。尽管有些研究表明 AI 可以比人类更公正，但 AI 算法仍可能造成就业机会不均和歧视。因此，企业应谨慎选择和使用负责任的 AI 算法，并推动内部多样性。

AI 招聘算法的歧视问题通常基于统计歧视理论，即雇主可能根据求职者群体特征而非个人特征做出招聘决策。这种基于群体特征的推断可能导致歧视，即使雇主是出于利润最大化的考虑。随着 AI 技术在就业市场的应用，统计歧视理论也扩展到了智能招聘领域，两者都依赖历史数据预测未来招聘结果，容易受到算法偏见的影响。

算法偏见是计算机系统中的系统性错误，可能导致基于法律保护的特征（如种族和性别）的不平等和歧视。但由于人们对人工智能过程本质上是"客观"和"中立"的误解，这些歧视性结果经常被忽视。尽管算法的目标是客观和清晰，但当它们收到人类输入的数据时，可能会导致"偏见"。现代算法看起来可能是中立的，但可能存在"代理歧视"的风险。例如，人工智能系统依赖大量数据进行训练，但如果这些数据本身存在偏见，那么训练出来的模型的决策也会存在"偏见"。此外，如果在算法设计阶段就没有充分考虑公平问题，那么即使输入的数据是公正的，最终算法的决策也可能带有"偏见"。如果处理不当，算法可能会加剧不平等，并使对少数群体的歧视永久化。

为防止 AI 算法复制或引入偏见，需要技术和监管层面的改变。技术上，可以构建更公平的数据集，提高透明度，并开发反偏见工具。管理上，可以通过内部道德治理和外部监督来确保 AI 招聘的透明度，同时还要制定问责机制。

4. 灵活用工的法律与保障问题

劳动法滞后： 灵活用工模式的兴起给现有的劳动法框架带来了挑战，特别是在社保、

⊖　CHEN Z. Ethics and discrimination in artificial intelligence-enabled recruitment practices[J]. Humanities and Social Sciences Communications, 2023 (10): 567.

工时和福利方面的规定。

员工权益争议：在零工经济中，企业如何平衡用工成本与对灵活就业者的保障，成为一个长期争议的焦点。

5.技术替代的伦理问题

人性化缺失：招聘过程的高度自动化可能导致人际互动减少，影响候选人对企业的感知。

情感识别技术：一些企业试图通过情感识别技术评估候选人，但技术的伦理性和准确性仍然存在争议。

✿ 实务指南 5-7

企业面临的招聘难题

任仕达公司《2025年人才招聘策略及趋势展望》的调研报告显示，招聘面临的具体难题如下：

（1）30%的企业存在员工高流失率带来的持续填补需求，加重了人力资源部门负担，影响了企业运营效率。

（2）30%的企业面临着难点岗位招聘周期过长影响业务拓展的问题。

（3）30%的企业面临人才短缺问题，尤其是新兴技术领域和高度专业化的岗位，制约了企业创新发展。

（4）22%的企业内部招聘能力不足，难以应对稀缺高端人才的市场竞争，对企业战略转型和持续发展构成威胁。

复习思考题 🏃

1. 请对书中列举的几种外部招聘方法的优缺点进行对比。
2. 如果你是一名人力资源经理，你将如何开展招募工作？预想一下你可能在招募过程中遇到的困难及解决办法。
3. 假设你刚刚失去工作，你将如何寻找新的工作？有哪些途径？
4. 招聘过程中企业的法律约束是什么？
5. 数智时代招聘的发展趋势和挑战是什么？

案例 5-1 📊

通用电气公司的六西格玛招聘

在招聘及人才引进方面，如何更有效地提高招聘工作的质量？如何更有效地引进人才？相信通用电气公司（GE）的招聘工作会给我们一些全新的启示。

招聘渠道

大多数公司的招聘渠道都是类似的，一般是通过报纸广告、网上招聘、猎头公司等方式招聘人才。

但是 GE 在招聘渠道建设方面有一些自己独特的做法，GE 是如何做的呢？

几十年前，GE 在马萨诸塞大学招聘工程师，招募了一个叫杰克·韦尔奇的青年；后来，在哈佛大学招聘时，发现了杰夫·伊梅尔特——两位 CEO 就是这样成长起来的。

GE 的招聘渠道面向全球。GE 在全球建立有系统的招聘体系，GE 中国的招聘网络已经与 GE 全球连接。GE 中国一旦发布招聘信息，就会同时向全球发布，吸引与招聘合适的人才加入 GE 中国。

建立人才库——招聘工作由被动变主动

无论是否有岗位的需求，GE 都会定期在人力资源、财务、信息管理、市场开发等领域招聘人才。GE 通过内部员工的推荐、外部网络介绍等渠道建立了一个内部的人才库，确保这些人才能够随时被 GE 录用，再委任他们到合适的位置上。所以，GE 的招聘不是阶段性的，而是连续性的，是良性的循环，能够非常及时地满足 GE 各业务集团用人部门的人才需求。

实习生制度

每年，GE 会在一些大学开展实习活动。根据 GE 各业务集团的实际需要，设计一些实习项目，组织优秀的学生来 GE 实习。通过实习，GE 可以与即将毕业的大学生之间有一个双向的了解、沟通。GE 会通过实习考核学生是否满足 GE 的要求，而实习的学生也会通过对 GE 文化的了解发现自己是否适合 GE 的价值观，能否在 GE 找到自己的职业目标。

实习生项目在美国开展得非常成功，GE 中国正在重点引进与推广这一模式，以便通过这一渠道发现更多的人才。

校园招聘——完善的运行机制

（同样都是校园招聘，但 GE 带给我们更多的精粹。）

GE 非常重视校园招聘，建立了一套完善的运行体制，把每个业务部门的 CEO 都委任为某个大学的宣传者，他们必须参与 GE 的校园招聘活动，为大学生介绍 GE 文化，介绍业务集团的情况，展示企业的发展前景，以及他们需要哪些人才。通过校园招聘，GE 与许多大学建立了密切的战略合作伙伴关系。

有时，GE 也组织在 GE 工作的员工到他们的母校以自己的发展为例，向大学生展现 GE 的魅力。GE 还通过一些在校大学生向同学传播 GE 的企业形象，介绍 GE 的业务与文化。

GE 的校园招聘运行体制从不同角度来扩大 GE 校园招聘的影响力，吸引更多的相应专业的学生前来应聘。

在"无边界"文化中，GE 打破 13 大业务集团的界限，统一协作，灵活用人。在校园招聘时，GE 中国人力资源部建立了统一有效的运行机制及运行团体，由每个业务集团领导及人事经理参与，向学生统一介绍 GE 在中国的发展战略、管理培训项目及校园招聘流程。校园招聘对建设 GE 领导人梯队具有长远的意义。GE 的校园招聘进一步加强了 GE 与中国各大院校的长远战略合作关系。

GE 的培训项目——大学生校园招聘 + 储备人才 + 公司的内部招聘渠道

校园招聘一方面可以为公司储备人才，另一方面可以成为公司内部招聘的来源。

GE 全球的人才储备主要利用大学招聘。GE 每年招聘 4000 多人参加公司的管理培训项目，涉及金融、人力资源、工程与制造及信息科技等领域的发展培训。GE 为他们安排 2 年的轮训计划，在 4 个不同的工作岗位工作。这些管理培训生有机会边学习各自职能领域的技能，边在不同的业务集团工作，来实践应用这些技能。GE 也从社会招募有工作经验的人才，但 GE 做得最成功的还是直接从大学校园招聘毕业生参加管理培训项目，再安排到公司所需要的岗位中去。

GE 的培训项目如下：

- 财务管理培训项目（Financial Management Program，FMP）
- 信息管理培训项目（Information Management Program，IMP）
- 人力资源领导力项目培训（Human Resource Leadership Program，HRLP）

例如，GE 中国人力资源总监王晓军是 GE 人力资源领导力培训项目在中国招聘的第一人，而 GE 中国组织与人才发展高级经理程静是第三人，如今她们已经成为 GE 人力资源领域的干将，肩负着为 GE 中国吸引、发展和留住更多优秀人才的重任。

最高效的招聘（GE 六西格玛招聘）

从 GE 人力资源部的内部客户来看，招聘的标准主要是快速招聘、成本最低、质量最好。这是业务部门考核 HR 招聘质量的标准。GE 建立了一套衡量和检测体系，来测试 GE 每一个招聘职位的进展过程。

GE 中国组织与人才发展高级经理程静在介绍六西格玛在 GE 招聘中的作用时说，在 GE 的六西格玛浪潮中，肩负着为 GE 搜罗优秀人才重任的招聘程序也受到六西格玛的影响，以期为 GE 带来最高效的招聘。

GE 六西格玛—DMADV 招聘程序如下。

（1）Define：发现问题，搞清楚问题出在什么地方。

（2）Measure：衡量现在做的工作每一步的具体情况。

（3）Analyze：分析每个步骤出现的问题。

（4）Design：设计出最佳招聘方案与程序。

（5）Verify：通过在日常工作中试运行测试程序是否可行。

GE 用 DMADV 方式来衡量招聘工作的质量。

六西格玛的管理方式是基于原有的历史情况，找出需要改进的环节，然后进行科学的分析，得到一种改进提高的方法，进而采取措施解决或改善问题。以往，GE 的一些业务部门对招聘流程做过衡量，从简历甄选、每一次面试，到决定录用员工，并与新员工谈工资待遇……对整个招聘过程进行分析。通过分析，检验招聘流程中哪个环节拖的时间最长，找到改进的方法。如今，GE 正逐步建立拥有丰富招聘案例的历史数据库，供人力资源部做系统的分析。GE 希望能够有更多的历史数据帮助人力资源部门建立科学的衡量体系，挖掘衡量的标准参数，界定每一个招聘环节所用的时间，确定误差范围。GE 推出的六西格玛 DMADV 程序就是利用 GE 越来越丰富的历史数据，找出最佳标准参数。

GE 从 1996 年开始引进由摩托罗拉始创的六西格玛，短短几年内，产品质量飞速提高，新产品开发周期缩短，经营成本大幅降低，服务流程不断规范……GE 在各大业务集团、各职能部门创造了一个又一个的神话！六西格玛本来只被用在生产领域，用来对质量进行管理。GE 并不是这种方法的缔造者，它从摩托罗拉学习了这种管理方法，却把它应用于企业管理的方方面面，包括用在人力资源工作方面，帮助提高人力资源工作的质量。如今，GE 开始将六西格玛全面引进到人才招聘工作中，将创造出更多的神奇故事。

用六西格玛管理人力资源

在 GE，人力资源工作从职位出现空缺开始，开展招聘、发布招聘广告、初步筛选、面试应聘者，到选到合适的人员、向录用者发入职通知，再到员工培训、职业发展的设计与促进、职位晋升，然后职位又出现空缺，便又重新招聘……这是一个不断循环的过程。而 GE 就是用六西格玛来监控整个过程。GE 的人力资源部门将这一过程的详细环节、程序列出来，分析每个程序是否有偏颇，使每个程序都在六西格玛的管理之下。

人力资源部门会从招聘周期、招聘费用、招聘质量三个主要方面来衡量是否在人才招聘上做好了工作，会在这三个方面制定标准，并按照这个标准来执行。现在，GE 正在公司中推行 DMADV 程序，对整个招聘过程进行六西格玛管理（请见上文"最高效的招聘（GE 六西格玛招聘）"）。

招聘周期

对于招聘周期，肯定是越短越好。假设某个岗位要求在 40 天之内找到合适的人选，但结果没有完成。公司就会分析，是市场的原因、广告没有宣传到位，还是找错了对象，或是其他种种原因，之后会吸取教训，提高工作质量。

招聘费用

应花费多少广告费或猎头中介费用等招聘费用，理论上来说，只要能够实现招聘目标，肯定是费用越低越好。GE 人力资源部门会制定一个标准，要求招聘费用在这个标准之内。这个标准是公司与客户一起根据实际情况制定的客观标准。

招聘质量

招聘到的员工的质量当然是越高越好。在人才质量上，GE 会看新员工是否能够度过试用期，如果一个员工连试用期都没过，达不到公司的要求，就说明招聘时面试出了纰漏，没有真正衡量出应聘者的潜力。

通过六西格玛的管理，GE 的人力资源工作得到了全方位的提升，提高了效率，降低了费用，提升了质量。

六西格玛管理还体现在日常的人力资源事务管理中，即便是很小的工作，GE 都严格用六西格玛来进行管理，保证不出现问题。比如人力资源部门建立的员工信息库，要保证每一名员工的姓名、地址、职位、账号等信息的准确性，不能出任何差错。再如，在员工保险方面，六西格玛管理优化了员工看病报销流程，使得人力资源部门能为员工提供满意的服务。

GE 人力资源管理中的"次品"：

- 发错工资；
- 报销错误或周期超出设定的标准；
- 招聘周期过长；
- 招聘费用过高；
- 招聘的人员质量不高；
- ……

这些细微之处只要出现一次错误，就被视为"次品"。

六西格玛简介

六西格玛是一种以数据为基础，追求几乎完美的质量控制的理念、程序和方法。20 世纪 80 年代，美国摩托罗拉公司将其作为一种管理方法，用于改进传呼机、移动电话和其他产品的质量控制。"西格玛"是一个描述运作的结果与标准值之间偏差的数理统计术语。计算方法是由具体运作人员将所加工的单位数量乘以每单位潜在的失误，除以实际出现的失误，然后再乘以 100 万，得出的结果表示每百万次操作中所产生的失误。照此计算，六西格玛质量水平表示在每百万次生产和服务过程中仅出现 3.4 次错误，即达到 99.9997% 的精确度。

5 个西格玛表示每百万有 230 次错误；4 个西格玛表示每百万有 6210 次错误；3 个西格玛表示每百万有 66800 次错误；2 个西格玛表示每百万有 308000 次错误；1 个西格玛表示每百万有 690000 次错误。

1995 年，GE 开始学习并实施六西格玛管理。1996 年年初，GE 的质量水平不高于 3.5 个西格玛，大约是大多数美国企业的平均水平，这一水平意味着每 100 万次的操作中有 3.5 万次的失误。当然航空公司是一个例外，因为任何低于六西格玛的环节都将意味着飞机失事和生命的代价，所以它们的质量水平超过了 7 个西格玛，即每百万次操作失误少于 1.5 次。

六西格玛管理的优点是能够一次从根本上解决问题，而不是"治标不治本"。通过六西格玛的管理，找到出现"次品"的原因，再找到出现错误的根源。

GE 的招聘考核

面试

在考察应聘者时，GE 一般不设笔试环节，仅仅通过面试决定应聘者的去留，所以面试不仅是对应聘者的考察，也是对面试官的考察，包括招聘经理与用人部门经理，考察他们能否具有敏锐而准确的判断力，能够在很短的面试时间里，挑选出最好的人才。从成千上万的应聘者简历中经过初步甄选，通过打电话、面试等程序与应聘者进行交流，都是对 GE 招聘经理的考验。招聘经理招聘工作的每一个程序都处在六西格玛的严格监控下。

面试是 GE 考核应聘者的主要方式。首先会由人力资源部门的人员进行面试；其次是用人部门的直接经理对应聘者进行面试，重要的职位甚至还要 CEO 参加面试，以及需要展开合作的其他部门的负责人参与；最后，由所有参与面试的人来做总结，根据每个人所填写的评估表，共同决定是否录取应聘者。

GE 也会邀请专业的咨询公司设计一些网上测试程序，对应聘者进行一些网上测试，来考核应聘者的潜力与领导技能等。有时，GE 不得不在众多出色的应聘者中只选择最优秀的人，但 GE 会将比较优秀的落选者存入信息库，与其保持长期的联络关系，任何时候有新的合适岗位时仍旧可以通知他们来面试。通过这种方式，GE 保持着吸引人才、招聘人才的连续性。

团体招聘

GE 还会突破传统"一对一"的面试考核模式，对应聘者团队进行评估。这种做法会召集一批候选人，为他们提供一个案例，由候选人所组成的团队来完成案例，找到解决问题的答案。GE 会安排 2 ～ 3 名员工观察每个应聘者在项目完成过程中的表现，测试应聘者是否会在 GE 的工作中成为业务的领导，或者是否具有职能上的独到经验等。

"GE 招聘会"

在 GE 全球，还采取一种叫作"GE 招聘会"的考核方法，这是一种非常有效率的方法。通过第一层筛选的应聘者，会集中在同一天参加接下来的筛选。把通过第一次筛选的人集中在一起，所有要参与面试的应聘者与招聘考官都会参加招聘会。面试之前，先给大家进行 GE 的介绍，涉及业务部门、企业文化等，让他们对 GE 有一个更深入的认识。然后，应聘者可以直接和 GE 业务部门的领导对话，营造一种双方了解和沟通的氛围，让应聘者在这样一种双向的沟通中进入最后一轮面试项目，他们提出问题、提出对工作的要求，会对公司与业务有一个更完善、更深入的了解。通过这种方式，GE 基本上当天就可以做出录取决定。那些没有被选中的应聘者，也会得到一个了解 GE 的宝贵机会，为下一次成功应聘 GE 奠定基础。

后期考核

在录用新员工之前，GE 会通过不同方式吸引人才，然后筛选、考核应聘者。但录用了一名员工之后，考核工作并没有结束。GE 内部也有一个很完善的体系去对应聘者的背景资料进行细致的审核，包括应聘者基本信息、以往雇主的评价等。GE 会重点考察应聘者在以前雇主处的工作表现，特别是是否曾经有违诚信。在 GE 招聘系统里，这是一个必需的流程。GE 会从以前雇主那里对应聘者的业绩、表现做一个了解，对应聘者个人的社会经历或学历等做一些调查。"9·11"事件以后，GE 对应聘者的犯罪记录也会做调查。在对应聘者的背景做了全方位的核实以后，应聘者才能够从真正意义上成为 GE 的一员。

GE 有很多这样的例子，经过层层的面试，发现一个人既有能力，又有经验，还有潜力，已经准备录用这个人了，但是在做背景资料核实和审查过程中，发现他在以前雇主公司中出现过诚信方面的问题，在商业活动中存在欺骗、收取回扣等不正当商业行为，这与 GE 倡导的诚信价值观存在强烈的冲突，GE 马上停止录用这个人。有时，曾经是 GE 员工的人离开 GE，几年后想重新回到 GE，GE 也会对其离开 GE 的经历做认真调查。

"千里马常有，而伯乐不常有。"GE 的人力资源工作者正像"不常有"的伯乐，从不错过任何一名贤能之士。这也告诉我们，组织中合格的人力资源（或人事）人才非常重要。

思考题 📊

1. 如何评估 GE 在全球招聘中使用六西格玛管理的优势和挑战？
2. GE 如何通过校园招聘和实习生项目有效地发现和培养未来的领导者？这种模式对其他公司有什么启示？
3. GE 在人才招聘中如何平衡招聘质量、速度和成本？这种平衡对其他企业的招聘策略有何启示？

案例 5-2 📊

中海地产"海之子"：校园招聘计划

1979 年，沐浴着改革开放的春风，国家基本建设委员会在香港设立了中海地产集团（以下简称"中海"）的前身"中国海外建筑工程有限公司"。国家基本建设委员会各工程局的精英人才汇聚于此，以"建设港澳、繁荣祖国"为使命，用 100 万港元的贷款在香港开始了艰苦创业。

经过 40 多年的发展，中海从一个做工程分包业务起步的小商号，发展成为净利润全球第三的不动产开发商、港澳地区最大的承建商、香港最大的公共设施物业管理服务商。中海持续贡献其母公司中国建筑集团有限公司（2019 年世界 500 强排名第 21 位）利润总额的一半以上，构建了投资、建造、资产运营、物业服务为一体的全产业链模式与竞争优势。中海通过旗下 5 家上市公司平台进行运营，截至 2019 年 6 月，5 家上市公司总市值达 3800 亿港元。

"海之子"计划的缘起

进入 21 世纪，内地房地产市场开始高歌猛进，一些民营企业有着更灵活的机制，行业待遇开始水涨船高。刚刚度过 3 年安全运营期的中海，正进行内部地产业务架构重组。与此同时，外部的行业竞争者以"海盗计划"开始系统地从中海挖人，中海面临人才流失的巨大压力。中海一方面迅速调整薪酬待遇等激励机制，另一方面意识到必须要培养自己的后备人才力量，以应对不断发展变化的内外部环境。中海从2001年开始走进重点大专院校，招聘有潜质的优秀应届毕业生，这便是后来的"海之子"计划。

"海之子"计划：从起步到品牌化（2001—2007年）

（一）精准定位，扩大影响

2001年，中海组织了第一次校园招聘活动，以8个"一"为核心：一场招聘见面会、一场中海文化宣讲会、一场老校友恳谈会、一个建筑设计比赛、一场电影、一台文艺晚会、一个"海"专题摄影展览、一个奖学金计划。各大校园一下子就轰动了起来。

中海首次明确将校园招聘提升到人才梯队建设和战略储备的高度，对高校人才的需求定位于最优秀的毕业生，以"管理培训生"的身份聘用，最初的目标院校是"建筑老八校"[⊖]。彼时，校园招聘对于整个房地产行业来说还属新鲜事物，主要原因是大型工程类企业更愿意招聘一些有经验的人士，成体系的校园招聘并非主流。对于中海来说，此前更常用的方式是公司人力资源部派一个工作小组到高校，请院系老师推荐一些优秀的学生，之后进行小范围的面试。因此，对于绝大部分学子来说，中海还是比较陌生的。和中海同期开展校园招聘的房地产企业，只有万科集团。

初进校园，中海通过前期为期一年的校园招聘的铺垫活动来扩大影响力，让更多学子了解中海。例如在正式举办招聘会的前一年即2000年，针对大三和研二的学生组织了一个建筑设计比赛，评选出奖项；接下来开设奖学金计划，其评选标准不仅看学习成绩，还注重学生的综合素质，最终的奖学金金额甚至超过了当时的国家奖学金金额。通过这些活动，企业可以初步识别最优秀的人才，并从6所高校中挑选了15名学生和6位带队老师，到深圳的总部进行了为期一周的"海之旅"活动，通过参观、座谈等形式让学生更加深入了解企业。

2001年的毕业求职季，中海在目标院校举办了隆重的招聘会，校园内飘满了中海校园招聘的宣传彩旗。由于有前期持续一年的铺垫活动，中海的面试会现场人员爆满。集团的不同子公司、分公司、区域公司设立面试展台，现场接收学生的简历并进行初步面试。中海高层领导给予高度重视，人力资源的高管亲赴招聘会现场，整个招聘过程井然有序。

（二）不拘一格，吸纳人才

高校最优质的人力资源，始终是各行业企业争夺的关键资源。中海作为大型国有企业，对于所要吸纳的未来管理人才的后备军，还要考虑其政治使命感和社会责任感。因

⊖ "建筑老八校"是中国建筑行业对最早开设建筑学、城市规划相关专业且具有重大影响力的八所高校的统称，具体包括清华大学、东南大学、天津大学、同济大学、原哈尔滨建筑大学（已并入哈尔滨工业大学）、华南理工大学、原重庆建筑大学（已并入重庆大学）和西安建筑科技大学。

此，品学兼优的学生会主席、学生干部，是中海校园招聘中最为关注的对象。

为了不错过任何一个优秀的苗子，中海最初吸纳人才的方式是不拘一格的。例如，2002年毕业于重庆大学工业与民用建筑专业的赵凯，在校期间担任学生会主席，曾在大三获得中海奖学金并参与"海之旅"活动。当他毕业求职时，在中海的招聘会会场外由于没有看到心仪的香港公司的用人招聘而徘徊不定，当时在场外"把门"的人力资源部经理主动与其交谈。在看了他的简历并了解其需求后，建议他尝试深圳的岗位，给双方一个面试了解的机会。面试赵凯的是中海人力资源部的总经理，面试临近结束时问赵凯是否愿意来香港工作，这让赵凯喜出望外。由于香港工作地点和意识形态的特殊性，中海在招聘上格外谨慎。在此次校园招聘中，中海通过面试考核，临时选中了5名优秀的应届生，前往香港公司工作。在香港经历了多岗位历练后，赵凯现在担任中建国际投资（中国建筑国际在内地从事业务的平台公司）四川公司的董事长。

本硕均就读于哈尔滨工业大学国际经济与贸易系的高震极和中海的缘分在大学二年级就开始了。2001年，高震极获得了中海在哈工大投放的第一笔奖学金。此后中海在哈工大首次举办校园招聘会，作为校学生会干部的高震极协助做一些招商工作，也第一次了解到中海。"当时的校团委书记告诉我，中海的一位老总对我印象不错，向他询问能否让我到中海工作，当时学校代我婉拒了。学校认为我才大二，距离毕业时间太长了，将来也不一定是什么情况。中海的领导便说没关系，等我毕业如果想来中海，他们也非常欢迎。"高震极回忆说。2006年5月，即将研究生毕业的高震极因几分之差落选公务员考试，而一心备考的他也已错过校园招聘季。此时他想起了当年那位中海老总的话，抱着试试看的心理，通过学校联系上了中海。由于时隔多年，中海已无法确认当年是哪位领导说的这句话，也无法联系上，不过中海表示，既然中海有人说过这样的话，这个学生应该不错，可以先把简历传过来看看，如果真的符合中海的用人标准，一定会兑现承诺。高震极把个人简历传给中海的人力资源部之后，很快收到了对方的回信，表示对于他的简历非常认可，请他放心，人力资源部会去协调安排他入职的事宜。"此时距离我2006年7月的毕业时间只有两个月，在我错过了校园招聘季、还不知未来何去何从时，中海给我吃了一颗定心丸，后来我和所有应届生一起入职、参与培训，这让我对中海一直心存感恩。"高震极说。高震极现已成长为中国海外发展长春公司总经理，是最快提升为地区总经理的"海之子"之一。

（三）培训轮岗，助力成才

"这么多年过去了，我还是能够想起很多启航班的人。"高震极回忆。通过校园招聘计划进入中海的员工，在中海接受的第一个培训是"启航班"。近百人规模的新入职应届毕业生在一起封闭培训14天，地点在中海的总部深圳。授课内容除了聘请外部讲师讲授职场礼仪等知识外，还会由中海各个部门的负责人讲授营销、人力资源、企业文化等方面的内容。此外，在启航班培训中会为大家布置分组的任务、竞赛，包括培训结束的联欢晚会也是由班委组织大家在这两周内排练完成。"整个过程很烧脑，这么多的学生会主席在一起，高手过招感觉很刺激"，这是很多参与过启航班的人的共同感受。每个人几乎都是在全程高度紧张和兴奋中度过的，甚至没有睡过几个好觉。"我们小组的目标是拿到第一名，所有人会为了这个目标去努力完成一切任务。比如我们的竞赛包含检查宿舍卫生的项目，小组的女生会细致到把淋浴房里掉落在地上的头发用胶带黏走。通过每一个人的努力我们最终实现了小组第一的目标，这个过程让我们感到快乐。"2007年入职、现任中国海外发展宁波公司总经理金天说。

在启航班培训后，这些应届生会被派往各个地区的子分公司，他们中的绝大部分人要经历1～3年的基层工作训练。其中，第一年是见习期。每个人都会由公司配一位师傅，以手把手传帮带的形式，辅导这些新员工，在一年见习期结束后，会有一次"毕业答辩"。这一年见习期也是保护期，公司会充分地"容错"，给予这些新入职学生成长的空间。每个人的发展路径可能会有不同，相同的是每个人都要经过多个岗位的历练，成长成才。

经过几年的实践，中海将自己的这套校园招聘和培养体系，在2005年确立为"海之子"校园招聘品牌，并注册了品牌商标。这在房地产行业是最早确立人力资源品牌符号的一个举措，在随后的几年中成为行业内竞争对手纷纷效仿的对象，它们也相继推出各自的校园招聘品牌。此后，"海之子"校园招聘计划围绕校园预热、应届生招聘、培训培养这三个主要环节，不断发展完善。特别是工作地点在香港的中国建筑国际的校园招聘计划，也在2005年后明确下来，每年会招聘一定数量的"海之子"到香港工作。

"海之子"的裂变发展（2007—2018年）

2007年后，随着中海的快速发展特别是内地房地产业务的高速发展，集团公司在香港和内地之间的人力资源专业结构呈现出明显差异。香港是城建和基础设施建设的业务类型，内地是房地产投资的业务类型，对于人力资源的需求和培养方向均有明显差异。考虑到校园招聘的有效性、"海之子"后续分配和培养的合理性，中海决定让子公司中国海外发展（即中海地产）和中国建筑国际，以"海之子"的名义分开招聘。

中海地产原本就占据集团每年校园招聘总量的大部分份额（约为75%），在分开招聘后，中海地产围绕此前已逐步成型的校园招聘和培养计划，进一步明确为包含六个计划的全方位系统，即研习计划、实习计划、招聘计划、体验计划（人才吸纳）、启航计划（人才培养）和锤炼计划（人才使用），不断提升企业品牌形象。

研习计划是指针对公司重点关注院校的大学三年级、研究生一二年级的学生，在校期间组织研习营，旨在发现地产业未来的精英候选人，引导他们在地产行业中发展出职业兴趣及培养激发他们未来的领导力潜能。2007年，首届"高校-中海职业发展研习营"在重庆大学开班，吸纳了次年毕业、综合素质突出的数十位候选人。研习营通过理论和案例教学、多地域项目地盘研习、课题研究等方式进行为期一个月的训练，对学员期末考察实行答辩制，并对合格学员给予资格认证。其中被中海地产评估为绩优的学员，将有机会直接获得职业发展机会。"现在高校中有这样的评价：你不一定到中海去做'海之子'，但是要参加一下'海之子'的研习营，因为这个过程有助于你的正确职业观的形成，是辅导你如何去走正确的路的一个过程。"中海地产助理总裁兼人力资源部总经理徐丰说。

实习计划面向内地、港澳和海外高校大学生（大学三年级、研究生一二年级），提供多地域、多业务、多维度的岗位实践。此前在研习计划表现突出的学生有机会进入公司实习。招聘计划是"海之子"校园招聘体系的核心，是中海地产的目标优质人才与公司需求岗位匹配互动的平台。每年10月的毕业求职季，中海地产集中组织各区域子公司到各个目标院校进行宣讲和面试，每一站都会有当地院校毕业、已在中海工作的优秀"海之子"做演讲分享。在目标院校的选择上，也由过去以建筑老八校为核心的建筑类院校，延伸至优秀的财经类院校，以及世界排名前100位的海外院校。

体验计划是指从中海地产10月的校园招募到次年7月毕业生正式入职期间，针对准"海之子"的职前补充教育和企业人文关怀过程。这些准"海之子"提前来到所要就职的地区公司，这一入职前的学习机会，一方面可以帮助企业降低招聘违约率，另一方面可以帮助学生缩短入职适应期并给予其双向选择的机会。

启航计划是指从入职培训算起为期一年的"海之子"人才培养方案，采取组织培养与自主成长相结合、保护与挫折相结合、定制化与标准化相结合的方式进行。该计划包含启航班、一年期导师培养，以及多元化的定期培训体系。"海之子"的导师是由公司为其悉心选择的最适合他的导师，通常会是更早入职的"海之子"。此外，公司对导师也有考核。人力资源部还会利用不定期的人力资源圆桌辅导帮助"海之子"树立正确的职业观，提高"海之子"保有率。

锤炼计划是为"海之子"第二、三"学年"进行人才成长的辅导性规划和专业性提升，辅以人才盘点的方式。中海地产在"海之子"第一年之后的培养中更多地希望发挥员工的自主性。总体来看，"海之子"入职后第一年是适应阶段，熟悉企业文化、岗位和业务；第二年是深耕阶段，深入了解并开展本部门某些业务或模块，逐步具备专业深度；第三年是负责阶段，"海之子"基本能够独立承担几个业务模块，并具备基本的管理能力。通过1～3年的培养，中海地产的"海之子"基本成长为具有"独立谋生"能力的职业人，进而进入公司常规化的员工成长通道。

"海之子"的挑战（2018年至今）

中海是行业内为数不多的坚持员工内部培养晋升机制的企业，几乎没有高层员工是直接空降委任的，而这得益于其坚持了近20年的"海之子"项目对于人才的培养。截至2018年年底，中海共培养"海之子"3000余人，在近80家地区公司中，"海之子"担任"一把手"的超过50%。从"海之子"进入企业到成长为三级企业负责人平均历时9.4年（非"海之子"者18.6年），"海之子"的成长速度较普通"海纳"员工（即社招员工）约快1倍。

尽管"海之子"带来了一定的人才红利和诸多荣耀，但中海在新的历史时期仍面临来自外部和内部的巨大挑战，这让中海的管理层开始重新思考"海之子"计划存在的问题。中海在内地的竞争对手成长极为快速。由国务院发展研究中心企业研究所、清华大学房地产研究所和中国指数研究院三家研究机构共同组成的"中国房地产 TOP10 研究组"在 2019 年公布的第十六届中国房地产百强榜单中，中海地产的综合排名第六，而在 2005 年其排名是第一，并在多年保持排名前两位，与万科不相上下。竞争对手快速发展的同时与中海在校园招聘端展开激烈竞争，中海"海之子"招聘到顶尖人才的数量在下降、难度在提升。"如果无法吸引到行业内最顶尖的人才，我们在行业内的位置也很难保住。"中海集团助理总经理兼人力资源部总经理马福军说，"我们希望进一步提升'海之子'的吸引力和发展力，这就要让学子来到中海，有职业发展前途、有具备市场竞争力的待遇，所以中海必须要解放思想，用更好的、更市场化的机制，帮助这些人快速成才。"

来自中海内部的挑战同样严峻。首先，统计数据显示，中海"海之子"在第 3 ～ 5 年离职率居高不下。一方面有来自竞争对手的吸引，另一方面"海之子"自身培养方案存在不足。例如，总公司以三方签约率、毕业入职率、一年内保有率作为对各子公司校招工作长期考核的重要指标。但对"海之子"入职一年后的发展跟踪不足，人才盘点不到位，导致一些"海之子"在入职三年后没有形成正确的职业价值观，对企业文化不认同。中海多年来积累的人才优势正在被竞争对手加速赶超。

其次，招聘"海之子"专业受限，创新业务乏力。一直以来，中海"海之子"主要是从清华、同济等工科占优势的大学招聘的土木相关专业学生。而随着产融结合愈发紧密，更多的是由资本带动企业发展，而非遵循像中海这样一砖一瓦去干出来的老传统。专业受限带来的另一个问题就是创新力不足，一些与地产相配套的产业，比如养老地产、教育地产等，中海缺乏相应的人才去开拓这些业务。而企业的发展不能只做今天的事情，还要考虑明天、后天的事情。

最后，企业内部培养和外部招聘两种人才来源渠道发展不协同。除了"海之子"，中海地产还拥有"海纳"和"海之星"两个招聘品牌。"海纳"有针对性地吸纳行业内有 2 年以上工作经验的英才，"海之星"是在 2018 年提出的以属地化招聘的方式吸纳当地院校应届毕业生，培养成为楼盘销售精英，或是定向招收面向未来新业务的相关专业学生。这些招聘模式将中海员工分为内部培养和外部招聘两种类型，也使得他们有了内部人和外部人的不同身份感知，这带来了一定程度的不良影响。大部分"海纳"员工认为自身和"海之子"在所受到的公司关注度、培养和所获待遇等方面差异很大，心生不平衡。这种内部的不和谐在一定程度上会阻碍企业的发展。

2018 年 6 月，中海地产发布了股权激励计划，面向包括董事、高管及核心技术人才和管理人员在内的共 404 人，总共授出 1.07 亿份股份期权（占比 0.98%），绑定核心管理层和大股东，并披露未来还将陆续分批次推出股权激励计划。自 2018 年起，中海决定将"海之子"启航班集中举办，即中海地产、中国建筑国际及中海物业的新入职"海之子"员工在一起培训，旨在加强企业内部员工之间的联系和协同。在 2019 年的启航班上，中海集团副董事长、总经理颜建国亲自为"海之子"讲授第一节必修课，详述中海的发展历程、企业文化、人才理念和发展战略。

中海正积极应对"海之子"带来的挑战。中海肩负着中建集团公司争创世界一流示范企业先锋队、排头兵的重任。它还需从哪些方面做出努力以激活"海之子"的活力、助力其实现争创世界一流企业？

资料来源：郑晓明，张梦怡，曹珊珊. 中海"海之子"：荣耀与挑战 [DB/OL]. 北京：中国工商管理案例库.（2019-12-31）.

思考题

1. 中海"海之子"计划是如何给中海带来第三次人才红利的？
2. 中海"海之子"计划在当前出现了哪些问题？面临哪些挑战？这些问题发生的原因是什么？
3. 中海"海之子"计划需要在哪些方面进行优化？

第 6 章

人员选拔和录用

📚 学习目标

- 了解人员选拔的过程
- 熟知几种主要的人员选拔技术
- 了解人员录用过程中应注意的问题
- 了解数智经济时代人员选拔与录用的发展趋势和挑战

📚 引导案例

招聘印刷工与司机

张海方是优质印刷公司印刷车间的经理。由于业务扩大，一个月来车间工人一直在加班加点工作。上周，张海方在报纸上刊登广告招聘印刷工，有 3 个人申请这份工作。张海方认为其中一个名叫李岚的人符合条件。张海方打电话给李岚以前所在公司的老板了解情况。这位老板说："李岚是一个勤奋的、努力工作的人，非常诚实，而且工作熟练。"张海方还了解到，李岚在几个月前离婚后离开了公司，离婚前一段时间他的工作情况不太好。第二天张海方让李岚操作一台印刷机，李岚完全能胜任这项工作，于是张海方立即决定录用他。

马丽是一家食品分销公司的运输负责人。马丽的一名卡车司机刚刚离开公司。她对人力资源经理胡文讲了这件事，胡文认为 15 个申请者中有 3 个符合条件，就通知他们前来进行初步面试。第二天上午胡文打电话给马丽说："我这儿有 3 个能做那项工作的人，你希望我何时安排他们与你见面？我想你还要对他们进行驾驶测试。"马丽对 3 名司机进行了面试及驾驶测试，然后打电话将她的决定告诉了胡文。第二天新司机就向马丽报到开始工作了。

上述事件仅仅提供了在全部重要选择过程中的一些简单情况。在第一个例子中，张海方作为小型印刷车间的经理亲自参与了整个招聘过程。在第二个例子中，人力资源经理胡文参与了大部分招聘过程，但是运输负责人马丽做出了最终的人事决策。因此，在人员选拔中，直线经理必须要了解与掌握人员选拔的程序、方法与原则。

6.1 人员选拔概述

6.1.1 人员选拔的概念

人员选拔的目标就是从应征的候选人中挑选出符合组织需要的优秀人才。人员选拔是招聘工作中最关键的一步，也是技术性最强的一步。因此，人员选拔必须要遵循科学性、有效性、简明性、可行性的原则。尤其是在人员选拔中，要避免那种凭简单的面试、个人的主观感觉就草率决定聘用与否的情况，要把选拔时的成本支出看成投资。选择科学的测试方法（比如面试、心理测试）、聘用相应的专家指导都可以大大降低人员进组织后的培训费用，提高人员在组织中的稳定性。

6.1.2 人员选拔的程序

人员选拔过程一般分为初选和精选两个阶段（见图 6-1）。初选主要由人力资源部负责进行，包括求职者背景与资格的审查（初步筛选）和初次面试（考察面试）。精选一般由人力资源部与用人单位的负责人共同协作进行，包括笔试（含专业考核）、心理测试、再次面试（诊断面试）、甄选决策和体检。

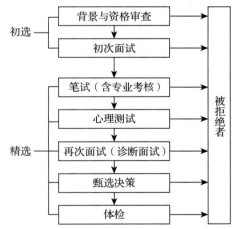

图 6-1 人员选拔的一般过程

6.1.3 人员选拔的模式

由于每家企业的具体情况不同，录用人员的职位层次、种类有差异，因此选拔时主要有 3 种程序模式，即综合式、淘汰式和混合式。

1. 综合式

综合式即在选拔录用程序中，每个应聘者必须接受所有的选拔测评，企业在做录用决策时，是根据应聘者各项得分的总和或加权处理后所得分数作为录用的参考依据。这种模式允许应聘者在某项测评中的高分弥补在另一项测评中的低分，被录用的应聘者可能在各种能力上均有较高水平，或者其中某一种或两种能力非常强，在弥补低分以后还能处于领先地位。

在只要求对录用者的每一项资格水平做整体评定，并且各项能力均没有最低要求时，通常可以使用这一模式。另外，还可以根据每种能力的重要性程度和工作的相关程度等，对应聘者在各项能力上的得分进行加权，用加权分数来求总分。或者可以将应聘者的各项得分转换为以总体得分的标准差为单位的标准分数 z，然后将各种能力的 z 分数相加得到总和来进行比较，这样处理更科学。

2. 淘汰式

淘汰式和综合式不一样，应聘者不用参加每一项测试，而是经过一轮测试淘汰一批不合格的人，合格者参加下一项测试，然后再淘汰一批。只有坚持到最后，在所有的测试中全部合格的人才能被录用。在这种模式中，每一种资格水平都是作为独立的指标，不可以相互弥补，其中只要有一项不合要求即被淘汰。应聘人员登记表合格的应聘者可以参加笔试，笔试通过后参加结构化面试，主试感到满意后，应聘者参加工作模拟测试，只有在实际操作中表现良好，且参加体检合格才能获得工作机会。应聘者要克服层层障碍才能到达目标。

当工作所需的各项能力、资格指标均达到要求和高于某一水平时，采用淘汰模式进行选拔是比较有效的。由于每一次测试就要减少一部分应聘者，这样可以省掉一些费用。采用此种方式应把花费较少的测试方法放在前面，如审查应聘人员登记表、进行笔试等。将选拔效度好但所需费用高的方法放在后面，只用于一小部分佼佼者的选拔，这是十分经济有效的办法。

3. 混合式

混合式就是将以上两种模式结合起来进行选拔。对有最低要求的资格的评定通常采用淘汰式方法，比如有关学历文凭、等级证书、技能水平等；通过这些筛选后的应聘者则需参加其他的各种测试，效仿全能式的测评程序，综合评定其各项能力，水平、能力总体合格者可以被录用。

6.2　人员选拔技术和方法

人员选拔方法既有笔试、心理测试等简便的团体测试，又有结构化面试及情景模拟等复杂的测评，企业可根据不同需求加以选择。

6.2.1　履历分析

1. 履历分析的内涵

履历分析又称资历评价技术，是根据个人履历或档案中所记录的事实，探索个体成长经历和工作成就，了解他们的人格特质和工作背景。[一]履历分析距今已有较长的发展历史，第二次世界大战期间就在军队人事测评中得到了广泛应用。履历筛选则是将应征者的履历信息与岗位任职资格条件相匹配，挑选出与岗位适配的应征者。简历、申请表、经历调查表等都属于履历数据，它们为企业提供了应征者的全面背景信息。这些履历信息通常真实反映了个人的职业生涯发展，是企业选拔员工的重要依据。[二]履历分析还具有以下特点。

（1）普遍性：履历分析与应征者的多种行为具有较高的相关性，优于单一资历评价和心理测试，适用范围广泛。

（2）客观性：履历分析基于应征者过去的真实经历，测评系统一旦设计完成，结果固定。

（3）多维性：履历分析不仅横向考察了应征者的知识和能力，还纵向评估其工作经历。

2. 履历信息类型

履历中所含信息可帮助组织了解、初步筛选应征者，便于后续建立人才库，具体可分为 5 类（见表 6-1）：个人基本信息、教育背景、工作经历、个人特质与自我认知以及其他方面的信息。[三]

表 6-1　履历信息分类

类别	项目	内容
个人基本信息	个人基本资料	姓名、年龄、性别等基本信息
	家庭与社会关系	家庭背景、社会人际网络与关系等
教育背景	教育背景	个人的学历与教育经历，包括学术成就和所学专业
	能力资格	取得的资格证书、专业技能及相关培训经历
工作经历	工作经验	职业经历、曾任职务及所取得的工作成绩
	工作能力	个人在工作中展现的专业技能、解决问题的能力、领导力等
个人特质与自我认知	个人品质	诚信、责任感、团队合作能力等人格特质
	自我概念	个人对自身能力、性格及未来发展的认知与评价
其他方面		其他可能影响个人表现的因素，比如兴趣爱好、健康状况、志愿服务经历等

3. 履历分析注意事项

组织在进行履历分析时需要注意以下情况：[四]

（1）个人身份资料部分有无可能影响工作动机和工作态度的特殊情况；

（2）过往工作经历和学业是否存在中断或频繁更换工作的情况，如果存在则需要进

[一]　刘雪梅. 人力资源管理 [M]. 北京：北京大学出版社，2020.

[二]　屠羽，吴维库，彭本红. 如何成长为高层次科技人才？——基于"双一流"建设高校校长的履历分析 [J]. 科学管理研究，2020，38（2）：117-125.

[三]　熊超群. 人才甄选与招聘实务 [M]. 广州：广东经济出版社，2003.

[四]　ROBERTS G. Recruitment and selection: a competency approach [M]. London: CIPD publishing, 1997.

一步了解原因；

（3）应征者是否具有良好的人际关系，可以从社交活动、运动爱好等信息中了解应征者的亲和性、活动性、领导能力等特质；

（4）履历材料中是否有前后矛盾的信息，这可能关系到应征者的诚信和应征动机。

4. 背景调查

履历分析以应试者曾经的工作经历作为评价依据，这些经历通常是可核实的。但档案材料收集与整理不够规范或填写人具有主观性都会影响履历的真实性。因此有时需要引入背景调查验证履历信息。[一]

背景调查是组织对应试者提供的证明人进行访谈，核实有关应试者的背景资料，调查其工作经历和品格特质的一种方法。[二]公司的骨干人员与组织可持续发展密切相关，[三]背景调查可确保应试者信息的真实性和可靠性，最大限度地降低用人单位的潜在风险，因此多被用于组织中层及以上管理者或关键职位人员的选拔中。背景调查的内容可分为教育情况、个人资质、职业背景与文化适应性三类。调查前需要确定调查方式、对象、核实人员、证明人和背景调查程度。

为了高效实施背景调查，需要提前制作调查表。背景调查表是根据工作分析、工作申请表、履历信息和影响工作绩效的关键特质所制作的调查清单。制作时需要注意：①专业技术类岗位背景调查表需要具备针对性，具有相似知识技能要求的岗位可以使用同种调查表。②为了节省调查时间和成本，调查表应尽可能使用可量化、具体的问题表述。③对于应征者实际工作情况和个人品行尽可能以人事档案等客观材料为依据，避免证明人的主观评价。④调查表要将应征者提供的证明材料或前期面试等环节存疑的内容加入调查范围进行二次审核。[四]

💿 实务指南 6-1

背景调查模板

候选人信息	基本信息核实	姓名： 电子邮件：	身份证号码： 申请职位：	联系电话： 期望薪资：
受访人信息		姓名： 公司名称：	受访时间： 受访人职位：	联系电话： 与候选人关系：
调查内容	教育背景核实	毕业院校与专业方向：　　　　入学/毕业年份： 学历层次（本科/硕士/博士）： 学位类型（学士/硕士/博士）： 是否通过教育部学历证书电子注册备案表验证？（是/否）：		

〇〇　蒙迪. 人力资源管理 [M]. 谢晓非，等译. 北京：人民邮电出版社，2011.

〇　乐国林，毛淑珍. 企业骨干人才招聘甄选的双匹配策略 [J]. 中国人力资源开发，2010（4）：18-21.

〇　桂萍，彭华涛. 人员测评与选拔 [M]. 北京：科学出版社，2019.

（续）

调查内容	工作经历核实与劳动关系	曾就职公司名称：　　　　　工作时间段（起始年月—结束年月）： 最终职位名称：　　　　　下属员工人数： 候选人在该职位上的主要职责： 候选人在该职位上取得的主要业绩或成就： 离职原因： □ 合同到期　　　　□ 公司辞退　　□ 本人离职　其他： 是否存在劳动合同？　　　□ 是　□ 否　若存在是否失效　□ 是　□ 否　　有效期到： 是否存在竞业禁止协议？　□ 是　□ 否　若存在是否失效　□ 是　□ 否　　有效期到： 是否存在劳动争议？　　　□ 是　□ 否　若存在是否失效　□ 是　□ 否　　有效期到： 在曾就任公司工作期间，是否有违反公司规章制度的行为？　□ 是　□ 否
	专业技能与资格认证	专业技能或特长： 相关的技能证书或证明文件： 行业资格认证或专业证书：

	维度	很好	好	一般	待提升	不适用	维度	很好	好	一般	待提升	不适用
个人品质与行为表现	工作态度	□	□	□	□	□	工作绩效	□	□	□	□	□
	主动性	□	□	□	□	□	协调能力	□	□	□	□	□
	诚信	□	□	□	□	□	团队合作	□	□	□	□	□
	学习能力	□	□	□	□	□	领导能力	□	□	□	□	□

社交媒体与网络形象	是否对候选人的社交媒体账户进行了初步审查？　　□ 是　□ 否 是否有发现任何可能对公司或职位产生负面影响的内容？　□ 是　□ 否
其他信息	是否有过违法犯罪记录？　□ 是　□ 否　如有，原因： 是否有过失信记录？　　□ 是　□ 否　如有，原因：
备注	如有其他需要特别说明的情况，请在此处详细说明。

调查人签名：
调查日期：

请注意，以上模板仅供参考，具体调查内容和深度可能因公司政策、职位要求及候选人情况而有所不同。在进行背景调查时，应确保遵守相关法律法规和隐私保护原则。

6.2.2　笔试

笔试又叫知识考试，是指通过纸笔测验的形式对被试者的知识广度、知识深度和知识结构进行了解的一种方法。它可用于团体测试，效率较高，但是笔试最薄弱的环节就是命题技术问题，主要表现为命题的随意性，试题质量不高。因此，笔试一定要有命题计划，即根据工作分析得出有关岗位工作人员所需要的知识结构，设计出具体的测试内容、范围、题量、题型等（见表6-2）。

表 6-2   家用电热、电动器具维修工招聘笔试双向细目表

测试内容	识记	理解	应用	分析与综合	小计
电子基础与电子技术	10		5		15
机械原理	5	5	5		15
电动机		10	10		20
脉冲数字电路		10	5		15
微波原理与器件					
单片机与接口电路					
仪器与仪表测量	5	10			15
新工艺、新技术		10	10		20
合计	20	45	35		100

另外，要注意试题类型多种多样，有的是正误题，有的是填空题，有的是选择题，还有的是简答题、案例题、分析题等。[⊖]不同题型有不同的结构与功能，编制上有不同的要求，应遵循下列原则：

（1）试题的形式必须符合考试的目的，应能测出欲测的知识和能力。

（2）试题内容所涉范围及不同内容所占的比重，应以编题计划（双向细目表）为准，不得随意扩大或缩小范围，增减分量。

（3）在同一试卷中，同类试题的编写格式应该统一，不能因试题的格式有异而导致考生审题的误解。

（4）试题内容必须具有实际意义，不能违背科学，或夹杂不健康的成分，以致失去教育性、产生不良影响。

（5）试题内容的取材要坚持公平原则，不能出刁、尖、钻、怪的试题。

（6）试题内容的表述，必须用词恰当、文字简练、所表达意思确切明了。做到与解题无关的字词一个不留，与解题相关的字词一个不漏。

（7）试题的作答要求和指导语，要言简意明，不致使考生费解或误解。凡需以特殊方式解答的试题，应在指导语中提出明确要求，并举出范例。

（8）所编试题应相互独立，各试题之间不得互有关联。

（9）试题内容取样要有代表性。

（10）试题应有不致引起争论的明确答案。

（11）试题中不能含有暗示本题或其他题正确答案的线索。

（12）试题应便于测试、作答，阅卷评分省时省力，抗干扰性强。

（13）所编试题的数量应是标准卷所用试题数量的 2 ～ 3 倍，以供审查、筛选和编制复本之用。

⊖ 诺伊，霍伦贝克，格哈特，等.人力资源管理：赢得竞争优势 [M].刘昕，译.北京：中国人民大学出版社，2001.

🌀 **实务指南 6-2**

"明日"集团公司销售类人员考试题

姓名：_____ 日期：_____

单位：_____。

一、综合部分（20分）

A.有关公司常识测试（10分）

1."明日"公司是技、工、_____、金融、_____五位一体的高科技民办企业。

2."明日"的最大特色是_____。

3."明日"创办于_____年5月。

4.在×××电子一条街，能与"明日"竞争的大公司主要有_____、_____、_____、_____等（列四家即可）。

5.请画出"明日"集团公司的徽标。

B.基本常识测试（10分）

1.当前我国各大报刊、新闻媒介宣传的主题是_____。

2.十进制数43的8位二进制表示是_____。

3.商品的两重性是_____和_____。

4.哲学的基本问题是_____和_____的关系问题。

5.五四运动前夕新文化运动的倡导者提出了_____和_____的口号。

6.吴荪甫和赵伯韬是茅盾小说《子夜》中的两个资本家，但前者是_____资本家，后者是_____资本家。

二、专业部门（80分）

㈠甲公司现有库存：

A——松汁牌牙膏10000支（价值1万元）

B——洁净牌洗衣机200台（价值10万元）

C——COM牌电脑200台（价值400万元）

D——牛头牌牛仔裤10000条（价值2万元）

E——《现代经营管理》杂志1000本（价值1000元）。

从A、B、C、D、E中任选一种商品由你承包推销。请你制订你推销该商品的计划。（市场分析、广告战略、价格政策、销售计划、售后服务……）

㈡乙公司用贷款购进B-205仪器100台（总价100万元），从当月起，每月售出等量的一批（批零比例为4∶1）。平均批发价为11000元/台，平均零售价为12000元/台。假设贷款月息为10‰，每月分摊费用4000元，批发税应交差额的10%，零售税应交零售价的3%。请问：

1.每月售出10台，全部仪器售出后，乙公司所获利润为多少？

2.每月售出20台，全部仪器售出后，乙公司所获利润为多少？

3. 因为花了 20000 元广告费，所以每月能售出 50 台，全部仪器售出后，乙公司所获利润是多少？

4. 每月至少售出多少台（理论台数），乙公司才能第一个月就赚钱？

5. 请对问题 1、2、3、4 做出自己的评论。

（三）丙公司用贷款每月购进 10 台 B-205 仪器，进价为 1000 元 / 台，当月即能售出 10 台（批零比例为 4∶1），平均批发价为 11000 元 / 台，平均零售价为 12000 元 / 台。假设贷款月息为 10‰，每月分摊费用为 4000 元，批发税应交差额的 10%，零售税应交零售价的 3%，请问：

1. 售出 100 台后，该公司所获利润为多少？

2. 第一批 10 台因故没售出造成积压，以后每批进销都正常，售出 100 台后，该公司所获利润为多少？

3. 第一批 10 台全部按进价于当月批出，以后每批进销都正常，售出 100 台后，该公司所获利润为多少？

4. 请对问题 1、2、3 的答案做出分析。

可以得出这样的结论：考试的设计是一项难度很大的工作，绝不是随便出几道题就可以达到甄选评价应聘人的目的，要考虑到其全面性、多样性、层次性和有效性。

6.2.3　心理测试

人的心理看不见，摸不着，能否测量？我们认为，人的心理是可以测量的，因为它是人脑对客观现实的主观反映，关键在于测量的科学性。现在很多娱乐性的报纸杂志常做一些心理测试，这些测试是否科学？不太科学，其充其量只是满足读者好奇心而设计的趣味测试。心理测试是一门科学。企业在进行人事选拔时运用的心理测试，应该由受过专门心理测试训练的人进行或委托心理学研究机构的专业人员进行。

心理测试是对人的智力、潜能、气质、性格、态度、兴趣等心理特征进行测度的标准化测量工具，它应具有较高的信度、效度及有稳定的常模。

常见的心理测试包括：智力测试、特殊能力测试、一般能力倾向测试、个性测试、职业兴趣测试、价值观测试、笔迹测试等。下面我们介绍常用的几种。

1. 智力测试

在心理学中，智力是指各种基本能力的综合，包括观察力、记忆力、思维力、想象力、注意力，所以它又称一般能力。智力测试主要通过对应聘者的数字能力和语言能力进行测试。常见的智力测试有比奈 – 西蒙智力量表、韦克斯勒成人智力量表、瑞文智力测试量表。

2. 特殊能力测试

特殊能力测试是主要针对特定职位而设定的测试，又称技能测试，比如对秘书进行文书能力测试，对机修工进行机械能力测试，对会计进行珠算、记账、核算等能力测试等。

3. 一般能力倾向测试

一般能力倾向测试是用于测量从事某项工作所具备的某种潜在能力。它在人员选拔与安置中应用最广。美国劳工部的一般能力倾向成套测试（GATB）由8个纸笔测试和4个仪器测试组成，可以测量9个因素：语言能力、数字能力、空间能力、一般学习能力、形状知觉、文书知觉、运动协调、手指灵巧及手的敏捷。这9个因素中的不同因素组合代表着不同种类职业能力倾向，比如数字能力、空间能力和手的敏捷性较好的人适于从事设计、制图作业及电器职业，因此GATB也常用来测定职业倾向，进行职业指导。

4. 个性测试

个性测试也叫人格测试，主要测量个人相对稳定的性格特征、爱好、态度和价值观等，主要有自陈式测试量表与投射式测试量表。

自陈式测试量表主要有卡特尔16种人格因素测试（16PF）（见表6-3）、爱德华个人爱好测试（EPSS）、艾森克人格问卷（EPQ）、明尼苏达多相人格测试（MMPI）及YG性格测试等。其方式是向被试提出一组有关个人行为、态度意向等方面的问题，被试根据自己的实际情况做真实的回答。主试将被试的回答与评分标准或模式相比较，从而判断被试的人格特征。

表6-3 卡特尔16 PF中的人格特征

特质	低程度特征	高程度特征
乐群性	缄默、孤独	乐群外向
聪慧性	迟钝、学识浅薄	聪慧、富有才识
稳定性	情绪激动	情绪稳定
恃强性	谦虚顺从	好强固执
兴奋性	严肃审慎	轻松兴奋
有恒性	权宜敷衍	有恒负责
敢为性	畏缩退却	冒险敢为
敏感性	理智、着重实际	敏感、感情用事
怀疑性	依赖随和	怀疑刚愎
幻想性	现实、合乎成规	幻想、狂放不羁
世故性	坦白直率、天真	精明能干、世故
忧虑性	安详沉着、有自信心	忧虑抑郁、烦恼多端
实验性	保守、服膺传统	自由、批评激进
独立性	依赖、随群附众	自主、当机立断
自律性	矛盾冲突、不明大体	知己知彼、自律谨严
紧张性	心平气和	紧张困扰

投射式测试量表主要用于探知个体内在隐蔽的行为或潜意识的深层态度、冲动和动

机，主要采用图片测试。常见的有罗夏墨迹测试（见图6-2）、主题统觉测试、句子完成式测试等。

5. 职业兴趣测试

职业兴趣测试的目的在于揭示人们想做什么及他们喜欢做什么。霍兰德的职业兴趣测试把人的兴趣分为六种类型：实际型、研究型、社交型、传统型、企业型、艺术型（见表6-4）。

图6-2   罗夏墨迹测试图举例

表6-4   霍兰德职业兴趣类型

兴趣类型	职业
实际型：有攻击性，有技术性、力量、协调性的体力活动	林业、农业、建筑业
研究型：善于思考、组织、理解等智力活动，情感与直觉较少	生物学、数学、新闻报道
社交型：好交际，不好心智或体力活动	服务业、社会工作、临床心理学
传统型：喜从事有规章制度的活动，有奉献精神，尊奉权威	会计、财务、企业管理
企业型：善于辞令，以影响他人、攫取权力、地位	法律、公共关系、中小企业管理
艺术型：爱自我表达、艺术性创造或情感活动	绘画、音乐、写作

6. 笔迹测试

通过笔迹来测试人的心理的方法，在国外大量的企业中得到了应用。笔迹测试法是以书写字迹分析为基础，来判断应试者个性，预测其未来业绩的一种方法。笔迹学家一般需要应试者根据至少一整页一气呵成的字迹，最好是用钢笔或圆珠笔写在未画线的纸上。字迹的内容并不重要，但一般不希望应试者照抄一段落文字，因为这样会影响书写速度。接下来要遵循一套严格的规定测定字迹的大小、斜度、页面安排、字体宽度及书写力度。这些测量的结果即可转译为对书写个性的说明。如书写力度反映了书写者的精力是否旺盛。再如，字体大小也可反映人的个性。字体巨大表明此人自信心很强，喜欢冒险，个性强，为人公正无私，光明磊落，做事积极，且大刀阔斧。字体细小则表明此人缺乏信心，做事谨慎，思考细致，警觉性亦强，忍耐力强，观察力强，但气量狭小，有时贪图小利。字体不大不小，说明此人适应能力强，遇事能随机应变，待人接物举止大方，但有时做事容易反悔。字体大小不一，则此人喜怒易形于色，甚至喜怒无常，头脑灵活，但缺乏自制力，情感的变化好像一根绳子，中间常会打结，有时候会自寻烦恼。

6.2.4   面试

6.2.4.1   面试的内涵

面试是人员选拔中最传统而又最重要的一种方法。[一]20世纪七八十年代，随着改革

[一]   诺伊，霍伦贝克，格哈特，等 . 人力资源管理：赢得竞争优势 [M]. 刘昕，译 . 北京：中国人民大学出版社，2001.

开放的进行，西方的行为面试和情境面试理论被引入中国，并被广泛应用于各类企业。1981 年，国家人事局⊖首次规定面试作为干部选拔的重要环节，1989 年进一步要求在国家行政机关的招聘中将笔试与面试结合使用，这标志着面试在中国的全面推广。狭义地说，面试就是面谈的意思，是指通过主试与被试双方面对面的观察、交流等双向沟通方式，了解应试者素质、能力与求职动机的一种选拔技术。广义地说，面谈是考官通过与考生直接交谈或者置考生于某种特定情景中进行观察，从而对其适应职位要求的某些能力、素质和资格条件进行测评的一种方法。因此，面试也包括情景模拟和现场测评等方法。

面试由 5 大要素构成，即被试（考生）、主试（评委、面试者）、测评内容（试题、评分标准）、实施程序、面试结果。

💫 实务指南 6-3

一份理想的面试提纲

一份理想的面试提纲应包括以下几个方面的内容：

（1）开头语；

（2）关于企业目前状况及前景介绍；

（3）对空缺职位和其需要条件的描述；

（4）与应聘者讨论工作资格；

（5）同应聘者个别讨论工作细节和工作各方面的关系；

（6）面试提问，即通过提问了解应聘者的品格、态度、技能、经验、兴趣、爱好等情况，以便筛选出满意的人选。

应该指出的是，面试也有一定的局限性，主要表现在面试者对有关应聘者的品格、诚实度、忠诚度、技能等方面难以完全把握。因此，还要配合其他方法进行筛选。

面试与笔试比较，优点是考察内容深入、广泛、考察灵活、持续时间较长、防止舞弊、可测试多方面的能力；但缺点是随意性较强，实施过程不规范，评分客观性和一致性差。所以对主试（面试者）一定要加以训练才行，否则会导致两个面试者评分结果大相径庭。

6.2.4.2　面试的类型

1. 初步面试与诊断面试

根据面试所达效果，可将面试分为初步面试和诊断面试。初步面试类似于面谈，比较简单、随意。它主要用来增进用人单位与应聘者的相互了解，起初步筛选作用，由人力资源部负责。诊断面试则是对经初步面试筛选合格的应聘者进行实际能力与潜力的测

⊖　国家人事局历经 1982 年、1988 年、2008 年的合并、改组，演变为中华人民共和国人力资源和社会保障部。

试，往往由用人部门负责，人力资源部门参与。对于高级管理人员的招聘，企业高层领导也要参加。诊断面试对组织的录用决策与应聘者是否加入组织至关重要。

2. 个别面试、小组面试、集体面试与流水式面试

根据参与面试过程的人员，可将面试分为个别面试、小组面试与集体面试。个别面试采取一对一的形式，有利于双方深入了解，但结果易受面试人员主观因素的干扰。小组面试采取多对一的形式，可提高面试结果的准确性，克服主观偏见。集体面试采取多对多的形式，通常由主考官提出一个或几个问题，引导应聘者回答、讨论，从中发现、比较应聘者的表达能力、思维能力、组织领导能力、解决问题能力、交际能力等。集体面试的效率较高，但对面试主考官素质要求高，并且要求每位主考官在面试前对每位面试人员的情况要大致了解。

流水式面试是每一个应征者按次序分别与几个面试人面试。面试结束后，各面试主持人聚集在一起，汇合及比较对各面试人的观察与判断。这种方法能对应征人所具有的各种兴趣、特质加以全面考验，具有较大的优越性。流水式面试在外企的招聘中是一种常用的方法。

3. 结构化面试、非结构化面试与半结构化面试

根据面试组织形式是否标准化、程序化，可将面试分为结构化面试与非结构化面试。结构化面试是指在面试之前，面试的内容、方式、评委构成、程序、评分标准及结果的分析评价等构成要素按统一制定的标准和要求进行。结构化面试减少了主观性，对考官要求较少，信度与效度较高，但缺点是过于僵化，难以随机应变，收集信息的范围受到限制。结构化面试取得成功的关键在于事先的准备，尤其是对工作技能需求的分析。表 6-5 呈现了结构化面试指南。

表 6-5　结构化面试指南

致面试者：这份"应聘者面试指南"目的在于协助你进行员工的选聘和录用。如果你用这份指南面试应聘同一职位的所有人，你就可以据此对应聘者进行对比。这份指南将为你提供在非结构化面试中不能得到的许多客观信息。

这是一份一般性的指南，在一种情形下不一定会用到全部的项目，你可以忽略不适用的项目，也可以增加针对特定职位需要问的其他问题，我们在表格的结尾为增加的问题预留了地方。

法律禁止招聘过程中存在性别、种族、肤色、国籍、地区、残疾及（在许多情况下）年龄等方面的歧视，有些地区的法律对婚姻状况、家庭出身方面的歧视也是禁止的。面试者要注意避免因这方面的问题而影响雇用决策。

工作兴趣

姓名_____　申请职位_____

你认为这份工作（职位）包括哪些内容？_____

你为什么申请这份工作（职位）？_____

你为什么认为你适合这份工作（职位）？_____

你在工资方面有什么要求？_____

你对我们公司了解多少？_____

（续）

你为什么希望加入本公司？_____

目前工作状态

你现在有工作吗？_____是_____否。如果没有，你已经失业多长时间了？

你为什么没有工作？_____

如果你有工作，那么你为什么申请这个职位？_____

你什么时间可以开始到本公司工作？_____

工作经历

（从现在的工作或上一份工作向前倒推，所有的时间都要涉及，至少要倒推12年，具体可视应聘者的年龄而定，在军队服役也应当作一项工作。）

目前或上一家工作单位_____地址_____

工作时间：从_____到_____

目前或上一个工作职务_____

工作职责_____

你在该公司是否一直做同一份工作？_____是_____否。如果不是，请介绍你所做过的各项工作、每项工作做了多长时间以及每项工作的主要职责：

_____

你的起薪是多少？_____你现在挣多少？_____你感觉怎么样？_____

你的上一位或现在的上司叫什么名字？_____

你最喜欢现在或上一份工作的什么方面？_____

你最不喜欢现在或上一份工作的什么方面？_____

你为什么想离开？_____

你为什么现在就想离开？_____

面试者的评价或观察：

_____

你做上一份工作之前是做什么的？_____

你在哪里工作？_____

地点_____职位_____

职责_____

你在该公司是否一直做同一份工作？_____是_____否。如果不是，请介绍一下你所做过的各种工作、开始做该项工作的时间及每项工作的主要职责：

_____

你的起薪是多少？_____你最后的工资是多少？_____

你的上一位上司叫什么名字？_____

你最喜欢现在或上一份工作的什么方面？_____

你最不喜欢现在或上一份工作的什么方面？_____

你为什么不想做这份工作了？_____

你愿意考虑回原来的公司工作吗？_____

（面试者：如果在不同的工作之间有间隔，应该询问应聘者。）

（续）

面试者的评价或观察：

你在那家公司工作之前是做什么的？ _____

你还做过什么别的工作或有过别的什么经历？请简要描述一下每项工作的主要职责：

在过去五年中你被解雇过吗？ _____ 是 _____ 否。你为找工作做了哪些努力？ _____

你还有哪些经历或训练可以帮助你胜任申请的这份工作？解释一下你是如何、在哪里获得这些经历或训练的：

教育背景

你受过的哪些教育或训练对你申请的这份工作有帮助？

请介绍你受过的所有的正式教育。（面试者也可以问相关的技术训练。）

业余活动

你业余时间做什么？ _____ 兼职工作 _____ 运动 _____ 看体育比赛 _____ 俱乐部 _____ 其他 _____
请解释一下：

面试者的特殊问题

（面试者：对于特殊的工作可以增加其他问题，但要注意避免歧视性的问题。）

个人信息

你愿意调换工作吗？ _____ 是 _____ 否
你愿意出差吗？ _____ 是 _____ 否
你可以考虑的最长的出差时间是多少？ _____
你能加班吗？ _____
周末工作怎么样？ _____

自我评价

你认为你的长处是什么？

你认为你的短处是什么？

（面试者：将应聘者的反应与其申请书中的信息进行对比，找出不一致的地方。）

（续）

（应聘者离开之前，面试者应该向其介绍本组织及工作的基本情况（如果此前没有介绍过的话）。应聘者应该了解工作地点、工作时间、工资、报酬的种类（工资或工资加奖金等）及其他可能影响应聘者对工作的兴趣的因素。）

面试者的印象

就每项特征做出评价，1代表最高，4代表最低

个人特征	1	2	3	4	评价
外表					
举止					
谈吐					
与面试者的配合					
与工作有关的特征					
工作经历					
相关知识					
人际关系					
效率					

总体评价

1	2	3	4	5
____出色的	____高于平均水平（很合格）	____平均水平（合格）	____不太满意（不太合格）	____不满意

评语

面试人_____ 时间_____

非结构化面试无固定模式，其内容往往是开放式的问题，带有很大的随意性。主考官所提问题的真实目的往往带有很大的隐蔽性，要求应聘者有很好的理解能力与应变能力。半结构化面试综合了结构化面试与非结构化面试的特点，是一种常见的面试方式。

个案研究6-1

两个非结构化面试实例

实例一：某独资企业欲招聘若干管理人员，通知所有应聘者于某月某日某时在位于某某大厦的公司总部参加面试。结果等到面试那天，公司派人提前在该大厦大厅内接待前来应聘的人员，并请大家在大厅内恭候。等到所有应聘人员到齐后，接待人员告诉大家一个不幸的消息：电梯坏了，需要大家由接待人员带领，爬几十层楼梯到公司的办公室参加面议。有些人听后则立即就走了，有些人爬到一半后也放弃了，只有少数几个人坚持到最后。结果，就是这些坚持到最后的应聘者被录用了。这是一个典型的非结构化面试。事实上，电梯根本就没有坏，主考官就是想考察应聘者是否具有吃苦耐劳和坚忍不拔的意志。然而，许多人失去了机会。

实例二：某公司准备聘用一名公关部长，经笔试筛选后，只剩下7名求职者等待专业技能的面试。面试限定每人在两分钟内对提出的问题做出回答。每一名求职者进入考

场时，主考官都说："请你把大衣放好，在我面前坐下！"其实房间里除了主考官使用的一桌一椅外，什么也没有。两名求职者不知所措，两名求职者急得掉眼泪，一名求职者脱下大衣放在主考官的桌上，然后说："还有什么问题吗？"结果这五名求职者都被淘汰了，原因是他们慌张失措，反应呆板，没有应变能力。

第六名求职者听到提问后，环顾室内，先是一愣，旋即脱下大衣，往右手上一搭，躬身施礼，轻声说："既然没有椅子，就不用坐了，谢谢你的关心，我愿听候下一个问题。"此人守中略有攻，处事老练，只是机智不够，可先培养用于内，后则可对外。第七名求职者在听到发问后，眼睛一眨，把自己候坐的椅子搬进来，放在离考官一米远处，脱下大衣，折好放在椅背上，然后坐在椅子上。当"时间到"的铃声一响，他即起立致谢，退到室外，把门关上。此人不用一言一语却巧妙地回答了问题，被录取为公关部长。

4. 压力面试与评估性面试

根据测评目的，可以将面试分为压力面试与评估性面试。压力面试往往给被试者一个意想不到的问题或将其置于一种不舒适的环境中以考察他对压力的承受能力，常常用于招聘销售人员、公关人员与高级管理人员，而评估性面试主要用于评估工作业绩。

5. 行为描述面试与能力面试

🐚 个案研究 6-2

招聘副局级干部

1996 年北京市政府公开招聘副局级干部时就曾经用过此方法。面试的主考官对其中一位应聘者提出了这样一个问题。假若：你是本局的副局长，由于工作的需要，其他局领导均出差在外。今天是星期一，上班后有这样几件事情必须由你处理：一是有许多公文要你批示，这项工作需花费近 1 小时时间；二是 10 分钟后你要参加早与外商约定好的一个谈判会；三是本局的某先生在今天早晨出了车祸，人被送入医院抢救，现在生命垂危，需局领导火速去医院探望。你如何处理这三件必须由你处理的事情。

根据面试内容的侧重点，可将面试分为行为描述面试与能力面试。行为描述面试是基于行为的连贯性原理发展起来的。行为描述面试中所提的问题，都是从工作分析中得到的。通过询问应聘者过去的工作经历，以判断应聘者在特定的工作情形下采取的有效的与无效的行为模式，来预测他在本组织中将会采取的行为模式。

能力面试与注重应聘者以往的经历不同，更关注他们如何去实现所追求的目标。在能力面试中，主试通过寻找 STAR（情景、任务、行为和结果）的方法来确定被试的能力优势。

个案研究 6-3

行为描述面试实例

马斯克在 2024 年的一次访谈中谈及其招人的一些标准，表示他在面试高管时基本上只问两个问题：①说说你的故事，以及你一路走来所做的决定与原因；②告诉我一些你解决过的最困难的问题及你是如何解决的。

位于密歇根州弗林特市的大众银行公司发现在其呼叫中心的 50 名员工中，竟然有31 人在一年内离职，接着该呼叫中心的主管威尔逊开始转为对求职者进行行为面试。很多人之所以离职，是因为他们不愿意回答那些偶尔会发怒的顾客提出的问题。有鉴于此，威尔逊不再通过询问求职者是否愿意和生气的顾客打交道来预测他们的实际工作表现，而是提出一些行为方面的问题，比如"请描述一下你曾经与一位正在气头上的人谈话的情形，说说你是如何扭转这种局面的"。威尔逊指出，这种问题使得求职者更难糊弄面试官。事实上，在采取这种措施之后，在接下来的一年中，呼叫中心只有 4 人离职。⊖

6.2.4.3 面试前的筹备

1. 制订面试计划

根据职务说明书明确评估标准，制定面试时间表、面试流程和形式（如结构化面试、行为描述面试等）以及每个面试阶段的重点与目标。

2. 成立面试小组

确定参与面试的人员，通常包括用人部门的经理、人力资源部门及其他相关专业人士，并确保面试小组成员了解各自的角色与分工，明晰面试流程。⊜

3. 准备面试提纲和评分表

根据职位要求和面试形式，准备有针对性的面试问题，以便深入了解候选人的能力、经验和潜力，可以参考岗位描述、核心技能、公司文化等设计问题，并制作评分表，为每个考察维度设置权重。

4. 审核候选人简历

阅读并审核候选人的简历和申请材料，重点标记与职位相关的经验、技能或潜在问题，为面试提问做准备。

5. 准备面试的工具和环境

确保面试环境安静、舒适，准备好纸笔、评分表等必要工具。如果是线上面试，提

⊖ 德斯勒. 人力资源管理基础 [M]. 江文, 译. 北京：中国人民大学出版社, 2021：166.
⊜ 董克用, 李超平. 人力资源管理概论 [M]. 5 版. 北京：中国人民大学出版社, 2019.

前测试设备和网络，确保视频会议软件能够正常运行。

6. 通知和确认面试时间

与候选人确认面试的时间和地点（或线上面试的会议链接），提供相关的面试指南和注意事项，确保候选人知悉所有重要信息。

6.2.4.4　面试的实施步骤

面试的实施步骤一般包括准备、接触、了解背景、询问有关工作的问题、向面试者提供某些信息、结束、面试评价等（见表6-6）。

表6-6　面试的基本步骤

步骤	主试	面试者	主要作用
1. 准备	将下一个面试者的材料放在案头并浏览；回顾面试计划并对某些问题做一些必要的记号	注意穿着形象，早早到面试处报到，等待面试并回顾自己答题的要点	双方都给对方以好印象，表示相互尊重
2. 接触	握手欢迎，自我介绍，请面试者就座并适当寒暄	握手，在示意请坐时坐下，用简短的语言概括介绍自己（开场白）	消除应聘者的紧张恐惧感（应聘者给主试留下鲜明印象）
3. 了解背景	询问面试者个人、家庭和社会背景，包括受教育情况	自述	核实材料中有关内容，考察面试者社交性、集体性是否与将就职的工作团体相适应，考察其灵活变通性
4. 询问有关工作的问题	询问面试者的职业经历、职业计划，以及调换工作的原因；曾受过的培训；就该职位了解面试者有关的技能和专业知识	提供工作经历、个人技能的有关情况，尽力表达申请此职位的动机和信心	在主动性、自我评价、主要能力、调换工作的理由、自我发展的愿望等方面得出结论，并校对其书面材料
5. 向面试者提供某些信息	向面试者介绍企业组织及其各部门、各工作岗位的情况，并回答面试者的提问	询问有关工资福利、提升机会的情况，了解公司背景等	让面试者了解组织，避免对未来的工作有误解
6. 结束	稍做总结，表示面试结束，起身握手告别，示意面试者可以出去了	等待主试示意结束，询问下一步如何做，起身告别	正式结束面试
7. 面试评价	根据面试提纲及评分标准进行评价，做出录用决策后将结果反馈给面试者，最后将结果存档⊖	获知结果后，如果被录用则根据人力资源部门的通知完成报到，如果无法就职则应向用人单位说明原因	甄选应试者

6.2.4.5　面试技巧

（1）面试提问技巧。面试提问时，要清楚你提问的目的，准备好提问的提纲，尤其要采用他人能够理解的方式来提问，以避免理解困难。在提问时，一般需要遵从先易后难、循序渐进的原则，另外，还需要注意以下提问方式（见表6-7）。

⊖　蒙迪. 人力资源管理 [M]. 谢晓非，等译. 北京：人民邮电出版社，2011.

表 6-7　面试提问方式

提问方式	目的	举例
1. 开放式提问："为什么""为何""什么""哪个"	获取信息；鼓励回答；避免被动。	你为什么采用这种方式
2. 清单式提问：呈现出选择可能性或抉择的问题	获取信息；鼓励询问对象陈述优先选择；鼓励询问对象不只看一种选择	你认为产品质量下降的主要原因是什么
3. 假设式提问：任别人想象，探求别人的态度或观点	鼓励人们从不同角色思考问题	如果你处于这种状况，你会怎样处理这个问题
4. 重复式提问：返回信息以检验是不是对方的真正意图；检验你得到的信息是否正确	让别人知道我听见了你的信息，检验获得信息的准确性	你是说……如果我理解正确的话，你说的意思是……
5. 确认式提问：表达出对信息的关心和理解	鼓励信息发出人继续与你交流	我明白你的意思！这种想法很好
6. 封闭式提问：得到具体回答	用"是""否"回答	你将文件印印好了吧？你曾干过秘书工作？
7. 追问式提问："说吗"，请再往下说	获取进一步信息	你有什么证据

实务指南 6-4

面试问话提纲

面试项目	评价要点	提问要点
仪表与风度	体格外貌、穿着举止、礼节风度、精神状态	
工作动机与愿望	过去和现在对工作的态度，更换工作与求职原因，对未来的追求与抱负，本公司所提供的岗位或工作条件能否满足其工作要求和期望	• 请谈谈你现在的工作情况，包括待遇、工作性质、工作满意度 • 你为何希望来本公司工作 • 你在工作中追求什么？个人有什么打算 • 你想怎样实现你的理想和抱负
工作经验	从事所聘职位的工作的经验丰富程度，职位的升迁状况和变化情况，从其所述工作经历中判断其工作责任心、组织领导力、创新意识	• 你大学毕业后的第一份职业是什么 • 在这家企业里，你担任什么职务 • 你在这家企业里做出了哪些你自己认为是值得骄傲的成就 • 你在主管部门中，遇到过什么困难你是怎样处理和应对的 • 请你谈谈职务的升迁和工资变化情况
经营意识	判断应聘者是否具有商品概念、效率观念、竞争意识及是否具备基本的商品知识	• 通过经营小案例来判断其是否有这方面的观念和意识
知识水平、专业特长	应聘者是否具有应聘岗位所需要的专业知识和专业技能	• 你大学学的什么专业或接受过哪种特殊培训 • 你在大学对哪些课程最感兴趣？哪些课程学得最好 • 询问专业术语和有关专业领域的问题 • 询问一些专业领域的案例，要求其进行分析判断
精力、活力、兴趣、爱好	应聘者是否精力充沛、充满活力，其兴趣和爱好是否符合应聘岗位的要求	• 你喜欢什么运动？你会跳舞吗 • 你怎样安排闲暇时间 • 你经常参加体育锻炼吗
思维力、分析力、语言表达力	对主试所提问题是否能够通过分析判断，抓住事物本质，并且说明透彻，分析全面，条理清晰，是否能顺畅地将自己的思想、观点、意见用语言表达出来	• 你认为成功和失败有什么区别 • 你认为富和贫、美和丑有什么区别 • 如果让你筹建一个部门，你将从何入手 • 提一些小案例，要求其分析、判断

（续）

面试项目	评价要点	提问要点
反应力与应变力	头脑的机敏程度，对突发事件的应急处理能力，对主试提出的问题能否迅速、准确地理解，并尽快做出相应的回答	• 询问一些小案例或提出某些问题要求其回答
工作态度、诚实性、纪律性	工作态度如何，谈吐是否实在、诚实，是否热爱工作、奋发向上	• 你目前所在单位管得严吗？如果在工作中看到别人违反制度和规定，你会怎么办 • 你经常向领导提合理化建议吗 • 除本工作外，你还在其他单位兼职吗 • 你在处理各类问题时经常向领导汇报吗 • 你在领导与被领导之间喜欢哪种关系
自知力与自控力	应聘者是否能够通过经常性的自我检查发现自己的优缺点，同时在遇到批评、遭受挫折及工作有压力时，能够克服、容忍、理智地对待	• 你认为你自己的长处在哪里 • 你觉得你个性上最大的优点是什么 • 领导和同事批评你时，你如何对待 • 你准备如何改正自己的缺点
一般问题	• 为何要到本公司来 • 你以往做过哪些工作 • 为何要离开原单位 • 你认为原单位有哪些缺点	• 你认为你对本公司会做出什么贡献 • 你认为你有何缺点？如有，请举例 • 别人批评你时，你一般如何应对 • 你喜欢和哪些人交往？同学、同事还是邻居

（2）倾听技巧。倾听要求积极主动地听，要注意面试环境布置、面试者体态与语言等对倾听者的影响。要消除倾听中的晕轮效应、触角效应、第一印象、近因效应等偏见。

🌀 实务指南 6-5

面试考官的要求

（1）有良好的个人品格和修养

（2）具备相关专业知识

（3）有丰富的社会工作经验

（4）有良好的自我认识能力

（5）善于把握人际关系

（6）熟练运用各种面试技巧

（7）能有效地面对各类应试者，控制面试进程

（8）能公正、客观地评价应聘者

（9）掌握相关的人员测评技术

（10）了解组织状况及职位要求

（3）面试评价技巧。面试结束时，应给应聘者提问的机会，整理好面试记录表，注意面试评价要从面试的目的出发，评价项目尽量数量化、可操作化（见表6-8）。

表 6-8　某公司面试评价表

姓名 应聘职位	性别	年龄	编号 所属部门		
评价要素	评价等级				
	1（差）	2（较差）	3（一般）	4（较好）	5（好）
1. 个人修养					
2. 求职动机					
3. 语言表达能力					
4. 应变能力					
5. 社交能力					
6. 自我认识能力					
7. 性格内外向					
8. 健康状况					
9. 掩饰性					
10. 相关专业知识					
11. 总体评价					
评价	□建议录用　　□有条件录用　　□建议不录用				
用人部门意见　签字：	人事部门意见　签字：		总裁（总经理）意见　　签字：		

6.2.4.6　影响面试效果的因素

在面试中，以下因素会影响面试效果，应注意避免。

- 面试官根据过去的经验评判应试者，过早地做出录用决策。[一]
- 面试官过度追求"完美"，过分关注应试者的缺点。
- 面试官本人对空缺岗位的任用条件不了解，无法以正确的标准去衡量应聘者。
- 面试官本人缺乏面试经验。
- 面试过程中，面试官本人讲得太多，未让应试者充分发言，失去了招聘面试的意义。
- 有时由于招聘任务时间紧迫，为完成招聘任务，不得不加快速度，急于求成。
- 面试官易受前一位应试者的影响，并以此作为标准去衡量后一位应试者。
- 首因效应、晕轮效应、群体定见、趋中效应、以貌取人、个人偏见等常见心理偏差，均会影响面试效果。
- 面试中，采用非结构化面试，其结果不如结构化面试可信和有效。

6.2.4.7　提高面试效果的对策

（1）紧紧围绕面试的目的与主题提问，着重了解工作要求的知识、技术、能力和其他特性。

㊀　桂萍，彭华涛 . 人员测评与选拔 [M]. 北京：科学出版社，2019.

（2）对参与面试的经理、主管或"人事"专职人员进行培训。通过这种方式，受训者能从实践中得到指导和训练。

（3）确保面试前向面试官或面试小组成员提供所需的资料（即岗位规范、岗位描述、应聘者填好的申请表或简历），使他们在面试前有充足的时间掌握有关情况。

（4）注意非语言行为的影响。

（5）应选择合适的地点作为面试场所，家具应适当摆放。

（6）应合理安排面试时间，一位应试者一般面试时间最多不超过半小时，并使每位应试者的受试时间基本相同。

（7）如果条件允许，除了简单的"是/否"选择外，应要求应试者回答一些开放的与岗位有关的问题。

（8）一般在面试官的正式提问后，应给应试者一些时间，让他们问一些问题，并自由发表一些评论，保持良好的双向沟通渠道。

（9）把心理测试和证明人的信息（最好是书面的）与面试结果结合在一起进行考虑。

（10）与一对一面试相比，小组面试可以弱化因面试官的个人偏见产生的后果（如"光环"或"触角"效果），而且也能更全面、从容地掌握信息。然而，面试小组人数不宜过多，以免给应试者造成紧张感。3～5人的规模比较正常。

（11）面试的气氛要保持和谐，以缓解应试者紧张的情绪。

（12）设计好面试的程序、方法，准备好面试问题清单。

选拔面试是一个持续的过程。上面的讨论主要集中在事先安排好的面试，其中也可穿插一些灵活安排，给应试者一定时间，提一些问题。这种方法可以有效地保证面试过程是一个真正的双向交流的过程。

🗨 实务指南 6-6

面试研究中的某些重大发现

（1）结构化面试比非结构化面试更可靠。

（2）反对的信息比同意的信息对面试官的影响更大。

（3）在获得了大量有关这份工作的信息后，面试可靠性会提高。

（4）偏见往往在面试刚开始时就形成了，而这种偏见最后将导致形成赞成或反对的结论。

（5）通过面试能比较正确有效地评价一个人的智力水平，而面试对测试数据没有影响。

（6）面试官往往能够解释为什么他们觉得一个申请者不会是一个令人满意的员工，但无法解释为什么会觉得他会是一个令人满意的员工。

（7）在做出最后判定时，真实的数据看起来比外表更重要，这一点随着面试官经验的丰富更能显现出来。

（8）人际关系的处理能力和动机可能是面试官最主要的评价（申请者）标准。

（9）给应试者一些时间讨论，可避免太快形成第一印象，并可为面试官提供一个更大的（应试者的）行为样例。

（10）言语和非言语的行为都能影响（录用）决定。

（11）虽然应试者被接受的比例可能不同，有经验的面试官会按相同的方式对应试者进行评价，他们往往比没有经验的面试官更善于挑选合适的人选。

6.2.5 评价中心

评价中心涉及编制一套与职位实际情况相似的测试项目，将应试者安排在模拟的、逼真的工作环境中，要求他们处理各种可能出现的问题，测试其心理素质和工作能力。评价中心的起源最早可追溯到1929年，当时的德国心理学家创建了一套多维度的评估程序用于选拔军官。在第二次世界大战期间，这一技术在军事领域得到了进一步的发展。[一]评价中心信效度高，预测性强，带有培训效果，能提高测试者的管理能力，也成了现代人才测评中最具特色也最复杂的一项技术。[二]评价中心一般由专家来指导进行，成本较高，在高级管理人才选拔中使用较多。

评价中心的主要组成部分及其最突出的特点是它使用情景性的测试方法对被试者的特点行为进行观察与评价。因此，评价中心技术中所采用的情境性测验的方法主要有：公文处理（文件筐测验）、无领导小组讨论、管理游戏、角色扮演，以及面谈模拟、案例分析、演讲辩论等。[三]

🌀 实务指南 6-7

情景面试问题实例

问题： 在你即将出发旅行的前一天晚上，你已整装待发。就在你上床前，你接到了工厂的一个电话，工厂出现了一个只有你能解决的问题，你被请求去处理此事。在这种情形下，你会怎么做？

记录回答：

评分指导：

好： "我会去工厂，以确保万无一失，然后我再去度假。"

好： "不存在只有我能处理的问题，我会确保另一个合适的人去那里处理问题。"

一般： "我会试着找另一个人来处理这个问题。"

差： "我会去度假。"

[一] 人力资源管理编写组. 人力资源管理 [M]. 北京：高等教育出版社，2023.
[二] 陈国海，马海刚. 人力资源管理学 [M]. 2 版. 北京：清华大学出版社，2021.
[三] 刘善仕，王雁飞，等. 人力资源管理 [M]. 2 版. 北京：机械工业出版社，2021.

1. 公文处理

公文处理又称文件筐测验，是对管理人员的潜在能力进行测定的有效方法。在测验中，应试者扮演企业中某一领导者角色，面对一堆待处理的事情（来自上下级的信函、文件、电话等），需要在规定的时间内采取措施或做出决定。这个测验不仅可以较好地反映被评价者在管理方面的组织、计划、协调、领导等能力，还可以反映做事的主动性、对环境的敏感性及对信息的收集和利用能力。

2. 无领导小组讨论

无领导小组讨论是指数名应试者（一般是 5～7 人）集中在一起就某个问题进行讨论，事前并不指定讨论会的主持人，评价者在一旁观察评价对象的行为表现并对应试者做出评价的一种方法。

无领导小组讨论的目的主要是考察被评价者的组织协调能力、领导能力、人际交往能力、想象能力、对资料的利用能力、辩论说服能力及非言语沟通能力等，同时也考察被评价者的自信心、进取心、责任感、灵活性及团队精神等个性方面的特点与风格。

对于评价者来说，重要的是善于观察。观察可以从以下几个方面进行：

（1）每个候选人或被评价者提出了哪些观点？

（2）当别人的观点与自己的观点不符时是怎样处理的？

（3）被评价者是否坚持自己认为正确的提议？

（4）被评价者提出的观点是否有新意？

（5）被评价者是怎样说服别人接受自己的观点的？

（6）被评价者是怎样处理与他人的关系的，是否善于赢得他人的支持？

（7）是否善于倾听别人的意见，是否一味只顾自己讲或常常打断别人的讲话？

（8）是否尊重别人，是否侵犯别人的发言权？

（9）当个人的利益与小组的利益发生冲突时，被评价者是如何处理的？

（10）是谁在引导讨论的进程？

（11）是谁经常进行阶段性的总结？

（12）每个人在陈述自己的观点时语言组织得如何，语调、语速及手势是否得体？

3. 管理游戏

管理游戏也叫企业决策模拟竞赛法。应试者每 4～7 人组成一个小组，每个人在本"企业"中承担的责任或职务，由每人自报或协商分配。各组按照竞赛组织者所提供的案例材料，讨论出一个解决方案。通过讨论过程及结果的阐述，对应试者的进取心、主动性、组织计划能力、沟通能力、团队合作能力进行评定。由各组选派代表组成"评委会"，优胜者被给予象征性的奖励，使游戏具有竞赛的特色。

4. 角色扮演

角色扮演是一种情景模拟活动，旨在评估应试者在人际关系处理、情绪管理、应变及解决问题等方面的能力。在角色扮演活动中，评估者设定了一系列复杂的人际冲突，要求应试者扮演特定角色，在设定情境中处理各种问题。[一]评估者通过观察和记录应试者在不同角色下的表现，评估其潜在素质和能力。与其他测评技术相比，角色扮演的实施过程相对简单。然而，这种测评方法对评估者的专业素养和判断能力要求较高，且标准化程度相对较低，可能影响结果的一致性和可靠性。因此，需要对评估者进行充分的培训。

❧ 研究前沿 6-1

基因与领导力[二]

目前的研究表明，基因确实对领导力有影响，但是"领导力基因"并不一定会带来优秀的领导者。在绝大多数情况下，基因并不会直接影响人的行为和态度，包括领导力。基因很多时候是通过环境因素起作用的。

以下是人们对领导力基因的三个误解。

1. 先天还是后天

基因的影响是正面的还是负面的，可能完全取决于环境因素，先天遗传的影响离不开后天环境的塑造。

2. 基因影响无法改变

即使基因对领导力有巨大的影响，也不能说明领导力是不可改变的。因为基因的影响通常关注的是人与人之间的差别，而领导力能否改变则关注的是一个人是否随着时间的变化而改变，这是两个截然不同的问题。

3. 基因算命与基因编辑

即使存在所谓的"领导力基因"，但这样的基因数量可能非常庞大，单个基因的作用非常微小，且基因间可能存在尚不可知的作用。基因对领导力的影响还可能受到环境和时间因素的调节，某些所谓的领导力基因也可能带来其他方面的副作用。

总之，领导力存在多个成功标准，每个标准都会受到各种不同基因的影响，很多领导行为都可以对下级团队和组织绩效产生积极影响，所以企业在选拔、任命管理者时更应该考虑组织的制度环境和文化氛围能否塑造一个优秀的领导者，而非依赖"领导力基因"做出判断。

6.3 人员录用

经过几轮的选拔之后，最后就是人员录用。这一阶段往往包括试用合同的签订、员

○ 萧鸣政．人员测评与选拔 [M]. 4 版．上海：复旦大学出版社有限公司，2021.

○ Li W D, ZHANG X, SONG Z L. Leadership and genetics: myths and truth [J]. Harvard Business Review, 2024(10):26-29.

工的初始安排、试用、正式录用等环节。对于这一阶段的工作，有不少企业认识不够，实际上它关系到能否唤起新员工的工作热情。

6.3.1　人员录用的原则

1.因事择人与因人任职相结合

因事择人强调人员录用必须按照岗位的特性，根据工作的需要进行。同时，还必须根据每个人能力的特点、个性的差异来安排相应的职位。把因事择人与因人任职相结合，可以大大提高人力资源的利用率。

2.平等竞争原则

对所有应聘者应当一视同仁，不要人为地制造各种不平等的限制。对合格人员应该采用竞争录用、择优录用。

3.慎用过分超过任职资格条件者的原则

在坚持平等竞争、择优录用原则的同时，还必须谨慎录用那些过分超过任职资格条件的人。一般而言，任用一个知识、经验、技能和素质水平远高于工作要求的候选人，未必是一件好事，因为录用后他的要求（包括工资待遇、工作条件与环境等）可能过分高，流动的可能性也可能增大。这里讲的是慎用，并非简单不用，而是要与候选人的工作动机和素质等因素密切联系进行判断和决策。

4. 重工作能力原则

在合格人选的基本条件差不多的时候，以往的工作经验和工作绩效应是决策时所看重的条件，也就是说，在其他条件相同或相似时，工作能力优先。

5. 工作动机优先原则

在合格人选的工作能力基本相同时，候选人希望获得这一职位的动机强度，则是决策时所注重的又一个基本点。研究表明，个体的工作绩效一般取决于个体的能力和积极性两个因素。如果两个人的能力基本相同，积极性却很不相同，那么两个人的工作绩效则显然会不同。

🌀 实务指南 6-8

管理人员甄选过程中七个易犯的错误

尤为糟糕的是，有些公司竟然将管理人员的甄选视同儿戏，敷衍了事。下面是七个最易犯的错误。

（1）用人标准不清，因而不能正确地选择适合做一项工作的人选。这是最为常见，也是代价相当高的一类错误。

（2）具体标准常常说得含糊不清、太笼统。譬如，"要有活力""有创造性"。

（3）有时又走向另一个极端。用人标准规定得太死、太窄。例如，规定一位人选需具备在导航系统微型芯片的设计方面有 10 年的工作经验。

（4）一些公司常常由于求全责备、不肯破例，而错过优秀人选。例如，公司由于对候选人的服饰及个人生活习惯不满而拒绝考虑。

（5）脱离现实，不考虑人力资源市场的实际情况，招募人员抱有不切实际的奢望。例如，他们没有意识到那种"理想"的人选或许是根本不存在的。

（6）许多公司由于时机掌握不准而白掷金钱，要么是招募工作做得过早，要么又开始得太迟。

（7）能力的估价及技能的考核对于经理人员的甄选来说，是至关重要的，但大多数管理人员恰恰忽略了这一点。

6.3.2　人员录用需注意的问题

（1）正式录用后，要及时通知已录用的应聘者，同时，对于未录用的应聘者，要由人力部经理亲笔签名委婉地拒绝。关于录用通知书和辞谢通知书的示例，请参见表 6-9 和表 6-10。

（2）录用后的合同签订、试用期的培训等工作必不可少，它是关系企业形象的重要工作。

（3）除非这个职缺的工作即将有很大的发展前景，否则要小心，不要录用一个能力超强的人，对工作感觉不充实的员工会很快对工作感到厌烦，并会很快地离职。

（4）有些应征者只想暂时先找一份工作安身，然后再慢慢找一份更稳定的永久工作，对于这些人你要特别留心，你很可能在他们身上投资了 3 个月的人员训练，而他们却在工作快要进入状态之前离去。在甄选人员时，你一定要就这一点对应聘者诚恳地表达你的质疑。

（5）对那些频频更换老板的求职者，你要特别小心，他们现在也许会在你面前列举他们以前老板的不是，但同样地，他们也有可能在 15 个月后在别人面前数落你。一个不诚恳的应聘者并不是你所想要用的人。

（6）在决定录取某个人员时，要考虑这个人是否能跟小组里的其他成员相处，邀请他到你的部门待半天，便可知分晓。

（7）记住这一点：一个人的一生如果一直都很顺利，有所成就并有许多成功的记录的话，那么这种人往往也可能会继续成功。对那些自称是运气不好的应聘者，你要特别小心，不论他们解释得如何言之有理，你也不要轻易地相信。

（8）永远不要企图能在"百坏中选一好"。如果你明知某人不是很适合，但仍加以录用，那等于是告诉你自己，不久之后你又得重新招聘。

（9）假如面试后合适的应聘者有好几个，你要采用考试的方法，找出最佳人选。

千万不要急着做决定，尤其不要因为有某个应聘者急着想要知道结果，你便受到影响，当你已经选定人才后，要再想一想。假如你的上级经理不满意你招聘人员的方式，认为你的甄选成本过高或是用时过长时，你可以提醒他，不要忘了用错人时所必须付出的代价有多高。

表 6-9　录用通知书

_____先生 / 女士：

在上周五与你的会面是很愉快的。我们现在很高兴地通知你，我们企业向你提供_____职位。

接受该职位的工作意味着你应该完成下列工作职责_____，并对_____负责。你的工资将是每月_____元。我很希望你能够接受该职位的工作。我们会为你提供难得的发展机会、良好的工作环境和优厚的报酬。

我很希望在_____月_____日之前获得你是否接受该职位的消息。如果你有什么问题，请尽快与我联系。我的联系电话是_____。期望尽快得到你的回答。

此致

人力资源部经理

表 6-10　辞谢通知书

尊敬的_____先生 / 女士：

十分感谢你对我们企业_____职位的兴趣。你对我们企业的支持，我们不胜感激。你在应聘该职位时的良好表现，我们印象很深。但是由于我们名额有限，这次只能割爱。我们已将你的有关资料备案，并会保留半年，如果有了新的空缺，我们会优先考虑你。

感谢你能够理解我们的决定。祝你早日寻找到理想的职业。

对你热诚应聘我们的企业，再次表示感谢！

此致

人力资源部经理

6.4　数智时代人员选拔与录用的发展趋势和挑战

6.4.1　人员选拔与录用的数字化转型

6.4.1.1　数智时代下的岗位需求变化

随着数智时代的到来，数智经济已成为推动经济发展的核心力量，数字人才成为企业取得竞争优势的关键。正如党的二十大报告所强调的，加快发展数字经济，要强化现代化建设人才支撑，必须坚持科技是第一生产力，人才是第一资源。数智时代不仅改变了工作方式，也对员工的技能提出了新要求，许多传统岗位的功能和职责正在被重新定义，数字人才应运而生。数字人才是指那些具备数字素养和相关知识体系，掌握信息通信技术（ICT），能有效利用数字工具，将数字化的理念、工具和方法与行业需求紧密结合，并在信息通信行业及其他各个领域推动企业数字化转型，承担数字化管理、应用或技术相关工作的复合型人才。

未来 3 年，数字产业化企业最需要的是运营人员和开发人员，其次是算法人员、销售人员和产品经理。高校数字人才培养指数从 2013 年的 1000 增长至 2021 年的 6440，然而数字人才的数量还远远不能满足数智经济发展的需要，人才缺口主要体现在数字管

⊖　51CTO，中国软件协会 CIO 分会 . 2024 数字人才白皮书 [R]. [2024-09].

理人才、数字基础研究和技术研发人才、数字应用人才三类。相较于传统管理岗人才、技术岗人才和执行岗人才，前述三类人才在技能要求、工作方式、跨界能力、技术应用、创新与变革等方面均存在差异（见表 6-11～表 6-13）。[⊖]

1. 数字管理人才

数字管理人才可分为两类，第一类是直接负责组织数字化转型的关键决策者，他们拥有战略思维和整体规划能力，掌握数字化转型战略的方向和实施路径。第二类是数字化转型中的核心团队成员及项目经理，他们根据组织的业务需求，运用新技术推动数字化转型的实施，负责各自模块的管理与决策，同时协调跨部门的合作。典型职位包括首席执行官、首席数字官和企业中高层管理者等。

表 6-11　数字管理人才与传统管理岗位人才对比

维度	数字管理人才	传统管理岗位人才
技能要求	数据分析能力、数字战略制定、技术应用能力	人员管理、资源分配
工作方式	灵活、适应性强，数据驱动决策	稳定、流程导向，关注日常运营
跨界能力	具备跨学科知识，能够连接技术与业务	专注于特定领域的管理
技术应用	熟悉新兴技术，能够推动数字化转型	技术应用较为有限，依赖传统管理工具
创新与变革	强调创新能力，领导组织数字化变革	侧重于维护现有流程，推动的变革较少涉及数字化方面

2. 数字基础研究和技术研发人才

数字基础研究和技术研发人才也被称为数字专业人才。他们在组织的数字化转型中扮演着关键的技术支撑角色，负责数字化系统的开发与维护，解答与技术相关的问题，提供技术支持，助力组织构建先进的数字化平台，推动数字化转型顺利进行。典型职位包括业务架构师、软件工程师、用户体验设计师和大数据专家等。

表 6-12　数字专业人才与传统技术岗位人才对比

维度	数字专业人才	传统技术岗位人才
技能要求	深厚的技术知识、较强的开发和维护能力	专业技能，侧重于维护现有技术系统
工作方式	灵活，快速适应新技术	稳定，主要关注日常技术支持
跨界能力	能在数字技术与业务之间架起桥梁	通常专注于特定技术领域，较少进行跨界合作
技术应用	驱动新兴数字技术应用，参与技术创新	主要维护现有基础设施
创新与变革	积极推动技术进步，参与数字化转型	主要执行传统技术，较少涉及数字化技术创新

3. 数字应用人才

数字应用人才是在组织数字化转型中负责具体工具和方法实施的专业人员。他们具备数字化思维和应用意识，主要负责提供数字化解决方案，协调各部门的数字应用，评估应用效果，促进业务提升和驱动变革。典型职位包括战略规划、市场营销、财务和人力资源等领域的核心人才。

⊖　人瑞人才，德勤中国. 产业数字人才研究与发展报告 [M]. 北京：社会科学文献出版社，2023.

表 6-13　数字应用人才与传统执行岗位人才对比

维度	数字应用人才	传统执行岗位人才
技能要求	数字技术应用，提供解决方案，协调能力	固定职责，遵循流程
工作方式	灵活，快速响应市场变化	稳定，按照既定流程执行任务
跨界能力	需要协调不同部门，促进协作	较少进行跨部门协作，通常专注于单一任务
技术应用	熟练应用数字工具，推动数字化落地	技术应用较低，主要依赖手动操作
创新与变革	强调数字化思维，推动业务提升与变革	较少涉及创新，主要维护现有业务流程

6.4.1.2　新技能要求与人才评价标准的转变

随着工作内容的变革，组织对新技能的需求越发突出，包括数据分析能力、编程技能等。调查显示，数字企业对员工的技能提出了更高的要求（见图 6-3），其中 61.2% 的数字企业要求员工能够适应快节奏的数字机遇，超过 40% 的数字企业认为员工需要接受数字技能和跨学科技能培训，并能使用数字化办公系统灵活办公。同时，数智时代下软技能价值也越来越高，在中国排名前五的未来工作中最重要的软技能分别是领导力和人员管理能力、战略规划能力、分析和研究能力、沟通能力、行业专业知识。[⊖]

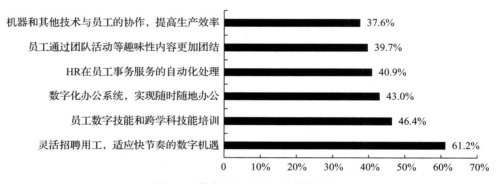

图 6-3　数字企业对员工的技能需求

资料来源：人瑞人才，德勤中国 . 产业数字人才研究与发展报告 [M]. 北京：社会科学文献出版社，2023.

数字人才对企业至关重要，众多研究人员开发出了不同的数字人才能力模型以帮助企业更好地识别和培养数字人才，常用模型包括：①"井"型数字人才能力结构模型：该模型从特征细分、业务能力、软性技能、数字技能四个维度考量了人才的数字化能力；②数字人才能力模型：该模型提供了企业数字化相关岗位所需的 6 大专业能力域、67 个能力项及对应的水平等级集成能力视图；③双轨赋能模型：该模型从培养数字化领导者和构建专业化人才体系入手，明确了数字人才标准。

能力标准体系是构建数字人才发展体系的核心基础，主要分为基于岗位的能力标准和基于技能的能力标准。人才评估是组织选人用人过程中的关键一环，可帮助企业识别并培养关键岗位潜在继任者，为企业长远发展储备人才。[⊜]目前国内使用较为广泛的基

⊖　领英 . 中国未来技能趋势报告 [R]. [2019-11-12].

⊜　51CTO，中国软件协会 CIO 分会 . 2024 数字人才白皮书 [R]. [2024-09].

于岗位的能力标准是"司南标准体系",该体系兼顾国外著名能力框架的优势和国内典型数字化转型企业公开发布的岗位能力标准,整合了通用能力和专业技能。该评价体系还制定了详细的能力词条和指导原则,在架构设计与实施过程中具备较强的实操性。基于技能的能力标准是在原有岗位能力标准的基础上整合关键技术能力项,形成一个元能力库。这种评价体系具备高度灵活性,可帮助企业迅速适应变革,即便未来职位发生变动,也能快速匹配相应的能力资源。

数字人才的技能评估体系比较复杂,在评估实施过程中,可分为确定考试大纲、设计考试题目和组织考试三个步骤。在确定考试大纲阶段还要为考试设置权重,完成大纲制定后,需要制定科学合理的考试试卷。此外,为了确保考试的规范性,还需评估试卷的信效度。

6.4.1.3 人员选拔中的数字化技术应用

如果企业缺乏大数据,就难以实现人才的"全信息"搜索。传统选拔方式可能产生误判,引入大数据后,企业可以从多个角度进行人才分析,提升判断的准确性。[一]例如,智能简历筛选系统能够自动分析候选人的背景信息,从中筛选出最符合职位要求的应聘者。虚拟现实技术为候选人提供了身临其境的工作场景模拟,帮助企业更全面地评估应聘者的技能和应变能力。这些技术不仅提高了选拔的效率,还增强了企业在竞争激烈的市场中吸引和留住人才的能力。

1. AI 简历筛选

AI 简历筛选是利用人工智能技术自动筛选、匹配求职者的简历,帮助雇主迅速找到理想候选人的一种新兴人才选拔工具。[二]通过预设的关键词和标签,系统能从大量简历中快速挑选出符合条件的应聘者,为用人单位节省大量时间与精力。[三]此类数字技术可使求职者和用人单位的信息在社交网络上迅速传播,减少用人双方的信息不对称。大数据算法可精确识别学历、技能、就业年限等信息,加权量化指标后再进行匹配,[四]不仅帮助用人单位精准筛选求职者简历,也可以帮助求职者快速过滤不合适的企业,实现共赢。除了效率提升和精准匹配的优势外,AI 深度学习还能够帮助企业补全人才标签,构建人才画像,自动处理一些简单的筛选条件,避免人工筛选的主观性。

2. 在线测评

在线测评是企业通过在线答题的形式了解应聘者的性格特点、能力优缺点和岗位所需专业素质的一种测评方式。在线测评不仅提供了个性化测试题目,实时分析应聘者表现,还具有传播速度快、运作成本低的优势,克服了传统测评方法周期长、数据统计和

[一] 赵光辉,田芳. 大数据人才管理:案例与实务 [M].北京:科学出版社,2019.
[二] 刘善仕,王雁飞,等. 人力资源管理 [M]. 2 版 .北京:机械工业出版社,2021.
[三] 德斯勒. 人力资源管理基础 [M]. 江文,译.北京:中国人民大学出版社,2021.
[四] 赵晨. 数字人力资源管理 [M].北京:中国人民大学出版社,2024.

信息反馈烦琐的问题。在线测评通常难度适中，在人才选拔中，用人单位会将其设置在简历投递和面试环节之间，如候选人在成功投递简历后，系统会自动向候选人邮箱发送在线测评邮件，并指定完成期限，也有部分用人单位会在候选人投递简历并通过筛选后再将在线测评发送给候选人邮箱。在线测评主要有专业素质测试、动机测试、人格测试和职业价值观测试等，目的是测量候选者的个人能力、品质、职业兴趣和职业适应性等方面。在线测评强调测验条件、内容、导语和程序的标准化。在实际运用中，最好通过前后设置一样的注意力测试题目保证测评信效度。[⊖]

3. 虚拟面试技术

虚拟面试是通过视频会议平台进行远程工作面试。最初这种技术是为了方便候选人或面试官因各种客观原因无法到现场进行面试。[⊜]虚拟面试的优点是快捷、成本低，用人单位能在无须面对面的情况下评估潜在员工，因而成为现代面试流程中的重要环节。虚拟面试技术使远程人才选拔变得更加高效，打破了地域限制，扩大了选拔范围，简化了日程安排和资源分配，减少了面试双方的差旅费用。但虚拟面试对设备有一定的要求，且面试官无法全面观察候选人的非语言信息，可能导致沟通受阻。

◐ 研究前沿 6-2

AI 能识别销售人员的劝说技能吗[⊜]

AI 正越来越多地被应用于人才选拔的各个阶段。随着远程工作的普及，视频面试已成为人才选拔的重要组成部分。研究发现，视频面试结合 AI 技术能够识别出简历无法展示的劝说技巧，对销售岗位来说这将是非常好的人员选拔工具。纯 AI 模型已经能达到不错的效果，但如果在 AI 的基础上加入一点人工判断，就能更显著地提升人员选拔质量，减少用人成本。研究团队设计的 AI 模型借鉴了心理学中的说服理论，基于对话内容、互动情况和肢体语言来判断候选人的销售潜力。这种方法比传统的问卷和回忆测试更准确，因为它直接从面试中提取实时信息，避免了求职者回忆不准确的情况。尽管 AI 能在一定程度上减少人为偏见，比如忽略候选人的外在细节，但并不能完全消除偏见，因为 AI 模型的训练数据中仍然有人工评分的影响。为了确保模型更公平、准确，建议企业在实际操作时扩大数据量，尽可能用真实的业绩数据验证 AI 的预测。

4. 数字信息系统

数字信息系统能够提高评估效率和准确性，提供个性化评估方案，使评估结果更加直观易懂。具体来看，其作用主要体现在以下四个方面。

⊖ 葛玉辉，等. 人才测评 [M]. 北京：电子工业出版社，2020.
⊜ 张苏宁. HR 达人教你招聘、面试新法一本通：实操案例版 [M]. 北京：中国铁道出版社有限公司, 2020.
⊜ CHAKRABORTY I, CHIONG K, DOVER H, et al. Can AI and AI-Hybrids detect persuasion skills? salesforce hiring with conversational video interviews[J]. Marketing Science, 2024.

（1）数据化：通过收集和分析人才的简历、面试记录、工作成果等信息，数字信息系统能够更准确地评估人才潜能，使人才选拔更加透明。[⊖]

（2）直接化：在传统的人才选拔流程中，用人部门往往口头向人力部门提出用人需求，非正式沟通容易使信息失真。数字信息系统打通了人才选拔各步骤，减少了信息传递的中间环节，用人部门可直接在系统上更新需求，人力部门针对性提交选拔方案，人才选拔更加直接。[⊜]

（3）可视化：运用可视化技术，数字信息系统将评估和选拔的结果以图表、图片等形式呈现，使评估结果更加直观易懂。

（4）人才库：运用数字技术保存组织人才选拔过程的信息和结果，方便随时调取信息进行横向或纵向分析。依托数据库资料建立岗位胜任模型，根据用人需求进行动态调整，提高组织选拔效率。[⊜]

6.4.2　数智经济时代的选拔与录用挑战

数字化转型在人员选拔与录用中展现了巨大潜力，但同时也面临数据隐私、安全性和技术适应性等挑战。企业在享受数字化带来的便利的同时，也要深入思考如何应对这些新兴挑战，确保人才选拔与整合过程的公平性与有效性。

1. 隐私保护与数据安全问题

数字技术不仅推动了数字全球化的发展，还引发了一系列数字风险，包括隐私泄露、敏感信息保护问题、数据安全隐患及人工智能的安全挑战。[⊛]在人才选拔过程中，企业需要处理大量的候选人个人信息，因此必须严格遵循相关法律法规，确保候选人的隐私得到充分保护。然而，数据泄露和滥用的风险依然存在，企业要重视数字风险治理问题，建立透明的数据处理机制，加密数据并控制访问，在选拔中向候选人说明个人信息的使用方式，增加信任。

此外，在数字化人才选拔过程中，掌握数字距离的尺度也至关重要。过于接近可能导致数据安全和隐私保护的问题，而过于远离则可能造成沟通障碍。如 AI 助手可以让人才选拔更高效，但也可能导致求职者与企业之间的"数字距离"过大，影响沟通效果。尤其对于追求个性化价值的年轻一代求职者而言，这种单向交流的缺陷尤为突出。"95 后"员工往往期望快速反馈和定制化的沟通，更加关注软性激励，比如自我实现和价值体现。因此，企业在运用"AI+选拔"技术时，需要平衡数字距离。一方面，AI 能够为求职者带来新鲜感，增加企业吸引力；另一方面，企业应让求职者感受到更强的参与感和价值感。通过建立互动性更强的沟通方式，提升人才选拔的体验和效果。

⊖ ⊜　胡华成. 颠覆 HR："互联网+"时代的人才管理变革 [M]. 北京：中国铁道出版社，2016.

⊜　刘善仕，王雁飞，等. 人力资源管理 [M]. 2 版. 北京：机械工业出版社，2021.

⊛　范柏乃，盛中华. 数字风险治理：研究脉络、理论框架及未来展望 [J]. 管理世界，2024, 40 (08):208-239.

2. 管理者与考官数字素养的影响

数字素养作为一种内在素质，往往难以通过传统的测评方式评估。企业管理者和考官的数字素养会影响人才选拔与录用的结果。管理者的数字素养不仅体现在他们对数字技术和设备的使用能力上，还涵盖了一系列与情感、学习和认知相关的能力。[一]这些能力使管理者能有效运用数字工具，支持企业更好地适应数字化变革。[二]目前，在人才测评与选拔过程中，企业和政府部门对大数据的应用还十分有限，主要是利用计算机进行阅卷，未能完全发挥大数据的作用。造成这一现象的原因，其一是企业管理者没有重视数字技术在人才选拔中的重要作用；其二是参与选拔的考官数字素养不高，由于缺乏必要的数据分析技能和经验，只能进行一些查看简单图表的基础数据操作，不能真正将大数据与人才测评有机结合，根据岗位职责需求挖掘数据库中的隐藏信息。此外，考官对数据理解不足还会导致在选拔中更多依赖主观判断，难以真正实现大数据驱动的人才选拔。

3. 数字化选拔过程中的公平与透明

尽管使用算法提高了选拔效率，但潜在的偏见仍可能导致"公平假象"。例如，亚马逊的 AI 招聘工具曾发现 AI 在筛选简历时存在"重男轻女"的倾向，这可能源于训练样本的偏差。由于技术人员主要基于过去 10 年男性求职者的简历来训练 AI，女性简历的数据相对较少，导致 AI 错误地认为缺乏特定关键词的女性简历不重要，降低了对女性求职者的推荐评价。此外，应聘者的印象管理也是面试中的常见现象，即应聘者通过一系列行为表现刻意塑造面试官对自己的印象，这将影响面试的公平性。[三]然而，组织应当识别并鼓励诚实的印象管理，这种做法不仅不会削弱面试的公平性，反而有助于提升面试的效度。[四]数字化人才选拔很可能增大了组织识别有益的印象管理的难度，比如候选人通过社交媒体等公开平台塑造自己的职业形象。面对在线印象管理，组织难以区分哪些是候选人的真实特质，哪些是刻意修饰的表现。

为了保证数字化选拔的公平性，企业应该慎重使用数字化技术，关注选拔各环节的透明性。例如，在在线测评和面试中，企业应明确说明评分标准和选拔依据，减少候选人对结果的疑虑。在数字化背景调查中，企业要确保数据的准确性和使用合法性。

6.4.3　数智经济时代人员选拔与录用的应对策略

1. 数据驱动的个性化选拔方案

在数智经济时代，传统的人才选拔方法难以满足企业对高素质人才的选拔需求。数

[一]　李雪松，王健. 管理者数字素养对中小企业数字化转型的影响机制 [J]. 科技管理研究，2024, 44 (01): 106-116.

[二]　MATARAZZO M, PENCO L, PROFUMO G, et al. Digital transformation and customer value creation in Made in Italy SMEs: a dynamic capabilities perspective[J]. Journal of Business Research, 2021(123): 642-656.

[三]　刘蕾，孙五俊. 应聘者印象管理有效性述评：实效与公平的视角 [J]. 心理研究，2024, 17(5): 418-425.

[四]　ROULIN N, BANGERTER A, LEVASHINA J. Honest and deceptive impression management in the employment interview: can it be detected and how does it impact evaluations?[J]. Personnel Psychology, 2015, 68(2): 395-444.

据驱动的个性化选拔方案可以更有效地识别和选拔符合企业文化与岗位要求的人才。如影视巨头奈飞（Netflix）将大数据与人才选拔相结合，区别于传统的选拔模式，借助大数据分析在全球进行数据筛选，同时推出"百万美元大奖"活动，邀请全球范围内的技术人员改进其推荐引擎算率，获得成功的个人或小组不仅可以直接与奈飞签约，还能够获得丰厚的奖金。这种选拔模式不再依靠传统面试和人力资源经理的判断，而是完全凭借数据结果。整个选拔活动历时三年，最终一支由电脑专家、统计专家和人工智能专家组成的团队获得了胜利，而这些人才正是奈飞所需要的。[一]如同奈飞，在数据驱动下，企业可以根据需求设计个性化的选拔方案，不仅能解决人才缺口问题，还能实现优化算法的"一箭双雕"作用。[二]在企业实施个性化选拔方案中，可遵循以下步骤。

（1）数据收集与分析：多渠道收集候选人信息，包括在线简历、社交媒体、行为测评等，借助数据分析软件整理候选人信息。大数据人才分类的核心特点是捕捉个人特点，从多个维度分析人才的优劣势。其优势在于不会将人才分为固定的类型，而是捕捉其特点后再进行"人岗匹配"。[三]

（2）明确岗位需求：企业需要明确岗位职责、岗位所需技能和团队文化等岗位要求。人力资源部门要与用人部门深入沟通，以便更清晰地了解所需人才的特质，并将这些要求转化为选拔标准。

（3）制定个性化选拔标准：基于收集到的数据和岗位需求，人力资源部门与用人部门共同制定个性化的选拔标准。数字化工具的选择也应与岗位特征相匹配，确保能够真实反映候选人的特质。

（4）选择适合的评估工具：为了实施个性化选拔方案，企业需要选择合适的评估工具。数字化选拔工具不仅提高了选拔的效率，也能够更全面地评估候选人的能力。尤其是在技术岗位的选拔中，在线评估平台和行为分析工具的结合能使选拔过程更科学化。

（5）动态优化与定期检查：企业需持续跟踪候选人通过率、面试反馈和新员工适应等情况，积极借鉴行业内外的成功案例与最佳实践，鼓励面试官与用人部门反馈选拔过程中遇到的问题，包括对评估工具和选拔流程的意见。

2. 提升面试官在数字化选拔中的能力与适用策略

面试官在选拔过程中扮演重要角色。在数智经济背景下，面试官自身的数字能力是实施数字化人才选拔的关键，关系到组织能否识别候选人的数字素养并适应企业数字化转型。在数字驱动的选拔中，应对面试官进行培训，并在培训中重点关注以下几个方面。

（1）提升数字意识：很多面试官并没有清晰地认识到数字技术为企业人才选拔带来的具体优势，因此需要提升面试官的数字意识，培养他们的创新能力，比如创新数字化选拔方案、流程和评估方式等。

[一] 麦考德. 奈飞文化手册 [M]. 范珂，译. 杭州：浙江教育出版社，2018.
[二] [三] 赵光辉，田芳. 大数据人才管理：案例与实务 [M]. 北京：科学出版社，2019.

（2）数字化工具的熟悉度。面试官需具备熟练运用数字化选拔工具搜索信息和挖掘数据的能力，⊖了解各种工具的功能、操作流程及如何通过这些工具进行有效评估。

（3）在线面试技巧：线下面试和在线面试在沟通与互动方式上存在差异。面试官应学习如何通过屏幕建立良好的面试氛围，有效引导候选人展示其个性与能力。

（4）适应性和灵活性：随着技术的不断发展，面试官应具备适应新工具和方法的能力，以便及时更新选拔策略。

由人力资源部门主导，结合外部专家的支持，通过针对性的培训，面试官可以提升数字技能，掌握使用数字化选拔工具的方法，确保选出适合数字化环境的人才。

3. 整合智能评估工具与人力资源管理实践

整合智能评估工具与人力资源管理实践，是企业提升人才选拔效率的关键策略，不仅能提高选拔流程的科学性和公正性，还能有效适应快速变化的市场需求。

（1）智能评估工具的选择与应用。智能评估工具包括在线测评平台、人工智能算法分析、视频面试软件等。每种人才测评都具备独特的目的性。企业应根据岗位需求，选用合适的测评工具。对于需要较高数字技能的岗位，比如数据分析师或数字营销专员，应优先采用数字化选拔技术，确保候选人能够完成关键任务。而对于一些传统岗位，可能仍主要依赖于传统评估方法。人才测评工具更新速度快，企业在选择测评工具时应该考虑测评目的是否与测评范围相吻合。⊜

（2）整合智能工具与传统人才选拔方法。传统人才选拔方法在企业的人力资源管理中长期发挥着重要作用，尤其在候选人的评估和选择上应用广泛。然而，现阶段传统流程和单一的测评方法无法完全满足企业对人才选拔的要求。首先，传统选拔流程的成本较高且依赖于人为判断，简历筛选和面试安排经常耗费大量时间与精力，低效的过程可能导致优秀人才流失。其次，传统选拔方法在应对复杂技能评估时可能显得力不从心。数智经济时代下，许多岗位对候选人的数字技能和适应能力提出了更高的要求，企业人才选拔目标也在动态变化。智能评估工具可以通过自动化和数据驱动的方法，提升选拔的效率和科学性，弥补传统人才测评方法的不足。同时，企业可以使用智能人才选拔工具多维度考察候选人的数字技能、问题解决能力和创新能力。在持续丰富人才测评方法的同时，企业应充分利用现代化信息手段和数字技术为人才测评赋能，打破传统人才测评与选拔的空间和时间限制，提高测评效率。⊜

（3）实时反馈与持续改进。企业可以通过使用智能评估工具进行实时反馈。比如通过数据分析，人力资源部门可以实时监测选拔过程中候选人的通过率、面试官的评估一致性等指标。当企业发现某些工具未能达到预期效果时，要及时调整评估策略，持续改进数字化人才选拔机制。

⊖　胡华成 . 颠覆 HR："互联网＋"时代的人才管理变革 [M]. 北京：中国铁道出版社，2016.
⊜⊜　葛玉辉，等 . 人才测评 [M]. 北京：电子工业出版社，2020.

复习思考题 📊

1. 什么是笔试？请简述其主要特点和优势。
2. 请简述面试的主要特点和优点，并为一家企业的汽车销售岗位设计一份面试提纲。
3. 评价中心是什么？有哪些特点？存在哪些不足？
4. 什么是心理测试？其最大优点和缺点是什么？
5. 请举例说明人员选拔过程的数字化技术应用，并说明其优缺点。

案例 6-1 👤

微软选拔人才之道

微软选拔和录用员工可以说是百里挑一，什么样的人才算得上是微软需要的"最佳人才"？盖茨提出了优秀员工的十条准则，作为微软招聘甄选的重要参考标准。

准则 1：对自己所在公司或部门的产品怀有莫大的好奇心，亲自使用该产品。唯有好奇心才能使自己乐于工作，不被淘汰出局。

准则 2：在与客户交流时，需要以极大的兴趣和传道士般的热情与执着打动客户，了解他们欣赏什么、不喜欢什么，同时也必须清醒地认识到本公司的产品有哪些不足。

准则 3：了解消费者的需求后，乐于思考如何让产品更加贴近客户，更能帮助客户。

准则 4：员工必须致力于长远目标，比如不断提高自身能力及帮助同事提升能力等，并且与公司的长期计划保持步调一致。

准则 5：在对周遭事物具有高度洞察力的同时，必须掌握某种专业知识和技能、好学且学习能力强，因为没有人能保证员工目前拥有的技能仍适用于将来的工作。

准则 6：利用一切有利于发展自己的机会。微软通过一系列方法为每个人提供许多工作机会，任何热衷参与管理的员工，都将被鼓励参与管理。

准则 7：尽量去了解工作业务运作的经济原理，了解公司的业务模式是什么，公司的业务为什么会这样运作，了解企业盈利或亏损的原因，从而对工作的价值有更深入的理解。

准则 8：关注竞争对手动态，分析竞争对手的可借鉴之处，并注意总结，避免重犯竞争对手的错误。

准则 9：善于动脑子，喜欢分析问题又不至于钻牛角尖。寻找潜在的平衡点和最佳的行动时机。将思考与实践相结合，考虑如何提出建设性的意见。

准则 10：不要忽视最基本的美德，比如诚实、忠厚和工作勤奋。这些美德的重要性不言而喻。

为了挑选出自己需要的人才，微软有自己的一套方法——马拉松面试。虽然微软的面试一般在一天内完成，但是应聘者需要与多达 7～8 个人交谈，包括：该职位的直线经理、该职位所属部门的同组人员、对该工作比较熟悉的专家和与该职位有关的其他人员等，最后是公司的高层领导。每次交谈的时间大约为一个小时，由主考官填写一份详细的面试记录表。经过这样一场马拉松面试，主考官对应聘者的技术背景、性格爱好、合作精神、智力水平都有了全面的了解。

面试中，刁钻古怪的面试题是微软的一大特色，这些面试题种类很多，包括快速估算题、开放性思维题、基础数学题、智力测试题等（见表6-14）。这些题目的目的并不在于得到"正确"答案，而是通过应聘者的回答考察其反应速度、创造力和独立思考的能力。

表6-14　微软刁钻古怪的面试题

试题类型	测试目的	题目举例
快速估算题	测试应聘者的快速反应能力	• 如何在不用台秤的情况下，称出一架飞机的重量 • 请你估算一下一个行进在小雨中的人5分钟内身上淋到的雨的重量
开放性思维题	测试应聘者的逻辑推理能力	• 为什么下水道盖子是圆形的而不是正方形的 • 你认为北京有多少个公共汽车站
基础数学题	考核应聘者的数学基础是否扎实	• 有8颗弹子球，其中1颗是"缺陷球"（比其他的都重），怎样用天平只称两次就能够找到这个球 • 一根不均匀的绳从头烧到尾总共需1小时，现有若干条材质相同的绳子，问如何用烧绳的方法来计时1小时15分钟呢
智力测试题	看应聘者能否创造性地思考	• 请用一笔画出4根直线将9个点全部连起来 • 太阳总是从东边升起吗

面试结束后，每位考官都会立即给其他考官发电子邮件，表明对应聘者的态度：赞同、批评、疑问等。面试结果的评估被分为五个等级（见表6-15）。

表6-15　五级式面试结果评估

等级	评估结果	理由
5	强烈赞成聘用	
4	赞成聘用	
3	可以聘用但有些勉强	
2	不能聘用	
1	绝对不能聘用	

综合每位考官的评估，最终做出是否聘用的决定。如果发生"赞同"和"反对"各占一半的情况，几乎可以肯定微软会做出放弃的结论。微软对此的解释是：如果存在分歧，说明不能完全肯定这个人足够优秀，微软就是要那些"百分之百"优秀的人。

微软在招聘过程中还有一个原则：永远只聘用比实际所需更少的人。有人形象地把它称为"N–1"规则：N（实际需要人数）–1＝招聘人数。即使公司内部有某个重要职位空缺，微软也不会找一个勉强合适的人来担任，而是将这个职位保留，直到最合适的人出现，可谓"宁缺毋滥"。

资料来源：梅晓文，梁晓翠，农艳，等.HR管理标杆——世界知名企业人力资源管理最优实践[M].上海：复旦大学出版社，2006：6-9.

思考题

1. 微软的这种招聘策略是否适合所有公司？请结合不同类型的企业和行业特点，讨论这种方法的优点和潜在的缺点。
2. 在盖茨提出的优秀员工准则中，你认为哪几条对于一家科技公司的长远发展最为重要？请说明你的理由，并讨论这些准则如何帮助企业实现战略目标。
3. 微软实行"$N-1$"招聘原则，请讨论这种策略从长远来看会如何影响公司的人力资源供给与需求平衡。

案例 6-2

谷歌公司的员工甄选

　　谷歌公司认为，在求职者中最多只有 10% 的人能够成为顶尖人才，因此在新员工的招募和甄选方面特别严格，尽管每年能够收到 100 万～ 300 万份简历，但录取率只有 0.25%，远低于哈佛、耶鲁等著名大学的录取率。谷歌认为，在雇用正确的员工方面所做的投资几乎比在任何培训项目上的投资带来的回报都高。此外，虽然招募甄选工作是一家公司最重要的人力资源管理活动之一，但绝大多数人都并不擅长这份工作。

　　谷歌在雇用新员工方面的一种非同寻常的做法是，说服用人部门的经理放弃决定权。这是由三个方面的原因造成的：一是即使经理一开始对求职者要求较高，在较长时间内招不到合适的人而工作压力又较大时，也很可能会在选人标准上做出妥协；二是经理在雇用人员方面很可能会存在个人的一些偏见，同时受到来自朋友、客户等各方面的人情压力；三是让经理决定员工雇用结果在某种程度上会使他们在团队人员组成方面掌握的权力过大，而这对公司是不利的。

　　谷歌的新员工招募和甄选工作是由雇用委员会完成的。公司的招募标准分别由两个高级领导者团队进行把控，一个团队由产品管理和工程师组成，另一个团队由销售、财务和其他部门的成员组成。求职简历由专职的雇用人员而不是人力资源部或部门经理来筛选。这些雇用人员都是简历分析专家，对谷歌内部的多种岗位都很熟悉，他们能够判断出一位不适合某个部门的求职者是否适合另一个部门。公司组建了多个雇用委员会，他们熟悉需要招人的职位，却与这些职位并无直接的利害关系，这样就能够确保决策的客观性。不仅如此，首席执行官拉里·佩奇还会亲自担任每一位应聘者的最终审核人。

　　谷歌发现，大多数面试完全是在浪费时间，面试中 94% 的时间都是在证实面试官最初 10 秒钟的印象，这就是所谓的验证偏见，即人们倾向于寻找、解释或优先考虑能够支持本人观点或假设的那些信息。此外，一些看似平常或时髦的面试问题其实毫无价值，比如"请做一下自我介绍""你最大的缺点或优点是什么""请估计一下在一架波音 747 飞机中能放下多少颗高尔夫球"这些问题与工作任务并不相关，智力题之类的顿悟性问题与能够预测工作绩效的流动智力并无关系，无法有效区分天赋异禀者和通过练习获得技能的人。谷歌清楚地认识到，典型的非结构化测试对于预测求职者的绩效效果不佳。样本测试最好，一般认知能力测试和结构化面试效果次之。因此，谷歌采用的是行为性情境化结构面试、一般认知能力测试、尽责性评估和领导力评价相结合的甄选方法。从 2007 年起，除工程技术能力之外，谷歌重点关注求职者以下四个方面的特性，即一般认知能力、领导力、像谷歌人（享受欢乐、谦逊、责任心、接受模糊性）及职位相关知识。此外，谷歌过去要求每位应聘者都提供 SAT 成绩、大学成绩单及研究生考试成绩，并且确实淘汰了一些成绩造假者。但在 2010 年通过分析发现，成绩仅能预测求职者大学毕业后 2 ～ 3 年中的绩效表现，与毕业时间较长的求职者的工作绩效并无明显关系，因此现在只要求刚毕业的大学生提供成绩单，对其他应聘者则不再做这方面的要求。

谷歌早先的面试过程极其冗长，对一位求职者的面试可能多达 15 ～ 25 次，历时 6 个月甚至更久。后来，人员运营部的一位分析员发现，面试这么多次是毫无意义的。4 次面试就能够有 86% 的可能性确定是否雇用某人，此后的每次面试仅仅提高了 1% 的效用。因此，谷歌不值得为此浪费更多的时间。最终确定的 4 次准则将谷歌的面试时间从过去的 90 ～ 180 天减少为 47 天，节省了大量时间。此外，过去谷歌的一些面试官随便提问题，彼此之间缺乏必要的沟通，这导致求职者遭受痛苦的经历。后来，公司开发了一套名为 qDroid 的面试辅助系统，它可以帮助面试官根据招人的岗位，了解需要测试什么及可以提出哪些经过验证能够预测未来绩效的测试问题。此外，面试官还可以在系统中自行设定问题，最后按照统一的行为锚定等级评价法标准来对求职者打分。公司并不要求每位面试官针对求职者的所有特性打分，但每项特性至少需要有两名独立面试官的评分。不仅如此，公司还会给每一位面试官提供反馈信息，让他们了解自己在预测求职者是否应该被录用方面的能力高低，其中包括他们过去的面试评分记录及被面试者是否被录用等信息。这有助于督促面试官不断改进自己的面试技巧，同时也有助于审核人了解某位面试官的意见是否可靠。

最后，谷歌还试图解决错误拒绝的问题，实施了一个所谓的"再访项目"，即考察曾经被公司拒绝的那些候选人中是否还有实际应当被录用的人。公司首先从处于特定职位的所有在职员工的简历中找出最常见的关键词，由精心挑选的雇用者和管理人员对关键词列表加以审阅与补充，在更新之后用这份关键词列表对过去 6 个月中收到的求职者简历进行搜寻，根据每个关键词在最终被雇用和未被雇用的候选人的简历中出现的频率分配一定的权重；接着再对此后 6 个月中收到的简历按照分配不同权重的关键词进行评分，重点标出那些被拒掉的高分求职者，进行再次核查。2010 年，谷歌通过这套系统对 30 万名被拒的软件工程师的简历进行了筛选，再访了其中的 1 万名候选人，最终追加雇用了其中的 150 人，这已经相当了不起了，因为 1.5% 的雇用比例已经是总体雇用比例（0.25%）的 6 倍。

资料来源：博克. 重新定义团队：谷歌如何工作 [M]. 宋伟，译. 北京：中信出版集团股份有限公司，2015.

思考题 📊

1. 谷歌通过雇用委员会和高级领导者团队来甄选新员工，并让用人部门的经理放弃最终决定权。你认为这种做法如何影响招聘决策的客观性和公正性？在什么情况下，这种做法可能会对公司招聘流程产生负面影响？

2. 你认为谷歌采用的 qDroid 面试辅助系统对招聘质量有何影响？此外，这种工具是否适用于所有类型的职位？请结合不同职位类型进行分析。

人力测试 6-1 📊

标准化面试问题

设计技术系列人员

开场白： 你好！欢迎参加我们公司的面试，请你来主要是想通过面对面的交流增加彼此的了解。我们会问你一些问题，这些问题可能与你的经历有关，也可能需要你发表自己的观点。对于每个问题都希望你如实回答，在后面的考核阶段我们要核实你说的情况。在回答每个问题前可先思考一下，不必紧张，这些问题都不难回答。如果你准备好了，我们就开始吧。

（1）**导入性问题**

备选问题一： 你以前听说过我们公司吗？

后续问题： 从什么途径听说的？它在你印象中是什么样子的？

备选问题二： 请简单介绍一下自己的学习或工作经历（可参照标准化面试评分表中的个人考察要点提问）。

（2）**分析判断能力测试**

备选问题： 请你简要分析一下我国通信行业（有线、无线、4G、5G）的现状及发展趋势。

后续问题： 假如你在我公司负责此方面的业务，你将如何做？

（3）**人际协调能力测试**

备选问题： 在你学校或原来的单位里，你最不愿和哪类同学或同事相处？

后续问题： 是什么原因造成的？你现在如何看待？如果类似事情再次发生，你会怎么办？

（4）**与岗位匹配性测试**

备选问题： 你认为胜任本岗位需要具备哪些基本素质？

后续问题： 对本岗位而言，你认为自己具有哪些方面的个人优势？

（5）**计划组织能力测试**

备选问题一： 作为一名优秀的学生，既要在学习上刻苦钻研，又要参加学校的社团或社会的实践活动，同时在同学或老师需要帮助的时候提供支持，如何协调这三个方面的冲突？

备选问题二：作为一名优秀的技术人员，必须不断更新知识，完成本职工作，同时在同事需要帮助的时候提供支持，如何协调这三个方面的冲突？

后续问题：你过去是否遇到过这类问题？你是怎么处理的？

（6）应变能力及情绪稳定性

备选问题一：请你评价一下自己在这次面试中的表现。

备选问题二：我们感到你的简历和你的实际面试情况相比，有夸大的成分，你怎么解释？（此题只是测应变能力，需解释意图。）

备选问题三：我们感到虽然你的优点比较突出，但老实说，你的缺点也很明显，请谈一下你的最大缺点。

（7）专业知识技能、工作经验及以往业绩

备选问题一：谈谈你从事该项工作的优势。

备选问题二：你有何相关工作经验？具体体现在哪些方面？

（8）收尾问题（为了平稳情绪，根据应聘者的状态决定取舍）

备选问题一：请描述一下对你人生影响最大的一本书或一个人？

备选问题二：请问你还需要了解我们公司其他方面的信息吗？

结束语：……（表示感谢！）

经营管理系列人员

开场白：你好！欢迎参加我们公司的面试，请你来主要是想通过面对面的交流增加彼此的了解。我们会问你一些问题，这些问题可能与你的经历有关，也可能需要你发表自己的观点。对于每个问题都希望你如实回答，在后面的考核阶段我们要核实你说的情况。在回答每个问题前可先思考一下，不必紧张，这些问题都不难回答。如果你准备好了，我们就开始吧。

（1）导入性问题

备选问题一：你以前听说过我们公司吗？

后续问题：从什么途径听说的？它在你印象中是什么样子的？

备选问题二：请简单介绍一下自己的学习或工作经历（可参照标准化面试评分表中的个人考察要点提问）。

（2）分析判断能力测试

备选问题一：若想在激烈的市场竞争中取胜，必须要有良好的服务和有竞争力的价格，但良好的服务同时也意味着成本及价格的上升，这一矛盾如何解决？

备选问题二：中国家电行业在经过激烈的市场竞争的洗礼后，有了长足的发展，但原来许多大企业却纷纷落马，请简要分析一下失利原因。

（3）人际协调能力测试

备选问题一：在你学校或原来的单位里，你最不愿和哪类同学或同事相处？

　　后续问题：是什么原因造成的？你现在如何看待？如果类似事情再次发生，你会怎么办？

　　备选问题二：你正在为明天的出差忙得不可开交，一位同事过来请求你的帮助，因为公司里你对这个问题最了解。但你需准备的工作太多，即使不受打扰的话，下班之前也勉强才能完成，你会怎么做？

　　后续问题：你为什么这样做？你的同事对你会有什么想法？

（4）与岗位匹配性测试

　　备选问题：你认为胜任本岗位需要具备哪些基本素质？

　　后续问题：对本岗位而言，你认为自己具有哪些方面的个人优势？

（5）计划组织能力测试

　　备选问题一：作为一名优秀的学生，既要在学习上刻苦钻研，又要参加学校的社团或社会的实践活动，同时在同学或老师需要帮助的时候提供支持，如何协调这三个方面的冲突？

　　备选问题二：作为一名优秀的技术人员，必须不断更新知识，完成本职工作，同时在同事需要帮助的时候提供支持，如何协调这三个方面的冲突？

　　后续问题：你过去是否遇到过这类问题？你是怎么处理的？

　　备选问题三：具体介绍一下你以前组织集体活动的经验。

　　后续问题：有何长处？有何不足？再有这样的机会你会怎么办？你认为组织集体活动时最重要的是什么？为什么？

（6）应变能力及情绪稳定性

　　备选问题一：请你评价一下自己在这次面试中的表现。

　　备选问题二：我们感到你的简历和你的实际面试情况相比，有夸大的成分，你怎么解释？（此题只是测应变能力，需解释意图。）

　　备选问题三：我们感到虽然你的优点比较突出，但老实说，你的缺点也很明显，请谈一下你的最大缺点。

（7）专业知识技能、工作经验及以往业绩

　　备选问题一：谈谈你从事该项工作的优势。

　　备选问题二：你有何相关工作经验？具体体现在哪些方面？

（8）收尾问题（为了平稳情绪，根据应聘者的状态决定取舍）

　　备选问题一：请描述一下对你人生影响最大的一本书或一个人。

　　备选问题二：请问你还需要了解我们公司其他方面的信息吗？

　　结束语：……（表示感谢！）

行政人事系列人员

　　开场白：你好！欢迎参加我们公司的面试，请你来主要是想通过面对面的交流增加彼此的了解。我们会问你一些问题，这些问题可能与你的经历有关，也可能需要你发表自己的观点。对于每个问题都希望你如实回答，在后面的考核阶段我们要核实你说的情况。在回答每个问题前可先思考一下，不必紧张，这些问题都不难回答。如果你准备好了，我们就开始吧。

（1）导入性问题

备选问题一： 你以前听说过我们公司吗？

后续问题： 从什么途径听说的？它在你印象中是什么样子的？

备选问题二： 请简单介绍一下自己的学习或工作经历（可参照标准化面试评分表中的个人考察要点提问）。

（2）分析判断能力测试

备选问题一： 中国有句古话"水至清则无鱼，人至察则无徒"，你如何评价？

备选问题二： 有人说："江山易改，本性难易。"对这句话你如何评论？

（3）人际协调能力测试

备选问题： 在你学校或原来的单位里，你最不愿和哪类同学或同事相处？

后续问题： 是什么原因造成的？你现在如何看待？如果类似事情再次发生，你会怎么办？

（4）与岗位匹配性测试

备选问题： 你认为胜任本岗位需要具备哪些基本素质？

后续问题： 对本岗位而言，你认为自己具有哪些方面的个人优势？

（5）计划组织能力测试

备选问题一： 作为一名优秀的学生，既要在学习上刻苦钻研，又要参加学校的社团或社会的实践活动，同时在同学或老师需要帮助的时候提供支持，如何协调这三个方面的冲突？

备选问题二： 作为一名优秀的管理人员，你是如何协调不断更新知识、完成本职工作和帮助同事这三者之间的矛盾的？

后续问题： 你过去是否遇到过这类问题？你是怎么处理的？

（6）应变能力及情绪稳定性

备选问题一： 请你评价一下自己在这次面试中的表现。

备选问题二： 我们感到你的简历和你的实际面试情况相比，有夸大的成分，你怎么解释？（此题只是测应变能力，需解释意图。）

备选问题三： 我们感到虽然你的优点比较突出，但老实说，你的缺点也很明显，请谈一下你的最大缺点？

（7）专业知识技能、工作经验及以往业绩

备选问题一： 谈谈你从事该项工作的优势。

备选问题二： 你有何相关工作经验？具体体现在哪些方面？

（8）收尾问题（为了平稳情绪，根据应聘者的状态决定取舍）

备选问题一： 请描述一下对你人生影响最大的一本书或一个人。

备选问题二：请问你还需要了解我们公司其他方面的信息吗？

结束语：……（表示感谢！）

财务系列人员

开场白：你好！欢迎参加我们公司的面试，请你来主要是想通过面对面的交流增加彼此的了解。我们会问你一些问题，这些问题可能与你的经历有关，也可能需要你发表自己的观点。对于每个问题都希望你如实回答，在后面的考核阶段我们要核实你说的情况。在回答每个问题前可先思考一下，不必紧张，这些问题都不难回答。如果你准备好了，我们就开始吧。

（1）**导入性问题**

备选问题一：你以前听说过我们公司吗？

后续问题：从什么途径听说的？它在你印象中是什么样子的？

备选问题二：请简单介绍一下自己的学习或工作经历（可参照标准化面试评分表中的个人考察要点提问）。

（2）**分析判断能力测试**

备选问题一：你对美国安然事件有什么看法？

后续问题：你认为如何预防此类事件的发生？

备选问题二：宜华生活连续4年财务造假，隐藏公司重要部门对抗调查，你对此如何评论？

（3）**人际协调能力测试**

备选问题：在你学校或原来的单位里，你最不愿和哪类同学或同事相处？

后续问题：是什么原因造成的？你现在如何看待？如果类似事情再次发生，你会怎么办？

（4）**与岗位匹配性测试**

备选问题：你认为胜任本岗位需要具备哪些基本素质？

后续问题：对本岗位而言，你认为自己具有哪些方面的个人优势？

（5）**计划组织能力测试**

备选问题一：作为一名优秀的学生，既要在学习上刻苦钻研，又要参加学校的社团或社会的实践活动，同时在同学或老师需要帮助的时候提供支持，如何协调这三个方面的冲突？

备选问题二：作为一名优秀的财会人员，必须不断更新知识，完成本职工作，同时在同事需要帮助的时候提供支持，如何协调这三个方面的冲突？

后续问题：你过去是否遇到过这类问题？你是怎么处理的？

（6）**应变能力及情绪稳定性**

备选问题一：请你评价一下自己在这次面试中的表现。

备选问题二：我们感到你的简历和你的实际面试情况相比，有夸大的成分，你怎么解释?（此题只是测应变能力，需解释意图。）

备选问题三：我们感到虽然你的优点比较突出，但老实说，你的缺点也很明显，请谈一下你的最大缺点。

（7）专业知识技能、工作经验及以往业绩

备选问题一：谈谈你从事该项工作的优势。

备选问题二：你有何相关工作经验?具体体现在哪些方面?

（8）收尾问题（为了平稳情绪，根据应聘者的状态决定取舍）

备选问题一：请描述一下对你人生影响最大的一本书或一个人。

备选问题二：请问你还需要了解我们公司其他方面的信息吗?

结束语：……（表示感谢!）

第 7 章

员 工 培 训

🐚 学习目标

- 知道培训的重要性
- 熟悉培训的一般程序
- 分析培训需求
- 阐述几种常见培训方法的特点
- 设计培训方案
- 更有效地实施培训并评估培训效果

🐚 引导案例

施乐公司通过培训获取竞争优势

作为新任施乐公司（Xerox）的首席执行官，大卫·科恩斯（David Kearns）面临着一个严重的问题。由于复印机行业的竞争已十分激烈，无论在本土还是在海外，施乐公司正经历着市场份额的严重下滑。曾被称为"复印机之王"的施乐公司，其市场份额从18.5% 降到了 10%。

科恩斯意识到，要想重新获取竞争优势，施乐公司就必须大力改善其产品和服务质量。这就意味着必须改变公司员工的行为。施乐公司为此开发并贯彻执行了一个名为

"通过质量来领导"的 5 年计划。该计划有两项基本内容，一是使消费者永远满意，二是提高质量是每一位施乐公司员工的工作。

为贯彻这一计划，施乐公司开设了一系列培训课程，这些课程是为指导员工做什么而设计的，目的是在质量改善方案中能够完成他们新的工作任务。为开发这些课程，施乐公司从遍及全球的每个运营单位引入了培训专业人员，与公司总部的培训人员一起工作。课程开发出来后，所有教员完成了一个认证过程，该过程教授他们怎样进行质量培训教学。

培训从一个导入阶段开始。在这个阶段中，管理部门向员工说明为什么施乐公司要从事这样大规模的质量培训计划；高层管理部门所认为的质量的含义是什么，以及每一位员工的任务是什么；总经理被指导怎样成为一个角色榜样，并向工人提供必要的在职强化培训；随后，将向部门经理及其员工提供关于有效的团队工作和以解决问题的技能为中心的培训。培训后，员工被鼓励在工作中实践这些新的技能，他们的经理提供反馈和咨询来帮助员工调整这些技能。

培训是十分昂贵和耗时的。每次培训估计要投入 1.25 亿美元和 400 万工时。然而，培训的效果却远远超过了它的支出。因为员工现在以团队的形式工作，以识别和纠正妨碍优质生产与服务的质量问题；消费者对施乐公司的认可度显著提升了，消费者满意度提高了 40%，同时对有关质量的投诉降低了 60%。更重要的是，施乐公司已经在美国的复印机市场上重新夺取了领先地位。

俗话说：工欲善其事，必先利其器。培训是人力资本投资的重要形式，是开发现有人力资源和提高人员素质的基本途径。招聘到合格的优秀人才并不等于企业拥有了优秀的员工，作为企业的管理者，应该清楚地认识到，如何通过组织学习来帮助员工获得成功的信息与技能，提高工作的自主性与自觉性是非常重要的。正如一位专家所说：终身学习不是一种特权或权力，而是一种需要。因此，开发员工的潜力、规划员工的发展，是每一位管理者应尽的责任。本章将从培训体系构建、培训营运管理、员工职业生涯等方面来阐述培训对推进管理工作、增强企业核心竞争力、提高组织绩效的重要作用。

7.1　员工培训概述

7.1.1　培训的目的与作用

1. 为什么要做培训

我们知道，人力资源管理在"识人"的基础上，涉及选人、用人、育人、留人，而每个环节都与人力资源开发密切相关。特别是"育人"环节，越来越成为高科技企业留人的基础。企业提供有竞争力的培训成为吸收人才的重要因素。

培训是指企业为了使员工获得或改进与工作有关的知识、技能、态度和行为，提高其绩效水平，更好地实现组织目标系统化的过程。培训不仅仅局限在基本技能的开发上，更多的应被看作创造智力资本的途径，创造一个有利于人与企业发展的学习型组织。

管理者越来越体会到：对组织中的员工进行恰当的培训，投资回报率是极高的。长期以来，国际上的许多著名企业都非常重视员工的培训工作。根据一项全球调查，2008—2019 年，每位员工的平均培训支出呈稳步增长。由于新冠疫情，这一指标在 2020 年略有下降，但到了 2021 年，这一指标上升到每位员工 1200 欧元以上。美国最大的私营雇主沃尔玛于 2021 年宣布，将在未来 5 年投资近 10 亿美元，为员工提供免费接受高等教育和技能培训的机会。普华永道 2019 年宣布投资 30 亿美元来提升 275000 名员工的技能。

实务指南 7-1

培训的"冰山理论"

根据"冰山理论"，影响员工行为的因素有知识、技能、态度和习惯。在海平面上可看到的，可称之为"行为"，也就是说一个人表现在外、为人所看到的，如同冰山一角。行为往往与员工知识的多少、技能的熟练度、态度及习惯的好坏有关。所以，根据员工的行为，可判断出员工在知识、技能、态度及习惯方面存在的问题。找准问题，对症下药，以便使培训达到预期的目的。

2. 培训的目的

- 从根本目的来说，培训可以满足企业长远的战略发展需求。
- 从职位要求来说，培训可以满足职位要求，改进现有职位的业绩。
- 从员工角度来说，培训可以满足员工职业生涯发展的需要。
- 从管理变革来说，培训是改变员工对工作和组织态度的重要方式。
- 从响应环境来说，培训有利于员工更新知识，适应新技术、新工艺的要求。

3. 培训的误区

培训对企业的发展十分重要，然而培训不可能解决公司面对的所有问题。有些管理者把经营问题错误地看成培训问题，这必然导致以下种种对培训认识上的误区。

（1）聘用了一个技能不符合要求的人也没关系。如果雇来的人不能满足这项工作的基本要求，那么这便是录用问题，而不是培训能解决的。

（2）培训能改变员工恶劣的态度。如果员工的态度影响了工作，那么公司就需要了解产生这种态度的缘由，也许与公司的组织气氛有关系，也许问题出在公司的组织结构上。

（3）培训能解决所有的工作绩效问题。员工由于脾气暴躁与顾客发生争吵，如果主管不与他沟通，只是简单地送去培训，那么将收效甚微。其实，这是奖惩问题，而不是培训问题。

（4）新员工自然而然会胜任工作。有些管理者错误地认为，新进员工随着时间推移，会逐渐适应环境而胜任工作。国内大约有 80% 的企业没有对新进员工进行有效的培训，就立即分配到正式工作岗位上去了。

（5）培训支出是提高成本而不是投资行为。松下幸之助曾说：企业中各方面的钱都可以省，唯独研发费用及培训费用绝对不能省。

（6）培训是企业的义务而不是员工的权利。作为企业的管理者，有责任也有义务让每一位员工明白：关心并参与培训，意味着把握自己未来发展的主动权，这不仅事关企业单方面利益，也是员工自己应有的权利。

（7）流行什么就培训什么。企业需要有目的、有步骤、系统地进行培训。

（8）培训时重知识、轻技能、忽视态度。在培训中，应以建立正确的态度为主，将重点放在提高技能方面。

除上述以外，企业管理人员对培训的认识还有许多误区，例如：有什么就培训什么，效益好时无须培训，效益差时无钱培训；忙人无暇培训，闲人正好去培训；人才用不着培训，庸才培训也无用；人多的是，不行就换人，用不着培训；培训后员工流失不合算等。因此，管理者如果不消除这些培训的认识误区就不可能对培训给予足够的重视。

实务指南 7-2

IBM 公司职务晋升培训制度

美国 IBM 公司所采取的职务晋升培训制度值得我们借鉴。首先经过竞争，优胜劣汰，对其中发现的一些拔尖人才进行定向培养。其次，从一般基层经理、部门经理到中高层经理，每一次晋升前，均需接受岗位培训。基层经理接受课堂培训，学习公司历史、理念、政策、管理技巧等；部门经理需进入公司的管理学校培训，学习经营、战略计划、人事管理等；中高层经理则必须进入哈佛、斯坦福、麻省理工学院等知名大学进修，时间从 1 个月到 1 年不等。此外，高级经理还要参加 2 个月的跨国公司经理培训，内容从南美到中东，从贸易到联邦预算，凡是对公司经营目标有重大影响的知识技能都要培训。总之，这种培训使知识水平和能力分阶段地逐步提高，一步一个脚印，形成不可多得的基础综合优势，成为造就企业家的有利因素。

7.1.2 培训角色与培训职能

个案研究 7-1

IBM 公司中培训角色的变化

IBM 的教育部拥有 7000 名员工，每年用于培训的投资达 20 亿美元，被认为是美国具有顶尖培训职能的公司之一。公司所有的管理人员都必须参加每年为期40小时的培训，以保证他们能始终如一地遵循IBM的管理方式。20世纪70年代末80年代初，IBM在计算机产业中一直独领风骚。在这个时期，IBM经营战略的特点表现为企业内部成长与集中统一战略相融合。IBM不仅把重点放在大型计算机和中型计算机相关的已开发产品的销售上，同时还向购买其产品的公司推销计算机服务售后业务。同时IBM非常注重开发新产品（如打印机）来完善原有产品。它的企业文化的特点是注重过程和规范，拥有一套严谨的控制体系。公司以不解雇政策、对员工职业生涯进行规划、提供培训及丰厚的福利等优良的传统而闻名。

20世纪80年代末90年代初的技术进步，促进了个人电脑速度和功能的提高，人们对大型及中型计算机（这曾给IBM带来巨额利润）的需求减少，再加上美国本土及海外计算机产业竞争的加剧，使IBM经历了几次严重的财务危机。为了生存，IBM不得不改变企业文化并放弃不再盈利的业务，对每个经营单位（包括教育部）的价值认真进行评估。最终，IBM改变了其经营战略，更加注重通过兼并其他公司来扩大规模，同时对公司中不盈利或技术过时的部门实行收缩策略。

基于这样的战略，IBM将教育部分为两个附属部门：技术动力部和劳动力事务部。这两个附属部门都将成为营利性组织。也就是说，它们将像IBM的其他部门一样着重于某个具体产品，比如中型计算机和磁性储存设备，独立核算成本与收益。这两个部门必须积极主动地向其他IBM的经营单位推销它们的服务，而这些单位也有权利接受外部咨询机构提供的培训与服务。同时，技术动力部和劳动力事务部还可以自由地向外面的任何一家公司推销它们的产品与服务。公司不给它们任何补贴——如果推销不出去它们的服务，那么将被淘汰。

传统上，虽然培训只作为开发特定知识与技能的途径，但是它对经营战略目标的实现具有重大贡献。正如"个案研究7-1"所述，IBM的培训职能受到经营环境和经营战略变化的深入影响。

7.1.2.1 人员配置与培训

企业的人员配置战略会在两个方面影响培训：晋升和工作分配决策（工作需求流量）的标准及为填补职位空缺获取人力资源地点偏好（供给流量）。工作需求流量与供给流量相互作用，进而形成了四种典型的公司：堡垒型、橄榄球队型、俱乐部型和学会型（见图7-1）。每种类型的公司培训实践的重点不同。比如，有些公司（像医学研究公司）强调革新与创造性，属橄榄球队型。由于培训革新技能和创造技能非常困难，所以这些公司趋向于采用从竞争对手那里挖人的办法来解决人员需求问题。而IBM公司由学会型公司（完全靠内部劳动力来满足人员需求）向橄榄球队型公司转变，不断地从外部劳动力市场上招聘人才，从而降低了对内部人才开发的重视程度。

图 7-1　人员配置战略对培训的内在要求

7.1.2.2　培训角色的变化

1. 培训角色的作用

企业中参与培训的角色主要有：最高管理者、人力资源部、业务部门（一线经理）和员工。很多一线经理将培训与开发看成他们管辖范围之外的事，这种观点是错误的。一线经理在其员工的培训和开发方面起着关键的作用，发挥着教师、教练或者帮助者的作用，尤其在人员培训要求的确定上负有一定的责任。当然在整个培训过程中，人力资源部起主导作用（见表 7-1）。但如果中层管理者不参与培训过程，那么培训将会脱离经营需要。特别是业务经理如果未承担保证培训有效性的责任（在工作上给受训者以反馈），那么培训在辅助公司实现目标方面发挥的作用就会受到限制。因为这些经理会觉得培训只是培训部门强加给他们的"恶魔"，而不是有助于实现经营目标的手段。

表 7-1　不同角色在培训中的作用

培训活动	最高管理层	业务部门	人力资源部	员工
确定培训需要和目的	部分参与	负责	参与	参与
决定培训标准	—	参与	负责	—
选择培训师	—	参与	负责	—

（续）

培训活动	最高管理层	业务部门	人力资源部	员工
确定培训教材	—	参与	负责	—
计划培训项目	部分参与	参与	负责	—
实施培训项目	—	偶尔负责	主要负责	参与
评价培训项目	部分参与	参与	负责	参与
确定培训预算	负责	参与	参与	—
培训反馈与应用	参与	负责	参与	参与

2. 培训角色的演变

近年来，培训的关注点从注重教授员工知识与技能、连续培训与业务技能转变为更广泛意义上的注重知识的创造与共享（见图 7-2）。许多公司相信赢得竞争优势的关键在于开发智力资本。智力资本（intellectual capital）包括认知知识（知道是什么）、高级技能（知道怎么样）、系统理解力和创造力（知道为什么是），以及自我激励的创新能力（关心为什么是）。传统上，培训部门将精力主要放在认知知识与高级技能的开发上。但实际上培训的价值在于使员工了解整个生产或服务过程及各部门之间的关系（系统理解力），同时激励他们进行革新并输送高质量的产品和服务（关心为什么是）。尤其对于服务行业的公司如软件开发、医疗、通信和教育系统来说，系统理解力和自我激励的创新能力至关重要。培训被看作知识的创造与共享这个更大系统的一部分。例如，安德森咨询公司（Andersen Consulting）因其在员工培训上投入大量时间与金钱而闻名。安德森公司在培训上的投资占其工资总额的 3% ~ 5%。而且，它还拥有一个可将 36 个国家或地区的 80000 多名员工联系在一起进行知识共享的数据库。这个数据库可以用来进行培训项目的共享，查找潜在客户的资料，或者在电子布告栏内将工作难题公布于众。

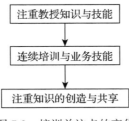

图 7-2 培训关注点的变化

7.1.2.3 经营战略与培训要求

表 7-2 描述了四种经营战略——集中战略、内部成长战略、外部成长战略和紧缩投资战略，并指明了每种战略相应的培训活动。每一种战略是根据不同的经营目标制定的。集中战略（concentration strategy）侧重于提高市场份额、降低成本或者使产品和服务保持鲜明的市场定位。西南航空公司采用的就是集中战略。它注重提供短途、廉价、密集的空中运输业务。只使用一种类型的飞机（波音 737），不预留座位，并且不提供

餐点，这使西南航空公司保持了低成本、高利润的经营业绩。内部成长战略（internal growth strategy）侧重于新的市场和产品的开发、革新与联合。例如，麦格劳－希尔和理查德·欧文两家出版公司合并成为美国甚至国际大学教材市场上一家实力雄厚的公司。外部成长战略（external growth strategy）强调的是通过发展更多的经销商和供应商或通过收购进入新的市场领域。例如，通用电气公司作为照明产品和飞机发动机的生产商，收购了经营电视通信的国家广播公司（NBC）。紧缩投资战略（disinvestment strategy）强调经营的财务清算和业务剥离。例如，通用磨坊公司（General Mills）卖掉了其餐馆经营部。

　　初步研究表明，经营战略与培训的数量和类型密切相关。正如表 7-2 所示，培训活动随着战略的变化而变化。举例来说，实行紧缩投资战略的公司要培训员工寻找工作的技能，要注重跨专业培训，以使员工承担更大的责任。那些注重市场定位的公司（集中战略），应该侧重于公司的技术交流与现有劳动力的开发。

表 7-2　经营战略对培训的需求

战略	重点	如何实现	关键事项	培训重点
集中战略	• 提高市场份额 • 减少运营成本 • 开拓并维持市场定位	• 提高产品质量 • 提高生产率或革新技术流程 • 按需要制造产品或提供服务	• 技术交流 • 现有劳动力的开发	• 团队建设 • 交叉培训 • 特殊培训项目 • 人际交往技能培训 • 在职培训
内部成长战略	• 市场开发 • 产品开发 • 革新 • 合资	• 销售现有产品/增加分销渠道 • 拓展全球市场 • 调整现有产品 • 创造新的或不同的产品 • 通过合伙发展壮大	• 创造新的工作任务 • 革新	• 支持或促进产品价值的高质量的沟通 • 文化培训 • 培养创造性思维和分析能力 • 工作中的技术能力 • 对管理者进行反馈与沟通方面的培训 • 冲突调和技巧培训
外部成长战略（兼并）	• 横向联合 • 纵向联合 • 发散组合	• 兼并那些处于产品市场链条上相同经营阶段的公司 • 自己经营那些提供或购买产品的业务 • 兼并那些处于不同领域的公司	• 整合公司的富余人员 • 重组	• 判断被兼并公司的员工的能力 • 联合培训系统 • 合并公司的方法和程序 • 团队建设
紧缩投资战略	• 节约开支 • 转产 • 剥离 • 债务清算	• 降低成本 • 减少资产 • 创造利润 • 重新制定目标 • 卖掉全部资产	• 效率	• 革新、目标设置、时间管理、压力管理、交叉培训 • 领导技能培训 • 人际沟通培训 • 向外配置的辅助培训 • 寻找工作技能的培训

7.1.3　培训的一般程序

　　培训的程序从需求分析开始到效果评估结束，一般分为三个阶段：需求分析阶段、设计与实施阶段及评估阶段（见图 7-3）。

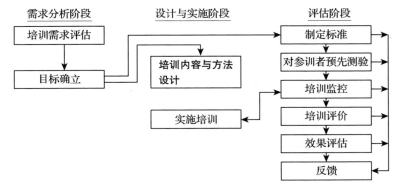

图 7-3 培训的一般程序

7.2 培训系统构建及运营管理

个案研究 7-2

"东方公司"培训难题

东方公司原来是一家设备简陋的小化工公司，现在已发展成一家设备先进的跨国公司。该公司年销售额 20 亿元，纯收入翻了两番，公司的职工人数也从原来的 1300 人增加到 2700 人。该公司有皮革产品、医疗器械、药物和塑料制品、化纤等化工产品。

东方公司的成就应部分归功于公司人事关系处处长柳成功。这位西装革履、一表人才的处长，企业管理硕士毕业后被招进东方公司工作，他过去一直担任人力培训科科长。公司上下都知道，柳成功领导的培训项目调动了人的积极性，促进了公司的发展。他大力解决职工的困难，了解职工的需要，积极帮助职工建立培训计划，规划职业生涯，将职工的需求动机与组织的目标有机地结合起来。只是自从他晋升为人事关系处处长后，人力培训的事务就不再是他的主要职责了。不过今天早晨的办公例会表明，他应该抓一下人力培训科的工作，而且要快速抓。

柳成功坐在办公室里，从窗户眺望着公司小公园的美丽景色，手里拿着几分钟前人力培训科科长章明红送来的刘巧英的档案材料。刘巧英的问题是今天早晨办公例会讨论的重点。

柳成功自从担任人事关系处处长后，建立了每周一次的办公例会制度，目的是让各科科长及时交流情况，讨论出现的问题，总结经验。过去的办公例会一直很成功，可是今天早晨的办公例会开得很不顺心。柳成功弄不清一贯头脑冷静的章明红为什么在会上突然大发脾气。他想是他人变了，还是公司人力培训项目真的出现了严重问题，想着想着，突然一声敲门声打断了他的思考。

"请进……噢，是你，小刘。"

"老柳，老章要我将这封信交给您。"

"好，谢谢你。"

柳成功打开信，发现是章明红亲笔写的一封长信，他希望这封信能解释今天早晨例会上章明红发脾气的原因。他仔细地看着这封信。

"老柳，很抱歉，我今天早晨在会上发脾气。不过，你要知道，我们公司的问题很严重。我们一直为本公司能吸引到最好的人才来我们公司工作感到很自豪。在过去几年中，我们有许多职工参加公司的培训计划，尤其是公司支付职工学费学习的培训计划。其中不少人已通过业余时间攻读大学课程获得学士学位，也有的获得硕士学位。"

"但是，这种支付职工学费的培训项目对公司来说花费太大，而收益很小，去年我们支付的教育培训项目就达近100万元。"

"刘巧英提出辞职。她在公司统计室担任统计员已有九年了。她的理想是担任公司财务处的会计，她用业余时间在大学里读财会专业，成绩全优。她获得财会专业学士学位也有一年多了，但至今没有人过问她的事。"

"按理说，我是人力培训科科长，应该负责人力计划系统，了解公司的人力培训情况。可我们公司各分公司各部门自己决定培训计划，公司很难有一套总体培训方案，培训计划不是根据组织、任务、个人三方面需要而制订，人力计划系统根本没有一种方法确定组织中哪些人是可以晋升的。"

"公司花费了大量的资金，培训职工、提高其能力，如果我们不注意充分利用这些人才，我们就会失去这些人才，那时我们的损失就更大了。现在已经开始出现这种苗头。如果我们不赶快找出解决这一问题的方法，我认为应该立即停止培训的项目。"

柳成功将章明红的信反复看了几遍。再打开刘巧英的档案，简直叫人不可想象。刘巧英工作表现一直很好，工作认真负责、勤勤恳恳，她用业余时间读完了六年财会专业，公司支付了所有费用，可是由于公司未安排她当会计、晋升她，她提出辞职，这对公司损失太大。问题究竟出在哪里呢？

柳成功拿起电话，打给章明红："老章，我是柳成功。我看了你的信，你的看法很正确，我们的问题确实很严重。我们公司现在有多少像刘巧英这样的情况……"

"今年已有15个。"

"你最好把所有这些人的情况弄一份材料给我，如你能提供更详细一点的情况就更好。我今天下午4点与公司副总经理们见面，我想向他们提出这一问题并一起讨论解决问题的措施。"

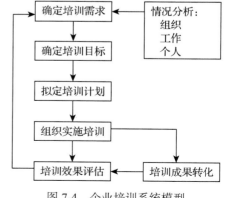

图 7-4　企业培训系统模型

"东方公司"这一案例引出了一个典型的实际问题：人力资源管理与培训如何配套一致，为组织目标服务。企业如何对培训营运过程进行管理？培训的营运管理主要涉及培训计划（方案）的设计、实施及培训效果评估三个方面。图 7-4 便展示了一个系统的培训模型，代表了由七个环节构成的一个循环过程。

7.2.1　确定培训需求

确定培训需求的目的是确定哪些员工需要进行培训，需要进行哪方面的培训（见图 7-5）。这里的关键是要找出产生培训需求的真正原因，并确定是否可以通过培训解决，这关系到培训能否产生企业预想的效果。如一家企业员工队伍的绩效不佳，通过分析发现问题的起因在于薪酬方面的政策影响了员工的积极性。在这种情况下，如对其进行技能等方面的培训就不可能解决问题。

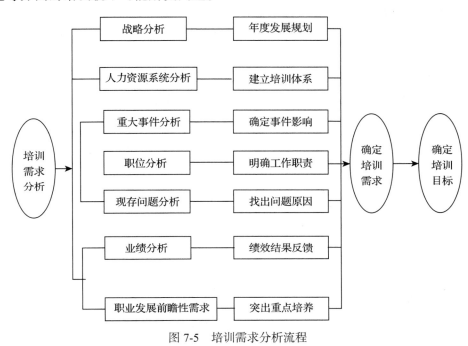

图 7-5　培训需求分析流程

7.2.2　确定培训目标

培训目标可以为培训计划提供明确的方向和依据，只有有了目标才能确定培训的对象、内容、时间、教师、方法等具体内容。培训目标可划分为若干层次，主要包括以下五大类。

（1）技能培养：基层员工主要涉及具体的操作训练；高层管理者主要是思维性活动和技巧训练，比如分析与决策能力、沟通能力、人际关系处理技巧等。

（2）传授知识：包括概念和理论的理解与纠正、知识的灌输与接受、认知的建立与改变等。

（3）转变态度：态度的确立或转变涉及情感因素，所以在性质和方法上不同于单独的知识传授。

（4）工作表现：受训者经过培训后，在一定的工作环境下达到特定的工作绩效和行为表现。

（5）企业目标：培训的结果应有助于实现部门或企业的绩效目标。

培训目标是进行培训效果评估的依据，所以必须保证每个目标都是可量化的。

7.2.3　拟定培训计划

培训方案就是培训目标的具体化与操作化，根据培训目标，具体确定培训项目的形式、学制、课程设置方案、课程大纲、教科书与参考教材、任课教师、教学方法、考核方式、辅助器材与设施等。具体步骤如下。

（1）人力资源部门清查公司人力资源现状，将结果汇报上级主管和各部门经理。

（2）人力资源部门将培训需求纲要发给各部门。

（3）各部门主管制定本年度培训目标，提交培训申请表。

（4）人力资源部门对组织和个人的培训需求、目标进行整合。

（5）人力资源部门确定培训计划，做出预算并提交总经理办公室批准。

（6）人力资源部门在培训实施过程中，修正计划中的有关内容。

培训计划是对培训方案的进一步细化和落实，既可以是长期计划（年度培训计划），也可以是具体培训计划（一次，一天）。培训计划主要包括学习的目标、培训的方式（在岗培训与不在岗培训）、受训者的特点、培训方法（讲授法、案例分析、角色扮演等）及培训的内容设计等。培训计划中关于培训预算（培训经费）的内容，必须要根据培训的种类、内容、培训师的水平等来确定。

🌀 实务指南 7-3

培训投资知多少

1. 一般来说，国际大企业培训总预算一般占上一年总销售额的 1% ～ 3%，最高达 7%，平均达 1.5%，而我国许多企业都低于 0.5%，甚至不少企业在 0.1% 以下。

2. 公司培训的费用构成大致如下：培训师费用占 20%，开发教材或支付版税费用占 20%，市场营销费用占 20%，税务和管理费用占 20%，操作费用占 10%，10% 利润。

3. 聘请培训师内训。国内的培训师水平参差不齐。优秀的国内培训师市场价大约每天 3000~50000 元。国际培训师市场价大约每天 800 ～ 20000 美元。

4. 聘请培训公司内训。国内培训公司内训费用大约每天 20000 ～ 80000 元，而国际培训公司内训费用大约每天 1 万美元。

5. 国内一般企业培训总预算，50% 用于企业内部培训，40% 用于企业外部培训，10% 作为机动支配费用。

7.2.3.1　培训原则

在培训过程中，要注意把握好如下原则。

（1）处理好企业近期目标与长远战略的关系。企业培训既要满足当前生产经营的迫切需要，又要具有战略眼光，未雨绸缪，为企业的未来发展做好人才资源方面的战略储备，尤其对重要人才要加强培训。

（2）要做到学以致用。企业的培训要有强烈的针对性，要根据企业的实际需要组织培训，一切从岗位的要求出发，既不能片面强调学历教育，又不能追求急功近利，立竿见影。

（3）要注意成人学习的原则。由于成人的生理状态与心理状态和非成年人不同，因此成人学习的原则也与非成年人不同。企业中的员工都是成人。当我们掌握了成人学习的原则，就可以更好地运用各种培训方法来达到培训的目标。

成人学习的原则主要有以下六点。

- 逻辑记忆能力较强，机械记忆能力较弱。
- 有学习欲望时才能学习，没有学习欲望时几乎不能学习。
- 联系过去、现在的经验较易学习。
- 通过实践活动较易学习。
- 联系未来情景，较易学习有指导意义的内容。
- 在一种非正式的、无威胁的环境中学习，效果较佳。

（4）培训是一把手的重要职责，一把手要亲自抓。培训应从上至下开展，而不是从底层的主管抓起。

（5）要注意个体差异的原则。从普通员工到最高决策者，由于所从事的工作不同、创造的绩效不同，能力与应达到的工作标准也不相同。员工培训应充分考虑他们各自的特点，做到因材施教。

（6）要注意培训效果的反馈与培训结果的强化。反馈的信息越及时、准确，培训的效果就越好。对结果的强化，不仅应在培训结束后马上进行，还应在培训后上岗工作中进行。

（7）要注重激励原则。培训也是激励，目的是让员工参与培训，感受组织对他们的重视，提高他们对自我价值的认识，增加他们职业发展的机会。

7.2.3.2 培训对象

虽然人人都可以被培训，所有员工都需要培训，而且大部分人都可以从培训中获得收益，但由于企业的资源有限，不可能提供足够的资金、人力、时间做漫无边际的培训，因此不可能将所有员工培训到同一个层次或同等程度，或安排在同一时间培训，而是必须有指导性地确定企业急需的人才培训计划，根据组织目标的需求挑选被培训人员（见图 7-6）。

一般而言，组织内有以下三种人员需要培训。

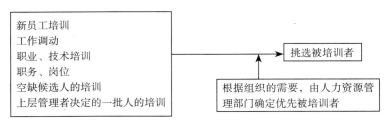

图 7-6　确定被培训人员计划

第一种是可以改进目前工作的人，目的是使他们更加熟悉自己的工作和技术。

第二种是那些有能力而且组织要求他们掌握另一门技术的人，并考虑在培训后，安排他们到更重要、更复杂的岗位。

第三种是有潜力的人，组织期望他们掌握各种不同的管理知识和技能或更复杂的技术，目的是让他们进入更高层次的岗位。

总之，培训对象是根据个人情况、当时的技术、组织需要而确定的。

西方一般将员工的技能分成三种，即技术、人际关系和解决问题的技能，许多培训计划都是针对员工这三种技能中的一种或多种而进行的。

决定组织内哪些人需要进行培训，可以通过以下几种方法进行。

（1）个别面谈。

（2）问卷调查。

（3）分析个人的一贯工作表现和绩效情况。

（4）管理的需求。

（5）观察员工工作时的行为表现。

（6）工作的分析与岗位职责的分析。

（7）考评结果。

（8）外部咨询。

（9）组织发展协作会议。

（10）评估中心。

当选择被培训人员时，必须考虑以下两个问题。

（1）这样的培训是否能帮助组织增加收益？

（2）这样的培训是否能帮助员工提高素质、发展技能，使其成为组织宝贵的有用人才？

7.2.3.3　培训的内容

1. 新员工定向培训

新员工定向培训也称导向培训，是培训中重要的一环。它是向新员工介绍企业基本情况、岗位职责及部门人员的一种培训方法。多数企业会做这样的培训，但不规范。定向培训是人力资源部门与新员工直接主管上级共同协作的结果。

新员工定向培训的目的在于使员工感受到尊重，形成员工的归属感，熟悉企业与工作情况，对职业发展充满信心。

实务指南 7-4

让新员工对第一天印象深刻的办法

（1）举办一场招待会，备好咖啡或茶点。邀请公司的每一位员工前来与新员工见面。

（2）帮助新员工做好工作准备，看看其办公桌上的办公用品是否齐备。如果需要的话，为新员工准备一本台历，并为其印好名片和放在桌子上的姓名牌。

（3）在显著位置上放一个欢迎新员工的条幅。

（4）送给新员工一件公司的纪念品，比如印有公司标识的水杯、T恤衫、钢笔或小计算器等。

（5）邀请新员工共进午餐。

（6）给新员工准备一个"救生包"，里面放一些不落俗套的小玩意，从中也可以反映企业的文化特色。例如，新员工的工作是为顾客提供服务，顾客常常发火，那么救生包里可以装有"邦迪"牌创可贴，以备员工被顾客"伤害"时使用，装有耳塞以备听腻了对方讲话时使用，还有一些写有"是的，先生"或"是的，女士"的卡片以备使用。

（7）用公司的"行话"写一封欢迎信送给新员工。当他们读信时，给他解释一下这些"行话"的意思。

（8）老员工进行自我介绍时，请他们列出公司独一无二的"特点"。例如，有人可能会谈到一位古怪的顾客，有人可能会谈到星期五是可以身着便服的一天，也有人会说起每年春节聚餐时的"杯盘狼藉"等。一一介绍完之后，新员工也就掌握了许多关于公司和公司员工的信息。

具体来说，定向培训主要涉及以下内容。

（1）企业概况。

（2）企业文化与经营理念。

（3）企业主要政策和组织结构。

（4）员工规范与行为守则。

（5）企业报酬系统。

（6）安全与事故预防。

（7）员工权利和工会。

（8）职能部门介绍。

（9）具体工作责任与权利。

（10）企业规章制度。

（11）工作场所与工作时间。

（12）新进员工的上级、同事、下级。

定向培训时间从半天到 3 个月不等，主要根据企业的实际需要，一般以 2 ～ 3 天为佳。

定向培训常用的方法如下。

（1）授课。

（2）研讨会。

（3）户外训练。

（4）电影。

🌀 实务指南 7-5

美国通用电气公司新员工导向活动检查清单

一、新员工刚来报到

☐ 欢迎加入本公司及担任此职务

☐ 指引更衣室及厕所的地点

☐ 指引员工食堂及饮水点

☐ 介绍进出厂区及门卫检查制度

☐ 引领参观工作地点状况

☐ 介绍作息与考勤制度

☐ 本班组（科室）工作简介

☐ 引见本班组（科室）同事

☐ 介绍安全规程与安全设备的使用

☐ 引导新员工开始工作，介绍工作规程

☐ 提醒他在有问题或需要帮助时找你

二、第一天工作之后

☐ 介绍奖酬情况

☐ 介绍自备车存放及公司交通车情况

☐ 介绍公司医疗卫生设施

☐ 进一步仔细研究安全规程

☐ 介绍本班组（科室）中各职务间关系

☐ 下班前检查其绩效、讲评并答疑

三、前两周

☐ 介绍公司福利待遇

☐ 介绍投诉及合理化建议渠道

☐ 检查工作习惯是否有违安全要求

☐ 继续检查、讲评和指导其工作

2. 企业最常见的培训项目

目前在企业中最流行的 50 种培训项目如下：新进员工定向培训、领导技能、业绩评估、人际关系技能、培训师的培养、团队建设、聆听技能、个人电脑实务、招聘与选择、时间管理、解决问题技能、决策技能、新设备操作、开会技能、信息沟通、授权、防止性骚扰、管理变化、安全常识、产品知识、全面质量管理、公共演讲技能、演示技能、压力管理、目标管理、信息管理系统、计算机编程、多元化管理、激励员工、书写技能、谈判技巧、计划、战略管理、市场营销、开发创造力、财务管理、防止浪费、戒烟、职业道德、退休计划、采购流程、阅读技巧、企业再造、外语、推销技能、组织发展、人力资源管理、生产管理、大众心理学、追求卓越心态等。

个案研究 7-3

通用电气公司人才六级培育系统

大多数人认为，美国通用电气公司之所以强大，是因为有韦尔奇这样的"舵手"。这个观点不错，但更深层次的原因是他重视育人，尤其是育干。因此，GE 竞争力基本上蕴藏在其各指挥层的领导之中。具体工作的核心机构是 GE 公司设在纽约的克劳顿管理学院的"领导开发研究所"。

"领导开发研究所"是 GE 公司最重要的"领导者培养基地"，其培育对象与课程大致可以分成两大类：一类是以尚未走上管理岗位但具有领导潜能者为对象的初级课程；另一类则是以经理以上现任企业管理人员为对象的高级课程。前者分为两个等级，后者分为四个等级。

第一级： 在这个类似金字塔形的人才培育系统中，最基本的是"领导基础"课程，参加学习的对象主要是在 GE 公司工作了 6 个月至 3 年、有培养前途的 20 多岁的年轻职员。这门课程每年要举办 16 次，有 820 人参加，在 1 周内打好进一步深造的基础。具体内容涉及答辩技巧、与不同国籍的学员组成小组顺利开展教学活动的方法、财务分析方法等。

第二级： 以未来经理为培养对象的"新经理成长"课程。参加这门课程的人都是具有较高潜在能力、在公司内达到"A"级的 30 岁左右的职员。这门课主要讲授经营决策的方法、成功案例、评价下属的方法、财务知识等。

第三级： 前首席执行官杰克·韦尔奇曾亲自参与执教的现任经理的课程。这门课程每年举办 7 次，由六七十人组成一个班，进修期为 3 周。在这里学习的都是在 GE 公司工作 8～10 年且持有本公司股份购股权资格的职员。参加者有 30% 是来自美国以外的员工。学习内容包括经营战略制定方法、如何管理国际性集团、为解决目前 GE 公司面临的问题提供思路等。

第四级： 以来自世界各地的 GE 公司下属企业负责人为对象的名为"全球经营管理"的课程。每年举办 3 届，每届 3 周，每个班 40 人，学员要求至少在 GE 公司有 8 年的工作经验，生产、销售、市场和保障部门以相近的比例派人员进修。

第五级： GE 公司在领导者培养中最重视"在实践中学习"课程。此课程的学习对企业发展战略的影响是相当大的。这种学习相当于一种共同探究 GE 公司面临问题解决方案的智囊活动。学员与奋战在海外一线市场的企业经营者对话，他们虽然也是 GE 公司的一员，却像公司外的智囊顾问一样发挥自己的聪明才智。具体的学习内容有：企业领导方法、GE 所处的竞争环境、组织的变革、企业伦理学、财务分析、战略合作方式等。最后一项内容是在以首席执行官韦尔奇为首的 GE 公司 30 位最高领导者面前汇报成果，回答提问。

第六级： 以高级企业负责人为对象的"经营者发展"课程。该课程一年举办一次，每个班级 40 人，历时 3 周。学员都是 GE 有 10 年以上工龄的高级经营管理者。不同之处在于其活动的独立性，由 GE 公司所属集团的 CEO 提供援助资金，将自己对于行业发展的某个设想提交这个班级进行研讨，并提出实施方案，就像聘请管理顾问公司帮助解决实际问题一样。当然，除此以外还要学习一个跨国企业领导者必须掌握的政治、经济、社会的发展趋势及参加 GE 公司面临的各种经营课题的探讨等。

3. 管理人员的培训

管理人员的培训不仅包括管理岗位所需的知识、技能的培训，还涉及管理者的自我管理、管理思维、管理方法等（见表 7-3）。

表 7-3　管理人才类型和培训因素分类

人才类型	战略型管理人才	技能型管理人才	后备型管理人才
对象	高层管理人员（CEO）	中层管理人员（部门经理）	年轻管理人员（技术、管理人员）
培训目标	前瞻性、创业精神、指挥领导能力、决策能力、商业道德和法律	专业知识更新、职能部门管理和沟通能力、制订工作计划、合作精神、职业道德	掌握各职能部门的专业知识、竞争能力、自信心、合作精神、职业道德、领导艺术
企业类别	国内或跨国大中企业	国内或跨国大中企业	国内或跨国大中企业
培训内容	国内经济和政治 全球经济和政治 竞争与企业发展战略 资本市场发展和运作 财务报表和财务控制 国内、国际市场营销 组织行为和领导艺术 创业管理 投资项目效益评价 企业社会责任和商法	各职能部门专业知识的变化（分专业） 部门经理工作和挑战 部门间的协调和沟通 部门工作计划的制订和实施 计算机和信息技术应用	采用微型 MBA 或正规 MBA 的课程体系
培训方法	讲授和研讨	讲授和研讨	讲授、案例分析和调研
组织形式	周末和晚上	周末和晚上	不脱产或半脱产
培训时间	60 小时	30 ～ 60 小时	400 ～ 600 小时
设计原则	即时	即时、实用	理论联系实际
培训机构	专业培训机构或大学	企业或专业培训机构	大学或专业培训机构

另外，对管理者来说，还必须通过小组的方式进行过程能力与人际能力的培训（见"人力互动 7-1"）。

🐚 人力互动 7-1

小组培训技能

- 过程能力
  （日常工具／技巧）
- 会议技能
- 解决问题
- 头脑风暴

- 决策能力
- 谈判技巧
- 目标设定
- 演讲技巧
- 过程分析

- 任务评估
- 客户 / 供应商分析
- 项目计划
- 商业信息管理
- 创造力
- 人际能力
  （人际关系技能）
- 成员交流
- 解决冲突

- 建立信任
- 建立准则
- 同难处的成员相处
  （例如专横的同事）
- 多样化意识
- 团队发展阶段
- 团队事宜 / 焦点
- 团队利益

4. 提供数智技术和技能培训

2022 年《中国人工智能人才培养白皮书》指出，我国数字人才供给明显不足，特别是缺乏能够将数智技术与产业体系融合发展的顶尖场景应用型人才。面临数字人才短缺的困境，数智化转型企业仅靠从外部引进人才是不够的，亟须建立自身数智化人才发展体系。近年来，尽管企业在数智人才培养方面投入很多，然而收效不佳，员工队伍数智化转型速度落后于数智技术更迭速度。究其原因，埃森哲研究部在 2022 年智能企业研究报告中提出，企业在培养数智化人才的过程中，低估了员工学习数智技术以改善职业前景的强烈意愿。同时，2023 年 8 月 28 日福布斯中国联合全球领导力咨询公司——罗盛咨询公司发布"2023 福布斯中国·最佳雇主"年度评选结果，其中数智技术培训、数字化投入、提升数字技能成为衡量最佳雇主的重要维度。

为了构建自身的数智人才储备库，企业需要注重数智化人才培养。首先，企业要发挥员工的积极主动性，激励员工建立长期学习的思维模式，对新事物保持好奇心。其次，企业可以为员工提供有关应用 AIGC 工具的培训内容，充分发挥 GPT 大模型的优势。最后，企业还可以在组织内部培养数据科学家、自然语言处理专家和 AI 开发人员，进而帮助企业真正将 GPT 大模型落实到组织流程上，提升组织运行效率。

7.2.3.4 课程计划

根据培训需求，如何制订好培训课程的计划，是值得每一位培训者深思的。课程计划包括课程名称、学习目的、培训专题、目标听众、培训时间、培训教师的活动（教师在培训期间做什么），学员的活动（倾听、实践、提问）及其他必备事项（场地、设备、资料、教师与学员上课前需准备的内容）。

理查德·施弗博士设计了一种被称为"五个 E"的教学计划，来帮助你完成这项工作。这一教学策略有助于你设计出满足所有学员需求并适应所有学员学习风格的培训项目，旨在鼓励学员把他们学到的新知识和技能应用于自己的工作环境中。

（1）吸引（engage your participants）。吸引就是运用各种办法激起学员的好奇心，激发他们的兴趣，让他们心里产生疑问，帮助他们充分调动以前的知识。

（2）探索（explore the possibilities）。探索就是让学员"心存疑问"，鼓励他们相互沟通和交流。探索活动包括调查研究、解决问题、产生问题、进行假设、产生想法这些过程。

（3）解释（explain the concepts）。解释就是鼓励学员倾听他人的看法，展开批判性分析，提出问题，解释并论证自己的看法。解释需要学习者把现在的知识与以前学到的东西进行类比，训练学员的批判性思维，鼓励学员进行准确观察。

（4）扩展（extend new knowledge and skills）。扩展就是要综合新技能，变通以前学习的知识，提出新问题和学习新信息。扩展要求学员分析论据，考查他们是否理解自己的想法。

（5）评估（evaluate the learning）。评估用来了解学员是否真正理解知识，通过提出开放型问题鼓励进一步调查研究。最好的证据就是可以观察到行为的改变和技能的运用。

🌀 人力互动 7-2

详细课程计划举例

项目名称：进行有效的绩效反馈面谈

课程名称：在反馈面谈中应用问题解决法

课程长度：一整天

学习目的：

1. 准确描述绩效反馈使用的问题解决办法的八个步骤

2. 准确演示绩效反馈角色扮演的八个步骤

目标学员：管理人员

先决条件

受训者方面：无

培训教师方面：熟悉用于绩效评估反馈面谈的倾听与反馈技能及问题解决办法

房间布置：座位扇形摆放

所需资料和设备：录像机、幻灯片投影仪、铅笔、幻灯片、"绩效评估面谈"录像带、角色扮演练习

备注：在培训前两周将预读文章发下去

课程计划的具体时间安排如表 7-4 所示。

表 7-4　课程计划的时间安排表

课程活动	培训教师活动	学员角色	时间安排
课程介绍	主讲	倾听	8:00 ～ 8:50a.m.
观看三种绩效反馈类型的录像		观看	8:50 ～ 10:00a.m.
休息			10:00 ～ 10:20a.m.
讨论每种方法的优缺点	辅助者	参与	10:20 ～ 11:30a.m.

（续）

课程活动	培训教师活动	学员角色	时间安排
午餐			11:30a.m. ～ 1:00p.m.
讲解问题解决办法的八个步骤	主讲	倾听	1:00 ～ 2:00p.m.
角色扮演	看学员演练	练习使用关键行为	2:00 ～ 3:00p.m.
结束	回答问题	提问	3:00 ～ 3:15p.m.

7.2.3.5 培训师资

在员工培训与开发中，培训师的优劣在某种程度上决定着培训效果，因此应重视培训师的选择与培养。

我们认为，企业的各级管理人员都应该是培训者，都应该积极参与到培训中去，视培训工作为自己工作职责的一部分，而不能认为培训只是人力资源部门的事。在企业中，大部分培训项目与内容都可以自己解决，只有涉及人员开发，诸如领导技能、团队建设、压力管理等培训项目应优先聘用外部培训师。一个优秀的、卓越的培训师，应具备以下条件。

（1）扎实的课程知识。受训者都希望培训者能熟悉他们的工作或课程。进一步而言，他们希望培训者能展现较高的知识水平（专家们称之为"活跃智力"）。

（2）适应性。某些受训者学习速度较快，培训者的指导应该适合受训者的学习能力。

（3）真诚。受训者欣赏培训者真挚的态度。培训者应耐心对待受训者，并具备灵活应变的能力。

（4）幽默感。学习可以变成一种乐趣。受训者可以通过故事或趣闻轶事学习。

（5）兴趣。优秀的培训者对自己讲授的课题兴趣浓厚，这些兴趣能够转移给受训者。

（6）清晰的指导。如果培训者给予清晰的指导，那么自然而然，培训会迅速获得成功，并保持长久的效果。

（7）个别帮助。受训者超过一人时，培训者应该提供个别帮助。

（8）热忱。激情的演讲和充满活力的个性表现出培训者热衷于培训，受训者对热忱的氛围往往会积极地给予响应。

实务指南 7-6

了解与寻找卓越培训师的途径

● 了解卓越培训师的途径

①"试了再买"

②要一份培训师简历

③熟人介绍

④提一些问题

⑤要求制定一份培训大纲

● 寻找卓越培训师的途径

①参加各种培训班

②去高校旁听

③熟人介绍

④专业协会介绍

⑤与培训公司保持接触

7.2.4　组织实施培训

组织实施培训是营运管理的重要环节，涵盖培训计划的前期准备、过程实施和后期评估的各个方面。其核心在于确保培训资源和流程的协调，帮助受训者专注学习并取得良好效果。以下是组织在各培训阶段实施培训的关键内容。

1. 培训前：准备工作

（1）发布通知与完成注册。

- 向员工发布课程信息和培训计划。
- 完成参训人员的登记注册。

（2）准备资料与设备。

- 准备培训前的阅读资料、测试项目和培训过程中的幻灯片复本及案例等支持性材料。
- 检查培训过程中需用的设备（如投影仪、麦克风），并准备备用设备（如额外的灯泡、文件复本）以防突发情况。

（3）安排培训设施与场地。

- 确保培训场地布置合理，比如灵活的座位安排便于小组活动。
- 确保房间光线充足、通风良好，并减少外部干扰（如电话噪声）。

（4）明确培训目标与细节。
发布培训目标、举办地点、联系人及任务要求，确保受训者了解培训内容及安排。

2. 培训中：实施与反馈

（1）合理安排培训进程。
制定详细的时间表，明确上下课时间、休息时间及卫生间位置，确保培训有序进行。

（2）组织培训。
按计划开展培训活动，提供必要的技术支持和辅助服务。

（3）分发评估资料。
在培训过程中分发测验题、反馈表和调查问卷，用于实时评估培训效果。

（4）收集与反馈。
在实施过程中收集受训者的反馈信息，根据实际需求及时调整培训内容和进程。

（5）促进沟通。
为培训者和受训者提供便捷的沟通方式，比如交换 E-mail 地址，方便培训期间及后续联系。

3. 培训后：总结与评估

（1）考核与记录。

培训结束前安排测试和效果评估，将受训者的考核结果保存在培训档案或人事保存中。

（2）修正培训计划。

根据培训实施的反馈结果优化和调整培训计划，为未来的培训活动提供改进依据。

通过以上内容的有效实施，企业能够优化培训效果，确保培训目标的实现，同时为后续培训改进提供数据支持。更多培训实施的注意事项如表7-5所示。

7.2.5 培训成果转化

培训成果转化又称培训成果迁移（转移），是指受训者将在培训中所学到的知识、技能和行为应用到实际工作当中的过程。如图7-7所示，培训成果的转化受到转化的气氛、技术支持、管理者的支持、同事的支持、自我管理（动机、能力）及运用所学技能的机会等方面因素的影响。

表 7-5　培训实施注意事项

培训阶段	注意事项
培训前	（1）制订培训计划 （2）编写培训教材 （3）聘请培训教师 （4）安排培训场所 （5）准备培训场所 （6）安排好培训人员食宿 （7）安排好受训人员食宿
培训中	（1）保持与培训人员的联系 （2）保持与受训人员的联系 （3）观察受训人员的课堂表现 （4）及时将受训人员的意见反馈给培训人员 （5）保证培训设施的便利使用 （6）保持培训场所干净整洁 （7）适当安排娱乐活动
培训后	（1）评价受训人员的学习效果 （2）听取培训人员和受训人员的改进意见 （3）酬谢培训人员 （4）培训总结 （5）跟踪调查受训人员工作绩效 （6）调整培训系统

图 7-7　影响培训成果转化的模型图

🌀 人力互动 7-3

有助于培训成果转化的积极氛围所具有的特点

特点	举例
上级和同事鼓励受训者运用在培训中所学到的新技能及行为，并且为他们确定目标	刚刚接受完培训的管理者与他们的上级和其他管理者一同讨论如何将他们在培训中所学到的内容应用到实际工作中
任务提示：受训者所从事的工作的特征推动或者提醒受训者运用培训中所学到的新技能和行为	对刚刚接受完培训的管理者的工作进行重新设计，以使他们能够将在培训中学习到的技能运用到工作中
反馈结果：上级支持受训者将在培训中学习到的新技能和行为运用到工作中	上级提醒刚刚接受完培训的管理者运用他们在培训中学习到的知识和技能
惩罚限制：不能让受训者因为运用了在培训中学习的新技能和行为而受到公开打击	当刚刚接受完培训的管理者在运用培训内容失败的时候，对他们不要责备
外在强化结果：受训者因为运用在培训中学到的新技能和行为而得到外在的奖励	刚刚接受完培训的管理者如果能够成功地将培训内容加以应用，则会得到加薪奖励
内在强化结果：受训者因为运用在培训中学到的新技能和行为而得到内在的奖励	刚刚接受完培训的管理者的上级和其他管理者对于那些在工作中按照培训要求去做的管理者加以赞赏

另外，要促使培训成果转化为生产力，就要制定一系列制度与措施，把培训与考核、使用、工作待遇及员工职业生涯相结合。

7.2.6　培训效果评估

培训评估是整个培训营运管理工作中的最后一步，既是对前一段培训工作效果的估量，为培训成果的运用提供标准和依据，也是改进和完善下一阶段培训工作的重要步骤。然而，培训评估也是企业培训工作最薄弱的环节，一是因为企业不知如何操作评估；二是因为企业重视不够。如果培训工作缺少评估环节，则不能落到实处，不能有效地将培训转化为生产力。

对培训项目进行评估的作用有以下两个：

（1）决定是否应在整个组织内继续进行培训。

（2）对培训进行改进。

培训评估要基于培训设计和提交阶段所建立的培训目标开展。Kirkpatrick（1983）提出了培训评估的四种标准（或方法），包括受训者的反应、学习、行为和结果。

（1）反应是受训者的印象，通常在培训期结束时通过一个简短的问卷来收集。

（2）学习可以通过培训前和培训后举行的书面考试来衡量。

（3）行为是指员工接受培训后在工作行为上的变化，通常由受训者自己或由那些和受训者工作最接近的人，比如管理者、同事或下属进行评定。这通常借助于一系列评估表。

（4）结果是指受训者行为带来的组织相关产出的变化。

在衡量由培训产生的行为变化时还存在特殊的困难。那些评定受训者行为的人通常知道他是否参加过培训，因而他们对培训效果的预期将使评分产生偏见。另外，很难确定培训前后自我评定行为的差异是由行为的真正变化造成的，还是由受训者在参加培训后对评定级别（标准）的理解不同造成的。

因此，培训评估通常在四个层次上进行，如表7-6所示。

表7-6　培训评估

层次	可以问的问题	衡量方法
反应层（一级）	受训人员喜欢该项目吗？对培训人员和设施有什么意见？课程有用吗？他们有些什么建议	问卷
学习层（二级）	培训前后，受训人员在知识及技能的掌握方面有多大程度的提高	笔试、绩效考试
行为层（三级）	培训后，受训人员的行为有无不同？他们在工作中是否使用了在培训中学到的知识	由监工、同事、客户和下属进行绩效考核
结果层（四级）	组织是否因为培训经营得更好了	事故率、生产率、流动率、质量、士气

另外，在评估时，注意区分培训成果的类型。培训成果分为五大类：认知成果、技能成果、情感成果、绩效成果及投资回报率（见表7-7）。

表 7-7 培训项目评估使用的成果

成果	举例	如何衡量
认知成果	安全规则 电子学原理 评估面谈的步骤	笔试 工作抽样
技能成果	使用拼图 倾听技能 指导技能	观察 工作抽样 评分
情感成果	对培训的满意度 其他文化信仰	访谈 关注某小组 态度调查
绩效成果	缺勤率 事故发生率 专利	观察 从信息系统或绩效记录中收集数据
投资回报率	美元	确认并比较项目的成本与收益

7.3 培训需求分析

个案研究 7-4

实施在职培训

一家大型全国性会计企业针对专业人员制订了在职培训计划。第一年的培训内容包括课堂讨论和在职培训，培训目标是确保新成员学会基本审计概念和操作程序，并提高他们的技术、分析和沟通能力。随着员工经验的丰富和培训的深入发展，培训将帮助新员工发挥他们在组织中的最大潜力。

该培训采取课堂模式，包括三次为期两天和两次为期三天的研讨会，这些会议在组织成员工作的第一年内以不同的时间间隔召开。虽然新员工接受了这种特殊培训，但实际工作经历依然是使他们成为一名出色审计师所必需的技能的主要手段。

小组在高级职员的监督之下处理大多数审计业务，员工个人只负责评审工作并写出所要求的报告。一般而言，小组在人员分工的基础上组建而成。出于这个原因，一位高级审计师可能会被分配到承担一项复杂任务的小组中，这个小组会有一个或几个新员工。由于用生产效率衡量高级审计师，他们的注意力往往集中在正在进行的工作上，因此他们会给新员工分派一些常规性的工作，很少或不考虑这些员工的职业生涯发展。大多数高级审计师认为，下一位监督者或员工将会考虑他们的培训和发展需求。

最近企业已经流失了一些能干的新员工，大多数人离开的原因是他们没有学习机会或者是专业没有进展。

7.3.1 影响培训需求分析的因素

进行培训需求分析的前提是了解影响培训需求的因素是什么。影响培训需求的因素大体上可分为两类：常规性因素和偶然性因素。前者是指在确定培训需求时需要考虑的一般性因素，后者是指由特殊的事件决定的因素。二者具体的内容如表 7-8 所示。

表 7-8　影响需求的因素

常规性因素	偶然性因素
社会发展环境	新员工的加入
企业发展目标和经营环境	员工职位调整
同类企业培训的发展状况	员工工作效率下降
员工个人职业发展生涯设计	顾客抱怨投诉
员工考核	发生生产事故
员工行为评估	产品质量下降或销售量下降
企业资源状况对评估需求的限制	企业内部损耗与成本增加
	发生导致员工士气低落的事件

7.3.2　培训需求评估过程

培训需求分析（需求评估）是培训成功的关键步骤。培训需求评估过程包括三个方面：组织分析、人员分析和任务分析（见图 7-8）。组织分析往往首先进行，而人员分析与任务分析可随后同时进行。

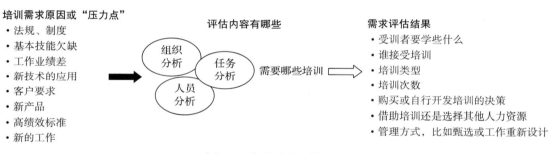

图 7-8　培训需求评估过程

1. 组织分析

组织分析通常考虑培训的背景，判断培训与公司的经营战略和资源是否相适应，培训者的同事与上级管理者对培训是否支持，这关系到受训者能否将培训中学到的技能、行为等方面的信息应用到实际中去。

不同层次的管理人员，在培训需求分析中关注的重点不一样。高层往往会从公司发展前景的角度关注培训与其他人力资源管理活动（如甄选、薪酬管理），而中层更关心培训将如何影响本部门财务目标的实现（见表 7-9）。

表 7-9　高层、中层管理者及培训者在培训需求评估中关注的重点

	高层管理者	中层管理者	培训者
组织分析	培训对实现我们的经营目标重要吗 培训将会怎样支持我们战略目标的实现	我愿意花钱搞培训吗？要花多少钱	我有资金来购买培训产品和服务吗 经理会支持培训吗
人员分析	哪些职能部门和经营单位需要培训	哪些人需要接受培训？经理、专业人员还是一线员工	我怎样确定需要培训的员工

（续）

	高层管理者	中层管理者	培训者
任务分析	公司拥有具备一定知识、技术、能力、可参与市场竞争的员工吗	在哪些工作领域内培训可大幅度地改变产品质量或客户的服务水平	哪些任务需要培训 该任务需要具备哪些知识、技能或其他特点

2. 人员分析

人员分析重在寻找证据证实能够通过培训来解决问题，明确哪些人需要培训及员工是否具备基本技能、态度和信心，以判断他们是否可以掌握培训项目的内容。

培训的一个主要压力点是绩效水平较差或达不到标准要求，比如顾客抱怨、工作效率低下等。因此，工作绩效低是公司考虑对员工进行培训的主要原因之一，要分析绩效低的原因是知识、技术、能力的欠缺（与培训有关的事宜），还是个人动机或工作设计方面的问题。

⚫ 实务指南 7-7

某电子公司培训预算申报表（表格代号：ETD-10）

填表日期：2018.9.2

培训申请资讯	1. 申请部门：QA 责任经理：刘文书 申请培训人姓名：蔡莉莉（主任）服务年限 3 年
	2. 申请受训人过去 6 个月工作业绩评级：B+
	3. 申请受训人过去 1 年的主要工作成就：推行 QCC，于各厂成立 22 个品管圈有效提高产品良品率（特定不良项目）5% ~ 10%
	4. 申请受训人未来 1 年的动向（计划）：暂时无离开公司、调动、深造、个人变迁打算
	5. 其他相关部门推荐人（经理级）：生产部（production）生产计划控制部（PC）质量控制部（QC）
	6. 申请培训项目说明：ISO 9001 国际质量体系认证培训，计划于 2019 年 10 月 1 日开始
	7. 此培训是否必须要由公司负担？ 是，这是公司整体运作的要求，是长期的要求（客户）
	8. 若无此培训，公司将受到什么实质影响（近期 / 远期）？ 若公司不能于 2019 年取得认证，客户将减少或取消订单 个人将受到什么实质影响（近期 / 远期）？ 若本人不如期接受培训，将无法完成公司品质体系认证任务
	9. 曾经是否有同事接受过类似性质的培训？ 无
	10. 有无考虑其他更经济的培训方法 / 安排　暂无其他可以取代
培训相关目的与承诺	1. 培训或成果将应用于产品 / 服务：所有产品之品质体系 区域：中国厂房
	2. 培训成果何时开始应用？ 2019 年 1 月 1 日 怎样应用？ 通过培训、示范、实习、审核、改善、执行
	3. 培训成果可否创造量化效益？ 系统的实施有具体效益，可以量化，需稍后详细计算
	4. 因培训带来的承诺量化效益如何计算金额？ 稍后详细计算系统实施带来的全厂运作规范化成果
	5. 培训总预算是多少？ 人民币约 15000 元
	6. 达成培训效益还需额外投资吗？ 少量办公室自动化设备约值人民币 30000 元
	7. 承诺可达成的培训效益是多少（分年度）？ 粗略估计因无系统、不规范带来的损失约为人民币 70000 元 / 年，不包括客户对我厂的品质信誉降级所造成的损失
	8. 达成培训承诺效益所需的相关支援包括什么？ 各相关部门派人参加内部 ISO 9001 培训，并成立 ISO 9001 推进委员会，争取 12 个月内取得国际认证
	9. 其他：将要求各部门预计实际效益与损失的改善成果（量化法），统筹后，可以较精确地计算出整体的实施后效益

（续）

培训预算审批	1. 申请培训部门经理：<u>刘文书</u>　业务需要效益明显，需坚持长期实施	
	2. 公司教育 / 培训统筹经理：<u>胡仁泰</u>　无类似培训计划，宜照计划推进	
	3. 财务经理：<u>钱裕元</u>　有形与无形效益显著，提议批准进行	
	4. 人力资源部经理：<u>罗世林</u>　公司应及早批准进行，时间紧迫，不宜延误	
	5. 公司高层管理代表：<u>李一成</u>　准予进行，按计划执行	
备注	此培训属公司系统改革并同国际质量体系接轨，这是客户、市场、行业的要求，不容拖延，宜尽快全力进行。	

高层管理代表：李一成　2018.9.20

3. 任务分析

任务分析的目的决定了培训内容应该是什么，对任务进行分析的最终结果是形成有关工作活动的详细描述，包括员工执行的任务和完成任务所需知识、技术和能力的描述。进行任务分析，要明确任务分析的重点（见表 7-10）。任务分析包括以下 4 个步骤。

（1）选择待分析的工作岗位。

（2）罗列工作岗位所需执行的各项任务的基本清单。

（3）确保任务基本清单的可靠性和有效性，让专家组来评定。

（4）一旦工作任务被确定下来，那么就要明确胜任一项任务所需的知识、技术或能力。

表 7-10　进行任务分析的重点

（1）任务分析不仅要知道员工在实际工作中做些什么，还要知道他们应该怎么做

（2）任务分析要将工作分解成职责和任务

（3）使用两种以上收集任务信息的方法来提高分析的有效性

（4）为使任务分析更有效，应从专门项目专家那里收集信息，专门项目专家包括熟悉该项工作的在职人员、经理人员和员工

（5）在对任务进行评价时，应将重点放在能实现公司长远目标和现实目标的任务上

✿ 实务指南 7-8

麦吉和塞耶判定培训需求的方法[⊖]

分析	目的	具体的需求分析的例子
组织分析	决定组织中哪里需要培训	• 根据组织长期目标、短期目标、经营计划判定知识和技术需求 • 将组织效率和工作质量与期望水平进行比较 • 开展人力资源规划及后续安排，包括对应员工现有的专业知识和技术能力进行系统评估与审核 • 基础的人员审查 • 评价培训的组织环境
任务分析	决定培训内容应该是什么	• 对于个人工作，判定其业绩评价标准、要求完成的任务和成功地完成任务所必需的知识、技术、行为和态度
人员分析	决定谁应该接受培训和他们需要什么培训	• 通过使用业绩评估，分析造成业绩差距的原因 • 收集和分析关键事件 • 进行培训需求分析调查

⊖　保罗·塞耶（Paul Thayer）公认的科学贡献是工业培训。1961 年，他与威廉·麦吉提出了通过组织分析、任务分析和人员分析来确定培训需求的方法。

7.3.3 培训需求分析技术

收集培训信息可应用不同的方法，包括员工行为观察法、问卷调查法、管理层调查法、关键事件法、资料档案收集法、态度调查法、面谈法等，以确定需求评估的结果。各种方法的优缺点比较可参见表 7-11。

表 7-11 培训需求信息收集方法优缺点比较

收集方法	优点	缺点
员工行为观察法	• 基本上不妨碍被考察对象的正常工作和集体活动 • 所得的资料与实际培训需求之间的相关性较高	• 必须十分熟悉被观察对象所从事的工作程序及工作内容 • 在进行观察时，被观察对象可能故意做出假象
问卷调查法	• 可在短时间内收集大量的反馈信息，但无法获得问卷之外的内容 • 花费较低 • 问卷对象可畅所欲言 • 易于总结汇报	• 需要大量的时间和较强的问卷设计能力与分析能力
管理层调查法	• 管理层对自己下属员工的培训需要比较清楚 • 省时省力	• 管理层个人的主观好恶会影响调查的结果 • 出于未来职位竞争的考虑，可能会选错培训对象
关键事件法	• 易于分析和总结 • 可以分清楚是培训需求还是管理需求	• 事件的发生具有偶然性 • 容易以偏概全
资料档案收集法	• 便于收集 • 可以了解员工现有的技术职称资格 • 可以了解员工已接受哪些培训	• 不一定能反映员工现在的真实技术水平
态度调查法	• 易于区分工作上表现欠佳是否由于技能不足所造成 • 易于发现工作中的其他问题	• 态度调查的对象可能会故意掩饰自己的真实想法
面谈法	• 可充分了解相关信息 • 有利于培训双方建立信任关系，易于得到员工对培训工作的支持 • 有利于激发员工参加培训的热情	• 培训双方的面谈可能占用很长时间 • 员工不一定会将其个人发展计划告知培训者

7.4 培训技术与方法的选择

7.4.1 培训类型

我们常以培训发生的地点为标准，将培训分为现场培训与非现场培训。一般来说，现场培训分为两类：在岗培训与非在岗培训。现场培训有利于学习的转化，也有利于组织工作流程的连续进行。非现场培训最明显的长处就是让受训员工在没有正常工作压力的情况下获得新的技能与知识，适用于复杂技能的培训。

一般来说，可从方式上将培训分为职前培训与在职培训。职前培训分为一般性培训与专业性培训，在职培训分为管理人员培训（着重于管理思维与方法）与专业性培训（见图 7-9）。

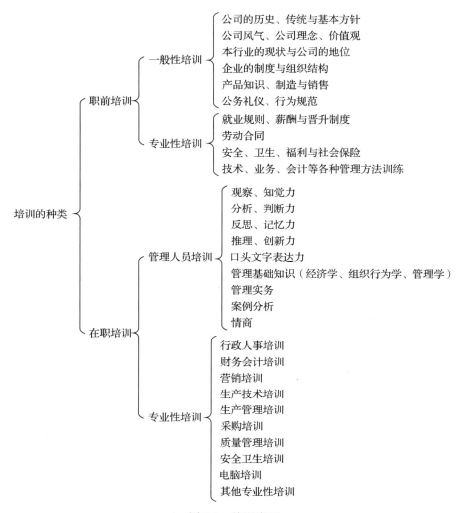

图 7-9 培训类型

7.4.2 培训方法

在人员培训中，管理者或培训者经常需要选择一种培训方法。表 7-12 对各种培训方法进行了比较，其中包括对各种方法能够实现的学习成果进行了总结（是或否），并对学习过程中的学习环境、成本等方面给出了高、中、低的评级。

表 7-12 各种培训方法的比较

培训方法类型	演示法				传递法						团队建设法		
具体方法	讲座	录像	在职培训	自我指导学习	师带徒	仿真模拟	案例研究	商业游戏	角色扮演	行为示范	冒险性学习	团队培训	行动学习
学习成果 言语信息	是	是	是	是	是	否	是	是	否	否	否	否	否
智力技能	是	否	否	是	是	是	是	是	否	否	否	是	否
认知策略	是	否	是	是	否	是	是	是	是	是	是	是	是

（续）

培训方法类型	演示法				传递法						团队建设法		
具体方法	讲座	录像	在职培训	自我指导学习	师带徒	仿真模拟	案例研究	商业游戏	角色扮演	行为示范	冒险性学习	团队培训	行动学习
态度	是	是	否	否	否	否	是	否	是	否	是	是	是
运动技能	否	是	是	否	是	是	否	否	否	是	否	否	否
学习过程 学习环境	低	低	中	中	高	高	中	高	中	中	高	中	高
明确的目标	中	低	高	高	高	高	中	中	中	高	中	高	高
实践机会	低	低	高	高	高	高	中	中	中	高	中	高	高
有意义的内容	中	中	高	中	高	高	中	中	中	高	低	高	高
反馈	低	低	高	高	高	高	中	中	中	高	中	高	高
观察并与别人交流	低	低	高	中	高	高	高	高	高	高	高	高	高
培训转换成本	低	低	高	中	高	高	中	中	中	高	低	高	高
开发成本	中	中	高	中	高	高	中	高	中	中	中	中	低
管理成本	低	低	低	中	高	低	低						

从表 7-12 中我们注意到以下几点：第一，各培训方法的学习成果之间有一定的交叉重叠。团体建设法之所以比较独特是由于它既注重个人学习，也强调团队学习（如提高群体绩效）。那些希望提高小组或团队效率的培训者应选择一种团体建设方法（如冒险性学习、团队培训、行动学习）。第二，通过演示法与传递法的比较可以看出，大多数传递法要比演示法能提供更好的学习环境并更有利于培训成果的转化，且演示法没有传递法有效。如果培训者受开发和管理资金的限制，那么传递法也会优于演示法。开发培训方法的预算会影响培训方法的选择。预算紧张的培训者应选择相对便宜又有效的演示法——有组织的在职培训。而资金雄厚的培训者则可考虑更有利于培训成果转化的传递法，比如仿真模拟。

7.5 企业大学

企业大学是迄今为止最高级、全面、系统的人力资源培训体系。1955 年，世界上第一所企业大学——GE 公司克劳顿管理学院成立，该学院被誉为美国企业界的哈佛。此后，企业大学在全球迅速崛起，迄今为止，《财富》500 强的大部分企业都建立了自己的企业大学，知名的有麦当劳汉堡大学、IBM 中国渠道大学、摩托罗拉大学等，我国也相继出现如春兰大学、华为大学、海尔大学等知名企业大学。

7.5.1 企业大学的特点

企业大学不同于高等教育体系，也不同于企业培训部门，它的特点体现在以下五个方面。

（1）出资方为企业，为企业战略目标的实现服务，目的性强。

（2）培训师资包括企业高级管理人员、一流的商学院教授及专业培训师。

（3）与人力资源部门相分离，自主性强，可自主开发新的培训项目、选择和运用培训资源。

（4）企业内外的各类学习培训资源都集中于企业大学，保证企业大学的资源充足且良好运行。

（5）培训对象除了企业内部员工，一般还包括供应链上的合作伙伴。

7.5.2 企业大学的作用

企业大学之所以迅速崛起，并成为未来更多企业人力资源培训体系的发展方向，是因为已有的实践证明，企业大学是一个极佳的平台，能够有效整合与传播企业文化，促使学员之间、上下级之间、优秀的师资和学生之间进行充分的交流；使员工得到及时、准确并且系统的培训，显著提升了整个团队的综合素质；使公司的供应商、经销商、批发商能够学到必要的知识和技能，有助于公司和这些事业伙伴结成良好的合作关系。

7.5.3 企业大学的分类

企业大学可以分为对内型企业大学和开放型企业大学。对内型企业大学的培训对象是企业内部员工，如通用电气的克劳顿管理学院、麦当劳汉堡大学；开放型企业大学的培训对象除了企业内部员工之外，还有供应链体系上的合作伙伴，比如供应商、分销商和客户等——许多企业都创办该类型的企业大学来支持业务发展，比如摩托罗拉大学、爱立信学院。另外，在开放型企业大学中，还有一种面向整个社会的企业大学，其成立的目的是提升企业形象或实现经济效益，比如惠普商学院。

7.5.4 企业大学的建构

1. 师资体系建构

通常来说，企业大学的师资力量有以下两个主要来源。

- 来自企业外部的社会化师资，包括高校著名教师、行业专家、社会技能能手等。
- 来自企业内部的师资队伍，由企业自身培养，包括企业领导、企业内部的专家和业务骨干等。

在师资力量建设方面，国内的企业大学存在资源匮乏的问题。有的讲师的积极主动性不高，有的技术专家虽然有过硬的技术水平，但是由于缺乏传授经验或不善表达，使培训成果收效甚微。而外部师资的能力和素质又参差不齐。国内企业应当有系统的甄选、培育和激励体系，以挑选合适的师资并促进内部讲师的职业化。

2. 课程体系建构

课程体系是企业大学的核心资源，虽然许多课程资源可以从外部直接引进，但是企业也要根据自身特点开发与管理实践和业务策略一致的、有效的课程体系。一般来说，企业大学的课程体系包括以下三个方面。

（1）通用课程：指基本适用于所有企业的管理和技能类课程。例如：人力资源管理、市场营销、财务管理、商务礼仪、项目管理、职业素养等。这类课程对于企业全体员工基本素质的提高和知识结构的全面发展有重要作用。

（2）定制课程：是根据企业的实际需求委托专业公司来开发的课程，这类课程对于企业的商业价值很高，因为它们通常与企业的商业战略、关键问题挂钩。定制课程的内容包括：新员工培训、新系统培训、新产品推介培训、专业技术知识培训、特定领域的管理知识技能培训等。

（3）自主课程：指企业自主开发的个性化课程。通常由于时间紧迫或成本的限制，企业将一些知识和技能自行制作成课件，向企业的特定部门和特定人员进行普及。这部分内容是企业宝贵的无形资产，有极高的商业价值。

3. 管理体系建构

（1）组织建设。企业大学的校长承担的主要职责是整合学习资源、引领企业变革。企业大学的部门设置，可以根据外部联络、教务管理、资源管理、教学研究、培训规划等各项职能组成相应部门，并由专门人员分管，定人定责。

人力互动 7-4

GE 首席教育官鲍伯·科卡伦的主要职责

GE 的全球副总裁鲍伯·科卡伦作为克劳顿管理学院的校长（首席教育官），其职责主要有：

- 帮助 CEO 杰夫·伊梅尔特制定公司有关培训和教育的战略目标，并转化为具体的计划、政策、制度。
- 负责全球领导力项目的培训，不但要培养 GE 现在的领导人，还要培养未来的领导人。
- 为 GE 全球员工提供定期培训。
- 为客户的管理人员进行培训，帮助客户成功的同时，也成就 GE 的成功。
- 向 GE 各业务部门传播最佳实践、公司举措及学习经验。
- 传播公司文化与价值观。

（2）学习需求调查。从公司实际出发，调研学习需求，将初步形成的需求方案向全体学员分享，再将学员的反馈结果汇总评估，形成最后的培训计划，包括：学习内容安排、学习时间安排、学习评估安排等内容。

（3）学习过程管理。从企业大学的培训计划开始落实，进行全程跟踪管理，包括学员出勤、教师和学员的反馈、学习支持等，从而不断修正课程内容、培训安排，帮助学员解决困难问题，激发员工的学习热情。

（4）学习效果评估。在培训完成之后，企业大学还要注重考试的组织和安排、培训活动的效果验收，并与人力资源管理上的奖惩制度衔接，真正让学员感到学有所获、学有所得、学有所值，促进学习机制在企业内部迅速推广。

7.6   数智时代员工培训的发展趋势与挑战

数智时代是数字化和智能化相结合的时代，也是当下社会的发展趋势。数智时代的代表性技术当属人工智能（AI），下面我们就以 AI 为例，来阐述数智时代的企业在员工培训方面会面临哪些发展趋势与挑战。

7.6.1   AI 在培训过程中的运用

AI 能够为企业提供高效、个性化和可扩展的解决方案，优化培训流程、提升员工体验，并增强企业竞争力。⊖目前，许多企业已经开始将 AI 应用于培训实践，以提升培训效率和效果。例如，Adobe 通过 LinkedIn Learning 平台为员工提供个性化的学习体验。该平台利用 AI 技术，根据员工的个人资料和职业发展轨迹推荐课程，确保培训内容与员工需求高度契合。通过跟踪学习进度并评估培训计划的影响，Adobe 不仅能够提高员工技能，还能够推动整体业务的增长。在培训策略制定、需求分析、活动实施及效果评估四大环节中，AI 已然开始推动培训流程的变革。

1.   培训策略制定：数据驱动决策的革新

AI 通过实时监测内外部环境的动态变化，帮助企业优化培训策略。基于实时数据，企业可以动态调整课程内容和教学方法，确保培训计划与市场需求保持一致。此外，AI 支持构建结构化的人才数据库，通过分析员工职业发展路径和绩效数据，为管理者提供有力支持，帮助其制定更精准的培训策略。

2.   培训需求分析：精准定位学习需求

AI 技术通过对员工技能画像和胜任力模型的分析，帮助企业精准识别培训需求。基于 AI 的数据分析功能，企业能够发现员工技能的缺口，并设计个性化的培训计划。通过这些数据驱动的分析，培训内容得以更好地与员工的发展需求相匹配，从而提升培训的针对性和有效性。

3.   培训活动实施：灵活高效的交互式学习

AI 技术提高了培训场景的灵活性，使员工能够随时随地学习。例如，虚拟培训师和陪练工具为员工提供实时互动和个性化指导，显著提升了学习的趣味性和参与度。这

⊖   MANROOP L, MALIK A, MILNER M. The ethical implications of big data in human resource management [J]. Human Resource Management Review, 2024, 34(2): 101012.

种基于碎片化时间的学习方式，不仅帮助员工高效完成了培训，还显著降低了企业的培训成本。同时，AI驱动的互动式学习工具支持模拟场景训练，让员工在虚拟环境中锻炼实际技能，提升学习效果。

4. 培训效果评估：动态追踪与精准反馈

在效果评估环节，AI技术实现了对培训全过程的动态追踪和数据分析。通过实时监控员工的学习进度和反馈，AI可以生成多维度评估数据，帮助管理者精准衡量培训的实际效果。这种基于数据的反馈机制，不仅有助于动态调整培训内容，还为未来培训计划的优化提供了坚实依据。

7.6.2 数智时代下的员工培训挑战

随着AI在企业培训中的广泛应用，其创新优势显而易见，但也伴随着一系列挑战。这些挑战主要体现在员工信任与适应性、参与度与学习效果的平衡、技术与人性化平衡、系统集成的复杂性、数据安全与隐私保护五个方面。

1. 员工信任与适应性

员工在接受AI培训时需要对系统具有基本的信任。然而，AI算法和决策逻辑的复杂性让许多人难以理解其工作原理。例如，员工可能不了解系统如何使用他们的培训数据，或数据是否会被用于其他决策场景（如薪酬调整或岗位调动）。这种不透明性容易让员工产生疑虑，甚至拒绝配合培训。此外，员工可能需要面对新的学习曲线，不仅要适应AI工具，还需调整心理以适应更高程度的自动化和技术依赖。为此，企业必须在系统设计中注重透明性，同时提供必要的技术培训与支持，以帮助员工更好地适应AI技术带来的变化。

2. 参与度与学习效果的平衡

AI驱动的培训往往强调通过游戏化设计提升参与度，比如排行榜、奖励机制或任务挑战。然而，过度关注参与度可能会导致学习效果的目标偏离。例如，员工可能因过于关注游戏化机制本身，而忽视对培训内容的实际吸收。此外，员工需要额外学习如何使用游戏化功能，无法掌握这些技能的员工可能在排行榜中表现不佳，从而引发压力和羞耻感（如公开榜单排名）。这种偏重参与的设计可能会弱化培训的实际转化效果，甚至引发心理压力和不必要的竞争。

3. 技术与人性化平衡

尽管人工智能可以通过个性化和自适应的学习体验来显著提升培训效果，但过于依赖技术可能忽视人性化因素。人机交互依然是培训中不可或缺的一部分，特别是在复杂问题的解决、员工心理支持和行为指导方面。AI可以作为辅助工具，但不应完全取代人类培训师的作用。企业需要在利用AI技术提升培训效果的同时，保留人性化的关怀和支持，以确保员工在技术驱动的环境中仍能感受到温度和关怀。

4．系统集成的复杂性

将 AI 培训工具融入现有的培训系统并非易事。许多企业的学习管理系统与新兴 AI 工具可能缺乏兼容性，这种技术壁垒容易导致额外的实施成本和时间消耗。此外，AI 培训工具的快速更新也要求企业不断调整和升级系统，进一步增加管理复杂性。企业需要在选择 AI 工具时优先考虑其与现有系统的兼容性，同时在引入前制订长期的技术支持计划，以保障系统集成的平稳过渡。

5．数据安全与隐私保护

AI 培训系统的核心在于数据的采集与分析，包括员工的个人信息、学习记录及行为表现。然而，这种广泛的数据利用容易引发隐私风险。员工可能担忧他们的数据会被滥用，甚至被用于不透明的绩效评估或岗位调配。此外，AI 系统复杂的算法计算让员工难以理解数据如何被处理或共享，从而进一步加剧信任危机。因此，企业必须采取严密的数据保护措施，与可信赖的 AI 供应商合作，确保数据处理透明，并主动向员工披露数据用途，建立长期信任。

总之，AI 在企业培训中的应用是一把双刃剑。尽管它可以通过个性化学习和自适应设计带来显著成效，但在以上五个方面带来的挑战同样不容忽视。企业需要从系统设计到实施策略上全面应对这些挑战，以确保 AI 培训工具能够真正服务于员工发展和企业目标，从而实现培训效果的最大化。

7.6.3　AI 培训的未来趋势

1．沉浸式培训体验的兴起

AI 结合虚拟现实（VR）和增强现实（AR）技术，为员工培训创造了更加真实和互动的学习场景。这些技术通过模拟实际工作环境，帮助员工在低风险的虚拟空间中掌握复杂技能。例如，VR 培训可用于医疗、制造业和应急管理等高风险行业，为员工提供实践体验而无须承担实际风险。

2．基于预测分析的个性化培训

AI 的预测分析功能使企业能够更精准地设计培训计划。通过分析员工的职业发展轨迹和技能需求，AI 可以识别培训的关键领域，并提供个性化的学习路径。例如，企业可以利用这些技术动态调整培训内容，以满足员工不断变化的职业需求，从而确保培训计划始终与员工和企业目标保持一致。

3．AI 驱动的创新学习技术

人工智能不仅优化了传统的在线学习平台，还推动了与其他新兴技术的深度融合。例如，利用生成式 AI 和自然语言处理技术，员工可以通过互动式问答或虚拟助手快速获取知识。AI 还能够实时分析员工的学习行为，提供即时反馈和改进建议，从而显著提升学习效果。

❻ 个案研究 7-5

AI 在企业培训中的实际应用

埃森哲正在探索将 VR 和 AR 整合到培训计划中，以创建沉浸式学习环境。通过模拟真实场景，员工能够在受控环境中积累实践经验，从而更高效地提升专业技能。同时，埃森哲还投资于预测分析技术，以动态识别员工的培训需求，确保培训内容的相关性和及时性。

德勤正在研究如何利用人工智能为员工提供更加个性化的学习体验。通过对员工数据的深入分析，德勤设计了量身定制的培训计划，确保每位员工都能根据自己的学习风格和职业发展需求获得最适合的课程。这种方法有效地提高了员工的参与度和培训效果。

总之，AI 赋能的员工培训正引领未来职场学习的变革方向，其在提升员工技能、优化学习体验和增强企业竞争力方面具有不可替代的价值。企业需要积极拥抱 AI 技术，构建更加智能化的培训体系，以满足不断变化的职场需求。

复习思考题 📊

1. 联系实际讨论培训对一家企业的重要性。
2. 你认为新员工入职培训应该包含哪些方面的内容？为什么？
3. 中国企业是否也应该像许多世界 500 强企业一样，创办企业大学？
4. 如果你是一名公司员工，试评价你所在公司培训工作的优点与不足。

案例 7-1 📊

高效重塑员工技能

许多公司在数字化转型上落后于对手，拥有巨额资金的初创公司也可能会超越它。这些公司努力想取得进步，却聘请不到足够的数据分析师、思维敏捷的教练、工程师、产品负责人、网络专家或者设计师。这些人更愿意去有活力、有趣的组织，而不是领导者独断专行、架构不利于决策制定的老派企业。

同时，现在的许多岗位会随着自动化的出现被淘汰，许多中层管理人员效率低下，而一线工人缺少数字化技能，没有为不断变化的未来世界做好准备。

世界经济论坛估计，到 2025 年，全球将有超过一半的员工需要提升技能，或重新接受技能培训，以适应不断变化的工作要求。在这一情况下，许多组织正在转变思路，重新培养无法获得或无法有效利用的人才。然而，波士顿咨询公司（BCG）在 2020 年开展的一项全球研究表明，"人才和技能"是企业转型工作中投入不足的第二大领域。具体而言，企业可以采取下列策略来适应数字化转型。

（一）将技能培训视为一项商业投资，而不是开支

大多数技能培训都会以失败告终，因为设置它们的目的是优化学习和发展成本，而不是真正推动业务的进步。美国联合市场研究（Allied Market Research）估计，全球企业每年在教育上的花费会超过 3000 亿美元。然而大多数企业教育计划产生的影响都十分有限。

领导者应该将技能培训视为一项商业投资，一项有助于在几年内产生利润的资产，从明确界定的业务、人员和学习的关键业绩指标开始设计。

例如在设计发展领导力的培训项目时，一家亚洲房地产公司首先确定了最终业务目标：将进入新市场的时间缩短 50%，并快速决策将土地收购目标提高两倍。

这完全改变了学习和发展型设计。之前，这家公司会举办一系列提高领导力和决策技能的研讨会，而现在参与者可以自行干预学习过程，接受监督和指导，以不同方式召开月度业务审查会议，更好地实现业务目标。最终其市场地位快速上升，这一举措成功影响了中层管理人员。

（二）提供同时包含多项技能的培训

现在的培训会让员工从技能中进行选择，比如选择功能性、数字化、领导力、业务或者软技能等。通过在特定环境中融合不同技能，技能再培训就能更加高效。

（三）重新让学习充满欢乐

许多企业把几小时的学习时间，用在了线上或 Zoom 研讨会上。学习体验设计师需要重新构想学习的方式、时间和场景，并且牢记一个主要问题：如何将儿童体验到的学习乐趣和好奇心带给成年学员？

中国一家领先的手机厂商，不仅分享了以客户为中心的案例研究，还将真实客户带入了学习研讨会，从而打破了传统观点，为业务拓展提供了新见解。印度的一家大型日用消费品公司，会要求中层管理人员拍摄并分析自己的自拍视频，以此培养他们的沟通技巧。与接受服务商的反馈相比，这种新做法会让参与者在沟通方式上更有自主意识。一个全球公共部门组织充分利用了即兴创作的形式，首先在"命令和控制"模式下，播放典型的工作场景，然后在"自主和协调"模式下重播相同的场景，以此帮助中层管理人员体验并且理解这一做法的好处。

（四）用数据推动培训

学习的设计和传递既是一门科学，也是一门艺术。数据可以用于学习过程中的每一步，为决策提供信息。例如，AI 工具可以录入员工的工作经验和职业轨迹，分析他们的技能差距，并提供个性化学习体验。对于工作内容将被彻底改变的员工群体来说，这些工具还能帮助他们找到出路，将他们转变为市场需要的角色。另外，针对不同群体在不同格式的程序或学习模式下，运行 A/B 测试，用数据推导决策。最后，随时用领先和落后的指标比对结果，持续改进技能培训方案。

（五）组建技能培训堆栈

要为数千名员工进行大规模的技能再培训，就要进行大量投资，以便创建一个端到

端的技能堆栈，包括评估、技能存储、内容管理、学习技术和分析方法、培训、交付、学习体验管理、认证和职业过渡支持等内容。

公司可以从合作伙伴那里"购买"或"租用"基础技能，提高组建自己的技能培训堆栈的速度。不赞成这种方法的人认为，这样缺乏对特定组织环境的考虑。但其实，你的学习和发展团队能够区分可以从外部获取的通用核心商品技能，比如新学一门编程语言、定制化的高价值技能，以及内部专家可以分享哪些数据分析案例在组织中最为关键。

（六）授权员工进行学习

人们通常认为技能培训是"需要对员工做的事"，但是研究表明，员工很清楚变革即将到来，也准备好要采取行动应对变革。波士顿咨询公司"解码全球人才"（Decoding Global Talent）报告的数据显示，为了保持竞争力，全球68%的员工已经做好了接受新职业培训的准备。如果员工可以对自己的技能再培训负责，那么最好的干预措施，莫过于让他们决定自己需要哪项技能，有机会自行挑选。雇主应该为员工提供合适的工具、灵活的资源和支持性的环境，让他们自主开启技能再培训过程。

例如，波士顿咨询公司授权专家顾问，根据分配的年度预算设计自己的学习计划，以保持学习内容的相关性和最新性。这带来了许多创造性的学习路径，比如与公共部门计划的合作、与初创公司的共同设计，以及对完全不同的商业环境的沉浸式体验等。通过重构传统的技能培训方法，业务和人力资源领导者可以及时采取行动，让员工为现在和未来做好准备。当今组织都面临着一个选择：创造技能培训上的竞争优势，或者面临迫在眉睫的落后风险。

资料来源：高尔，帕克特，克拉维尔，等.高效重塑员工技能[J].陈战，译.哈佛商业评论（中文版），2022，6：23-25.

思考题

1. 为什么许多企业的技能培训计划未能产生预期的效果？如何将培训从"开支"转变为"商业投资"？
2. 在技能培训中，"融合不同技能的培训"与"单一技能培训"各有什么优缺点？企业应该如何选择？
3. 如何通过数据驱动的方法提升企业技能培训的效果？
4. 如何平衡员工自主学习与公司对培训内容的控制？

案例 7-2

思科公司的培训

形式多样的培训

每一名进入思科（Cisco）的新员工在30天内首先要接受 New Hire Workstation 的

培训。在 Cisco 工作的 90 天内，还可能参加一个亚太区的公司文化培训。Cisco 的培训总体上分为管理培训、E-learning、销售培训、常用技能培训（General Skill）等。管理培训在 Cisco 也分许多级。一名新员工最先需要知道在 Cisco 怎么做。"Managing@Cisco"给员工这方面的培训，Cisco 的资深副总裁会现身说法，告诉员工在 Cisco 如何取得成功。这项培训还包括告诉员工薪资福利情况、可以用来帮助自己工作的互联网工具、业绩管理、每个人和财务的关系，以及招聘的技能。一项被称作 Management for Result 的培训，主要告诉员工如何领导一个团队。再往上一层的管理培训是针对领导层的 LIA（Leadership In Action），主要是培训管理者的管人技巧。有些课程 Cisco 会请顾问公司来做，通过管理游戏来培训经理层的领导能力。在此之上还有最高层的管理课程，主要是针对高层执行者的培训。

销售培训的课程也非常多，都涉及很专业的销售知识。常用技能培训包括教员工如何做演示、法律知识、面试技能等许多员工必须具备的能力。如果有些培训 Cisco 内部做不了，就会请培训公司来做。如果太专业的技术知识外面也做不了，Cisco 就在公司内部的业务部门组织力量来做。另外 Cisco 还给员工一些助学金，资助员工读 MBA 等。

Cisco 的员工培训非常开放，不像许多公司在年初做计划，然后由主管经理签字，一年内照此执行。Cisco 认为以互联网发展的速度，不可能一年计划做好后毫无改变，所以一年内 Cisco 公司有三次评估，根据评估结果来调整计划。

将员工放在开车的位置上

Cisco 认为不将钱投入到员工身上，业绩就做不出来，所以对培训的投入很大。亚太区有专门的协调员来协同中国区管理培训。Cisco 关于员工培训的计划，完全由员工自己来决定。Cisco 认为业务和培训是一体的，员工的培训时间没有一定之规，甚至包括出差什么时候走，也不会有人管，不会有老板不让员工接受培训，完全由员工自己管理自己的工作和培训。Cisco 认为将员工放在开车的位置上，让他自己做决定更重要。公司也从不重点培养某个员工，每个人都是潜在的经理，这正是体现互联网世界人人平等的原则。

培训留人

Cisco 对优秀员工有建立留人计划，而不是等到员工离开时才挽留。许多员工向往海外工作的经历，Cisco 就派员工到海外做短期的培训，将其调到海外去工作。Cisco 不希望员工接受的培训跟公司的发展方向不一致，Cisco 认为帮助员工所在部门成功、个人成功是留住优秀员工最好的方法。如果团队的业绩不断上升，就能留住人。

网络就是教室

Cisco 的员工要接受培训，可以在网上随时提出申请，Cisco 人力资源部的培训计算机管理系统会将报名情况反馈给这名员工，同时也给他的主管抄送一个反馈，这些全由计算机来完成。Cisco 认为网络是非常伟大的地方，只有用这么快的方式，才能让所有人分享更多更好的知识。Cisco 将总裁演讲的录像放在网络上，员工任何时候都能知道总裁的战略思考是什么。Cisco 在网络上还有一个 Video 教育课堂，员工可以从宽带网上接受这种多媒体教育。Cisco 是一家网络上的公司，有非常发达的内部网，其中有一个庞大的 e-learning 系统。

什么是 E-learning

Cisco 公司的 E-learning 包括以不同形式发送的学习内容、学习过程的管理及由学员与内容供应的开发者或专家共同参与的网上学习社区。

E-learning 与传统的学习环境相比有三个最主要的区别：首先，内容通过 Web 进行发送；其次，对学习进行电子化管理，包括学习跟踪、报告及评价；最后，在学习过程中，学员之间进行电子化的协作。

E-learning 通过在线评价及预见性的学习内容设置，可以加快学习速度，而且学习再也不用受到教员及教室的限制，通过削减差旅费用及时间，大大降低学习成本。同时教员及其他资源（如昂贵的实验设备），由于更多的学员可以共享使用，也可提高其利用效率。

让学习自主

E-learning 的互联网特点，可以使员工的学习更加自主，员工自身对学习进度负责，同时也将拥有可以评价他们学习成效的工具。组织可以跟踪和管理学员的学习成效以确保达到相应的要求；内容供应者及开发者直接收到关于学习系统的反馈，开发者能够随时改进课程设置。

大力推动 E-learning

Cisco 公司对自身进行了一项大规模的 E-learning 变革，改变公司对员工、渠道伙伴及客户的教育与培训方式。1999 年 11 月，Cisco 公司推出了若干基本的 E-learning 课程及远程实验室设备，为全面的 E-learning 方案打下基础。Cisco 公司最受欢迎的职业认证——Cisco 认证网络工程师（CCNA）的准备工作完全在网上进行；Cisco 公司全球 2500 多所网络大学将全面实施 E-learning 策略，包括基于 Web 发送的内容、电子化的管理及互联网上的学习社区；Cisco 公司宣布将在其网站上为 Cisco Interactive Mentor 建立一个学习社区。Cisco 公司正在采用 E-learning 进行其组织效率领域的管理培训。

适应知识变化

E-learning 还有一个非常好的特性是内容比较容易更改，所以当竞争形势发生变化，知识也要发生变化，E-learning 能使员工跟上不断变化的趋势。E-learning 使得商业结构能够适应市场的快速变化，并且从中受益。通过在线的培训模式，Cisco 公司能够低成本地发送各种格式的培训内容、跟踪与管理学习过程及向公司所有人员提供一个由专家、教员和学习者共同参与的学习社区。同时公司能够迅速有效地重新定义及利用相关内容，大大减少了开发与发送所需的时间。在线课程具有相当大的灵活性，学员随时随地都能学习，这使得 Cisco 公司在培训方面的成本大大降低。学员们能够自由地选择他们的进度，而且不受地域的限制。通过在线测试及进度管理工具，E-learning 可以使学员自己掌握学习的主动权，因而大大激发他们自己的创造力及效率，提高学习速度。在他们的水平通过在线测试之后，学员可以自己设计其课程计划。管理者同样也可在线跟踪学员的进度。

模块化的课程

Cisco 公司通过 E-learning 技术开设的两门课程是 "Cisco 认证网络工程师（CCNA）基础" 及 "Cisco 网络设备集成（ICND）"。它们都是 Cisco 公司职业认证计划的核心课程，同时也是通过 Cisco 认证网络分析专家认证测试所必需的课程。

为网络工程师及管理者所设置的 ICND 入门课程，是由教员直接指导的。新的基于 Web 的课程是交互化、模块化的，而且包含更多多媒体内容。学员能够像选择独立的课程一样选择其中的任一模块，也可与教员指导的课程相配合。新的模式使得学员获取他们所需信息的过程变得更容易。

在 Cisco 内部网上还有 CCNA 认证培训所推荐的自主 CCNA 课程。一旦学员获得 CCNA 认证，他们就可以继续学习如何建立全球内部网、提高网络运行效率与安全性及应用各种应用方案。此课程包括 4 个模块，将指导学员如何在中小型网络环境中配置 Cisco 公司的路由器与交换机。学员仅仅通过他们桌面上的计算机就可完成整个课程。此课程从网络互联技术开始逐渐深入，学员将在一个 "虚拟实验室" 中学习如何使用 CiscoIOS(r) 命令。该 "虚拟实验室" 将向学员提供如何配置整个 Cisco 系统的宝贵经验。

虚拟实验室技术

为了适应这些课程实验的要求，Cisco 公司与 MentorLabs 公司合作，共同开发了 Vlab 技术。Vlab for Cisco 是一个交互性的网络培训全面方案，运行在一个真正的 Cisco 网络上，此网络是专门为快速获得与强化各种 IT 技术而设计的。Vlab 能够运行在互联网和公司的内部网上，为工程师提供了一个虚拟的网络环境，使他们能够在其中以自己喜欢的方式锻炼技巧，这样的灵活性大大降低了因实地培训而带来的差旅成本与时间上的损失。

Cisco 网络学院计划

Cisco 网络学院是全球运行时间最长的 "技能—就业" 项目之一，自 1997 年以来已为 191 个国家的 2400 万学员提供数字化技能培训。这些课程以实验和讲座的方式进行，主要培养学生解决实际问题的能力以及对网络技术的持久兴趣。截至 2024 财年末，已实现 770 万人的新培训覆盖。据 2024 年财报，在 2023—2032 财年期间，预计通过网络学院再向 2500 万人提供数字与网络安全技能培训。

通过 Cisco 网络学院计划，高中及大专院校的学生可以了解 Cisco 网络协会资格考试所需要的信息。这份资格证明可以使他们在急需人才的就业市场上立即找到自己的位置，或者带他们进入工程和以科研为重点的大专院校的研究工作之中。在象牙塔中，Cisco 网络学院计划是一个完整的、四个学期的计划，并把设计、建立和维护可支持全国与全球性组织的网络作为准则和实践的要求。

教学形式多样化

学员大部分时间在 Cisco 微型网络服务器上接受互动教育。网络学院的设置同样包容多种学习风格。对于适合通过阅读学习的学生，学院有通用的教材。对于那些适合形象思维的学生，亦可将重点放在广泛的图形教学和图像方面。为了促进个人技能的提高并为事业的成功奠定基础，学生们不仅要解决技术问题，而且要成功地进行网上实际操作。地方学院不但可以从区域学院得到咨询和技术支持，还可以从 Cisco 的合作伙伴那里得到服务和支持，还可以从技术服务中心（TAC）和 Cisco 联络在线网站（CCO）得到全天候访问 Cisco 的机会。这个支持计划还包括主要软件、版本维护、最新产品文本和今后替换部分的传送。

网络学院在中国

Cisco 网络学院在美国、欧洲、拉丁美洲、亚洲、大洋洲等全球各地进行授课。课程内容由美国总部统一进行安排，在保证符合主题要求的前提下，经过本地化处理之后再传授给学员。以在中国的培训为例，具体过程是：主管中国培训工作的负责人，在拿到美国总部的原始教材后，根据当前 IT 业界发展态势及中国的特殊环境对教材内容加以调整，以便保证授课内容的时效性和适用性。

1998 年 9 月 4 日，Cisco 公司与上海复旦大学成立了第一所 Cisco 网络学院。复旦大学是中国第一所开设 Cisco 网络学术课程的高校，同时还支持其他 10 所院校开设 Cisco 大学的课程。1999 年 1 月 12 日，Cisco 网络学术项目又增加了 10 个新成员。在中国教育实验网的帮助下，Cisco 公司与北京、上海、成都、广州、沈阳、武汉和西安等地的 10 所高校建立了合作，在这 10 所高校内设立了 Cisco 网络学院。新的 Cisco 网络学院分别设在清华大学、北京大学、北京邮电大学、上海交通大学、东南大学、东北大学、华中理工大学、华南理工大学、西安交通大学和西安电子科技大学。Cisco 公司预期 90 余所中学和中国大中专学校将在 2000 年年底开设 Cisco 网络学院课程。

Cisco 大学

Cisco 大学是 Cisco 公司为其经销商、系统集成商和大客户免费提供的一个了解网络新趋势、新动向、世界热门技术及网络应用技巧的培训活动。自 1997 年 9 月在中国开办以来，免费为集成商进行全面培训，这为那些被昂贵的培训费拒之门外的集成商提供了良好的学习机会，使得这些集成商具备了良好的素质。这些集成商作为 Cisco 的代表直接面对客户，为客户提供产品及技术支持，因此他们的技术水平、销售能力成为 Cisco 发展的关键。

与 Cisco 网络学院相近，Cisco 大学也在美国、欧洲、拉丁美洲、亚洲、大洋洲等全球各地进行授课。课程内容由美国总部统一进行安排，在保证符合主题要求的前提下，经过本地化处理之后再传授给代理商，从而保证授课内容的时效性和适用性。

思考题

1. 如何评价 Cisco 公司对员工培训的开放性和灵活性管理？
2. Cisco 公司是如何通过 E-learning 提升员工的学习效率和培训效果的？
3. Cisco 公司通过"网络就是教室"的理念为员工创造了哪些优势？
4. Cisco 是如何通过培训和发展策略吸引与留住优秀员工的？

第 8 章
CHAPTER 8

职 业 发 展

🌀 学习目标

- 讲述职业发展的含义及作用
- 阐明管理者和员工在职业生涯设计中担任的角色
- 熟悉职业生涯设计的流程
- 了解员工在职业发展中面临的主要问题和对策
- 知道如何进行管理人员开发和接班人开发

🌀 引导案例

小王的离职

　　小王离职了，这个消息很快传遍了公司上下，引起了不小的震动和讨论。作为公司最年轻的部门经理，小王的能力和成绩有目共睹。他不仅是这家中关村知名软件开发公司的核心技术骨干之一，更是公司第一代 W 杀毒软件的主要研制者，为公司开辟了新的市场版图，创造了显著的商业价值。因此，他深得公司高层的器重，被视为公司未来发展的重要力量。

　　据悉，就在小王离职的前一周，总经理办公会议上还特别讨论了他的职业发展规划，并一致决定提拔他为总经理助理。这不仅是对他过往贡献的肯定，也是公司为他铺设的高层管理道路。然而，正当大家期待小王迎接更大挑战、实现更大飞跃时，他却突然提出了辞职。这个决定让同事们不解，也让高层感到遗憾：一个前途光明、潜力无限的优秀人才，为什么会选择在这个时候离开？

小王的离职不是偶然的，在一些高科技企业，我们经常发现这么一种状况：技术尖子被提拔到管理岗位以后，不仅荒芜了原来的业务，而且由于不善于管理而导致两头耽误。究其原因，企业未能提供给员工良好的职业发展之路，员工也不了解自身的长处与短处而陷入了事业发展的困境。针对这一问题，本章拟从职业发展概念、职业生涯设计、职业生涯管理、管理人员开发等方面来进行阐述。

8.1　职业发展概述

8.1.1　职业发展介绍

1. 职业发展含义

职业发展又称职业计划、职业生涯（career planning），始于20世纪60年代，90年代从欧美传入中国。最早对职业生涯系统研究的是美国麻省理工学院埃德加·沙因教授。职业生涯是指一个人一生的工作经历，特别是职业、职位的变迁及工作理想的实现过程。职业发展是人力资源管理的一项活动，它与工作分析、人力资源计划、招聘与选拔、绩效评估、培训等有着密切的联系。

职业发展有两方面的含义：一是对员工个人而言，每个人都有从工作中得到成长、发展和满意度的愿望和要求，为了实现这种愿望和要求，他们不断追求理想的职业，设计自己的职业目标和职业计划；二是从企业组织角度来看，对员工制订的个人职业计划应重视和鼓励，并结合组织的需求和发展，给员工以多方面的咨询和指导，通过必要的培训、工作设计、晋升等手段，帮助员工实现个人职业目标。值得注意的是，个人的职业发展与其人生历程的发展密不可分，人生发展研究是职业生涯研究的基础。

☁ 实务指南 8-1

孔子人生七阶段法

年龄阶段	发展阶段	主要特征
0～15岁	从学前期	已开始学习
15～30岁	立志与学习时期	与从学前期相比，此时的学习更与志向相结合
30～40岁	自立时期	懂理、独立于社会
40～50岁	不惑时期	不被外界事物所迷惑，办事不犹豫
50～60岁	知天命时期	认识自然规律，知道自己的人生使命
60～70岁	耳顺时期	冷静地倾听别人的意见、分别真假、明辨是非
70岁以上	从心所欲不逾矩时期	言行自由，自觉遵循客观规律，自觉遵守道德规范

2. 职业发展作用

职业发展主要有以下三个方面的作用：

（1）有利于开发员工的潜能，促进员工的成长和发展。

（2）有助于增加员工的满意感与成就感。

（3）有助于企业吸引人才，使用人才，留住人才。

3. 职业发展阶段

职业发展一般经历以下五个阶段：探索期、建立期、职业中期、职业后期、衰退期（见表 8-1）。每个职业发展阶段都有不同的开发任务、开发活动及开发关系。研究表明，员工所处的职业阶段不同会影响其需求、态度及工作行为。处于探索期的销售人员比处于其他阶段的销售人员更易更换工作，但此时期升迁的机会也多。另一项研究表明，工作特性（如不同的任务，为完成任务所需要承担的责任）影响员工对工作的认识，而这种影响程度在职业发展阶段的早期要大于晚期。

表 8-1　职业发展阶段

职业发展阶段	主要任务
探索期	受环境影响，想象和缩小职业选择范围，并朝着一定方向发展
建立期	找到第一份工作，学习如何工作，第一次体验现实中的成功和失败，不断出现错误，不断从错误中吸取教训，改进工作表现
职业中期	绩效水平持续改进，或保持稳定，可能出现需付出巨大代价的错误，自身能力再评价，成功地接受转换阶段的挑战，或变换工作、生活方式
职业后期	以自己多日积月累形成的判断力，及与其他人共享知识和经验的能力，向组织证明自己存在的价值。减少工作流动，放松、愉快地安心于现有工作
衰退期	对早期阶段持续获得成功的人尤为艰难，战胜失落感

🌀 研究前沿 8-1

职业发展的前沿研究

鉴于衰老和职业都涉及时间概念，我们通常可以从生命阶段视角（life stage）、生命全程视角（lifespan perspective）、生命历程视角（life course perspective）对职业发展理论进行划分。[⊖]

生命阶段视角将人生和职业划分为离散的、与年龄相关的规范性阶段。这些阶段通常包括"探索期""建立期"和"衰退期"等。每个阶段都有特定的发展任务和心理挑战，个人需要逐步完成这些任务以实现职业或人生进展。该视角将个体的发展过程看作一个线性的过程，重点强调某一特定年龄阶段的固定性。基于这一视角的职业发展理论如唐纳德·舒伯的职业发展阶段理论。舒伯认为职业发展一般经历五个阶段：成长阶段、探

⊖　ZACHER H, FROIDEVAUX A. Life stage, lifespan, and life course perspectives on vocational behavior and development: a theoretical framework, review, and research agenda [J]. Journal of Vocational Behavior, 2021 (126), 1-22.

索阶段、立业阶段、(职业)维持阶段、衰退阶段。[一]

20世纪末,生命阶段视角逐渐被生命全程视角所取代。与生命阶段视角不同,生命全程视角强调个体发展是一个连续的过程,而非划分为若干明确的阶段,也不要求在特定阶段必须完成某些任务。该视角认为任何年龄阶段都没有优劣之分,关注成长、衰退与维持的共存,强调个人在任何年龄都具有发展的潜力,这种发展具有灵活性和可塑性。基于这一视角的职业发展理论包括易变和无边界职业生涯理论。

与起源于心理学并主要聚焦个体发展的生命全程视角不同,生命历程视角更强调个体和群体发展所嵌入的更广泛的社会背景。根据卡尔·乌尔里克·迈耶[二]的观点,生命历程视角旨在理解三种关键机制,这些机制影响了个体职业发展过程:①社会子系统、结构和制度(如家庭、学校、组织、职业结构、劳动法、公共福利和历史时期),这些因素将群体或个体引导至不同的发展路径;②个体或群体之前的经历(如工作经验、贫困背景、积累的资源);③社会角色(如基于传统性别规范的角色)和社会群体(如基于社会经济地位的群体)。基于这一视角的职业发展理论包括职业可持续性理论,帮助我们从生命全程中的动机和态度变化的角度理解职业的可持续性。[三]

8.1.2 组织职业发展管理

组织职业发展管理也称职业生涯管理,是指组织针对员工职业发展过程中面临的种种问题,诸如职业顶峰、技术老化、裁员等所采取的措施方法,并提供不同的职业发展道路,以供员工选择。组织在帮助员工进行职业发展管理时,需要坚持的原则是:组织发展目标和员工职业发展路径相结合。

8.1.2.1 职业生涯路径

职业生涯路径(career path)是指一系列工作职位,包括员工在公司内晋升所需从事的相似工作和拥有的相关技能。在传统的职业生涯路径中(见图8-1),技术性职业生涯路径发展机会相当有限,与管理性职业生涯路径相比,技术性职业生涯的报酬、发展机会、地位均要逊色一些。因此,科研人员要么成为管理者,要么可能离开公司。然而,一名很优秀的科研人员一旦成为管理者,又很可能荒芜业务技能。如果他缺乏领导才能,更可能导致组织绩效的整体下降,这是非常可悲之事。

因此,许多公司正在开发多重或双重职业生涯路径系统,为科研人员和其他技术人员提供更多的职业发展机会。制定职业生涯路径时,要对以下几个方面进行分析:工作和信息流、工作任务的类型、工作环境的异同点、员工调任或调离某个职位的传统运动

[一] SUPER D E. A theory of vocational development [J]. American Psychologist, 1953, 8(5): 185-190.

[二] MAYER K U. The sociology of the life course and lifespan psychology: diverging or converging pathways?[M]// Understanding human development: dialogues with lifespan psychology. Boston, MA: Springer US, 2003: 463-481.

[三] DONALD W E, VAN DER HEIJDEN B I, BARUCH Y. Introducing a sustainable career ecosystem: theoretical perspectives, conceptualization, and future research agenda [J]. Journal of Vocational Behavior, 2024 (151),1-44.

方式（如员工来自公司的哪个部门，调离某个职位后他们会接受什么样的新职位）。

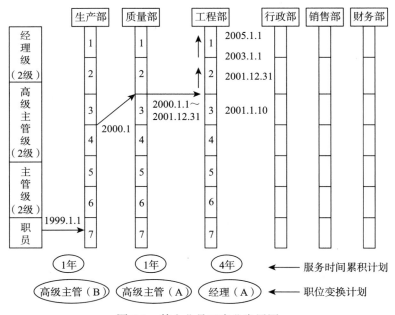

图 8-1　某企业员工事业发展图

注：王君加入公司后，于 1999 年 1 月担任生产部高级主管（B），企业为他规划了未来 4 年的职业生涯发展，其服务 1 年后将被调往质量部担任 1 年的高级主管（A），之后将被调往工程部担任经理（A）2 年。

双重职业生涯路径体系可以让员工自行决定其职业发展方向。他们可以继续沿着技术职业生涯路径发展，或转而进入管理职业生涯路径。研究员有机会进入两种不同的职业生涯路径：科研生涯路径和管理生涯路径。人们认为，由于在这两种路径中，员工薪资水平相近，发展机会也较为相似，因此，他们会选择一种最符合自己兴趣和技能的发展道路。

🐚 人力互动 8-1

英国石油开采公司的双重职业生涯路径

英国石油开采公司（BPX）制定的双重职业生涯路径体系就是一个很好的案例。

以往在该公司，技术人员（工程师、科研人员等非管理人员，直接参与产品或服务的开发活动）如果没有承担管理责任，就很难得到晋升。当技术人员到达职业生涯路径的制高点后，他们不是选择中止晋升就是离开公司。为此，英国石油开采公司创立了一个双重职业生涯路径体系。

该公司制定的一种路径针对管理者，另一种适用于技术人员。这两条路径在责任、报酬和影响力等方面都具有可比性。

管理人员、技术人员和人力资源部共同参与制定这个职业生涯路径体系。第一步是制定说明书，以说明管理职位和技术职位所需的技能与绩效水平。两种路径都设立了技能考核制度。技能考核描述了职业生涯路径中每种职位所需的技能。技能考核制度面向所有员工，以使其明确目前职位所需的技能，以及将来更换职位所需的技能。该公司还将技能考核制度同绩效管理、报酬奖励系统等其他人力资源系统结合起来运用。例如，技能考核可以用作英国石油开采公司开发计划的一个信息来源。通过技能考核，可以了解员工应改进何种绩效、接受何种培训及积累怎样的经验，以满足目前职位的需求，并为未来的职务晋升做准备。基于员工的工作绩效、任职资格和业务需求，员工也可以从技术职业生涯路径转而进入管理职业生涯路径。

英国石油开采公司认为，双重职业生涯路径对技术人员和管理人员的报酬水平相当，因此可以收到很好的成效。由于双重职业生涯路径体现了公司对员工职业兴趣的关注，因此更有利于吸纳和留住优秀的科研人员与工程师。

对无法进入管理层的员工，公司可对其采用技能工资体系。在该体系中，员工的部分报酬以其知识水平为基础，而不仅仅基于目前工作的要求而定。这种工资体系可以促使员工拓宽自身的技能，减小管理职位和非管理职位之间报酬率的差别。

成功的职业生涯路径有以下四个特征。

（1）技术人员所获得的薪资、地位和奖励不低于管理人员。

（2）技术人员的基本工资可以低于管理人员，但要通过奖金的形式使其有机会提高总体收入（如专利奖和新产品研制奖）。

（3）技术人员职业生涯路径并不能用来纵容那些缺乏管理才能的员工，只适用于具有卓越技术才能的员工。

（4）要让技术人员有机会选择其职业生涯路径。公司要为其提供有关的测评手段，通过测评信息，可以让员工了解自身的兴趣、工作价值观和强项技能是与技术还是与管理职位相适应。

8.1.2.2　职业生涯顶峰

职业生涯顶峰（plateauing）是指员工已不太可能再得到职务晋升或承担更多的责任。处于职业生涯中期的员工最有可能达到职业生涯顶峰，因此"中年员工"的"中年危机"是组织所要解决的问题。到达职业生涯顶峰会使员工不想承担更多的工作责任，情绪异常、工作态度恶劣、缺勤率上升，进而导致工作绩效不佳。据研究，下列六个原因可能会导致员工到达职业生涯顶峰。

（1）能力不够。

（2）缺乏培训。

（3）对成就感的需求不强烈。

（4）分配不公或加薪水平不合理。

（5）工作责任混淆不清。

（6）公司的低成长性导致发展机会减少。

因此，对到达职业生涯顶峰的员工，公司首先要帮助员工理解到达职业生涯顶峰的真正原因，比如它是组织重组削减职位导致的结构性职业生涯顶峰，还是由于自身的绩效问题导致的职业生涯顶峰。其次，公司要鼓励员工参与各项开发活动，比如培训课程、职位转换、短期任职等。再次，鼓励员工获取职业生涯咨询。最后，鼓励员工对解决问题的方案进行实际检验。

实务指南 8-2

中年员工的问题

组织帮助中年员工度过中年危机的方法如下所述。

（1）训练中年员工去帮助年轻员工，这对双方都有好处。中年人一个非常重要的心理需要是想为这个世界留下点不朽的东西，为自己的组织做出不可磨灭的贡献，因此如果让这些中年员工去做下一代的人生导师，他们可能会感到这是一项非常有意义的、不可磨灭的和令人感到极大宽慰的贡献。

（2）解决或防止中年员工的知识老化问题：培训；周期性地改变员工的工作或工作的内容；为员工创造一个有利于相互间经常交流信息的工作环境；提倡参与式的领导方式等。

8.1.2.3　技能老化和数智技能培训

技能老化（obsolescence）是指在员工完成初始教育后，由于缺乏对新的工作流程、技能和技术知识的了解，而导致的能力下降。员工的技能老化使公司不能为顾客提供新产品和新服务，从而丧失竞争优势。图 8-2 是防止技能老化、进行技能更新的几种方式。

2023 年 8 月 28 日福布斯中国联合全球领导力咨询公司——罗盛咨询发布"2023 福布斯中国·最佳雇主"年度评选结果，其中，数智技术培训、数字化投入、提升数字技能成为衡量最佳雇主的重要维度。为了构建自身的数智人才储备库，企业需要注重数智化人才的培养。[一]首先，企业要发挥员工的积极主动性，激励员工建立长期学习的思维模式，对新事物保持好奇心。其次，企业可以为员工提供有关应用数智化工具的培训内容，充分发挥

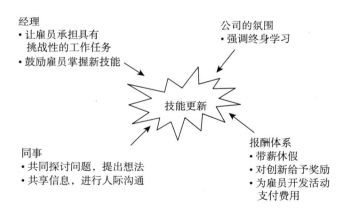

图 8-2　技能更新的相关因素

㊀ 钟杰，郑晓明 . 生成式人工智能时代，你的职业锚在哪里？ [J]. 清华管理评论，2023(11):22-30.

GPT 大模型的优势。最后，企业还可以在组织内部培养数据科学家、自然语言处理专家和人工智能开发人员，进而真正将 GPT 大模型落实到组织流程上，提升组织运行效率。

🌀 研究前沿 8-2

关注员工的职业幸福感

目前，更多管理学研究并关注 AI、机器学习和神经网络等数智技术，忽略了员工所遭受的紧张和压力。然而，面临被人工智能生成内容（AIGC）技术随时替代的风险，员工的职业幸福感是职业发展规划成功实施的关键条件，也是组织激励员工持续学习和保持职场竞争力不可忽视的因素。在经历过因 AIGC 技术引发的裁员风波后，幸存员工的低职业幸福感水平值得组织关注。AIGC 技术自我更迭和成熟，使员工的未来职业发展前景充满了不确定性。尽管人与 AI 协作有助于提升工作效率和创意水平，但是员工也可能会因这部分"被替代的工作内容"而感到迷茫和失去工作意义，并质疑自己的价值在哪里。在这种情况下，组织可以采取构建支持性企业文化等措施帮助员工重新塑造自己的职业认同，提升幸福感。

8.1.2.4　离职管理

尽管新冠疫情和 AI 等外部因素对组织造成了一定的冲击，离职和转型将继续成为一种常见的现象（Janssen et al., 2021）。⊖2002 年诺贝尔经济学奖获得者、心理学家丹尼尔·卡尼曼教授提出了"峰终定律"，即人的大脑在经历过某个事件之后，能记住的只有"峰"（高潮）和"终"（结束）时的体验，过程的体验是容易被忽略的。做好离职管理，组织不仅能让离开的员工感受到温暖，而且也能让其他员工体会到组织对员工的人文关怀。离职管理过程中，"离职面谈"和"离职后的员工关系维护"是组织应该做好的两个环节。

1. 离职面谈

首先，组织需要创造一个开放和真诚的沟通环境，鼓励员工坦诚地表达离职的真实感受和原因，可能是对工作环境、领导的不满，或是个人职业发展的变化。这样的交流不仅可以帮助公司了解员工离职的动机，还能收集到宝贵的反馈，用来改善管理和工作环境，从而减少将来的员工流失。

其次，在离职面谈中，应该清楚地说明接下来的离职流程，比如工作交接、离职手续的办理及离职后的权益处理。明确的流程能帮助离职员工合理安排自己的离职时间，同时确保公司能够顺利进行人员更替，保障工作的连续性。

⊖ JANSSER E, VAN DER HEIJDEN B I, AKKERMANS J, et al. Unraveling the complex relationship between career success and career crafting: exploring nonlinearity and the moderating role of learning value of the job[J]. Journal of Vocational Behavior, 2021 (130), 1-15.

最后，在离职面谈中，组织要体现对员工的支持，比如提供情感支持和未来职业发展建议，同时要保护员工的隐私和情感，避免给他们带来不必要的压力或不适感。

2. 离职后的员工关系维护策略

与离职员工保持良好的关系对公司的品牌形象和内部文化非常重要。以下是一些有效的策略。

（1）**进行满意度调查**：在员工离职后，邀请他们参与满意度调查或访谈，可以收集意见，进而帮助公司识别潜在的问题，并采取相应的干预措施。

（2）**建立离职员工的网络**：通过运营离职员工的关系网络，与这些员工保持持续的联系，比如定期举办活动，邀请离职员工回访公司，分享他们的职业发展经历；在离职员工生日当天，送去祝福；定期和离职员工分享公司发展动态与机会，让他们感受到自己依然是公司的一部分。

（3）**建立反馈机制**：企业可以在员工离职后继续与其保持联系，邀请他们参与定期的反馈会议，了解他们对公司文化和政策的看法。这种机制不仅能够为企业提供外部视角的反馈，也可以帮助企业持续改进，以提高员工满意度。

8.1.3　员工的自我职业管理

员工的自我职业管理强调以员工为主体，即员工要为自己的职业生涯负责，而不是仅仅依赖公司规划他们的职业发展路径。奈飞在面试时便会直截了当地告知应聘者，这里不是一家职业生涯管理公司，员工应该自己管理自己的职业发展。员工自发地采取学习新技能、职业规划、职业咨询、人脉拓展等职业主动行为[1]，不仅有助于持续提升个体工作绩效和雇用能力，而且也能促进组织在动态多变的局势中保持组织韧性和适应性[2]。

8.1.3.1　职业重塑

在当今快速变化的职场环境中，职业生涯不再是线性的、稳定的，个体通常需要主动塑造自己的职业路径，提升个人与职业之间的契合度，以实现长期的职业发展。为了捕捉个体积极塑造个人职业生涯的过程，Tims 和 Akkermans（2020）提出"职业重塑"（career crafting）这一概念，并指出职业塑造包括两个主要方面。[3]其一，主动性职业反思，即个体探索和评估与职业相关的动机和目标。例如，学生可以思考自己未来希望从事的工作类型，以及这些工作是否与自己的兴趣和价值观相符。其二，主动性职业建

[1] BANKINS S, JOOSS S, RESTUBOG S L D, et al. Navigating career stages in the age of artificial intelligence: a systematic interdisciplinary review and agenda for future research [J]. Journal of Vocational Behavior, 2024 (153): 104011.

[2] BOZIONELOS N, LIN C H, LEE K Y. Enhancing the sustainability of employees' careers through training: the roles of career actors' openness and of supervisor support [J]. Journal of Vocational Behavior, 2020(117): 103333.

[3] TIMS M, AKKERMANS J. Job and career crafting to fulfill individual career pathways [M]// Hedge J W, Carter G W (Eds). Career pathways—School to retirement and beyond. Oxford, Oxford University Press, 2020: 165-190.

构，即强调个体在职业发展中所采取的积极行动，包括与他人的沟通、自我分析和目标追求。通过建立人际关系和不断学习，学生可以更好地规划自己的职业路径，为将来做好准备。

8.1.3.2 职业可持续性

职业可持续性是指职业经历的连续性，以"个体"为职业规划的主体，会随着时间的推移而展现出来，具有动态性和个体代理性特征，不仅能给当事人员工带来意义感，还能给组织带来益处。[⊖]例如，员工的知识、技能和能量在确保个人绩效提升的同时，也有助于组织在竞争环境中实现可持续发展。

基于"幸福－生产力"模式[⊖]，聚焦数智化背景，职业可持续性包括员工幸福感、工作绩效和未来职业拓展行为三个维度。如图 8-3 所示，三者之间彼此相互促进，形成上升螺旋关系，最终实现职业可持续发展。其中，员工幸福感和工作绩效反映员工当下的心理状态与工作表现；未来职业拓展行为作为新构想，用来衡量员工在人工智能生成内容（AIGC）时代的未来职业发展潜力，是指员工为了在人机协作过程中获得竞争优势，应对数智技术对本职业、相近职业带来的冲击，以及适配数智技术衍生出的新职业类别（如培训师、解释者和支持者）要求，而参与拓展自我边界的一系列积极主动行为。这一新构想具体包括两大方面：不断提升沟通或协作技巧、人际关系处理技能等，以充分发挥"人"的优势，弥补数智技术的先天局限；不断学习数智相关知识，以更好地使用、监督或解释数智技术，帮助数智技术更自主、更有效地运行。

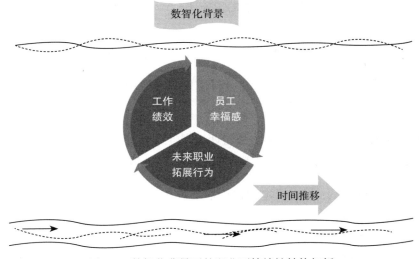

图 8-3 数智化背景下的职业可持续性结构解析

⊖ VAN DER HEIJDEN B I J M, DE VOS A. Sustainable careers: Introductory chapter[M]// De Vos A, Van der Heijden B I J M (Eds.). Handbook of research on sustainable careers. Cheltenham: Edward Elgar Publishing, 2015: 1-19.

⊖ VAN DER HEIJDEN B, DE VOS A, AKKERMANS J, et al. Sustainable careers across the lifespan: moving the field forward [J]. Journal of Vocational Behavior, 2020 (117): 103344.

8.1.3.3　职业发展的阶段性管理

1．职业生涯初期

职业生涯初期可以理解为员工初入职场并在组织中立足的关键阶段。这一阶段，员工不仅需要快速适应新的组织环境，还要为未来的职业发展奠定基础。职业生涯初期分为以下两个子阶段：初进组织阶段和职业生涯早期阶段。

初进组织阶段： 员工刚加入一个组织时，对公司文化、工作任务、人际关系等都处于探索阶段。这个阶段的员工充满期待，但同时可能面对心理契约与现实的冲突，以及角色定位的不确定性。常见的挑战包括角色模糊、工作压力、与团队的适应性等。这需要新员工快速适应组织文化和工作要求。

- 主动学习：新员工应通过阅读公司手册、参加入职培训，尽快掌握公司的基本规则与政策。同时，向经验丰富的同事学习，观察团队运作和项目流程。
- 培养沟通能力：良好的沟通是快速适应新环境的关键。主动向上级和同事请教工作细节，并在团队中保持积极的态度，有助于迅速建立信任关系。

职业生涯早期阶段： 经过初步适应后，员工逐渐熟悉了组织环境，并开始关注如何在组织中成长与发展。在这个阶段，员工不仅以完成本职工作为目标，还开始积极寻找职业发展的路径和机会，其特点包括强烈的进取心、渴望提升职务、开始规划未来职业目标等。

①建立良好的人际关系。员工需要与团队成员、管理者和其他部门保持良好的互动，积累社会资本，增强自身在组织中的影响力。

- 寻找职业导师：在初期阶段，找到一位经验丰富的导师可以为新员工提供宝贵的指导和反馈，帮助他们解决遇到的初期问题，并制定长期的职业规划。
- 积极参与团队活动：通过参与公司的社交活动或项目协作，员工能够快速融入团队文化，增强团队凝聚力。

②寻求职业发展反馈。在职业生涯初期，员工应主动寻求来自上级和同事的反馈，以便发现不足，了解组织对自己的期望。

- 定期进行职业对话：与上级定期讨论职业发展，了解未来的晋升机会和职业路径。通过这样的沟通，员工可以及时调整职业规划，并提升工作表现。
- 评估个人职业锚：员工应反思自己在职业生涯中的核心价值和动力，明确自己的职业锚，帮助自己在未来的职业选择中做出符合自身价值观的决策。

③建立个人品牌。在组织中，个人品牌的建立对员工的职业成长至关重要。通过展示专业能力、良好的人际关系和积极的团队贡献，员工可以逐渐树立自己的专业形象。

- 展示专业能力：员工应在日常工作中展示自己的专业知识和技能，通过解决复杂问题、提出创新想法等方式，赢得同事和上级的认可。
- 持续学习与成长：在快速变化的职场中，保持学习的动力和成长的愿望，能够帮助员工在职业生涯中脱颖而出，并获得持续的职业成功。

2. 职业生涯中期

进入职业生涯中期后，员工通常已经在工作中取得了一定的成就，可能在组织中得到晋升，担任更高的管理或技术职位，或者成为组织中某一领域的核心贡献者。薪酬和福利也相应提升，工作技能和经验达到相对成熟的阶段。这一时期的员工通常对自己的工作职责有着清晰的认识，能够独立完成复杂的任务。与此同时，尽管职业生涯中期是员工贡献最大的阶段，但由于年龄增长和组织内部晋升机会的限制，员工可能会感到职业发展空间缩小，产生职业停滞或危机感。这种心理危机往往会影响员工的工作积极性，导致职业倦怠感增加。同时，家庭责任的增加也使员工面临如何平衡工作与家庭的挑战，特别是在组织要求更高的投入时，员工可能感到精力不足。

（1）主动寻求职业发展机会。职业生涯中期的员工常常面临晋升机会有限的情况，因此要主动寻找新的职业发展方向和机会。

- 岗位轮换：如果员工感觉在现有职位上发展受限，可以考虑申请岗位轮换，积累新的经验。岗位轮换不仅可以丰富员工的工作经验，还能拓展职业视野，提升未来的职业机会。
- 承担新项目或挑战性任务：员工应积极寻求参与高难度项目或具有战略意义的任务。通过在这些项目中展现领导力和解决问题的能力，为未来的职业晋升积累更多资历。
- 扩展技能边界：除了本职工作的技能，员工还应考虑拓展自己的知识领域，比如学习跨部门的流程或技术，从而为未来职业生涯的多样化发展奠定基础。

（2）增强心理弹性和管理职业危机。随着年龄增长和职业发展空间的收窄，职业生涯中期的员工可能面临职业倦怠感或危机感。此时，心理弹性和危机管理能力尤为重要。

- 接受职业停滞的现实：员工应正视职业发展的现实，理解职业生涯中可能出现的瓶颈，并通过调整职业预期，减少焦虑感；应接受职业发展的曲折性，专注于当前工作中的成就感和贡献价值。
- 转移焦点到重新审视职业意义：当晋升机会有限时，员工可以通过重新审视自己的工作价值，找到新的职业动机。例如，将更多精力投入指导下属或为团队做出战略贡献中。

（3）平衡工作与家庭责任。职业生涯中期通常伴随着家庭责任的增加，如何平衡工作与家庭成为一大挑战。

- 制订合理的时间计划：通过设定清晰的优先级，合理分配时间和精力，既要保证高效完成工作任务，也要确保有足够的时间陪伴家庭。
- 寻求外部支持：员工可以通过外部资源或家庭成员的支持，减轻家庭责任带来的压力，同时保持职业发展。例如，可以考虑雇用家庭助理，或者与伴侣分担家庭事务。

3. 职业生涯后期

职业生涯后期通常发生在 50 岁到退休年龄之间。对于不同的员工，职业生涯后期的起始和结束时间会有所不同，这取决于职业性质、个人健康状况及职业发展的具体路径。在这一阶段，员工会面临许多挑战，包括如何在工作中保持动力与接受权责的减少、如何为退休做好准备，以及如何在这个阶段为自己和组织带来持续的价值。

（1）调整心态，接受转变。员工需要认识到职业生涯的自然变化，并接受这些转变。例如，员工可能无法像年轻时那样充满活力和进取心，但他们可以通过丰富的经验和知识继续为组织与团队带来价值。关键在于调整心态，学会珍惜现有成就，并通过分享经验和指导他人来继续发挥作用。

（2）持续学习与成长。活到老，学到老。尽管处于职业生涯后期，员工仍然可以通过持续学习保持自己的竞争力。学习不仅限于职业相关的内容，还可以涉及个人兴趣爱好，为未来的退休生活奠定基础。

（3）积极规划退休生活。随着退休年龄的临近，员工应开始规划未来的退休生活。员工可以通过反思个人价值观和兴趣，寻找合适的退休生活方式，比如发展个人爱好、参加志愿服务或学习新技能等。通过提前规划，员工可以更平稳地过渡到退休生活，并保持心理上的积极性。

8.2　职业生涯设计

8.2.1　职业生涯设计中的角色

在员工职业生涯开发与管理中，员工、管理者、组织等分别扮演不同的角色，这对职业生涯的设计起着重要作用。比如，企业的最高领导人是职业生涯开发的组织者，他们组织人力资源部门和职业生涯委员会制定战略规划与实施计划。而人力资源部门负责整个企业各类职业的人员开发与管理，但最关键的仍是员工本人，他对自己职业生涯设计的成功负主要责任（见图 8-4）。

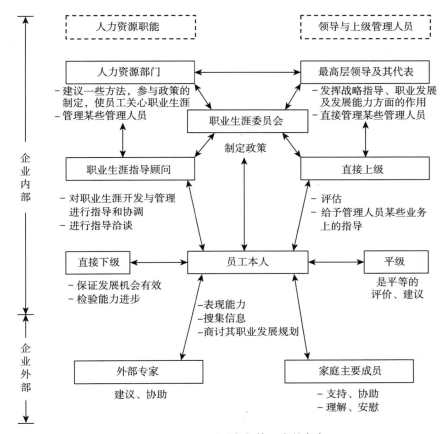

图 8-4 职业生涯开发与管理中的角色

⑤ **实务指南 8-3**

职业生涯开发与管理的主要措施

	战略措施	战术措施
开发	社会环境分析、企业基本情况分析、企业文化建设、企业发展战略、成立职业生涯委员会、设立职业生涯指导顾问、制定职业生涯规划、教育培训计划等	职务指南、职务替代方案、潜能测评、个人简历、职业生涯研讨会、发展协议等
管理	职业生涯会谈、非职务变动发展、职业生涯发展仪式等	职业生涯年度评价（年度总结、全员评定、年度会谈）职务变动发展、职务变动证书等

8.2.2 职业生涯设计流程

员工职业生涯设计一般包括如图 8-5 所示的四个方面：自我评估、实际检验、目标设置、行动规划。

图 8-5 职业生涯设计流程

1．自我评估

自我评估（self-assessment）是指员工通过各种信息来确定自己的职业兴趣、价值观、性格倾向和行为倾向。在自我评估中，一般采用心理测试，如霍兰德职业兴趣测试、斯特朗 – 坎贝尔兴趣调查表等。例如，王勤在中国银行山东某支行当了 36 年的部门经理。他喜欢从事电脑工作，也喜欢研究规划开发问题。他不能确定自己是该继续从事电脑工作，还是从事软件开发的新职业。心理测试是该行职业生涯评估工作的一个组成部分，王勤心理测试的结果表明，他对研究与开发有着强烈的兴趣。结果，他自己开了一家软件开发公司，经营业绩不错。

另外，自我评估练习在职业生涯设计中有助于员工了解自己的状况，制定未来的规划（见表 8-2）。

表 8-2　自我评估练习举例

活动（目标）
第 1 步：我现在处于什么位置？（了解目前职业现状。） 思考一下你的过去、现在和未来。画一张时间表，列出重大事件。
第 2 步：我是谁？（考察自己担当的不同角色。） 利用 3×5 卡片，在每张卡片上写下"我是谁"的答案。
第 3 步：我喜欢去哪儿？我喜欢做什么？（这有利于未来的目标设置。） 思考你目前和未来的生活。写一份自传来回答三个问题：你觉得已经获得了哪些成就？你未来想要得到什么？你希望人们对你有什么样的印象？
第 4 步：未来理想的一年。（明确所需要的资源。） 考虑下一年的计划。如果你有无限的资源，你会做什么？理想的环境应是什么样的？理想的环境是否与第 3 步相吻合？
第 5 步：一份理想的工作。（设立现在的目标。） 现在，思考一下通过可利用资源来获取一份理想的工作。考虑你的角色、资源、所需的培训或教育。
第 6 步：通过自我总结来规划职业发展。（总结目前的状况。） 是什么让你每天感到心情愉悦？

2．实际检验

实际检验（reality check）是指员工从公司获得信息，了解公司如何评价其技能和知识，及他们该怎样适应公司的计划（如潜在的晋升机会或平级调动）。通常，这种信息由该员工的经理提供，并把其作为绩效评估过程的一部分。在详细周密的职业生涯规划体系中，通常需要经理进行专门的绩效评估和职业生涯发展面谈。例如，美国可口可乐公司的职业生涯规划体系规定，在每次的年度绩效总结之后，员工和经理要单独举行一次面谈，来讨论员工的职业兴趣、优势及可能的开发活动。

3．目标设置

目标设置（goal setting）是指员工形成长短期职业生涯目标的过程。这些目标通常与理想的职位（在 3 年内成为销售经理）、技能的运用水平（运用预算能力来改善部门的现金流动状况）、工作安排（两年之内调到公司的市场部）或技能获取（了解如何运用公司的人力资源信息系统）相联系。员工通常要同经理讨论这些目标，并把其写进开发计划之中。

4. 行动规划

行动规划（action planning）是指员工为达到长短期职业生涯目标应采取的措施。它包括参加培训课程和研讨会，开展信息交流或申请公司内的空缺职位。

以下美国联合包裹运送服务公司（UPS）的职业生涯发展体系所描述的职业生涯规划过程，显示了该公司的管理系统在确保满足人员需求方面的战略性角色。UPS有285000名员工负责按时收递邮包，他们来自185个不同的国家和地区。到1991年时，业务的发展要求UPS形成其管理梯队，涉及全世界范围内的49000人。这项任务的目的在于建立一个管理发展系统，以确保经理的技能时常得到更新，并使该系统与选拔和培训活动相联系。为此，UPS设计了一个职业生涯管理流程。首先，由经理了解团队所需要的技能、知识和经验，以便更好地满足目前和将来的业务需求。同时，还要了解需求和团队现状之间的差距，然后由经理确定每个团队成员的开发需求。紧接着由团队成员完成一系列练习，以帮助其进行自我评价、目标设置和开发规划。最后经理和员工还要共同制订一份员工个人发展计划。在面谈过程中，经理与员工要一起讨论绩效评估结果和对团队需求的分析（实际检验）。该计划包括员工在下一年所要达到的职业生涯目标和将要采取的发展行动（目标设置和行动规划）。为了保证职业生涯管理过程能有助于将来的人事决策，通常会举行分组会议。在这些会议上，由经理汇报其工作团队的开发需求、开发规划及实施能力。培训和开发部经理要列席会议，以确保培训计划的切实可行。这个过程如果在高层管理会议上通过，那么最后则是制订一份附有培训和开发计划的总计划。

🐚 人力互动 8-2

万豪酒店的职业发展讨论

面对酒店行业竞争激烈的商业现实，万豪酒店经理知道他们不能再采取家长制作风的方法来进行职业管理。在管理他们自己和其员工的职业时，万豪酒店发展了一个被称为"职业管理中的伙伴"的职业讨论。这个职业讨论建立在一个包含四个层次的模型的基础上，以便帮助管理者将问题集中在以下几个方面：

（1）我是谁？（这个计划帮助员工识别他们各自的技能、价值观和兴趣。）

（2）我如何被看待？（这个计划提供正在进行的反馈来帮助员工了解别人是如何看待他们的贡献的？）

（3）我的职业目标是什么？（这可以帮助员工建立一系列现实的职业目标。）

（4）如何实现我的职业目标？（这有助于个人发展这些执行计划，主要集中于对能实现其目标的能力和经验进行平衡。）

通过培训管理者来帮助公司员工了解职业机会和资源，万豪酒店正在转移职业管理的责任，使之远离公司，并朝员工的方向移动。在万豪酒店，员工应该对以下负责：

（1）评价他们自己的技能、价值观、兴趣和发展的需要；

（2）决定长期和短期的职业目标；

（3）和他们的管理者一起创建职业发展计划来实现其目标；

（4）遵循其计划；

（5）学会有关的职业管理资源，诸如即时的工作置入系统；

（6）在常规的基础上与管理者一起讨论职业发展；

（7）认识到职业讨论并未暗含承诺或担保；

（8）认识到他们的发展直接取决于万豪酒店组织的需要和机会，以及他们自己的业绩。

8.3 管理人员的开发

8.3.1 管理人员开发概述

1. 管理人员开发性质

随着企业的成长与成熟，高素质的管理人才对其成功十分关键。管理人员的开发与培训相似，它的目的在于为管理人员提供其工作所必需的领导技能，完善其职业生涯的发展。据《财富》杂志对世界前50家公司的调查表明，识别和开发下一代管理者是它们所面临的最大的人力资源挑战。因此，企业必须向它们的管理者和具有很大潜力的管理候选人提供指导，以帮助这些人熟练地完成目前或未来的工作。然而，大多数企业或公司常常很少或不经过培训就让新的管理者上岗，这常使他们感受到挫折、不适应与灰心，进而影响了组织绩效。

管理人员开发是一项很重要的活动，因为内部提升已成为管理人才的主要来源。一项研究表明：约90%的主管、73%的中层管理者、51%的高层管理者都是从内部提升的。据估算，美国每年有100多万名管理人员参与管理人员开发计划活动，仅美国工业企业每年就为此投资70亿美元。

🍥 人力互动 8-3

管理人员职业生涯四阶段

年龄阶段	职业生涯阶段	主要任务
22～30岁	职业生涯早期	学习、了解、锻炼
30～40岁	职业生涯中长期	职务轮换、增长才干、寻找最佳贡献区
40～55岁	职业生涯中后期	创新发展、辉煌贡献
55～65岁	职业生涯后期	总结、教授经验

2. 管理人员开发的目的

管理人员开发的目的有以下几个。

（1）帮助新的管理者或现任管理者具备承担或胜任其新工作或未来更高职位的工作能力。

（2）可以加强组织的连续性。

（3）可以使接受管理培训的人树立为本企业工作的正确价值观和态度。

（4）可帮助管理者个人完成社会化过程。

（5）可以增加工作的满足感。

人力互动 8-4

成功管理者所需的技能

应变能力	具有战略眼光，处理问题灵活多变，能有效进行高层管理
持之以恒的能力	遇到难题时能够集中精力，坚持不懈
快速学习的能力	能较快地掌握新技术和业务知识
人际交往的能力	懂得建立和维持同员工及外部人员的工作关系
对下属的领导能力	有效地授权，为下属提供更多的机会并能公正地对待下属
同情心和敏感度	关心他人，对下属的需求很敏感
坦率性和成熟性	稳重、可敬
创造学习氛围能力	为激励下属进行人员开发而提供的一种挑战性氛围
处理问题能力	处理下属问题时果断而公正
团队导向	能通过管理他人而获得成功
协调生活和工作的关系	通过协调工作和生活的关系使两者都达到最优
决断能力	在很多场合下倾向于采取快速粗放的行动方案，而不愿意采取缓慢精确的行动方案
自我认知	清楚地了解自身的强项和弱项，并不断进行改进
雇用具有潜力的员工	选择有潜力的人作为团队成员
调节气氛的能力	热情、富有幽默感
较强的灵活性	通常采取意想不到的方式行事

8.3.2 管理人员开发过程与技术

1. 管理人员开发过程

管理人员的开发过程包括两项基本任务，一是管理人员的规划与预测；二是管理人员需求与开发。具体来说，管理人员的开发包括以下几个步骤：

（1）根据企业战略与经营需要，确定管理人才的需求。

（2）根据职位要求，确定管理人才的任职资格。

（3）进行人才盘存，确定现任职人员及可能供给的候选人。

（4）根据标准，对现有的候选人进行人才评价，找出差距。

（5）确定管理者职业生涯路径。

（6）开发管理人员安置图。

（7）制订管理人员的开发方案，包括在职开发与脱岗开发方案等。

（8）执行管理开发方案并反馈结果。

🌑 实务指南 8-4

常见的开发活动

1. 为"适当的"上司工作

让参加者向一位能充当顾问和能开发其特殊技能的管理者报告工作。通常这位上司在该参加者要被开发的领域中具有很好的声誉。或者可以给该参加者指定一位导师，其负责开发该参加者的必要技能（虽然报告关系不会改变）。

2. 管理难对付的下属

要求参加管理一组特别的下属。这种下属包括那些特别聪明的、掌握先进技术的和非常有才智的人才。难对付的下属也可包括工作绩效有问题的人、有潜力但实际工作绩效不佳的人及工作态度不好的员工。

3. 承担较大范围的工作任务

将参加者安置在一个要求管理更多资源，包括人员、金钱、客户等的职位上。通常这种职位比该参加者现任职位高一个层次。或者，也可以通过增加职责和下属人数扩充该员工现任职位的工作范围。

4. 在直线与职能之间转换

既可以从直线管理职位转换到职能职位工作，也可以从职能职位工作转换到直线管理职位工作。在很多组织中，职能职位设在部门层次及公司层次。

5. 处理难题

这种活动通常包括分析一个重大的企业问题、制订可能的解决方案、评估或评价那些解决方案、提出一个行动路线。有时还包括确定说明这个问题或执行一种解决方案所必需的资源。

6. 启动某项活动

创建一个行动计划和启动一种新功能、产品、服务或组织单位的任何活动。这种启动（start-from-scratch）活动通常必须包括制订计划、设计和 / 或开发、提出建议及执行。

7. 参加或领导一个特别工作小组

为调查看法、分析可能的方法和 / 或向管理层提供有关特殊行动路线的建议而建立的任何团组。可以建立特别工作小组以解决部门内部或跨部门的问题。

2. 管理人员开发技术

常用的管理人员开发技术主要包括两类，一类是在职开发技术，包括在职体验、工作轮换、辅导与实习、初级董事会、行动学习等；另一类是脱岗开发技术，包括案例研究、角色扮演、行为模仿等。

⑤ 实务指南 8-5

常用的管理人员开发技术（根据目的分类）

自我认识与环境认识	决策及行为技巧	管理动机
管理角色理论	维罗姆－耶顿模型	教练法
双环学习	案例研究	角色动机理论
敏感训练	事件处理	成就动机理论
事务分析	理性经理训练	调查反馈
自我指导管理开发	会议法	行为模仿
相互作用技巧训练	评审中心	行为修正
领导者匹配	角色扮演	
	初级董事会	
	预备高级经理	

8.3.3 接班人开发

8.3.3.1 接班人开发的内涵

接班人开发又称接班人计划（succession planning）或称高层管理人员开发，是指为经营管理职务配备人员的情况下，设定高级职位（如 CEO）空缺，并最终为之配备人员的活动过程。研究表明，高层管理人员的开发主要包括三个阶段：第一阶段的主要任务是高潜质管理者的挑选，即把那些学业优秀或绩效表现突出的人挑选出来；第二阶段对高潜质的管理者进行开发活动，比如在职体验、岗位转换等；第三阶段是高潜质的管理者必须让高层管理者看到自己是适合于公司的文化氛围的，并且具有公司所要求具备的那些个人特征。

然而，在企业中，高层管理者的挑选多半凭印象和直觉进行，缺乏系统的、战略性的计划，再加上选择缺乏科学有效的手段，使企业高层"地震"不断，严重影响企业的发展。

多项研究表明，不同层次的管理工作，需要管理者具备不同的工作能力。一个人在非管理职位上取得成功并不能说明他在管理工作方面也将获得成功。然而，在实际工作中，有些人之所以平步青云，被提升到管理职位上，却正是由于他们在非管理职位上的杰出表现。再有，一个在第一线干得非常出色的管理者并不一定会成为一名优秀的高阶层经理，因为不同层次的管理工作需要不同的能力。比如，对高科技软件开发公司来说，战略计划、经营监督与协调、公司与顾客的关系、市场、内部咨询等，是高层管理的最重要的工作。但是对于低层次的管理人员来说，上述工作就远不如监督员工完成工作任务重要。

8.3.3.2 接班人开发步骤

在企业中，管理人才接班计划有以下 7 个步骤（见图 8-6）。

1. 接班要求的确定

在经营计划和组织计划中要说明未来管理人员的配置需求，对未来管理职位的定性要求要有详细说明。

2. 人才盘点

要考虑未来管理候选人及任职者个人的简历资料，包括职业进步、经验、有关教育及自述的对未来职业阶梯的兴趣与偏好。在现实的管理人才接班计划中，个人对重置、双重职业状态及特殊职业兴趣与期望的态度通常是非常重要的。

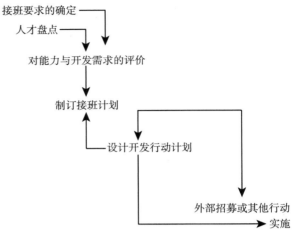

图 8-6　管理人才接班与开发

3. 对能力与开发需求的评价

要用既定的标准来评价个人的能力。在具有挑战性的岗位上的绩效被看作说明充当管理者的人未来绩效与开发潜质的重要指标。将评价结果反馈给被评价者本人及进行建设性的对话对制订开发计划是很重要的。

4. 制订接班计划

在接班计划中要考虑候选人当选的可能性及他们准备承担管理工作的能力状态。这通常需要使用概要清单、表格（按职位和按个人）或说明被确定为接班候选人的员工的组织结构图。

5. 设计开发行动计划

要详细说明对每个接班候选人的培训或开发行动。这种行动可能包括一个有目标的工作安排、一个临时性的开发项目、一个正式的培训计划或外部活动。要根据对不同经理领导下的高素质候选人的评价，有计划地逐步拓展工作经验。鼓励"破格"（fast-track）候选人沿此发展路线加速前进。

6. 实施

个人应实际参加特定的培训或教育计划，参加有计划的在职开发活动或其他开发体验活动。管理者作为导师和教练可以帮助其圆满实施开发计划。

7. 外部招募或其他行动

制订计划以适应管理人员短缺或过剩的现实（比如，通过招募、特殊安排以适应人才短缺、解雇、职位调整及经营计划对管理人员要求的变化）。

图 8-6 说明了构成接班计划过程的这些活动之间的关系。这个过程是一整套活动，所以，一个阶段的结果影响着对下个阶段的投入。在该计划得到有效实施的时候，该过

程能自我维持，形成越来越全面和客观的计划及每年被充分开发的管理者。高层管理人员的高度支持及参与重要的接班决定是制订接班计划的重要先决条件。

实务指南 8-6

未来的管理者（接班人）的评价维度

1. 计划与决策

（1）财务计划与分析：收集、分析和有效利用财务数据；由财务信息得出准确的结论；将财务和（或）会计原则运用到管理计划及问题中去；制作预算以便在现实成本的基础上完成组织目标。

（2）战略思考：从长远和广阔的角度看待形势；判断比如产业变化，竞争对手的行动，法律、法规与政策的变化，国际趋势及技术变革等对企业有威胁或提供机遇的外部力量对企业的潜在影响；评价与形成适当的选择。

2. 组织

（1）控制与分配资源：保证员工得到达成目标所必需的资源和权力；只设立必要的控制；根据计划监控过程与结果。

（2）个人组织与时间管理：设立个人重点次序与目标以支持组织目标；有效地分配个人时间；有效地处理文书工作和管理行政事务；处理信息，不遗漏重要信息也不过分卷入细节；保持充沛的精力适应工作需求。

3. 沟通

（1）倾听：聆听和理解他人所传递的消息与信息的能力。

（2）表达：形成并发表适合于听众的有准备的或即兴的演讲，并能达到预期效果。

4. 对下属人员的开发

（1）开发他人：通过确定需求来开发他人的技能和能力；提出挑战性的任务及工作安排；提供适当的发展环境；为下属及其他人员提供教练、咨询，充当他们的指导者，使他们能承担更多或更高层次的职责。

（2）激励：创造鼓励人们做出贡献、取得成就和发挥能力的环境；培养员工的活力、热情、奉献精神、信任感及追求卓越的精神。

5. 外部关系

（1）管理业务关系：开发并保持与内部和外部客户、供应商、承包商、社区代表及政府官员的建设性关系；在提供产品与服务的过程中验证客户定位。

（2）代表本公司：在与外部组织交往中代表和传达本公司的看法；在政府、政治社团或行业团体面前作为本公司的代理人；了解本公司活动对社区、行业和公众的影响；以提高本公司在这些伙伴中的形象的方式开展工作。

6. 人际关系技巧

（1）人际关系技巧：有效地与人互动的能力；得到和保持组织中各层次人员的能力。

（2）管理冲突：处理各种观点；处理紧张状态、压力及危机；弄清楚冲突或不同意见，并积极利用以提高决策质量。

7. 领导能力

（1）以质量为导向：在各个层次，包括在组织内部和外部，示范与鼓励为高质量绩效做出努力；表达对不够优秀的工作绩效的不满。

（2）重视成果：努力实现目标，承担对成果的责任并在工作中体现出对生产率提升的紧迫感和投入。

8. 管理变化

（1）适应性：证明在各种环境、任务及职责中的效益；面对变化、不明确的情况、逆境或其他压力时，能够适当而自信地适应工作挑战的要求；有足够的灵活性且能容纳必要的改变。

（2）承担风险：能分析和选择有风险但对公司最有利的行动路线。

值得注意的是，接班人的遴选战略必须与公司发展阶段紧密结合（见表 8-3），否则会导致接班人开发计划的失败。

表 8-3　经理遴选战略与公司发展阶段的最佳配合

公司发展阶段	发展初期	高速发展阶段	成熟阶段	衰老阶段
经理遴选战略	创业者型	擅长于进行公司扩展的创业者，但同时应兼备建立和完善稳固的管理经营系统的能力	"固定模式型"经理，应善于处理单调、重复的事务性工作，并能发展公司的规模经济性	振兴之材，这类经理应擅长于降低成本，调整公司结构，在竞争中求生存

🍥 人力互动 8-5

更换 CEO，福兮？祸兮？

过去几年，一些产业领袖，比如美国运通、IBM 和 AT&T 等，力求改善企业整体表现，都曾经辞退现任的 CEO。但是，更换 CEO 真的有助于提升企业业绩吗？美国哈佛商学院的教授进行了一项研究显示，CEO 是自愿或被迫离职，以及接班人是来自内部或是外部选任，结果与效果各不相同。

不同的 CEO 更替，效果迥异

研究人员将 1980—1996 年《财富》200 强企业 CEO 的更换，区分为四种情形：自愿离职与内部接班、自愿离职与外部接班、被迫离职与内部接班、被迫离职与外部接班。

结果发现，CEO 在自愿离职之后，晋升内部人员接班的不会对企业经营产生重大的影响。这种做法也表明，公司要维持现状。

而 CEO 在被迫离职后，由内部人员接班，对企业也不会有太大的影响。虽然解雇 CEO 的动作象征要力求突破，但是内部提拔的接班人由于已经习惯企业运作，也不会做出很大的动作，比如裁员或改变战略方向等，所以影响有限。

但是，若从外部请来"空降部队"，取代被开除的 CEO 时，情况就不同了，变化会很大。因此要改革，必须借助外来人士，毕竟他们不像内部的人，包袱太重，难有作为。IBM 的郭士纳就是经典的例子。他上台后，便对 IBM 进行大刀阔斧的改革，使公司出现转机。

这四种情况中，注定要失败的情景是，以空降外界人士来接替自愿离职的 CEO，这是最危险的事。在这种情况下，公司整体效益会受到很大的影响。CEO 自愿离职后，来自外界的接班人往往不能大显身手。这些接班人要面对内部高层主管的反弹和抵抗。AT&T 的 John Waiter 就是典型的例子，他取代退休的 Bob Alletla 后不久便下台了，其后接手的阿姆斯特朗才得以进行有效率的改革。

要给 CEO 以时间和空间

企业的问题不是单纯淘汰 CEO 就能解决的。研究表明，一般人经常忽略实际情况，太早评论一个人的功过。所以董事会与股东都有责任创造一个可供 CEO 成功发挥作用的环境，这也应该是董事会的首要职责。

在更换 CEO 的时候，企业需要思考以下这些问题：高级主管愿意配合新 CEO 吗？答案若是否定的，就要想想，是否授权新任 CEO 选用能与他们合作的人。

8.4 数智技术与职业可持续性

8.4.1 AIGC 对职业可持续性的挑战

AIGC 凭借出色的智能数字内容孪生能力、内容编辑能力和创作能力，为个体职业发展带来诸多挑战。具体来看，这些挑战包括职业替代、职业锚的转变和人才培养的断层等。

1. 职业替代

相对于被用于机械化和重复性作业的自动化技术，AIGC 可以涵盖更广泛的任务，包括需要创造性和逻辑推理的工作。这使得更多的职业类型受到被 AIGC 替代的潜在威胁，而不仅仅局限于体力劳动。根据 2023 年 3 月麦肯锡全球研究院研究报告，生成式 AI 对白领职业造成的影响大于蓝领职业。其中，受影响最大的前十大职业涵盖客户互动、办公室支持、IT 专业人士、创意与艺术、商业 / 法律专业人士等（见图 8-7）。

以上这类容易被替代的工作有一个共性：缺乏创新、社会和情感沟通能力（如人际沟通能力、共情与情感交流技能）及技术能力（如高阶资料分析能力、处理紧急事件的能力）。实际上，大家对职业替代持有不同的观点。一方面，李彦宏等人称职业替代是短暂的，AI 技术从长远来看，反而会增加更多的新岗位。另一方面，李开复等人认为 AI 会带来普遍失业，并指出人并不是为了工作而存在的，人要接受能够做的任何工作。

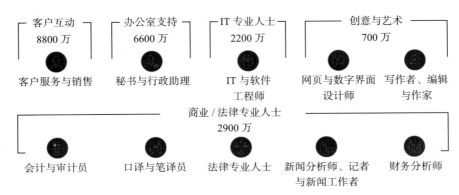

图 8-7　受生成式 AI 影响最大的前十大职业

资料来源：麦肯锡全球研究院。

2. 职业锚的转变

美国职业心理学家埃德加·沙因教授提出，职业锚是指在职业选择时，个体不会放弃一些关键的态度和价值观。随着 AIGC 的兴起，对专业技能的需求发生了变化，尤其是对 AI 和数据分析技能的需求增加。在职业转型过程中，个体需要重新评估自己的职业锚，以适应新的发展机会。例如，许多插画师和设计师最初选择这个行业是因为对绘画或设计的热爱，但 AIGC 带来了生存危机，他们必须重新审视自己的职业锚，将在与 AI 共生协作中创造价值视为其职业的新的重要组成部分。

过去，个体主要通过实际工作经验来形成职业锚，而如今，新数字化工具可以帮助他们更快地确定职业锚。领英经济图谱（Linkedin Economic Graph）从大数据分析的角度解锁职业价值，并提供在职业转型时所需的不同技能且该工具还提供了热度指数（popularity index），帮助个体了解特定职位的市场需求程度。通过这些指标，个体可以有效确定适合自己的职业锚。

3. 职场试炼机会的减少

在数智时代，初级职场人或即将进入职场的人面临的试炼机会减少了。例如，Midjourney 生成的《太空歌剧院》在 2023 年 9 月美国科罗拉多州博览会上获得艺术比赛一等奖，引起了广泛关注。这款 AIGC 工具使广告设计公司能迅速生成高质量图像，效率超过初级职场人。因此，新人失去了很多磨炼的机会，成长和探索的阶段被缩短，入行的门槛反而提高了。

8.4.2　AIGC 为职业可持续性带来的机遇

1. 新的职业发展机会

尽管 AIGC 冲击了很多行业的工作岗位，造成了职业替代，但同时也创造了新的就业机会。麦肯锡最新的人工智能调查数据显示，许多企业正在快速制定 AIGC 发展和应用战略。自 2018 年以来，企业对管理、生成式 AI 人才的需求加速增长，提示工程师、人工智能训练师等专业性强的职位，更是成为近期招聘的热门。如图 8-8 所示，尽管与 2022 年相比，AI 相关的人才招聘难度在 2023 年有所下降，但相关人才仍然短缺。同时，有 7% 的受访者报告称他们的组织在过去一年里雇用了这些人员。此外，AI 也催生出一些普通人能够任职的新职业，如 AI 作图家、AI 叙事员等。

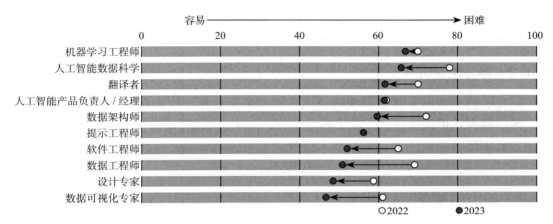

图 8-8 组织在招聘人工智能相关职位时存在困难的受访者比例

注：1. 受访对象的筛选条件：组织在至少 1 个职能领域采用了人工智能技术与组织在过去 12 个月内雇用了该职位的受访者。未显示回答"容易""既不难也不容易"或"不知道"的受访者。
2. 2022 年未询问受访者。
资料来源：2023 年 4 月 11 日至 21 日，来自组织各个层面的 1684 名参与者参与的麦肯锡全球人工智能调查。

2. 对职业发展的加持

AIGC 技术能够将个体从重复性高、规范性强的枯燥工作中解放出来，让个体有更多的时间和精力做真正具有创造性和高价值的工作，形成对职业发展的加持。比如：2023 年发表在管理领域顶级期刊《管理学会学报》(*Academy of Management Journal*) 上的一篇文章，在一家电话营销公司展开了实地调研，并探讨了人与 AI 协作对员工创造力的影响。该研究发现：AI 改变了工作设计流程，通过给予员工前期销售线索方面的协助，让员工有更多的资源和精力去处理后续的高阶问题，进而提升了员工服务客户的创造力。此外，AIGC 对个体职业发展加持的程度与个体本身的技能水平有关。相较于低技能的员工，高技能的员工可以更有效率地与 AI 协作，更好地运用资源解决高阶问题，最终产生更多的创造力。⊖

3. 跨界成为可能

AIGC 来临之前，由于跨职业的门槛比较高，职业发展路径相对狭窄，个体多从事与以往经验或者知识相关度较高的职业。但是，AIGC 工具缩小了门外汉和某一领域初

⊖ N JIA, X LUO, I FANG, C LIAO When and how artificial intelligence augments employee creativity[J]. Academy of Management Journal, 2024, 67(1): 5-32.

级职场人之间的差距，帮助个体在没有基础的情况下快速入门，消除完成新任务的障碍。因而，个体从事跨界或跨专业职业成为可能。如一个产品经理常面临的问题是，项目的完成通常需要多个部门协作，而部门间由于存在专业壁垒，很容易引发沟通不畅的问题。数智时代，产品经理在产品设计阶段可以使用 AIGC 工具生成产品的初步视觉概念，然后与设计或研发部门团队协作沟通，以进一步完善和优化产品设计方案。这种跨界合作不仅加速了产品开发周期，提高了部门间的沟通效率，减少了误解和偏差，还推动了产品经理的未来职业发展。

8.4.3　提升职业可持续性

职业可持续性的实现需要兼顾长期目标和短期目标。从长期来看，数智技术不透明、难以预测且更迭速度快，员工转型为数智人才的过程不是一蹴而就的。在短期内，员工还面临绩效考核压力和数智技术引发的危机感。突破这样的困境需要员工发挥出"人"的独特优势，并学习与 AI 相关的新技能。

1. 提升 AI 素养

尽管 AIGC 在短期内可能给知识工作者和白领群体带来一系列挑战，如职业替代、职业锚转变及职场竞争的加剧等，但在技术变革的新时代里，职场人不应抱怨或畏惧变化，而是要积极转变思维，将其视为职业发展的机遇。美国《财富》杂志在 2023 年 3 月的一篇报道中指出，ChatGPT 素养是求职者提升市场雇用能力最新、最炙手可热的工作胜任力之一。以 ChatGPT 为代表的 AI 素养不仅意味着了解和应用人工智能技术，还包括了解其背后的原理、AI 的伦理和法律规定，以及如何与 AI 协作以提高工作效率等。当然，AI 素养的提升不仅与人工智能相关的知识学习有关，还与个体所具备的能力和专业知识有关，只有自身能力强的个体才能更好地发挥 AIGC 工具的能力。由此可见，在职业转型阶段，只有提升 AI 素养和本身的专业能力，个体才可以更好地发挥 AIGC 的优势，进而提升自身在职场中的竞争力。

2. 发挥"人"的特有优势

尽管 AIGC 技术"智力"高，但是缺乏"智慧"和"共情"。麦肯锡的研究报告指出，未来对于具备高认知能力（如批判性思维、决策力）、社会和情感沟通能力（如人际沟通能力、领导力等）的人才的需求会持续增加。同样地，根据领英定期发布的职业技能和未来工作趋势报告，除了技术职业（如软件工程师）持续看涨，"以人为中心"的职业也是看涨的，包括市场营销经理和专员、人力资源和招聘专员、用户体验设计师等。

AIGC 时代，上述职能转型都强调了人需要从事创意和战略思维的工作、处理好人际关系、发挥共情优势的重要性。目前，这些既是 AIGC 的短板，也体现了职场中的"人"与"AI"之间的本质区别。此外，这也启发我们构思出人机协作的理想模式：由 AI 负责结构化、重复性的例行任务，个体负责与创意、战略思维乃至与"爱"有关的工作。这种人机协作方式既提升了工作效率，也让个体在职业发展过程中感受到自身的存在价值。

3. 警惕塔斯马尼亚效应

在与 GPT 相伴而生的今天，我们必须认识到，虽然 AIGC 技术可以为我们提供前所未有的便利，但过度依赖它们可能削弱个体职业发展的能力。

正如理查德·菲利普斯·费曼（Richard Phillips Feynman）所讲："凡是我不能创造的，我就不能真正理解。"现在在 GPT 大模型里包含了大规模的数据集，通过输入指令的方式就可以得到相应内容。过度依赖 AIGC 技术可能会导致个体缺乏对"元知识"的学习和掌握。元知识是在具体知识和技能之上的一种更高级别的知识，帮助个体知其然，更知其所以然。如果只是通过 GPT 大模型获得特定答案，而不去了解答案背后的原理或思考过程，那么我们可能会缺乏这种关键的元知识，最终，个体职业发展会受到很大的局限。这是因为缺乏深层心智独立进行逻辑推理能力的个体仅停留在 GPT 模型输出水平上，终将被 AIGC 所替代。因此，我们应该将 AIGC 技术视为有限的辅助工具，用以加速深化思考和学习的过程，进而创造出更高水平的知识。

复习思考题 📊

1. 结合本章内容，为你自己设计一个未来 10 年的职业规划。
2. 员工在职业发展的早期、中期和晚期分别容易出现哪些问题？管理者应当采取哪些措施来应对这些问题？
3. 举例描述五种管理人员开发技术，试评价它们各自的优缺点。
4. AI 对你未来职业发展会产生怎样的影响，如何做能够让自己在技术迭代中始终保持职业的可持续性。

案例 8-1 📊

晨光生物：员工与企业共发展

晨光生物曾是河北省邯郸市曲周县一家年产色素不过三四吨的县级小厂，现已发展成为年产天然提取物 5000 多吨的行业龙头；产品从单一的辣椒红色素，扩展到四大类 80 多个天然植物提取物品种，年销售收入近 30 亿元。晨光生物 2010 年在深交所创业板上市，其天然色素产销量稳居中国之首，辣椒红色素、辣椒油树脂、叶黄素产销量世界第一。目前其已在全球设立 21 家子（分）公司，产品远销欧洲、美洲、澳大利亚及俄罗斯、日本、韩国以及东南亚部分国家和地区。

（一）搭建职称评定通道

2010 年，晨光生物开始搭建职称评定通道，这对于一家民营企业来说并非易事。晨光生物和曲周县、邯郸市、河北省三个层级的人力资源和社会保障部门逐级沟通，卢庆国和刘东明做了多次汇报工作。为此政府相关部门来晨光生物做调研，晨光生物及时反映企业的实际情况，提出了职称评定是企业能够吸引人才、留住人才的关键。河北省相关部门对此非常重视，重新思考怎样才能更好地扶持民营企业，而民营企业的切实需求就是留住人才。

2013 年，晨光生物开启了河北省民营企业职称评定的先河，为企业的技术骨干和领军人才打通了职称评定和职业上升的新通道，这条路的打通用了 3 年的时间。由于晨光生物发展的特殊性，例如很多高层骨干学历不高、专业不对口等，都不符合职称评定的要求，企业申请破格提拔。在这 3 年中，晨光生物不断和相关部门沟通寻求变通的办法，向政府部门解释这些骨干元老在企业发展中做出的贡献，同时卢庆国带头攻读电大，弥补学历的不足。2013 年，卢庆国成为晨光生物第一个被评为副高级工程师的人员，两年后被评为正高。此后连运河、陈运霞相继被评定了职称，晨光生物的职称评定通道正式打通。每年晨光生物都会向相关部门申报一定的职称名额，只要符合条件，即便是刚毕业来到晨光生物工作的大学生也可以从助理工程师开始申请，再一步步成为工程师、副高级工程师、高级工程师。

（二）晨光生物内部的人才管理体系

晨光生物内部也制定了一套人才的考核选拔培养制度，经过多年的实践不断完善。晨光生物每年进行年终考核，首先由一二级员工推荐主管，主管推荐中层，再将员工推荐、考核结果及工作实际能力结合在一起，形成最终考核结果。

从职业通道上来看，晨光生物打破了原来的员工、主管、中层、高层这个层级。作为以技术为主导的企业，晨光生物为员工开辟了一条新的专家型人才的职业通道，从而形成了职务提升和专家型人才两条职业通道。从前，员工只有通过职务层级提拔到主管、中层，薪酬才能得到提升，而专家型人才意味着，员工可以走技术、业务的专业通道，只要在专业领域做得好，一样可以拿到中层的薪酬待遇。晨光生物的工资由学历、员工技能、岗位津贴三部分组成。

晨光生物从 2014 年起开始做员工的技能等级认证，参照原来机械行业国有企业八级工资制的制定标准，即"应知应会"原则，"应知"即应该了解、知道、掌握的基本知识，"应会"即应该会做的基本技能，通过理论和操作层面进行认证。晨光生物结合自身的特点，自己编写教材，给员工培训，最后进行考核。员工的技能等级认证工作首先从生产系统做起，目前生产系统已经全覆盖，质检系统仍在开展，下一步考虑营销系统也要做认证。通过开展员工的技能等级认证，不断提高其水平。

上市之后的晨光生物从单一做辣椒红色素提取，发展到各种天然色素的提取、保健品提取物、香辛料、棉籽蛋白等植物提取行业中的方方面面，这为年轻员工提供了参与各种新项目的机会。晨光生物不拘一格选用人才，有了新项目就选择合适的人去承担。整个项目跟下来，负责项目的员工也就在管理水平、技术能力等各方面都得到提升。"薪酬只是刚进门的问题，进来以后，个人怎么发展，我们这个发展的平台建设得怎么样，能不能成就这些人的个人价值，这是最重要的。"刘东明说。

（三）管理层成长

2013 年，晨光生物开展了一次产业结构、营销模式等的系统梳理。"这给我们带来一个非常大的改进，就是人的思维方式发生了改变。"高伟说，"我们晨光生物的中高层大部分是土生土长的，很多人是中专、大专毕业。晨光生物自创业以来，坚持在每周五进行培训，这么多年下来相当于上了企业大学。但我们的思维模式很多还是战术性思维。"

晨光生物的周五培训已经持续了十几年，所有中高层管理人员都参加。卢庆国几乎每周五都亲自参加，即便出差也会在周五赶回来，有其他接待事宜也会尽量避开周五的培训时间。在他看来，这是让大家统一思想、统一认识的过程。培训会的形式是副总经理轮流主持，看相关内容的培训课件，再结合企业实际发生的问题，大家进行讨论，再结合自己的工作谈看法。2013 年后，晨光生物的每周培训加进了战略知识的学习。

那些跟着晨光生物一路成长起来的晨光人，也有着自己的成长感悟。1998 年就来到晨光生物工作的李凤飞，参与和见证了晨光生物的成长，并为之自豪。"晨光生物这么多年在卢总的带领下，大家努力工作，艰苦奋斗才有今天的成绩，晨光生物的成功也有很多其他方面的因素，比如技术持续的改进、创新，比如我们与客户共同发展，让利给客户，比如我们重视大家的进步等。"李凤飞说。

陈运霞从 2000 年开始做车间主任，2003 年做技术部经理，2006 年做生产副总，直到 2009 年晨光生物上市前，开始负责筹建棉籽蛋白项目，一手做起了棉籽蛋白营销事业部。从在实验室做基础实验，帮助晨光生物提高效率、降低成本、扩大产能，到进入新的棉籽蛋白行业，从零开始，陈运霞克服困难，为了效益开展供应链金融业务，即利用棉籽相关资源、晨光的品质控制优势做配套资金服务。"我本身是生产出身，没做过经营，每一项业务都是摸索着去做的，我们的团队也不是说谁有这个能力才让他去做，而是这件事情必须要有人做、必须你去做，然后我们共同来做、共同把控风险，慢慢地做起来，人也就培养起来了。"陈运霞说，"我很理解卢总的管理方式，批评多表扬少，特别是当着我们的面表扬得更少，但是我们能感觉到卢总对别人说起我们这个团队的时候的那种自豪感。我一直很感恩卢总给我到晨光生物工作的机会，我也很珍惜这个机会，我个人的荣誉、个人的待遇，都得益于这个平台。今天我也是上市公司的副总了，我感觉自己的能力还跟不上晨光生物发展的速度。"

周静 2000 年中专毕业就来到晨光生物，一直从事财务相关工作，帮助晨光生物上市、拓宽融资渠道。在晨光生物走向国际的过程中，从财务人员中也培养了一批专业化人才。"我觉得在晨光生物工作是最踏实的，最开始这种踏实是因为做的是财务工作，财务工作最大的风险是公司经营不正规，有税收和法律风险。在晨光生物工作，第一个让人放心的是晨光生物不做假账，对于我来说就是没有职业风险。到现在我的感觉是晨光生物是一家做正事的、有正气的公司，这样的话，在晨光生物工作，跟着卢总走，不管做什么事心里都是有底的。"

"过去的十多年我一直说，我恨不得在人才培养方面拔苗助长，就是说有七八分能力的人也要干十来分的事。在这个过程中真诚相待，就是为了让他们能够更快成长，能够把我们的事业一起干好。"卢庆国说，"人与企业共发展，实际上是对过去人才工作的一个很好的总结。这些普通人的发展就体现了这种精神，没有这些人在晨光生物的贡献就没有晨光生物的今天，而没有晨光生物的平台，也就没有他们现在的成就和地位。"

资料来源：郑晓明，曹珊珊. 晨光生物：人与企业共发展 [DB/OL]. 北京：中国工商管理案例库.（2018-12-31）.

思考题

1. 晨光生物是如何通过职称评定通道的搭建解决民营企业的人才吸引和留存问题的？
2. 晨光生物是如何通过人才考核体系和职业通道的设计，推动员工的专业技能提升与岗位发展的？
3. 晨光生物是如何通过管理层的培训和成长，推动企业战略转型与发展的？
4. 晨光生物在管理模式上注重"人与企业共发展"，这一理念对员工的激励和公司发展的作用是什么？

第 9 章

绩 效 管 理

🐚 **学习目标**

- 了解绩效管理的意义
- 认识基于战略的绩效管理体系
- 叙述绩效考核的内容
- 熟悉常见绩效管理工具的建构流程
- 熟悉绩效考核如何实施和运用
- 讲述绩效管理实施过程和绩效反馈要点
- 思考数智时代下绩效管理的发展趋势与挑战

🐚 **引导案例**

一家中日合资企业的考核问题

白铭在大学毕业后被一家中日合资企业聘为销售员。工作的头两年，他的销售成绩确实不理想。但是，随着对业务的逐渐熟练，又跟那些零售客户熟悉了，他的销售额就开始逐渐上升。到了第三年年底，他根据同事们提供的信息，估计自己当属全公司的销售冠军。不过，公司的政策是不公布每个人的销售额，也不鼓励互相比较，所以白铭也不能确定自己是不是销售冠军。

去年，白铭干得特别出色，到 9 月底就完成了全年的销售定额，但是经理对此却没有任何反应。

尽管工作上非常顺利，但是白铭总是觉得自己的心情不舒畅，最令他烦恼的是，公司从来不告诉大家干得好坏，也从来没有人关注销售员的销售额。

他听说本市另外两家中美合资的化妆品制造企业都在搞销售竞赛和奖励活动，公司内部还有通讯之类的小报，对销售员的业绩做出评价，让人人都知道每个销售员的销售情况，并且会表扬每季和每年度的最佳销售员。想到自己所在公司的做法，白铭就十分恼火。

上星期，白铭主动找到日方的经理，谈了他的想法。不料，日本上司说这是既定政策，而且也是本公司的文化特色，从而拒绝了他的建议。

几天后，令公司领导吃惊的是，白铭辞职而去，听说是被挖到另一家竞争对手那里去了。而他辞职的理由也很简单：自己的贡献没有得到公司充分的重视和肯定，也没有得到相应的回报。

正是由于缺乏有效、正规的考核，这家公司无法对白铭做出评价并且给予相应的奖励，才使公司失去了一名优秀的员工。

我们知道，一个组织的绩效至少取决于对三个因素相互作用的控制，这三个因素是资本、技术和人力资源。由资本获得的收益可以通过一系列财务指标来评测（如利润和成本、预计资产负债表和预算）。由技术获得的收益可以通过与此相似的控制系统来评估（如比较投入与产出、生产时间、设备效率和有效性）。组织的人力资源对生产力的贡献则难以被精确衡量，可恰恰它又是生产力三要素中最核心的。它只能通过一段时期内员工的工作结果（产出）与员工的工作行为来评价。并且，对员工业绩的考核，不仅仅是发现问题、解决问题，更重要的是让员工有一种持续改进绩效的信心。尽管绩效考核突出的是"业绩"，是以"事"为中心，但是如何从"就事论事"，转变到"论事励人"，这是最值得大家关注的问题。聪明的管理者将绩效评价看作与员工沟通、使员工了解企业、希望他们做什么的一个机会。绩效评价将公司的战略和绩效期望落实到个人。所以，在企业中科学、有效地考核员工的业绩，激发员工的工作积极性，涉及考绩标准的确定、绩效考核体系的建立、考核结果的应用等，本章将一一阐述。

9.1 绩效管理概述

考核是人力资源管理的核心工作，是正确的人事决策的前提和依据。在企业中，考核主要有两种，一种是用于选拔、晋级的考核，它本质上是人员测评，注重人员潜能；另一种是用于薪酬、奖金发放的考核，它更注重人员工作绩效。前一种考核，我们已在人员招聘与选拔中讨论过，这里我们重点讨论后一种考核，涉及人员的绩效考核。

🌀 **实务指南 9-1**

绩效考核与人员测评的区别

考核

（1）是企业内部管理活动

（2）是例常性制度

（3）为企业经营战略服务，为 HRM 服务

（4）根据事实和职务要求，对员工的实际贡献进行评价，强调人的特殊性

（5）包含对人的管理、监督、指导、教育、激励和帮助等功能

测评

（1）是咨询诊断活动

（2）是例外性工作

（3）为企业选拔、评价和开发人才服务

（4）用标准量表和统计分析方法对人本身的属性进行评价，强调人的共性

（5）要求"中立"，不对测评对象的行为产生实质性的影响

9.1.1 绩效管理概述

英特尔公司总裁安迪·格鲁夫曾说："在英特尔公司，我们估计一位主管可能将 8 小时中的 5 小时用于做每个员工的评价……如果这种昂贵的工作能改进一个员工的工作绩效，哪怕是一年中一小段时间的绩效，这难道不是很值得主管者花费时间的吗？"格鲁夫的话阐明了考核是管理者要做的一项非常重要的工作，因为绩效考核不仅回答了员工的基本问题：我干得如何，而且更重要的是回答了员工到底怎么才能干得好的问题。

9.1.1.1 什么是绩效管理

关于绩效，存在多种解释。有的专家说，所谓绩效是指完成工作的效率与效能。还有的专家认为，绩效是员工的工作结果，是对企业的目标达成具有效益和贡献的部分。也有的专家认为，绩效是个人知识、技能、能力等一切综合因素通过工作转化为可量化的贡献，包括有形的和无形的两部分。而我们认为，员工工作绩效是指员工在工作岗位上的工作行为表现与工作结果，体现了员工对组织的贡献大小、价值大小。工作绩效具有以下三个特征。

（1）多因性。员工工作绩效的优劣不是由单一因素决定的，而是受制于主客观多种因素。它既受到环境因素的影响，又受到工作特征因素的影响，比如自主性、完整性等。它既受员工自身能力、个性因素影响，也与组织的制度和机制有关，同时更受员工的工作动机、价值观的影响。

（2）多维性。工作绩效尽管是工作结果的总称，但它表现在多种维度上。因此，必须从多种维度、多个方面去评估绩效。例如，一位部门经理的工作绩效，不仅从他的经营指标中反映出来，还应从他的管理指标中反映出来，比如对部下的监控、指导、整个团队是否有创造性等。

（3）动态性。由于工作绩效只是一段时间内工作情况的反映，因此绩效呈现出变化，切忌以主观僵化的观点看待绩效。

绩效管理是保证员工的工作活动和产出与组织目标保持一致的管理过程，作用于组织战略、管理和开发等方面。这种综合系统具有目标导向、强调发展、以人为本、系统思维和重视沟通的特征。绩效管理是人力资源管理系统的核心，帮助组织实施战略目标，提升管理水平。需要注意的是，绩效管理不是短期的一次性活动而是贯穿于绩效考核周期的长期动态过程。[⊖]

🌀 研究前沿 9-1

绩效管理的隐患[⊜]

绩效管理的目标是提高员工的工作表现。然而，一些绩效管理实践可能会产生意想不到的副作用。比如，目标设定和绩效监控等绩效管理实践可能通过增加工作强度，间接导致更多的员工请病假和带病出勤。因为当员工面临极具挑战性的目标和高度的绩效监控时，会感受到更大的压力和责任。这不利于员工的身心健康。过度的努力和长时间工作会损害员工的健康并减少其幸福感，导致员工缺勤率增加或者在生病时仍选择上班。此外，严格的同伴监督也会让员工感到有责任出勤，避免影响团队的工作效率。如果绩效管理实践使用不当，还可能加剧工作场所的竞争，损害员工与主管之间的关系，并对组织的工作氛围产生负面影响，降低团队凝聚力。因此，重视绩效管理的方式与员工福祉之间的平衡尤为重要。

9.1.1.2 绩效管理的目的与作用

绩效管理的目的主要在于两个方面：评价和开发。评价的目的在于正确估价员工的行为和绩效，以便适时给予奖惩，比如提薪、发奖金、晋升等。开发的目的在于提高员工的素质，比如更新员工知识结构与技能，激发创造力等，最终提高员工的绩效。具体来说，绩效管理的作用还表现在以下 10 个方面：

- 促进职业发展
- 改善人际沟通
- 做好用人决策
- 完善激励机制
- 体现组织政策
- 形成人力体系

⊖ 人力资源管理编写组．人力资源管理 [M]．北京：高等教育出版社，2023．

⊜ MIRAGLIA M, RUSSO S D, BOUVILLE G. The hazards of performance management: an investigation into its effects on employee absenteeism and presenteeism[J]. Human Relations, 2024.

- 增进员工满意
- 引导员工行为
- 保证依法行事
- 实现组织战略

个案研究 9-1

微软公司的绩效管理[⊖]

微软的人力资源管理离不开优秀的绩效管理。在微软，绩效管理是一个持续的过程，一个标准的绩效管理循环周期为 1 年，从 7 月至 8 月设定任务目标开始，员工和经理人之间不断进行双向反馈、面对面沟通，第二年的 8 月则进行年度绩效考评。

微软绩效管理的核心是：形成内部竞争。主要体现在三点：个人任务目标计划，绩效评分曲线，与绩效评分直接挂钩的加薪、授股和奖金。首先由员工起草个人任务目标计划，经理审议计划，再进行修改和最后确定。制订计划时应遵循以下几项原则：具体、可衡量、明确时限、现实且具有较高难度。绩效评分曲线的形状和角度是硬性的，各级的百分比是事先规定的。绩效评分等级分为：最佳、较好、及格、不及格。微软的绩效体制旨在驱使本来优秀的员工更努力地让自己进步，制定清晰的目标，给予员工危机感使其自觉保持竞技状态。在微软，即使员工完成了任务目标计划也不一定能获得绩效高分，因为每个员工都在积极进取。年度加薪、授股、奖金与绩效评分直接挂钩，如果得分不及格就什么都得不到，还要进入"绩效观察期"。

另外，绩效反馈是微软绩效管理中的一个重要环节。通过面对面沟通和双向反馈，经理人同步对员工的绩效进行分析，对高绩效员工进行鼓励和奖励，为低绩效员工提供意见和建议，双方共同编制具体的行动方案。通过有效的绩效反馈，员工自身素质、能力和士气得到提高，最终导向积极的工作行为，确保公司的发展朝着明确的目标努力。

9.1.1.3　绩效考核的类别

绩效考核类别繁多，按考核时间可分为定期的常规考核与不定期的级别考核；按考核对象不同可分为一般员工考核、中层管理者考核、工程技术人员考核等；按考核目的可分为晋升考核、加薪考核、职称评定考核等；按考核的主体又可分为上级对下属考核、自我考核、同级评议、下级对上级考核等。而按照绩效考核的内容可分为面向素质技能的考核、面向工作结果的考核与面向行为表现的考核。下面我们具体说下按照绩效进行的考核。

1. 面向素质技能的考核

它主要用于评价员工的个性、特征、能力、性格、态度、创造性等。它着眼于"这个人怎么样"，而忽视了对工作最终结果的考评，较难操作，但常用于对管理人员的考评。

⊖　转载自：陈国海，马海刚. 人力资源管理学 [M]. 2 版. 北京：清华大学出版社，2021：234. 原始资料来源：许文静. 论微软公司人力资源管理策略及其启示 [J]. 北方经贸，2014(12)：252-253.

2. 面向工作结果的考核

它着眼于"干出了什么",而不是"干了什么",其考评的重点在于产出和结果,而不关心行为和过程。考评的标准易制定,易操作。目标管理的考评方法是面向工作结果的考核。这种考评比较适合从事具体生产工作的蓝领操作工人、推销员等。这种考评最大的问题是不能提供有助于员工提高绩效的明确信息,易导致"短期行为",对员工长期发展不利。

3. 面向行为表现的考核

它着眼于员工在工作中的行为表现,即"干了什么""如何去干",重在工作过程,而非工作结果,较适合于那些绩效难以被量化考评或需要以某种规范行为来完成工作任务的员工,比如售货员、服务员、文秘人员、管理人员、技术人员等。这种考评的难度在于开发出所有与工作行为相关的标准。

在实际考绩中,要针对具体情况对这三种类型的考核慎重选择。一般来说,将这三种基本类型进行有效组合,并精心设计出来的考评方法是最适合的。

9.1.2 绩效管理一般过程

9.1.2.1 绩效目标与计划

绩效计划是绩效管理过程的开始,主要内容是制订绩效计划,确定绩效考核目标和绩效考核周期。绩效计划具有前瞻性,指导整个绩效管理过程,必须由组织员工和管理者共同参与制订。[⊖] 绩效目标是指向评估者和被评估者提供评价标准,以便客观地讨论、衡量、监督绩效。[⊜] 绩效目标对员工在绩效考核周期的工作任务和工作范围做出了界定,对绩效考核具有重要作用,体现在:①绩效目标使管理者和员工达成一致绩效共识,减少在考核过程中因理解差异而产生的误解或冲突;②帮助员工明确角色定位和职责边界,使他们能专注完成自己的核心任务;③提升员工自我监控和调整的能力,提高他们自我绩效管理的积极性;④为后续的绩效回顾和分析提供客观依据,使管理者和员工在讨论绩效结果时有共同的参照标准。

绩效目标与计划是管理者和员工通过沟通形成工作计划的过程。在这个过程中,需要对员工的工作目标、工作职责、工作内容及其重要程度、完成任务的标准、可能遇到的问题等内容达成共识,并将这些内容以书面的形式记录下来。绩效计划的过程通常包含绩效目标的分解与制定、关键绩效的沟通与确定、形成绩效合约三个步骤。[⊜]

1. 绩效目标的分解与制定

制定绩效目标时首先要成立一个由高层领导参与的战略规划组,确定组织的战略

⊖ 董克用,李超平. 人力资源管理概论 [M]. 5 版. 北京:中国人民大学出版社,2019.

⊜ 赵曙明. 人力资源管理总论 [M]. 南京:南京大学出版社,2021.

⊜ 彭剑锋. 战略人力资源管理:理论、实践与前沿 [M]. 2 版. 北京:中国人民大学出版社,2022.

目标，其次由高层领导和部门管理者组成规划小组，确定各部门绩效目标，制订工作计划，最后由部门管理者与员工充分沟通部门目标如何分解与实现，确定员工的个人绩效目标。绩效目标的分解是时间分解和空间分解的结合，时间分解是确定目标的实施进度，构建绩效目标的时间体系；空间分解又分为横向分解和纵向分解，纵向分解即将绩效目标自上而下地分解到组织各层级，横向分解则是将绩效目标分解到各个同级部门。

2. 关键绩效的沟通与确定

在绩效目标分解的同时，管理者还应该制定相应的关键绩效考核指标，具体可参考 KPI 法、平衡计分卡法（BSC）、标杆管理法（BM）等。在企业不同的发展阶段，使用的考核指标也有所差异，比如在企业起步期，更加关注个人能力，组织职能分散，因此适用 KPI 法；在增长期，企业授权程度大，以事业部制为主导，适合采用平衡计分卡法。在确定关键绩效的过程中，管理人员需要分阶段定目标，从"我们应该完成什么目标""我们能否完成这个目标""我们就这个目标能够达成怎样的共识""为了完成目标，我们需要考虑哪些方面"来思考，完成关键绩效目标的制定。在此过程中，管理者与员工的反复沟通必不可少。

3. 形成绩效合约

绩效计划阶段需要形成一份正式的合约，由管理者签订目标责任书，员工签订绩效合约，这份合约将作为考核的依据。绩效合约通常包含以下几个方面的内容：①受约人与发约人的基本信息；②本职位的关键职责描述；③绩效考核指标，涵盖战略性指标、日常工作指标及协同配合类指标；④权重分配：明确考核内容在整体绩效中的重要性；⑤绩效目标；⑥特殊奖惩因素，涵盖例外考核项，比如出勤率和安全管理等；⑦评价方法与标准；⑧责任人签字确认。

9.1.2.2 绩效辅导与执行

绩效辅导与执行是指考核者在下属完成绩效目标的过程中为其提供支持和指导。绩效辅导贯穿于整个绩效考核周期。通过绩效辅导，管理者可以第一时间发现下属工作中存在的问题，帮助下属改变工作方法，随时纠正他们偏离目标的行为。绩效执行是指贯彻落实绩效计划的内容和绩效目标的过程，可以说绩效执行的过程就是绩效辅导的过程。在绩效执行阶段，管理者要客观记录下属工作过程中的关键事件和绩效数据，为绩效评估提供真实依据。[⊖]

在绩效辅导的过程中，管理者应扮演"导师"和"教练"的角色，帮助员工实现自我发展。作为"绩效导师"，管理者还要与员工建立一对一的密切联系，帮助他们制定具有挑战性的目标，营造鼓励承担风险、积极创新的氛围，为员工提供工作支持和学习机会。绩效辅导的流程可用 GROW 概括：

⊖ 付维宁.绩效与薪酬管理 [M].北京：清华大学出版社，2016.

- G（goal）是指设定目标，即设置辅导期间的长期、短期绩效目标，确认现行情况和预期结果间的差距。
- R（reality）是指绩效诊断，即从员工、管理者和组织内外部环境的角度综合分析影响绩效目标实现的因素，明确绩效问题。
- O（options）是指策略选择，即在发现绩效问题后，选择合适的改进措施，避免多个改进项目同时进行，压力过大。
- W（will）是指实施改进，即通过管理者的演示和讲授，员工将所学技巧运用于工作实践中。随后，管理者观察他们的表现，为员工绩效改进做出评价。

需要注意的是，管理者应该根据员工个性和接受程度选择合适的绩效辅导风格。常见的绩效辅导风格有侧重于指导且直接告诉员工如何做的"教学型"和更关注引导且以提问与倾听为主的"学习型"。管理者应该处理好"问"和"告知"这两类方式的关系，在绩效辅导过程中询问员工的想法和建议，比仅仅告诉他们怎么做更加有效。[一]

9.1.2.3　绩效评估与反馈

1. 绩效评估的流程

绩效评估是根据绩效目标的完成情况和绩效执行过程中收集的数据在绩效周期结束时选择有效的评估方法，由不同的评价主体对组织、部门和员工绩效做出判断。它通常包括以下五个阶段。

（1）确立目标：确定绩效评估的目标，不同层级的评价对象有不同的评价目的，比如员工和高层管理者的绩效评估关系到他们薪酬、职位的升降，而组织绩效评估则关系着业务的收缩或扩展、组织架构的调整等。

（2）建立绩效评估体系：绩效评估体系通常由评价内容、评价周期、评价主体和评价用途组成，这些要素相互作用，构成了一个标准化的评价系统。

（3）收集绩效数据：真实的绩效数据是评估公平的保障，需要界定、分类、分析和汇总零散的绩效信息，形成完整的绩效数据资料库。

（4）评估分析：该阶段需要应用具体的评估方法对评估对象的绩效表现进行评价，形成一个评估结果。在选择评估方式时需要考虑组织特征、岗位特点等因素。

（5）输出评估结果：完成评估后不能只关注绩效表现的排名高低，而要分析绩优和绩劣的原因，鼓励绩优的员工总结他们的经验技巧，鞭策绩劣的员工认识到自身问题，为其提供改进意见。

2. 绩效评估的常见问题[二]

组织在绩效评估中可能遇到以下问题，导致评估效果不佳。

（1）评估周期不合理：一些组织缺乏对绩效周期的认识，实际上绩效评估周期过长

　　[一] 付维宁. 绩效与薪酬管理 [M]. 北京：清华大学出版社，2016.

　　[二] 方振邦，杨畅. 绩效管理 [M]. 2 版. 北京：中国人民大学出版社，2019.

过短都会导致问题。评估周期过长，员工可能失去对目标的关注；周期过短时，则可能无法及时发现并解决显现的绩效问题。

（2）评估方法选择不当：绩效评估时要根据评估指标的特点选择评估方法。如果采用不合适的评估方法，比如单一的定量指标或过于主观的定性评估，则都可能导致评估结果失真。

（3）评估结果运用不充分：绩效评估的最终目的在于促进组织发展。然而，许多组织在得到评估结果后，未能将其有效运用于人力资源管理，转化为实际的改进措施。因此，需要构建一个完整的机制，将评估结果与战略人力资源管理相结合，真正运用于薪酬管理、职位晋升、培训与开发等方面。

（4）评估主体缺乏培训：评估主体的素质和专业能力关系到评估结果的客观性与可信度。比如自我评估可能受到员工夸大自己表现的影响，过于关注上级评估则会导致员工心理压力增加，产生刻意迎合上级领导偏好的行为。

3. 绩效反馈的内容与形式

绩效反馈的内容包括：通报员工当期的绩效评价结果，分析员工绩效差距并确定改进措施，沟通并协商下一个绩效周期的计划，确定与任务和目标匹配的资源配置。绩效反馈的形式多样，具体如表 9-1 所示。

表 9-1　绩效反馈的形式

划分依据	形式	内容
沟通方式	语言沟通	通过口头或书面形式将绩效评估结果反馈给员工
	暗示	以间接的形式对员工的绩效给予肯定或否定
	奖惩	通过货币形式（加薪或减薪）和非货币形式（晋升或降级）反馈
反馈对象的参与程度	指令式	以管理者为中心，员工主要倾听和接受
	指导式	以员工和管理者为中心，兼顾教和问，双方有充分的沟通
	授权式	以员工为中心，问为主，教为辅，启发员工独立找到解决方案
反馈的信息内容	负面反馈	主要针对错误的行为，让员工了解自身问题并及时纠正
	中立反馈	在员工表现中规中矩或略低于绩效目标时，让员工了解自身差距
	正面反馈	主要针对正确的行为，肯定员工的绩效表现
360 度反馈		帮助员工从自己工作网络中的所有成员处获得本人绩效反馈的过程

📎 研究前沿 9-2

负面绩效反馈是否总是导致员工的负面反应[⊖]

当员工表现未及预期时，往往需要领导者进行负面的绩效反馈。负面反馈虽然能激励员工更加努力地工作，但也更可能带来诸如减少知识分享、增加羞愧感、导致负面社交情绪等不良后果。但在某些情况下，负面的绩效反馈可能不会导致员工的负面反应，

⊖　NID, ZHENG X. Does negative performance feedback always lead to negative responses? the role of trust in the leader[J]. Journal of Occupational and Organizational Psychology, 2024, 97(2): 623-646.

比如当员工信任领导者时，就会以更开放的方式接受、理解和处理领导的负面反馈。另外，高水平的反馈也会减少员工对领导的敌对态度。因此，领导者可以适当为员工提供情绪管理培训，通过有效的反馈过程与员工建立信任，为其提供高质量的信息反馈，解决负面绩效反馈导致糟糕结果的困境。

9.1.2.4　绩效激励与改进

绩效改进计划是员工与上级商讨后制定绩效改进的内容、原因和方法。绩效改进的基本流程包括如下六个方面。[○]

1. 绩效诊断与分析

绩效诊断与分析是管理者与员工讨论、分析评价结果，找到影响绩效表现的关键问题和原因。可以采用的方法有目标比较法（将本绩效周期内员工的实际表现与绩效计划目标相比）、水平比较法（将本绩效周期内员工的实际表现与上一绩效周期的工作表现相比）、横向比较法（将本绩效周期内员工的实际表现与其他部门的员工工作表现相比）。

2. 明确绩效改进要点

明确绩效改进要点是要明确哪些导致绩效不佳的原因是容易改进的，哪些是难以提升的。同时改进容易失去主次，可能适得其反。若改进要点较多，则应考虑每个改进项目的时间和成本，制订合理的改进计划。

3. 选择绩效改进方法

绩效改进可以从制定合理的绩效目标、建立系统的奖惩机制、构建完善的人才流动和培养机制入手。

4. 制订绩效改进计划

制订绩效改进计划的步骤包含：①收集绩效计划的相关资料；②员工与主管人员讨论绩效评估的结果；③明确需要改进的原因并选择改进需求最迫切的方面；④制订具体的行动方案；⑤明确实施改进方案所需的发展资源等。

5. 实施绩效改进计划

实施绩效改进计划包括实时监督和控制绩效改进计划的实施，及时修订和调整不合理的改进计划。

6. 评价绩效改进结果

绩效改进计划通常在两个绩效周期之间进行，员工的完成情况将在前后两次的绩效评估结果中体现。若下一绩效周期的评估结果显著优于上一周期，则说明绩效改进计划取得成效。

○　罗帆，卢少华. 绩效管理 [M]. 北京：科学出版社，2016.

实施绩效改进计划时还需要注意，组织要创造鼓励改进绩效的氛围，避免员工因为畏惧失败而不敢尝试做出改变。对所有参与改进的员工提供适当的奖励，包括物质奖励、精神奖励和更多授权。将绩效改进融入日常管理工作，贯穿于整个绩效管理周期。⊖

9.1.2.5 PDCA 绩效管理循环

PDCA 循环最早由美国贝尔实验室的沃特·A.休哈特博士提出，后由戴明博士在日本的质量管理领域推广应用，故又被称为"戴明环"。PDCA 循环是一套被广泛认可的科学工作程序，它提出了一个基本的分析、解决工作问题的原则，即按照计划（plan）、实施（do）、检查（check）、总结与提高（action）四个环节处理问题。⊜在绩效管理中，PDCA 循环分别对应绩效目标与计划、绩效辅导与执行、绩效评估与反馈、绩效激励与改进四个阶段（见图 9-1）。

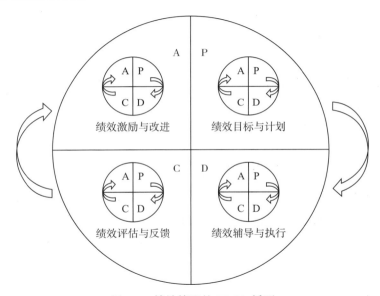

图 9-1 绩效管理的 PDCA 循环

9.2 基于战略的绩效管理体系

个案研究 9-2

W 公司的绩效考核体系

W 公司的绩效考核体系包括每月的目标管理（MBO）评估（被评估人：全体员工）、季度优秀员工评选、年终考核（被评估人：中、高层管理人员）和年度优秀经理人评选（对象：部门经理）等。其中每月一次的 MBO 评估是基础。

⊖ 彭剑锋.战略人力资源管理：理论、实践与前沿 [M].2 版.北京：中国人民大学出版社，2022.
⊜ 刘军跃，李远志.运用 PDCA 循环实现绩效管理系统的有效沟通 [J].商业研究，2006（23）：41-43.

W 公司从表单形式上有一个正规的三联式的 MBO 计划书，每个员工每月都要与其直接经理沟通，共同确定自己下个月的工作目标（逐项量化），并对上个月的完成情况进行打分。最后形成的这套一式三份的计划书由员工本人、其直接经理和人力资源部各执一份。MBO 的评估结果与当月奖金直接挂钩。如果 MBO 所列的各项目标全部完成，该员工即可得到相当于其基本工资 40% 的奖金。

W 公司实施的 MBO 考核制度一直在不断完善。起初的 MBO 计划书只反映完成每一项计划和任务的情况，在打分过程中，员工肯定要和直接经理沟通，他的直接经理知道他的具体情况，但是别的人甚至人力资源部一般不清楚他的具体情况。后来，W 公司要求员工对其当月 MBO 计划书中所列的每个项目的完成情况都做一个小结，附在计划书之后。这样，公司就能更具体地了解他做了什么、完成情况怎样，而不只是得到一个抽象的得分数字；也有利于高层经理和人力资源部横向地比较各部门人员的业绩。原先，在人力资源部，全体员工的 MBO 计划书是按月存放在一起的，后来人力资源部给每个员工都建了一个 MBO 档案，存放其每月的 MBO 计划总结书，便于了解每个人的成长和对公司的贡献。

W 公司的 MBO 考核之所以落到了实处，从方法上主要有两个可供借鉴的地方：一是虽然目标计划也属于结果导向，但上下级之间仍进行了充分的沟通；二是计划书中的绩效考核指标有三个特点：可持续、可达到、可量化。

9.2.1　绩效管理与传统考核的区别

绩效管理是对绩效实现过程中各要素的管理，是基于企业战略基础的一种管理活动。绩效管理是通过对企业战略的建立、目标分解、业绩评价并将绩效成绩用于企业日常管理活动中，以激励员工业绩持续改进并最终实现组织战略及目标的一种管理活动。

◉ 实务指南 9-2

绩效管理与传统考核的区别

比较项目	传统考核	绩效管理
目的	奖惩	绩效改善
重点	过去表现	将来表现
考量点	整体结果	细节过程
结果	选拔干才	培育干才
对象	以人为主（与其他人比较）	以事为主（目标与衡量基准）
主管角色	裁判	教练
行为差异	控制监督	咨询协助
执行方式	回忆和记录	立即回馈
部属反映	被动抵制	主动合作

绩效管理是一个包括绩效计划、绩效实施、绩效反馈及绩效结果应用等环节的闭环

系统，绩效管理系统模型如图 9-2 所示。一个完善的绩效管理系统必须以这四个环节为基础，结合企业的组织架构和业务流程建立。因此，绩效管理是将绩效考核作为一个系统来认识的。在这个系统中，绩效考核不仅包含应用某种方法考核员工工作绩效这一核心过程，而且将企业文化、企业战略及人力资源政策对绩效考核的影响纳入其中，同时把考核结果反馈这一较孤立的环节与员工培训甚至人力资源开发紧密地联系起来。

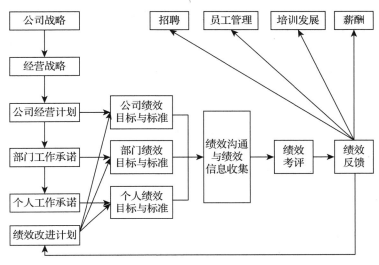

图 9-2　绩效管理系统模型

9.2.2　绩效管理体系的构建

9.2.2.1　绩效管理中的战略

绩效管理体系的核心功能是建立、收集、处理并监控绩效数据，增强组织决策能力，通常由组织愿景与战略、组织目标、绩效计划、绩效评价流程与评价管理机制、绩效辅导与绩效改进、绩效评价结果、绩效优化机制和绩效文化八个方面构成。[⊖]企业的战略和规划必须依赖特定的过程和活动，组织对这些过程和活动的测量与评价就是绩效管理体系的重要内容。因此，一个有效的绩效管理体系首先要根据公司的目标制定各部门和员工的目标，促使每位员工都为企业战略目标的实现承担责任。然而，现实中不少企业的问题，是每年年底各部门的绩效目标都完成得非常好，而公司整体的绩效却不是很好。究其原因，最主要的还是绩效目标的分解存在问题，即各部门的绩效目标不是从企业的战略目标逐层分解得到的，而是根据各自的工作内容提出的，即采用自下而上的申报方式，而非自上而下的分解方式。这样，绩效管理与战略实施发生了脱节，就难以引导所有员工趋向组织的目标。绩效管理作为企业战略实施的有效工具，能否将战略目标层层分解落实到每位员工身上，促使每位员工都为企业战略目标的实现承担责任是关键。

⊖　罗帆，卢少华. 绩效管理 [M]. 北京：科学出版社，2016.

另外，企业文化和企业的人力资源政策也会影响绩效。比如当一家企业有从内部提升的惯例或政策时，对于各层次的管理者而言，工作绩效的考评中必然有一项重要的内容是培养开发下属的能力。

🎐 实务指南 9-3

绩效管理实施的前提

- 企业的价值观念是明确的，而且已得到企业员工的认同。
- 企业的战略规划是明确、清晰的。
- 企业组织结构的设置是合理、高效的。
- 各级管理者尤其是高层管理者对绩效管理的基本思想和理念是理解与支持的。
- 企业已建立了分层分类的人力资源管理体系。

9.2.2.2 绩效管理体系的环节

1. 绩效计划

绩效计划主要包括考核内容、考核方法、考核程序、考核的组织者、考核人与被考核人及考核结果的统计处理等。其中，选择合适的考核方法、设计出可行的考核表格是最关键，也是最困难的。

2. 绩效实施

绩效计划形成后，管理者需要：①定期召开例会，让每位员工汇报完成任务和工作的情况，以便收集和记录员工行为或结果的关键事件或数据；②每月或每周同每名员工进行一次简短的情况通气会，了解员工遇到的障碍；③当出现问题时，根据员工的要求进行专门的沟通，帮助员工清除工作的障碍；④提供员工所需的培训；⑤督促每位员工定期进行简短的书面报告，提供必要的领导支持和智力帮助；⑥将员工的工作表现反馈给员工，包括正面的和负面的；⑦考核结果的分析与评定。

3. 绩效反馈

在绩效管理系统中，客观的考评结果能反映员工是否达到组织期望，需要针对哪些方面进行培训。考评结果可以帮助上级了解员工的优缺点和工作特点，并通过面谈和指导将个人发展与组织目标相结合，提高员工绩效。此外，企业文化对反馈的方式和重视程度也有重要影响。

4. 绩效结果的应用

绩效结果的应用大致可划分为以下三个方面，分别是：①将考核结果与加薪、晋升相结合；②发现下一阶段的改进点并制订改进计划，纳入下一期绩效计划；③制订个人发展计划并与培训计划相结合。

实务指南 9-4

员工绩效类型矩阵

类型		能力	
		强	弱
动机	强	绩效优良者	努力方向不对者
	弱	利用不足者	边际者
管理措施	绩效优良者	• 对优良绩效提供报酬 • 找到进一步发展的机会 • 提供诚实、直接的反馈	
	努力方向不对者	• 在职辅导 • 以开发技能为目的进行培训或做出临时性的工作安排 • 频繁的绩效反馈 • 重新进行工作安排	
	利用不足者	• 提供诚实、直接的反馈 • 提供咨询 • 采取团队建设与解决冲突的方法 • 将奖励与员工的绩效结果挂钩 • 强化管理 • 就所需要的知识和技能提供培训	
	边际者	• 冻结加薪 • 降级 • 另行安排工作 • 解雇 • 就绩效问题提供具体而直接的反馈	

综上所述，绩效管理体系使绩效考核的内涵更丰富，实施过程更系统、更全面，并与其他人力资源管理职能衔接得更紧密，从而使绩效考评在现代人力资源管理中发挥出更强大的功能。

人力互动 9-1

成功的绩效考核六要素

（1）与公司战略紧密联系
（2）高层管理者的全力支持
（3）全体员工的主动参与
（4）结果与行为相结合的评价指标
（5）考核方法的多样性与客观性
（6）与薪酬调整相结合

9.2.2.3 绩效管理体系的构成

战略性绩效管理体系以组织战略目标为指引，以组织运行规范为基础，以绩效管理技术和手段为工具，主要包含以下四个方面。

（1）绩效目标体系。它通常由组织和战略业务单元的经营目标、职能部门与员工个人的岗位目标组成，将组织战略目标自上而下分解为个人绩效目标。

（2）绩效管理的过程体系。它由绩效计划的制订、绩效的实施与监控、绩效评估、绩效反馈与改进四个环节构成。绩效过程管理可帮助组织及时发现绩效目标分解和实施过程中的问题，迅速做出调整。

（3）绩效管理的制度体系。它包括组织各层级绩效评价和员工绩效考核管理规范、申诉制度、绩效反馈的流程规定、绩效评价结果的应用制度等。这一系列制度使绩效管理更加系统化、流程化。

（4）绩效管理的组织保障体系。组织各层级和业务部门都应做好绩效管理支持工作。由高层管理者负责组织战略的制定、执行和调整，人力资源部门负责绩效管理体系的运行和维护，其他职能部门做好配合和执行工作，积极反馈和沟通。[一]

9.2.3　绩效管理技术应用：电子绩效监控

最初，企业对员工的绩效监控大多采取"人力"的方式，这种依赖人为观察、记录和控制的监控方式往往受到知觉偏差的影响，造成企业人力资源的浪费。[二]随着远程办公模式的应用逐渐广泛，电子绩效监控应运而生，这种绩效监控方式具有持续性、隐蔽性、量化记录等特点。电子绩效监控系统是使用电子技术来收集、存储、分析和报告个人或群体在工作中的行为或绩效表现。[三]通过电子绩效监控系统，管理人员能够访问员工的计算机终端和电话，在一天中的任何时间确定员工的工作速度、准确性、办公系统的登录和注销时间，甚至上厕所的时间。管理者认为计算机监控软件、位置跟踪和办公桌热传感器等电子绩效监控技术能够帮助他们做出更精准的决策[四]，遏制员工消极怠工的行为，提高他们的工作绩效[五]。

然而，电子绩效监控对员工的态度和行为可能存在一些负面影响，比如增加员工的工作压力和社会孤立感，降低员工工作满意度，且电子绩效监控仅能直观地考察员工工作产出的数量，难以监测工作产出的质量和工作的创新。[六]同时，电子绩效监控也加剧了员工对公平和隐私的担忧。因此在实际情况中，管理者需要考虑电子绩效监控的实施

[一]　罗帆，卢少华. 绩效管理 [M]. 北京：科学出版社，2016.

[二]　邱茜，朱泽琦. 渐消的边界：电子绩效监控研究述评与展望 [J]. 外国经济与管理，2023，45（11）：97-116.

[三]　NEBEKER D M, TATUM B C. The Effects of computer monitoring, standards, and rewards on work performance, job satisfaction, and stress [J]. Journal of Applied Social Psychology, 1993, 23(7): 508-536.

[四]　RAVID D M, TOMCZAK D L, WHITE J C, et al. EPM 20/20: a review, framework, and research agenda for electronic performance monitoring [J]. Journal of Management, 2020, 46(1): 100-126.

[五]　THIEL C E, MCCLEAN S, HARVEY J, et al. Trouble with big brother: counterproductive consequences of electronic monitoring through the erosion of leader - member social exchange [J]. Journal of Organizational Behavior, 2023, 44(9): 1320-1339.

[六]　AIELLO J R, KOLB K J. Electronic performance monitoring and social context: impact on productivity and stress [J]. Journal of Applied Psychology, 1995, 80(3): 339-353.

方式和程度，结合自身组织文化、氛围和组织结构制订合适的电子绩效监控方案，充分考虑和尊重员工的意见，不要让电子绩效监控"适得其反"。

◐ 研究前沿 9-3

让人缺乏安全感的电子绩效监控[⊖]

电子绩效监控技术让管理者能够观察、分析和评估员工的工作活动。但当电子绩效监控被视为侵犯个人边界并在未经同意的情况下揭露个人信息时，就会发生隐私侵害。电子绩效监控的"侵入性"程度会影响员工的隐私感知。例如，某些监控手段（如视频监控或收集情感数据）会让员工觉得隐私被侵犯。研究发现，当员工与主管的关系较差时，这种侵入性监控带来的隐私侵害感更强，会增加员工的离职意图。然而，如果员工和主管关系良好，侵入性监控带来的隐私侵害感却并不一定减弱。此外，良好的上下级关系虽然可以在一定程度上缓解隐私威胁的感知，但不能明显减少隐私侵害对员工工作动机的负面影响。因此，企业不能对电子绩效监控可能带给员工的负面心理视而不见。

9.3 绩效考核标准及方法选择

◐ 个案研究 9-3

投诉的风波

一向稳重而又老成的财务部王经理向张董事长告了新来的总经理一状。缘由是年终考核结束了，新来的总经理给他的评价是良，而往届总经理每年对他的评价都是优。王经理资格很老，是公司创业元老之一，对年轻、科班出身的总经理很不满意，总觉得总经理花花点子太多。比如，公司这次考绩，弄了一堆表要填，包括自评表、述职表、能力开发表、主管审核表，弄得手忙脚乱，费时费力，整整花了半个月时间做考核，而以往德、能、勤、绩四项评分，多干脆，自己说了算。可如今，太烦了……

在很多企业里，管理者经常不愿意去实施绩效评估，原因在于需要大量的时间用来制定绩效标准。事实上，只要你的绩效评估系统是有效的，运行一段时间后，就会发现绩效评估使管理工作变得简单而高效。所以，管理者和员工不应把实施绩效评估系统看作一种负担，而应当看成一种先进的管理方式。

在本节中，我们将讨论绩效考核的技术，它涉及如何设计考核指标体系，即考核内容要素的确定与标准制定及如何选择考核方法。

———
⊖ WOLFF M S, WHITE J C, ABRAHAM M, et al. The threat of electronic performance monitoring: exploring the role of leader-member exchange on employee privacy invasion[J]. Journal of Vocational Behavior, 2024(154): 104031.

9.3.1 绩效考核内容

考什么，即考核内容，是我们绩效考核首先需要明确的问题。绩效考核的内容通常包含工作考核和潜能开发两方面（见图9-3）。俗话说"言必行，行必果"。管理与业务活动行为的结果是我们考核的主要对象。然而，影响管理与业务活动的因素也是我们重点考核的目标。从员工个体角度看，这涉及工作态度、工作能力问题。所以，员工的绩效考核在排除外界影响外，在本质上是对行为的结果及影响行为结果的因素进行考核。而行为的结果，有时是有效的，有时是无效的，这取决于是否符合企业目标，符合企业目标的行为结果才称为绩效、成果，才称得上对企业是一种贡献或价值。所以，绩效考核最基本的目的是考核组织成员对组织的贡献，或对组织成员的价值进行评价。

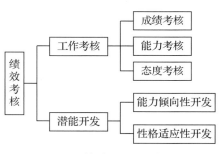

图 9-3　绩效考核内容体系

9.3.1.1 工作考核内容

1. 工作成绩

绩效考核的出发点是员工的工作岗位，是对员工担当工作的结果或履行职务的工作结果的评价。对员工的工作完成情况，即工作成绩（业绩）的评价是公平的，才具有可比性。所以，工作成绩（业绩）是考核的重点所在，也是考核的中心。

而考核工作成绩可从工作数量、工作质量、工作的速度、工作准确性等方面去衡量。它解决的问题是工作完成得怎样，是对完成工作的状态的评价。然而，一个人对企业贡献的大小，不单纯取决于所承担工作完成得如何，也取决于工作岗位本身的价值。

2. 工作能力

工作能力在本质上是指一个人顺利完成某次活动所必备的，并影响活动效率的、稳定的个性特征，也就是员工从事该工作必须具备的知识、经验与技能。能力与业绩有显著的差异。业绩是外在的，能力是内在的。一般来说，能力包括必备的知识、专业技能、一般能力等。与能力测评不同，考核能力是考核员工在工作中发挥或显示出来的能力，根据标准或要求，确定他能力发挥得如何，对应于其工作、职务，对能力是强还是弱等做出评定。

3. 工作态度

工作态度对工作业绩影响很大，是在完成工作时所表现出来的心理倾向性。企业是不能容忍缺乏干劲、缺乏热情，甚至是懒惰的员工的。工作能力强的人，如果工作态度不好、不努力工作，工作业绩也可能低。工作态度是工作能力向工作业绩转换的"中介"，所以在考核中必须包括工作态度。

当然，员工的工作态度、工作的努力程度也并不一定与业绩完全成正比关系，有一个很关键的中介变量即努力方向与企业目标的一致性。

9.3.1.2　潜能开发内容

潜能开发内容之所以被列入绩效考核内容之中，是因为越来越多的绩优企业认为绩效考核是一个开发员工潜能的手段，目的是持续改进员工的绩效，实现组织的战略意图。同时对员工来说，这也有助于员工工作自信心的提高、职业生涯的完善。所以，在员工考核中，对管理者而言，不仅有考评业绩的任务，更有开发员工潜能之职责。

潜能开发是针对未来的工作岗位而言必须具有什么样的能力倾向与性格特征，所以需要回答的问题是：他们还能干些什么，能否干得更好。具体来说，就是通过设计"潜能开发卡"，实现上司与员工之间的双向沟通，以此来确定未来的工作目标所需要的能力因素与性格特征。

9.3.1.3　伯曼绩效模型

沃尔特·伯曼认为，组织内员工的绩效有两种，一种是任务绩效（task performance），另一种是情境绩效（contextual performance），也叫背景绩效。

任务绩效与员工的工作职责、工作任务直接联系，是活动的直接结果。情境绩效大多与绩效的组织特征有关，主要包括人际促进方面和工作投入方面。所以伯曼认为，考核员工的任务绩效更多应从工作的数量、质量、成本、时效等方面加以衡量，涉及的评价标准主要有利润、产量、收入、市场占有率、成本、准确性、投诉率等；而情境绩效则更多从组织责任感、工作主动性、首创精神、坚持性、合作性、促进发展等方面加以考虑。

根据伯曼的理论，绩效考核的内容应该包括这两类绩效，其中任务绩效更多体现了个人特性，情境绩效更多体现了组织共性，它们相互作用、相互影响。对企业的不同岗位的员工进行考核时，这两种绩效所占的权重不一样，比如考核销售人员时，任务绩效就比情境绩效权重大很多，而考核财务部人员，情境绩效的权重可能比任务绩效权重要大些。伯曼的理论帮助我们更深刻地理解了绩效考核的本质含义。

9.3.2　绩效考核指标体系

在确定了考核内容之后，接下来的问题是如何针对考核内容设计出能反映其本质特征的指标体系（也叫项目体系或要素体系）。它将考核内容由抽象的概念转化成具体可以观测的客观指标体系，使复杂的考核内容变得条理化和简单化，使考核过程的可操作性更强，避免考核工作的盲目性。

9.3.2.1　有效绩效考核指标体系特征

（1）绩效考核指标应遵循同质性原则、关键特征原则、独立性原则。

（2）考核指标是具体且可以衡量和测度的。

（3）考核指标是考核者与被考核者共同商量、沟通的结果。

（4）考核指标基于工作而非工作者。

（5）考核指标不是一成不变的。它根据企业内外的情况而变动，经常是"缺什么，考什么""要什么，考什么"。

（6）考核指标是大家所熟知的，必须要让绝大多数人理解。

9.3.2.2　绩效考核指标确定的方法——关键绩效指标法

关键绩效指标（key performance index, KPI）法，也叫关键点特征选择法，是指确定那些足以反映考核对象的本质特征和行为。它是在工作分析的基础上，以可定量化或行为化的岗位职责的核心部分作为考核指标的方法。它符合管理学中的"二八原理"，即 80% 的工作任务是由 20% 的关键行为完成的。因此，抓住了 20% 的关键行为，对之进行分析和衡量，就抓住了绩效考核的重心。

在设立 KPI 时，要优先考虑工作流程的输入和输出状况，从工作的整体上来考虑指标设置，其方法常有绩效指标图示法（又称鱼骨图法）、问卷法、访谈法、专家法等。

常用的关键指标有以下五个。

（1）数量：产品的数量、处理零件的数量、产量、销售额等，可来自业绩记录与财务数据。

（2）质量：合格产品的数量、错误的百分比、准确性、独特性，可来自生产记录、上级评价与客户评价。

（3）成本：包括单位产品的成本、投资回报率。

（4）时限：及时性、供货周期。

（5）行为：胜任特征、关键行为事件。比如对"人才培养"要素，可找出三个关键行为特征，即是否用人所长、是否重视对下级的培训、是否对下级进行指导等。

◎ 实务指南 9-5

关键绩效指标实例

工作产出	指标类型	具体指标	绩效标准
销售利润	数量	• 年销售额 • 税前利润百分比	• 年销售额在 20 万元到 25 万元 • 税前利润率 18% ～ 22%
新产品设计	质量	上级评价： • 创新性 • 体现公司形象	上级评价： • 至少有 3 种产品与竞争对手不同 • 使用高质量的材料、恰当的颜色和样式代表和提升公司的形象
		客户的评价： • 性价比 • 相对竞争对手产品的偏好程度 • 独特性 • 耐用性	客户的评价： • 产品的价值超过了它的价格 • 在不告知品牌的情况下对顾客进行测试，发现选择本公司产品比选择竞争对手产品的概率要高 • 客户反映新产品与他们见过的同类产品是不同的 • 产品使用的时间足够长
	时限	• 预定的时间表	• 能在预定的期限之前提供新产品的样品
销售费用	成本	• 实际费用与预算的变化	• 实际费用与预算相差 5% 以内

9.3.2.3 绩效考核指标的标准

俗话说: 无规矩不成方圆。绩效考核指标解决的是我们评价"什么"的问题, 而绩效考核标准是指在各个指标上分别应达到什么样的水平, 是考核对象做得"怎样"(程度)、完成"多少"(数量)的问题。一般来说, 绩效考核指标要尽量数量化或可操作化, 对一些无法操作的行为指标, 要找出关键特征行为, 予以等级评定, 以实现量化处理。绩效考核标准是对员工绩效进行考核的依据和尺度, 根据标准对每个指标进行衡量。

绩效考核标准要具体并且适度, 要让被考核者感觉经过努力是可达到的。同时, 考核标准分类准确, 适合指标的性质与含义, 一般采用优、良、中、可、差五类等级标准较为妥当(见表9-2)。每个考评项目可设置差异化的分数等级并为每等分数设计考评标准(见表9-3)。尽量避免使用"平均"一词, 因为"平均"一词含有与他人相比之意, 而不是与标准相比较。对每个等级赋予相应的分数值, 分数值之间最好是等距的。

表 9-2 管理人员考核评价体系

因素		考核要点	考核标准				
			优	良	中	可	差
成绩考核	工作正确性	• 工作是否仔细、认真(有浪费、不均、勉强) • 所完成的工作是否实现预期效果 • 工作完成后, 文件是否被妥善整理与保管					
	工作的速度	• 在指定的时间内, 工作完成程度如何 • 工作完成情形如何(是指速度与正确性的关系、定额的完成情况) • 工作的程序与准备是否有浪费、不均、勉强的地方 • 是否因为重做而有所延误					
	对批示的理解	• 能否迅速、正确地把握批示的重点及问题, 在工作上的落实如何 • 对问题能否积极发问而加深理解 • 对突发事件能否采取应变措施, 处理的内容是否合乎上司的意见 • 是否擅做主张而引起了麻烦 • 是否因草率的断定带来失败(确认) • 是否忘记指标的内容(备忘录)					
态度考核	积极性	• 对改善现状, 是否具有高昂的意愿与热情 • 是否有不心甘情愿的工作态度 • 是否积极地学习业务工作上所需要的知识 • 是否坚持到底、不畏挫折					
	协作性	• 是否坚持立场, 促成团结与合作 • 是否有阳奉阴违的行为 • 是否与他人做无谓的争执 • 对后进者是否亲切关照 • 是否乐意协助他人工作					

（续）

因素		考核要点	考核标准				
			优	良	中	可	差
态度考核	责任性	• 是否能认清自己在组织中的立场与角色，对此负责到底 • 对其工作是否不必再令人操心 • 是否不被指示监督，也能明快、迅速地工作 • 对工作的失误，是否往往选择逃避责任或辩解 • 对上司是否有敷衍的现象					
	纪律性	• 是否能遵守工作规则、标准，以及其他规定 • 在时间或物质上是否有公私不分的现象 • 是否以不实的理由请假或迟到 • 是否唆使他人破坏规定 • 服装是否有不整、态度是否有不端					
能力考核	知识、技能	• 是否具备所担当职务的一般知识 • 是否具备执行职务工作所必需的专业知识 • 是否具备进行有效判断所需的知识、常识、教育水平 • 能否把知识充分地运用在解决复杂且困难的问题上 • 对工作是否自信 • 被问到问题时，是否会有措手不及的现象 • 对本公司的产品是否具备一般知识 • 是否时常提出新构想，对于提高职务工作的执行力做出努力					
	理解、判断力	• 能否正确地了解本身的职务内容或上级的指示 • 能否正确地把握本身职务所扮演的角色 • 能否正确地掌握问题的所在、事物的相互联系，加以整理、分析，适时地做出适当的结论或应对策略 • 对平时不太熟悉的工作是否也能根据经验或稍加努力即予以圆满地完成 • 能否根据既有的知识、事例、经验，洞察未来或对未知事项做全盘性的判断 • 是否做出过草率错误的判断或措施					

表 9-3　助理、秘书类职位考核标准

考评项目		着重点	考评标准		
			5分	3分	1分
业务能力	业务知识	是否具备业务上必要的知识，包括一般常识	除了职务担当所要求的全部业务知识外，还具备精深的专业知识和技能	基本上具备承担和完成本职工作的知识	知识水平低于所担任的职务和职称
	表达力 I	文章的写作技巧与表达能力如何	能够准确地用文字形式表达自己想表达的意图；简明扼要，易于理解，无可挑剔	几乎不需要加以修改补充，能够比较准确地表达意见	文理不通，意图不清，需要做大修改

（续）

考评项目	着重点	考评标准		
		5分	3分	1分
业务能力 表达力Ⅱ	语言口头表达能力如何	简明扼要，具有出色的谈话技巧，易于理解	抓住要点，表达意图，陈述意见，不太需要重复说明	含糊其词，意图不明，意思不清，常需反复解释
业务能力 执行力	能否克服困难，坚持不懈地完成任务	困难面前无所畏惧，不屈不挠地排除万难，按计划完成任务	大致能按计划执行，并较好地完成任务	不能按上司要求很好地完成任务
业务能力 判断力	是否具有正确判断事物的能力	能迅速理解并把握复杂的事物，进而做出正确的判断	大致能做出正确的判断	日常事务工作经常判断失误，耽误工作进程
业务能力 交涉力	能否依据事实，有力地进行交涉，取得圆满成功	能够以真诚的态度，取得顾客的好感，依据事实，表明自己的意见，说服对方，取得圆满成功	能够较好地根据客观情况和事实记录，表明自己的看法，不侵犯用户的利益，通过交涉解决问题	态度生硬，手段拙劣，伤害客户感情，引起对方发怒

另外，如果企业没有进行工作分类，则双方（主管与员工）应该坐下来讨论，明确员工的工作要项（考核指标）（见表9-4～表9-7），然后，确定工作标准，最后进行程度等级划分与赋分。

表9-4　秘书工作内容及职责

职位名称：秘书 工作内容及职责： 1. 速记口述文件 2. 撰写日常信件 3. 善打书信、报告 4. 打电话与回电话 5. 安排约晤 6. 过滤访客 7. 拆封并过滤来信 8. 整理通信及公文档案 9. 安排差旅事宜	10. 整理个人机密档案 11. 保持信件和沟通往来 12. 提醒上司有关的约晤及应复的电话与信件 工作要项： 1. 口述听写 2. 打字 3. 电话 4. 访客 5. 邮件 6. 档案

表9-5　职位：秘书工作标准

工作要项	工作标准
A. 一般性	1. 依据听写或手稿打字 2. 打印的文件不得看出涂擦痕迹 3. 无错别字或文法错误 4. 工作能够按时完成
B. 信件、报告	1. 将一份黄色副本交撰稿人，将绿色副本归档 2. 如有他人索要，打印白色副本供应
C. 复印资料	1. 复印前主管先校读 2. 打印资料索阅表格
D. 做表格，分发资料，送交请购单	1. 依指示打印此类文件 2. 请购单需亲自送交采购部门，交代清楚需用时间并掌握回复的时间

表 9-6　职位：生产领班工作标准

工作要项	工作标准
1. 安全	1. 依公司行事惯例，召集员工安全会议 2. 所有员工能依照安全规定操作 3. 按照核备的项目，每月定期做安全检查 4. 对于任何不安全的情况需于 5 日内采取改进措施 5. 安全月报在次月 5 日前提出
2. 控制成本	1. 不良品与耗材保持在总生产量的 2% 以下 2. 每月提出并施行一项降低成本的方案 3. 加班费最多不得超过直接人工成本的 3% 4. 所有采购按照购买计划并采用最经济的方式进行 5. 经常费用保持在预算限度内 6. 薪资依管理计划控制 7. 生产力与成本比率每 6 个月提高 1%
3. 部属发展	1. 新进部属依计划训练 2. 所有部属一年考核一次 3. 与上级检讨考评与改进计划 4. 与部属至少每个季度讨论一次，以确保其绩效改进确实依计划进行 5. 按计划逐步授权

表 9-7　职位：区域销售经理绩效标准

工作要项	绩效标准
部属发展 A. 执行考评	1. 依照销售经理所核准的程序考核所有部属 2. 对新进员工，工作职责与标准应于雇用起 3 个月内说清楚 3. 新进员工到岗 9 个月内办理一次全面的考评
B. 辅导	1. 每天辅导部属，与部属一起工作，以协助改进工作 2. 追踪绩效改进计划，确保其付诸实施 3. 选择任务交付部属以助其培养更多的责任
C. 有关产品的观念	1. 确保部属了解与其工作有关的产品、程序、计划和政策 2. 地区销售经理知道如何运用以上各知识 3. 地区销售经理将实际运用有关知识
D. 咨商辅导	1. 让部属觉得区域销售经理随时乐意抽空与他们讨论问题 2. 所有个别谈话保密
E. 一般性	1. 部属清楚地知道他们的工作 2. 部属均合格并且掌握执行工作的技术 3. 部属知道他们工作表现的好坏，也知道有哪些地方需要改进 4. 部属能在现有工作上一致追求改进

9.3.2.4　绩效考核体系范例

绩效考核体系范例如范例 9-1 ～范例 9-3 所示。

9.3.3　绩效考核用表

绩效考核用表的设计也是一项技术性很强的工作，涉及考核项目的权重分配、赋分、考核标准的细则说明等。

范例 9-1

某公司电脑部考核指标示例

姓名 ×××　　部门 电脑部　　职务 经理　　任职时间（20××—20××年）

考核指标	评分标准				权重	资料来源
	远超目标（81~100）	超过目标（61~80）	达到目标（41~60）	低于目标（21~40）		
计划费用的控制率	低于计划10%以上	低于计划5%~10%	介于计划±5%之间	超过计划5%	5%	财务部
系统事故发生率	全年无任何事故	全年发生事故1~2次	全年发生事故3~4次	全年发生事故4次以上	10%	企划部
故障的反应速度	在1小时内处理完毕	1~2小时内处理完毕	3~4小时内处理完毕	4小时以上才处理完毕	15%	人事部（维护记录）
开发计划达成率	计划达成率超过120%	计划达成率超过110%	计划达成率90%~110%	计划达成率低于90%	20%	企划部
对推广项目的支持与协作	积极协作，效果显著	主动协作，效果明显	能够协作，效果一般	不能协作，无效果	10%	电脑部
对相关员工电脑培训情况	完成培训计划120%以上	完成培训计划110%	完成培训计划90%~110%	完成培训计划90%以下	10%	人事部
系统管理的规范性、有效性	各项制度健全，全年无数据差错发生	能够执行各种制度，数据基本准确	管理比较规范，偶尔有数据差错	管理不规范，数据差错较多	10%	各相关部门测评
满意度　对业务部门服务和指导力度	很强□　强□	较强□	一般□	弱□	5%	主管机关、下级机构
满意度　培训内容及效果	很强□　强□	较强□	一般□	弱□		
满意度　满足使用者需求情况（特指友好性、容错性）	很好□　好□	较好□	一般□	差□		

本人签名：　　　　　　　　　　　　　　　本部门主管签字：

范例 9-2

某公司办公室年终考核指标体系

姓名　×××　部门　办公室　职务　主任　任职时间（20××—20××年）

考核指标	评分标准				权重	资料来源
	远超目标（81~100）	超过目标（61~80）	达到目标（41~60）	低于目标（21~40）		
计划费用的控制率	低于计划10%以上	低于计划5%~10%	介于计划±5%之间	超过计划5%	10%	财务部
对固定资产的管理情况	管理完善，设备完好，资产无损失，每季查1次	管理完善，每季查1次，资产无损失金额少于500元	账物分明，每季查1次，资产损失金额少于1000元	每季查少于1次，账物不清，资产损失严重，金额大于1000元	10%	分管领导、财务部根据检查结果评分
采购与领用	及时了解物品的需求，合理采购，节约成本10%以上，领用记录清晰	采购及时，价格合理，掌握库存，定期核对，节约成本5%以上	采购能满足公司的需求，领用有记录，价格合理	拖延不及时，领用混乱或采购的价格超过正常水平	15%	监察审计部、人力资源部
大型会议、大型活动	组织有力，效果很好，节约费用15%以上	组织得力，效果好，节约费用10%以上	组织得力，效果较好，费用未超支	组织较混乱，效果差，费用超支	6%	经理室
对车队的管理程度	安全驾驶，无事故发生，车质可靠	安全驾驶，无事故发生，全年2~3次违章处罚	无事故发生，全年4~5次违章处罚	有交通事故发生，车况差或全年6次以上违章处罚	6%	财务部
车辆调度	及时，准确，分配合理	较及时，准确，分配合理	基本准确，分配基本合理	不准确，分配不合理	6%	
宣传、公关的效果	在各类刊物上发表30篇以上	在各类刊物上发表25篇以上	在各类刊物上发表20篇以上	宣传稿件发表不足20篇	15%	人力资源部
满意度　对各单位职场的选址和设备订购的支持度	很强□　强□	较强□	一般□	弱□	6%	人力资源部（调查测评）
满意度　公章管理、文字把关和文件归档管理	非常满意□　满意□	较满意□	一般□	不满意□	6%	人力资源部（调查测评）
满意度　服务态度（包括后勤保障）	很好□　好□	较好□	一般□	差□	20%	人力资源部（调查测评）

⑤ 范例 9-3

营销员考评指标配分表

因素	目标	指标	配分	得分
工作态度	品德修养	事业心和进取心	4	20
		责任心	3	
		真诚	3	
	工作实践	资料准备	5	
		推销次数及时间运用（心理承受）	5	
推销能力	智力素质	对产品性能掌握程度	2	20
		知识结构及运用（现金意识）	3	
	推销技巧	谈吐	3	
		观察力、联想力	5	
		对顾客心理掌握情况	5	
		创新精神	2	
推销结果	销售量	产品销售数量	20	60
		顾客对推销员的满意程度	10	
	信用	人际关系	15	
		顾客对产品印象	15	

9.3.3.1 考核层次与类别划分

考核用表的设计必须考虑企业需要与实际状况，考核指标要完整、周全，同时也要通俗易懂，不能过于烦琐，要易于操作。在设计考核用表时，首先必须对员工进行层次和类别的划分。一般认为，考核应分为三个层次，即高层管理、中层监督指导、基层操作。而类别的划分，按工作的性质，至少分为以下几类：①管理职务；②专业职务；③事务职务；④现场管理职务；⑤现场专业职务；⑥技术职务；⑦现场技术职务；⑧操作职务；⑨辅助职务等。

分层、分类的结果如表 9-8 所示。

表 9-8 考核的层次和类别区分表

层次	层级	类别			
高层管理	9 8 7	管 理	专 业		技 术
中层监督指导	6 5 4	现场管理	现场专业	现场技术	事 务
基层操作	3 2 1	操 作	辅 助		事 务

有了这样的层次和类别划分，就可以设计各种类型的考核表了，比如"事务 3、4、5 级用考核表""技术 6、7、8 级用考核表"。

一般而言，企业中层次和类别不同，考核的内容及考核要求的侧重点也不同。譬如，判断能力对于低层操作者来说，并不十分重要，而对中、高层管理者来说，就比较重要。具体可参阅表 9-9。

表 9-9　考核侧重表

考核内容	考核项目	层次									
		高层管理			中层监督指导				基层操作		
		类别									
		管理	专业	技术	事务	现场			事务	操作	辅助
						管理	专业	技术			
工作考核	工作业绩	○	○	○	○	○	○	○	○	○	○
态度考核	纪律性								○	○	○
	协作性					○	○	○			
	积极性	○	○	○	○				○		
	责任性	○	○	○	○				○		
能力考核	知识		○	○	○				○		
	技能						○	○		○	
	判断力	○			○					○	
	计划力	○	○	○	○	○	○				
	体力	○				○	○			○	
	指导力	○				○					
	协调力	○									

注：○表示对该层次、该类别员工来说，该项考核项目很重要。

上述"考核侧重表"只是一种示意。在设计考核表时，必须从企业的客观实际出发，确定"考核内容"及"考核项目"。

9.3.3.2　考核项目的权重分配

人事考核指标体系的量化，包括加权、赋分与计分几项工作，是在考核指标与考核标准确定之后必须要进一步量化的工作。加权是对所有考评指标进行纵向比较，然后根据每个指标在"体系"中的重要性，把总体的"1"逐一地分赋到每个指标上，使其分赋到的数字能够恰当地表示该指标在"总体"中的重要性。当然，在考核中，考核项目的权重分配要根据考核的目的而定（见表 9-10）。

表 9-10　考核与加薪、奖金和晋升的关系

目的考评项目	晋升	加薪	奖金
工作业绩	30%	30%	60%
工作态度	20%	40%	40%
工作能力	50%	30%	0

9.3.3.3　考核用表的设计

一般考核用表的设计包括业绩考核用表的设计、态度考核用表的设计及能力考核用

表的设计（见表 9-11、表 9-12）。业绩考核表的设计，至少包括三部分内容：一是所承担的职务工作完成情况；二是上级的指导意见及改进方向；三是考核评价。而能力考核表的设计就需注意能力的开发性，必须体现在考核表中。

表 9-11　工作成绩与态度考核表

工作完成情况			
职务工作	期望目标	自我评价	上司评价

指导与改进	
需要改进的方面	如何改进

考核评价						
考核内容	考核要求	考核要点	一次	二次	三次	综合
工作成绩	工作数量					
	工作质量					
工作态度	纪律性					
	协作性					
	积极性					
	责任心					

注：1. "职务工作"只需列举本职工作的主要或重要方面；一些次要工作，用"其他"概括即可，不然会增加考核工作量，使考核工作过于烦琐。

　　2. "期望目标"应尽可能定量化，允许根据变化了的情况调整。

　　3. "自我评价"与"上司评价"：实际完成情况超过期望目标用"+"号；低于目标用"-"号；大致达到目标用"±"。二者分别进行，如果上司觉得自我评价有失客观，可以与被考核者沟通，尽可能取得一致意见。

　　4. 上述"自我评价"与"上司评价"两栏可以独立出来，设立"职务工作沟通卡"，也可以放在考核表中，甚至可以取消。一切视企业需要而定。

　　5. "考核要点"根据被考核者的职务工作特性进行设计。

　　6. "一次"到"三次"分别由不同级别的上司进行。"综合"由人力资源部门推荐。各次考核独立、依次进行，后次考核者对前次考核结果无权修改。保留结果的差异性有助于结果的客观与公正。

表 9-12　工作能力考核表

综合考核							
一次		二次		三次		综合	

具体事实

分析考核					
考核内容	考核要素	考核要点	一次	二次	三次
知识性能力	知识				
	技能				
经验性能力	判断力				
	计划力				
	指导力				

能力开发

（续）

综合考核		
脱产培训	在职培训	自我开发

综合意见

注：1. "综合考核"：带有概括性，即某种程度的抽象，往往依据考核者的主观判断，容易出现"主观偏差"，因此，特别需要强调综合考核的"实事求是"。"具体事实"分别由各次考核者及调整者填写。

2. "考核要点"：根据职务说明书，对担任相应职务的人应当具有的能力做出考核上的规定。

3. "能力开发"：考核者首先根据考核结果提出开发内容，然后与被考核者协商、沟通，确定后填写在相应栏目。本部分可扩充为"工作能力开发卡"（见表9-13）。

4. "综合意见"：供自由填写，主要填写与考核有关的事实依据，尤其是对那些评价过高或过低的考核结果做出事实上的说明。

表 9-13　工作能力开发卡

填写时间＿＿＿＿年＿＿＿＿月＿＿＿＿日　　　　　　　　填写者＿＿＿＿＿＿

部门		职务		等级		工龄		姓名	
所承担的工作	难易度等级	自我评价			上司评价			上司评价的事实依据	
		完全胜任	胜任	不能胜任	完全胜任	胜任	不能胜任		

我的目标与想法		结果如何		
1. 2. 3. ……		1. 2. 3. ……		

教育培训计划	上司意见	好的方面	应改进的方面
1. 脱产培训	知识		
	技能		
2. 在职培训	判断力		
	计划力		
3. 自我开发	协调力		
	指导力		

注：1. "所承担的工作"：根据职务说明书填写，除了填写主要和重要的工作外，还可以填写一些自己力图干好的工作或自己最干不好的工作。

2. "我的目标与想法""结果如何"：在上下级之间沟通的基础上填写，可以说是下级对上级的一种承诺。下属通过本栏目，给自己提出挑战性工作目标，以期提高自己的工作能力，寻求上级的支持与帮助。

3. "上司意见"：上司根据事实择其要而填之。

9.3.4　绩效考核方法

古语有云："工欲善其事，必先利其器。"考核表的设计只是考核环节中的一个，然而，如何去实施考核涉及考核方法的选择。

各种员工绩效评价方法分为不同等级。这种方法可以保证每个员工都与其他员工做一次比较，但如果员工人数太多，这种比较就难以进行。

各种员工绩效评价方法各有优点和缺点，应该根据实际情况进行选择。员工的工作行为评价方法又包括两类：一类是主观评价体系，即将员工之间的工作情况进行相互比较，得出对每个员工的评价结论，另一类是客观评价体系，即将员工的工作与工作标准进行比较。

9.3.4.1　主观评价法

根据员工的工作行为对员工进行主观评价的一般特征是在对员工进行相互比较的基础上对员工进行排序，提供一个员工工作相对优劣的评价结果。排序的主要方法包括简单排序法、交错排序法、成对比较法和强制分布法。

1. 简单排序法

在采用简单排序法的情况下，评价者将员工按照工作表现的总体情况从最好到最差进行排序。这种方法所需要的时间成本很少，简便易行，一般适合于员工数量比较少的评价情况。在员工数量比较多的情况下，就需要选择其他排序方法。

2. 交错排序法

在采用交错排序法的情况下，评价者在所有需要评价的员工中首先挑选出最好的员工，然后选择出最差的员工，将他们分别列为第一名和最后一名。然后在余下的员工中再选择出最好的员工作为整个序列的第二名，选择出最差的员工作为整个序列的倒数第二名。依此类推，直到将所有员工排列完毕，就可以得到对所有员工的一个完整的排序。人们在知觉上相信这种交错排序法优于简单排序法。

3. 成对比较法

成对比较法是评价者根据某个标准将每个员工与其他员工进行逐一比较，并将每一次比较中的优胜者选出。最后，根据每个员工净胜次数的多少进行排序。这一方法的比较标准往往比较笼统，不是具体的工作行为或是工作成果，而是评价者对员工的整体印象。一般认为，该方法比较适合进行工资管理。

4. 强制分布法

强制分布法实际上也是将员工进行相互比较的一种员工排序方法，只不过它是对员工按照组别进行排序，而不是将员工个人进行排序。这一方法的理论依据是数据统计中的正态分布概念，认为员工的业绩水平遵从正态分布，因此可以将所有员工分为杰出的、高于一般的、一般的、低于一般的和不合格的五种情况。在实践中，实行强制分布的企业通过对设定的分布形式做一定程度的变通，使员工业绩水平的分布形式呈现出某种偏态分布。强制分布法的优点是可以克服评价者过分宽容或过分严厉的结果，也可以克服所有员工不分优劣的平均主义。但是其缺点是如果员工的业绩水平事实上不遵从所设定的分布样式，那么按照评价者的设想对员工进行强制区别容易引起员工不满。一般而言，当被评价的员工人数比较多，而且评价者不只一人时，用强制分布可能比较有效。

为了克服强制分布评价方法的缺陷，同时将员工的个人激励与集体激励更好地结合起来，可以使用团体评价制度以改进强制分布的效果。实施这种评价方法的基本步骤如下所述。

第一，确定 A、B、C、D 和 E 各个评定等级的奖金分配点数，各个等级之间点数的差别应该具有充分的激励效果。

第二，由每个部门的每个员工根据业绩考核的标准，对自己以外的所有其他员工进行 0 ～ 100 分的评分。

第三，对称地去掉若干个最高分和最低分，求出每个员工的平均分。

第四，将部门中所有员工的平均分加总，再除以部门的员工人数，计算出部门所有员工的业绩考核平均分。

第五，用每位员工的平均分除以部门的平均分，就可以得到一个标准化的评价得分。那些评价的标准分为 1 及其附近的员工就应该得到 C 等级的评价，那些评价的标准分明显大于 1 的员工就应该得到 B 等级、A 等级的评价，那些评价的标准分明显低于 1 的员工就应该得到 D 等级甚至 E 等级的评价。在某些企业中，为了强化管理人员的权威，可以将员工团体评价结果与管理人员的评价结果的加权平均值作为员工最终的考核结果，但是需要注意的是，管理人员的权重不应该过大。各个评价等级之间的数值界限可以由管理人员根据过去员工业绩考核结果的离散程度来确定。这种计算标准分的方法可以合理地确定被考核员工的业绩评价结果的分布形式。

第六，根据每位员工的评价等级所对应的奖金分配点数，计算部门的奖金总点数，然后结合可以分配的奖金总额，计算每个奖金点数对应的金额，并得出每位员工应该得到的奖金数额。其中，各个部门的奖金分配总额是根据各个部门的主要管理人员进行相互评价的结果来确定的。

为了鼓励每位员工力图客观、准确地评价自己的同事，那些对同事的评价排列次序与最终结果的排列次序最接近的若干名员工应该得到提升评价等级等形式的奖励。另外，员工的评价结果在评价的当期应该是严格保密的，同时奖金的发放要采取秘密给付的方式，以保护员工的情绪。但是各个部门的评价结果应该是公开的，以促进部门之间的良性竞争。

9.3.4.2　客观评价法

根据客观标准对员工的行为进行评价的方法包括行为关键事件法、行为对照表法、等级鉴定法、行为锚定法和目标管理法。其中的大多数方法在实质上都是对员工的行为按照评价的标准给出一个量化的分数或程度判断，然后再对员工在各个方面的得分进行加总，得到一个员工业绩的综合评价结果。

1. 行为关键事件法

行为关键事件法是客观评价体系中最简单的一种形式。在应用这种评价方法时，负责评价的主管人员把员工在完成工作任务时所表现出来的特别有效的行为和特别无效的行为记录下来，形成一份书面报告。评价者在对员工的优点、缺点和潜在能力进行评论的基础上提出改进工作绩效的意见。如果评价者能够长期观察员工的工作行为，对员工的工作情况十分了解，同时也很公正和坦率，那么这种评价报告是很有效的。这一方法能够为培训工作提供基础，也有助于评价鉴定面谈。但是，由于书面报告是对不同员工的不同工作侧面进行描述，无法在员工之间、团队之间和部门之间进行工作情况的比较。此外，评价者用自己制定的标准来衡量员工，员工没有参与的机会，因此该方法不适合用于人事决策。但行为关键事件法可以被用于绝大多数绩效考核中。

2. 行为对照表法

行为对照表是最常用的业绩评价技术之一。在应用这种评价方法时，人力资源管理部门要给评价者提供一份描述员工规范工作行为的表格，评价者将员工的工作行为与表中的描述进行对照，找出准确描述员工行为的陈述，这一方法得到的评价结果比较真实可靠。在某些情况下，行为对照表对于每个反映员工工作行为的陈述都会给出一系列相关的程度判断，每个判断被赋予不同的分数。评价者根据员工的行为表现进行选择后，将员工在各项上的得分加总就是这一员工的总分。

3. 等级鉴定法

等级鉴定法是一种历史最悠久也是应用最广泛的员工业绩考核技术。在应用这种评价方法时，评价者首先确定绩效考核的标准，然后对于每个评价项目列出几种行为程度供评价者选择。

这种方法所需要花费的成本比较低，容易使用。假定优秀等于5分，良好等于4分，满意等于3分，尚可等于2分，不满意等于1分，于是在对各个评价的标准设定了权重之后，员工之间进行横向比较。等级鉴定法在评价内容的深度方面不如行为关键事件法，它的主要优点是适应性强、相对比较容易操作和成本较低。

4. 行为锚定法

行为锚定法的最大特点是明确定义每个评价项目，同时使用行为关键事件法对不同水平的工作要求进行描述。因此，行为锚定法为评价者提供了明确而客观的评价标准。其主要的缺点是设计和实施成本比较高，经常需要聘请人力资源管理专家帮助设计，而且在实施以前要进行多次测试和修改，因此需要花费许多时间和金钱。

设计行为锚定法的步骤是：第一，主管人员确定工作所包含的活动类别或者绩效指标。第二，主管人员为各种绩效指标撰写一组行为关键事件。第三，由一组处于中间立场的管理人员为每个评价指标选择行为关键事件，并确定每个绩效等级与行为关键事件的对应关系。第四，将每个评价指标中包含的行为关键事件从好到坏进行排列，建立行为锚定法考核体系。表 9-14 是行为锚定法的一个实例。

表 9-14　客户服务行为锚定等级评价表

评价等级	关键行为特征
Δ7	• 把握长远盈利观点，与客户达成伙伴关系
Δ6	• 关注顾客潜在需求，起到专业参谋作用
Δ5	• 为顾客而行动，提供超常服务
Δ4	• 个人承担责任，能够亲自负责
Δ3	• 与客户保持紧密而清晰的沟通
Δ2	• 能够跟进客户回应，有问必答
Δ1	• 被动的客户回应，拖延和含糊回答

5. 目标管理法

目标管理法是当前比较流行的一种绩效评价方法，其基本程序可简化为以下 4 个步骤（详细程序请见图 9-4）。

（1）管理者和员工联合制定评价期内要实现的工作目标，并为实现特定的目标确定员工所需达到的绩效水平。

（2）在评价期间，管理者和员工根据业务或环境变化修改或调整目标。

（3）管理者和员工共同决定目标是否实现，并讨论失败的原因。

（4）管理者和员工共同制定下一评价期的工作目标和绩效目标。

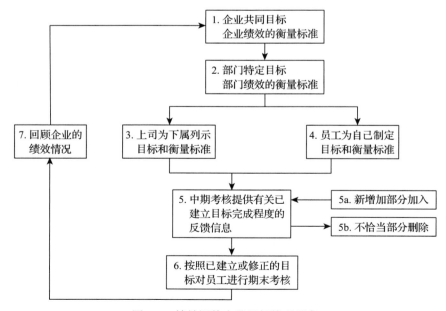

图 9-4　绩效评估中的目标管理程序

目标管理法的特点在于绩效评价人的作用从法官转换成顾问或促进者，员工的作用也从消极的旁观者转换成积极的参与者。员工从一开始就与管理者一道参与评价的全过程。这使员工增强了满足感和工作的自觉性，能够以一种更加积极、主动的态度投入工作，促进工作目标和绩效目标的达成。

9.4 常见绩效管理工具

9.4.1 关键绩效指标

关键绩效指标（KPI）作为一项有效的绩效管理方法，可以把企业的战略目标分解为可运作的具体目标，使部门主管明确部门的主要责任，并以此为基础，明确部门人员的业绩衡量指标，因此，KPI 是企业绩效管理系统的基础，建立明确的、切实可行的 KPI 体系是做好绩效管理的关键。

1. KPI 来源

企业在绩效管理中应如何设置人员的关键绩效指标呢？关键绩效指标的设置通常有三个根据与来源：

（1）公司战略目标：组织或部门总目标，体现出该工作职位的人对总目标的贡献份额；

（2）岗位职责目标：进行职务分析，从职务说明书和岗位职责中，确定配套岗位职责目标；

（3）业务流程最终目标：指标要反映出该工作职位的人对流程终点的支持或服务价值。

2. 建立 KPI 体系设计和操作程序

建立 KPI 指标体系的要点在于把握流程性、计划性和系统性。指标必须是可以测量的，要按照定性和定量相结合的原则，使指标之间具有相对独立性和一定的层次性。

🐚 人力互动 9-2

建立关键绩效指标体系遵循的原则

（1）目标导向：KPI 必须依据企业目标、部门目标、职务目标等进行确定。

（2）注重工作质量：因工作质量是企业竞争力的核心，但又难以衡量，因此对工作质量建立指标进行控制特别重要。

（3）可操作性：必须从技术上保证关键绩效指标的可操作性，对每个指标都必须给予明确的定义，建立完善的信息收集渠道。

（4）强调输入和输出过程的控制：设立 KPI，要优先考虑流程的输入和输出状况，将两者之间的过程视为一个整体，进行端点控制。

（1）确定企业的关键绩效指标。首先明确企业的战略目标，找出企业的业务重点与关键业务领域的关键绩效指标（KPI），即企业级 KPI（见表 9-15）。在 KPI 体系中，企业级 KPI 尤为重要，因为企业关键绩效是一个总纲，具有方向性、指导性的作用。如果企业关键绩效制定得不合理，将导致后续的关键绩效可操作性差，影响整个企业的关键绩效评估。

表 9-15　企业级 KPI

业务重点	技术创新	市场领先	产品品质	人员配备	客户服务	利润增长	IT
企业级 KPI	（1）与市场战略相一致 （2）核心技术占领导地位	（1）市场份额 （2）销售网络的有效性 （3）企业品牌知名度	（1）产品质量 （2）产品数量 （3）生产成本 （4）存货控制	（1）员工知识/能力/素质 （2）员工满意度 （3）人力资源系统/程序	（1）反应质量 （2）及时性 （3）客户满意度 （4）危机处理	（1）短期资产运行 （2）长期资产运行 （3）利润	（1）集成性 （2）信息提取及时性 （3）内部客户满意 （4）信息录入及时性

企业关键绩效指标是由企业的远景、价值观、使命和战略目标决定的，不同的企业有不同的关键绩效指标。例如：

- A 公司的一个关键绩效指标是：利润第一；
- B 公司的一个关键绩效指标是：客户满意度优先；
- C 公司的一个关键绩效指标是：市场占有率第一；
- D 公司的一个关键绩效指标是：员工满意度优先。

（2）确定部门的关键绩效指标。各部门的主管协同人力资源部，依据企业关键绩效指标与工作分析建立部门关键绩效指标，并对相应部门的 KPI 进行分解，确定相关的要素目标，分析绩效驱动因素（技术、组织、人），确定实现目标的工作流程，分解出各部门级的关键绩效指标，确定评价指标体系。部门关键绩效指标是对企业关键绩效指标的分解和细化，具有具体性、可操作性的特点。人员配备 KPI 分解见表 9-16。

表 9-16　人员配备 KPI 分解

企业级 KPI	员工素质	员工满意	人力资源系统
部门级 KPI	（1）任职资格水平 （2）学习能力 （3）绩效改进	（1）员工满意综合指数 （2）优秀员工的稳定性	（1）人力资源计划 （2）招聘效率与效果 （3）绩效管理体制的有效性 （4）人力资源系统

（3）确定岗位的关键绩效指标。各部门的主管和人力资源部的人员一起再将部门的关键绩效指标进一步细分，分解为更细的关键绩效指标及各岗位的业绩衡量指标。岗位关键绩效指标因部门与岗位的不同而不同，主要根据工作分析来确定。一般来说，关键绩效指标有 4 种类型：数量、质量、成本和时间。在确定关键绩效时需要遵循 SMART 原则，即具体性（specific）、可度量性（measurable）、可实现性（attainable）、现实性（realistic）及时限性（time-bound）。

实务指南 9-6

某公司新产品设计工程师的关键绩效指标与关键绩效标准

上级评估：创新性、至少有三种以上产品与竞争对手不同、体现公司形象、使用高质量的材料、恰当的颜色和样式、代表和提升公司形象。

客户评估：性价比，即产品的价值超过它的价格；相对竞争对手产品的偏好程度，即在不告知品牌的情况下对顾客进行测试，以发现选择本公司产品的概率比选择竞争对手产品要高；独特性，即客户反映与他们见到的同类产品不同；耐用性，即提出新观点的数量；产品使用的时间足够长；提出 30 ～ 40 个新的观点。

实务指南 9-7

确立 KPI 时把握的要点

1. 把个人和部门的目标与公司的整体战略目标联系起来，以全局的观念来思考问题。
2. 指标一般应当比较稳定，即如果业务流程基本未变，则关键绩效指标的项目也不应有较大的变动。
3. 指标应该可控制、可达到。
4. 关键绩效指标应当简单明了，容易被执行、接受和理解。
5. 对关键绩效指标进行规范定义，可以对每个 KPI 建立"KPI 定义指标表"。

我们发现在企业中存在一些职能部门，比如办公室、后勤部等，对它们的考核很难像业务部门那样量化。我们将它们的目标称为"软目标"，对这些反映人员态度、综合能力或团队合作、沟通能力的"软目标"的考核往往流于形式，影响考核的效果。

其实，这些职能部门的 KPI 和"软目标"通过一定的转换是可以被确定和考核的。通常的转换要素有数量、质量、时间、成本等，每种要素还可以用更具体的指标来细分，同时有相应的考核依据来衡量结果。以企业安全主管人员为例：平时抓安全、促生产工作，由于 KPI 不好设置，考核往往成为形式，通过四要素的细分转化，其关键绩效指标就很容易被量化和考核（见表 9-17）：

表 9-17 某企业安全主管人员关键绩效指标

指标	细分指标描述	考核依据
数量	1. 按照安全要求，每月召开安全会议一次 2. 每月进行一次安全检查	会议记录 安全记录
质量	3. 每月的事故率不超过一例 4. 员工安全生产率为 0.9	安全记录 安全记录
时间	5. 如果出现任何安全问题，必须在 5 天内解决 6. 每月 5 日上交上月的安全月报	部门记录 报告、上级统计
成本	7. 把因事故造成的财务损失控制在上年的 80% 之内	财务统计

（4）制定关键绩效的具体标准。指标是指从哪些方面对工作产出进行衡量或评估，解决的是评价"什么"的问题；标准是指在各个指标上分别应该达到什么样的水平，解决的是要求做得"怎样"、完成"多少"的问题。所以在确定了关键绩效指标后，需要制定相应的标准。在确定关键绩效的具体标准时，最好采取全员参与的方式，使每位员工事先都明白关键绩效的标准，从而更好地达到评估的目的。

（5）定期进行关键绩效评估。制定了关键绩效指标和标准后，定期评估当然是最重要的。可以从如下几个方面审核所确定的这些关键绩效指标是否能全面、客观和方便地反映被评价对象的工作绩效。

- 关键绩效指标是不是可以证明和观察的？
- 多个评价者对同一个绩效指标进行评价时能否取得一致的结果？
- 这些指标的总和加起来是否可以解释被评价者80%以上的工作绩效目标？
- 是否从客户的角度来界定关键绩效指标？
- 跟踪和监控这些关键绩效指标是否可以操作？

另外，评估的时间和频数也是需要严格把握的。一般来说，每年评估一至二次为宜。

（6）及时反馈关键绩效评估的结果。及时反馈关键绩效评估的结果在评估中起着非常关键的作用。因为绩效评估不光是为评估员工的工作业绩，为加薪、升职提供依据，更重要的在于改进业绩，如果没有及时的反馈，那么关键绩效评估也就只能流于形式。

9.4.2　平衡计分卡

1. 平衡计分卡的概念和内容

平衡计分卡（balanced score card，BSC）是美国著名的管理大师罗伯特·S.卡普兰和复兴方案国际咨询企业创始人大卫·P.诺顿，在总结了12家大型企业的业绩评价体系的成功经验的基础上提出来的，最早发表于1992年12月的《哈佛商业评论》。平衡计分卡作为一种新的管理工具，被《哈佛商业评论》评为"过去80年来最具影响力的十大管理理念"之一，为世界500强中80%的企业所应用。最近一两年，平衡计分卡在我国的电信、石油、项目管理等行业和领域进行了扩展性应用，都取得了成功。

平衡计分卡是一个划时代的战略管理和战略部署工具，不仅提出了一项企业战略，而且在该战略的开发和实施中，能有效地调动和调整各种管理要素，通过积极的平衡创造一种增量保障能力，以保障企业战略的有效实施和落实。

"平衡计分卡"所指的平衡是一种综合的平衡、动态的平衡、战略的平衡，包括以下五个方面。

（1）财务指标与非财务指标之间的平衡；

（2）外部计量（股东与客户）与关键内部计量（内部流程、学习和成长）之间的平衡；

（3）长期目标与短期目标之间的平衡；

（4）所求的结果和这些结果的驱动因素之间的平衡；

（5）客观衡量和主观衡量之间的平衡。

平衡计分卡为企业管理人员提供了一个全面的框架，把企业的使命和战略转变为目标与衡量方法。平衡计分卡的核心思想就是通过财务、客户、内部经营过程、学习与成长四个方面的指标之间相互驱动的因果关系展现组织的战略轨迹，实现绩效考核—绩效改进及战略实施—战略修正的战略目标过程（见图 9-5）。

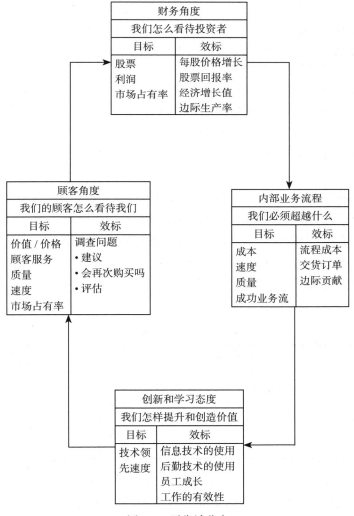

图 9-5　平衡计分卡

从财务角度回答的问题是"我们怎样看待投资者"，即怎样看待财务资源的供给来源。战略追求的财务成果一是增加收入，二是降低成本，三是提高资产利用率。常见的指标包括：资产负债率、流动比率、速动比率、应收账款周转率、存货周转率、资本金利润率、销售利税率等。

🌀 **实务指南 9-8**

财务视角通用指标

阶段	增加营业收入战略	生产力提升战略	
		降低成本	资产利用和投资战略
成长期	按部门划分的销售增长率，从新产品、服务和客户中得到的收入增长率	收入 / 支出	投资占销售额的百分比、研发费用占销售额的百分比
维持期	目标客户销售增长率、客户与生产线利润率、新做法增加百分比	与竞争者的成本比、成本降低率、间接开支降低率	重要资产利用率
收获期	客户和生产线利润率、非盈利客户百分比	单位成本	回报 / 投入

从顾客角度回答的问题是"顾客怎样看待我们"，即这个效标要衡量的是组织怎样达到顾客的要求和需要，并预期顾客在将来可能需要什么。对顾客方面的衡量一般包括以下五个方面：市场占有率、顾客的获得、顾客的保持、顾客满意度及顾客获利能力。每个方面都有特定的衡量指标，常见的指标包括：送货准时率、客户满意度、产品退货率等。

从内部业务流程角度，企业管理者必须重视对客户满意程度和实现组织财务目标影响最大的那些内部过程。通常来说，企业内部的业务包括以下四个方面：创新流程、客户管理流程、作业流程和法令与环境流程（见表 9-18）。尽管这四个方面都很重要，但企业资源有限，为有效地运用和发挥内部资源及过程的有效性，企业必须在对客户影响最大的一个方面做到最好，在其他三个方面也要达到同行业的平均水平，以便创造全面和长期的竞争优势。

表 9-18　内部业务流程

创新流程	客户管理流程	作业流程	法令与环境流程
发明 产品发展 产品上的速度 合资 / 战略伙伴	发展解决方案 客户服务 客户关系管理 咨询服务	供应链管理 高效率的运作 降低成本 提升质量 缩短作业周期 产能管理	健康 安全 环境 社会责任

在创新和学习态度方面，通常不同的战略要求不同的核心能力（见表 9-19），而这些能力都是以"人"为基础的，企业必须不断提高员工的技能水平，改善技术结构，完善企业组织文化，以便使员工的潜能得以充分发挥，企业的技术成果进一步得到优化，企业的组织文化氛围向更好的方向发展。

表 9-19　不同战略的核心能力

竞争战略	集中	差异化	低成本
竞争优势	客户关系	产品创新	作业优势
核心能力	• 获得关于客户知识的能力 • 了解客户需求的能力 • 加强对一般员工的授权，并提供必要的信息 • 确定员工了解客户的能力 • 客户了解公司的能力	• 缩短市场推广时间的能力 • 新产品快速商品化的能力 • 确保创意构想的流动路线的能力 • 重复运用企业内部其他部门所积累知识的能力	• 降低成本的能力 • 提升质量的能力 • 将表现优异部门的知识转移到其他单位的能力
说明	不同的竞争战略要求不同的核心能力，并不等于说除了表中对应列以外的能力不需要，而是说在对应的核心能力方面我们必须做得比竞争对手卓越，而其他两列的能力至少也要达到行业的平均水平		

🐚 人力互动 9-3

中小企业在应用中应注意的五个环节

- 深刻理解平衡计分卡的内涵和本质；
- 紧密结合企业的实际设计好战略；
- 绘好战略展开图，抓好关键控制点；
- 培训好骨干；
- 注意进行扩展性应用。

2. 平衡计分卡中的因果关系

平衡计分卡作为核心战略管理的衡量系统，表明了源于战略的一系列因果关系，发展和强化了战略管理系统（见图 9-6）。

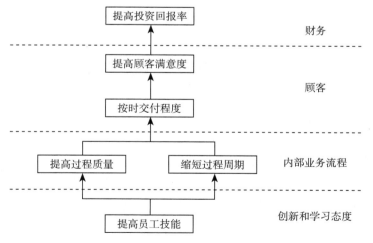

图 9-6　平衡计分卡中的因果关系

3. 平衡计分卡设计与运作流程

企业在设计平衡计分卡时可遵循以下几个步骤。

（1）明确公司目标、任务与战略。公司的高级管理者必须了解公司的内部情况，包括与顾客有关的顾客、生产设备和股东、重要顾客对财务业绩的期望等，经过反复的讨论就公司的目标任务和战略达成共识，在充分交流的基础上，确定企业的战略目标。

（2）建立公司平衡计分卡。根据公司的战略目标，确立企业取得经营成功的关键因素，形成一个初步的企业战略经营业绩计分卡（见表9-20）。

表 9-20　某半导体公司的平衡计分考评体系

维度	目标	考评体系
创新和学习态度	技术领先	开发新一代产品所需时间
	制造过程中的学习能力	产品成熟过程所需时间
	产品创新重点	占销售额8%以上产品的数量
	市场创新	针对竞争的新产品上市时间
内部业务流程	技术进步	具有竞争力的生产程式
	制造水平提升	循环周期，成本报酬率
	改进设计	硅片工程效率
	新产品引入	相对于计划的实际引入进度
顾客	提供新产品	新产品销售份额
	供货快捷	由顾客评定的按时交货率
	优先供货商	重要顾客的购买份额
	强化顾客伙伴关系	合作性经营活动的数量
财务	生存	现金流量
	成功	各分部季度销售增长率和经营收入
	繁荣	市场占有份额增长率和每股收益率

人力互动 9-4

企业平衡计分卡设计

维度	设计成功关键因素的问题清单
财务	• 对公司股东来说，哪些财务目标是最重要的 • 哪些财务目标最符合公司的战略目标
顾客	• 我们对目标顾客提供的价值定位是什么 • 哪些目标最清楚地反映了我们对顾客的承诺 • 如果我们成功地兑现了这些承诺，我们在顾客获取度、顾客保留度和盈利率这几个方面会取得什么样的绩效
内部业务流程	• 我们要在哪些流程上表现优异才能成功地实施企业战略 • 我们要在哪些流程上表现优异才能实现关键的财务与顾客目标
创新和学习态度	• 我们的经理和员工需要提高哪些关键能力才能改进核心流程，实现顾客与财务目标，从而成功地执行公司战略 • 我们如何通过改善业务流程和提高员工团队合作、解决问题能力与工作主动性，来提高员工的积极性，并形成有效的组织文化，从而成功地执行公司战略 • 我们应如何通过实施平衡计分卡来创建和支持组织的学习文化并加以持续运用

实务指南 9-9

公司综合平衡计分卡样式

评分	维度			
	创新和学习态度	顾客	内部业务流程	财务
经营单位 A				
经营单位 B				
经营单位 C				
⋮				
公司维度评分				
指标权重				
综合评分结果				
公司综合绩效	目标绩效	问题分析		
	实际绩效			
	绩效差距			

（3）制订战略实施计划。针对公司战略和每个测评指标制订公司整体实施计划，建立数据库的信息支持系统。一个完整的实施计划包括行动方案、预算与运营规程。

（4）制定部门平衡计分卡。首先，将公司的平衡计分卡落实到部门层面，根据公司的战略、目标、指标和目标值，采用嵌套法，由公司的平衡计分卡直接演绎出职能部门的平衡计分卡。例如，可以将公司平衡计分卡的销售收入增长率直接或间接分解给销售部门。

其次，考虑谁是公司的内部顾客及这些内部顾客的需求与期望、考虑他们在公司核心流程中的职责与作用。

最后，根据这些因素，结合部门的关键职能来设定部门目标。

（5）制订个人平衡计分卡。按照设计部门平衡计分卡同样的原理与程序设计个人的平衡计分卡。如表 9-21 所示，个人平衡计分卡包含三个不同层级的衡量信息，所有员工在日常工作中都能轻易地看到这些战略目标、测评指标和行动计划。

表 9-21　个人平衡计分卡

公司战略目标									
维度	公司具体目标			部门具体目标			团队或个人具体目标		
	2019	2020	2021	2019	2020	2021	2019	2020	2021
顾客									
内部业务流程									
创新和学习态度									

(续)

	团队、个人为实现公司的目标、计划采取的新举措	
1		
2		
3		
4		
5		
团队	成员姓名	
填表说明	1. 个人平衡计分卡的目标与测评指标最多不能超过 5 个 2. 个人平衡计分卡应涵盖平衡计分卡的四个维度，每个维度至少设定一个目标与相应的衡量指标 3. 个人平衡计分卡内容必须支持其主管平衡计分卡的完成 4. 每个主管的平衡计分卡必须有一项有关发展、指导和培训员工的目标与测评指标 5. 平衡计分卡中应至少包含一个旨在支持其他部门运作的目标及其对应的衡量指标	

（6）战略监测、反馈和修正。高层管理人员和部门经理就平衡计分卡所显示的信息不断进行讨论、反馈和修正，并将其纳入新的经营计划之中。

平衡计分卡是一个战略管理系统，但并不是一个适合于所有企业或整个行业的模板。不同的市场地位、产品战略和竞争环境，要求有不同的平衡计分法。各单位应当根据自身情况设计平衡计分卡，以便使其与自己的使命、战略、技术和文化相符。

🌀 个案研究 9-4

罗克沃特公司的平衡计分卡应用

罗克沃特公司在水下工程建筑业中处于全球领先地位。20 世纪 80 年代，水下建筑行业竞争特别激烈，一些小企业退出了该行业，一些大的石油企业客户希望与自己的供货商发展长期的合作伙伴关系，而不是根据价格选择供货商。罗克沃特公司制定了远景规划："我们应向顾客提供最高的安全水平，并在质量标准方面处于行业领先地位。"该远景规划分解为 5 个战略目标：超出顾客预期和需要的服务；高水平的顾客满意度；安全、设备可靠性、灵敏性和成本效率的不断提高；高质量的员工；实现股东预期。罗克沃特公司又把远景规划和战略目标转化成平衡计分卡的 4 套绩效测评指标。

（1）财务指标：包含三个对股东很重要的指标。资本报酬率和现金流反映了对短期结果的偏好；预测可靠度表明母企业希望减少由于业绩的预期外波动而引起的历史不确定性。罗克沃特公司的管理层增加了两个财务指标：项目盈利性集中于把项目作为计划和控制的基本单位，销售储备有助于减少绩效的不确定性。

（2）顾客方面：罗克沃特公司希望能把两类顾客区分开来：第一类顾客是指想建立高附加值关系的石油企业；第二类顾客是指那些根据价格选择供货商的顾客。罗克沃特公司设立了价格指数，把关于竞争位置的可得信息综合起来，以确保竞争加剧时能保住第二类顾客的生意。它还请某组织和顾客对企业的顾客满意度进行调查分析，并统计企业市场份额。

（3）内部过程：为了构造出内部程序的测评指标，罗克沃特公司的经理人员界定了一个项目从启动（认识到顾客的需要）到完成（顾客的需要被满足）所经过的生命周期，对项目周期中的五个业务程序阶段，都一一制定了测评指标。这五个业务阶段分别是：①确认与潜在顾客讨论新工作所花费的小时数；②争取投标成功率；③准备和交付项目业绩效率指数安全/损失控制；④返工率；⑤项目终止周期的长度。

（4）创新和提高：创新和学习的目的在于加速财务、顾客和内部程序的改进。在罗克沃特公司，这类改进除了来自内部业务程序的不断改善外，还来自会带来新的收入来源与市场扩展的产品和服务创新。为了同时促进产品/服务创新和业务改进，该公司认为有必要为员工创造一种充满激励气氛的环境。职员态度调查和员工建议数量的统计指标，都可以用来衡量是否创造了这样一种氛围。

9.4.3 目标与关键结果

9.4.3.1 什么是OKR

OKR（objectives and key results）被称为目标与关键结果工作法，目标（O）描述了企业在预期领域取得的成果，关键结果（KR）则是衡量目标达成的关键成果。在OKR的三层结构中（见图9-7），目标与关键结果是必需的，行动计划则为可选。OKR与KPI的区别体现在以下方面。

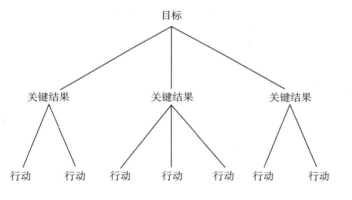

图9-7　OKR三层结构

资料来源：况阳.绩效使能：超越OKR [M].北京：机械工业出版社，2019.

1. 设计目的与过程

KPI侧重于完成明确的绩效目标，而非超越目标。OKR的目标相对模糊，更关注目标的挑战性和追踪意义。在设计上，KPI通常采用自上而下的委派式，反映了组织希望个体做出的绩效行为。而OKR更关注横向与纵向的多维互动，即个人、团队的目标和企业战略方向一致，员工依据自身贡献和价值主动参与目标制定、跨部门的协商等。

2. 调整周期

KPI 来源于岗位职责，由于岗位职责的稳定性，绩效考核指标在考核周期内基本保持不变。OKR 一般为一段时间内的聚焦重点，周期不固定，随时间推移和关注领域的侧重，可能发生变化。

3. 激励方式

KPI 以外部压力和清晰的奖励与惩罚等外在激励推进绩效实现，一些奖励手段可能抑制内在动机或造成绩效导向的短视行为。OKR 则通过个体的自我管理、自我挑战营造内驱力以推动目标实现。[⊖]

9.4.3.2 OKR 的制定步骤

OKR 源于组织战略，目标支撑组织战略的达成，关键结果支撑目标达成。制定 OKR 时可参考以下步骤。[⊖]

（1）回顾组织使命和愿景：在制定 OKR 前要厘清企业在目标领域想要做的事，明确未来的方向。

（2）制定目标：根据企业战略确定哪些是必须要完成的，哪些是可以尝试挑战的目标，确定目标的优先级。

（3）制定目标达成策略：分析并思考如何完成目标，制定方法和措施。

（4）确定如何衡量目标完成：对照目标，确定衡量任务成果的方法。

（5）确定关键结果：根据企业历史数据和外部标杆，充分考虑可行性并最终确定关键结果。

（6）撰写 OKR：将 OKR 制成书面文件，供企业各级组织参考。

🐟 实务指南 9-10

OKR 分解设定表

O1：将店铺数量增加 25%

KR1：在 3 月之前选择 45 个新的候选加盟商

KR2：在 6 月之前完成候选加盟商的培训

KR3：在 9 月之前与其中的 30 个客户签订合同

O2：盈利增加 10%

KR1：升级数字化生产系统，降低生产成本 10%

KR2：使用外包公司完成配送，降低物流成本 10%

KR3：与知名影视剧 IP 等联名合作，销售收入相较去年翻番

⊖⊖ 姚琼 . OKR 敏捷绩效管理你学得会 [M]. 北京：中华工商联合出版社有限责任公司，2019.

9.4.3.3 OKR 的注意事项

（1）设置有挑战性的目标：OKR 的目标完成情况一般不与绩效相联系，仅用于工作改进，强调过程比结果更重要。OKR 的目标应该明确方向且鼓舞人心，目标过低无法激起动力，目标过高则会令人沮丧。[⊖]

（2）目标应该是公开的：OKR 强调目标的公开透明性，营造成员平等的关系，目标开放性使组织成员可以互相评论，为社交化辅导提供基础。

（3）设置量化的关键结果：关键结果也应符合 SMART 原则，且能精确指出对目标的完成有多大贡献。通常一个目标对应 3 ～ 5 个关键结果为宜，过多会导致团队精力无法聚焦。

（4）实时沟通定期庆祝：OKR 定位于未来，团队应实时讨论目标的完成进度，有哪些阻碍因素，要做出哪些调整，定期为实现目标取得的进展举行庆祝活动，充分调动成员的积极性。[⊜]

9.5 绩效考核的实施

确定企业的绩效内容与标准后，如何去实施考核也是考核工作中的重点与难点。这涉及考核对象的确定、考核者的选择与培训、考核周期等问题。

9.5.1 绩效考核实施流程

绩效考核的实施流程包含考核者的选择与培训、考核资料与情报收集、员工自评与他评、考评结果的审核与协调、考绩面谈及考绩结果的运用六个阶段（见图 9-8）。

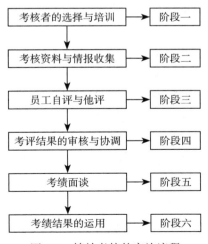

图 9-8　绩效考核的实施流程

⊖　沃特克 . OKR 工作法：谷歌、领英等顶级公司的高绩效秘籍 [M]. 明道团队，译 . 北京：中信出版集团，2017.

⊜　彭剑锋 . 战略人力资源管理：理论、实践与前沿 [M]. 2 版 . 北京：中国人民大学出版社，2022.

1. 考核者的选择与培训阶段

员工的考核由谁来实施？一般来说由员工的直接上级，但由于员工的上级与员工之间的亲近关系，有可能使考核结果带有"感情色彩"，失之公允。所以，有了科学有效的考评指标体系后，并不意味着考核就万无一失了，关键仍在于人的操作，人的因素会影响考核的公平性。因此，考核者的正确选择及对考核者培训是非常重要的。

2. 考核资料与情报收集阶段

从这一次考核至下一次考核之间，主管应该收集情报使评估公平进行。如果未能做到这一点，评估就可能只是依据模糊的记忆，或部属最近之行为、成就来判断。

J. C. 弗兰根曾发展出一种客观的方法来收集评估资料，该方法被称为"关键事件法"。此法所收集之事件资料，都是明确而易观察的，且与绩效好坏有直接关联。事件资料收集到手并加以整理后，填在特殊设计的考核表上，其上用标题将资料加以分类。

这种考核记录另备有使用手册，将记录上所列"16 项具关键性"的要求做详细说明。主管把收集之资料分别登录在考核记录上，该记录分成蓝、红两色，二者各占半页，如资料属有效益者则记在蓝色区，如为无效益之行为则记在红色区域。手册要求主管所记录的必须是直接观察所得，而且要能清楚地显示出表现是好是坏。

依据 J. C. 弗兰根在通用汽车公司试行此种方法之经验，大部分记录的事情都是好的。曾有人怀疑主管会偏向于收集不良事件的资料，而事实证明并非如此。

"关键事件法"共有以下三个基本步骤：

（1）当有关键性事情发生时，填写该表。

（2）摘要评分。

（3）与员工进行考核面谈。

J. C. 弗兰根建议此三阶段应于 6 个月内完成，而考核之面谈以半小时到一小时为宜。他将这套办法简述如下：

考核记录并非一种标准，而是收集员工工作上的重要事迹。收集的事实需要以能对主管及管理阶层发挥的最高作用为前提，亦即要能协助员工了解工作需要，同时也能发展员工潜能，以助其担当更重的职责。它不只是一种新的表格，而是一种新方法。

如果采用此法，主管必须确实能从正、反两面的事实着眼；否则，考核会有偏差，员工也无法公正地接受考核。

在收集资料事例时，主管应把握一个目的：正确地考核。主管可从以下两个主要来源获取这方面的资料：

（1）工作表现的记录，比如生产品质、工作品质、是否按时完工、是否安全、预算成本与实际成本之比较、旷职情形，以及顾客同人抱怨的次数。

（2）其他与受考核部属有来往的人，包括主管、同人或该员工服务的对象。如果公司采用专案小组且有该员工的参与，则可以与小组负责人联络，应力求客观，并尽量避免像"你觉得老陈怎么样"之类的询问方式，而使用"老陈帮你做过哪方面的事"或

"关于这方面，你对他的评价如何"等询问方式。

简而言之，资料的来源越多越好，但应谨慎选取，以确保其客观性。所以，对于资料应再加分析并以绩效标准校正，以获取最正确的考核结果。

3. 员工自评与他评阶段

员工自评的目的是让员工参与到考核中来，考核不再是管理者单方面的事情。对员工来说，员工自评能让员工更了解工作绩效与工作期望的差距，更能体会到工作的努力目标与方向。对管理者来说，采用员工自评与他评相结合的方式，能够更有效地与员工进行考绩沟通，有利于达成绩效改进的计划，达到激励员工内在工作潜力，使其迸发工作热情的目的。

4. 考评结果的审核与协调阶段

员工自评与直接上级他评的结果出来后，更高一级的领导或考评小组可进行第三次、第四次的审核考评，原则上不改变第一次、第二次的结果，但必须把这几次考评的意见汇总到人力资源部或最高领导处，根据企业整体情况进行协调。考评结果的审核与协调使考核更加公正与公平。

5. 考绩面谈阶段

考绩面谈是考核实施中必不可少的环节，是考绩反馈的主要形式。在很多企业中，遗憾的是管理者对此重视不够，以为表填完了，分评定了，结果也知道了，考核就算结束了，其实这是非常糟糕之事。考绩面谈是管理者履行管理者的职能以指导与帮助员工的一项重要职责。通过考绩面谈，可以充分发挥考核"培育个人成长和发展的回馈机能"的作用。

6. 考绩结果的运用阶段

考核如何真正达到持续提高绩效之目的，其根本在于绩效改进计划的制订与考核结果的运用。

9.5.2 绩效考核的角色及职能

1. 绩效考核中的双重角色

目前，大多数企业的绩效考核工作，能够发挥"监督绩效和目标达成或程度的控制机能"已属难能可贵，至于"培育个人成长和发展的反馈机能"，则几乎普遍被忽略了。

考绩在本质上是考"心态"，关键在于改变管理者的心态而非形成一套考核系统。

在绩效考核系统中，管理者必须同时扮演裁判与教练两种角色，这是一个两难的问题：当管理者成功扮演了教练角色时，员工会认为绩效考核结果对他个人发展意义非凡；但大部分绩效考核系统也要求管理者扮演裁判的角色，针对薪资决策和人事决策考核员工，这样反馈的功能就消失了。因此，绩效考核的成败及有效与否，往往在于管理者有没有协调这两个角色的能力。一般认为，如果组织既想有效地实现评估目标，又想有效地实现开发目标，就必须采取两种考核面谈。一种面谈主要针对评估目标，另一种面谈主要针对开发目标，并且需要在本年度的不同时间进行，切忌混在一起。

所以，管理者如只知扮演传统的计划和控制角色，而不能将绩效考核视为发展的工具，则公司的绩效考核效果势必大打折扣。身为管理者，必须估计每个员工的发展阶段，以决定员工是否满足期望，及员工对自己潜力的了解程度。由上而下控制激励的传统绩效考核方式，对于解决绩效的缺陷可能有用，但唯有管理者得到员工的支持，一起投入解决问题的过程中，才能持续改进绩效。

◈ 实务指南 9-11

绩效考核十大要诀

（1）总结简评定期实施　　　（6）随时校正偏离尺度
（2）奖赏示范推动风气　　　（7）过程结果记录为凭
（3）实例取代抽象字眼　　　（8）凭责任感以身作则
（4）下情上达减少借口　　　（9）技巧信心双管齐下
（5）针对工作无关个人　　　（10）制定目标相得益彰

2. 绩效考核中的职能

显然，绩效考核中起主要作用的是直线经理。因为一个评估系统无论设计得多好，如果不能有效地实施，显然没有意义。直线经理对实施负有主要责任，比如填写评分、面谈反馈、与员工商讨改进绩效计划、重新设计绩效目标等。

人力资源部在考核工作中是组织者和指导者，负责制定考核原则、方针和政策；拟订考核制度和考核工作计划；组织协调各部门的考核工作；协助统筹各部门设计符合自身特点的考核办法。同时人力资源部还需要向直线经理提供考核培训，接受考核投诉，保存考核记录，承担监督和评价考核系统的责任，制订人力资源开发计划等。

在考核中，考核者与被考核者是伙伴关系、双赢关系，能够实现共同提高。直接上级是其下级的主要考核者，是一级考核者，是考核的主要责任人，下级对上司的考核拥有签名权和申诉权。再上一级的主管是二级考核者，对一级考核者的工作进行监督、审核。如有疑问，其将与一级考核者进行商议，商议不成，一并交上一级或人力资源部协调。

9.5.3　考核者的选择与培训

9.5.3.1　考核者的选择

考核者的选择应该遵循一些原则，比如考核者应了解被考评职务的性质、工作内容、要求及考核标准与公司政策；熟悉被考评者本人的工作表现，尤其在本考核周期内有直接近距离密切观察其工作的机会。

1. 直接上级

在日常考核中,一般由直接上级对下属员工进行考核。直接上级握有奖惩权力,有助于发挥管理控制的作用。但由于易掺入个人的感情色彩,所以直接上级对下属员工考核的公正性这一标准不作为其业绩考核依据。

2. 同级同事

他们对被考核的职务最熟悉,对被评同事的情况往往也很了解,但同事之间必须关系融洽、相互信任、团结一致;相互间有一定的交往与协作,而不是各自为战地独立作业。这种考核方式多用于专业性组织,比如大学、医院、科研单位等,也可用于专业性很强的企业部门,还可用于考评很难由别类人员考评的职务,比如中层干部等。

3. 被考评者本人

这就是常说的自我鉴定。这可使被考评者陈述对自身绩效的看法,而他们也的确是最了解自己的人。自我考核能令被评者感到满意,抵触少,且有利于工作的改进。不过自评时,本人对考评维度及其权重的理解可能与上级不相一致,常见的是自我考绩的评语优于上级。

4. 直属下级给上级考核

有相当一些人不太主张采用此法,这是因为下级若提了上级的缺点,害怕被记恨而遭报复。所以采用这种考核时,下属往往只报喜不报忧,还易于仅从上级是否照顾自己个人利益去评判其好坏。对上级来说,常顾虑这些会削弱自己的威信与奖惩权;而且一旦知道自己的考核要由下级来做,便可能在管理中缩手缩脚,投鼠忌器,充当老好人,尽量少得罪下级,使管理工作受损。

5. 外界专家或顾问考核

外界考核专家或顾问有考核方面的专门技术与经验,理论修养也深,而且他们在公司中无个人利害之瓜葛,较易做到公正。外界考核专家或顾问被请来,是会得到本应担任考评者的干部欢迎的,因为可以省去他们本需花费的考核时间,还可免去不少人际矛盾。被考评的下级也欢迎外界考核专家或顾问,因为专家不涉及个人恩怨,较易做到客观公正。公司也因为专家内行,在各部门所用的考核方法与标准是一致的,具有可比性,从而乐意邀请专家。但是这种考核方式一般成本较高,而且专家对被考核专业也可能不那么内行。

6. 360度评估

360度评估也叫全方位评估,该评估方法为了给员工一个正确的评估结果而会尽可能结合所有方面的信息,包括上级、同事、下属、客户等。这种方法较费时、费力、费钱。但我们更多将其与管理发展和职业发展结合起来使用。其优点、缺点如表9-22所示。

表 9-22　有关 360 度评估的争论

优点：
- 由于信息是从多方面搜集的，因此这种方法比较全面
- 信息的质量比较好（回答的质量比数量重要）
- 由于这种方法更重视内部 / 外部客户和工作小组这些因素，因此它使全面质量管理得以改进
- 由于信息反馈来自多人而不是单个人，因此减少了存在偏见的可能
- 来自同事和其他方面的反馈信息有助于员工自我发展

缺点：
- 综合各方面信息增加了系统的复杂性
- 如果员工感到参与评估人联合起来对付他，参与评估人可能受到胁迫，而且会产生怨恨
- 有可能产生相互冲突的评价，尽管各种评价在其各自的立场是正确的
- 需要经过培训才能使系统有效工作
- 员工会做出不正确的评估，为了串通或仅仅是对系统开个玩笑

9.5.3.2　考核者的培训

在企业中，常听到对人力考核的批评与反对意见，究其原因，与其说是对考核本身的反对，不如说是对考评人员的水准、能力或态度的怀疑。人事考核与其说是"制度"重要，不如说是"考核者"重要。即使有完备的考核制度，没有具备一定能力的考核者，考核只能流于形式。所以，对考核者进行培训、提高他们的素质，有助于确保考核的客观性与考评活动的成效。

对考核者进行培训，主要达到以下几个基本目的。

（1）理解考核在人力资源管理中的地位和作用；理解整个人力资源管理系统的内容与结构。

（2）把握人事考核的实施方式和规则。

（3）统一考核者相互间的考核评价标准与水平。

（4）理解考核内容与考核要素，尤其要把握"能力"是什么。

（5）懂得如何消除考核的失误和偏见。

🌀 实务指南 9-12

考评者及其有关特点

考评者类别	信息	信息量	参与方法
直接主管或直接管理者	• 部门之内的 • 管理性的 • 比较性的	• 中等到大量	• 直接参与考评 • 反馈信息 • 管理考评过程
较高层次的管理者	• 部门之间的 • 比较性的	• 有限	• 规划 • 评述他人所做的考评 • 把握进程
被考评者	• 行为 • 技能与能力 • 努力 • 比较性的	• 极大	• 向其他考评者提供信息 • 补充他人的评价

（续）

考评者类别	信息	信息量	参与方法
同级同事	• 比较性的 • 定向联系 • 交流沟通	• 中等到大量	• 团队讨论 • 通过正规途径输送信息
下属	• 领导能力 • 信息传递能力 • 其他监管能力	• 中等到大量	• 问题的解决 • 信息反馈
客户或顾客	• 提供的服务	• 有限到大量	• 通过正规途径输送信息 • 问题的解决
考评专家或顾问	• 制约考评小组 • 能力和技能	• 有限	• 提供指导与考评标准正规设置

9.5.3.3　考核时间

1. 考核期限

考核周期多长合适？考核时间定在什么时候最好？这也是困扰考核者的问题。绩效考核的目的不同，周期的选择也就有差异（见表9-23），一般要注意以下几点。

（1）在业绩考核期限内，员工应该较彻底地完成他们的工作。

（2）考核时间的选择，一般应注意避开员工的工作高峰。

（3）不同层次的企业人员，考核周期不一。比如，对基层操作层事务类工人的考核，可每周甚至每天进行，考核以量化标准为主，注重工作任务的完成。而对中高层管理者的考核，一季度一次较合适，以工作述职为主，进行综合评价。

（4）考核者在选择考核时间时，要避开自己不良情绪周期的影响。

表 9-23　企业绩效考评周期的一般确定

考评目的	考核周期	
	职位类别	周期
绩效薪酬的发放	高层管理者、高级技术人员、销售人员	一年
	中层管理者、一般技术人员	一季
	一般管理人员、直接工厂人员	一个月
确认晋升资格	所有职位	按照年连续考核
检查加薪资格	所有职位	按照年连续考核
核查奖励资格	所有职位	与奖励周期一致
能力开发和调动	所有职位	按照年连续考核
续签劳动合同	所有职位	在合同期限内综合每年连续考评

2. 考核频率

（1）每月评价。

- 评价的项目比较简单且直接，评价对当月工作目标具有贡献的部分，也应指出存在的需要改善的问题。
- 评价的结果作为持续改善的依据，对于表现杰出者应给予及时且适当的表扬、奖励。

（2）每季评价。

- 评价比较全面且深入，不但要评价当前季度的工作目标、指出工作不足，还要考察员工对下季度的工作规划、工作目标及工作承诺。
- 评价的结果可作为给予季度奖金的依据或工作调配、任务变更的基础。

（3）每年评价。

- 把当年每季度的评价汇总，转换为年度绩效评价总结，还应对下一年度绩效目标的有效性做出合理的评估。

9.5.4　绩效考核结果的运用

9.5.4.1　员工层面的运用[一]

（1）**薪酬管理**：绩效考核结果可用于员工绩效工资、薪资调整。绩效工资依据员工绩效考核结果排名确定，每个绩效考评等级分别有不同的考核系数。对于绩效考核结果较好和较差的员工，决定工资是否调级和调级幅度。

（2）**职位晋升**：企业可根据员工绩效考核情况了解其个人能力，为其制订个人发展计划。除货币奖惩外，绩效考核结果还可作为职位升降的依据，前提是企业拥有完善的基于绩效评价的员工晋升体系。同时，绩效考核结果还可与荣誉管理联系，授予表现优秀的员工荣誉称号，激发其积极性。

（3）**绩效改进**：根据员工的绩效考核结果为其制订绩效改进计划，通过绩效沟通帮助员工了解自身不足，确定亟须改进的工作和所需资源。

9.5.4.2　组织层面的运用

（1）**招募与甄选**：绩效考核结果能揭示员工是否满足职位技能要求，是制订招聘计划的重要依据。当现有员工无法胜任工作或员工数量不足时，组织可据此制订招聘计划以替换或补充岗位空缺。此外，绩效评价结果常被用作衡量选拔有效性的"效标"，确保选拔过程能够准确预测员工的实际绩效水平。[二]

（2）**培训与开发**：通过分析累积的绩效考核结果，企业可识别员工态度、知识或技能上的不足，组织具有针对性的培训活动以弥补这些不足。对于态度问题，可安排适应性再培训；对于知识、技能不足的问题，可开展技能提升培训，从而帮助员工提高工作能力并满足岗位要求。

（3）**人力资源规划**：绩效考核结果为组织提供人力资源质量与潜力的全面数据，可用于评估员工晋升和发展的可能性，确保企业实现可持续发展所需的人力储备。通过连续的考核结果，组织能够发现人岗不匹配的问题，及时进行调整。同时，考核数据也可

　　㊀　刘善仕，王雁飞，等.人力资源管理 [M].2版.北京：机械工业出版社，2021.
　　㊁　付维宁.绩效与薪酬管理 [M].北京：清华大学出版社，2016.

为制定长期人力资源规划提供科学依据。

9.5.5 绩效考核效果的评价

建立一个有效的绩效考核系统，要不断根据企业内外部环境进行修改，经常对绩效考核的效果进行评价。一个有效的绩效考核系统应该具有如下特色。

1. 目标性

在评估过程中要把工作标准与组织目标联系起来，评估系统既要符合企业长远的发展需求，又要符合实际的岗位特征，具有明确的目标指向性。

2. 敏感性

评估系统能区分工作效率高的员工与工作效率低的员工的能力。考核系统用于管理和员工个人发展时，侧重点不同。用于管理时，可以收集员工之间绩效差别相关信息；用于个人发展时，可以收集每位员工在不同阶段自身工作情况相关信息。

3. 可靠性

可靠性是指不同评估者判断的一致性，即不同的评估者对同一员工所进行的独立评估应大体一致。由于管理人员、上级、下级和同事是处于不同角色的评估者，对同一个人的绩效评估结果可能有很大的差别，因此评估者必须具有足够的机会去观察员工的实际工作情况。

4. 可接受性

可接受性是指包括员工绩效评估在内的任何人力资源管理方案都必须取得与该方案有关人员的支持或被其接受才能够真正实施，否则会遇到巨大的阻力。因此，企业必须重视员工的参与和支持。任何人力资源管理措施的实施都需要组织协作。一般来说，只要将工作要求详细、准确地告诉员工并征求员工的意见，可接受性就会大大提高。

5. 实用性

实用性是指绩效评估系统应该容易被管理人员和员工理解并使用。如果评估系统过于复杂，员工不清楚工作和绩效之间的联系及评估结果的依据，管理人员不理解评估的标准，就必然导致员工和管理人员产生不满和抵制。

9.5.6 绩效考核实施中的问题与对策

9.5.6.1 企业绩效考核失败的主要原因

1. 考核者存在问题

管理者缺乏对员工实际工作情况的了解、评估标准不明确及对评估工作不够重视或准备不足都会影响绩效考核的有效性。此外，管理者可能在评估过程中不诚实，缺乏必要的评估技能，并且使用含糊不清的语言，导致评估结果失真。员工也常因未能获得反馈或未进行充分的发展讨论而感到不满。

2. 绩效考核体系存在问题

（1）考核标准设计不合理：未能根据不同部门和岗位的实际需求制定考核标准，缺乏针对性和适用性，或者考评标准已经过时，无法适应当前的工作要求。

（2）考评目的不明确：许多组织并没有明确绩效考核的实际目的，为了考评而考评，难以有效发挥其提升组织和员工绩效的作用。

（3）考评标准缺失：绩效考核缺乏客观、明确的标准，经理仅仅用简单的等级进行评价，这将引发员工对考评公正性的质疑。

（4）考评方法选择不当：没有根据组织实际情况选择适当的考评方法，影响考评结果的科学性。

（5）考评周期设置不合理：周期过长会导致紧急问题无法得到及时处理，周期过短则会增加管理成本。

9.5.6.2 绩效考核的误差问题[⊖]

1. 客观误差

绩效考评信息来源单一或考核主体选择不当，往往会导致考核结果出现偏差。目前，大多数组织主要依赖员工的直接上级作为绩效考评的信息来源，因为他们熟悉下属的工作情况，并对考评内容和绩效标准较为了解。然而，仅由直接上级负责绩效考评难免存在偏颇，容易引发员工对考评结果的不满，影响考核的公正性和结果的信服度。

2. 主观误差

（1）晕轮效应：考评者因为员工某一方面表现优异，倾向于以偏概全，认为该员工在其他方面也同样出色，这种现象尤其在缺乏量化标准的因素（如主动性、工作态度等）上更易出现。

（2）趋中倾向：考评者为了避免极端评价，往往倾向于给出中等评分，但这忽略了员工的真实表现，最终会导致平均主义现象。

（3）宽大化或严格化倾向：部分考评者在考评中表现过于宽容或严苛，使得考评等级整体偏高或偏低，难以反映员工的实际水平。

（4）个人偏见：考评者因种族、性别、年龄等主观偏见，对员工的表现做出不公正评价。例如，男性员工可能因性别偏见获得更高评价，而女性员工则被低估。

（5）对照效应：考评者将当前员工的表现与上一位被考评者进行对比，从而因对前一位的印象和偏好产生偏差，影响对当前员工的公正评价。

⊖ 人力资源管理编写组．人力资源管理 [M]．北京：高等教育出版社，2023．

9.5.6.3 绩效考核中的冲突

绩效考核在企业中之所以推行困难，在于上司与员工以不同的视角来看待评估过程。员工往往把注意力放在外部环境因素（如领导水平低、缺少支持、同事缺乏合作精神、机器故障等）上，认为外部原因影响了其工作表现。而上级主管主要从员工本身及他所表现出的工作热情和能力来进行考查，这往往导致管理冲突。

同时，目标冲突也是绩效考核中存在的问题。从组织和个人的目标来看，一共有三对冲突（见图9-9）。

（1）组织的评估目标与开发目标之间的冲突。

（2）被评估者本人的各种目标之间的冲突。

（3）个人目标和组织目标之间的冲突。一是组织的评估目标与个人希望获得回报的目标之间的冲突。二是组织的发展目标与个人希望保持自我形象的目标之间的冲突。

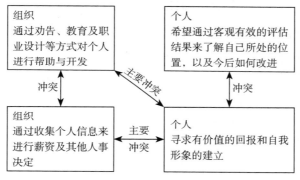

图 9-9 绩效考核中的冲突

这些冲突的结果必然导致考绩中的矛盾性、回避性、防御性与抵制性。只有完善绩效考核体系的设计与加强考绩面试的实施才能消除这些特性。

9.5.6.4 减少考绩失败的十个对策

为了避免前面所叙述的各种失败因素，人事部门或考核者必须从绩效考核制度的设计、执行到回馈，均力求谨慎小心、客观公正，以免掉入前面所提的各种陷阱。要求绩效考核的建立与实施，既有效率又有效果，好的制度是迫切需要的；同时，必须改善主管与部属之间的关系，然后举行一个和善、坦诚的回馈及面谈。以下就提供一个可以减少失败的方法和实施程序。

（1）在员工进入公司前的指导阶段，即告知绩效考核程序。

（2）决定绩效考核的目的，是为了考核，为了训练，为了薪资的调整，还是为了人员的成长与发展。

（3）依不同的目的和工作内容，找出考核标准。这些标准要和工作相关，有客观的资讯作为考核的根据。

（4）依不同的工作性质，决定各项工作及人员的考核时机。

（5）决定考核的方法及实施程度、步骤。

（6）找出考核的因素。这些因素要能代表工作的内容，而非一般的人格特质。

（7）决定执行考核的人员。他们要接受训练，以防止一些偏差；要了解工作内容，才能评估出优劣；最重要的是，要清楚地知道考核的目的为何。

（8）建立正式回馈制度，让员工知道考核的结果。

（9）让考核者和被考核者有面谈的机会。面谈的目的不在于争论考核的结果，而是对未来的绩效提出建议性的意见，以帮助人员成长和发展。

（10）与被考核者设定下次绩效改进计划的目标、方法及衡量标准，主管则需扮演辅导者的角色。

🐟 人力互动 9-5

你能正确评估下属的工作吗

1. 你认为开展评估的主要目的是什么？

　A. 激励员工努力工作，更上一层楼。

　B. 促使员工反思自己以往的表现。

　C. 暴露员工的缺点与不足。

2. 你怎么安排与下属的述职谈话？

　A. 先批评缺点，再表扬优点。

　B. 开始和结束时都谈优点，中间穿插缺点。

　C. 首先肯定优点，然后再指出不足。

3. 你认为对员工的评估应该以什么为基础？

　A. 严格以实际成果为准。

　B. 以他的知识水平、工作能力和工作态度为主，短期效益为辅。

　C. 综合考虑他的能力与实际效益。

4. 你为部下写鉴定时最重视的资料是什么？

　A. 他的实际表现。

　B. 他的出勤记录与薪资水平。

　C. 他的总结与鉴定。

5. 你认为员工的评估工作应在何时进行？

　A. 在其表现下降时。

　B. 在本人提出要求时。

　C. 定期进行，比如每年一次。

6. 在评估工作结束之际，你：

　A. 让员工阅读鉴定并写下本人意见。

B. 让员工阅读鉴定，但不征求本人意见。

C. 既不让员工阅读鉴定，也不征求本人意见。

7. 你在指出部下的不足之处后：

A. 为他指出克服缺点的方法。

B. 警告他这些不足之处对他今后加薪与升职的影响。

C. 与他共同探讨今后的努力方向。

8. 如果员工在谈话时情绪激动，你：

A. 耐心听他发表意见，暂不打断。

B. 谴责他不能控制自己的情绪。

C. 尽快结束谈话，让他恢复平静。

9. 如果某位部下的表现开始明显下降，与以往相比差距甚大，你：

A. 悄悄记下他的过失，以便在下次总结鉴定时提出来。

B. 与他开诚布公地交换意见，找出其退步的原因，共同制订改进方案。

C. 熟视无睹，期望他会自觉醒悟。

10. 你在什么场合宣布有关提薪事宜？

A. 在述职谈话时。

B. 在关于工资的特别谈话中。

C. 写信通知。

答案：

1. A.10	B.5	C.0	2. A.5	B.0	C.10
3. A.15	B.0	C.10	4. A.10	B.0	C.5
5. A.0	B.5	C.10	6. A.10	B.5	C.0
7. A.5	B.0	C.10	8. A.10	B.0	C.5
9. A.5	B.10	C.0	10. A.0	B.10	C.5

80～100分

你深知总结考核的策略与方法，能够公正地衡量部下的成绩与不足，让人心悦诚服。

50～75分

你真诚求实，只要稍注意些方式方法，便能成为一流的考核评估员。建议你参加一个现代管理培训班，更新、补充管理技巧。

20～45分

你有多处不足，必须立即改进，以免再犯错误，最好征求一下有经验的老同事或人事培训部门的意见，你需要从最基础的评估技巧学起。

0～15分

傻瓜才会喜欢在你手下做事！

9.6   绩效反馈与改进计划

9.6.1   绩效反馈

绩效反馈是通过评价者与被评者的沟通，就被评者在考核周期内的绩效情况进行面谈，对被评者进行肯定或找到其工作不足之处加以改进。绩效反馈的目的是让员工了解自己在本绩效周期内是否达到了绩效计划设定的目标、行为态度是否偏离，便于让管理者和员工就评价达成一致，协商制订绩效改进计划。在实施绩效反馈时，应该注意以下原则。[○]

（1）信任原则：绩效反馈时，评价者和被评者应在开诚布公、互相信任的基础上进行沟通。管理者应该以平和、亲切的姿态营造信任的氛围。

（2）持续性原则：绩效反馈应该贯穿绩效考核周期，只要当管理者发现员工在工作中存在脱离目标的行为和态度时就应立即纠正，当发现员工工作进展落后于预期计划时应及时沟通并提供帮助。

（3）对事不对人原则：在绩效反馈中，双方讨论的是员工的客观行为表现，而非讨论员工的个性特点。当员工某些特质影响了绩效目标的达成时可以与其沟通，但需要注意的是员工的个性特征不能作为绩效评价的依据。

（4）引导原则：在绩效反馈中，管理者应扮演"伙伴 + 教练"的角色，而不是"指挥者"的角色，仅凭发号施令并不能有效帮助员工改进工作问题。管理者应引导员工主动发现工作中存在的缺陷，并思考解决办法，提供必要的资源并适当给予正面鼓励。

❧ 研究前沿 9-4

绩效反馈中的反弹效应[○]

现有研究认为绩效评分本身没有明显的性别偏见，但绩效评估中的叙述性评论和反馈语言可能存在性别差异。女性员工往往收到更模糊、不具体的反馈，而男性员工收到的反馈则更可能与业务成果直接挂钩。这些差异可能源于职场中的"反弹效应"：当女性表现出主动性或领导力等不符合传统性别角色的特质时，她们会遭受负面评价，比如被认为不受欢迎或不适合晋升。这种性别化的反馈语言可能会降低女性员工的情感承诺（对组织的归属感）并增加离职意向，不仅阻碍了女性职业发展，还可能导致组织中长期存在性别不平等。因此，企业可以采取一系列干预措施应对上述现象：①制定正式绩效评估的检查清单，以确保男女员工获得同等质量的反馈；②提供关于可能影响绩效评估和反馈的无意识过程的视频或书面材料；③在继任计划会议、分配高级培训机会等影响员工发展的领域对管理者进行全面评价。

○ 付维宁 . 绩效与薪酬管理 [M]. 北京：清华大学出版社，2016.

○ CIANCETTA L M, ROCH S G. Backlash in performance feedback: deepening the understanding of the role of gender in performance appraisal[J]. Human Resource Management, 2021, 60(4): 641-657.

9.6.2　考绩面谈

绩效考核的反馈是考绩中最关键的一环,是绩效持续改进的重要动力。本节将主要从绩效考核反馈的形式——考绩面谈、反馈的内容——绩效改进计划、考核结果的应用及绩效考核的评价等几个方面来讨论。

9.6.2.1　如何准备考绩面谈

要准备好考绩面谈,首先必须清楚考绩面谈的目的,对考绩的成功抱有十足的信心。

1．考绩面谈的目的

(1)对被考核者的工作表现双方达成一致的看法。

(2)指出优点所在。

(3)指出待改进之缺点。

(4)双方对某项缺点所订之改进计划看法一致。

(5)协商下一个考核阶段,主管所希望员工做的事,即确定工作要项及绩效的标准。

2．考核者的准备

(1)确定面谈时间。时间一定要恰当,最好是由你与员工协商确定。

(2)决定最佳场所。与员工绩效考核的面谈最好在你与员工两人之间展开。安静、舒适、能够产生交流气氛的场所最为合适。

(3)集中资料。将所有的原始资料、表格归纳整理后放入文件夹,以便面谈时随手可得,而不必中断或因而无所因循。

(4)计划开场白。万事开头难,特别是对一位有"备"而来的员工来说,让他的注意力从他所认为的不公平之处转移过来,形成最佳面谈气氛,这看起来就更难了。你的开场要用一种最恰当的方式让这项面谈的气氛与窗外美妙的风景、无限的风光融为一体。

(5)计划采取的方式。你的面谈将是一次有所成效、讲求效率的与员工的会面,你必须采取有效的方式。

- 你可以先谈他的优点,然后再谈需要改进的地方。
- 先由员工发表对考核的意见与看法,然后由你向员工逐渐解释疑点,但注意与员工达成共识。
- 直接由你引出评价结果,征求员工的意见,注意一定要悉心倾听,并与员工一道商讨改进措施。
- 抛开评价,针对问题与员工展开讨论,然后顺势转回对员工的评价,以求获得改进上的共识。

(6)计划面谈收场。在你对这次面谈的目的达成了满意的结论时,就可以适时地收场了。注意,你在收场之前一定要将改进计划与具体行动在已达成共识的基础上,再向员工重复清楚。最后，做好具体行动安排，一式两份，与员工共同关注绩效的提高。

3. 员工的准备

在面谈之前应至少提前一周通知员工，让员工及早为面谈做好准备。

（1）收集与先前绩效有关的资料。对于某些未完成的、做得不正确的工作也应该说明理由。

（2）如主管要求做自我评估，应先做好一份。

（3）预先把不在办公室时的工作安排好。

（4）面谈前，把通信设备，比如手机、传呼机暂时关掉。

9.6.2.2 如何进行考绩面谈

作为考核者，时刻谨记考核面谈之目的在于讨论工作绩效，而并不讨论或涉及人格的问题；应注重未来要做的，而不是既往已做的。

在考核面谈时，必须注意以下十项原则。

（1）建立并维护彼此的信赖，即营造一种适合面谈的气氛。

（2）清楚地说明面谈的目的。

（3）鼓励员工说话。

（4）倾听而不要打岔。

（5）避免对立与冲突。

（6）集中在绩效，而不在个性性格上。

（7）集中于未来而非以往。

（8）优点与缺点并重。

（9）该结束时立刻停止。

（10）以积极方式结束面谈。

🔄 实务指南 9-13

成功考绩面谈技巧

1. 坦诚相见，把考核表拿给部属看，而不要藏起来。

2. 解释给部属听，为何你会这样考核。如果你查过记录或者是向别人打听过，直说无妨。如果你是完全凭自己所知做的考核，也要告诉他实情。别忘了告诉他，你希望听到坦白的意见，因为你的考核可能并不是完全正确的。举例言之，如果他做过的一些事，你给忘了或你根本不知道，那么你要勇于承认。

3. 要记住你的考核是暂时性的，如果部属的意见让你觉得考核有错，你也要乐意更改。而且，不要怕承认错误。

4. 摘述要点。讨论完毕之后，再与部属一起回头将重要的地方重新浏览一遍，并给他一份与你相同的资料。

9.6.2.3 如何针对不同的下级进行面谈

1. 对优秀的下级

这种情况的面谈进行得最顺利，但考评者要注意两点：①要鼓励下级的上进心，为他制订好个人发展计划；②不要急着许愿，答应几时提拔或给何种特殊物质奖励之类。

2. 对与前几次相比没有明显进步的下级

考评者应开诚布公，与他讨论是不是现职不太适合他，要不要换个岗位的问题，要让他意识到自己有哪些不足。

3. 对绩效差的下级

造成绩效差的可能原因有多种，比如工作态度不端正、积极性不足、缺乏培训、工作条件恶劣等。必须做具体分析，找出真正的病因并采取相应措施。切忌不问青红皂白，就认定是这位下级的过错。

4. 对年龄大的、工龄长的下级

对这种下级一定要特别慎重。他们看到比他们年轻而资历浅的人后来居上，自尊心会受到伤害，或者会对他们未来的出路或退休感到焦虑。因此，对他们要尊重，要肯定他们过去的贡献，要耐心而关切地为他们出主意。

5. 对过分雄心勃勃的下级

有雄心是优良品质，但过分了则不好。这些人会急于被提升和奖励，虽然他们此时还没有进步到这种程度。因此，对他们要耐心开导，说明政策是论功行赏，用事实说明他们还有一定的差距。但不能只泼冷水，可以跟他们讨论未来进展的可能性与计划。不过，千万不要让他们产生错觉，以为达到某一目标就一定马上能获得奖励或晋升；要说明努力追求进步，待机会到来，自会水到渠成的道理。

6. 对沉默内向的下级

这类员工不爱开口，对他们只有耐心启发，用提出非训导性的问题或征询其意见的方式，促使其做出反应。

7. 对发火的下级

对这种人首先要耐心听他讲完，尽量不要马上跟他争辩和进行反驳。从他发泄出的话可以听出他气愤的原因，然后与他共同进行分析，冷静地、建设性地找出解决问题的办法。

🐾 人力互动 9-6

如何衡量考绩面谈效果

1. 面谈是否达到目的？是否对部属有帮助？应该如何做才能使面谈更有效？
2. 下次再进行面谈时，应如何做？有哪些遗漏需要加以补充？有哪些无用的讨论需

要加以删除？

3. 我学到了哪些辅导技巧？对于个人，我又学到了什么？

4. 谁说的话最多？我是否真正注意到部属所说的话？

5. 对这次面谈，自己是否满意？面谈结果是否使我和部属间相互了解得更深刻？

6. 自己是否觉得下次面谈会更有效？

9.6.3 绩效改进计划

绩效改进计划更多地强调考核者教练的角色，如果没有一个积极的绩效改进计划，那么评价过程就是不完善的。所谓绩效改进计划就是采取一系列具体行动来改进部属的绩效，包括做什么、谁来做和何时做。

9.6.3.1 绩效改进计划前的准备

（1）清楚员工行为改变的条件有如下五个。

- 意愿：员工必须要想改变。
- 知识与技术：员工必须知道要做什么并且知道应该如何去做。
- 气氛环境：员工必须在一种能让他用不同方式表现的环境里工作，而造就这种工作环境的最重要的因素就是主管。
- 帮助与支持：如果员工想进步，他需要鼓励与帮助。一个人可能因畏惧而不敢尝试新的事物，或是心里想做，但缺乏鼓励而一直没有去做，或是缺少信心与技术，在没有协助时自己不敢做。主管能帮助他们，培训或人力专家也能帮助他们，或多者合力去帮助他们。
- 奖励：如果知道改变会有奖励，那么人们较易做出改变。如果真的给予奖励，就会对未来的改变有激励作用。奖励的方式可为金钱的与非金钱的。金钱的包括加薪、分红或其他钱财的诱因。非金钱奖励包括自我满足、称赞、加重责任、更多的自由与授权等。

（2）明确员工绩效未能达到期望的原因，是员工自己、主管，还是环境因素导致的。

（3）知道绩效改进计划的良好实施有赖于主管和部属的合作。

（4）了解绩效计划的逻辑过程，应将绩效计划过程的重点放在员工身上（见图9-10）。

9.6.3.2 绩效改进计划的制订

在评估面谈中，主管需要与部属一起明确工作中需要改进的地方，并优先选取一项进行改进。这一选择应通过双方合作达成，并以彼此的信赖为基础。例如，表9-24提供了一种选择方法，它是一套从绩效考核延伸而来的实际且有效的绩效改进计划。一个有效的计划应符合下列4个要求。

（1）实际。计划内容应与待改进的绩效相关。

（2）时间性。计划必须有截止日期。

（3）具体。应做之事必须阐述清楚。

（4）计划要获得认同。主管与部属双方都应该接受这个计划并努力实行。

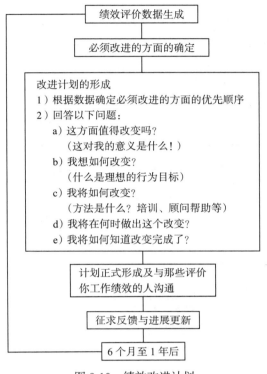

图 9-10　绩效改进计划

表 9-24　选择绩效改进要点之方法

绩效	不易改变	容易改变
亟需改进	列入长期改进计划，或协助员工予以酬劳奖励，或与其一起进行	最先做
暂不急于改进	目前暂时可不去操心	选择第二目标。能助于改进其他困难的工作

这套计划由一系列表格组成，旨在实现两个主要目标：一是帮助员工在当前工作中提升绩效，二是通过有计划的学习与发展，挖掘员工潜力，为其未来的晋升创造机会。然而，其核心仍聚焦于改进员工现有的工作表现。这套绩效改进计划包含四个表格，具体内容如下。

表 9-25 是为改进现有工作绩效而使用的个人发展计划表，可以清楚地体现绩效与本计划的关系，是专门为改进现职的工作绩效而设计的。

表 9-26 是为准备升迁所采用的表格。

表 9-27 是绩效改进的具体计划，包括三个途径：组织外的、组织内的及自我改进的。

表 9-28 是一张已填就的表格，用以改进一名员工时间管理方面的绩效，重点在于组织内及自我改进的活动。

表 9-25   个人发展计划表（改进工作绩效用）

应改变项目	个人发展计划	达成与否
1. 过去 12 个月未尽之职责，或其弱点：		
2. 计划培养之个人优点：		

表 9-26   个人发展计划表（升迁用）

理想的职位	准备的步骤	达成与否

表 9-27   个人发展计划改进方案表

改进事项：		
组织外活动	组织内活动	个人自我改进活动

表 9-28   改进时间管理能力的个人发展计划

改进事项：时间运用能力		
组织外活动	组织内活动	个人自我改进活动
（由部属完成） • 读书：如何控制你的时间与生命 • 参加时间管理讲习会	（由主管完成） • 派部属加入由精于时间管理的经理所领导的专案小组或安排与其会谈 • 以一周的时间，每天示范给部属看你如何安排你自己的时间 • 要部属看你为他所做的"工作项目表"及"工作完成 / 未完成检查表"。对于任何有效的表现均应特别予以鼓励	（由部属完成） • 与一名善于利用时间的经理面谈请教，并选择二至三项工作亲自练习 • 每天制定"工作项目表"，并排定优先顺序 • 将每一项成绩予以记录 • 把"工作项目表"逐项加上预计完成的时间 • 记录是否准时完成 • 不要让自己利用加班或早到来清除积压的工作 • 检视过去 3 个月的行事日历。找出不必要的事情及花费过多时间的事情。然后，计划下个月的行事，并予以改进

9.6.3.3   绩效改进计划的实施

1. 主管与绩效改进计划

主管对计划的完成负有最后的责任。细而分之，有以下五点。

（1）确定部属了解此项计划。

（2）当环境变动、计划需改变时，应与部属协商，并将改变部分写在原计划上。

（3）到期前定期提醒部属，以使其能依计划进行并避免因遗忘而使计划失败。

（4）继续不断地促使计划完成，主管需经常提醒部属。

（5）若计划有部分未按进度达成，应予以纠正。

2. 部属与绩效改进计划

同意实施绩效改进计划，是在职辅导的第一步。部属在有任何事情发生以致妨碍到计划的完成时，应立即反馈给主管。当计划变得不切合实际时，应予以修正。假设有任何事情发生使计划变得不可能或不实际，部属应了解，并提醒主管。

9.6.3.4 绩效改进计划的延续

一个计划只针对一个项目予以改进，这种做法确实能使部分工作获得改善。但何时展开第二项绩效改进计划，需视实际情况而定。一般来说，当一个绩效改进计划全部或部分完成时，第二项改进计划应已制订好。当然，如果计划不是很复杂，主管及部属可以同时执行一个以上的计划。

🐚 实务指南 9-14

解聘员工的一些小策略

● 试着把自己放在员工的位置上。你会怎么想？你想回答什么样的问题？你喜欢得到什么样的对待？相应地做好自己的准备工作。

● 在公司的私人场所进行一场面对面的解雇会议。

● 会议要简洁，要讲清楚解聘员工的具体原因，让员工知道你的决定是不可改变的，并得到了管理层的支持。避免长时间讨论——此时已毫无意义，只能引起争吵。

● 会议中要坚决而诚恳，允许员工表达自己的感受，而你要报以同情。

会议结束时，要明确确定下一步做什么。会议结束后，要立即着手做这些事，比如归还公司财物、拿走私人财物等。

9.7 数智时代绩效管理的发展趋势与挑战

9.7.1 数智时代下的绩效管理

9.7.1.1 数字技术融入绩效管理

随着全球化的发展和远程工作的普及，企业面临如何评价分散在各地、跨时区员工绩效的新挑战。例如，推特宣布其员工可以选择永久远程工作，这种决策无疑增加了绩效管理的复杂性。在此环境下，数字化绩效管理工具成了关键，它们能够提供实时反馈、跟踪员工的工作进度，并自动处理许多传统上需要大量人工干预的任务。这不仅提高了工作效率，还确保员工无论身处何地，都能接收到及时且有针对性的反馈。数字化绩效管理不仅是应对全球化和远程工作新模式的必要手段，更是企业提升竞争力、优化管理和降低成本的现实需求。如微软、谷歌和腾讯等全球领先的企业已经意识到，传统的绩效管理方法已难以应对快速变化的市场环境和工作模式。数字化绩效管理不仅可以提高业务运作效率，还能通过大数据分析提供精准的洞察，帮助企业在战略、人力资源配置和业务流程等方面做出更加科学的决策。

9.7.1.2　数智时代下绩效管理的优势

1. 绩效管理效率与质量提升[一]

如今传统绩效管理体系很难有较高的有效性，一个有效的绩效管理体系需要具备对的数据、对的来源、对的时间与地点、对的人和对的决策五个要素。[二]

（1）对的数据：运营过程中产生的、可帮助管理者理解并预防风险和损失的绩效数据。

（2）对的来源：以合适的频次从员工工作日常中获取绩效数据。

（3）对的时间与地点：通过标准的工作流程将数据交付给决策者。

（4）对的人：能从数据中洞见问题的、具有决策能力和权力的领导者。

（5）对的决策：通过绩效数据发现问题并制订的改进计划在沟通、执行后取得了良好的效果。

当公司规模较大时，传统的绩效管理无法彻底解决地域差异问题，且结果数据滞后，需要花费大量的人力物力统计数据，有时还因负责人业务忙碌无法开展有效的绩效反馈面谈。而数字化绩效管理可以支持各地区公司间公平比较绩效，进行实时数据警报，发现问题立刻解决，且仅需要较少的人工重复性操作，减少人为操作导致的错误和时间成本，数据来源统一可靠，能使管理者随时随地与员工开展绩效对话，提升绩效管理的效率与质量。

2. 绩效管理数据整合与决策支持

传统绩效管理在某个环节发生变化后很难进行系统调整和实时追踪，而数字化的鱼骨图和闭环追踪系统等绩效管理工具可以帮助管理者做出更好的绩效决策。这是因为数字化工具支持多维度的数据分析和智能化决策。企业可以通过整合多元数据来源，深入挖掘员工绩效数据，为决策提供依据。智能化的工具还能分解战略目标、制定精准的绩效指标，并实现跨部门沟通，降低管理成本的同时提高企业的管理协调性。

3. 绩效管理过程透明化

数字化绩效管理系统使绩效管理流程更透明化，员工能够随时在系统中查看自己的考核指标、进度和结果，从绩效计划的制订到绩效反馈的实施，每一步都在线可见、有迹可循。这种透明化的绩效管理过程不仅提高了员工的信任感和参与度，进一步激发了员工工作主动性，还帮助企业合理配置人力资源，实现人岗匹配和高效运营。

○　赵晨. 数字人力资源管理 [M]. 北京：中国人民大学出版社，2024.

○　见 Karel Eloot、孙俊信、李元鹏等的 "3 分钟带你了解数字化业绩管理"。

9.7.2 数字技术驱动的绩效管理应用

9.7.2.1 数字化绩效管理系统

数字化绩效管理系统通过自动化流程减少了人工干预，比如系统可以自动发送评价表、跟进评价进度并生成各类报告，确保每个环节的高效与精准。以阿里巴巴为例，通过数字化绩效管理系统，公司的整个绩效管理流程得以全面自动化，既提高了工作效率，也避免了人工处理可能带来的误差。另外，数字化绩效管理系统还能提供实时反馈和数据分析功能，使绩效评估不再是周期性任务，而是一个持续、动态的过程。例如制造业企业的工厂业绩管理，数字化绩效管理作为企业绩效管理的重要子系统，是推动企业绩效提升的关键驱动力，未来它将帮助大型制造企业迈入工业4.0时代的转型之门，并成为企业开启物联网、高阶分析乃至人工智能转型之旅的基石。麦肯锡从领先企业的数字化绩效管理实践中，归纳出五类突破性应用。[⊖]

（1）设备直联：通过工业物联网（IIoT）将仪器和设备直接连接，完成数据的实时采集、清理、分析与展示，形成企业内部的唯一数据源，避免数据的二次处理，为大数据分析提供原始数据。

（2）实时原因分析：问题发生后，由掌握实际情况的一线员工或管理者在线填写或选择问题的根本原因。

（3）动态基线：利用数据动态监控并优化资源消耗，准确呈现偏差。

（4）问题预警：按照偏离绩效指标的频率、次数与严重程度来预设报警管理规则，根据轻重缓急将问题逐级推送给管理人员，确保管理人员按需干预。

（5）联动绩效管理：将问题浮现、举措闭环等行为结果指标纳入管理人员的考核评价体系，推动管理人员改变行为。

9.7.2.2 智能评价助手[⊜]

智能评价助手是基于数字化绩效管理系统的创新工具。这种工具支持多角色参与，除了上级主管外，同事、项目成员也可提供评价意见，甚至员工还可以主动邀请合作伙伴进行反馈。它打破了传统的上级评价模式，丰富了绩效评估的方式和维度。智能评价助手采用多种评价模型，包括评分、评语、鼓励和建议等多元化反馈形式，能够更全面地反映员工的绩效表现，并为员工提供具体的改进方向。此外，在线反馈助手为评价者提供了丰富的反馈模板，帮助其高效、清晰地表达评价意见，进一步促进员工的个人成长与发展。通过这些功能，智能评价助手为企业打造了一个更加灵活、高效且具有多维度反馈的数字化绩效管理体系。

⊖ 见 Karel Eloot、孙俊信、李元鹏等的"3分钟带你了解数字化业绩管理"。
⊜ 赵晨. 数字人力资源管理 [M]. 北京：中国人民大学出版社，2024.

❧ 研究前沿 9-5

部署 AI 能拯救负面绩效反馈中爱"面子"的你吗？[⊖]

　　"面子"根植于中国数千年来的传统社会制度和礼仪文化，深受儒家思想的影响。"面子"文化盛行造成职场中部分员工难以接受来自外部或他人的负面评价。作为领导者，向下属提供负面绩效反馈激励员工及时纠偏、认识差距并努力发展知识技能以提升绩效是其扮演信息角色的重要体现，但在实际中却常因人际互动过程中的"面子"压力问题导致实施效果不佳。那么，如何从根本上解决领导负面绩效反馈的"面子"困境呢？近年来，随着数智技术的发展，全球领先的企业如大都会人寿保险、亚马逊、IBM、优步等逐渐部署人工智能（AI）代替人类领导向下属提供绩效反馈。鉴于 AI 相较于人类领导而言其反馈质量（准确性、一致性、客观性和公平性）可能更高及反馈过程并不受限于传统人际互动过程中的规范和压力，因此可能在解决负面绩效反馈中的"面子"问题时更加有效。

　　该研究通过两个田野实验，发现对于那些更加害怕在他人面前"丢脸"的员工而言，通过部署 AI 而不是人类领导提供负面绩效反馈更容易激发其促进型调节焦点（学习动机），抑制其防御型调节焦点（人际反刍），进而使得在影响其工作绩效方面的人机对比效应更大。换言之，AI 的使用有效克服了负面绩效反馈容易导致员工害怕在他人面前"丢脸"的心理负担，转而更有助于这些员工从更高质量的反馈中获取改进绩效的信息，从而提升未来工作绩效。

9.7.2.3　电子绩效支持系统[⊜]

　　电子绩效支持系统也是数字化绩效管理的重要工具，可以被视为一个将培训、信息系统、计算机应用程序连接在一起的软件系统。员工可以利用、访问这个整合的电子环境，获取工作相关信息、软件、指导、数据等资源，提高工作绩效。电子绩效支持系统相当于一个随时在线的绩效辅导专家，为员工提供工作支持，而非培训他们。它能帮助员工降低任务的复杂性或改进工作步骤，为员工提供需要的绩效信息和决策支持系统，帮助员工在特定条件下做出有益于组织的行为。一个完善的电子绩效支持系统通常包含专家系统、信息库、交互式学习支持系统、用户界面和在线帮助模块。

9.7.3　数智时代绩效管理的挑战与对策

9.7.3.1　基于大数据的绩效管理制度不完善

　　大数据作为新兴技术，在企业绩效管理中的应用需要明确的制度支持。然而，许多企业尚未制定专门的政策文件和规章制度来规范数据的收集、处理、分析与应用。例

　　⊖　PEI J, WANG H, PENG Q, et al. Saving face: leveraging artificial intelligence - based negative feedback to enhance employee job performance[J]. Human Resource Management, 2024, 63(5): 775-790.

　　⊜　张术茂，姜洋. 绩效管理 [M]. 2 版. 北京：科学出版社，2016.

如，对于如何保障数据的隐私安全、预防数据泄露及确保数据使用的合法合规性，企业普遍缺少系统性的指导。这使得数字化绩效管理面临操作风险。此外，企业数据共享制度尚不完善。由于缺乏严格的数据审核与标准化流程，不同地域的子公司、同公司不同部门的绩效数据采集和解读可能不一致，甚至部分数据的来源和内容真实性存疑。在这种情况下，基于数据分析的绩效管理决策会因数据问题而偏离实际。[⊖]

企业应制定系统性的规章制度，明确数据收集、处理、分析及应用的核心内涵和主要流程，建立涵盖绩效计划、实施、评估、反馈等环节的全流程管理体系，同时还应完善数据共享机制，统一数据格式和指标解释，实现跨部门和地域的数据互联互通。此外，企业还应强化数据质量审核与监控，建立动态检查机制，确保数据真实可靠，并设立专门的监督与反馈组织机构，推动数字化绩效管理制度的优化与实施。

9.7.3.2 绩效管理人员缺乏数字技能

尽管大数据、人工智能等新兴技术为绩效管理提供了更高效、精准的解决方案，但许多企业的绩效管理人员缺乏足够的技术背景和数据分析能力，导致无法有效运用这些数字化技术。许多绩效管理人员仍然依赖传统的绩效评估方式，缺乏对数据收集、处理、分析和应用的深入理解。这种技术能力的缺失影响了绩效数据的质量和准确性，导致绩效管理的效果大打折扣。因此，企业应该考虑把培养具有数字技能的复合型绩效管理人才写入战略中。

具体来说，企业应加强绩效管理人员的数字技能培训，帮助他们掌握大数据、人工智能等相关技术的基本知识，提升数据收集、分析与应用的能力。另外，企业应制定长远的数字化人才规划，重点培养具有绩效管理和数据分析能力的复合型技术人才，通过与高校、科研机构合作，搭建数字化人才培养平台，为绩效管理领域培养更多具备数据分析、绩效建模和系统开发等能力的专业技术人才。同时，企业还应注重人才的本土化培养，减少对外部技术人才的过度依赖，确保人才在企业中长期稳定发展，为数字化绩效管理的成功实施奠定人才基础。

9.7.3.3 数据隐私与绩效管理中的伦理问题

企业在收集、存储和分析员工绩效数据时可能面临信息泄露、不当利用的风险。企业的绩效评估模型往往以大量的员工个人信息和工作数据为基础，但当算法模型没有得到充分审查时，就可能出现"黑箱化"问题，即算法的运作过程和决策逻辑无法被员工和公众理解与监督，增加出现算法偏见的风险。此外，在缺乏足够隐私保护和数据加密措施的情况下，员工的个人隐私数据，比如工作表现、健康状况、行为习惯等可能被无意中泄露或滥用。这不仅侵犯了员工的个人权利，还可能对员工的心理健康造成负面影响。

⊖ 翁列恩，杨竞楠. 大数据驱动的政府绩效精准管理：动因分析、现实挑战与未来进路 [J]. 理论探讨，2022（1）：86-93.

对此，企业应建立完善的数据隐私保护制度，可以通过加密技术、匿名化处理和严格的访问权限防止数据泄露与滥用，确保员工的个人信息在收集、存储和分析过程中得到充分保护。同时，企业要建立内部审核机制和伦理监管机制，定期评估算法的有效性并持续监控绩效管理的实施过程，允许员工对绩效评估过程提出质疑，确保数据的使用和绩效评估活动都符合伦理标准与法律要求。此外，企业还应推动数据共享的标准化，确保各部门之间的数据采集和解读一致，避免数据孤岛问题。

🐚 研究前沿 9-6

实时反馈系统改进员工绩效管理⊖

实时应用程序反馈技术的发展为企业彻底改革传统的绩效评估提供了机会。为提供实时的绩效反馈以支持快速创新，许多公司（如戴尔、微软、IBM、通用电气）已开始用管理者与员工之间的频繁、非正式会面取代基于审查的绩效管理系统。绩效评估专家凯文·墨菲（Kevin Murphy）指出："结果，年度评估成为焦虑和烦恼的来源，而不是有用信息的来源。"在绩效管理变革的背景下，基于应用程序的实时反馈系统可能会促进管理者与员工之间及团队内部之间更频繁、更有意义的对话。实时绩效反馈更加准确，且不易受到先前评分的影响。相比于一年一次的正式评估，持续对话和实时反馈在当前的企业绩效管理实践中正变得越来越重要。

复习思考题 📊

1. 请简述绩效管理的主要内容。
2. 绩效考核的步骤有哪些？有哪些绩效考核方法？评述每种绩效考核方法的优缺点。
3. 请简述 KPI 和 OKR 的区别。
4. 讨论管理者在绩效考核实施过程中经常遇到的问题，并就如何解决这些问题提出建议。
5. 假如你是一名管理者，在绩效考核之后，要对一位绩效差的下属进行面谈，你将如何开展这项工作？
6. 请简述数智时代下绩效管理出现的问题，并尝试提出解决对策。

案例 9-1 📊

华为公司的绩效管理发展历程与核心思想

（一）华为绩效管理的发展历程

人事考核阶段： 1996 年年底——1998 年 4 月

将考核作为一个单一的过程，关注行为规范化。

⊖ RIVERA M, QIU L, KUMAN S, et al. Are traditional performance reviews outdated? an empirical analysis on continuous, real-time feedback in the workplace[J]. Information Systems Research, 2021, 32(2): 517-540.

考核内容包括工作态度、能力和业绩三个方面，先在市场部进行试点。

目的在于强化管理意识，推动管理观念的普及，进而提高管理水平。

早期华为的人事考核采用的是"德勤能绩"的粗线条考核方式，未针对每个岗位设计相应的考核指标，也未要求被考核者必须沟通、承诺。当然，华为更多地运用企业文化来进行团队和员工管理，考核仅仅起到补充的作用。

随着组织规模的不断扩大和人员的增加，单纯地靠文化已经无法管理一个庞大的组织。

绩效考核阶段： 1998 年 4 月—2001 年

将考核作为绩效评价的工具。

考核内容以绩效为中心。

目的在于强化成果导向，推动员工务实做事，不断提高工作水平。

在绩效考核阶段，华为逐步提出了 KPI（关键绩效指标）的概念，针对岗位的具体职责来量化目标，将目标阶段化，形成对岗位评价的基础。总部机关尝试拟制各岗位的 KPI 指标和模板，驻外办事处照模板微调后使用。

绩效管理阶段： 2002 年至今

将考核作为目标导向，并将其视作一个管理过程。

增加了跨部门团队考核的新内容。

推动员工在目标指引下自我管理，形成自我激励和约束机制，不断提高工作效率。

随着公司规模的进一步扩大，华为对未来的考虑越来越多，战略层面的考量需要落实到具体的岗位。因此，华为的考核开始运用平衡计分卡，包括财务指标、顾客指标、内部运营指标和学习与发展指标。考核不仅面对当前，也面向未来；不仅面对结果，也面向过程。

随着与 IBM 的深入合作，华为学习了 IBM 顾问的考评工具并进行了优化，适时推出了 PBC（personal business commitment），即个人业务承诺。从最初的目标设置到过程的执行监控、结果的运用、能力的提升、重点工作的布局等多个方面保障绩效能够被有效管理。从华为绩效管理的发展历程来看，华为正在不断优化考核，不断修正管理中的问题，从而形成了一种适应华为发展的体系。

对比华为现在的绩效管理与早期的人事考核，两者的主要区别如表 9-29 所示。

表 9-29　华为人事考核与绩效管理的差别

人事考核	绩效管理
判断式	计划式
评价表	过程
寻找错处	问题解决
得失（win—lose）	双赢（win—win）
结果	结果与行为
人力资源程序	管理程序
威胁性	推动性

（二）华为绩效管理思想

在多次价值观思想的碰撞下，华为绩效管理思想也越来越清晰和明确。《华为公司基本法》就华为员工考评体系的建立依据做出了下述假设。

华为绝大多数员工是愿意负责和愿意合作的，具有高度自尊和强烈成就欲望。

金无足赤，人无完人；优点突出的人往往缺点也很明显。

工作态度和工作能力应当体现在工作绩效的改进上。

失败铺就成功，但重犯同样的错误是不可原谅的。

员工未能达到考评标准要求，管理者也有责任。经过若干年，绩效管理思想得到不断的发展和完善。

如今，华为的绩效管理不仅仅是常规意义上的考核，确切地说，华为绩效管理的过程就是企业管理的过程，也是人力资源管理的过程。以下六个方面体现了华为的管理思想，也体现了华为与其他企业在绩效管理上的本质差别。

• 业务／岗位梳理

华为的考核实际上是一种对业务、岗位的梳理和定位的过程。在目标设定阶段，华为要求被考核者主动思考，厘清部门或自己岗位对组织的独特价值，这种思考不仅有助于战略的落地和高层目标的分解，也有助于对未来的时间和精力进行有针对性的分配。管理者和考核者还需要思考：部门或个人需要什么样的资源组合才能完成部门目标。在对自身的定位、周边的协调能力、个人的承诺、过程的资源调度、能力分析、风险控制进行全面的思考之后，最后落实到 PBC（个人业务承诺）。

• 管理沟通

华为的绩效考核模式要求被考核者与管理者需要通过不断沟通、与周边部门协调来完成自身工作。双方对考核过程和结果都极其在意，因为考核一方面是评估现在，另一方面也是在考量未来。

首先，考核双方如何针对目标结果达成共识，就需要进行多次沟通。这个过程也促使双方都重新审视：考核的目标是否体现了其独特价值贡献？组织与个人的目标是否契合？其能力是否得到了有效的发挥？完成这些工作的能力是否达标？资源是否能够支撑员工有效完成工作？

其次，在日常月底会议、周例会及项目关键节点，双方都会坐下来审视目标的完成情况，并积极解决工作中出现的问题。

最后，在考核及结果反馈时，双方还需要继续进行多次沟通。整个绩效考核过程体现了岗位之间的互动沟通、考核者与被考核者之间的博弈。全面沟通可以保证双方针对考核过程进行全面回顾，避免感情用事，也促使被考核者被动地进行反思。

考核过程中会出现沟通不足、考核者对考核不重视、阶段结果与上级岗位的要求不匹配、被考核者没有得到足够的支持、工作博弈不能有效控制等问题，任何一个问题都有可能导致考核失败，甚至起到反作用。而其中最可能影响考核结果的还是考核者本身。无论是沟通技能、监控手段、对人的能力的把握、培养下属的方法、对自身好恶的管理等，都会最终影响考核的公平公正。一旦如此，考核的结果也就难以支撑工作的顺利开展，对执行力的作用也就不复存在。这也是华为一直在优化考核过程、不断进行考核者培训的一个原因。

如果双方不能就考核结果达成一致，则被考核者有权投诉。如果双方中的任何一方不注重沟通过程，最终绩效目标的偏移会给双方都带来负面的评价和影响。

- **工作监控**

华为的绩效考核不仅仅是考核员工，同时还要求管理者对下属的具体工作给予指导和监督。在审视下属的 PBC 及工作计划时，管理者会强调其工作步骤设计是否能有效支撑其目标的达成。在考核周期里，管理者要根据被考核者承诺中的重点工作举措来设立监控点，在监控点检查重点工作举措是否执行到位、有无风险、能否按期完成等。如果发现存在问题，则必须及时纠正。有必要时，管理者甚至可以通过调整资源配置、改变组织目标等手段完成对过程的管控。管控时间点可以是日报、周总结与计划、月总结与计划、重点项目日报/周报/月报、项目节点专项汇报。当然，工作监控不仅仅针对被考核者，同时也针对考核管理者。如果管理者无法通过监控来引导被考核者达成目标，那么不管承认与否，对考核者而言也是一种失败。

- **能力发展**

随着 PBC 的演变，华为绩效管理中新增了一项关键内容：个人能力的提升。其管理思想是要发出期望的行为、履行工作过程并创造业绩，员工必须具备相应的能力。

员工对自己能力的分析，是自我认知和自我评价，向上级传递能力缺口的同时也是在向上级要求支持、培养。如果能够利用好这一部分，那么被考核者就能够充分得到上级的工作支持和资源倾斜。这种考核方式要求主管必须加强对员工的培养，抽出一部分精力来关注员工的发展，必须给出自己的建议和指导，让被考核者认识到自己的不足。因此，每个被考核者也能够不断得到培训和指导。

- **团队协作**

绝大部分员工的考核指标中都有 5% ~ 10%，甚至更高的团队协作指标，这就要求员工必须与周边部门合作。被考核员工的行为和绩效，受到上级部门、周边部门的监控，他们的监控来自各个部门不同的利益诉求。这个过程既体现了华为文化中的团队合作，也形成了团队的竞争和互相督促的氛围，打通了跨部门的流程墙并降低了管理风险。

- **管理者发展**

管理者自身的能力一直是华为人力资源体系关注的重点，因此每次考核开始和结果运用时，人力资源部都会不厌其烦地提醒各级主管要沟通、要就考评结果与被考核者达成一致等。同时，在整个考核过程中还有针对主管的相应课程和培训，以确保主管对这些考核精神的理解和执行。

华为对考核结果的运用力度很大，这就要求考核双方都要慎重，不能互拍脑袋。考核结果的运用不仅仅针对近期的收益（岗位调整、奖金发放和股票配置），与员工之后的职业生涯与考核也有密不可分的关系。

如果一个主管对部门员工的评价有所偏颇，那么必然给组织气氛造成很大的负面影响，甚至给自己部门的工作绩效带来麻烦，所以主管做出考评结论前必须充分考虑。绩效考核和评价实际上也是在考核管理者的管理能力，如果管理者不能有效管理部门绩效，那么管理者可能会面临诸多问题，也有可能因此而影响自己的职业发展。

资料来源：刘秋华. 华为的绩效管理发展历程与核心思想 [J]. 商讯, 2018（4）: 65-66.

思考题 📊

1. 华为在绩效管理的发展历程中，主要做出了哪些转变？讨论这种转变对于组织发展的意义。
2. 华为的绩效管理体系包括了哪些方面？你认为这些方面是如何促进员工和企业发展的？

案例 9-2 📊

德勤：重构绩效管理

在德勤最近进行的公众调查中，超过一半（58%）的受访高管认为，他们目前的绩效管理方式既无法激发员工积极性，也无法提高员工的业绩。对此，绩效管理方式应该更灵活多变、实时和个性化，应该把重点放在促进员工今后的表现上，而非评估过去。德勤重构后的绩效评估系统没有一连串的目标，没有一年一度的总结，也没有360度评估方法，而是更换了一套截然不同的绩效管理工具。

（一）耗时巨大的绩效管理

长期以来，德勤使用的绩效管理系统很可能与大多数公司目前的系统较为相似。每年年初，6.5万多名德勤员工都会定下个人目标。一个项目结束后，每位员工的主管会根据目标完成情况给他们打分。主管还会就员工的表现进行点评。这些点评被纳入年终考评，在冗长的"共识会议"上，"顾问组"会将员工与同侪相比，讨论他们一年来的表现。

根据内部反馈，德勤员工认同这种方式的稳定性，因为每名员工都有指导顾问，所以每个人的意见在共识会议上都能得到反映。德勤的绝大多数员工觉得这一过程公平合理。但随着新需求的出现，这不再是德勤最佳的绩效管理方式。在随时变动的世界中，一年一度的目标过于"批量化"。关键是，对员工表现的实时评价比指导顾问的年终打分更有价值。

当统计德勤花在绩效管理上的时间后，他们发现必须进行变革。德勤每年有200万工时用于绩效管理，具体花费在填表、开会和设计打分标准上。在研究所耗费时间的具体去向时，发现管理者对绩效评估进行的闭门讨论时间占了很大比例。那么，能否把管理者花在评分上的时间转到员工提升业绩和职业发展上，即从回首过去变为放眼未来呢？

（二）评分导致偏差

另一个新发现是，评估同一员工技能的数据标准不一。比如，主管想评估员工的战略目标，以下因素都会大幅影响得分高低：主管自己的战略思维、对战略重要性的看法及评分宽严度等。评估差异到底有多大？2000年，迈克尔·蒙特、斯蒂芬·斯卡伦和梅纳德·果夫在《应用心理学》（*Journal of Applied Psychology*）上刊登了打分的详细标准。调查中，两位老板、两位同事和两位下属为4492名管理者打分。结果显示，因打分者个人偏好和意见不同，分数相差62%，而实际上管理者的表现差异仅为21%。

因此，研究者在曼纽尔·伦敦（Manuel London）编纂的《组织中人如何评估他人》（*How People Evaluate Other in Organizations*）一书中得出结论："打分针对的是被评者的工作表现，这似乎显而易见；但实际上，与被评者相比，打分更能揭示评分者的信息（研究者将这一现象定义为'特殊评分者效应'）。"应如何保证评估不会因特殊评分者效应产生偏差呢？

（三）再造绩效管理

德勤新绩效系统有三大目标，其中第一个目标很明确，也是大多数现有绩效系统所能实现的：让公司能够肯定员工绩效，尤其需要能够通过设置不同的奖金来实现。

为了衡量每名员工的表现，必须对其有清晰的认知，这是新系统的第二大目标。实现这个目标面临两大挑战：一是特殊评分者效应；二是如何精简传统评估、项目打分、共识会议和最终评分流程。第一个挑战需要在评判方式上进行微调。以前会向很多人征求他们对组员的意见，比如通过360度测评或直接反馈调查问卷等方式，而现在只要问直接组长就可以了，只是问的问题发生了变化。在评价别人的技能时，人们可能会标准不一，但如果让他们为自己的感觉和意愿打分，就不容易出现偏差。为了解员工个人绩效，没有让组长为组员的技能打分，而是让他们为自己将对组员采取的行动打分。

在每个项目结束时（或长期项目完成1/4时），组长会就以下4个问题做出回应。通过连续测试，德勤精心调整了这4个问题的表述方式，确保问题能清晰强调个人差异，并能有效衡量表现。

（1）根据对此人的了解，如果用我自己的钱为他支付奖金我会给予其最高额的奖励（衡量所有表现，以及对组织的特殊贡献，选项从1分"强烈不同意"到5分"强烈同意"）。

（2）根据对此人的了解，我希望他能永远留在自己的团队工作（衡量与他人合作的能力，以同样的5分制选项打分）。

（3）此人濒临表现不佳的境地（判断可能有损客户或团队的问题，选择"是"与"否"）。

（4）此人如今已具备晋升条件（衡量潜力，选择"是"与"否"）。

也就是说，不再关注组长对组员的看法而关注组长如何对待组员。当将一年的数据累计起来后，根据相应项目的期限衡量各项数据，获得供管理者参考的丰富信息以用于后续规划、发展路径或绩效模式分析。立刻有1/4的管理者使用这些新数据评估下属员工，比如判断该提拔哪些人，或发现那些具有重要技能的人。他们还能根据这些新数据，讨论德勤应该如何激励某些部门或团队。管理者使用这些数据能够大幅节省时间，每年用不了200万工时，可把节省的时间用于员工未来发展。

除了连贯的、可计算数据外，评判薪酬时，也会将一些无法计算的因素纳入考量，比如所在年份项目任务的难易程度，以及对组织在项目之外所做的贡献。这些数据是评判薪酬的基础，而非最终标准。最终薪酬由员工的直接领导决定，或者由总览全部绩效流程及横向比对多组数据的几位领导决定。这种新的评估方法也采用评分制，但无论是分数的生成还是使用，都和传统意义的评分截然不同。因为新方法能快速捕捉到员工每时每刻的表现。

　　第三个目标是有效激励员工的表现。如果"绩效快照"是供组织使用的工具，那么还需为组长设计一款工具作为进一步支持。对最优秀组长的研究表明，他们会经常和所有组员沟通近期工作。这些简短沟通让管理者心中有数，无论是下一周工作、优先审议选项、近期工作反馈还是提供进程修改意见指导或重要信息都尽在掌握。这些沟通还让管理者清楚了解每名组员的未来动向及其原因，明白优质工作的标准是什么及各组员在近期如何能发挥出最佳表现。换言之，目的、期望和优势这三个要素构成了最佳团队。

　　新的绩效系统要求每名组长每周至少与组员沟通一次。这些沟通并非组长额外的工作，而是他们的分内事。如果组长不能做到一周沟通一次，就不能明确组员的优先事项，或对组员的优先事项理解过于空泛。如此一来，管理者就无法有效地帮助组员；而沟通也会从指导近期工作变为对过去表现的反馈。沟通的内容完全会随着沟通频率变化而变：如果你希望员工谈一谈他们未来短期内如何表现，就必须保证沟通频率要高。调查发现，沟通频率和组员积极性之间具有直接和可量化的联系。可以说，频繁地和组员沟通是组长提高员工积极性的王牌。

　　而频繁沟通会占用组长很多时间，因此保证沟通频率的最佳办法是由组员发起沟通。这是因为和组长相比，组员通常更急迫地渴望得到指导和关注。

　　为使沟通有益于双方，德勤让每个组员都能利用自我测评工具，理解和探索他们的强项，然后把所得结果与同事和组长及公司中的其他人交流。一是员工现在的最佳表现和未来的长足进步均源于他们具有的优势。二是如果希望绩效系统被频繁使用（每周），就必须将其视为一种让人上瘾的消费技术（具有简单快捷及吸引人等特质的技术）。在过去几年中，尤其在社交媒体上，很多成功的消费技术都是分享型技术。因为无论是自己的想法、成绩还是影响，绝大多数人都会对和自己相关的动向格外关注。

　　在过去几年中，针对绩效管理的很多争议都围绕着打分而产生——如何保证公平，以及如何达成预期目标。但问题可能出在其他地方：打分确实反映了每名员工的表现，却太过片面。毕竟员工本身的得分没有问题，问题在于为何仅有这一个数字。评分是真实情况的浓缩，在今天仍不失为一项必要手段。但组织对员工的了解，以及员工对自身工作状况的认知，都不可能靠一个数字解决。现在技术条件已允许扩大绩效评估的数据规模，随着新绩效系统在德勤内部的不断推广，"评估大数据"将是下一个亟待解决的问题。

（四）德勤如何创建简洁绩效测量工具

　　新绩效管理系统中最重要的工具之一是"绩效快照"。它有助于迅速、准确了解所有员工的表现，让管理者能将更多时间用在和员工互动上。

1. 标准

　　为了中和"特殊评分者效应"，打分者应重视自己的行动，而非被评分者的特质或行为。问题涉及薪酬、团队协作、不佳表现和晋升等方面，但这种分类不一定适用于其他组织。

2.打分者

要求打分者具有和被评分个人相关的第一手经验，而且他们的主观判断值得信赖。组长是最了解被评分者的人，但他们的角色也意味着他们对组员的评判主观程度比较高。

3.频率

德勤的工作按项目计算，所以每个项目结束后，有必要得出该项目的绩效快照。目标是在尽可能严格执行绩效评估时，不给组长造成过多负担，因为如果测试过于消耗精力，也不会产生可靠数据。

4.透明度

希望绩效快照能显示实时"真相"，比如组长的想法。但如果组长得知组员能够看到所有数据点，就容易美化组员的评估结果，以免后续沟通过于尴尬。因此，可以将员工的快照分数汇聚成年终评价，但年终总结到底应该分享什么？目前德勤选择公开更多数据，而非不透明。不仅为了客户，也为了内部项目，需要根据团队同侪表现，汇总快照分数、工时、销量等绩效标准的相对数据，然后提供给员工最详尽、清晰的反馈。

资料来源：白金汉，古铎.重构绩效管理[J].刘铮筝，译.哈佛管理评论，2023（2）：88-93.

思考题

1.德勤为什么要改革其传统的绩效管理系统？
2.德勤的新绩效管理系统如何克服"特殊评分者效应"？
3.德勤的新绩效管理系统是否适用于所有类型的组织？

人力实务 9-1

×× 银行考核制度

营业柜台人员考核表

姓名张三　　　　职务储蓄员　　　部门第六营业部　　　考核时间 2024 年 12 月 15 日

考核结构	考核要素	考核要点	评价等级	单项分	平均分
工作态度	服务态度	• 对顾客礼貌、热情、耐心细致 • 设身处地为顾客着想，受到顾客好评 • 从不与顾客争吵，处事注意分寸	ABCDE	8	
	责任心	• 工作认真负责、正确、可靠 • 工作努力、踏实，兢兢业业 • 尽心尽力履行职责，不需督促	ABCDE	8	
	纪律性	• 遵守营业规章制度，按规定程序办事 • 忠于职守，不擅离岗位 • 工作准时，极少迟到、缺勤、早退	ABCDE	6	
	团结协作性	• 具有集体荣誉感，与上级、同事有良好的合作关系 • 当工作紧张时，能主动帮助他人工作 • 与同事和睦相处	ABCDE	6	

（续）

考核结构	考核要素	考核要点	评价等级	单项分	平均分
工作能力	工作速度	• 办事干净利索，反应敏捷 • 对突发事件能沉着冷静，迅速采取解决办法 • 工作不积压，及时处理工作中出现的问题	ABCDE	10	
	工作技能	• 熟悉业务，对市场、客户有深入与广泛的了解 • 对营业工作的内容、操作程序与关键点一清二楚 • 营业票证、记录、账目等规范、准确	ABCDE	10	
	身心健康	• 能够持续紧张地工作 • 工作时精力充沛，行为举止得体 • 很少请病假，出勤率高	ABCDE	10	
工作绩效	工作质量	• 工作有条理，忙而不乱 • 注意对关键处进行核对与检查 • 工作细致，很少出错	ABCDE	10	
	工作目标实现度	• 岗位责任及任务完成情况	ABCDE	10	
总体评价		ABCDE	总体得分		
工作期望		加强纪律性，遵循领导，协调同事			

已经同被考核者本人讨论过考核表的资料与结果。直接主管签名_____日期_____
我已知道并同我的主管讨论过考核表的内容与结果。被考核者签名_____日期_____

　　　　上级主管审核意见_____签名_____日期_____

××银行业务类人员考核表

姓名_____职务_____部门_____　　　　考核时间_____

考核结构	考核要素	考核要点	评价等级
工作态度	积极性	• 自觉履行职责，不需要督促 • 乐于接受新的工作任务 • 想方设法改进工作，并提出合理化建议	ABCDE
	责任感	• 忠于职守，认真负责搞好每一项专业技术工作 • 办事不推诿，不推卸责任 • 工作经得起检查，准确无误	ABCDE
	事业心	• 努力掌握新知识、新技术，不断钻研新业务 • 富有进取心，对自身工作有明确的奋斗目标 • 全身心地投入工作，兢兢业业，埋头苦干	ABCDE
工作能力	缜密性	• 工作有条理，办事干净利索，富有成效 • 业务上精益求精，工作态度严谨，实事求是 • 严格按业务要求执行任务，很少出现工作漏洞	ABCDE
	开拓创新性	• 不墨守成规，善于开拓新的业务领域 • 善于提出新的工作方案，有效地改进工作 • 善于开发利用新方法、新手段，富有创新性	ABCDE
	业务技术能力	• 掌握担当本职务所要求的各种能力 • 掌握业务技术、技巧，工作经验丰富 • 能根据客观情况变化，灵活有效地处理专业技术问题	ABCDE
	身心状况	• 身体健康，很少请病假 • 精力充沛 • 对工作中的压力与困难具有较强的心理承受力	ABCDE

（续）

考核结构	考核要素	考核要点	评价等级
工作绩效	工作目标完成度	• 目标或项目的完成程度	ABCDE
	工作效率与质量	• 工作速度与正确性；工作失误、失职度	ABCDE
总体评价		ABCDE	
工作期望			

已经同被考核者本人讨论过考核表的资料与结果。直接主管签名_____日期_____

我已知道并同我的主管讨论过考核表的内容与结果。被考核者签名_____日期_____

上级主管审核意见_____签名_____日期_____

××银行室经理考核表

姓名_____职务_____部门_____ 考核时间_____

考核结构	考核要素	考核要点	评价等级
工作态度	积极性	• 自觉履行职责，忠于职守 • 忘我进取，埋头苦干 • 不计个人得失，尽可能多地承担任务和责任	ABCDE
	模范表率性	• 公私分明，律己清廉 • 任劳任怨，保持兢兢业业的实干精神 • 勇于承担重任，敢于承担责任	ABCDE
	原则性	• 公正客观，敢于碰硬 • 严格按有关制度程序办事 • 对下属工作及时检查、监督和指导	ABCDE
工作能力	计划性	• 按上级指示制订和提出切实可行的计划与方案 • 工作有秩序、有条理 • 工作中很少见到浪费与无效现象	ABCDE
	协调性	• 具有整体意识，考虑问题不局限于局部利益 • 善于处理人际矛盾与冲突，与上级和下属保持和谐的关系 • 与其他科室通力合作，及时提供帮助和支持	ABCDE
	组织领导力	• 能正确地对下属下达指示与任务 • 能采取有效的方法组织、激励下属完成工作任务 • 能与本室员工保持良好关系，室集体具有凝聚力	ABCDE
	理解表达力	• 能够理解并把握上级意图 • 能准确地以口头形式向下属布置工作，向上级及时、清楚地汇报工作	ABCDE
工作绩效	工作目标完成度	• 目标责任书完成程度	ABCDE
	工作效率与质量	• 工作改进、改善状况，失误、失职率	ABCDE
总体评价		ABCDE	
工作期望			

已经同被考核者本人讨论过考核表的资料与结果。直接主管签名_____日期_____

我已知道并同我的主管讨论过考核表的内容与结果。被考核者签名_____日期_____

上级主管审核意见_____签名_____日期_____

××银行部门总经理考核表

姓名_____ 职务_____ 部门_____ 考核时间_____

考核结构	考核要素	考核要点	评价等级
工作态度	目标意识	• 能把握金融市场发展趋势与方向 • 对自身及本部门能提出明确的奋斗目标 • 对下属能提出有效的工作要求并能给予指导	ABCDE
	模范表率性	• 公私分明，律己清廉 • 不计个人得失，为本部门的团结协作及集体成果的提高做贡献 • 身先士卒，勇于承担责任，具有群众威信	ABCDE
	原则性	• 处事明辨是非、公正客观 • 严格遵守工作汇报制度，按时向主管领导报告 • 在不违背原则的基础上独立自主地处理本部门事务	ABCDE
工作能力	政策水平	• 有关方针、政策的熟悉程度 • 按上级方针政策要求为本部门提出切实可行的计划 • 违反有关政策和规定的程度	ABCDE
	组织领导力	• 抓住问题关键，有效地处理问题 • 对突发事件的处理及时果断 • 具有较强的企划能力，能有效地利用内外资源实现部门目标	ABCDE
	开拓创新能力	• 效思路、新见解 • 善于打开新局面，开拓本部门新的业务领域 • 有步骤地对本部门工作实施创新，并富有成效	ABCDE
	协调能力	• 具有整体意识，考虑问题不限于本部门局部利益 • 在必要的情况下，能随机应变地处理企业内外矛盾与冲突 • 善于处理人际冲突，保持部门内良好的人际关系	ABCDE
工作绩效	工作目标完成度	• 部门目标责任书完成程度	ABCDE
	工作效率与质量	• 工作改进、改善状况，失误、失职率	ABCDE
总体评价	ABCDE		
工作期望			

已经同被考核者本人讨论过考核表的资料与结果。直接主管签名_____ 日期_____
我已知道并同我的主管讨论过考核表的内容与结果。被考核者签名_____ 日期_____

上级主管审核意见_____ 签名_____ 日期_____

人力实务 9-2

某企业绩效考核体系

考核规程是制度性的"规范""规则"和"程序"，即通过制度，把考核目的、考核内容、考核方式和方法、考核原则、考核过程与程序及考核的标准和考核结果的运用等明文规定下来。人事考核规程的规范条文如下。

第一章 总则

第一条 目的

人事考核制度（以下简称"制度"）的目的是以职能职务等级制度为基础，通过对职工的能力、成绩和干劲进行正确评价，进而积极地利用调动、调配、晋升、特殊报酬及教育培训等手段，提高每个职工的能力、素质和士气，纠正人事关系上的偏差。

第二条　适用范围

这一制度适用于职能职务等级制度确定下来的职工。

第三条　种类

人事考核（以下简称"考核"）按考核的目的进行分类实施，其分类如下（见表9-30）。

表9-30　人事考核的种类

目的	内容	加上权数
确认晋升资格	着重于能力，对晋升候选人进行全面综合考核，判定其晋升高一级职务的资格	重点放在能力考核上并把能力考核结果作为成绩考核的权数
核查提薪资格	观察分析职务担当情况，推测其成果和能力提高程度，判定其在同级内提薪的资格	重点放在成绩考核上，据此对能力考核加权
核查奖励资格	根据一定期间内的工作成果，并剔除偶然因素，判定其获得一次性奖励资格	重点放在成绩考核上，据此对态度考核加权
能力开发调动调配	根据能力方面的特长、性格、素质经历及特殊技能，进行职务或岗位调动，促进其能力发展与发挥	依据面谈、自我申辩业务报告及适应性方面的实际观察把握

注：过去的人事考核，只限于在本职工作能力发挥方面的考核，但是这里从能力观念出发，加上了开发能力、工作调动、岗位调配等方面的内容，而这些通过考核工作中的面谈等手段是可以完成的。

第四条　考核的结构

考核由成绩考核、能力考核及态度考核三个方面构成。

第五条　考核者

（一）考核者原则上是被考核者的顶头上司，考核者又分为"第一次考核者"和"第二次考核者"，具体规定如表9-31所示。

表9-31　调整及审查委员会

职务职能等级		被考核者		
		一般职务	中层管理职务	上层管理职务专门职务
		1～4级	5～7级	8～10级
考核者	第一次	被考核者的直接上司，而且是具有较高一级的职能资格者		
		低层管理职务以上的直属上司	具有中层管理职务的职能资格级别较高者	具有上层管理以上职务职能资格级别较高者
	第二次	是第一次考核者的直属上司，而且其职能资格级别较高者		
		具有中层管理以上职务职能资格级别较高者	具有上层管理以上职务职能资格级别较高者	人事部部长（经理）
调整者		人事部部长（审查委员会）		

（二）考核者与被考核者接触时间因工作调动、变迁而不足考核所规定的期限时，按下列规定处理：

1. 如果是奖励资格认定，不满（　　　）个月时；

2. 如果是提薪或晋升方面的考核，考核期限不满（　　　）个月时；

按前任考核人员的意见行事。

第六条 被考核者

被考核者是指适用于职能职务等级制度的所有职工。但下列人员除外：

（一）如果是奖励资格认定这方面的考核，考核期限不满（　　）个月者及退休人员，不在被考核者之列。

（二）如果是晋升、提薪方面的考核，考核期限不满（　　）个月者及退休人员，不在被考核者之列。

第七条 调整及审查委员会

考核结果原则上不予调整，只有被认为有必要保持整个企业平衡时，才设立审查委员会，进行审查和调整。

在这种情况下，由人事部部长对一般职工、中间管理层人员的考核工作做出最后裁决；由负责人事工作的经理对高层管理者的考核做出最后裁决。

即使如此，奖励方面的考核工作，一般不予调整。

第八条 考核方式

考核依据绝对评价准则，进行分析测评。

但是，在提薪考核方面，附加自我评价环节，以便自我认识、自我反省。

第九条 考核层次

考核依据"行为选择""要素选择"和"档次选择"三个层次进行。

第十条 面谈、对话

考核者在考核期限，必须就工作成果（完成程度）、工作能力（知识、技能和经验的掌握程度）及工作的进取精神（干劲和态度的好坏程度）等方面内容交换意见，相互沟通，以便彼此确认、相互认可。

第十一条 考核结果的反馈

有必要把考核结果通过该考核者的顶头上司，通知被考核者本人，并做出说明。

第十二条 考核表的分类

首先按一般职务 1～4 级、中层管理职务 5～7 级、高层管理职务和专门职务 8～10 级划分等级层次；进而按等级层次，考核奖励、提薪和晋升资格。

第十三条 考核期限

考核与实施期限如表 9-32 所示。

表 9-32 考核及实施期限

目的	考核期间	考核时长	考核开始	考核结束	备注
晋升	1 月 1 日～12 月 31 日	1 年	1 月 16 日	2 月 20 日	
提薪	1 月 1 日～12 月 31 日	1 年	1 月 16 日	2 月 20 日	
奖励	11 月 16 日～5 月 15 日	6 个月	5 月 20 日	6 月 10 日	
	5 月 16 日～11 月 15 日	6 个月	11 月 20 日	12 月 10 日	

第二章　成绩考核

第十四条　成绩考核

所谓成绩考核是对每个职工在完成本职工作、任务中所发挥出来的能力进行测评。

第十五条　成绩考核的要素

成绩考核要素由工作执行情况（正确性、完善程度、速度、工作改进和改善情况）及指导教育工作情况等构成（见表9-33）。

表9-33　成绩考核要素表

考核要素		一般职务	中层管理职务		上层管理职务	
成绩考核	工作速度	○				
	工作的正确性	○	工作完成程度	○	工作完成程度	○
	工作的严密性	○				
	工作的改进与改善			○		○
	指导与教育			△		△
能力考核	知识	○				○
	技能	○				○
	理解力	○				○
	判断力			○		
	创造力			○		
	计划力	○		○		○
	表现力					○
	协调和折中力	○		○		○
	指导和监督力			○		
	管理和统帅力			○		○
态度考核	积极性	○				△
	责任感	○				
	协作性			○		○
	服从			○		
	忍让与忍受			○		○
	魄力					○

第三章　能力考核

第十六条　能力考核

能力考核就是对具体职务所需要的基本能力，以及经验性能力进行测评。

第十七条　能力考核要素

能力考核的构成要素是，担当职务所需要的基本能力，即知识、技术和技能，以及在工作中表现出来的理解力、判断力、创造力、计划力、表现力、协调和折中力、指导和监督力、管理和统帅力等经验性能力。

第四章　态度考核

第十八条　态度考核

态度考核发挥着成绩考核与能力考核间的桥梁作用，是对工作态度、热情所做的测评。

第十九条　态度考核要素

态度考核要素由工作积极性、责任感、热情及与其他部门的协作态度、遵纪守法等方面构成。

第五章　考核者训练

第二十条　训练考核者

为了使考核者能够公正合理地进行考核，为了提高考核者的监督管理能力，考核者必须接受企业内的训练。

第二十一条　训练后的素质

（一）考核者必须认识到考核工作是自己的重要职责，并努力在履行职责中陶冶自己的人格，提高自己的素质，致力于发挥每个人的能力。

（二）为了使考核工作公道而严格，考核者必须特别留心以下各方面：

1. 不徇私情，力求评价严谨公道；

2. 不轻信偏听，注意对被考核者实际工作情况的观察和批评；

3. 对被考核者在考核期限之外所取得的结果、能力和态度不做评价；

4. 以工作中的具体事实为依据，而不是根据其档案资料（学历、工龄、年龄、性别等）进行评价；

5. 对考核结果进行总体综合修正，以消除以偏概全倾向、逻辑推断倾向、宽容倾向、过分集中倾向、极端倾向及人为假象，避免偏颇与失误；

6. 注意避免凭总体印象，夸大或缩小被考核者的成果、态度及工作中表现出来的能力。

第六章　考核结果的应用

第二十二条　考核结果的应用

考核结果作为人事管理工作的可靠资料，用作提薪、奖金、晋升、教育培训、调动和调配等人事待遇调整的依据。

第二十三条　考核结果存档

考核结果以《人事教育卡》的形式被存入档案，正本由人事管理部门的负责人保管，复印副本交由各个部门的负责人保管。

第七章　其他

第二十四条　裁决权限

本规程的修改与废止，由主管人事的经理最终裁决。

第二十五条　实施日期

本规程自　　年　　月　　日起实施。

人力实务 9-3 📊

花旗银行的人才库盘点[○]

花旗银行（以下简称"花旗"）的人才库盘点实质是有浓郁花旗特色的绩效考核。通过人才库盘点，可以发现人力资源供给与需求之间的缺口，进行人力资源规划，以此确定招聘的策略和计划；同时，也可以为员工的培训、薪酬及职业发展路径规划提供依据。

每年 5 月的第一周，花旗都会对员工进行盘点，主要有两个维度——"绩效"和"潜能"。

"绩效"考核——立足过去

在绩效方面，考核包括 9 个关键要素：对整体结果的贡献、完成客户相关工作的效率、个人业务和技术熟练程度、执行程度、领导力、对内对外关系、职业标准、全球效力及社会责任。同时，花旗要求考核 3 年内员工的绩效情况，而不仅仅着眼于当前的绩效，目的是全面考察员工的工作表现，不以一时一地得失论英雄。

绩效考核标准分为 3 个等级，分别是：优秀、完全达标和起贡献作用（见图 9-11）。

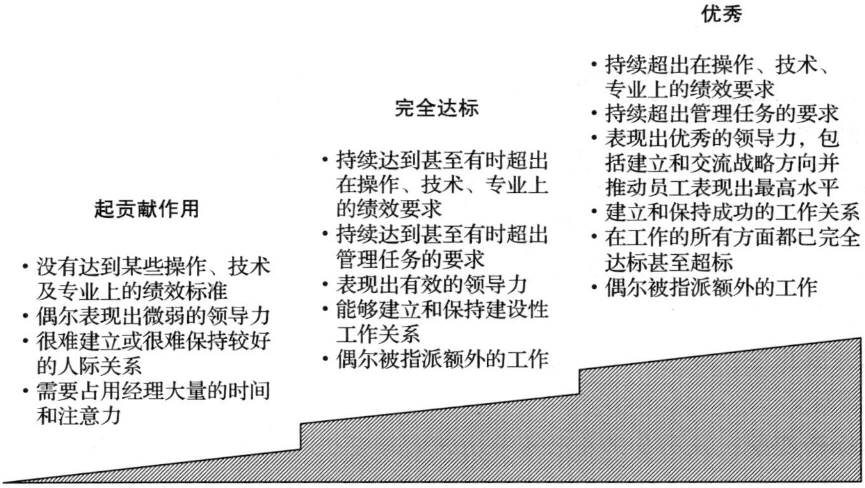

优秀
- 持续超出在操作、技术、专业上的绩效要求
- 持续超出管理任务的要求
- 表现出优秀的领导力，包括建立和交流战略方向并推动员工表现出最高水平
- 建立和保持成功的工作关系
- 在工作的所有方面都已完全达标甚至超标
- 偶尔被指派额外的工作

完全达标
- 持续达到甚至有时超出在操作、技术、专业上的绩效要求
- 持续达到甚至有时超出管理任务的要求
- 表现出有效的领导力
- 能够建立和保持建设性工作关系
- 偶尔被指派额外的工作

起贡献作用
- 没有达到某些操作、技术及专业上的绩效标准
- 偶尔表现出微弱的领导力
- 很难建立或很难保持较好的人际关系
- 需要占用经理大量的时间和注意力

图 9-11 花旗的绩效考核等级

其中，"起贡献作用"其实就是通常绩效评估中的"绩效不良"。出于鼓励员工改进工作的考虑，把"绩效不良"改成"起贡献作用"，这也是花旗正面激励的企业文化的表现。

"潜能"考核——着眼未来

对员工"潜能"的评估是花旗人力资源管理的特色之一，它需要综合考虑员工在过去 3 年中表现出来的能力、是否具备达到新层级所要求的执行能力和领导技能、对未来

[○] 资料来源：梅晓文，梁晓翠，农艳，等. HR 管理标杆：世界知名企业人力资源管理最优实践 [M]. 上海：复旦大学出版社，2006：39-43.

职业发展的成就动机这三个方面的内容。"潜能"考核也分为三个级别：转变、成长和熟练（见图9-12）。

转变
- 具有相对于现有工作更高层次的潜能
- 具有调动到一个不同层级的工作岗位上工作的能力和意愿

成长
- 具有在与现有工作同一层级的、承担更多责任的工作岗位上工作的潜能
- 具有调动至同一层级更具复杂性的工作岗位上工作的能力和意愿

熟练
- 在现在的工作岗位上继续发展
- 意味着"永远在这个岗位上做下去"

图9-12 花旗员工"潜能"考核级别

"九方格图"——员工配置依据

根据以上考核内容，花旗将员工分为9类，分别放在九方格图的不同格子里，按照每格的含义来确定不同的员工领导力发展路径，其最终目的是选拔合适的优秀人才成为团队管理者（见表9-34）。

表9-34　花旗员工绩效与潜能等级对照表

潜能等级	绩效等级		
	优秀	达标	贡献者
转变型	1- 优秀转变型	3- 达标转变型	7- 贡献者转变型
成长型	2- 优秀成长型	5- 达标成长型	8- 贡献者成长型
熟练型	4- 优秀熟练型	6- 达标熟练型	9- 贡献者熟练型

1- 优秀转变型： 该类员工通常在6个月内被提升到高一级职位。

2- 优秀成长性： 该类员工有能力在目前的层级承担更大的工作职责，比如由普通经理到大区经理。

3- 达标转变型： 该类员工将来有能力进行转变，应该在目前工作岗位上做得更加出色，有可能往1格转移。

4- 优秀熟练型： 该类员工有能力在同一层级的相似工作岗位上高效地工作，工作老练，同时具有掌握新技能的能力，有可能被安排在别处做其他方面的工作。

5- 达标成长型： 该类员工有可能在目前的层级承担更多的职责，但是应该努力达到优秀的绩效；在上一年度轮流到新的工作岗位，并且以前被评在1、2方格的员工通常也会被列入此格。

6- 达标熟练型： 上年度轮流到新的工作岗位，并且以前被放在1、2方格的员工可能也被暂时放在此格，他们在新的岗位上可能还没表现出应该表现的绩效。

7- 贡献者转变型： 该类员工需要往更优秀的绩效方向努力。

8- 贡献者成长型：该类员工可能在工作某些方面表现良好，其他方面表现不佳或很差，应该更加努力以便在当前层级实现完全达标。

9- 贡献者熟练型：员工一旦被放入这一格，一般情况下，在未来3～6个月会被迫换一个地方工作或被淘汰。

九方格图由员工的直接上级确定，但是其结果要经过两级审核，而且要反馈给员工本人。对于花旗而言，人才库盘点可以使每个员工在九方格图中找到自己的位置，有利于员工职业生涯的发展，同时帮助企业有效地促进人才流动，管理和发展好员工，并找出未来的领导人。

第10章
CHAPTER 10

薪 酬 管 理

🌀 学习目标

- 熟悉薪酬管理的基本流程
- 了解薪酬管理的理论基础
- 阐述三种薪酬模式和六种常见的工资制度
- 设计薪酬方案
- 了解员工福利的构成、特点及作用
- 说明高级人才薪酬管理中股票期权的设计思路

🌀 引导案例

IBM 的薪酬制度改革

20 世纪 90 年代初 IBM 公司开始从占据本行业的主导地位逐渐转入危机时期。它的衰落是由多种因素造成的。比如它在利用新技术优势方面的步伐缓慢,与客户及市场之间的关系也变得越来越疏远,并且它的成本越来越高。然而,1998 年,IBM 公司在郭士纳的领导下再度以一家十分成功的公司的面目出现。尽管不能说仅仅是因某个单方面因素的变化而导致 IBM 出现了这次新的转机,但不可否认的是,IBM 公司薪酬制度的改革及这种改革对公司文化与员工个人行为所产生的影响是导致该公司重新崛起的一个重要因素。

IBM 公司原来的薪酬系统有以下四个方面的特点。第一,与薪酬的外部竞争性相比，它更为强调薪酬的内部公平性。换句话说，为了避免内部关系紧张，公司会把市场营销经理和生产经理的工资水平定在同一档次上，而并不去考虑在外部市场上两种工作的薪资水平是否相同。第二，原有的薪酬系统严重官僚化，系统中一共包含5000多种职位和24个薪资等级。第三，管理人员在给手下员工增加工资方面的分配自主权非常小。第四，单个员工的工资收入大部分都来自基本工资，只有很少部分是与利润和股票等此类风险性因素联系在一起的。

1994年开始，IBM公司的薪酬制度在上述所有四个方面都发生了根本性的改变。IBM公司的新工资制度是受市场驱动的，非常注重外部竞争性。现在的薪酬制度中仅剩下1200种职位和10个变动范围更大的薪资等级（以代替原来的24个薪资等级）。这符合IBM公司削弱官僚主义、减少等级层次及把决策权力向较低管理层次下放的愿望。同样的逻辑还导致IBM公司把薪资决策方面的权力分散到管理人员身上，赋予他们以根据员工的个人工作绩效支付不同工资的权力。奖励性工资的增长预算被削减，节省下来的这部分钱被转移到了风险工资项目上来，而风险工资项目的目的就是把员工的工资与企业的绩效目标联系起来。最后，像许多其他大公司一样，IBM公司也同样通过削减员工数量来达到降低成本的目的，该公司的员工人数已经从20世纪90年代初期的40多万人下降到了90年代末的25万人左右。

上述案例使我们看到了薪酬改革在整个企业发展中的重要作用，薪酬是推动企业战略目标实现的一个强有力工具。薪酬历来是一个复杂而又敏感的话题。在员工心中，薪酬不单是工资单上钱的数额，它还代表了身份、地位，以及在公司中的业绩，甚至个人的能力、品行、发展前景。薪酬的发放往往也传递给员工一种信息：管理层认为什么是重要的及何种行为是受到鼓励的。薪酬已从是支付给某一特定职位的这样的观点转变为薪酬是对员工所做贡献的奖励。所以，员工薪酬是员工从事劳动的物质报酬，也是对员工激励的主要体现。员工薪酬不仅与员工的工作能力、工作绩效密切相关，也与劳动力市场关系和市场价格密切相关。因此，一项好的薪酬计划既可以使员工高效率而且积极地工作，又可以使劳动力成本保持在一个可以接受的水平上。在人力资源管理中，薪酬管理一直是一项最主要的工作。本章将重点讨论薪酬管理的原则、薪酬制度的设置、薪酬体系的建立及薪酬控制、员工福利等问题。同时，本章也将对高层管理人员的薪酬政策，诸如分红、股权等有关问题做详细探讨。

10.1 薪酬管理概述

10.1.1 薪酬概述

10.1.1.1 薪酬的概念与构成

薪酬是指员工在从事劳动、履行职责并完成任务之后所获得的经济上的酬劳或回报。从狭义上讲，它是指直接获得的报酬，即工资，比如基本工资（含岗位工资）、绩效工资（奖金）、成就工资（红利、利润分享、股票期权）、津贴等。从广义上讲，薪酬还包括间接获得的报酬，比如福利（见图 10-1）。

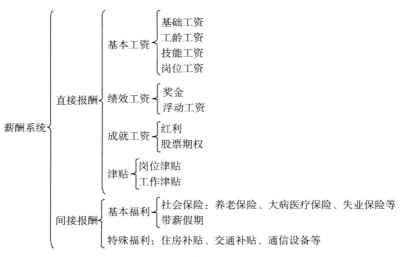

图 10-1   薪酬系统简介

这里必须注意的是，基本工资是基本现金报酬，是工资管理的最基本部分，确定之后一般比较稳定。大部分企业会根据员工所承担的工作本身的重要性、难度或对组织的价值确定员工的基本工资，即采用所谓的岗位工资制。但当市场劳动力供求发生变化，员工的经验、技巧、能力变动时，基本工资都要做相应的调整。而绩效工资（奖金）是直接与员工的工作绩效挂钩的薪酬形式，随员工的绩效弹性变化，比如计件工资、销售提成、浮动工资等，它是薪酬结构中"活"的部分。成就工资（merit pay）是指对员工在工作中卓有成就，为企业做出突出贡献之后，企业所给予的一项长期激励。它包括红利、利润分享、股票期权等。津贴则是指对员工在特别劳动条件与环境下额外劳动消耗和额外生活费用支出的补偿，包含岗位津贴、工作津贴等。

10.1.1.2   薪酬的作用

一个完整的薪酬结构，应该同时具有三个方面的作用，即保障作用、激励作用与调节作用，并要做到保障有力、激励有效、调节有度。

1. 保障作用

薪酬的保障作用是通过基本工资来体现的，员工所获薪酬数额至少能够保证员工及其家庭生活与发展需要，否则会影响员工的基本生活，影响社会劳动力的生产和再生产。薪酬的保障作用有助于员工获得工作的安全感，发挥工作积极性。

2. 激励作用

一个合理而又具有竞争力的薪酬结构能够吸引人才，激发他们的潜力，提高工作效率。在管理实践中，越来越多的管理者认为：增加薪酬结构中"活"的比例，更有助于调动员工的积极性。因此，绩效工资与成就工资越来越成为管理者激励员工的重要手段。

3. 调节作用

薪酬的调节作用主要是以福利的形式来表现的，但现代的福利不是传统的"劳保"的概念，它表现出福利弹性化、福利显形化。福利是企业展现关心员工、社会责任感的重要方面。通过提供各种福利与保险待遇，可使员工对公司有一种信任感和依恋感，形成良好的组织气氛。

🐚 实务指南 10-1

战略性薪酬政策目标

（1）奖励员工过去的工作绩效；
（2）保持劳动力市场上的竞争性；
（3）维持工资在员工之间的公平；
（4）融合员工未来的工作绩效与组织目标；
（5）控制薪资预算；
（6）吸引新员工；
（7）减少不必要的人员流动。

10.1.2 薪酬管理的原则

1. 适度性原则

薪酬的适度性包括两个方面的含义。一方面，薪酬既有"上限"，也有"下限"。国家、省、市和地区所规定的最低工资和基本福利待遇是它的下限，而管理部门和工会等组织的力量决定其上限。早在1928年，国际劳工组织就通过了关于确定工人的最低工资标准，以保障工人基本权益和基本生活需要的国际公约。而我国政府在1984年5月也正式决定承认该公约的相关条款，并于1993年11月颁布并实施我国自己的《企业最低工资规定》。这表明，企业薪酬的适度性必须满足有关法令法规。薪酬的上限则更多地由组织的管理部门和工会协商决定。在不同国家、不同地区的不同组织，或无明确规定工资上限，或有明确规定但数额和执行方式可能有较大的差异。只有高于规定工资下限，低于规定上限的薪酬才是适度的。另一方面，从员工的角度来看，薪酬应足以满足员工的基本需要，并适当高出员工的基本需要。薪酬最基本的作用就是保障员工的生活，并使他们的生活水平逐步提高，同时还要对员工的工作行为起到激励作用。不能满足这一条件的薪酬就是不适度的。

2. 公平性原则

公平性是薪酬给人带来的心理感受中最有影响的一种作用。公平性主要表现为外部公平性、内部公平性与个人公平性。在很多情况下，即使人们所得的报酬不多，但是在相比之下让人觉得公平和公正，人们也会一如既往地努力工作。对薪酬公平性的研究有很多，比如美国心理学家约翰·斯塔希·亚当斯（John Stacey Adams）所提出的"公平理论"就是这一领域非常著名的理论。这一理论主要研究了工资报酬分配的合理与公平性及其对员工生产积极性的影响。这些研究都认为公平感的产生源自社会比较的过程，即人们总是自觉或不自觉地将自己的投入（教育、技术、劳动等）和所得（工资、福利、晋升等）与别人的投入和所得进行横向比较，或与自己过去的投入和所得进行纵向比较，然后才有公平、公正与否的心理感受。感受到公平的员工会觉得十分满意，而感受到不公平的员工则会心理不平衡，内心产生焦虑，于是会设法改变这种境遇，比如减少自己的投入（消极怠工），改换比较对象，以阿Q精神安慰自己，甚至可能离开组织。

一般来说，确定组织的整体工资水平、工种或职位的工资水平时应保证组织内报酬和外部劳动力市场相比是公平的；制定组织内部工资等级结构和工资体系应保证报酬在组织内部是公平的。

3. 接受性原则

薪酬制度只有被员工广泛接受才会有成效。不被员工认可的薪酬制度只是组织的一厢情愿，得不到员工的支持，起不到激励作用，组织就很难吸引和保持一支有效率的员工队伍。由组织单方面制定薪酬制度以极大地维护雇主利益的做法在以前资本家剥削工人、工人权益得不到保障的社会中也许还能行得通。可如今，在一个日益开放和民主的社会里，员工的法制观念和自主个性越来越强，他们或者直接参与管理，或者以工会的形式影响管理层的决策，不被他们认可的薪酬制度根本没有实施的可能。当然，越来越多的组织也十分清楚这一点，它们往往会认真设计、全面考虑后再谨慎地做出薪酬决策，并在整个决策过程中不断地听取和采纳员工的意见和建议，向员工解释组织的意图和目的，在良好的沟通中确定本组织的薪酬制度。在实施中，组织还应根据实际情况和员工的反馈意见不断地对薪酬制度加以修正和改进。

4. 激励性原则

有效的薪酬制度仅让员工满意和认可是远远不够的，那样只会让员工对自己的工作自满自足，难以实现自我突破。只有有激励性的薪酬制度才能强化员工的劳动行为，并引导和推动他们不断达到更高的目标，这就是薪酬的激励作用。为了达到这一目的，组织常常运用各种经济性或非经济性的手段，促使员工的行为始终符合组织所认为的重要目标（如提高产量或销售额）。激励的要点就是确定什么因素可以作为激励的诱因。员工越看重、越需要的东西就越能激发他们努力工作来获取。确定这样的因素（如高额奖金、国外培训等）后就可以将他们与员工的工作行为或产出相联系，制定有激励性的薪酬制度。

5. 多元化原则

薪酬的目的是满足员工的多样化需求并刺激他们的行为达到激励的目标，它影响员工的根本利益，是影响工作积极性、生产率和士气的关键因素。因此，薪酬制度必须是多元化的。为了达到这一目的，许多组织采用弹性薪酬管理，对组织中每一位员工的薪酬待遇考虑其个人需要，甚至允许在一定范围内自主选择。

10.1.3　影响员工薪酬的因素

具体地说，影响薪酬水平的因素主要有以下九个。

1. 员工的劳动量

任何国家的任何时期，员工的薪酬水平都要受到他所提供的劳动量的影响。这包含两个方面的含义：其一，员工只有为企业劳动才可能得到工资性的收入；其二，员工劳动能力的大小有别，在同等条件下，所能提供的现实劳动量的多少就不同。这种现实的劳动量差别是导致薪酬水平高低差别的基本原因。

2. 岗位的价值差异

企业中岗位的价值差异不同，通常情况下，岗位的价值越大，其薪酬就越高。这样就可以说明为什么总经理的薪酬高于一般的员工，因为总经理这个岗位对企业的贡献最大。总经理的决定和判断对于公司产品的质量、市场、信誉与盈利等产生重大影响，所以必须支付与其责任相称的适当的薪酬水平。

3. 技术与能力水平

为什么技术与能力水平高的员工，其薪酬较高？这是因为这份较高的薪酬不仅有报酬的含义，即补偿劳动者在学习技术时所耗费的时间、体能、智慧甚至心理上的压力、不愉快等直接成本，以及因学习而减少收入所造成的机会成本，而且还带有激励作用，即促使员工愿意不断地学习新技术，提高组织所需的技能，提高劳动生产率。

4. 工作条件

有些工作具有危险性，妨害人体健康，甚至危及人的生命，还有些工作具有令人难以忍受的气味、温度、光线或气压、水压，因而从事这类工作的人员需要很强的胆识、体力和耐力，这样他们的薪酬应高于在舒适、安全的工作环境中工作的员工。这既可以补偿其体能消耗，也是一种鼓励与安慰。

5. 年龄与工龄

工龄长的员工薪酬通常高一些。这主要是为了补偿员工过去的投资，并减少人员流动。连续计算企业的工龄并与薪酬挂钩能起到稳定员工队伍，降低流动成本的作用。

6. 企业负担能力

薪酬还与企业的生产发展水平有关，如果薪酬负担超过其承受能力，那么就会造成停业或破产。因此，在不同的企业工作的员工，薪酬水平会有所不同。

7. 地区与行业间的薪酬水平

企业所在地区和所属的行业环境对企业的薪酬水平影响很大。企业在制定本单位的薪酬标准时应进行市场薪酬调查，否则可能引起员工和同行业的不满。

8. 劳动力市场的供求状况

当市场上某种行业的人员供给不足时，其薪酬水平会提高。比如新工业区的薪酬通常高于旧工业区，同时，劳动力市场可能会被分割成地区性的几块，薪酬差别会更明显。

9. 生活费用与物价水平

衡量一个地区生活费用的高低，可以有 4 个指标：当地居民消费的价格指数、社会商品零售指数、商品价格的通货膨胀率及当地的 GNP 值。在薪酬管理中，比较多的考虑是当地居民生活品价格指数。如果生活品价格指数高，那么人工成本必然高，这是影响工资制定的重要因素。

🕊 实务指南 10-2

劳动的三种形态在工资分配中的比较

劳动形态	定义	工资分配依据	困惑	工资形式体现
潜在形态	具有的劳动能力（学历、职称、工龄、资历）	按劳分配的"劳"与劳动能力关系密切，是分配的重要依据	能力只是可能提供的劳动，但与实际提供及成效不一定一致	基本工资、等级工资、岗位工资、职务工资
流动形态	劳动能力使用和消耗的过程	理论上说可准确反映消耗量	实际上难以捕捉、难以计量	计时工资
凝结形态	劳动成果	容易计量	生产条件不同，成果不同；试验失败，成果为零；价格体系背景不具备	计件、浮动工资、奖金

🕊 管理实务 10-1

被低估的底薪员工[⊖]

许多企业长期以来一直把一线员工视为可以轻易取代的廉价商品，认为高流动率和低士气本来就是低薪工作不可避免的问题。然而，事实证明，大部分低薪员工都希望留在雇用自己的组织里，与之一同成长。公司对他们投资不足，不仅损害了这部分员工的利益，也损害了公司自身的战略利益。许多公司已经有了一套用于吸引和留住高级人才的完整体系，比如灵活安排工作时间、居家办公、工作质量更高、更能兼顾照料家人等。现在公司应当采取同样的办法帮助位于组织金字塔最底层的员工获得发展，这样不仅能改善员工生活，也能增加获得人才的机会、留住更多员工，进而提升公司自身的竞

⊖ 富勒，拉曼．被低估的底薪员工 [J]．蒋荟蓉，译．哈佛管理评论，2023（6）：52．

争力。首先，企业应当认识到投资提升一线员工技能的重要性。其次，公司应当促进更好的自上而下的沟通，传达的关于职业发展机会的信息越多，员工对这件事和对雇主就会有越多的信任。最后，企业应当去了解员工的困难、心态和顾虑。

10.1.4 主要薪酬策略

10.1.4.1 薪酬四分图

我们从刚性与差异性两个维度对薪酬的各个组成部分进行特征分析。根据薪酬的刚性和差异性两个维度可以将薪酬大致分为五个类型，详见图10-2。图中的横坐标代表刚性，即不可变性；纵坐标代表差异性，即薪酬各部分在不同员工之间的差别程度。我们将整个坐标平面分为五个部分，形成五个区域。

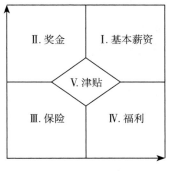

图 10-2　薪酬分类图

1. 基本薪资（基本工资）

处于第 I 象限的基本薪资具有高差异性和高刚性。也就是说，在公司内部，员工之间的基本薪资差异是明显的，而且一般能升不能降，表现出较强的刚性。

2. 奖金

处于第 II 象限的奖金具有高差异性和低刚性。由于员工的绩效、为企业做出的贡献相差较大，所以奖金表现出高差异性。而且，随着经济效益和战略目标的变化，公司要不断调整奖金，使其表现出低刚性。

3. 保险

处于第 III 象限的保险，其成分较复杂。例如，医疗保险具有低差异性、高刚性，而养老保险则具有高差异性、高刚性。

4. 福利

处于第 IV 象限的福利是人人均可享受的利益，而且不能轻易取消，因而是低差异性、高刚性的因素。

5. 津贴

处于中心的津贴种类比较多，有的是低差异性、高刚性的，有的则是高差异性、低刚性的。

10.1.4.2 三种薪酬模式

员工薪酬模式的设计，就是将上述几个组成部分合理地组合起来。企业是更多地采用薪资形式，还是更多地采用奖金形式，抑或更多地加大福利保险的投入呢？

这里有三种模式可供选择。

1. 高弹性模式

这种模式的薪酬主要由员工近期的绩效决定。如果某个时期员工的工作绩效很高，那么所支付给他的薪酬也相应地提高；如果在某个时期内，由于员工的积极性降低，或是其他个人因素而影响了工作绩效，那么所支付给他的薪酬也相应地降低。因此，不同时期，员工薪酬起伏可能较大。

在高弹性模式下，奖金和津贴的比重较大，而福利、保险的比重则较小。而且在基本薪资部分，常常实行绩效薪酬（如计件薪酬）、销售提成薪酬等形式。这种模式具有较强的激励功能，但是员工缺乏安全感。

如果某家企业的员工工作热情不高，而且人员的流动率较大，那么应果断地采取这种高弹性模式，加大绩效在薪酬结构中的比重，即增加奖金津贴的比例，激励员工为企业做出更大的贡献。

2. 高稳定模式

这种模式下员工的薪酬主要取决于工龄与公司的经营状况，与个人的绩效关系不大。因此，员工的个人收入相对稳定。薪酬的主要部分是基本薪资，奖金所占比重很小，而且主要依据公司经营状况及个人薪资的一定比例发放或平均发放。

这种模式有较强的安全感，但缺乏激励功能，而且公司人工成本增长过快，企业的负担也比较大。

目前有许多企业仍然采取这种模式，企业的人工成本负担较重。

3. 折中模式

这种模式具有弹性，能够不断地激励员工提高绩效；而且还具有稳定性，给员工一种安全感，使他们关注长远目标。

这的确是一种比较理想的模式，需要根据公司的生产经营目标和工作特点及收益状况，合理地搭配。

如果你的公司资金实力雄厚，而且人工成本占总成本的比重较小，那么在确定薪酬水平时，不要单纯注重基本薪资而忽视了奖金比例的增加。

根据公司的实际情况，合理地组合薪酬的各个组成部分，使薪酬制度既具激励性，又能使员工具有安全感。

10.1.5　薪酬管理的基本流程

制定健全合理的薪酬方案与制度，是企业人力资源管理中的一项重大决策，因此需要有一套完整而正规的程序来保证其质量。

图 10-3 给出了典型的薪酬管理流程，由七个环节或步骤构成。图中的实线方框表示各步骤的名称，虚线方框则说明各步骤对应的主要内容与活动，实线箭头指出各步骤依次进行的顺序。

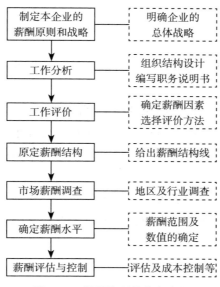

图 10-3 薪酬管理的基本流程

10.2 薪酬管理的理论基础

员工薪酬不仅是员工从事劳动的物质报酬，更是对员工激励的主要手段。对员工来说，薪酬不仅具有经济学的含义，更具有心理学、社会学的意义。工资的发放，不仅意味着企业承认员工劳动的价值，更向员工传递了一种信号：其在企业中的地位、贡献与价值。所以，要真正做好薪酬管理，就必须了解薪酬背后的理论基础。

10.2.1 公平理论与薪酬管理

10.2.1.1 公平理论的含义

公平理论是美国心理学家亚当斯在 1967 年提出的。该理论侧重于研究报酬大小与努力水平的关系，探讨工资报酬的合理性对员工工作积极性的影响。该理论指出，员工的工作动机不仅受其所得的绝对报酬的影响，而且还受相对报酬的影响，即其不仅关心自己收入的绝对值（自己的实际收入），而且也关心自己收入的相对值（自己收入与他人收入的比例）。如果员工发现自己投入与收益的比例与别人的投入与收益的比例相等时，便认为是应该的、正常的，因而心情舒畅、工作努力。反之，就会产生不公平。员工产生不公平感后，往往会产生一些对工作不利但对自己而言有助于恢复公平的行动，比如减少个人投入、要求加薪、缺勤率上升甚至辞职等。研究表明，不公平感的产生绝大多数都是由于经过比较认为自己的报酬低而产生的。当然，经过比较，报酬过高性不公平感也可能产生，但往往持续不久，因为员工可以通过低估自己的报酬或高估自己的投入而对比例进行重新评价，从而使自己对上述报酬过高的不公平情况合理化。

10.2.1.2 公平理论的应用

公平理论告诉我们，企业的薪酬体系必须满足公平要求。员工在很大程度上是通过与他人所获工资的对比来评价自己所获工资的，并且他们的工作态度与工作行为都会受到这种比较活动的影响。

特别注意的是，决定员工评价结果的不是别的，而是他们自己的主观感受。即使管理层认为与其他公司相比自己员工所得到的薪酬水平已经很不错了，但是这种情况却并不一定意味着员工也持有同样的看法。员工可能掌握着不同的信息或者做着与管理层不一样的比较。

在进行工资水平和工作结构决策时，需要注意员工可能会对工资进行的三种类型的社会比较。一是工资比较的外部公平性，主要集中在对其他企业中从事同样工作的员工获得的工资水平的考察；二是工资比较的内部公平性，关注的是企业内部不同工作之间的工资对比问题；三是工资比较的个人公平性，涉及同一企业中不同岗位的人所获工资间的比较（见表 10-1）。

表 10-1　工资结构的基本概念及其后果

工资结构的决策领域	管理工具	员工工资比较的焦点	公平性感受所产生的后果
工资水平	市场薪资调查	外部公平性	员工向外部流动（高质量员工的吸引和保留问题）；劳动力成本；员工的态度
工作结构	工作评价	内部公平性	员工的内部流动（晋升、调配、工作轮换）；员工之间的合作；员工的态度
工资等级	工作标准与资格标准	个人公平性	员工的工作积极性；外部流动

10.2.2 双因素论与薪酬管理

10.2.2.1 双因素论含义

双因素论是美国心理学家赫茨伯格于 20 世纪 50 年代末提出的。他根据大量的调查，发现使员工感到不满意的因素与使员工感到满意的因素是不同的，前者往往是由外界工作环境引起的，后者是由工作本身产生的。造成员工非常不满的原因，主要是公司政策、行政管理、监督、与主管的交往关系、工作关系、与下级的关系、安全等方面处理不当。这些因素改善了，只能消除员工的不满，还不能使员工变得非常满意，也不能激发其积极性，促进生产率的增长。赫茨伯格把这一因素称为"保健因素"。另外，使员工感到非常满意的因素主要是工作富有成就感，工作成绩能得到社会承认，工作本身具有挑战性，负有重大的责任，在职业上能得到发展成长等。这类因素的改善能够激励员工的积极性和热情，从而提高一个人的生产率。赫茨伯格把这一因素称为激励因素。他还认为传统的满意—不满意的观点（即满意的对立面是不满意）是不正确的。满意的对立面应该是没有满意，不满意的对立面应该是没有不满意。没有满意与没有不满意是激励的零状态。

10.2.2.2　双因素论的应用

赫茨伯格的理论对薪酬管理具有重大的指导意义，具体表现为下面六点。

（1）对员工来说，薪酬不仅是补偿劳动的付出，更是员工价值与贡献的肯定，所以薪酬的激励性作用必须加以重视。

（2）在薪酬结构中，基本工资应该属于保健因素，是薪酬体系的基础部分，应该对它进行科学的设计，以保障员工基本的生活与工作需要。基本工资应该是比较稳定的，原则上只升不降，不能随意变动，否则会导致员工不满意，影响其工作积极性。

（3）奖金、绩效工资属于激励因素，要在考核的基础上加大其比例，以真正激发员工的工作满意感，提高工作业绩。

（4）注意防止激励因素向保健因素转化，比如奖金每月固定发放，久而久之，其就失去了激励的目的，成了基本工资的一部分。

（5）在企业中，福利更多的是保健因素，用以消除员工的不满意感。但近些年来，弹性福利制的提出，使福利多元化并带有"激励"的色彩，这是值得肯定的。

（6）值得注意的是，在薪酬体系设计中，要根据不同岗位来设计体现保健作用的基本工资、体现激励作用的资金的比例。比如，对销售岗位，在薪酬结构中，奖金的比例就明显大于基本工资。

10.2.3　期望理论与薪酬管理

10.2.3.1　期望理论的含义

美国心理学家维克托·H. 弗鲁姆在 1964 年出版的《工作与激励》一书中提出了期望理论。这一理论可以用下列公式来表示：激发力量（动机力量）= 期望 × 效价。激发力量是指调动一个人的积极性，激发人内部潜力的强度。效价是指达到的目标对于满足个人需要的价值。期望是指根据一个人的经验判断一定行为能够导致某种结果和满足需要的概率。该公式表明：假如一个人把目标的价值看得越大，估计能实现的概率越大，那么激励的作用就越强。

为了使激发力量达到最佳值，弗鲁姆提出了人的期望模式（见图 10-4）。根据该模式，为了有效地激发员工的工作动机，就必须注意到这四者，即个人努力、个人绩效、组织奖酬和个人需要之间的关系。

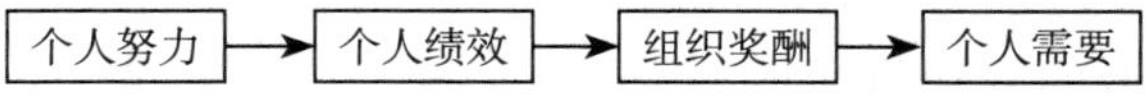

$$\boxed{个人努力} \rightarrow \boxed{个人绩效} \rightarrow \boxed{组织奖酬} \rightarrow \boxed{个人需要}$$

图 10-4　弗鲁姆的人的期望模式

10.2.3.2　期望理论的应用

期望理论认为，员工提高相应的绩效所能获得的报酬水平会进一步增强自己的工作动机并提高自己的工作绩效。因此，运用期望理论必须处理好以下三对关系。

1. 努力—绩效关系

人们总是通过一定的努力来实现一定的目标。如果个体在主观上认为通过努力达到一定绩效的概率很高，就会受到较大激励，激发出工作热情和积极性。努力—绩效关系取决于个体的期望概率，它是由主客观因素相互作用所决定的。期望值不能太低，但也不能高不可攀。

2. 绩效—奖酬关系

在达到一定绩效后，人们总是希望得到与之相应的报酬和奖励，包括精神奖励和物质奖励，比如表彰、晋升、奖金、信任等。

3. 奖酬—个人需求关系

人们之所以希望得到报酬和奖励，是为了满足一定的需求、实现一定的目标。如果所得报酬和奖励能够满足这种需求，则发挥了很好的激励作用，否则不能充分发挥激励作用。

10.2.4　代理理论与薪酬管理

10.2.4.1　代理理论的含义

代理理论又称委托—代理理论（principal-agent theory），是过去 30 年中契约理论最重要的发展。这一理论是威尔森在 1969 年创立的。该理论主要分析了企业的不同利益相关群体之间所存在的利益差异与目标分歧，以及怎样才能利用薪酬制度来使得这些不同利益群体之间的利益与目标连在一起。该理论认为，现代企业制度的一个重要特征是实现了所有权与经营权的分离。在"两权分离"的情况下，企业所有者（股东）与管理者之间存在"委托—代理"的合同关系，产生了代理成本问题，因为委托者（所有者）和他们的代理人（管理者）之间的利益不再是一致的了。对于代理人或管理者来说最好的东西，对于所有者来说未必是最好的。

这种"委托—代理"的合同关系，不仅是指聘书所代表的"显性"的合同关系，而且也是指股东与经理之间在一些无法观察到的问题上的"隐性"的合同关系。这些难以观察的变量包括经理人员的努力程度、对公司资产的关心程度、对股东利益（短期的和长期的）的某种关心和追求方式及信息的利用等。这些"隐性变量"构成了代理成本的主要部分。研究表明在管理人员的报酬问题上存在以下三种类型的代理成本。

（1）股东与管理者的管理目标不同。股东寻求的是利润最大化，而管理者可能寻求员工满意（诸如增加工资），提高自己声誉或享受特权（购买专项消费品等）。

（2）股东与管理者对待风险的态度分歧。股东可以比管理者更为容易地分散自己的投资，去做一些潜在回报很高但有风险的项目，而管理者一般情况下都是风险规避型的人。强调基本工资、弱化具有不确定性的奖金是管理人员的偏好。

（3）决策的基准不同。管理者的决策更倾向于短期绩效的最大化。

10.2.4.2　代理理论的应用

委托—代理理论认为，降低代理成本的一个有效途径就是把经理的个人利益与公司的长远利益联系起来，使经理的收入取决于公司的经营状况。因此，无论是在设计管理人员的报酬制度还是非管理人员的报酬制度时，一个关键的问题是："这种代理成本如何达到最小化？"代理理论指出，代理人利益与委托人利益相一致的契约性计划可分为两种：行为导向型契约（比如绩效工资制度）和结果导向型契约（比如股票选择权、利润分享计划、佣金制等）。行为导向型契约所产生的成本可被看成"显性成本"，相应的结果导向型契约所产生的成本可被看成"隐性成本"。

一般认为，结果导向型契约是比较理想的选择。因为它使管理者更加关心公司的利润，对公司的长远发展而言比较有利，但是它增加了代理人的风险，由于代理人本身是风险规避型的人，他们有可能要求委托人向他们支付较高的工资（一种补偿性的工资差别）以弥补他们所承担的这种较高风险。所以，企业也要根据不同的情况做出不同的选择，这部分取决于以下六个方面的要素。

（1）风险规避。代理人的风险规避倾向使得结果导向型契约被接受的可能性较小。

（2）结果的不确定性。利润是反映结果的指标之一。然而由于存在利润较低的风险，因此代理人不大愿意让自己的工资与利润联系在一起，所以他们更为偏好行为导向型契约。

（3）工作的程式化。由于工作变得越来越不那么程式化（即不是那么常规化），因此监督会变得越来越困难，这样，实行结果导向型契约的可能性就增大。

（4）工作结果的可衡量性。当工作结果更加具有可衡量性的时候，结果导向型契约被实行的可能性就会增大。

（5）支付能力。由于必须提供风险补偿金，所以结果导向型契约带来了较高的报酬成本。

（6）传统习惯。在传统或者习惯上使用（或不使用）结果导向型契约会使实施这种契约变得更容易（或更不容易）。

10.3　薪酬制度

个案研究 10-1

固定工资制还是佣金制

秦先是一家中日合资企业的销售员。作为日语专业大学毕业生的他，在大学里就是一个很有自信和抱负的学生，他梦想着能在事业上有所成就。

秦先一开始对销售员的工作比较满意，因为这家公司与别的公司不一样的是，其给销售员的是固定工资而不是销售佣金，并且固定工资也挺高。尤其是对于刚毕业的他来说，拿佣金肯定比别人少得多。

随着秦先对销售业务的熟悉，与零售商也打成了一片，他的销售额渐渐上升。到了第三年，他算了算自己应该进入公司销售员的前 20 名之列。第四年，根据秦先与同事的接触，他估计自己当属销售员中的冠军了。不过公司的政策是不公布个人的销售额，也不鼓励相互比较，所以他还不能很有把握地说他一定能够坐上第一把交椅。

去年 9 月初，秦先就完成了比前年提高 25% 的销售定额。10 月中旬，日方销售经理召集他去汇报工作。听完他用日语做的汇报后，经理对他格外客气，祝贺他取得的好成绩。

但临走的时候，经理对他说："咱公司要再有几个像你一样棒的销售明星就好了！"秦先想说些什么，却又忍住了，匆匆地离开了。

今年，公司把他的销售定额又提高了 25%。虽然达到目标的难度加大了，但根据经验，他预计自己的定额到 10 月中旬一定能完成。而令他苦恼的是，一贯的固定工资使他的热情已经大减。因为他听说本市另有两家也是中外合资的化妆品制造企业都在开展销售竞赛和奖励活动。其中一家是总经理亲自请销售冠军到大酒店美餐一顿，而且这家公司内部还发行公司通信小报，让人人都知道个人的销售排名，表扬每季和年度最佳销售员。

想到自己公司的这套做法，秦先就特别生气。在刚来公司时，他干得不怎么样，较高的固定工资的确不错，但如今的他渴望获得销售佣金。

最近秦先去销售经理那里谈了自己的看法，建议给他实行佣金制。不料销售经理回绝了他，因为在日本的母公司里一贯如此，这是由本公司的企业文化决定的。

不久，秦先被一家竞争对手挖去了。

秦先的离职说明该公司薪酬制度存在问题。企业中各类人员的薪酬水平到底怎样确定呢？这就要依靠公司制定的薪酬制度（即工资制度）。薪资制度是企业日常管理活动中制度体系的重要组成部分。

不同性质的企业，其薪酬制度（工资制度）的具体构成因侧重点不同而有所不同。最常见的工资制度有：技术等级工资制、职务等级工资制、岗位技能工资制、结构工资制、薪点工资制、保密工资制等。

10.3.1　技术等级工资制

根据劳动的复杂程度、繁重程度、精确程度和工作责任等因素划分技术等级，按等级规定工资标准。它一般由工资等级表、技术等级标准和工资标准三个方面的内容组成。该工资制度适用于技术比较复杂的工种，适用于工人。

另外，必须注意技术等级标准的内容包括"应知""应会"和"工作实例"三个部分。

（1）"应知"是指完成某技术等级的工作所应具备的理论知识，比如工艺过程、机器设备的结构和性能、加工材料的性能、操作规程及安全技术知识等。

（2）"应会"是指工人完成某技术等级工作应当具备的实际操作能力和实践经验。

（3）"工作实例"是指根据"应知""应会"的要求选择出的某项工种和技术等级，工人应该会做的典型工作实例、典型工作项目。

10.3.2　职务等级工资制

职务等级工资制的侧重点是职务的性质、责任大小、工作环境等，只对事不对人。实施职务等级工资制的条件是：企业经营范围与经营领域明确；职务内容相对稳定；职务本身标准化（行政人员30级、技术人员18级）。

职务等级工资制存在的问题是：职务与工资挂钩，往往导致高职务取向，而高职务有限，便为涨工资而增设副职，造成官本位，不利于员工能力的开发。

10.3.3　岗位技能工资制

岗位技能工资制将各种劳动对职工的要求综合归纳为劳动责任、劳动强度、劳动条件、劳动技能四项基本劳动要素。

1. 劳动责任

（1）对产品（服务）质量、数量、成本和消耗所负的责任程度；

（2）对设备、财产所负的责任程度；

（3）对安全生产、企业生产经营、管理方面所负的责任程度；

（4）对精神文明建设方面所负的责任程度。

2. 劳动强度

（1）体力、脑力劳动紧张程度；

（2）疲劳程度；

（3）劳动姿势；

（4）工时利用率。

3. 劳动条件

（1）危险程度，包括矿山、井下、隧道作业、高空、高速、潜水、海上作业、接触易燃易爆物等；

（2）危害程度，包括接触高温、辐射、低温、粉尘、噪声、其他有毒有害因素等；

（3）自然地理环境和不同工作班次对劳动者生理、心理的损害程度，包括高原、野外、海上、飞行等作业环境和长期夜班、倒班等。

4. 劳动技能

（1）受教育程度是指一般文化知识水平、受专门培训程度和专业技术理论水平；

（2）实践经验是指工作经历和从事专门工作的资历、从事本职工作经验的积累程度；

（3）实际工作能力是指工人的实际操作能力、管理人员的组织管理能力和专业技术人员的研究能力，以及他们解决实际问题的能力。

岗位技能工资制主要由技能工资和岗位工资两个单元组成。技能工资强调工资向高技术岗位倾斜。技能工资按工人的技术水平、管理人员的管理水平和专业技术人员的专业技术水平划分类别。岗位工资要体现工资向苦、脏、累、险、毒、热、知识、技能、实力等第一线岗位倾斜。岗位技能工资制由于既重视职务、岗位的因素，又重视个人能力的因素，真正把竞争机制、激励机制和风险机制引进工资制度中，因而在我国被广泛推广和采用。

10.3.4　结构工资制

结构工资制又称分解工资制、组合工资制，它根据劳动的多种形式和工资的多种职能将工资分解为若干个既相互联系又相互独立的部分，比如基本工资、奖励工资、工龄工资、津贴等。它最主要的问题是基础工资、工龄工资所占的比重过大，不能体现按劳分配的原则。

10.3.5　薪点工资制

薪点工资制是在岗位劳动评价"四要素"（劳动技能、劳动责任、劳动强度、劳动条件）的基础上，用点数和点值来确定职工的工资。点值与公司和专业厂、部门效益实绩挂钩。这是通过量化考核确定职工实际劳动报酬的一种工资模式。

10.3.6　保密工资制

保密工资制是一种灵活反映企业经营状况和劳务市场供求状况并对员工的工资收入实行保密的工资制度。

其主要内容包括以下五个方面。

（1）职工的工资额由企业根据操作的技术复杂熟练程度与员工当面协商确定，其工资额的高低取决于劳务市场的供求状况和企业经营状况。

（2）当某一工种或人员紧缺或企业经营状况较好时，工资额就上升，反之就下降。

（3）企业愿意对生产需要的专业技术水平高的员工支付较高的报酬。如果企业不需要该等级的专业技术的员工，就可能降级使用或支付较低的报酬。如果员工对所得的工资不满，可以与企业协商调整。如果双方都同意，可以实行新的工资额。

（4）员工可以因工资额不符合本人要求而另谋职业，企业也可以因无法满足员工的愿望而另行录用其他员工。

（5）企业和员工都必须对工资收入严格保密，不得向他人泄露。

保密工资制有其利弊，其优势体现在以下四个方面。

（1）使员工之间不在工资上互相攀比，减少矛盾。

（2）工资是由企业和员工共同商定的，双方都可以接受，一般都比较满意，有利于调动职工的积极性。

（3）工资水平随着企业经营状况和劳务市场供求状况而升降，促使员工转向紧缺的工种，保持各类人员之间合理的比例关系。

（4）有利于员工在最佳年龄期间取得最佳报酬。

保密工资制的劣势在于：容易出现同工不同酬。在制度不健全和仲裁机构、监督机构不健全的情况下，容易使以权谋私者从中舞弊，产生亲者工资高、疏者工资低等不合理现象。

🌀 实务指南 10-3

典型的规范化薪资政策要点：

（1）组织内的工资水平是高是低，还是正好处在普遍接受的水平；

（2）工资水平能否获得员工的认同，同时激励员工发挥他们的最大潜力；

（3）员工的起薪及新员工与资深员工的工资相差幅度；

（4）调薪的间隔期及员工绩效与资历对加薪的影响；

（5）工资水平能否对实现好的财务状况及产品或服务的改善有所助力。

10.4　薪酬设计

10.4.1　薪酬设计的原则

1. 公平性

企业员工对薪酬的公平感，也就是对薪酬发放是否公正的认识与判断，是设计薪酬制度和进行薪酬管理时首要考虑的因素。

一般来说，薪酬的公平性可以分为以下三个层次。

（1）**外部公平性**，即同一行业同一地区或同等规模的不同企业中类似职务的薪酬应基本相同。因为此类职务对员工的知识、技能与经验要求相似，付出的脑力和体力也相似，所以薪酬水平应大致相同。

（2）**内部公平性**，即同一企业中不同职务的员工所获得的薪酬应正比于其各自对企业做出的贡献，使员工不致产生薪酬不公平的感觉。

（3）**个人公平性**，即同一企业中相同职位的员工，其所获得的薪酬应与其贡献成正比；同样，不同企业中职位相近的员工，其薪酬水平也应基本相同。

为了保证企业薪酬制度的公平性，企业的高层主管应注意以下三点。

（1）企业的薪酬制度要有明确一致的原则作为指导，并有统一的、可以说明的规范作为依据。

（2）薪酬制度要具有民主性与透明性。当员工能够了解和监督薪酬政策与制度的制定和管理，并能对政策有一定的参与和发言权时，猜疑和误解便易于冰释，不平感也会显著降低。

（3）企业主管要为员工创造机会均等、公平竞争的条件并引导员工把注意力从结果均等转到机会均等上来。如果机会不均等，单纯的收入与贡献比相等并不能代表公平。

2. 竞争性

竞争性是指在社会上和人才市场中，企业的薪酬标准要有吸引力，才足以战胜竞争对手，招到企业所需的人才，同时也才能留住人才。

3. 激励性

激励性是指在内部各类、各级职务的薪酬水准上，适当拉开差距，真正体现薪酬的激励效果，从而提高员工的工作热情，为企业做出更大贡献。

4. 经济性

提高企业的薪酬水准，固然可以提高其竞争性与激励性，但同时不可避免地会导致企业人力成本的上升。因此，薪酬水平的高低不能不受经济性的制约，即要考虑企业的实际能力的大小。

5. 合法性

合法性是指企业的薪酬制度必须符合现行的法律，否则将难以顺利地推行。

在薪酬管理的过程中，要综合考虑以上原则，灵活地制订出最有效的薪酬方案，为企业的发展吸引到最优秀的人才。

🌀 研究前沿 10-1

薪酬透明度的意外后果[一]

在职场中，薪酬透明度是一个重要话题，因为它可以促进公正，缩小薪酬差距。但是，薪酬透明度并不总是万能的，有时会带来相反的效果。该研究通过在线商业模拟实验和在 111 家医疗器械分销企业中的调查研究，发现薪酬透明度可能会导致整体薪资压缩。因为管理者不愿意花费太多心力和时间来处理员工对薪酬不公平的意见，他们倾向于简化薪资计算结构，使职责和工龄相似的员工获得相近的薪水，以此来避免员工抱怨。这种薪酬压缩引发了另一个问题：表现更出色的员工可能无法获得更高的薪资，于是他们寻求个性化的奖励，比如培训机会或其他非金钱的福利。该研究发现，管理者很大可能会同意这些请求，以保持团队效率和员工稳定，但这些福利通常是在私下进行的，不涉及金钱，很难追踪，可能会导致表面上的平等，实际上仍然不公平。如果薪酬透明化成为一个动态目标（moving target），也就是说，透明化政策只是将企业内部的员工薪酬差距从一种容易被观察到的形式转换为另一种不易被观察到的形式，那么它不利于员工监督作用的发挥，也无法促使企业正视薪酬不公的问题。

———————

㊀ WONG M N, CHENG B H, LAM L W Y, et al. Pay transparency as a moving target: a multistep model of pay compression, I-deals, and collectivist shared values [J]. Academy of Management Journal, 2023, 66(2): 489-520.

10.4.2 薪酬设计的步骤

企业薪酬方案设计的目的，就是使企业在尽可能降低成本的情况下，赢得人才，赢得利润，充分体现薪酬给付促进公平、激励并吸引人才、留住人才的作用。可见，薪酬方案设计的每一步都要精心考虑，以达到步步为"赢"的最终目的。

薪酬方案的设计是一个系统工程，以职务分析与评价、定员定额和考核为设计前提，主要包括工资制度类型、工资等级、工资标准等设计内容。工资制度类型设计如同在横向上确定工资表的组成要素，工资等级设计如同在纵向上确定工资差别的幅度大小，工资标准设计则是将工资组成要素和工资差别幅度具体量化的过程。薪酬方案设计的主要步骤如图 10-5 所示。

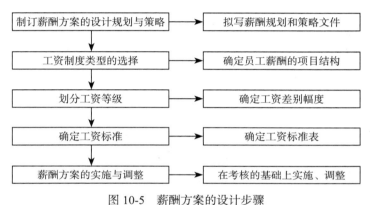

图 10-5　薪酬方案的设计步骤

10.4.3 薪酬设计与企业战略

制订薪酬方案，应以企业总体发展战略为依据，根据不同的经营战略、市场地位和发展阶段选择不同的薪酬策略，达到有力地支持企业总体发展战略的目的。企业薪酬方案策略与经营战略的关系如表 10-2 所示。

表 10-2　企业的薪酬方案策略与经营战略的关系

经营战略	市场地位与企业发展阶段	薪酬策略	薪酬水平	可选择的工资制度	
				性质	工资制度
以投资促进发展	合并或迅速发展阶段	刺激创业	高于平均水平的薪酬与高中等个人绩效奖相结合	高弹性	绩效
保持利润与保护市场	正常发展至成熟阶段	奖励管理技巧	平均水平的薪酬与中等个人、班组或企业绩效奖相结合	高弹性	绩效
				高稳定	年功
				折中	能力、职务、组合
收回投资并向他处投资	无发展或衰退阶段	重视成本控制	低于平均水平的薪酬与刺激成本控制的适当奖励相结合	高弹性	绩效
				折中	能力、职务、组合

另外，在薪酬系统中，战略也常常集中于组织的生命周期中，组织的生命周期常包

括产生、成长、成熟、消退各个阶段。在各个战略阶段，也有相应的薪酬计划与之相适应。图 10-6 给出了薪酬系统同组织生命周期的关系。

　　如图 10-6 所示，当公司刚刚创立时，有限的产品正处于开拓市场的阶段，收入较低，现金流动差常常困扰公司。这时，人力资源管理的目标是吸引和聘用人才并有效激励员工，因而较高的奖金比重是理所当然的。这时的薪酬系统组合具有较低的基本工资（保留公司的现金以求发展），强调奖金（注重单位或个人的绩效及分享成功的收益），并且具有较低的福利水平以控制成本。同此对应，当公司处于成熟期时，由于产品线的多样化，现金流入比较稳定，人力资源管理的重点是组织内部各种计划的一致性，以及控制成本与激励有效的运作相适应。这时的薪酬组合强调有竞争力的基本工资、短期奖金及福利待遇。

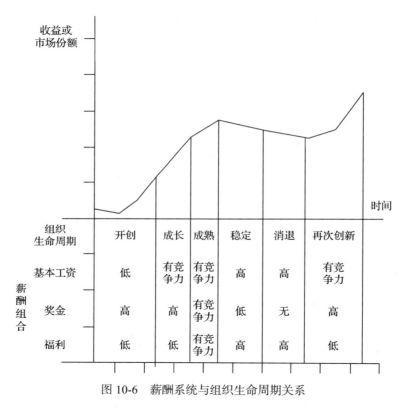

图 10-6　薪酬系统与组织生命周期关系

10.4.4　工资制度类型的选择

　　决定员工薪酬的因素很多，在实际运作中，人们总是将工作绩效、所任职务、技术和培训水平及年龄和工龄等因素按不同比例组合，形成多种工资制度类型，并以占主导地位的因素进行命名，比如绩效工资制、职务工资制、能力工资制、年功工资制及组合工资等。企业选择的工资制度类型不同，员工的薪酬项目结构也相应有所不同，即薪酬项目组成不同，各薪酬项目所占比重不同。

　　尽管工资制度有很多种，但从性质上可以分为三类。首先是高弹性类。该类工资制度下员工的薪酬在不同时期起伏较大，绩效工资与奖金所占比重较大。绩效工资制属于这种类型。其次是高稳定类。该类工资制度下员工的薪酬与实际绩效关系不太大，而是主要取决于年功及公司整体经营状况，员工的薪酬相对稳定，给人一种安全感。采用这类工资制度的企业，员工薪酬中基本工资所占的比重相当大，而奖金则根据公司整体经营状况，按照个人薪酬的一定比例发放，比如年功工资制。最后是折中类。该类工资制度既有高弹性成分，以激励员工提高绩效，又有高稳定成分，以促使员工注意长远目标，比如能力工资制、职务工资制及组合工资制。采用该类型的企业较多。企业可以根据薪酬方案设计规划与策略选择工资制度类型。

　　企业在制订员工薪酬计划时，实际上并不需要简单地在一种或者另一种薪酬方案之间进行选择。相反，各种薪酬方案的某种结合倒经常是一种最好的解决方案。比如，一种工资方案可能具有培养团队工作意识和合作精神的作用，但是不能向个人提供足够的激励，而另外一种工资方案恰好相反。将两者结合起来的方式，就很有可能达成某种对集体和个人激励的折中。

　　表 10-3 提供了用来承认员工个人贡献的各种工资方案的概览。每种工资方案都在根据绩效定薪酬方面占有大小不等的份额。这些工资方案因以下四个方面的设计特征不同而相互区别开来：①支付方式；②支付频率；③绩效衡量；④哪些员工被囊括在方案之内。如果进一步进行推断，我们还可以发现，表中实际上还暗示出那些工资方案对于以下几个方面的结果所产生的不同影响：①对员工绩效的激励性；②对员工的吸引力；③企业文化；④成本。最后，还有三个方面的附带因素可能会决定某种工资方案是否适合企业的具体情况，这些因素是：①组织结构；②管理风格；③工作类型。

10.4.5　划分工资等级

　　无论是什么薪酬项目，都要反映差别，为此要确定若干职务等级作为确定工资的依据。目前，绝大多数企业确定职务等级都以职务分析和职务评价的结果为依据，以此评估每个职务对实现企业目标的价值，反映不同职务在企业中的相对价值和相对贡献。评价指标一般包括职务责任、复杂性及所需资格条件等，根据职务评价的最终点数，划分出几个区间，将同一区间的职务定为一个等级。

　　划分工资等级，还要确定不同等级之间工资相差的幅度，即确定企业内最高等级与最低等级的工资比例关系，以及其他各等级与最低等级的工资比例关系。前者反映了企业内员工薪酬拉开差距的状况，差距太小会影响员工的积极性，差距太大可能会造成员工的不团结。后者则充分考虑劳动强度、复杂程度、责任等方面的差别，以达到工资激励的目的。

表 10-3　承认员工个人贡献的不同工资方案

工资方案	绩效工资	奖励工资	利润分享	所有权	收益分享	技能工资
设计特征						
支付方式	基本工资变化	奖金	奖金	产权变化	奖金	基本工资变化
支付频率	每年	每周	每半年或一年	股票出售时	每月或每季度	获得技术或能力时
绩效衡量	监督者评价	产出、生产率、销售额	利润	股票价值	产量或可控制成本	技术或能力的获得
覆盖面	所有员工	对绩效有直接影响的员工	整个企业	整个企业	生产或服务部门	所有员工
结果						
绩效激励	工资和绩效之间联系很弱	清晰的绩效-薪酬联系	工资-绩效之间的联系较弱	工资-绩效之间的联系非常少	在较小的单位中会产生一定的作用	鼓励学习
吸引力	向绩效较高者支付较高工资	向绩效高者支付较高工资	有利于吸引所有员工	有助于留住员工	有利于吸引所有的员工	能够引吸学习导向型的员工
企业文化	不同工作群体之间的竞争	鼓励个人之间的竞争	经营的知识	所有者的感觉	支付合作、解决问题	学习和灵活的组织
成本	要求有完善的绩效评价系统	维持成本较高	将支付能力与成本联系起来	成本不随绩效变动	执行中有维持成本，经营成本可变	可能很高
附加因素						
组织结构	适用于可衡量的工作和工作单位	适用于各种相互独立的工作	适用于任何企业	适合大多数企业	适合较小的独立工作单位	适合大多数企业
管理风格	员工适度参与管理情况下较理想	控制	在参与式管理下作用最好	在参与式管理下作用最好	适合参与式管理	在参与式管理下作用最好
工作类型	除非对群体进行评价，否则个人工作最好	稳定、易于衡量的个人化工作	所有类型的工作	所有类型的工作	所有类型的工作	—

实务指南 10-4

工作评价因素权重表

	评价因素	程度划分	最高分数	合计数	百分比（%）
责任	1.风险控制的责任	5	80		
	2.成本控制的责任	6	40		
	3.指导监督的责任	6	40		
	4.内部协调的责任	5	30		
	5.外部协调的责任	4	30	400	40%
	6.工作结果的责任	6	40		
	7.组织人事的责任	5	40		
	8.法律上的责任	5	70		
	9.决策的层次	5	30		
知识技能	1.最低学历要求	6	30		
	2.知识多样性	4	30		
	3.熟练期	5	20		
	4.工作复杂性	5	40		
	5.工作灵活性	5	40	300	30%
	6.工作经验	7	40		
	7.语文知识	4	25		
	8.数学知识	5	25		
	9.综合能力	4	50		
努力程度	1.工作压力	4	40		
	2.精力集中程度	5	40		
	3.体力要求	4	10	200	20%
	4.创新与开拓	4	40		
	5.工作紧张程度	4	40		
	6.工作均衡性	4	30		
工作环境	1.工作时间特征	4	30		
	2.工作危险性	4	30	100	10%
	3.职业病	4	15		
	4.环境舒适性	6	25		
合计				1000	100%

10.4.6 确定工资标准

工资组成要素与工资等级的确定，为保证企业内部分配的公平做好了准备工作，但到底支付员工多少工资额合适，有赖于研究国家相关政策法规，调查了解劳动力市场上平均薪酬支付水平及本企业工资支付能力最终确定。

（1）调查了解本地区劳动力市场的薪酬水平，作为确定企业平均薪酬水平的参考依据。例如美国、日本的企业就十分重视薪酬调查工作，主要调查内容包括：同行业中同一类型的其他企业；其他行业中有相似工作的企业；雇用同一类劳动力，可构成竞争对象的企业；工作环境、经营策略、薪酬水平和信誉均合乎一般标准的企业；与本企业距离较近并在同一劳动力市场上招聘员工的企业。调查企业数目可根据企业的人力、物力、财力、时间及目的确定，但通常调查 20 家企业。

（2）确定企业内最低等级的工资标准。根据国家规定，企业最低等级工资标准不得低于国家法定最低工资标准，同时还要考虑企业支付能力、劳动生产率的增长情况和员工现有报酬水平等因素。

（3）确定各等级的工资标准。以最低等级工资标准为基数，根据工资总额及各等级与最低等级的工资比例关系，确定各等级的工资标准。

10.4.7　薪酬方案的实施和调整

实施薪酬方案之前，企业要进行测算，并分析是否妥善处理了各种工资关系，是否适合企业经济实力，是否有利于工资职能的实现等。实施薪酬方案时，要以员工考核结果为基础，因为要实现按员工实际绩效分配和按员工的技能及贡献大小择优升级，都要有准确的数量依据。要建立严格的考核制度，根据考核结果的好坏，员工工资可上可下。

随着企业发展，薪酬方案会出现不适应企业发展之处，需要随时调整。企业可以参考劳动力市场供求关系的变化、政府提供的工资指导线、最低工资标准等信息，根据自身发展规划、薪酬规划进行薪酬方案的调整，以一定量的工资增加额，最大限度地调动员工的积极性。例如，企业可以根据物价指数上升调整工资标准，根据企业在市场上的地位调整工资差距，根据企业加强成本控制、提高竞争力的目标调整工资制度等。在方案调整前，企业也要测算、分析调整方案是否可行，比如检查每个员工的工资是否低于原来的工资水平，是否超过工资总额，是否使应该较多增加工资的各类员工实现较多增资等，并根据员工各方面的变化，预测企业工资总额增长和各类员工薪酬增长的趋势。只有调整方案符合企业规划，才能被付诸实施。

个案研究 10-2

算法在调薪决策中的运用[⊖]

为了减少管理者在决策过程中的偏见，IBM 印度的数据分析小组向企业管理团队推出了薪酬预测算法，用来评估和计算调薪人选与调整幅度。该预测模型会综合考虑一些要素的权重，包括员工的技能掌握情况、学习能力、工作绩效、岗位影响力及岗位流动率等。通过算法能够综合计算得出哪些员工该调薪、调多少；尽管如此，管理者仍保有一定的决策权——根据算法提供的调薪名单，管理者可以依据自己的判断从中剔除算法推荐的一些人选，但不允许增加新的人选。

⊖　刘书博.算法时代，人的力量 [J].清华管理评论，2021（4）：95-101.

10.4.7.1　薪酬预算

1. 从下而上法

顾名思义，"下"是指员工，"上"是指各级部门，以至企业整体。从下而上法是指从企业的每位员工在未来一年薪酬的预算估计数字，计算出整个部门所需要的薪酬支出，然后汇集所有部门的预算数字，编制公司整体的薪酬预算。

2. 从上而下法

与从下而上法相对照，从上而下法是指先由公司的高层主管决定公司整体的薪酬预算额和增薪的数额，然后再将整个预算数目分配到每个部门。各部门按照所分配的预算数额，根据本部门内部的实际情况，将数额分配给每一位员工。

一般来说，从下而上法不易控制总体的人工成本，而从上而下法虽然可以控制住总体的薪酬水平，但使预算缺乏灵活性，而且确定薪酬总额时主观因素过多，降低了预算的准确性，不利于调动员工的积极性。

由于两种方法各有优势，通常公司会同时采用这两种方法，首先决定各部门的薪酬预算额，然后预测个别员工的增薪幅度，并确保其能配合部门的薪酬预算额。如果两者之间的差异较大，应适当调整部门的预算额。

10.4.7.2　薪酬衡量

1. 薪酬平均率

$$薪酬平均率 = \frac{实际平均薪酬}{薪酬幅度的中间数}$$

薪酬平均率的数值越接近1，则实际平均薪酬越接近薪酬幅度的中间数，薪酬水平越理想。

当薪酬平均率大于1时，说明公司所支付的薪酬总额过高，因为实际的平均薪酬超过了薪酬幅度的中间数。导致该指标大于1的原因主要有以下三个：

（1）员工的年资较高，因年资逐年上升使较多员工的薪酬水平接近顶薪点，因而就同等职位而言，公司的薪酬负担较大；

（2）员工的工作表现极佳，绩效优秀者居多，这使得员工的薪酬很快超过薪酬幅度的中间数，从而使薪酬平均率超过1；

（3）若新聘任的员工具有较高的资历和丰富的工作经验，薪酬便不是由起薪点计算，较高的入职点使得实际的平均薪酬较高。

若薪酬平均率小于1，表示公司实际支付的薪酬数目较薪酬幅度的中间数要小，大部分职位的薪酬水平是在薪酬幅度中间数以下。导致此现象的原因有以下两个。

（1）公司内大部分员工属于新聘任而又缺乏工作经验的人员，所以工龄较短而且起点较低，薪酬水平低于薪酬幅度中间数；

（2）员工的表现不佳，大部分员工未能获得较高的薪酬水平，仍然停留在较低的薪级水平上，从而使平均薪酬低于薪酬幅度的中间数。

可以利用薪酬平均率指标衡量公司支付的薪酬标准，从而控制公司的总支出。

2. 增薪幅度

增薪幅度是指公司的全体员工在平均薪酬水平上增长的数额。

$$增薪幅度 = 本年度的平均薪酬水平 - 上一年度的平均薪酬水平$$

增薪幅度越大，说明公司的总体人工成本增长得越快，要注意适当地加以控制，使其保持在公司所能承担的范围内。增薪幅度过小，说明公司的总体薪酬水平比较稳定，人工成本变化很小。

10.4.7.3　控制成本

1. 薪酬冻结

当人工成本过高时，不是直接降低薪酬，而是使员工的薪酬水平保持不变。不要以为这样做与降低薪酬没什么不同。其实，实行薪酬冻结的措施一般不会引起员工的反感，相反，员工会这样想：一定是我的工作表现不佳、业绩不突出，所以才没增加奖金，我应该努力工作，争取做出更好的成绩。这样反而会激励员工为公司做出更大的贡献，从而降低单位产品的人工成本。

暂时的薪酬冻结使公司实力增强，将节省下来的一部分资金用于提高产品的质量或开辟新的营销网络。其最根本的一点是稳定了员工的情绪，保证了公司生产的连续性，从而为公司战胜竞争对手提供了机会和支持。

2. 延缓提薪

对于应该提薪的员工，暂时推迟一至两个月，等到公司摆脱了困境，经济效益好转之时再予以提薪。

此时不妨向全体员工说明公司所面临的现状，争取造成"同仇敌忾"的气氛，团结一心，共渡难关。

3. 延长工作时间

如果企业在调整薪酬方面确实存在困难的话，那么不妨走另外一条途径——适当延长工作时间，增加工作量，提高工作效率。这样做不仅有利于控制公司的人工成本，而且可以使员工增加紧迫感，如果不努力工作将有可能失去工作的机会。

4. 控制其他费用支出

除了冻结薪酬、延缓提薪、延长工作时间三个措施之外，还可以适当地压缩公司在一些福利、津贴方面的开支，从而达到控制成本的目的。

具体措施主要有：要求员工少请假、缩短假期；缩小医疗保险范围或者要求员工自己担负一部分医药费用；调整差旅费支出，禁止乘坐一等舱位；严格控制打长途电话的次数；限制各种公费娱乐活动。

适当压缩部分福利项目的开支，可以避免强行降薪带来的不利影响，毕竟与基本薪资相比，人们对福利的享受或要求弹性稍大一些。

抑制企业的人工成本是薪酬管理的重要环节，当你成功地控制了成本的上升趋势，使企业在竞争中占据优势的时候，你的管理水平将会跃上新的台阶！

10.4.7.4 薪酬调整

1. 奖励性调整

奖励性调整是为了奖励员工做出的优良的工作绩效，鼓励他们保持优点，再接再厉。这就是论功行赏，因此又称为功劳性调整。

当你的员工工作绩效突出、成绩卓著时，不要忘记对他们加以奖励，适当调高他们的薪酬水平，并明确地告诉他们"公司为了表扬你的工作成绩，增加了你的薪水"，同时给予口头上的奖励。这样会极大地调动他们的积极性和工作热情，同时也激励其他的员工向他们学习，为公司的发展做出贡献。

2. 生活指数调整

这是为了补偿员工因通货膨胀而导致的实际收入无形减少的损失，使其生活水平不致降低，显示出对员工的关怀。

生活指标调整常用的方式有两类，一类是等比式调整，即所有员工都在原有薪酬基础上调高一定的百分比。这样，薪酬偏高的员工调升的绝对值幅度较大，似乎进一步扩大了级差，薪酬偏低的多数员工很容易产生"又是当官的占了便宜的感觉"，从而产生"不公平"的怨言。但等比式调整却保持了薪酬结构内在的相对级差，使代表企业薪酬政策的特征线的斜率虽有变化，但是按同一规律变化的。

另一类则是等额式调整，即全体员工不论原有薪酬的高低，一律给予等幅的调升。这样做似乎一视同仁、无可厚非，但会引起级差比的缩小，致使特征线上每一点的斜率按不同规律变化，造成混乱，动摇原薪酬结构设计的依据。

3. 效益调整

当企业效益甚佳、盈利颇多时，会调高全体员工的薪酬。

调整方式可以是浮动的、非永久性的。当企业效益欠佳时，有可能将员工的薪酬调回原来的水平。但是，要注意这类调整应涉及全体员工，否则，将使员工感到不公平。他们会想：企业的经济效益好，还不是大家共同努力的结果，为什么偏偏给他们涨薪水？一旦员工有了这样的想法，将导致工作积极性降低，自然会影响工作效率，当然也违背了薪酬管理的最基本原则。

4. 工龄调整

工龄的增加意味着工作经验的积累与丰富，代表着能力或绩效潜能的提高。从这一角度来说，工龄薪酬具有一定按绩效与贡献分配的性质。因此，现有的工龄调整应将工龄与考绩结果结合起来，作为提薪时考虑的依据。

你可以绘制各职务的"成熟曲线图"或"职业生涯发展曲线"，利用它来控制员工的薪酬调整，尤其对于绩效较难做精确测评的职务，比如工程技术人员、研究开发人员等尤为有效。

❧ 实务指南 10-5

灵活性组织中的奖励

制度型的	灵活型的
单一的工资方案或统一的方案	多种及不同的工资方案
重视薪资，经常调整	重视可变工资，与工作绩效挂钩
均匀、一致的员工工资待遇	有差别的工资待遇，但被所有员工认为公正和公平
更强调内部一致而不是竞争	更强调内部竞争
通过工作说明书和工作评价仔细界定职位	简洁、不断修改的工作说明书；工作重点在阐明角色、任务和期望上
强调工作范围/职责，所管理的资产和人，服务年限，以等级制度为导向	以个人和团队工作绩效为导向

10.5　员工福利计划

❧ 个案研究 10-3

英国某公司的福利自选体系

第一步，公司允许高级管理人员就其工资和津贴的构成有更多发言权。该体系最初实施时受益者只有 50 多名经理。到 1993 年，受益者扩展到了 400 名经理，他们都用上了公司提供的轿车。

一位男性经理年工资 3.5 万英镑，津贴 8115 英镑，他获得了所有津贴组合的最高限度。他可以选择上保险额为其工资 1～3 倍的人寿保险，或是四个档次的医疗保险，或是四个档次 22～30 天的年假。此外，他还可以选择免费使用公司轿车，购买长期伤残保险、牙医保健计划等。若所选津贴超出了该经理应享受的最高限额，则多出部分要从其工资中扣除。

若所选津贴项目花费不到最高限额，则将差额补入工资，相当于加薪，公司要求每位经理必选的项目是最少天数的年假。该公司人力资源部的经理认为这种津贴安排现在已很普遍，而且这种报酬体系"是一种十分积极的招聘工具，坦率地讲，人们喜欢这种安排"。

这类工资体系近年在英国日渐流行，被称为"（福利）自选"系统。

英国的自助式酬金包括以下几大部分：使用公车、附加假期、私人健康保险、社交俱乐部会员资格、工作时间柔性化、特别退休金安排、抵押贷款补贴和其他好处。苏格兰和纽卡斯尔酒业公司（Scottish and Newcastle Breweries，以下简称"酒业公司"）的柔性酬金系列包含 10 项内容，其中还有公司的各种葡萄酒和烈性酒产品。如果享受全部津贴，这种方法可使一位年薪 5 万英镑的主管的工资提高到 6 万英镑，而如果用其他奖励制度，则其年工资只有 3.7 万英镑。

在英国，隐性收益被人力资源管理人士看成一种能使员工对酬金支取方式做出某种选择的途径，这对招聘和挽留人员都很有用。英国实行的这类体系的特点是灵活和满足个人偏好。与英国不同，美国的体系包括人寿保险和意外保险、医疗和牙医保健，以及托儿费。此外，美国企业医疗费用不断提高也使管理者转而采用柔性体系。公司为员工支付税前"柔性贷款"，员工可用于支付医疗保健费用。

福利是企业薪酬体系的一个重要组成部分。它是企业为员工生活提供方便与保障，提高员工生活质量，增加员工归属感与企业凝聚力的重要手段。

10.5.1　员工福利的特点与作用

10.5.1.1　员工福利的特点

员工福利具有补偿性、均等性、补充性、集体性等特点。

1. 补偿性

补偿性即员工福利是对劳动者所提供劳动的一种物质补偿，享受员工福利必须以履行劳动义务为前提。

2. 均等性

均等性即员工福利在职工之间的分配和享受，具有一定程度的机会均等和利益均沾的特点。每个员工都有享受本单位员工福利的均等权利，都能共同享受本单位分配的福利补贴和开创的各种福利事业。

3. 补充性

补充性即员工福利是对按劳分配的补充。因为实行按劳分配，难以避免各个劳动者由于劳动能力、供养人口等因素的差别所导致的个人消费品满足程度不平等和部分职工生活困难，员工福利可以在一定程度上缓解按劳分配带来的生活富裕程度差别。所以，员工福利不是个人消费品分配的主要形式，而仅仅是工资的必要补充。

4. 集体性

集体性即员工福利的主要形式是开创集体福利事业，员工主要通过集体消费或共同使用公共设施的方式分享员工福利。虽然某些员工福利项目要分配给个人，但这不是员工福利的主要部分。

10.5.1.2　员工福利的作用

1. 福利具有维持劳动力再生产的作用

企业中的福利可以满足员工的一些基本生活要求，解决员工的后顾之忧，给员工创造一个安全、稳定、舒适的工作和生活环境，利于体力与智力的恢复。

2. 福利是激励员工的重要手段

福利计划的推行有利于满足员工的生存和安全需要，增加职业安全感；同时福利措施体现了企业对员工生活的关心，可以增强员工对企业的认同感，使员工对企业更加忠诚，有助于使员工同企业结成利益共同体。

10.5.2　员工福利的构成

员工福利的构成主要有三个方面：一是经济性福利，二是非经济性福利，三是保险。

1. 经济性福利

- 额外金钱性收入：节假日加薪等。
- 超时薪酬：超时加班费等。
- 住房性福利：以成本价向员工出售住房，给予房租补贴等。
- 交通性福利：为员工免费购买电动汽车月票或地铁月票，用班车接送员工上下班。
- 饮食性福利：免费供应午餐，按月提供误餐补助、慰问性的水果等。
- 教育培训性福利：员工的脱产进修、短期培训，员工子女入托补助等。
- 医疗保健性福利：免费为员工进行例行体检，或者打预防针等。
- 有薪节假：节日假、探亲假、带薪休假等。
- 文化旅游性福利：为员工过生日而办的派对、集体郊游、体育锻炼设施购置。
- 金融性福利：给困难员工发放的补助金，为员工购买住房提供的低息贷款。
- 其他生活性福利：洗理津贴或免费的服务提供；服装津贴或直接提供的工作服。

2. 非经济性福利

非经济性福利的基本目的在于全面改善员工的"工作生活质量"。这类福利形式如下。

- 咨询性服务：比如免费提供法律咨询和员工心理健康咨询等。
- 保护性服务：平等就业权利保护（反种族、性别、年龄歧视等）、性骚扰保护、隐私权保护等。
- 工作环境保护：比如实行弹性工作时间、缩短工作时间、员工参与民主化管理等。

3. 保险

实际上，与福利一样备受关注的还有保险。自俾斯麦德国时代产生以来，这一形式已在整个薪酬体系中愈来愈占有重要的位置。广义上，我们可以把它列入开放式的福利菜单。

- 安全与健康保险：包括人寿保险、意外死亡与肢体残伤保险、医疗保险、病假、职业病疗养及特殊工作津贴等。
- 养老金计划。
- 待业保险和津贴。

10.5.3 企业福利制度弹性化

福利是一种补助性的给予，比如各种津贴、补助等。传统上企业所提供的福利都是固定的，而强调福利由员工自由选择的弹性的做法则是 20 世纪 90 年代福利制度改革的趋势。

10.5.3.1 弹性福利制的含义

弹性福利制又称"自助餐式的福利"，即员工可以从企业所提供的一份列有各种福利项目的菜单中自由选择其所需要的福利。弹性福利在美国还有几种不同的名称，比如弹性报酬计划、自助餐式计划等。

弹性福利制是一种有别于传统固定式福利的新员工福利制度。弹性福利强调让员工依照自己的需求从企业所提供的福利项目中选择组合属于自己的一套福利"套餐"。每个员工都有自己"专属的"福利组合。另外，弹性福利制非常强调员工参与的过程。例如，美国桂格燕麦公司在 1992 年成立了福利小组，这个小组有 15 名成员，除了 2 名是福利部门的代表外，其他 13 名都是自愿参加的员工（来自不同单位）。为了解大家的需求，这个小组还实施了角色扮演，希望从别人的角度来知道他人的需要，企图规划出大家认为最需要的福利。

事实上，实施弹性福利制的企业，并不会让员工毫无限制地挑选福利措施，通常企业都会根据员工的薪水、年资或家眷等因素来设定每个员工所拥有的福利限额。而福利清单上所列出的福利项目都会附一个金额，员工只能在自己的限额内认购喜欢的福利。

10.5.3.2 弹性福利制的类型

弹性福利制从 20 世纪 70 年代初期开始兴起，历经多年的发展，如今已经演变出多种不同的类型。

1. 附加型

附加型弹性福利计划是最普遍的弹性福利制。所谓附加，顾名思义就是在现有的福利计划之外，再提供其他不同的福利措施或扩大原有福利项目的水准，让员工去选择。例如，某家公司原先的福利计划包括房租津贴、交通补助费、意外险、带薪休假等。如果该公司实施此类型的弹性福利制，那么它可以将现有的福利项目及其给付水准全部保留当作核心福利，然后再根据员工的需求，额外提供不同的福利措施，比如国外休假补助、人寿保险等。通常，企业都会标上"金额"作为"售价"。

企业会根据每个员工的薪资水准、服务年资、职务或眷属数等因素，发给数目不等的福利限额，员工再以分配到的限额去认购所需要的额外福利。有些企业甚至还规定，员工如未用完自己的限额，余额可折发现金，不过现金的部分于年终必须与其他收入合并计税。此外，如果员工购买的额外福利超过了限额，也可以从自己的税前薪资中扣除。

2. 核心加选择型

此类型的弹性福利计划由一个核心福利和弹性选择福利所组成。核心福利是每个员工都可以享有的基本福利，不能自由选择；弹性选择福利是每个员工可以随意选择的福利项目，这部分福利项目都附有价格，供员工选购。员工所获得的福利限额，通常是未实施弹性福利制前所享有的福利，总值超过了其所拥有的限额，差额可以折发现金。

3. 弹性支用账户

弹性支用账户是一种比较特殊的弹性福利制。员工每年可从其税前总收入中拨取一定数额的款项作为自己的"支用账户"，并以此账户去选购雇主所提供的各种福利措施。拨入支用账户的金额无须扣缴所得税，不过账户中的金额如未能于年度内用完，余额就归公司所有，即不可在下一年度中并用，亦不能够以现金的方式发放。各种福利项目的认购款项如经确定就不能挪用。例如，开在眷属抚养补助项下的款项，就不能被挪用到法律咨询服务项下，而已开立的账户也不能用在未开设的项目上。

此制度的优点是福利账户的钱免于纳税，相当于增加净收入，所以对员工极有吸引力；缺点是行政手续过于烦琐。

4. 套餐

套餐是由企业同时推出不同的福利组合，每个组合所包含的福利项目或优惠水准都不一样，员工只能就其中一个做选择。就好像西餐厅推出来的 A 餐、B 餐一样，食客只能选其中一个套餐，而不能要求更换套餐里面的内容。

在规划此种弹性福利制时，企业可依据员工的背景（如婚姻状况、年龄、有无眷属、住宅需求等）来设计。

5. 选高择低型

此种福利计划提供几种项目不等、程度不一的福利组合给员工做选择，以组织现有的固定福利计划为基础，再据此规划数种不同的福利组合。这些组合的价值和原有的固定福利相比，有的高，有的低。如果员工看中了一个价值较原有福利措施还高的福利组合，那么他就需要从薪水中扣除一定的金额来支付其间的差价。如果他挑选的是一个价值较低的福利组合，就可以要求雇主发给其间的差额。

此类型的弹性福利，员工至少有三种选择：①所选择的福利范围和价值均较大，需从员工的薪资中扣除一定的金额来补足；②所选择的范围和价值相当于原有的固定福利措施；③所选择的福利价值较低，可获现金补助差额，但该项现金必须纳税。

10.5.3.3　弹性福利制的优缺点

1. 弹性福利制的优点

（1）对员工而言，员工可根据自己的情况，选择对自己最有利的福利。这种由企业所提供的弹性福利制能够由员工自我控制，对员工具有激励作用，同时也可以改善员工与企业的关系。

（2）对企业而言，有以下三个方面的优点。

1）弹性福利制通常会在每个福利项目之后标示其金额，这样可以使员工了解每项福利和成本间的关系，让员工有所珍惜，并方便雇主管理和控制成本。

2）可减轻福利规划人员的负担。规划福利制度的人员必须绞尽脑汁设计各种福利，但这是一项吃力不讨好的工作。由员工自选，员工较不易抱怨。

3）研究时还发现，应聘者喜欢实施弹性福利制的组织，因此使该组织较易网罗优秀人才。

2. 弹性福利制的现存问题

（1）部分员工在选择福利项目时未仔细考虑或只看近利，以至于选择了不实用的福利项目。

（2）在美国有一些工会反对弹性福利制，因为公司实施了弹性福利制之后，使工会丧失了和资方讨价还价的机会。

（3）实施弹性福利制，通常会伴随着繁杂的行政作业。尤其在获取员工的福利资料或重新选择福利项目时，会给承办人员造成极大的负担。

（4）实施弹性福利制初期，行政费用会增加，成本往往不减反增。

对于处在经济迅速发展中的我国，为适应社会主义市场经济的需要，每家企业都应认真地考虑有关员工福利保险方面的问题。目前经营状况良好的企业，可以通过提高福利保险水平提高员工的稳定性，保留优秀的劳动力，同时也有助于提高企业的知名度和对人才的吸引力。同时，福利与保险涉及组织中每名员工的切身利益，不仅对当前的利益有影响，而且直接影响其长远的利益。企业制定的福利保险水平较低，虽然对扩大再生产较为有利，但是员工可能不接受低水平的福利制度，从而造成优秀人力资源的流失；如果企业制定的福利水平较高，则对企业的经营会产生一定的影响，但同时也能通过高福利留住一些优秀人才。所以说，福利保险制度的制定是企业和全体员工共同关心的问题。

采用何种形式发放福利，也是非常重要的。因为每个人都有自己的偏好，采用统一的福利形式并不一定能够满足最大多数人的要求。采用弹性福利制能较好地解决这一问题。弹性福利制又称为"自助餐式的福利"，即员工可以根据自己的情况，从企业所提供的一份列有各种福利项目的菜单中自由选择其所需要的福利。这种方式对员工具有较强的激励作用，同时也能够改善员工与企业的关系。对企业而言，采用弹性福利也有一定的益处。但是，弹性福利制也有一定的弊端，并不适合每家企业。所以，企业应根据自身的特点，灵活运用。

🌀 **实务指南 10-6**

最普遍的高层管理人员福利

1. 公司汽车
2. 退休金计划
3. 免费体验
4. 俱乐部会员资格
5. 遣散费

6. 移动电话
7. 个人财务咨询
8. 保险
9. 停车费支付
10. 带薪休假

10.6　员工激励计划

高级人才的薪酬管理已经越来越成为薪酬管理的重点与难点问题。企业的高级人才主要是指为企业做出贡献、对企业的经营与发展起重要作用的人，包括核心技术人员与中高层管理人员等。对高级人才的薪酬管理，除了短期薪酬，比如工资、奖金之外，还必须考虑给予他们长期薪酬，即股票期权。了解股票期权的特征及其不同形式，设计有效的长期薪酬激励方式，是高级人才薪酬管理的重要方面。

10.6.1　股票期权的特征和作用

1. 股票期权计划

所谓股票期权计划，就是企业给予其核心人才在一定期限内按照某个限定的价格购买一定数量的企业股票的一种权利。企业给予其核心人才的并不是现实的股票，也不是现金，而是一种权利。凭借这种权利，企业的核心人才可以以某种优惠条件来购买企业的股票。

2. 股票期权计划的特征

企业的股票期权计划具有三个方面的基本特征。一是自愿性。股票期权只是一种权利，并不是义务。获得这种权利的企业核心人才，完全可以根据自己对多种情况的判断和分析，自愿地选择购买或不购买企业的股票。二是无偿性。股票期权作为一种权利是无偿地由企业赠予其核心人才的，不需要权利获得者任何财务支付。只有当这些权利获得者现实地购买企业股票的时候，才需要相应的财务支付。三是后续性。股票期权计划作为长期薪酬管理的激励方式，不仅仅体现在一次性的计划实施过程中，其形式、内容、起讫时间都可根据企业的人才激励与人才吸引的需要而做出变动。一次股票期权计划接近结束时，另一次又会适时地开始，连续不断的股票期权计划，产生了"金手铐"的效应，将企业核心人才留在企业里，并尽力发挥他们的作用。

◐ **人力互动 10-1**

管理人员薪酬成分的有效性

成分	吸引	保留	激励
基本工资	高	高	中
津贴	低	中	低
短期激励	低	中	低
长期激励	高	中	高
福利	中	高	中

10.6.2 股票期权的设计思路

1. 认股权的股份来源设计

公司通过把股权赠予或配予经理阶层和优秀员工，可以增强他们的归属感及对公司的忠诚，进而提高员工的生产积极性。那么应通过什么方法让员工持有公司的股权？一般有以下三种方法：一是由原股东把期权、股权出让给员工（公司由单一大股东组成且股份属于私人股份时较适宜）；二是由公司增发新股给予员工（比较通行）；三是公司自二级市场上回购股票来支付认股期权、可转换证券等的需求（值得留意的是，多数国家原则上禁止公司股权回购，但有例外情况）。大部分公司采用第二种方式，具体做法是通过一个专门的"员工购股权计划"来进行。

对那些高薪员工特别是高级管理层来说，股票期权无疑是个好主意。他们对企业价值有更多的了解且较一般员工愿意承担风险，同时由于股票期权计划要有比较多的资金投入，所以股票期权发展初期，实施对象主要是高层经理人员；不过，当认股期权计划被越来越多的公司接受时，实施对象开始拓展到全体员工（包括母公司及子公司的全职员工）。

股票期权计划能使员工在一定程度上像所有者那样关心企业的经营状况并为提高企业盈利能力而努力。当然，股票期权计划实际上很少把员工当成公司的股东，因为大多数员工都在行使期权的那一天就把股票高价卖出了。对于认股期权，各国的认识和实践亦不相同。

原则上，股票期权计划仅适用于上市公司。这是因为行使期权及以后的股票出售等交易都比较方便，而且价格对有关各方而言都比较公道。

2. 设定认股期权的行权价

这里有两种情况：一是行权价大于或等于股票现行价。这样做对公众公司而言没有多大吸引力，但对于创业技术公司和未上市公司而言，虽未有价格折扣，但给予经营者适当比例的企业股份奖励仍非常有吸引力。二是行权价可以低至公平市场价格的 5%，折扣增加了员工购股的吸引力，当然这样不可避免地会对原有股东股权产生稀释。

3. 股票期权授予额度与时机

股份奖励必须与预先制定的股东总回报或每股盈利挂钩，就此而言，公司内部建立良好的考核指标体系是非常必要的；若非如此，股份激励将缺乏效率。这里有两个标准来考核公司业绩：一是绝对标准，即每股盈利或五年内股东回报增加多少；二是相对标准，地位相当的同业股份市值平均上升水平（企业间相对业绩比较通常都是有效率的）。股东回报或每股盈利的基准制定后，如果管理层未来几年能超出上述基准的平均数，则获得股份奖励；否则，不可获得奖励。

以香港上市的汇丰控股（0005）的有限制股份奖励计划为例，1999 年股份奖励由以往的与每股盈利增长挂钩修订为与预先确定的股东总回报挂钩。汇丰预先制定的目标是在五年内使股东回报最少上升一倍，这是绝对标准。股东总回报的定义是，有关期内的股份价值及宣布派发的股息收入的增长（假设股息全部再用于投资）。相对标准是考虑到汇丰要成为国际领先的金融机构，因而着重与其他金融机构表现的比较。具体做法是参考以下三项，即①九家与汇丰地位相似的银行；②美国、英国、欧洲大陆及远东区（但不包括上述第一项的银行）最大的五家银行；③摩根士丹利资金国际编制的世界指数所包罗的银行，但不包括上述第一项及第二项的银行。按第一项占五成、第二项及第三项各占二成半的比重，计算加权平均数，即可定出一个适当的市场比较数字。

4. 认定认股期权的有效期

美国和中国香港地区的认股期权都规定最长的有效期不得超过 10 年；如果要继续施行，需再次得到股东大会的批准。其中还规定，若公司控制权发生变化（实施股份计划时公司都有定义），已发放的认股期权将立即提前全部行使，除非控制权变化后的董事会提供别的方案。另一种情况是认股期权接受者结束与公司的雇佣关系时，股票期权可能提前失效。认股期权设计的目的在于激励管理层长期努力，因而认股期权的执行期一般都较长。鉴于此执行通常分阶段实施，在法规尚不完善或计划正处于试点的国家，分期实施可能会遇到政策变动带来的负面影响，因而实际上上市公司多倾向于 3～6 年的认股权有效期。

5. 股东大会批准，持股计划必要列示条款

①受益人；②股份计划所涉及的证券总数（上限是不超过当时已发行的有关类别证券的 10%）；③任何一名参与人所获得的认股权不超过该认股权所涉及证券总数的 25%；④规定认股期权的期限（不得超过 10 年）；⑤制定期权行权价的基准（通常不低于授予日前五个交易日的平均收市价的 80%）；⑥促请参与人注意认股股权附有的投票权、股息转让权及其他权利；⑦该计划的最长有效期（不超过 10 年）。

🐚 特别提示

经理股票期权操作应遵守的原则

（1）经理按比例有偿认购的原则
（2）坚持经理激励机制与约束机制相结合的原则
（3）按劳分配与按生产要素分配相结合的原则
（4）经理人员短期利益与长期利益相结合的原则

10.6.3　股票期权的框架设计与运用

我们以北京市首批 10 家期权试点企业之一的企业为例来具体解释经理股票期权是如何设计及如何运用的。

北京某企业现为国有独资企业，净资产 6000 多万元，职工 1000 人，年销售收入 1 亿元，企业有自主开发的高科技品牌产品，盈利能力强，企业总体发展势头好。

该公司的经理期权激励管理机制设计如下所述。

1. 设置期权激励范围

该公司的经理股票期权激励范围为：公司内部 11 名高层管理人员及 4 名上级主管单位的管理人员。

2. 设置奖励总额度

该公司的奖励总额度为 15 人共计拿出 200 万元投入到企业作为实股（其中总经理出资 20 万元，由上级任命的副总经理出资 15 万元，其他人员出资 10 万）。出资后，总经理可以配得 4 倍（即 80 万元）期股，其他人员可配得相当于出资额 3 倍的期股。所有人员的实股享有所有权和分红权，期股只有分红权，没有所有权。

3. 具体实施股权激励方案

具体实施办法（以总经理为例）为：实施方案通过后，该总经理拿出 20 万元投入到企业，即拥有 20 万元的实股。同时，他也拥有了 80 万元的期股。这就相当于企业借了该总经理 80 万元，而以这 80 万元期股每年分红偿还。但该总经理不能以现金形式领取这部分红利，而要把红利放在企业，用于把相同金额的期股转化成实股，转化期为 3 年。

这也意味着该总经理 80 万元期股平均每年必须获得 26.7 万元的红利收益才可以顺利完成转化。显然，如果整个企业每年净资产收益率约达 33.33%（80 万元 × 33.33% = 26.7 万元），转化即可顺利完成。

如果第一年企业净资产收益率没有达到 33.33%，假如只完成了 20%，那么该总经理 80 万元期股的红利收入只有 16 万元，比 26.7 万元还差 10.7 万元。这种情况该总经理必须以所持 20 万元实股的红利收入（20 万元 × 20% = 4 万元）来补充，补充后仍然不足的部分（6.7 万元）则要另外拿个人资金补足，方可进入下一年度计划。

如果第一年企业净资产收益率超过 33.33%，比如完成了 40%，那么该总经理 80 万元期权的红利收入为 32 万元，比 26.7 万元多出 5.3 万元，这部分钱也不能立即变现，而要转入第二年计算。经过这样"少补多转"，3 年后如果 80 万元期股顺利完成转化，则该总经理拥有企业 100 万元实股。

再经过两年的审计，如果确认该总经理在 3 年任期内没有重大决策失误或其他违法乱纪行为，他所拥有的 100 万元股份有效，那么或转化给别人，或由企业赎买，或仍留在企业参与分红，由该总经理选择。

企业在运用长期和短期激励计划方面的差异是非常大的。在中高层管理人员中运用这些计划的程度越高，那么企业随后的收益性也就越强。对短期奖金和长期激励的较强依赖性（相对于基本工资而言）使得企业资产收益得到巨大改善。

10.7　数智时代薪酬管理的发展趋势与挑战

随着技术的快速进步与数智时代的到来，企业的薪酬福利管理也面临着前所未有的挑战。传统的薪酬策略多为静态和线性，而数智时代产生了大量的数据、信息及知识，在大数据技术的驱动下，企业可以对员工的工作相关信息进行动态分析与预测，这对于优化企业的薪酬福利管理具有重要作用。本节将探讨数智时代薪酬福利管理的发展趋势。

10.7.1　数字赋能的薪酬福利管理

数智时代为企业的薪酬管理模式创新带来了诸多契机。一方面，企业人力资源管理实践过程中含有大量可以进行量化的信息，比如员工招聘、绩效考核、职业发展信息等，这些信息可以为企业人力资源量化管理奠定基础；另一方面，员工在工作过程中所产生的行为数据（如员工间互动、员工与组织间互动）背后，蕴含着员工的价值观念、行为动机、内心期望等，基于大量行为数据对员工更深层次的心理层面分析，也为员工激励提供了量化管理的契机。以下将通过三个方面介绍数智时代下企业薪酬福利管理的创新探索。

1. 建立薪酬数据集成化管理平台

在数智时代，数据管理已成为企业面临的关键问题。特别是在薪酬管理这一敏感领域，由于需要保证数据的准确性和公平性，进行数据的集成化管理并保证其安全性就显得尤为重要。基于云计算、人工智能等先进的信息技术，企业可以得到来自组织内部和外部的数据信息，并对信息进行分类、筛选、计算和储存，以得到适用于薪酬管理的相关信息。进一步，管理者可以基于相关信息制定更加有效的薪酬管理制度，同时提高薪酬管理的效率。通常，良好的薪酬数据的集成化管理平台具备以下两个特点。

第一，薪酬管理系统需与人力资源其他子系统间实现数据一致且能够自主同步。企业中通常存在多个人力资源管理子系统，比如招聘系统、绩效考核系统等，在人力资源管理实践中，各子系统中的数据很可能出现不一致的情况。因此，建立集成化管理平台的重要目的之一就是实现薪酬管理系统与各人力资源管理子系统间数据的关联互通，使各系统间的数据实时流动，从而简化数据录入和更新过程，提高数据管理效率。例如，当员工成功通过答辩实现晋升时，其职级等相关信息可以自动在薪酬管理系统中更新，其在薪酬管理系统中的薪资待遇也会同步调整；当员工因为工作调动而发生岗位、职级、工作地等信息的变化时，应在其涉及的所有系统中准确地更新。

第二，确保薪酬数据在传输、保存、处理过程中的安全性。企业人力资源系统管理着许多重要的数据，尤其是薪酬数据这类非常敏感的信息。因此，集成化数据管理平台应该采用先进的安全策略和加密技术，以确保数据在传输和使用过程中不泄露。此外，在数据系统访问、数据查看方面应设置相应的规范，同时严格管理授权范围，确保只有被授权的员工才能访问并查看相应数据，以保证数据的安全性。

🐟 范例 10-1

Moka 一体化人力资源管理系统⊖

传统的薪酬管理往往需要手动在 Excel 表中进行计算，但在员工数量大、薪资类型多样的大中型企业，手动的薪资计算不仅工作量巨大且容易出现纰漏，薪酬人员常常在付出大量的时间、精力后依然避免不了计算失误的发生。因此，智能的薪酬管理产品可以起到提高效率、确保准确性的作用。针对这些薪酬管理痛点，Moka 一体化人力资源管理系统给出了解决方案。现列举薪酬管理系统的几项功能。

（1）工资核算：在员工薪酬的计算上，薪酬人员无须通过 Excel 公示及透视表等功能进行薪酬计算与核对，系统可根据员工工时、绩效考评结果等因素实现工资的自动计算，同时自动计算社保、公积金并生成明细报表。此外，系统支持多种薪酬结构的定制化配置，比如按照月薪、时薪甚至项目制进行薪资核算。

（2）支持多样的薪酬政策：对于公司内存在的不同薪酬体系的问题，该系统支持制订不同的薪酬方案，实现按照地域、岗位、职级、绩效等多个维度制订个性化薪酬方案，极大地降低了算薪难度。

（3）薪酬分析及预测：基于系统中的人员信息及累积的薪酬数据，通过数据可视化对公司各部门的薪酬成本进行分析并预测，系统可生成薪酬数据分析报告，以为薪酬管理决策提供支持、为企业预算控制及人力资源规划提供科学依据。

2. 规范和完善薪酬管理机制

在大数据的支持下，企业可以通过人工智能等手段，基于企业内外部的海量事实数据进行分析和预测，从而推动企业规范和完善薪酬管理机制。在内部，企业可以通过所搭建的数据平台获得员工相关数据信息，从而更详细和个性化地了解员工的工作诉求与状态，为构建更加公平和完善的薪酬结构提供数据支持；同时，企业也能基于大数据了解到员工的各方面需求，进而为员工提供真正需要的福利，实现企业的人性化管理，从而实现企业与员工的双赢。

在外部，随着经济环境不断变化，各行业付薪趋势和人才市场情况也随之变动，企业要想在市场环境中保持一定的竞争力，就需要建立能够快速响应市场变化的薪酬调整机制。基于大数据技术，企业能够更有效地捕捉及分析市场相关信息，比如对市场薪酬发展趋势、市场人才紧缺情况等进行分析并生成报告，从而帮助企业实现薪酬制度的科

⊖ 资料来源：Moka 官网相关功能介绍。

学规范管理。

薪智就是一家运用 AI 分析技术和大数据技术为客户提供薪酬市场分析的 SaaS 平台，该平台聚焦于薪酬分析及薪酬管理，能够通过企业内外部的海量事实数据帮助企业构建具有内外部公平性的最佳薪酬体系，从而达到有效激励和保留人才的作用。具体来说，薪智拥有近亿笔海量薪酬数据样本并可以实时更新，结合大量网络信息（如知名咨询公司薪酬分析方法论），可以一键生成薪酬分析报告，帮助企业向内审视薪酬体系的内部公平性、向外观察市场付薪趋势，从而更有效地调整和完善薪酬管理机制。[一]总的来说，这种"数据 + 工具 + 智能分析"的薪酬领域一体化解决方案，能够帮助管理者快速直观地了解企业薪酬现状，从而做出更有效的管理决策。

3. 实现员工薪酬激励的科学性与个性化

首先，大数据可以帮助企业更科学、全面地对员工进行评价，从而为薪酬管理提供依据。在数智时代下，企业能够通过相关系统和平台随时随地收集与员工相关的各类数据，并充分地运用到各项企业管理决策中。在传统的薪酬激励中，企业通常根据员工职位、绩效、能力及市场情况等因素来确定薪酬，其中能力是无法进行量化考察的因素。基于大数据分析，企业可以基于海量数据对员工的能力进行分析，从而形成企业薪酬管理的参考依据。例如，员工对有挑战性工作任务的完成情况、学历水平、晋升速度、培训完成情况等相关信息都能够被挖掘和分析，帮助企业对员工能力有更清晰、全面的了解，以辅助相关决策。其次，数智时代的薪酬福利激励更强调满足员工个性化与多样化的需求，企业可以通过大数据构建更为全面的人才系统，"个性化"地了解每位员工的个人现状与潜力，为其量身打造属于自己的自我价值实现平台，同时为其提供相应薪酬福利支持，最终达到对员工的激励效果。

10.7.2　游戏化的激励模式

近些年，"90 后"和"00 后"员工越来越多地进入职场，传统人力资源管理模式难以适应，工作游戏化的理念逐渐被接受和广泛应用。游戏化的概念是指将游戏的一些设计思想、元素及技术借鉴和应用到组织中的工作设计、薪酬激励等不同环节中，游戏化的核心目的在于提升员工工作积极性，从而取得更好的绩效。一般来说，其包括几个关键要素：以工作场所为背景；游戏化的设计，比如游戏设计思想、游戏交互技术、游戏元素等；游戏化的体验，比如趣味性、激励性等。[二]随着人们对游戏的接受度越来越高，不少企业开始将游戏机制应用到人力资源管理领域中，通过 PK 赛、排行榜、虚拟币等充满趣味的方式，为员工创造一种良性的工作压力，使员工在游戏中进入工作的竞技状态，释放出较高的生产力。

〇　王瀛，赵洱崇 . 数字人力资源管理 [M]. 北京：清华大学出版社，2023.

〇　李绍龙，路开全，龙立荣，等 . 数字时代下游戏化人力资源管理研究述评 [J]. 管理学报，2024，21（5）：779-790.

例如，我国一家传统制造业企业——广东芬尼科技股份有限公司在公司内践行了"工作游戏化"这一理念。公司在组织内部发行一种虚拟货币——芬尼币，当员工达成公司所期望的行为时，其可以拿到不同币值的芬尼币。例如，若员工给公司提供合理化建议，则可按建议质量获得不同的币值（好点子50币、银点子100币、金点子400币）；若员工给公司推荐优秀人才并成功录用，则员工可拿到500币；月度考核成绩得A，给培训部提供优质案例，在维护公司重大声誉、塑造公司形象方面有重大的贡献……只要是公司希望员工做到的行为，都会给员工发放不同的币值。每隔两个月，公司员工可以参加芬尼币拍卖活动，通过芬尼币在公司内购买不同的特权。人力资源部将所有虚拟币划分为两种激励方式，第一种是传统物质激励，比如定期购买员工喜欢的日用品；第二种是特权奖励，比如和公司董事长合照、让老板请客等。其中，特权奖励能更灵活地影响新生代员工的需求和心声。芬尼科技股份有限公司通过玩转虚拟币、交换特权卡让整个团队的管理都更为省心省力。该公司通过这种任务行为化、行为积分化、积分游戏化、游戏激励化、激励日常化的方式，让员工工作就像玩一样，提高其工作投入度及工作绩效。

具体来说，游戏化激励的实施流程主要包含三个部分：第一，设计工作任务，使游戏具有一定的趣味性和激励性。所谓趣味性，是指设计者可以采用丰富的视觉、听觉等体验不同类型的游戏元素，使员工在"游戏"的过程中不感到枯燥乏味。所谓激励性，是指设计者应注意工作任务的难度要与相应岗位员工的胜任能力匹配，设计略高于员工当前胜任能力的工作目标，使员工可以通过一定的努力实现这一目标从而获得成就感和满足感。第二，进行工作过程管理，吸引员工持续参与。这一点主要依赖于组织和管理者在员工工作过程中给予必要的知识、信息、资源等方面的支持，帮助员工解决遇到的问题、指明接下来的工作方向。第三，提供工作奖励，这一点应注意奖励的灵活性和价值性。从灵活性来看，企业可以设置多种奖励形式，使员工具有更多的选择权，同时奖励可以通过阶段性给予或随机给予等形式，使员工感受到一定的趣味性和偶然性。从价值性来看，企业应当注重奖励对员工的个性化价值，可以考虑提供多样化的奖励选择以满足不同员工的需求，比如带薪假期、出游、礼品、奖金等。

复习思考题

1. 以一家你所熟知的企业为例，评价该企业的薪酬战略与组织总体战略是否一致。
2. 我国普遍采用的岗位技能工资制是否存在一些问题？结合实际进行讨论并给出改进建议。
3. 从"双因素理论"的角度出发，探讨如何设计福利来减少员工的不满意感并起到激励员工的作用。
4. 对于激励高级人才的薪酬方式，除了股票期权外，还有哪些有效方法？试举例描述。
5. 数智时代孕育了哪些薪酬福利管理的新模式？

案例 10-1

唯"岗"不唯"能"吗？——如何改革工资方案

某公司自2016年开始实行岗位技能工资方案，核心内容是：员工工资由岗位工资、技能工资、工龄工资、效益工资、辅助工资构成，分别占工资总额的35%、35%、3%、20%、7%，岗位工资部分实行一岗一薪。随着不断总结摸索，该公司认识到存在一些问题。

改革原因

（1）工资中岗位工资部分比重偏小，不同岗位之间的工资差距较小，工资向一线岗位倾斜不够，不利于调动员工积极性。

（2）技能工资部分是以员工的技术职称高低确定，不能反映员工实际工作能力。

（3）岗位工资实行一岗一薪，难以体现出同一岗位上不同员工的不同贡献。

为此，2019年公司对工资制度实行重大改革，实行以岗位工资为主的新的工资制度。

改革工资构成要素

改革后，员工工资包括以下四个主要组成部分。

（1）岗位工资部分。该部分按照不同岗位的劳动复杂程度、繁重程度、精确程度、责任等因素确定工资水平，是员工工资中的主要部分，是体现劳动差别、贯彻按劳分配原则的关键部分。企业每年对员工进行一次考核，包括德、能、勤、绩四个方面，根据考核结果增减工资，只有合格者才能在同一等级中升一个档次的工资，以此促进员工的工作责任心和上进心，充分发挥工资的激励职能。

岗位等级的制定：改变原来的一岗一薪形式，实行岗中再分档，共分为9个岗级、12个档次。岗级从9级到1级逐步提高，其中7～9级岗相当于科员、6级岗相当于副科级、5级岗相当于正科级、4级岗相当于副处级、3级岗相当于正处级、2级岗相当于副局级、1级岗相当于正局级。每岗级下分1～12个档次不等，其中：科员级分12个档次，正、副科级分10个档次，正、副处级分9个档次，正、副局级分8个档次。

岗位工资等级的确定：每一岗级分不同的工资档次，每岗级工资幅度也各不相同。与原来岗位工资相比，新岗位工资中，拉大了不同岗位之间的工资差距。每一岗级的工资级差采用等差方式。其中，8级、9级岗的工资级差最小，岗级越高，工资级差越大，1级与2级岗工资级差最大。

岗位工资标准的确定：企业的诸岗位可以分为管理岗位、专业技术岗位、工人岗位三种类型。该公司将原来的一岗一薪工资标准改为浮动工资标准，即每个岗级规定若干个工资标准，以对应岗内不同的档次。员工的工资标准可随企业的经济效益及个人劳动贡献上下浮动。不同岗位间工资标准的关系为重合可变型，即每一岗位内设若干个工资标准，不同岗位的工资标准有部分交叉，便于员工在调动工作时工资平稳过渡，也使各类员工的工资关系更加合理。通过一些重要岗位的工资标准，工资向一线岗位倾斜。

（2）工龄工资部分。该企业工龄工资的计算分为按社会工龄计算和按本企业工龄计算两类。按社会工龄计算的工龄工资是指参加一年社会工作的工龄工资；按本企业工龄计算的工龄工资是指在本企业工作满一年的工龄工资。在新的工资制度中，适当地兼顾本企业老员工的利益，提高本企业工龄工资标准，以体现对企业贡献大小不同的工资差别。

（3）效益工资部分。根据公司每年任务的完成情况、实现利税多少、国有资产保值增值情况、有无出现重大责任事故、企业经济效益情况等因素，给予员工适当的物质奖励，使员工个人工资水平与企业整体经营状况挂钩，以激励员工努力工作，为企业多做贡献。

（4）奖金、津贴等辅助工资部分。奖金分为两部分，即效益奖和个人考核奖。效益奖是根据企业完成任务或超额完成任务情况，由上级主管单位统一给付的物质奖励，由企业根据各部门生产经营情况，一次性发给。个人考核奖是根据员工每年的业绩考核给予的奖励，只有各方面考核合格者才可得到，充分体现了奖金作为基础工资的补充形式所发挥的激励作用。津贴根据国家工资标准调整期内社会生活物价指数变动等情况统一确定，列入工资总额的津贴项目包括交通补贴、书报费、洗理费、肉贴、菜篮子补贴、误餐补贴等。

改革的特点

改革的特点是唯"岗"不唯"能"，具体表现在以下两个方面。

（1）岗位工资部分的比重有较大幅度提高。岗位工资部分由原来的35%提高到65%，工龄工资、效益工资、奖金与津贴部分占员工个人工资总额的35%，效益工资部分还可依具体情况适当增加其占工资总额的比重，增加的幅度不超过5%～15%。完不成任务的，按规定扣减，以充分体现其奖惩的职能。

（2）取消了技能工资部分。改革后，员工工资中技能工资部分被取消了，那么新工资制度是不是只唯"岗"不唯"能"了？从表面上看是这样的，但实际上并不然，而是将反映员工实际工作能力水平因素的工资，改为岗位工资的一部分，并通过按员工每年德、能、勤、绩考核的结果确定岗位工资来体现。新的岗位工资部分真正体现了员工的实际工作能力，专业技术职称不再与工资直接挂钩，因为技术职称仅是资历证明，是受聘何种岗位的条件，不能作为分配的依据。

改革效果

（1）岗位工资部分体现了按劳分配原则，有效地调动了员工工作和学习的积极性，工资升档、升级看考核结果、靠贡献，并拉大了工资差距，向一线岗位倾斜，真正实现了工资的激励职能，留住了企业骨干，稳定了员工队伍。

（2）效益工资部分强调了企业经济效益的增长是员工工资增长的基础，使员工的个人利益与企业利益联系在一起，并根据不同员工的业绩大小拉开分配档次，促进员工提高企业效益、个人绩效。

（3）工龄工资部分体现了全体员工的积累劳动，也兼顾了老员工的利益。

（4）新工资制度的实施推动了公司的基础管理工作。企业在完善工资制度的同时，也不断规范其他内部管理，比如建立严格的考核体系，采用岗位分析与评价等科学方法，促进了公司管理水平的提高。

思考题

1. 新的工资制度通过哪些方式更好地体现了按劳分配的原则?
2. 取消技能工资并通过岗位工资体现能力水平的做法对员工有何影响?这种调整是否存在潜在风险?
3. 新制度如何通过工资结构调整实现对一线岗位和骨干员工的激励?这种调整是否适合其他类型的企业?

案例 10-2

阿里巴巴的薪酬体系与薪酬管理系统

　　作为互联网行业的巨头,阿里巴巴在数字化转型浪潮之下积极探索薪酬体系与数字化结合的可能,为薪酬体系升级进入新的阶段提供了众多可供参考的经验。

　　首先,在薪酬体系构建上,阿里巴巴根据员工的个人愿景和成长方向制定了岗位序列,并以此为基础设计了相应的薪酬结构。阿里巴巴将员工的职业发展路径划分为P序列(专业序列)和M序列(管理序列),并分别设计差异化的薪酬结构。比如,在P序列中,员工晋升一级会带来显著的基本薪酬涨幅,并提高基本薪酬的占比。这使技术型员工享有较为稳定的基础薪酬。相对于管理人员,他们在掌握新技术或深化专业领域方面面临的挑战更为艰巨。因此,这种薪酬设计有助于鼓励技术团队深入挖掘自己的专业领域,进而产生更高的价值。而对于M序列的员工,其薪酬结构主要侧重于奖金和提成,基础薪酬通常只占总薪酬的30%。这是考虑到管理人员在每个项目中需要展现出高度的灵活性,比如制定策略、控制流程等,因此基于项目绩效来确定市场和项目管理人员的奖金,旨在最大限度地激发M序列员工的创新力和工作热情。近期,阿里巴巴启动了"1+6+N"内部组织架构重组与重大变革,预计一方面会对P序列进行改革以适应组织和个人的成长需要,推进员工绩效和层级体系制度合理化;另一方面会取消P序列,改为14~28级,对应P4~P8,员工的工资和奖金不再与层级挂钩,逐步实现层级和奖金的分离,并支持优秀员工一年内实现多层级跨越。可见,随着组织的发展和团队规模的扩大,阿里巴巴的薪酬体系也更加灵活,不断摸索更加人性化的人力制度。此次取消P序列的方案虽然仍在调研阶段,但是肯定会对旧层级制度汇报困难、晋升困难、考核死板的几大问题对症下药,这将是薪酬体系的一次重大改革。

　　在奖励策略上,阿里巴巴极具创意,展现了高度的多样性。其不但在个人、团队至部门层面都设有全方位的奖金计划,而且还设置了月度、季度及年度激励方式。此外,表现卓越的员工有机会收到来自首席执行官亲笔签名的"惊喜红包"。这种关心与认可增强了员工的归属感,进而鼓励他们以更大的热情投入到公司的事业中。在奖励类型上,阿里巴巴也给予员工选择权,允许他们在现金奖励和其他福利间做出选择。对于特定的员工群体，企业还提供了利润分享、员工持股计划及专业发展机会如外部培训等激励。为了吸引和留住关键人才，阿里巴巴将员工划分为"271"三个类别：其中"2"代表那些贡献突出且践行阿里巴巴价值观的明星员工，占比约20%；"7"则是主流员工，他们完全认同企业的价值观，绩效稳定，约占70%；而"1"则代表那些不符合企业期望的员工，约占10%。针对这三个类别，阿里巴巴按照工资、奖金、股权和发展机会进行了不同等级的区分与激励，确保每位员工均能找到与其绩效和职级相匹配的发展机会。这种策略进一步提高了核心人才对公司的忠诚度，推动他们与公司同步成长。

在福利方面，阿里巴巴充分考虑到了员工的个性化需求，实现了以人为本的福利管理。年节定制福利、员工福利点兑换等措施都能够帮助员工与企业建立价值连接，并提升员工归属感和体验感。例如，阿里巴巴拿出30亿元向员工推出购房无息贷款计划，并向员工提供以6折的优惠价格购买阿里巴巴专享公寓的福利——专享公寓就在阿里巴巴园区附近，通勤距离不到5分钟。通过此类福利计划，阿里巴巴解决了员工住宿和通勤两个最重要的问题，给员工提供了充分的安全感。此外，向员工提供住房补贴、通勤补贴等福利也切实提升了员工的幸福感。

在数字化融入薪酬体系方面，阿里巴巴自主研发的人力资源系统取得了较好的效果。之前，阿里巴巴的薪酬体系依赖Oracle PeopleSoft HCM这款国外软件。但随着业务的快速扩张，这款软件已无法满足其需求，且存在信息安全隐患。因此，阿里巴巴决定分步骤地自主研发更加先进的薪酬系统。

阿里巴巴集合众多薪酬专家，集思广益，在薪酬核算方面层层把关，从员工生命周期数据、公司组织、职务体系多个层面构建了一个完整的核算模型，并且完成了方案的方法论证及数据加密。在开发阶段，自主研发系统使用阿里云大数据技术实现薪酬核算，经济、高效地分析海量的数据。数据计算效率及数据安全程度相较传统的系统有了较大的进步，并且考虑到人力资源管理结合数据证据的科学性和合理性，阿里巴巴打造了人力资源管理人员和数据人员都能理解与掌握的系统。经过多次逻辑开发和迭代，该系统完成了实习生薪资、股权计税、正式员工薪资等计算模块，突破了阿里巴巴员工休假晚提补报、出差、月中入离职、福利补贴、社保公积金基数变更、股权等薪资业务的计算效率和准确性瓶颈。

自主研发系统覆盖薪资项目、适用群组、计薪周期、计算规则与公式、发放审批流程、计算结果报表输出全链路，以及生态公司介入、并行管理等十几个应用场景，简洁易用、清晰明了，能够稳定、高效地满足绩效评价的需要。此外，该系统的亮点在于具有支持追溯和分段计算的功能，整个计算链路的中间过程数据及异常差异数据都可以被直观实时透视，无技术背景的业务方也可以快速了解整个系统的计算逻辑，快速定位并解决问题。自主研发系统的算力超过旧系统的6倍，计算时间稳定。该系统投入使用后每年可节省授权费用数百万元，也将较大程度地降低其他相应的维护管理费用。

此外更重要的是，企业薪资数据的安全性也得到了提升。开发人员和数据管理员都无法接触数据，避免了之前因铭文存储导致的个人信息泄露风险，从而保护了员工的隐私。自主研发系统还支持手机端和个人电脑端集成员工基础档案、薪资档案、每月工资等，员工可以实时查看薪资发放结果、个税、福利补贴、销售佣金、社保等信息。此外，该系统的一键报税等功能也优化了员工的体验。

资料来源：赵晨. 数字人力资源管理 [M]. 北京：中国人民大学出版社，2024：211-213.

思考题

1. 从全面薪酬的内容框架来看，阿里巴巴的薪酬体系包括哪些内容？
2. 阿里巴巴的薪酬体系中采用了哪些数字技术和手段？

第 11 章

企 业 文 化

🐚 学习目标

- 理解企业文化的三个层次
- 了解企业文化的基本特征
- 熟悉组织中的不同文化类型
- 掌握企业文化的基本理论
- 探讨企业文化建设的思路

🐚 引导案例

企业推行阿米巴模式的成败背后[⊖]

近年来，许多国内企业都积极学习并应用稻盛和夫的阿米巴模式，希望借助这种先进的管理理念来提升企业绩效。然而，尽管有些企业取得了显著成功，更多的企业却在实践中遭遇了失败。令人深思的是，这些失败往往并非由于模式本身的缺陷，而是由于企业未能真正理解和融入阿米巴模式背后的文化内涵造成的。

阿米巴模式的核心思想源于稻盛和夫的"敬天爱人"和利他哲学，这种文化强调通过培养员工的主人翁精神来实现全员参与管理，从而推动企业的可持续发展。然而，许

　　⊖　改编自：屈丽丽 . "利他文化"是企业经营的底层逻辑 [N]. 中国经营报，2022-10-31.

多国内企业在实施阿米巴模式时，只注重制度和流程的形式模仿，却忽视了根植于其中的文化价值。管理层希望通过阿米巴模式实现各部门自负盈亏，结果却往往演变成了部门之间的推诿扯皮，团队合作精神大打折扣。

一位企业管理专家指出，阿米巴模式的真正精髓在于以员工的共同成长为目标，营造"团队为先"的文化氛围，而不是单纯依靠绩效指标来进行部门间的竞争。企业缺乏深厚的文化基础，即使制度再完善，也难以发挥模式的应有作用。

11.1 企业文化概述

11.1.1 为什么需要企业文化

1. 什么是文化

"观乎天文，以察时变；观乎人文，以化成天下。"（《易经·贲·象》）中国古代的"文化"，侧重在动词的意义上使用，"以文化人"，是对人的品行、心理、观念的塑造，以期形成良好的社会风尚。[○]

在西方，人们对文化的认识以 1871 年英国人类学家爱德华·泰勒（Edward Tylor）的《原始文化：神话、哲学、宗教、语言、艺术和习俗发展之研究》（*Primitive Culture*）为界，认为"文化，就其广泛的民族学意义来说，乃是包括知识、信仰、艺术、道德、法律、习俗和任何人作为一名社会成员而获得的能力和习惯在内的复杂整体"。[○]自此，文化成为一门新兴学科的研究对象。

尽管关于文化的界定层出不穷，但大多数人类学家都认为，"文化包含了后天获得的，作为一个特定社会或民族所特有的一切行为、观念和态度。我们每个人都诞生于某种复杂的文化之中，它将对我们往后一生的生活和行为产生巨大的影响。"[○]

受西方学者的影响，中国学者也开始审视我们固有的"文化"。较早进行东西文化比较研究的学者梁漱溟在《东西文化及其哲学》中指出："所谓一家文化不过是一个民族生活的种种方面。总括起来，不外三个方面：（一）精神生活方面，如宗教、哲学、科学、艺术等是。宗教、艺术是偏于情感的，哲学、科学是偏于理智的；（二）社会生活方面，我们对于周围的人——家族、朋友、社会、国家、世界——之间的生活方法都属于社会生活的一方面，如社会组织、伦理习惯、政治制度及经济关系；（三）物质生活方面，如饮食、起居种种享用，人类对于自然界求生存的各种是。我们人类的生活大致不外此三方面，所谓文化可从此三方面来下观察。"^四

○ 李中元. 文化是什么 [M]. 北京：商务印书馆，2017：48-50.

○ 泰勒. 原始文化：神话、哲学、宗教、语言、艺术和习俗发展之研究 [M]. 连树声，译. 桂林：广西师范大学出版社，2005.

○ 恩伯 C，恩伯 M. 文化的变异：现代文化人类学通论 [M]. 杜杉杉，译. 沈阳：辽宁人民出版社，1988.

四 梁漱溟. 东西文化及其哲学 [M]. 2 版. 北京：商务印书馆，1999：19.

2. 什么是企业文化

"企业文化是由一套基本的假设——由一个特定的组织在学习处理对外部环境的适应和内部整合问题时所创造、发现或发展起来的，一种运行得很好且被证明是行之有效的，并被用来教育新成员正确感知、思考和感觉上述这些问题的基本假设。"⊖

因此，企业文化不等同于核心价值观，组织的价值观、共享的信念、团体规范等都是企业文化的反映，而不是其实质，只是文化的表现形式。⊜此外，企业文化也不等同于普遍的真理。例如，"诚信"是一项所有公司都应遵循的道德原则，不必被视为企业文化的独特体现。企业文化的多样性在于，其反面也可以成立。比如，"激进的透明性"强调信息公开，而与之相对的文化，如"对命令的绝对服从"，同样也是一种企业文化。并且，企业文化也不等同于"一把手文化"，或者说只有在一把手具有绝对权威且已有的企业文化没有很长的沉淀时，企业文化才能说是一把手文化。

3. 企业文化的功能与作用

- **导向功能**：帮助组织明确目标和方向，确保战略的执行和长期发展。
- **自我调控功能**：调节组织内部、外部关系。
- **凝聚功能**：增强员工归属感与团队凝聚力。
- **激励功能**：物质、精神等多层次的激励手段，激发员工积极性和创造力。
- **约束和规范功能**：规范员工行为，减少监管需求。
- **辐射功能**：影响外部形象和品牌认知。

11.1.2　企业文化的基本结构

埃德加·沙因提出的企业文化三层次模型是企业文化研究中的经典理论。如图 11-1 所示，他将企业文化划分为三个层次：表层的人工饰物（artifacts）、外显的价值观念（espoused values）和深层的基本假设（basic assumptions），用以解释文化的深度和复杂性。⊜

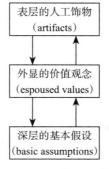

图 11-1　企业文化三层次模型

⊖⊜　沙因 E，沙因 P. 组织文化与领导力 [M]. 陈劲，贾筱，译. 北京：中国人民大学出版社，2020.

⊜　徐均颂，孙伟. 打造流程型组织：流程管理体系建设实操方法 [M]. 北京：电子工业出版社，2024：49.

1. 人工饰物

人工饰物是组织中那些可见的、物质的、直接观察到的文化表现形式,易于观察但难以解读。常见的人工饰物包括:

(1)物理环境:办公室布置、象征物、建筑风格等。例如,开放式办公室反映了协作和开放的文化。

(2)语言和符号:企业使用的标志、口号、故事等。例如,品牌口号往往传达了公司的核心价值观。

(3)行为和仪式:公司日常活动、仪式、行为模式等。例如,员工入职欢迎仪式体现了企业对员工归属感的重视。例如,科技公司的休闲着装与传统金融行业的正式服装形成鲜明对比。

(4)人际互动模式:员工之间的沟通和互动风格。例如,员工彼此直呼其名,反映了企业平等和非正式的文化。

(5)公司政策和规章制度:企业的制度、工作规则和流程。例如,灵活的考勤制度反映了企业对员工自主性的重视。

🐍 人力互动 11-1

企业文化洋葱模型

企业文化的洋葱模型由内到外包括理念层、制度层、行为层、物质层四个层次,如图 11-2 所示。从外到内,四个层次的改变程度由易至难:①外化于形,表现为企业的标识、LOGO、服装、厂貌等外在形象,这些是企业文化传播的平台,必须标准化并与企业价值一致;②实化于行,体现为员工的工作风格、领导行为和管理规范等,通过行为规范的标准化,确保与企业文化价值契合;③固化于制,通过薪酬、晋升、考核等制度确保员工了解工作流程和标准,形成系统化的管理规范;④内化于心,这是最高层次,是指每位员工的思维和企业价值观深度融合。

· 物质层
  象征物、故事、企业建筑、标识、手册、报纸刊物
· 行为层
  活动、仪式、日常行为、企业家行为、英雄人物行为
· 制度层
  规范、制度、流程
· 理念层
  企业使命、愿景、核心价值观

图 11-2　企业文化洋葱模型

2. 价值观念

价值观念是组织明确陈述的价值观和规范,包括目标、战略和领导者阐述的理念,它们引导员工的行为,但可能与实际行为有差异。常见的企业文化价值观系统包括使

命、愿景、价值观。

（1）**使命**：使命是存在的意义，回答的是"为什么"（why）的问题，即我们为什么要活着，为什么而活。使命是企业毕生奋斗的动力，其底层是鼓励追求真善美。

（2）**愿景**：愿景是使命的具象化表达，回答的是"是什么"（what）的问题，即使命的阶段性图景，在 10 ～ 30 年或者更远的未来，企业要达到的目标和要实现的图景。

（3）**价值观**：价值观是行为准则，回答的是"怎么样"（how）的问题，即做人和做事的标准。

3. 基本假设

基本假设是深植于文化中、无意识的信念和价值观，构成企业文化的核心，潜移默化影响成员的行为，且难以改变。沙因提出的基本假设可以分为以下五个方面。[⊖]

（1）**人性的本质**：管理学中存在的主要的三种人性假设，即理性经济人假设、社会人假设和自我实现人假设。企业的制度往往就隐藏着对人性的基本假设，比如 X 理论认为员工本质上是懒惰和自私的，需要控制和惩罚，而 Y 理论则认为员工本质上是积极和负责任的，应该得到信任和授权。

（2）**人类与自然的关系**：组织中心人物对外部环境的看法，包括支配、从属和协调关系。

（3）**人际关系的本质**：包含着什么是权威的基础、权力的正确分配方法是什么、人与人之间关系的应有态势（比如竞争的或互助的）等假定。

（4）**现实和真实的本质**：组织对真实和现实的判断标准，涉及行动规律、时间和空间的基本概念，反映出组织如何定义和应对现实。

（5）**人类活动的本质**：包含着哪些人类行为是正确的，人的行为是主动或被动的，人是由自由意志所支配的还是被命运所支配的，什么是工作、什么是娱乐等一系列假定。

11.2　企业文化的特征

约翰·P. 科特和詹姆斯·L. 赫斯克特在 1992 年出版的《企业文化与绩效》（*Corporate Culture and Performance*）中提出，高绩效公司与相对低绩效公司的主要差异在于文化强度、文化一致性和文化类型。[⊜]

11.2.1　文化强度与文化一致性

1. 文化强度：强文化与弱文化

文化强度是指文化影响组织内发生事情的强度或决定程度。[⊜]强文化曾被认为几乎

⊖　昀熙，沙因 E：组织心理学领域的开创者 [J]. 现代企业文化（上旬），2015（4）：58-59.
⊜　科特，赫斯克特 . 企业文化与绩效 [M]. 王红，译 . 北京：中信出版集团股份有限公司，2019.
⊜　卡梅隆，奎因 . 组织文化诊断与变革 [M]. 王素婷，译 . 北京：中国人民大学出版社，2020：187.

是所有美国企业持续成功的驱动力。[①]约翰·P.科特在其著作《企业文化与绩效》中探讨了企业文化与长期经济绩效的关系，尤其关注强文化的影响。强文化是指为企业内管理者和员工共享的一致价值观和行为方式，这种文化迅速影响新员工的适应与表现。而弱文化则是指企业缺乏统一的愿景或核心价值观，或即便存在，这些价值观也未能有效影响全体员工。在强文化企业中，员工通常拥有更强的内在激励，与公司保持紧密的联系，努力工作，从而提升整体绩效。然而，科特的实证研究表明，虽然强文化与企业长期绩效之间存在正相关性，但其影响并非绝对。一些拥有强文化的企业也可能表现出低绩效水平，而一些弱文化的企业则可能有高绩效水平。这说明强文化并不是绩效的唯一决定因素。反过来，成功的企业有时也会因为强文化过于僵化，导致傲慢和官僚主义，进而损害未来的经济表现。[②]

判断公司是否具有强文化的标准有以下三个：①竞争对手公司的管理者是否经常谈论自己公司的"模式"或行事方法？②公司是否将自己的价值观通过准则、口号等公之于众，并且积极鼓励自己公司的管理者严格遵守？③公司是按自身长期经营策略和行为方式进行运作，还是根据现任总经理的经营策略和行为方式进行运作？在此三个问题上的得分越高，则文化越强。

2. 文化一致性：主文化与亚文化

文化一致性是指组织的一部分体现出的文化与组织的另外一部分体现出的文化相似或一致性的程度。有学者认为，在其他事情相同的情况下，一个组织各要素之间总体一致或者匹配的程度越高，各个层次的组织行为就越有效。然而，组织中的文化往往是多样的，其中主文化是指在整个组织内部占主导地位的价值观、信仰和行为规范，通常由高层管理者确立并贯穿于组织的各个层面。它代表组织的核心文化，通常体现在公司的愿景、使命、价值观和政策中。而亚文化则是不同较小群体在这一整体文化框架下形成的次级文化，这些群体可能是特定部门、团队、地理位置或层级的员工。亚文化通常反映了该群体的具体需求、背景和工作环境，可能在某些方面与主文化有所不同。亚文化既可以是对主文化的补充，也可以与主文化产生一定的冲突。如果管理得当，则亚文化能提高组织的多样性和灵活性，有助于应对不同的市场或环境需求；但如果处理不当，则可能会导致组织内部的分裂或沟通障碍。

🌀 研究前沿 11-1

文化广度与文化嵌入度

当前学术界存在以下两种关于文化的基本假设。

基于价值的文化模型（如 Schein，1985）：将文化视为一个更为固定的系统，主要

○ 迪尔，肯尼迪.企业文化：企业生活中的礼仪与仪式 [M].李原，孙健敏，译.北京：中国人民大学出版社，2020.

○ 科特，赫斯克特.企业文化与绩效 [M].王红，译.北京：中信出版集团股份有限公司，2019.

通过核心价值观和信念来定义与塑造组织成员的行为。在这一模型中，文化是由组织深层次的信念系统构成的，这些信念系统引导并影响着个体的行为模式和决策。

工具箱式文化模型（如 Swidler，1986）：提供了一种理解文化多样性和变迁的方式，强调个体在文化传承和创新中的主动作用。根据该模型，个体并不是被动接受文化，而是像使用工具箱一样，能够根据自己的目标和环境条件，从文化中选择并利用不同的元素，从而使组织形成一种多元和碎片化的文化。

Choi 等（2023）发表在管理学期刊 *Administrative Science Quarterly*（*ASQ*）的最新研究中指出，文化并非总是可以作为一个同质的整体来理解。企业文化通常是多元且碎片化的，不同部门、团队，甚至个人可能拥有各自独特的文化元素和解读方式。对于组织中的个体而言，文化广度与文化嵌入度之间的平衡对创造力起着关键作用。适度的文化广度能够激发个体的创意新颖性，而文化嵌入度则可以确保这些创意在实践中具有可行性和应用价值。[○]因此，企业在促进创新和绩效水平提高时，应关注主文化与亚文化之间的互动，鼓励文化多样性，同时保持员工对核心文化价值观的深度嵌入。

11.2.2 企业文化的类型

企业文化类型是组织中体现出来的特定文化类型。[○]组织有效性与文化类型的关系要比文化一致性和文化强度的关系更为密切。尽管众多学者提出了各种企业文化分析的维度与框架，但奎因、罗夫保提出的**对立价值观模型**被认为是当前分析企业文化最有效的框架。[⊜]

对立价值观模型以 39 项组织有效性的预测指标为基础，通过两大维度分为四大类型的企业文化：部落型、活力型、等级型、市场型。

区分组织有效性的一个维度为强调灵活性、适应性和动态还是强调稳定性、控制和有序。该维度构成一个连续体，一端为组织的多样性和可塑性，另一端为组织的稳定性和持久性。区分有效性的另外一个维度为强调内部管理和整合还是强调外部竞争和差异。该维度也构成一个连续体，一端是组织凝聚力强、一致性高，另一端则是组织彼此隔离、独立性强。将这两个维度放在一起形成四个象限，每个象限代表一种截然不同的组织有效性指标，如图 11-3 所示。

1. 部落型文化

部落型文化强调团队合作、员工参与及共同目标，企业承诺为员工提供支持，营造类似于大家庭的氛围。该文化的核心假设包括：通过团队协作和员工成长可以实现最佳的管理效果；客户应被视为合作伙伴；组织的责任是为员工创造人性化的工作环境；管理层的主要任务是授权员工，提升其参与度、敬业度和忠诚度。典型的部落型文化企业

○ CHOI Y, INGRAM P, HAN S W. Cultural breadth and embeddedness: the individual adoption of organizational culture as a determinant of creativity [J]. Administrative Science Quarterly, 2023, 68(2): 429-464.
○⊜⊜ 卡梅隆，奎因. 组织文化诊断与变革 [M]. 王素婷，译. 北京：中国人民大学出版社，2020：187.

诸如：以紧密的团队合作和协作著称的皮克斯，注重团队成员之间的学习与优化；以家庭式氛围著称的 Zappos，鼓励员工表达个性并参与公司决策；重视员工敬业度的西南航空，通过团队活动加强员工之间的关系。

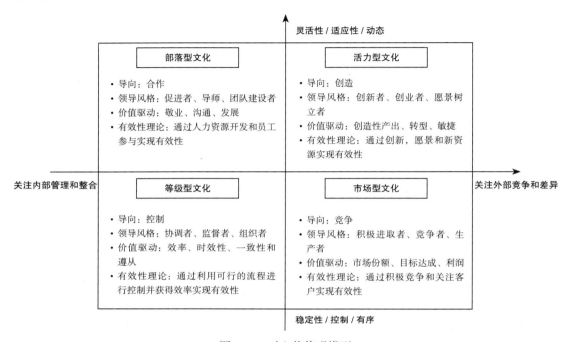

图 11-3 对立价值观模型

2. 活力型文化

活力型文化鼓励创新和灵活性，旨在适应快速变化的外部环境。它高度重视创造力、实验精神，并允许员工在一定范围内冒险。其核心假设是创新与前沿思维能够带来成功，组织的主要任务是开发新产品和服务，以应对未来的挑战。管理层则负责促进企业家精神、创造力和前沿性活动。活力型文化常见于航空、软件开发、咨询和电影制作等行业。典型的活力型文化企业包括：谷歌以开放式沟通和创新支持环境著称，鼓励员工大胆尝试和提出新想法；在快速变化的科技领域，特斯拉以创新为核心驱动力，鼓励员工挑战传统思维；Netflix 通过兼具自由与责任的文化，激励员工追求创造性的解决方案。

3. 等级型文化

等级型文化注重稳定性、控制和效率，通常通过建立严格的规章制度和流程，确保操作的规范性和一致性。德国社会学家马克斯·韦伯（1947）提出了官僚组织的七大经典特征：规则、专业化、贤能管理、等级制、所有权与管理的分离、非人情化及明确的责任。这些特征被认为能够有效实现组织目标。在 20 世纪 60 年代之前，大多数管理实践和理论都强调等级制或官僚制，以实现稳定、高效和高度一致的产品与服务。时至今日，许多政府部门仍依赖于严格的规章制度来保障公共服务的稳定性和效率。典型的等级型文化企业包括：以高效运营和严格库存管理著称的沃尔玛；在各部门中实施结构化管理，注重过程控制和绩效评估的通用电气；拥有清晰指挥链和标准化流程的 IBM。

4. 市场型文化

市场型文化的基本假设是外部环境充满竞争与挑战，而非友好与仁慈，只有通过明确的目标和积极的战略才能带来生产力和利润。因此，市场型文化以结果为导向，强调外部环境中的竞争力，尤其关注业绩目标、利润和生产效率。在这种文化中，领导者通常是具有强烈进取心的竞争者，成功则被定义为市场份额大和市场渗透力强。典型的市场型企业包括：经历市场份额下降后，通过文化转型重塑竞争力的飞利浦，强调客户导向和业绩目标；以快速响应市场需求和竞争为导向的微软，注重创新和市场占有率；通过不断优化服务和产品提升市场竞争力的亚马逊，始终以客户为中心。

11.2.3 企业文化理论

1. 麦肯锡 7S 理论

麦肯锡 7S 理论由麦肯锡公司顾问汤姆·彼得斯（Tom Peters）和罗伯特·沃特曼（Robert Waterman）在 20 世纪 80 年代初提出，旨在帮助组织诊断和改进绩效。它强调组织中的 7 个关键要素：战略、结构、系统、风格、员工、技能和共同价值观——必须相互协调，才能实现成功（见图 11-4）。[⊖]

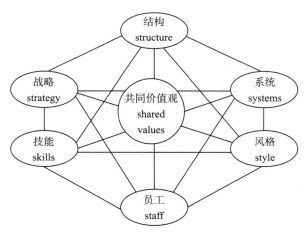

图 11-4　麦肯锡 7S 理论

（1）战略（strategy）：企业为实现长期目标而制定的总体规划，涉及如何在竞争中获得优势。

（2）结构（structure）：组织内部的架构与层级，描述了各部门如何分工与协作，以实现共同目标。

（3）系统（systems）：日常运营中使用的流程和程序，包括管理、控制和信息系统等。

（4）风格（style）：管理者的领导风格与企业文化，影响员工行为和团队氛围。

⊖　彼得斯，沃特曼.追求卓越 [M].胡玮珊，译.北京：中信出版社，2012.

（5）员工（staff）：组织内员工的知识、技能和能力，涵盖人力资源的管理与发展。

（6）技能（skills）：员工在工作中所需的具体技术能力与专业知识。

（7）共同价值观（shared values）：组织成员共享的核心价值观，是企业文化的基础，影响决策和行为规范。

由于上述 7 项要素开头的英文字母都是 S，故称 7S 理论。7S 理论包括硬要素（战略、结构、系统）和软要素（风格、员工、技能、共同价值观），并特别指出软要素在塑造企业文化、推动变革中的重要性。当前，7S 理论被广泛应用于企业的战略调整、文化变革和绩效改进中，帮助企业从全局角度分析和解决管理问题。

2. 中国企业组织文化分析模型

改革开放使国内市场上出现了三种企业类型：国有企业、国内私营企业和外商投资企业。Tsui 等（2006）研究了组织文化是否会随着组织的所有制结构不同而有所差异，以及在美国企业中所得出的文化与企业绩效的关系是否在中国也适用。沙因认为文化是一个特定组织在处理外部适应和内部融合问题中所学习到的，由组织自身所发明和创造并且发展起来的一些基本的假定类型。[一]Xin 等（2002）确定了中国文化的十大特征，其中六个维度涉及内部整合功能，四个维度涉及外部适应。

基于此，Tsui 等（2006）提出的中国企业组织文化模型，分析了中国企业文化的不同维度和文化类型，从内部整合和外部适应两个功能出发，识别出中国企业文化的五个维度，并提出了四种文化类型（见表 11-1）。研究结果表明，组织文化类型与企业绩效和管理者态度之间存在系统性的关系。[二]

表 11-1　中国企业组织文化模型

文化类型	文化维度				
	员工发展	人际和谐	顾客导向	社会责任	勇于创新
强势文化	高	高	高	高	高
市场导向型文化	中	中	高	中	中
成长型文化	中	中	中	中	中
层级型文化	低	低	低	低	低

在 Tsui 等人（2006）的研究中，五个文化维度是通过归纳分析从中国企业的实际调查中提出的，分别如下所述。

（1）员工发展（employee development）：强调对员工的培训和发展。

（2）人际和谐（harmony）：注重企业内部的团队合作与融洽关系。

（3）顾客导向（customer orientation）：强调满足客户需求、提升客户满意度。

（4）社会责任（social responsibility）：关注企业的社会责任和对社会的贡献。

（5）勇于创新（innovation）：推动创新和适应市场变化的能力。

⊖ 沙因 E，沙因 P. 组织文化与领导力 [M]. 陈劲，贾筱，译. 北京：中国人民大学出版社，2020.

⊜ TSUI A S, WANG H, XIN K R. Organizational culture in China: an analysis of culture dimensions and culture types[J]. Management and Organization Review, 2006, 2(3): 345-376.

四种文化类型是通过聚类分析（cluster analysis）的方式，根据五个文化维度对组织进行分类得出的。这些文化类型体现了不同组织在内部整合和外部适应方面的差异。

（1）强势文化（highly integrative culture）：在五个维度上都得分较高，既强调内部整合又强调外部适应。

（2）市场导向型文化（market oriented culture）：主要强调顾客导向和市场竞争，在其他维度上得分处于中等水平。

（3）成长型文化（moderately integrative culture）：五个维度的得分都处于中等水平，没有特别突出的维度。

（4）层级型文化（hierarchy culture）：在所有文化维度上得分均较低，强调规则、程序和稳定性。

11.3 企业文化的建设

11.3.1 企业文化理念设计与提炼

企业经营可分为三个层次："人手"的经营、"人脑"的经营和"人心"的经营。企业文化建设被视为"人心"的经营，管理者必须深刻理解并"挖掘人性，经营人心"，才能实现团队的凝聚力与向心力，最终达成"得人心者得天下"的管理效果。通过塑造具有共识的企业文化，管理者不仅能提升员工的认同感，还能推动企业的持续成功。

在企业文化建设中，尽管形式多样，但其核心结构往往围绕愿景、使命和核心价值观展开。那些致力于实现卓越的企业都会对其愿景、使命和核心价值观进行深入思考与总结。一套精心设计的企业文化理念有两大组成要素：[一]①恒定不变的核心理念，包括核心价值观——指导原则和信条；使命——组织存在的根本理由；②我们必须通过重大变革及进步来实现的愿景，包括 BHAG（big，hairy，audacious goals，即"宏大、艰难、大胆的目标"）及其生动描述，使得愿景在员工心目中变得清晰可见。而基业长青的公司永远坚守自己的价值观和使命。

1. 核心价值观的提炼

在构建核心价值观时，伟大的公司通常会自主决定哪些价值观真正符合其文化，而非盲目追随外部环境、竞争需求或管理潮流，没有一套通用的核心价值观模板。核心价值观应简明、具体，通常不超过 5 项，并且能够在各种环境下经受住考验。企业在初步列出核心价值观后，应进行严格审视，提出关键问题："如果外部环境变化，坚持这些价值观可能带来不利影响，我们是否仍愿意坚持？"若答案是否定的，则这些价值观不应列入核心。

在核心价值观的定义过程中，企业可以组建"火星小组"（Mars group），其成员为那些深谙公司文化、具备卓越能力且在同事中享有极高声誉的员工。假设这些人被选中

㊀ 柯林斯，波勒斯．构建公司愿景 [J]．哈佛商业评论，2024（2）．

代表公司在火星上重建企业，他们能忠实再现企业的文化特质。参与价值观制定的成员还需进行自我反思：在工作中，哪些价值观是你即便无回报也会始终坚持的？你是否愿意将这些价值观传递给子女？如果未来退休或环境改变，这些价值观是否依然是你生活的指导原则？在竞争不利的情况下，你是否仍然愿意捍卫它们？假如你明天要在另一个行业创建一家新公司，那么什么样的价值观是你无论身处哪个行业都一定会带到新公司中去的？这些问题能够帮助企业确认哪些价值观是真正核心且适合长期奉行的。

2. 企业使命的发现

在确定企业的使命时，重要的是思考公司存在的根本理由，而非仅仅聚焦于利润或市场需求。一个有效的使命能超越具体目标或短期战略，反映出企业对社会的深层贡献。正如戴维·帕卡德（David Packard）在惠普的演讲中所说，企业的存在不仅是为了盈利，而是以集体的力量实现个人难以企及的成就，进而服务社会。使命应具备持久性，应持续至少100年，且不应与具体的目标或商业战略混为一谈，目标和战略在100年内应该改变许多次，使命永远没有完成之日，这意味着组织在推动变革和进步方面必须永不止步。

实现股东财富最大化无法真正激励企业内部各层级人员，也难以提供清晰的指导。为了挖掘公司的深层使命，可以通过"企业终结者"游戏展开思考：假设公司被高价出售且随之解散，买家承诺员工岗位不变，但公司将不再生产产品或提供服务。此时，你是否会接受这样的结局？如果不愿意，那么公司存在的深层意义是什么？这一设想能帮助管理者从财务结果之外重新思考组织的价值所在。此外，还可以向"火星小组"成员提出一个反思性的问题：假设你已具有足够多的退休资金，什么样的使命会让你依旧选择留在公司继续付出？什么样的使命感能持续激励你为公司贡献才智和创造力？这些问题有助于发现企业的真正核心使命，明确哪些深层动机能够赋予员工更持久的工作意义和成就感。

需要注意的是，核心价值观和使命无法创造或设定，只能通过深入审视内部去发现。核心价值观和使命必须是真实可信的，不能凭借外部环境推导而来，也无法假装拥有。发现核心价值观和使命的关键是问："我们真正拥有并坚定守护的核心价值观是什么"而非"我们应该拥有什么价值观"。此外，核心理念的作用在于激励和指引，而非强调独特性，不同企业可以拥有相同的核心价值观，但真正的差异在于实践的热忱与力度。

3. 企业愿景的设定

识别核心价值观和使命是一个发现的过程，但设定未来愿景是一个创造的过程。企业愿景由两个部分组成：①一项长达10～30年的BHAG；②生动地描述目标实现后的美好景象。一方面，愿景传达很具体的东西，是某种看得见、生动且真实的东西；另一方面，它是一个尚未到来的时刻，带着梦想、希望和期盼。

BHAG是推动组织进步的强大工具，它通过设定激动人心的愿景来鼓舞团队士气。真正的BHAG简单明了、真切可见，通常伴有明确的终点线，令组织全员清晰了解成功的标准。此类目标具有一定的挑战性,胜算仅在 50% ～ 70%,促使团队全力以赴、追求卓越。特别是愿景层面的 BHAG,通常需要 10 ～ 30 年才能达成,要求管理团队从战略层面高瞻远瞩,不再局限于短期目标。此外,未来图景还需通过生动的描述来增强吸引力,让人们不仅能"读懂"愿景,还能在心中"看见"愿景的实现。这种描述使长期目标变得更为具象、鼓舞人心,引导组织成员为共同的未来而努力。

　　制定 BHAG 时,管理团队可以从四种类型入手:标靶式(聚焦明确目标)、同仇敌忾式(对抗外部竞争)、榜样式(学习行业典范)、内部转型式(推动内部深刻变革)(见范例 11-1)。

◎ 范例 11-1

企业愿景、使命与核心价值观[○]

核心价值观	企业使命	企业愿景
核心价值观是公司的重要信条	企业使命是公司存在的理由	BHAG 助力长期愿景的实现
默克公司(Merck) 公司的社会责任 公司各方面确实卓越 以科学为本的创新 诚实而正直 追求利润,但利润必须来自造福人类的工作 **诺德斯特龙**(Nordstrom) 对客户的服务高于一切 辛勤工作,重视个人效率 永不满足 声誉卓越,富有特色 **菲利普·莫里斯**(Philip Morris) 自由选择的权利 求胜——在精彩的比拼中击败对手 鼓励个人主动开创 凭借良好表现获得机会,有付出才有收获 辛勤工作,不断完善自我 **索尼** 提升日本文化及国家地位 勇做先锋——永不从众,挑战不可能 鼓励个人发挥才能和创造力 **迪士尼** 不要愤世嫉俗 培养和推广健康的美国价值观 创造力、梦想及想象力 无比重视一致性与细节保护并掌控迪士尼的魅力	**3M**:以创新的方式解决尚未解决的问题 **嘉吉**:提升世界各地人们的生活水平 **房利美**:通过不断实现"居者有其屋"的目标来巩固社会结构 **惠普**:为人类的进步和福祉做出技术贡献 **失落之剑公司**(Lost Arrow Corporation):成为社会变革的典范和工具。 **太平洋院线**(Pacific Theatres):为人们提供聚会的地方,让社区变得更繁荣 **玫琳凯化妆品公司**:为女性提供无限机会 **麦肯锡咨询公司**:帮助一流公司和政府变得更成功 **默克**:守护并改善人类生活 **耐克**:领略竞争、获得胜利及碾压对手的激情 **索尼**:通过改进和应用技术来造福公众,并乐在其中 **远程护理公司**(Telecare Corporation):帮助精神障碍人士充分发挥潜能 **沃尔玛**:让普通民众有机会买到富人购买的东西 **迪士尼**:让人们快乐	**"标靶式" BHAG**(数量或质量上的目标) **沃尔玛**(1990):2000 年时,成为营收达到 1250 亿美元的公司 **福特汽车**(20 世纪早期):使汽车大众化 **索尼**(20 世纪 50 年代早期):成为举世闻名的公司,扭转日本产品在世界市场的劣质形象 **波音公司**(1950):成为商用飞机领域的龙头企业,将世界带进喷气式飞机时代 **"同仇敌忾式" BHAG**(需有以小博大的思维) **菲利普·莫里斯**(20 世纪 50 年代):打败雷诺烟草公司,成为世界第一的烟草公司 **耐克**(20 世纪 60 年代):击垮阿迪达斯 **本田**(20 世纪 70 年代)碾碎雅马哈!我们要打败雅马哈! **"榜样式" BHAG**(适合崭露头角的新公司) **Giro 运动设计公司**(1986):成为自行车行业的耐克 **Watkins-Johnson 公司**(1996 年):20 年后像今天的惠普那样受人尊敬 **斯坦福大学**(20 世纪 40 年代):成为美国西部的哈佛 **"内部转型式" BHAG**(适合大型的老牌企业) **通用电气公司**(20 世纪 80 年代):在我们所服务的每个市场,成为数一数二的领导公司,通过变革,使公司兼具大企业的优势及小企业精益、灵活的优点 **罗克韦尔公司**(1995):从国防承包商转型为世界上最好的多元化高科技公司

　　○ 柯林斯,波勒斯.构建公司愿景 [J].哈佛商业评论,2024(2).

11.3.2　企业文化落地实施

企业文化落地其实是一项"人心工程"。"文化构化于根、理念内化于心、规范固化于制、氛围显化于物、员工外化于行"是企业文化落地的目标，而如何将挂在"墙上"的企业文化"落到"地上，则是每家企业都需要系统思考的问题。为了确保企业文化在组织中有效落地，使其成为每个员工的行为准则，可以将企业文化的落地实施过程划分为三个阶段：共识、共鸣和共行。

在共识阶段，企业的目标是让每位管理者与员工充分了解企业文化的核心价值和理念。通过系统的宣贯，企业文化要做到"耳熟能详"。共鸣阶段的目标是将文化理念内化为每个员工的信念，使其对企业文化的价值产生共鸣与信任。在共行阶段，企业文化的最终目标是转化为员工的行为自觉，真正实现文化落地。通过以上三个阶段的循序推进，企业文化得以在全员中内化、传承并付诸实践，逐渐渗透为企业的DNA，确保其持续性和长久影响力。

1. 文化共识阶段：宣传强化

企业文化宣传的渠道多样化，包括文化形象化、文化媒介化、文化语言化等。这些不同的方式能够将企业的价值观、理念等抽象内容通过具体的形式传递给员工与外界，使企业文化更具吸引力和感染力，从而加深对企业文化的认识。

（1）文化形象化：通过视觉识别系统，如LOGO、标准色、企业吉祥物等，将抽象的文化理念具象化，使企业形象直观生动。形象化宣传也可包括英雄人物、企业家形象、文化雕塑、LOGO标识、企业吉祥物、企业歌曲、主题环境设计等，帮助文化理念外化为日常视觉符号，强化文化认同感。

（2）文化媒介化：《企业文化手册》作为企业文化的指南，系统化呈现文化理念，规范员工行为。手册不仅是内外部沟通的文化载体，还在商务场合中展示企业精神，为客户提供企业价值观的清晰概览。企业通过内刊、网站、电子刊等媒介，多层面传播文化理念，比如开展文化故事分享、员工互动等，增强文化感染力。

🐟 范例 11-2

《海尔企业文化手册》目录

海尔集团（概述）
一、发展篇
（一）海尔战略发展的三个阶段
（二）海尔发展的历程
（三）三个方向的转移
二、管理篇
（一）海尔管理发展的四个阶段

（二）海尔管理理念
（三）海尔管理模式
1. OEC 管理法
1.1 一个核心
1.2 三个基本原则
1.3 PDCA
2. 管理提示

2.1 80/20原则

2.2 问题解决三步法

2.3 九个控制要素：5W3H1S

2.4 6S

三、理念篇

（一）我们的企业文化

（二）我们的海尔精神

（三）我们的海尔作风

（四）我们的海尔理念

1. 生存理念

2. 用人理念

3. 质量理念

4. 营销理念

5. 竞争理念

6. 市场理念

7. 售后服务理念

8. 出口理念

9. 资本运营理念

10. 海尔技术改造理念

11. 技术创新理念

12. 职能工作服务理念

（五）我们对市场的两条原则

1. 紧盯市场创美誉

2. 绝不对市场说"不"

（六）我们的创新观念

1. 源头论

2. 资源论·整合力

3. 市场链

4.SST

5. 零距离销售

6. 美誉度

7. 吃"休克鱼"

（七）我们的形象用语

1. 形象用语

2. 标准字体

3. 各类产品形象用语

4. 海尔中英文标准字体

（八）我们的形象识别标志

（九）我们的吉祥物

（十）时刻提醒

（十一）问题警示录

（十二）思想警示录

（十三）我们的个人修养

（十四）我们的思想政治原则

（十五）我们的思路

（十六）我们的运行模式

《海尔礼仪手册》目录

前言：我是海尔我微笑

微笑是最好的礼物

全员服务礼仪

仪容与仪态

待客用语

奉茶或咖啡的礼仪

电话接听礼仪

接、发网络信息礼仪

礼仪的小要领

节省时间的十个妙方

如何成为办公室最受欢迎的人

办公室里的十个成长机会

顾客满意（CS）

实现CS No.1 满足顾客的CS50

仓储（仓库）提货微笑服务接待

仓储服务设备

仓储人员正确的工作理念

仓储人员需亲切、热诚地服务接待

亲切、热诚、快速、完善的服务

关于工贸开票服务台微笑服务接待

工贸提货开票应有的设备

工贸提货开票服务接待应有的理念、

精神、礼仪

（3）文化语言化：在企业文化传播中，领导者的言论具有强大的示范作用，特别是在数智时代，领导人的言行不仅直接代表企业文化，还能迅速传播，放大企业的核心价值观和理念。一些优秀的企业领导人善于通过言论诠释并传播企业文化，任正非的系列"答记者问"就是典型案例。他曾在多个场合通过公开发言，清晰表达华为的核心价值观和战略方向，这种公开而富有针对性的表态，加强了企业的整体文化认同感和外部形象。此外，企业内许多部门和组织也通过"专属语言"来识别文化归属。通过使用和理解这些内部术语，员工在逐渐认同和融入企业文化的同时，也形成了各自团队的亚文化。

2. 共鸣阶段：培训感化

（1）文化故事化：企业通过讲述真实的企业故事，使文化理念生动传递故事，将文化与日常情境相结合，增强文化的情感共鸣和长久影响力，使员工更加认同企业的核心价值观。例如，"张瑞敏砸冰箱"的故事成为海尔企业文化的经典案例，展示了企业对质量的极致追求。该事件不仅塑造了海尔的质量观念，也对国内外管理界产生了深远影响。通过这样的故事传播，员工和客户不仅理解了海尔的质量理念，还感受到文化中对产品责任的坚守，使企业文化更为鲜活和持久。

（2）文化仪式化：企业通过仪式化方式强化文化内涵，常见的仪式形式有：工作化仪式，即企业日常管理中的常规仪式，比如例会、培训和展会等；纪念化仪式，包括周年庆、拜师礼、新员工入职仪式等；生活化仪式，与员工生活相关的活动，比如联欢会、亲子日、运动会等。这些仪式帮助员工融入角色，强化价值观认同感，激发员工共鸣，使文化更加深刻。

（3）文化标杆化：特伦斯·迪尔（Terrence E. Deal）和艾伦·肯尼迪（Allan A. Kennedy）在《企业文化：企业生活中的礼仪与仪式》一书中将英雄人物列为企业文化的核心要素之一，可见标杆人物的重要性。企业应明确标杆人物的选树思路，标杆人物应源自基层，选择"可见、可信、可学"的优秀员工，确保其他员工能切身感受到标杆的引领作用。选树标杆时应避免过度理想化，以"百花齐放"的方式挖掘不同岗位的榜样人物，使标杆具有广泛的代表性。此外，企业要"量身定制"培养计划，挖掘其独特精神特质并进行系统培育，同时赋能标杆人物，让其能力不断提升，激发其做出更大贡献。

（4）文化培训化：企业文化培训需明确多层次目标，包括使命、阶段性目标及单次培训目标。企业文化培训不仅限于理性层面的认知培训，还需通过感性体验来提升情感认同。例如，文化内容可通过讲座、案例讲解等理性方式展开，而认同层面则通过团队训练、情感体验等活动来凝心聚力。培训应根据不同层级和需求灵活调整，高层偏重理性思考，基层更适合感性体验，但高层同样需要感性活动以加强认同。关注培训效果，既包括课堂上的互动反馈，也涵盖课后的行为改变与文化氛围提升等。此外，文化培训方式可丰富多样，比如入职教育、晋升教育、文化专项培训、训练营、拓展训练、行动学习、文化讲堂和座谈沟通等方式，以适应不同情境和目标人群的需求。

🌀 **人力互动 11-2**

行动学习

1. 行动学习的定义

行动学习（action learning）是一种"通过解决实际任务或问题来促进组织成员成长和推动组织变革的学习方法"（Pedler，1997）。这一方法由三大核心要素构成：参与者、问题和团队。其双重目标是解决实际问题并提升个人及团队能力。

行动学习可被表述为：L（学习）= P（结构化知识）+ Q（质疑性见解）或 AL（行动学习）= P（结构化知识）+ Q（洞见性问题）+ R（深刻反思）+ I（执行应用），进一步强调反思和执行的重要性。

2. 行动学习的发展过程

行动学习最早由英国管理大师雷格·瑞文斯（Reg Revans）教授于 20 世纪 40 年代提出，初期主要被应用于企业高级管理者培训。随着美国通用电气公司对行动学习法成功经验的推广及学者对组织学习理论研究的兴起，推动了行动学习在管理培训领域的盛行。该方法后续成功被运用于花旗银行、壳牌石油公司、强生公司、西门子等大型知名企业，并产生"群策群力"（Workout）、"全球行动学习业务管理课程"（BMC）等成功的培训教育模式，以此提高了整个社会包括商学院对行动学习的接受程度。20 世纪 90 年代，国内管理培训机构、咨询公司及企业开始将行动学习应用到公务员培训、大型企业（如华润、中粮、中国移动、腾讯、李宁等）的组织变革和学习型组织建设中，使得其成为企业培训中发展最为迅速的方法之一。⊖

3. 行动学习的核心原则

瑞文斯在构建行动学习时特别强调通过解决难题学习（learning by doing）的模式，并在《行动学习的本质》一书中提出了促发有效学习的相关原则：学习寓于工作之中、没有行动就没有学习、学习是自愿的、紧迫的难题和诱人的机会能激发学习、对经验的反思是最好的学习、相互交流产生学习、以行动效果衡量学习成果。

4. 行动学习的步骤⊖

- 确定真实复杂的难题：团队学习始于一个重大的难题或机会。该问题必须对组织具有重大意义且无现成方案，以确保团队成员积极投入并将此视为共同责任。
- 组建跨职能/跨层级团队：组建一个具有多样化背景的团队，成员应来自不同职能和层级，以促进多样性视角的碰撞，从而提升方案的深度和创新性。
- 实施结构化的研讨过程：团队学习包括开放讨论、研讨碰撞和决策执行三个环节。开放阶段打破日常思维限制，确保成员畅所欲言；研讨阶段引导发散—动荡—收敛的讨论，最终达成共识；决策阶段制订可操作的行动方案。
- 鼓励质疑与反思：团队应在过程中质疑现有信念，反思行为背后的心智模式，以避免重复过去的错误。通过"行动中反思"和"行动后反思"两种方式，团队能

⊖ 苏敬勤，高昕 . 案例行动学习法——效率与效果的兼顾 [J]. 管理世界，2020，36（3）：228-236.

⊜ 王昆，等 . 团队学习法：解密中化、中粮、华润管理之道 [M]. 北京：机械工业出版社，2020：30.

够深化对问题的理解并提升持久效果。

- 付诸实践的行动：团队成员应拥有必要的权限和资源执行所提出的方案，从而确保理论转化为实际效果。若团队成员无从行动，团队学习将流于形式，无法真正解决问题或激发成员积极性。
- 在行动中学习成长：团队学习不仅可以解决当前问题，更可以通过反思和执行过程推动成员个人成长。催化师在过程中扮演引导角色，帮助团队成员在不同层面获得新知识、挑战固有信念，实现个人及组织的长远发展。

3. 共行阶段：固化于制

"文化是制度的根本，制度是文化的载体。"[⊖]在制度设计过程中，必须始终以文化纲要为核心，确保所有制度与文化理念相一致。对于业务制度（如战略管理、市场管理、研发管理）和人事制度（如人才选用、培养与激励）中的关键性制度，尤其要关注其与核心价值观的一致性。例如，考核与激励制度应与企业的核心价值观保持高度吻合，才能真正发挥激励作用。特别是在高管选拔中，管理者不仅需具备胜任力，还要深刻认同企业的核心价值观。管理层需长期审视并调整文化与制度的动态一致性，以强化文化的引导作用，进而增强企业的系统性管理能力。

其中，核心价值观的考核可以通过以下几种方式来实施。

（1）行为举证法：以员工在过去一段时间内是否展示符合企业核心价值观的行为作为考核依据。这一方法基于"知行合一"的理念，只有付诸行动才能体现价值。关键实施点包括：核心价值观需转化为具体行为，以便员工理解和实践；建立细化的考核规则，使员工清晰了解评估标准；将核心价值观考核融入绩效体系，将文化考核结果和绩效结果形成双维度考量。

（2）指标维度法：通过将核心价值观分解为绩效指标维度，让员工的关键工作任务直接反映价值观。

（3）行为奖励法：通过奖励员工符合文化价值观的行为，强化文化的实际效果，以积分或奖励的形式鼓励员工符合核心价值观的行为，激励文化的实践。典型例子如积分制、代币制等，公开透明的奖励机制可以增强员工对文化理念的认同感。

🌀 范例 11-3

阿里巴巴价值观考核

目前国内典型的价值观评价为阿里巴巴的"六脉神剑"价值观考核。阿里巴巴将自己的价值观定义为"客户第一、团队合作、拥抱变化、激情、诚信、敬业"，在考核中明确了倡导的行为，同时明确了底线原则。并且，阿里巴巴针对六大价值观设立了五级考核标准（见表 11-2）。

⊖ 亨廷顿，哈里森. 文化的重要作用：价值观如何影响人类进步 [M]. 程克雄，译. 北京：新华出版社，2010.

表 11-2 价值观考核标准

考核项目	对应分值	1	2	3	4	5
价值观考核：总分30分	客户第一（5分）	尊重他人、随时随地维护阿里巴巴形象	微笑面对投诉和受到的委屈，积极主动地在工作中为客户解决问题	在服务客户时，即使不是自己的责任也不推诿	站在客户的立场上思考，在坚持原则的基础上，最终达到客户和公司都满意	具有超前服务意识，防患于未然
	团队合作（5分）	积极融入团队，配合团队完成工作	决策前发表建设性意见，决策后无论个人是否有异议，必须言行上完全予以支持	积极主动分享业务知识和经验；善于给予同事必要的帮助；善于利用团队的力量解决问题和困难	善于和不同类型的同事合作，不将个人喜好带入工作，充分体现"对事不对人"的原则	有主人翁意识，积极正面地影响团队，改善团队士气和氛围
	拥抱变化（5分）	适应公司的日常变化，不抱怨	理性面对变化，充分沟通、诚意配合	对变化产生的困难和挫折能自我调整，并进而影响和带动同事	在工作中有前瞻意识，提出新方法、新思路	创造变化，使绩效产生突破性提升
	激情（5分）	喜欢自己的工作，认同企业文化	热爱企业，顾全大局，不计较个人得失	以积极乐观的心态面对日常工作，不断自我激励，努力提升业绩	碰到困难和挫折的时候永不放弃，不断寻求突破，并获得成功	不断设定更高的目标，今天的最好表现是明天的最低要求
	诚信（5分）	诚实正直、言行一致，不受利益和压力的影响	通过正确的渠道和流程，准确表达自己的观点，表达批评意见的同时能提出相应建议，直言有讳	不传播未经证实的消息，不背后不负责任地议论事和人	勇于承认错误，敢于承担责任；客观反映问题，对损害公司利益的不诚信行为严厉抵制	能坚持一贯地执行以上标准
	敬业（5分）	上班时间只做与工作有关的事情；不犯重复的错误	今天的事不推到明天，遵循必要的工作流程	持续学习，自我完善，做事情充分体现以结果为导向	能根据重要紧急来正确安排工作优先级，做正确的事	遵循但不拘于工作流程，化繁为简，用较小的投入获得较大的工作成果

1. 价值观考核实施

①员工自评或部门主管 / 经理考评必须以事实为依据，说明具体的事例；②如果不能达到 1 分的标准，允许以 0 分表示；③只有达到较低分数的标准之后，才能得到更高的分数，对价值观表达必须从低到高逐项判断；④可以出现 0.5 分；⑤如果被评估员工某项分数为 0 分、0.5 分或者达到 4 分（含）以上，经理必须注明事由。

2. 考核周期及程序

（1）每季度考核一次，其中价值观考核部分占员工综合考评分的 50%；

（2）员工先按照 30 条价值观考核细则进行自评，再由部门主管 / 经理进行评价；

（3）部门主管 / 经理将员工自评分与被评分进行对照，与员工进行绩效面谈，肯定好的工作表现，指出不足，指明改进方向。

3. 评分结果等级说明

①优秀：27～30 分。②良好：23～26 分。③合格：19～22 分。④不合格：0～18 分。

4. 价值观考核结果的运用

①价值观考核得分在合格及以上等级者，不影响综合评分数，但要指出价值观改进方向；②价值观考核得分为不合格者，无资格参与绩效评定，奖金全额扣除；③任意一项价值观考核得分在 1 分以下，无资格参与绩效评定，奖金全额扣除。

11.4　企业文化的变革

11.4.1　不同生命周期的企业文化

埃德加·沙因提出在企业发展的不同生命周期阶段，企业文化的作用、领导者的角色、文化特征及关键挑战各有不同，这些差异决定了每个阶段的文化策略和领导风格。

1. 创建阶段：文化的形成期

在创建阶段，企业文化处于萌芽和确立期。此时文化的作用在于奠定企业的基本价值观和行为准则，为未来的发展打下根基。创始人作为"文化的缔造者"，通过个人愿景和价值观来直接塑造企业文化，使团队充满激情和动力。文化初步形成但未定型，主要表现为高度依赖创始人的价值观和行为规范，具有强烈的个性化特征。关键挑战在于如何平衡文化的一致性和多样性，既要保证团队的凝聚力，又要在面对外部环境变化时保持弹性。

2. 维持和发展阶段：文化的巩固期

进入维持和发展阶段，企业面临来自市场和竞争的压力，文化的作用逐渐从支持创新转向巩固组织效率和稳定性。此时领导者的角色变为"文化的维系者"，通过制度化手段确保文化的一致性和延续性，以适应企业扩展需求。文化在这一阶段逐渐定型，核心价值观已内化于组织成员，企业开始建立规范化的流程。领导者的关键挑战在于防止文化在扩展中被稀释，确保接班人能够传承文化，并在市场变化和规模扩大的压力下调整文化，使其保持适应性。

3. 成熟和转型阶段：文化的重塑期

在成熟和转型阶段，企业面临着不断变化的外部环境压力，文化的作用在于推动组织的创新和适应性，以维持其竞争优势。此时领导者的角色转变为"变革的代言人"，引导组织调整和优化不再适用的文化元素，同时保持核心价值观的稳定。文化逐步在核心价值观的基础上进行更新，引入新的文化元素以适应业务和市场的变化。关键挑战在于在不破坏文化整体性的前提下进行转型，管理员工对变革的焦虑，确保新旧文化的顺利融合和过渡。

未来企业文化的发展方向需要更加注重灵活性和包容性。领导者需要推动文化向持续学习、创新驱动、合理权力分配和多样性包容的方向演进，以确保企业在动态环境中实现可持续发展。因此，未来的领导力将不再是少数人的特权，而是一种广泛分布的职能，通过集体领导力的涌现，推动组织在动态环境中稳步前进。

11.4.2 企业文化的变革步骤

如何才能打造一个经久不衰的组织？达尔文的《进化论》中有一段非常经典的论述："在大自然的历史长河中，能够生存下来的物种，并不是那些最强壮的，也不是那些最聪明的，而是对变化做出快速反应的。"这段话放在企业中也适用，持续经营百年的企业往往并非规模最大的商业巨头，也非知识密度最高的公司，而是那些在环境变化中能够迅速调整的企业。而组织变革的根本是文化变革。正如管理界的经典论断："文化把战略当早餐吃"（Culture eats strategy for breakfast）。这句话强调了文化对组织变革和战略执行的深刻影响。即使一家企业的战略再周密，若不被员工的文化所接受和支持，它也会在执行中碰壁。

在企业文化变革中，理查德·贝克哈德（Richard Beckhard）和鲁本·哈里斯（Reuben Harris）提出了一个经典的五步变革模型，每一步都不可绕过，5个步骤如下所述。[⊖]

（1）确定变革的必要性和可行性：通过沟通变革的紧迫性，建立共识，使组织上下都认同变革的必要性。

（2）具体描述理想的未来状态：清晰描绘理想的未来状态，确保每位成员都理解成功后的目标和行为标准。

（3）诊断和评估系统的当前状态：全面评估现状，明确当前状态与理想未来之间的差距。

（4）设计和制订变革计划：分析驱动力与阻力，设计具体的变革策略和行动步骤，明确行动路径。

（5）在整个流程中对诊断和干预行为进行管理：在变革过程中通过干预和反馈调整，不断校准方向，确保变革稳步推进。

⊖ 沙因 E，沙因 P. 沙因文化变革领导力 [M]. 徐烨华，译. 天津：天津科学技术出版社，2021.

🌀 **人力互动 11-3**

科特的变革八步骤

根据哈佛商学院变革管理权威学者约翰·科特的研究，组织变革常因高管层的失误而遭遇挫折。常见问题包括未能引发变革的紧迫感、缺乏管理力量支持、未明确目标、缺乏短期成效策略及未对企业文化进行清晰调整等。因此，科特提出了一个有条理的八步变革模型，以帮助公司实现持续性发展。企业文化变革也可遵循这八个步骤。

（1）营造紧迫感：通过公开、诚实的沟通，让员工意识到变革的必要性，争取员工的支持。

（2）建立领导团队：组建来自不同部门和层级的团队，负责管理变革进程，推动跨部门合作与沟通。

（3）制定战略愿景和举措：创建清晰的愿景，帮助员工理解组织目标及行动策略。

（4）传达变革愿景：持续交流新愿景，倾听员工的反馈和疑虑，确保他们接受并支持变革。

（5）消除障碍，推动行动：积极清除变革的阻碍，鼓励员工大胆尝试创新与试错。

（6）创造短期胜利：设立可实现的短期目标，并在完成后予以奖励，以保持员工的积极性和动力。

（7）保持加速：持续推进变革，避免过早宣布成功，不断调整策略直至实现愿景。

（8）在文化中锚定新方法：将变革行为融入企业文化，展示其对公司成功的关键作用，并不断强化这一精神。

11.4.3   企业文化的评估与诊断

认识和评估企业文化是一项复杂而重要的任务。在文化诊断和规划阶段，企业可以借助工具如组织文化评估量表（OCAI）和丹尼森组织文化模型，准确审视当前的文化状态。这些工具帮助企业识别现有的文化特征，明确未来期望，并在文化提炼、导入或变革过程中发挥关键作用。通过持续评估，企业还可以检查文化建设的效果，确保其与预期目标一致。

1. 奎因组织文化评估量表

目前，建立在对立价值观模型之上的组织文化评估量表（OCAI）仍旧是世界上开展组织文化评估最重要的框架。OCAI的独特之处在于它能识别出组织的文化强度、文化一致性和文化类型，从而刻画出一个组织的文化轮廓。[注]简单而言，其包括以下步骤。

（1）现状评分：根据企业的当前文化状态，在每个维度（主导特征、领导风格、管理流程、凝聚力、战略重点、成功标准）下，依据4种文化类型（部落型文化、活力型文化、市场型文化、等级型文化）的符合程度，将100分分配给这4种文化类型。

　　⊖ 卡梅隆，奎因. 组织文化诊断与变革 [M]. 王素婷，译. 北京：中国人民大学出版社，2020.

（2）理想评分：受测者根据自己对企业未来 5～10 年内的理想文化期望，按照同样的方式为每个维度重新分配 100 分，以反映受测者认为企业文化"应该"具备的特点。

（3）结果呈现：管理人员通过对比"现状"和"理想状态"得分分布，绘制出一张文化轮廓图，用实线表示当前文化（现状），用虚线表示理想文化（理想状态），以形象化展示企业文化的现状与理想状态之间的差距。

根据图 11-5 显示的某企业 OCAI 评估结果，企业当前的文化呈现"纺锤形"的特征（实线），其中"等级型文化"和"活力型文化"相对较强；而图中的理想状态呈现出"竖梯形"文化特征（虚线），更倾向于减少"等级型文化"，加强"部落型文化"，强调团队协作、创新和员工参与，显示出企业未来文化转型的目标。通过这个案例可以看出，文化评估是发现组织潜在改进方向的重要工具，帮助企业优化文化战略，更有效地应对未来挑战。

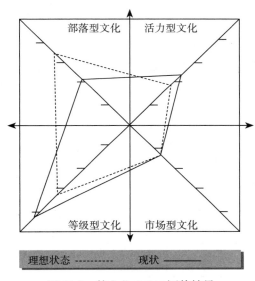

图 11-5　某企业 OCAI 评估结果

2. 丹尼森组织文化模型

丹尼尔·丹尼森（Daniel Denison）曾任教于密歇根大学，并创立了丹尼森咨询公司，致力于通过文化变革推动企业绩效提升。他的研究基于广泛的实证数据，历经对不同组织的长期跟踪，揭示了组织文化与绩效之间的紧密关联。

丹尼森提出的"丹尼森组织文化模型"（Denison Organizational Culture Model）已成为行业内最具影响力的文化评估工具之一。该模型聚焦 4 个核心维度：**使命、适应性、参与性**和**一致性**。这些维度的平衡和整合是驱动组织绩效的关键。丹尼森通过这些维度及其下的 12 个指标，构建了一个系统化的文化评估模型，帮助企业诊断文化表现并优化业绩（见图 11-6）。[⊖]

⊖ DENISON D R, MISHRA A K. Toward a theory of organizational culture and effectiveness[J]. Organization Science, 1995, 6(2): 204-223.

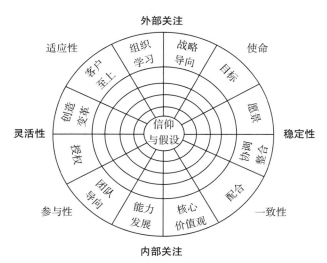

图 11-6 丹尼森组织文化模型

其中，适应性与使命反映企业对外部环境的关注，参与性与一致性反映企业对内部管理的关注，适应性与参与性反映企业的灵活程度，使命与一致性反映企业的稳定程度。丹尼森组织文化模型中的 4 大维度以及相应的 12 个指标具体定义如表 11-3 所示。

表 11-3　丹尼森组织文化模型指标的含义

维度及含义	指标	指标含义
参与性 参与性反映了公司在员工工作能力、主人翁精神和责任感培养方面的重视程度，特别是员工参与决策和承担责任的情况	授权	员工是否真正获得授权并承担责任？他们是否具备主人翁意识和工作积极性
	团队导向	公司是否鼓励员工协作，实现共同目标？员工是否依靠团队力量开展工作
	能力发展	公司是否持续投入资源培养员工，使其具备竞争力，满足业务发展需求并促进其学习与成长
一致性 一致性衡量公司内部文化的凝聚力，确保不同部门和员工之间的协调合作	核心价值观	公司是否具备共同认可的核心价值观，激发员工认同感并对未来充满期望
	配合	领导者能否调和不同意见，推动大家达成一致
	协调整合	各职能部门是否能够密切合作，部门界限是否妨碍合作
适应性 适应性是指公司对外部环境，特别是客户和市场的变化，迅速做出有效反应的能力	创造变革	公司是否能够主动观察外部环境，预见并适时实施变革
	客户至上	公司是否从客户的角度出发，满足他们的需求并预测未来趋势
	组织学习	公司能否将外部信息转化为创新和学习的机会
使命 使命是判断公司是否注重长期战略计划的核心特征，成功的公司往往有明确的目标和愿景	愿景	员工是否对公司未来形成共识？这种愿景是否获得了全体员工的理解和支持
	战略导向	公司是否在行业内有明确的战略定位和竞争目标
	目标	公司是否制定了一系列明确的目标，以指导员工的工作并与公司使命保持一致

丹尼森文化模型的优势在于其拥有全球基准数据库，覆盖 8000 家客户和 500 万名调查参与者，基于 25 年的经验积累，提供跨行业和跨地域的对比分析，具备较高的可靠性。该模型不仅评估组织文化，还将文化与企业绩效关联，关注对组织绩效有直接影

响的文化维度，确保评估结果为企业提供具体的改进建议。通过简短的问卷调查，通常约需15分钟，该模型能够快速计算出企业在12个文化指标上的得分，帮助管理者识别文化优势与改进点，支持其制定针对性的策略，以实现组织的战略目标。

🌀 前沿实践11-1

数字痕迹⊖：数字化背景下企业文化的新分析法

在传统的企业文化研究中，员工调查和访谈常被用于衡量文化变化，但存在局限性，比如自我报告不准确、只能反映某一时刻的现状。随着数智时代的到来，新的分析方法突破了这一困境，尤其是通过大数据分析员工在电子通信中的语言使用，揭示了企业文化在日常沟通中的潜在影响。一种新的研究方法通过"数字痕迹"来分析组织文化，这些数据来源于员工在电子邮件、即时消息（如Slack）和社交平台（如Glassdoor）中的言语和行为模式。

文化适应性是指员工在进入组织后，能够在组织文化中快速融入并有效行动的能力。数字痕迹可以通过以下几个方面来衡量员工的文化适应性。

（1）语言风格分析。通过分析员工在电子邮件、会议记录、即时消息等交流中的语言使用，可以揭示员工与企业文化之间的契合度。例如，正式性与非正式性：在许多文化中，企业鼓励非正式、轻松的沟通风格，这与较为传统、正式的文化相对立。员工在沟通中的语言正式性或非正式性反映了他们对组织文化的理解和适应程度。此外，员工使用的语言中是否包含企业核心价值观的关键词（如创新、诚信、团队合作等），可以反映他们是否已经认同并融入企业文化。甚至，员工在沟通中表现出的情感色彩（如积极、支持性的言辞，或是消极、抵触性的言辞）可以反映出他们对企业文化的适应情况。文化适应性强的员工通常表现出更高的积极性和支持性。

（2）沟通频率与互动方式。员工与同事和上级的沟通频率、互动方式及响应速度，也能够体现他们的文化适应情况。例如，积极主动性：一个能够适应组织文化的员工，通常会积极参与群体讨论、提出问题或建议，而不是消极等待指令；社交互动模式：通过分析员工在组织内部交流的频率和方式，可以识别出哪些员工在社交互动中更为积极，从而判断他们在文化适应方面的表现。

（3）社交网络分析。可以通过研究员工在组织内部的关系网络，判断他们的文化适应性。文化适应性较强的员工，通常会在组织中建立更广泛的社交联系，形成较为紧密的关系网络。这些网络不仅限于职能部门，还包括跨部门的合作关系。

认知多样性是指团队成员在知识、经验、思维方式和问题解决方法上的差异性。在一个团队中，适度的认知多样性能够促进创新和决策质量的提高，但过度的认知差异也可能导致沟通困难和团队冲突。借助数字痕迹，可以通过以下几个维度来衡量团队的认

⊖ CORRITORE M, GOLDBERG A, SRIVASTAVA S B. The new analytics of culture[J]. Harvard Business Review, 2020, 98(1): 76-83.

知多样性。

（1）语言使用的多样性。团队成员在内部讨论、电子邮件或即时消息中的语言使用方式，能够反映出他们的思维模式和解决问题的方式。语言多样性高的团队，通常表现出更强的认知多样性。例如，不同领域的术语使用：当团队成员来自不同的背景时，他们可能会使用各自专业领域的术语和表达方式。这种差异可以帮助揭示团队成员在认知上的多样性。此外，团队成员在讨论问题时提出的解决方案和思路，是否涵盖多种不同的角度和方法，能够体现团队成员在认知上的差异。

（2）意见表达和争论。团队成员之间的意见分歧和讨论能够显示认知多样性。分析团队中成员在讨论中的互动方式，是否出现不同的视角和解决方案，可以揭示团队的认知多样性水平。低认知多样性的团队可能会出现较少的争论和不同观点，而高认知多样性的团队则通常会有更多元的声音和更激烈的讨论。

（3）参与程度。可以通过数字痕迹分析每个团队成员在团队活动中的参与程度。例如，在虚拟会议中的发言频率、在在线讨论中的参与程度等，都能够反映出团队成员的认知活跃度和他们对不同视角的接纳程度。认知多样性高的团队通常成员间会有更多样化的参与，并表现出对多元意见的包容。

（4）任务协作模式。团队成员如何分配任务和开展协作，往往反映了他们认知多样性的高低。在认知多样性较高的团队中，成员会根据各自的专长领域进行协作，而不是单纯依赖一种方式来完成任务。通过分析数字痕迹中任务分配的方式，可以看出团队是否能够有效利用认知多样性。

数字痕迹不仅提供了更加客观和动态的视角。传统上，企业在招聘时往往注重文化契合度，即员工是否与组织现有的价值观和行为规范相一致。然而，随着企业环境的变化，能够快速适应和融入组织文化的员工，往往能在职场中取得更大的成功。因此，招聘时不仅要看员工的文化契合度，还要关注其文化适应能力，这对于快速变化的行业尤为重要。同时，认知多样性对创新至关重要，尤其是在项目初期，虽然可能带来协调上的挑战，但能在创意阶段激发更多的创新想法。

通过这些新的分析方法，企业能够更精确地管理文化，推动员工和团队取得成功。然而，管理者须谨慎使用这些工具，避免过度依赖算法预测，确保员工隐私与公平。

11.4.4　数字化背景下的企业文化

1. 数字文化

在数字技术和商业模式的驱动下，商业变革加速，尤其是新冠疫情进一步催化了数字化转型的必要性。世界经济论坛在"Digital Culture: The Driving Force of Digital Transformation"报告中指出，企业成功的数字化转型依赖强大的"数字文化"。具备这一文化的企业通过数字工具和数据洞察优化决策流程、强化客户导向，并促进跨部门协作与创新，从而实现价值创造与可持续发展。尽管各企业文化不同，但成功的数字化运营普遍具备一些共同的特质，这些特质构成了"数字文化"。尽管文化本身不能数字化，但是管理者仍可通过有意识的文化转变，使企业文化与数字化运营方式协同推进，加速数字化进程。具体而言，数字文化的 5 个核心要素如表 11-4 所示。

表 11-4 数字文化核心要素

协作共创	数据驱动	以客户为中心	持续创新
实现跨部门和生态伙伴的紧密合作，推动共同创新和协同发展	以数据为核心依据进行决策，提升决策的科学性与高效性	聚焦客户需求，通过优质产品和服务创造积极的客户体验	始终适应环境变化，不断改进产品和流程。敢于冒险，尝试新的思路和做法，为组织注入创新活力
利益相关者影响：将环境、社会与治理（ESG）目标融入日常运作，平衡商业成功与社会和环境责任			

2. 数字文化变革行动建议

在"Digital Culture: The Driving Force of Digital Transformation"中提出了一套数字化转型中的文化变革行动指南，旨在通过行为和思维模式的调整推动文化变革。无论组织处于转型的哪个阶段，这些行动都可以迅速启动，适用于不同规模和行业的组织，且能够在线上或线下环境中实施。该指南包括两大类：领导者个人行动和组织举措。

其中，对于领导者个人行动的建议包括：

（1）承认局限并不断成长：领导者须坦然面对自己的不足，适时展示脆弱的一面以增强团队共鸣。通过反思领导风格、了解自身价值观、接受反馈并不断自我提升，将自己视为"不断进化的作品"，持续向不同的榜样学习，以推动在数字化环境中的自我成长。

（2）优化沟通风格：领导者须培养对自身沟通模式的敏感性，识别并调整何时使用协作性或竞争性的语言，看看它们是否展示了你想建立的文化。例如，你是在讲孤独英雄的故事，还是赞扬合作无间的团队成功？协作性语言有助于促进更开放、包容的文化，使团队成员感受到信任和参与。

（3）清晰传达愿景与方向：领导者需广泛且透明地传达变革愿景，解释变革的必要性、个人意义及预期成果，通过设定目标、使用关键绩效指标（KPI）追踪进展，让团队清晰地理解愿景并联系到自身价值，从而提升团队的士气和动力。

（4）赋能与授权：领导者通过构建信任文化，赋予员工在安全环境中尝试和决策的自主权，信任他们的判断，鼓励他们运用个人见解、技能和经验，为组织带来积极变革和成果；支持员工成长，提供诚恳、具体的反馈，强调正向反馈，帮助员工提升工作表现，使其在数字化转型中充分发挥潜力。

组织层面的举措包括：

（1）大使网络：建立"数字大使网络"以传播文化变革。选择具有影响力的员工作为大使，带动团队适应新的行为和思维模式，尤其在重大项目上线时使其充当变革推动者，促进员工参与和反馈。

（2）反向导师制：资深员工与年轻员工互相学习，增进对客户视角和创新的理解。

通过反向导师制，领导者获得新技能和视角，年轻员工也会增强信心和责任感，实现跨层级协作。

（3）交流小组：组织 8～12 人的交流小组，定期讨论数字文化议题。成员间平等分享经验，通过彼此反馈促进行为转变，增强集体智慧。

（4）行为实验：为员工设计小型行为实验，鼓励他们尝试新行为，比如提升协作效率或使用新工具。短期目标是让员工逐步适应数字文化的变革。

（5）30 天挑战：每天设置一个小挑战，帮助员工建立新习惯。这些微挑战逐渐推动文化转型，并在 30 天内形成长期习惯基础。

复习思考题

1. 文化与制度之间的互动关系如何定义？在管理实践中，如何避免文化和制度脱节，形成"两张皮"现象？
2. 企业文化应如何根据企业不同的发展阶段和战略目标的变化进行动态调整？在企业成长过程中，如何有效地通过文化变革支持战略转型的成功实施？
3. 当企业文化过于强势或趋于同质化时，是否会抑制员工的个性发展和创新能力？在保持文化一致性的同时，如何为员工的多样性和创新提供空间和支持？
4. 在企业迈向数智化转型的过程中，企业文化将如何被重新定义和塑造？这种转型对企业文化带来了哪些新的挑战和机遇？

案例 11-1

胖东来的企业文化

胖东来的官网上写着"文化第一，经营第二"。创始人于东来把企业文化建设当成企业的头等大事，亲力亲为领航掌舵。胖东来的企业文化被打上了于东来个人思想的鲜明烙印。于东来说："公司成长过程中，企业文化也在随着时间而成长，就像孩子成长一样，随着环境和经历的变化，思想也会随之进步。从最初的满足自己，到产生感情，又上升到想着造福更多的人，最终提升到更高层次的追求，一直到有信仰的层面，一步一步地成长。"胖东来的企业文化经历了不断的演进：1995 年时是"用真品换真心"，2003 年时是"创造财富、播撒文明、分享快乐"，2006 年时是"公平、自由、快乐、博爱"，到了 2019 年是"自由·爱"。

（一）文化培训

在胖东来的官网上，有一份文件——《文化理念培训大纲》，以图文形式解析了胖东来的企业文化。它制定于 2019 年 9 月，还在不断更新中，已被编辑超 30 次。在这份文件中，胖东来的企业文化被概括为两个方面：文化理念和经营理念（见表 11-5）。

表 11-5　胖东来的文化理念和经营理念

文化理念	企业信仰：自由·爱
	企业使命：传播先进文化理念
	企业愿景：培养健全人格，成就阳光个性的生命
	价值观：扬善·戒恶
经营理念	经营理念：发自内心的喜欢高于一切
	经营目标：保障民生、提供时尚、创造品质和幸福商业模式
	经营标准：专业的能力、先进的技术、科学的方法、健康的运营

在《文化理念培训大纲》的"前言"部分，写着这样一段话：

胖东来的企业使命和价值不只是商业的经营，满足自身生存和发展的需求，而且是通过商业的载体和平台，建设、践行和传播科学先进的文化理念，理性地研究和探寻有效的方法，改变奴性实现个性！企业文化理念主要吸纳和借鉴东西方优秀的、人性的先进思想理念和生活方式，让更多人懂得信仰的价值和做人做事的标准，培养健全的人格、成就阳光个性的生命状态！同时，胖东来致力于建立一个科学且涵盖文化、体制、标准、系统的运营体系样板，为社会提供一种公平、真诚、健康的经营模式，启迪和带动更多企业走向更加健康、有品质、轻松、自由、幸福的企业状态与生命状态，共同用理性智慧的方法，为社会创造更多公平、民主、信任、友善、和谐的人文环境！理解和辅助国家的进步和发展，以法律和不违背人道主义为底线，实现人身、言论和行动自由，实现每个人享有平等的生命权、人格完整权及追求幸福的权利，实现人民对美好生活的向往和憧憬！也为世界贡献我们的价值，体现东方人的智慧和美丽！让企业更美好、让国家更美好、让世界更美好！

（二）爱在胖东来

在胖东来的门店里，有五个醒目的大字——"爱在胖东来"。在胖东来的官网上，写着这样两句话："当内心种下自由和爱的种子，生命就像阳光一样释放着无尽的温暖和希望的力量。""其实自然中一切美好的事物都源于爱！爱更可以解决一切痛苦和烦恼！对待工作或生活像谈永恒的爱情一样，结果一定是美丽的！"

胖东来文化中提出了逐层递进的五层爱，分别是爱自己、爱家人、爱员工、爱顾客和爱社会。这些价值观说起来容易，但在它们作为一个价值体系发生冲突的时候，平衡起来就不那么容易了。

2023 年 6 月 19 日，一位顾客在河南许昌的胖东来内与一名员工发生争执。经过两次调查后，6 月 29 日晚，胖东来在抖音官方账号公开了顾客与员工发生争执事件的 8 页调查报告。报告称，胖东来由于服务存在问题，管理人员全部降级 3 个月，并携礼物与 500 元服务投诉奖，上门向顾客致歉。顾客权益受损可通过投诉渠道反馈，但不能现场对员工大声呵斥，这是严重伤害人格及尊严的行为，因此给予员工 5000 元精神补偿。对在场当班员工主动上前劝解安抚顾客、勇于承担责任、积极解决问题的行为，进行通报表扬并奖励价值 500 元礼品。

胖东来为员工设置了"委屈奖"，主要意图是当员工正确地制止顾客的不文明行为而被投诉，或者员工遭遇了辱骂、恐吓等情况时，以公司名义对员工进行鼓励。根据不同的情况，奖金在 500 元到 5000 元不等。于东来说："委屈奖已设立了十几年，目标是培养健全的人格，最起码在他的权益受损害的时候，公司努力在制度上往这个方向进步。我们追求的文化是公平、自由、快乐、博爱。我用这种理念来展开我们公司的整个战略规划。"

（三）"发自内心的喜欢高于一切"

胖东来的经营理念是"发自内心的喜欢高于一切"。胖东来对它的解析是"只有真正的喜欢，才会拥有坚定的信念和目标方向，保持长久的热情和动力，净心专注地投入其中，享受不断完善和提升的过程，释放无限的想象力与创造力，倾注一生的热爱，成就美好的结果和价值，不会因为物质或利益，偏离经营的初心与好的生活理念！如果所做的一切不是因为喜欢，学会勇敢果断地放弃，去找自己真正喜欢的，这样才不辜负自己的生命时光！"

胖东来要求各部门第一主管不理财、不玩股票。于东来说这是为了不让他们急功近利，踏踏实实做自己喜欢的事，只有自己做到了，才能把感悟、想法、习惯分享给团队。所以他倡导每个人要培养自己的爱好，如果找不到喜欢的感觉，必须放手去做调整。任何部门不要想挣多少钱、员工拿多少钱，而要想怎样把事情做好，把商品的品质、功能、价格、顾客满意度、社会满意度、自己的幸福值等提升后，会得到合理的回报。多挣了多花，少挣了少花，做事千万不要单纯为了钱，钱是次要目标，得到多少就支配多少，这个次序一定不能乱。第一步就是要做自己喜欢的事、能为社会带来美好的事。尊重自由是遵循信仰，委屈自己是违背信仰。

（四）胖东来是一所学校

在胖东来的企业文化中，胖东来将自己的属性定位为"学校"。于东来称，要帮助员工培养阳光健全的人格，向社会传播好的文化理念。他希望，胖东来的企业文化不仅能指导员工如何工作，还要能指导员工如何生活。

在许昌胖东来的入口处，有一块黑色玻璃牌，上面详细公布了店面所使用的设备、供应商名称、联系电话等。在牌子下方有一行小字："（提供）以上设备信息以方便同行交流学习，希望能给大家帮助和方便！让我们的环境更安全、更整洁、更有品质！让我们继续创造爱、分享爱、传播爱！"其实，不只是供应商名录和联系方式，胖东来的很多东西都是公开的。在胖东来的官网和胖东来商贸集团的微信公众号上，都有"走进胖东来"的板块，用以公开胖东来内部的管理资料、培训资料、文化资料等文件。于东来表示："做胖东来企业的愿景，是发自内心地希望胖东来这个样板能启迪和带动更多企业走向更加健康、更有品质、更加轻松、更加自由、更加幸福的企业状态和生命状态，让企业更美好，让员工更美好，让城市更美好，让社会更美好，让人类更美好，这就是胖东来企业存在的意义。"

于东来还帮助一些企业做"调理"工作。在 2023 年 6 月举办的零售行业会议——

2023 联商网大会上，于东来宣布退休。他说："我退休了，以后会把精力用在量力而行地去建设、传播生活的理念方面，企业经营 80% 放手了，在财务、后勤方面给他们做一些服务，在大的方面做一些监测，这样我觉得他们能更好地成长。"

（五）工作、生活要平衡

在加班文化盛行、强调"人效"的商超行业，胖东来却非常舍得给员工放假。于东来表示，公司的梦想是员工及管理人员实现全年综合休假 130 天以上，每天工作不超过 6 小时，接近欧洲的工作状态。在一线城市，人们的工作时间普遍为每天 8 小时以上，而胖东来员工的日工作时间为 6 ～ 7 小时。在大城市，几乎所有商场都早已实现全年无休的时代里，胖东来定期"闭店"的做法格格不入。从 2011 年 11 月起，胖东来每个门店在周二轮流闭店。从 2012 年 3 月起，胖东来所有门店固定在周二同时闭店。后来，胖东来每年固定在除夕至正月初四放假。2013 年年初，公司提出员工享有每年 30 天带薪年休假的福利政策，2021 年 3 月又提出超市部全体员工再增加 10 天年休假，每年处助及以上管理层，至少有一次 20 天以上中西部自驾旅游或长途旅行计划。

于东来曾在由联商网主办的"2023 中国超市周"演讲时怒斥"加班"文化。他说，人不能只是挣钱，还应该学会享受生活。胖东来要求员工"能干会玩"，并在时间安排、资金保证、组织机制、软硬件设施上都有全面的考虑和安排，保证员工在倾情工作之余也能玩得尽兴开心。于东来认为，要在员工的心灵撒下爱的种子，要告诉员工，工作的目标是为了让生活更美好，要有爱，要善良，努力做好人，造福社会。于东来经常与员工交流的话题不是如何经营企业、怎么卖东西，而是活着的意义。

资料来源：郑晓明，曹小林，赵子倩. 胖东来：用学校的方式办企业 [DB/OL]. 北京：中国工商管理案例库.（2024-04-14）.

思考题

1. 胖东来是如何平衡对不同利益相关者的"爱"的呢？从中你获得什么启发？
2. 胖东来的企业文化有何特点？其核心是什么？能否被复制呢？

第 12 章
CHAPTER 12

跨文化人力资源管理

🐚 **学习目标**

- 了解跨文化的基本理论
- 学习跨国公司人力资源管理模式
- 掌握成为优秀全球化经理人应具备的特质、能力与经验
- 理解如何有效管理跨文化团队
- 熟悉外派员工管理和本土化人才管理的基本策略

🐚 **引导案例**

中国企业"出海"情况[⊖]

2023 年，中国对外直接投资净额（以下简称"流量"）为 1772.9 亿美元。截至 2023 年年底，中国 3.1 万家境内投资者在国（境）外共设立对外直接投资企业（以下简称"境外企业"）4.8 万家，分布在全球 189 个国家（地区），年末境外企业资产总额近 9 万亿美元。对外直接投资累计净额（以下简称"存量"）29554 亿美元。2023 年中国对外直接投资分别占全球当年流量、存量的 11.4% 和 6.7%，均列全球国家（地区）排名的第三位。中国对外直接投资覆盖了国民经济所有行业类别，存量规模上千亿美元的行业有 7

⊖ 中华人民共和国商务部（http://hzs.mofcom.gov.cn/tjsj/index.html）统计数据。

个，包括租赁和商务服务业，批发和零售业，金融业，制造业，采矿业，信息传输、软件和信息技术服务业及交通运输、仓储和邮政业。年末境外企业从业员工总数 428.9 万人，其中雇用外方员工 257 万人，同比增加 7.7 万人，占比 59.9%。

根据中国出入境和人力资源部门的数据显示，目前我国外派海外人员的数量已超过境外派入人员。中国正逐渐成为全球劳务市场，特别是高端劳务市场的主力。2024 年，我国企业共向境外派出各类劳务人员 40.9 万人，比上年同期增加 6.2 万人。

从统计数据可以看出，中国企业在全球经济中扮演着越来越重要的角色，其国际化步伐稳健，对外投资和劳务输出的规模与质量均在不断提升。

12.1　跨文化人力资源管理概述

12.1.1　为什么需要跨文化人力资源管理

1. 什么是跨文化人力资源管理

跨文化人力资源管理（IHRM），**实质上就是跨国公司的人力资源管理**。跨国公司通常由来自不同文化背景、具有显著文化差异的员工组成，而这些员工作为跨国企业的核心生产要素，其管理的有效性直接决定着跨国经营的成败。随着经济全球化的深入发展，跨国经营已成为企业发展的必然趋势，这也使跨文化人力资源管理的重要性日益凸显。

归根结底，跨文化人力资源管理是一门研究如何使人力资源管理适应不同文化特征的科学。其核心目标在于帮助企业实现战略目标、提升员工绩效和改善员工工作与生活质量。跨文化人力资源管理涵盖从获取、保留、评估、发展到调整不同文化背景人力资源的一系列动态、系统的管理过程。[⊖]

2. 为什么需要跨文化人力资源管理

在全球化背景下，跨文化人力资源管理愈发重要。随着国际业务的扩展，组织成员日益多元化，文化差异成为跨文化管理的核心议题，涵盖思维方式、价值观、宗教信仰和语言沟通等多方面。这些差异不仅塑造了员工的行为与互动方式，也深刻影响着组织的沟通、激励、决策及整体绩效。不同国家和地区的文化差异及由此引发的跨文化冲突，已成为跨国经营中不可回避的挑战。

- 管理决策风格冲突：在不同文化背景下，集体决策与个人决策的偏好差异可能导致决策过程中的矛盾和效率问题。
- 经营理念冲突：长期规划与短期目标的取向不同，常在企业并购或合作中引发理念不合，影响并购效果。
- 价值观冲突：不同文化对自然、人性及社会关系的态度差异显著，这种深层次的分歧在文化融合与团队协作中尤为突出。

⊖　彭剑锋.战略人力资源管理：理论、实践与前沿 [M].2 版.北京：中国人民大学出版社，2022：738-739.

- 劳动关系冲突：各国劳工政策、结构及管理习惯差异显著，可能增加招聘难度和管理压力，影响业务目标的实现。

有效应对这些跨文化差异与冲突，是跨文化人力资源管理成功的关键所在，也是跨文化管理理论研究的重要议题。

12.1.2 跨文化基本理论

1. 价值观取向理论

20 世纪 50 年代，美国人类学家克拉克洪与斯特罗德贝克基于文化人类学和社会心理学的研究，共同提出了价值观取向理论（value orientation theory）。通过对美国西南部不同文化群体的研究，该理论探讨了不同文化面对普遍存在的核心问题时的观念、价值取向和解决办法。尽管这些问题在所有文化中都普遍存在，但不同文化对其回答存在显著差异，从而形成了区分文化特征的重要依据（见表 12-1）。

表 12-1 六大价值观取向理论

基本问题	价值取向	美国文化	他国文化
人与自然的关系	文化认为人类支配自然（支配取向）、与自然和谐共处（和谐取向）或被自然支配（顺从取向）	人是自然的主人	和谐，并受制于自然
人与他人的关系	文化强调个人主义、等级主义还是集体主义	个人主义	集体主义（重视等级）
人性的本质	文化认为人性的本质是善的（乐观取向）、恶的（悲观取向）还是中立的（复杂取向）	性本善和性本恶的混合体，有可能变化	善或恶，很难变化
人的活动模式	文化注重存在（being）、行动（doing）还是成为（becoming）	重视做事或行动	重视存在
人的空间观念	文化是偏向私密空间、社会空间还是公共空间	个人的、私密的	公共的
人的时间观念	文化是更注重过去、现在，还是未来	未来/现在，一个时间做一件事情	过去/现在，同时做多件事情

价值观取向理论在跨文化研究领域具有开创性意义和深远影响，是跨文化研究的奠基性成果。该理论聚焦于文化的哲学基础和核心价值观，能够揭示文化的深层特征，具有广泛的适用性，可用于多种文化背景和社会现象的研究。然而，理论的高度抽象性使其缺乏对具体组织、企业文化或个人行为的直接指导，实践性相对较低。

2. 霍夫斯泰德文化维度理论

荷兰社会心理学家吉尔特·霍夫斯泰德（Geert Hofstede）提出的文化维度理论，[⊖]用于分析和理解不同国家和地区之间的文化差异，是研究跨文化管理的重要理论框架之一。该理论最初基于对 IBM 公司员工的广泛调查（共发放回收超过 116000 份问卷），涵盖 72 个国家（地区），旨在体现不同国家（地区）员工的价值观差异。该理论通过量化文化差异，将国家（地区）文化分为六个主要的维度。

⊖　HOFSTEDE G. Culture's consequences: comparing values, behaviors, institutions, and organizations across nations [M]. 2nd ed. Thousand Oaks: Sage Publications, 2000.

（1）权力距离（power distance index，PDI）：衡量社会成员对权力不平等分配的接受程度。高权力距离反映社会层级分明，人们对权威和等级秩序的接受度较高；低权力距离则强调平等和去中心化。

（2）个人主义与集体主义（individualism vs. collectivism，IDV）：个人主义注重个人利益和独立性，个人目标优先，常见于西方文化；集体主义强调群体利益和归属感，注重群体和谐，常见于东亚文化。

（3）不确定性规避（uncertainty avoidance index，UAI）：评估社会对风险、不确定性和模糊情境的容忍度。高不确定性规避文化倾向于通过规则减少不确定性；低不确定性规避文化则接受变化和灵活性。

（4）男性气质与女性气质（masculinity vs. femininity，MAS）：反映社会对传统男性价值观（如竞争、成就）的重视程度或女性价值观（如关怀、生活质量）的优先考虑。

（5）长期导向与短期导向（long-term vs. short-term orientation，LTO）：长期导向文化注重未来规划、储蓄和可持续发展；短期导向文化倾向于当下利益和快速回报。

（6）放纵与克制（indulgence vs. restraint，IVR）：放纵文化重视个人自由和幸福感，鼓励享乐；克制文化强调节制和社会规范，约束个人行为，注重责任与自我克制。

霍夫斯泰德文化维度理论因其历史局限性和社会演变的影响，难免存在一些不足之处。首先，该理论主要适用于国家文化层面的分析，较难直接应用于亚文化或企业文化的研究。其次，其研究基于20世纪70年代的数据，可能无法全面反映当今社会快速变化的文化环境，且研究对象以管理者为主，未涵盖一般员工。最后，该理论聚焦于静态的文化特征，较少考虑文化随时间动态演化的过程。[○]尽管如此，霍夫斯泰德文化维度理论通过定量分析，提供了每个国家的文化特征评分，使其易于应用于国际商务、跨文化管理和人力资源管理等领域。其框架为理解不同文化间的差异及制定跨文化管理策略提供了重要参考，至今仍是全球企业管理多元文化团队和应对文化挑战的重要理论工具。

3. 特朗皮纳斯的文化架构

荷兰管理学家弗恩斯·特朗皮纳斯（Fons Trompenaars）在其1993年出版的著作《文化中的骑行》中提出了特朗皮纳斯文化架构（Trompenaars' Cultural Dimensions Framework）。该架构受霍夫斯泰德文化维度理论的启发，结合特朗皮纳斯对50多个国家（地区）、1.5万名管理者长达10年的调查研究，总结了跨文化管理的七大维度。这些维度旨在解释文化在沟通、组织结构、激励机制等管理活动中的差异化表现，尤其关注全球化企业的管理实践。七大文化维度及其在跨文化管理领域的体现如表12-2所示。

特朗皮纳斯文化架构直接针对企业在国际化过程中面临的具体管理挑战，比如沟通方式和激励机制等，使得理论具有较高的实用价值，在跨文化管理领域具有重要地位，能够为企业跨文化管理提供切实可行的管理指导。

○ 晏雄，李永康. 跨文化管理 [M]. 3版. 北京：北京大学出版社，2024：65.

表 12-2　跨文化管理的七个维度

维度	特征	在管理中的表现
普遍主义与特殊主义 （universalism vs. particularism）	规则优先还是关系优先	普遍主义：严格遵守合同条款，注重程序一致性 特殊主义：灵活调整协议，基于信任和关系处理事务
个人主义与集体主义 （individualism vs. communitarianism）	注重个体利益还是集体利益	个人主义：激励机制基于个人绩效，注重个人发展和独立决策 集体主义：团队目标优先，注重集体协作和共识
中性与情感性 （neutral vs. affective）	是否公开表达情感	中性：工作场所更正式，沟通以事实和逻辑为主 情感性：沟通更热情，情感在决策中可能起重要作用
特定性与扩散性 （specific vs. diffuse）	工作和私人生活是否分离	特定性：正式的工作关系，注重任务完成 扩散性：建立深度人际关系，工作场合中融入更多私人因素
成就导向与归属导向 （achievement vs. ascription）	地位基于成就还是背景	成就导向：强调绩效，个人凭借能力晋升 归属导向：尊重资历和背景，地位常与年龄和职位相关联
顺序导向与同步导向 （sequential vs. synchronic）	任务按顺序完成还是同时进行	顺序导向：严格按计划执行任务，强调时间管理 同步导向：灵活调整任务优先级，更注重人际互动
内部控制与外部控制 （internal vs. external）	强调掌控环境还是适应环境	内部控制：鼓励个人努力克服挑战，强调绩效目标 外部控制：注重环境与和谐，接受外界不可控因素的影响

12.1.3　跨文化人力资源管理基本理论

1. 企业国际化阶段理论

企业国际化是指企业从事国际经营的外向型活动及不断增大国际经营涉入程度的过程。1977 年，Johanson 和 Vahlne 提出企业国际化的阶段化经典理论，又称乌普萨拉模型（Uppsala model）。该理论基于对瑞典企业国际化行为的观察，认为企业国际化是一个渐进的动态过程，主要通过逐步积累市场知识和减少不确定性来实现。

企业国际化阶段理论的一个假设前提是企业的国际化行为受到市场知识和经验的驱动，倾向于从低风险的进入模式开始，逐步加深对目标市场的参与程度。这一过程通常包括以下阶段。

（1）无规则出口：企业偶然通过第三方出口产品，对目标市场缺乏系统规划。

（2）通过代理商出口：企业通过中介机构开展有计划的出口活动，积累初步的市场经验。

（3）设立销售子公司：企业在目标市场设立销售分支机构，直接控制市场活动，增强对客户的掌控力。

（4）本地化生产：企业在目标市场上建立生产或制造子公司，实现深入的市场嵌入。

该理论为解释中小企业或经验有限企业的国际化路径提供了清晰的框架，强调国际化过程中的渐进性和学习性。然而，该模型假设企业倾向于风险规避，未充分考虑在国际化经营之初就采取独资模式，尤其是对于"天生的跨国公司"缺乏解释力。⊖

⊖　HASHAI N. Sequencing the expansion of geographic scope and foreign operations by "born global" firms [J]. Journal of International Business Studies, 2011, 42(8): 995-1015.

2. 企业国际化经营战略理论

从大多数跨国公司的国际经营实践看，其经营战略可大致分为全球标准化经营、本地化经营和标准化－本地化平衡经营三种类型。

（1）全球标准化经营：在全球范围内提供完全相同的产品和服务，强调统一的品牌形象和高效的资源整合。其优势在于通过规模经济降低成本、快速占领市场，适用于需求趋同的行业，比如苹果公司、可口可乐公司在全球范围内销售统一的产品。

（2）本地化经营：根据目标市场的文化习俗、顾客需求和法规调整产品或服务，强调差异化和市场适应性。尽管成本较高且管理复杂，但本地化战略能提升市场渗透力，增强产品竞争力。例如，麦当劳通过在不同国家提供本地化菜单满足消费者需求，是本地化经营的典型例子。

（3）标准化－本地化平衡经营：标准化－本地化平衡经营综合全球标准化和本地化经营优势，对技术和品牌采取统一标准，在包装、促销等方面进行本地调整。宝洁在全球销售标准化产品（如纸尿裤），但根据市场调整促销和分销模式。这一战略兼顾效率与适应性，但要求更高的协调能力。

3. 跨国公司的管理模式

美国宾夕法尼亚大学沃顿商学院的资深教授霍华德·伯尔姆特（Howard Bomite）经过多年潜心研究，提出了有影响的 EPRG 分析模式[⊖]。

该理论的核心观点是，企业国际化是一个高度依赖战略规划的过程。战略不仅确立了企业的总体经营方向，还为具体经营活动提供了明确指导。根据企业的资源条件和目标市场的特性，企业在国际化经营中通常采取以下四种战略倾向。

（1）母公司中心型战略（ethnocentric strategy）：以母国为中心，关键决策和资源由母公司掌控，国际分支机构主要执行总部的计划和目标。此战略便于统一管理和品牌控制，但忽视本地市场需求，难以适应文化差异。

（2）多中心型战略（polycentric strategy）：赋予各国分支机构高度自主权，允许其根据本地市场特点制定策略和运营计划。该战略可以使企业更好地适应本地市场需求，减少文化冲突，但各分支机构独立性高，资源整合效率低，可能导致协同不足。

（3）地区中心型战略（regiocentric strategy）：以区域为单位进行战略规划，整合区域内资源，实现区域市场的协同效应。该战略兼顾本地适应性和区域协同性，提高运营效率，但可能弱化母公司对区域市场的整体掌控力。

（4）全球中心型战略（geocentric strategy）：视全球市场为一个整体，整合全球资源并统一管理，注重跨文化融合与全球效率优化。该战略可以最大化全球协同效应，增强企业全球竞争力，但对管理能力和资源协调要求高，运营复杂性较大。

企业国际化经营战略管理理论为跨国公司提供了清晰的战略选择框架，帮助企业根

⊖ PERLMUTTER H V. The tortuous evolution of the multinational corporation [J]. Columbia Journal of World Business, 1969, 4(1): 9-18.

据市场特征、资源能力和国际化阶段动态调整战略倾向。同时，该理论强调了战略与组织结构的匹配关系，揭示了国际化经营中战略规划的重要性，为跨国企业实现全球化提供了理论支持和实践指导。

跨国公司需要审慎选择管理模式，以确保与经营战略相匹配。一般而言，采用全球标准化经营战略的企业更适合母公司中心型战略和全球中心型战略的管理模式；采用本地化经营战略的企业则适合多中心型战略和地区中心型战略的管理模式；采用标准化 – 本地化平衡经营战略的企业，往往要在全球中心型战略和地区中心型战略中找到平衡点，以兼顾全球协同与本地适应的需求。

4. 跨国公司人力资源管理模式

跨文化人力资源管理的基本模式反映了跨国公司战略的指导思想、经营理念和态度，是跨文化人力资源管理的重要内容。从各国跨国公司管理的实践来看，处理跨文化人力资源管理问题主要有三种基本模式：⊖民族中心模式、多元中心模式和全球中心模式。

民族中心模式（ethnocentric approach），也称母国中心模式，强调以母公司为核心，将母国的管理方式、文化和规章制度直接移植到子公司。其核心特点包括：中高层管理岗位主要由母公司外派人员担任，员工考核标准与薪酬体系也以母公司为基准。此模式适合母国文化与东道国文化差异较小的情况，尤其在企业国际化初期具有较强的控制力。然而，由于忽视东道国文化，可能导致员工积极性下降和文化冲突问题。典型的例子是美国跨国公司在国际化早期阶段派遣母公司员工担任关键管理岗位时出现的种种问题。

多元中心模式（polycentric approach），也称东道国中心模式，强调入乡随俗，根据东道国的文化、法律和市场需求调整管理方式。其核心特点包括：中高层管理岗位由东道国员工担任，人力资源政策和薪酬标准遵循当地习惯。该模式能够增强企业在当地市场上的适应性，吸引优秀的本地人才并降低劳动力成本，但母公司对子公司的控制力较弱，可能导致管理分散和利益冲突。

全球中心模式（geocentric approach），主张无国界管理，强调以全球视角挑选人才和制定管理政策。其核心特点包括：在全球范围内选拔最优秀的人才，采用统一的绩效考核标准和薪酬体系，同时结合本地需求调整管理模式。尽管该模式兼具全球标准化与本地化的优势，但其实施复杂度高、成本较高，并可能面临本地化政策法规的限制。

三种不同的跨文化人力资源管理模式的特征体现在企业文化、人力资源决策者、沟通协调、招聘与甄选、人员配置、绩效评估、员工管理、激励制度等方面，如表 12-3 所示。

一般而言，跨国公司会根据不同的发展阶段、经营战略和管理模式，灵活选择跨文化人力资源管理模式。在国内运作和国际化初期阶段，企业通常采用全球标准化经营战略和母公司中心型战略，对应的跨文化人力资源管理模式以民族中心模式为主，强调母国文化的主导作用。随着国际化程度的加深，企业对东道国市场需求的关注逐步增加，

⊖ PERLMUTTER H V. The tortuous evolution of the multinational corporation [J]. Columbia Journal of World Business, 1969, 4(1): 9-18.

面临更大的本地化压力，经营战略逐渐向适应化战略转变，管理模式也向多中心型战略或地区中心型战略过渡，对应的人力资源管理模式演变为多元中心模式，更加注重本地化适应。最终，当跨国公司进入全球化经营阶段，企业往往采用全球中心型战略，跨文化人力资源管理模式也随之升级为全球中心模式，强调全球视角与本地需求的有机结合，实现高效的资源整合与文化融合。

表 12-3　跨国公司人力资源管理模式比较

要素	民族中心模式	多元中心模式	全球中心模式
企业文化	母国文化	当地文化	全球文化
人力资源决策者	母公司	当地子公司	母公司和子公司合作
沟通协调	母公司与当地子公司之间沟通较多	子公司与母公司之间沟通较少	子公司之间完全通过总公司的网络系统联络
招聘与甄选	母公司的标准适用于所有人员	标准随地区而定	标准既适用于全球又考虑了当地特色
人员配置	主要主管由母国人员担任	主要主管由东道国人员担任	用人唯才，不分国籍
绩效评估	母国标准（按对公司贡献大小）	东道国标准（按对公司贡献大小）	全球统一的标准
员工管理	母国经理管理员工	东道国经理管理员工	将最佳人选分配到能产生最佳效益的地方
激励制度	对人员的奖惩在总部执行，水平高于子公司	子公司自行决定并执行	以全球目标任务为导向的奖惩制度

资料来源：彭剑锋.战略人力资源管理：理论、实践与前沿 [M]. 2 版.北京：中国人民大学出版社，2022：749.

12.2　跨文化领导者

12.2.1　全球化经理人特征

全球化经理人通常可以通过两种方式来定义：首先，根据经理人是否在本国以外的地方工作，全球化经理人可被视为"外派"经理人。外派经理人需要适应在不同国家或地区生活和工作。其次，全球化经理人也可以指与来自其他国家或地区的个体进行互动的经理人，无论其是否居住在本国。这类经理人面临的核心挑战在于与来自不同文化和地理背景的人员进行有效互动。因此，全球化经理人的关键任务是无论身处何地，都能与多元文化背景的团队和利益相关者进行沟通、协作和决策。⊖

12.2.1.1　全球领导风格研究

自 1995 年以来，宾夕法尼亚大学沃顿商学院的罗伯特·J. 豪斯（Robert J. House）教授牵头组织了一项名为 GLOBE 研究的全球性学术项目。这项研究汇聚了来自 62 个国家和地区的 170 位管理学者，旨在探讨全球范围内领导风格的异同，以及文化对领导

⊖　REICHE B, BIRD A, MENDENHALL M, et al. Contextualizing leadership: a typology of global leadership roles[J]. Journal of International Business Studies, 2017 (48): 552–572.

力和组织行为的影响。

研究发现，某些领导特质被普遍认为是积极的，比如可信赖、善于鼓励、具备良好的沟通技巧与行政能力，以及优秀的团队建设能力；而一些特质则被广泛视为消极的，比如以自我为中心、不合作、冷酷无情和专制等。此外，GLOBE 研究提出了 6 种全球领导风格，并揭示其评价因文化差异而异。这 6 种领导风格包括魅力型领导、团队导向型领导、参与型领导、人性关怀型领导、自主型领导和自我保护型领导，为分析不同文化背景下领导风格的有效性提供了深入见解。

例如，巴西人喜欢有个人魅力、鼓励参与和团队合作的领导风格，但不喜欢领导下放权力让员工自主管理；美国人和加拿大人特别看重领导魅力，强调参与和人性化管理，而阿根廷人和埃及人把自主管理看得非常重要。从整体来看，有些国家或地区的人民美化领导（如美国人、阿拉伯人、亚洲人、英国人、东欧人、拉美人等），而有些国家或地区的人民对领导这个概念不以为然（如荷兰人等）。[⊖]

12.2.1.2　最受欢迎的领导品质研究

自 20 世纪 80 年代起，Kouzes 与 Posner 开展了一系列跨文化的领导力研究，目的是探索追随者对理想领导者的期望，并揭示不同文化背景下领导者应具备的核心特质。[⊖]这项研究广泛涵盖了全球数十个国家和地区，涉及数万名来自各行各业的管理者与员工。Kouzes 与 Posner 提出了一个名为"受人尊敬的领导者的品质"（characteristics of admired leaders，CAL）的模型，概述了受人尊敬的领导者应具备的 20 种关键品质。研究进一步要求受访者从中选出他们愿意追随的领导者所应具备的 7 种最重要品质（见表 12-4）。

表 12-4　受人尊敬的领导者的品质

领导品质	选择该品质的占比（%）						
	1987 年	1995 年	2002 年	2007 年	2012 年	2017 年	2023 年
诚实的（honest）	83	88	88	89	89	84	87
有胜任力的（competent）	67	63	66	68	69	66	68
能激发人的（inspiring）	58	68	65	69	69	66	54
有前瞻性（forward-looking）	62	75	71	71	71	62	53
可靠的（dependable）	33	32	33	34	35	39	46
能支持别人的（supportivc）	32	41	35	35	35	37	45
聪明的（intelligent）	43	40	47	48	45	47	41
心胸宽广的（broadminded）	37	40	40	35	38	40	38
合作的（coopcrative）	25	28	28	25	27	31	36
公平的（fairminded）	40	49	42	39	37	35	36
有雄心的（ambitious）	21	13	17	16	21	28	33
坦率的（straightforward）	34	33	34	36	32	32	30

⊖　陈晓萍. 跨文化管理 [M]. 4 版. 北京：清华大学出版社，2022：216.
⊖　库泽斯，波斯纳. 领导力：如何在组织中成就卓越 [M]. 徐中，沈小滨，译. 北京：电子工业出版社，2024.

（续）

领导品质	选择该品质的占比（%）						
	1987 年	1995 年	2002 年	2007 年	2012 年	2017 年	2023 年
关心别人的（caring）	26	23	20	22	21	23	29
忠诚的（loyal）	11	11	14	18	19	18	21
有主见的（determined）	17	17	23	25	26	22	19
成熟的（mature）	23	13	21	5	14	17	17
有想象力的（imaginative）	34	28	23	17	16	17	14
勇敢的（courageous）	27	29	20	25	22	22	13
有自制力的（self-controlled）	13	5	8	10	11	10	12
独立的（independent）	10	5	6	4	5	5	6

注：由于每人可以选 7 种，因此百分比超过 100%。

Kouzes 与 Posner 的研究不仅为全球化经理人提供了在不同文化背景下领导力评价的通用标准，也强调了领导者在塑造团队和推动组织发展过程中所需具备的关键能力与品质。之后，他们进一步提出了五种卓越领导行为，进一步强调了领导者如何将这些品质付诸实践，转化为具体的领导行为，从而有效地影响团队和组织。这五种行为包括：树立榜样、激发共同愿景、挑战现状、使他人行动、鼓励心智。

个案研究 12-1

高管的海外任职经历[一]

联想集团原人力资源高级副总裁乔健，在她的新加坡任期快要结束时，面临两个选择：回到中国或者去北美的总部罗利以积累更多的全球化经验（时间将是三年）。"在新加坡的工作并不容易，但是去北美会更加困难。可是如果因此就拒绝这个机会，不是我的作风。"乔健回忆说，"如果我想成为一个真正的全球领导者，我不能拒绝这次锻炼机会。"

到了美国，乔健快速适应了工作，并影响着罗利办公室的工作方式。很多人都记得她在罗利发表的任职演讲。在演讲中，她分享了自己对联想的激情与忠诚。她慢慢认识当地的同事，了解他们的家庭情况，并进入联想在当地的社区，融入同事的生活。但是，乔健向美国的同事传递联想的企业精神一波三折。最初，美国同事对这种"灌输"感到非常厌倦。来到罗利办公室几个月之后，乔健着手准备向美国同事讲述联想的历史传统，想在美国开一个战略宣讲会。和中国的会议一样，她想借这样的宣讲会庆祝公司前一年取得的成绩，同时鼓舞团队士气，激励大家实现未来的目标。

但当乔健第一次组织美国员工参加宣讲会时，他们的表现让乔健深感挫败，员工极不情愿地进入两层的会场，并坐在会场最高处的后排座位上。当 CEO 致辞时，他们只是形式化地鼓掌。而三年之后，当联想庆祝一个又一个胜利时，美国同事已经非常热情地参与到这些活动中。会场上，大家兴奋地齐聚一堂。当高管上台演讲时，台下的员工

㊀ 乔健，康友兰．东方遇到西方：联想国际化之路 [M]．韩文恺，曹理达，译．北京：机械工业出版社，2015.

会发出尖叫。最近的几次会议也获得巨大的成功，会场里座无虚席。当杨元庆讲完话，全场听众都自发起立并热烈地喝彩。

和联想在中国的春节活动一样，乔健也为美国的 HR 团队组织了圣诞舞会。在这些舞会上，乔健拥有了自己的粉丝，这也是传递团队精神的一种途径。刚开始，同事不愿意参加圣诞舞会，之后他们开始参与进来，并连续几周在下班之后练习跳舞，只为了能在圣诞舞会的比赛上一决高下。圣诞舞会大获成功，同事现在每年都要求参加。因此，尽管一开始遭遇了抗拒，但乔健后来在团队建设和鼓舞士气方面的工作成效是显而易见的。

乔健是一个让人很难对她说"不"的人，她的善良和开朗给来自不同文化的同事都留下了深刻的印象。直到现在，乔健走在联想美国公司的园区内时，都会遇到很多人停下来和她如朋友般地聊天，包括咖啡店里的收银员及职位最低的普通员工。

当然，这次外派也改变了乔健，她说英语更为流利了，也更加自信了，同时加深了对美国文化的理解。现在无论听众是谁，她都可以随时走到台前，发表激动人心的演讲。她越来越多地在联想全球各地的分公司发表演讲，包括中国、欧洲和美国。她也很幸运地找到了得力助手——行政助理诺尔玛，诺尔玛能够随时为她解答她对文化细节的疑惑，包括个人空间的概念、美国的选举制度及复活节和感恩节的重要性等。

12.2.1.3　全球化经理人应具备的素养和经历

1. 全球化经理人应具备的素养

20 世纪 80 年代，美国管理学者麦考尔针对优秀经理人必备的知识与能力进行了总结，提出了有效管理的关键能力。这些研究强调管理者应具备的综合能力，比如领导力、战略眼光、决策能力和团队管理等。然而，随着全球化的深入，麦考尔于 2000 年开始将研究重点转向了"全球化经理人"，并与全球包括丰田汽车、壳牌石油、爱立信、施乐、惠普及 IBM 在内的 16 家跨国公司合作，采访了 101 位担任管理职务的全球化经理人，并将访谈结果发表于 2002 年出版的《培养全球化高管》一书中。在访谈过程中，他们提出的核心问题包括："什么是管理全球工作和管理国内任务之间最重要的差别？在选择全球化经理人时，你最看重的特殊品质是什么？有哪些陷阱需要避免？"

访谈结果显示，有 15% 以上的经验教训与文化的学习有关，包括语言的掌握、对文化主要维度和文化差异的了解、在国外生活和工作的一般技能（比如"适应环境，你无法改变当地的社会结构，而且一个社会中总有些积极的东西，找到它们"）。

在商业技能方面，全球化经理人和国内经理人大致相似，但也存在一些差异，比如全球化经理人需要有更加开阔的视野，对公司的整体规划和战略要有更全面的了解；对他人、对自我有更多的认识，并在不确定环境下更有勇气和决断能力。与此同时，他们不仅需要处理公司内部的人际关系，还需要学会与外部关系打交道。尽管全球化经理人可以通过一定的准备来提升自己的能力，但培养全球化经理人的过程绝不仅仅依赖于课堂教育。跨文化的经验和教训是全球化"课程"中不可或缺的一部分，而这门课程必须在实际的国际环境中学习。Lu 等（2022）⊖发表在管理学顶级期刊《组织科学》（*Organization Science*）的最新研究采用混合方法（包括实地调查、档案面板和实地实验）并涵盖不同的群体（企业经理、足球教练、黑客马拉松团队领导）和多个国家（澳大利亚、英国、中国、美国），证实广泛的多文化经验有助于领导者更有效地沟通并提升领导效能，尤其在领导跨国团队时表现尤为突出。

此外，他们总结出全球化经理人所必须具备的 7 项素质，包括：①开放的心态和思维的灵活性；②对文化本身的兴趣和敏感；③能够处理复杂事物；④充满活力、乐观向上、不屈不挠；⑤诚实正直；⑥稳定的个人生活；⑦有价值的技术和经商技巧。

2. 全球化经理人的发展经历

麦考尔和豪伦拜克在《培养全球化高管》一书中还总结了成功的全球化经理人认为对他们个人发展最有益的经历如表 12-5 所示。

表 12-5　全球化经理人发展经历

事件	事件数量	事件占比	描述事件的人数占比
最基础的任职			
早期的工作经验	12	4%	12%
第一个管理岗位	7	2%	7%
在关键业务条线的任职			
扭亏为盈	35	11%	30%
打造或者发展一项业务	19	6%	16%
合资企业、战略联盟、合并或者收购	13	4%	11%
新创一家企业	10	3%	10%
短期的经验			
很重要的另外一个人	40	12%	32%
特殊项目、咨询角色、其他员工的顾问工作	27	8%	24%
教育和能力发展经历	29	9%	23%
谈判	10	3%	8%
在总部工作	7	2%	7%
改变视野的经历			
文化冲击	29	9%	27%
职业生涯的变换	25	8%	21%
与现实发生冲突	21	6%	18%
在范围与规模上的变化	21	6%	17%
在判断上的错误	12	4%	10%
家庭和个人面临的挑战	8	2%	8%
危机	7	2%	7%

成功的全球化经理人往往经历了多个关键事件，其中最有益的经历包括扭亏为盈、打造新业务、参与战略联盟或并购等，这些经历帮助经理人提升战略思维和决策能力。

⊖　Lu J G, SWAAB R I, GALINSKY A D. Global leaders for global teams: leaders with multicultural experiences communicate and lead more effectively, especially in multinational teams [J]. Organization Science, 2022, 33(4): 1554-1573.

此外，跨文化适应、教育培训和特殊项目经验也在塑造全球化领导力方面发挥了重要作用。尤其是文化冲击和关键人际关系等经历，能够拓宽经理人视野、促进全球思维的形成。

✿ 研究前沿 12-1

有效全球化经理人的能力与行为

随着全球市场的扩展和跨国公司管理复杂性的增加，领导者的能力不再仅仅局限于传统的管理技能，而是需要具备一系列跨文化的能力和行为特征，以在不同的文化和市场环境中取得成功。在这种背景下，特别是在复杂且动态的国际环境中，如何界定和评估全球化经理人的有效性，成了管理学者和企业决策者关注的核心问题。

为应对这一挑战，许多学者对全球化经理人有效性的影响因素进行了深入研究。Park 等人（2018）对现有的研究进行了系统总结，[⊖] 并提出了一个关于有效全球化经理人的核心维度、能力与行为的框架（见表 12-6）。

表 12-6　有效全球化经理人的核心维度、能力与行为的框架

有效全球化 经理人的行为	任务导向 计划 / 解释 / 监督 / 问题解决	内部关系导向 支持 / 发展 / 认可 / 授权	变革导向 愿景 / 鼓励 / 倡导 / 促进	外部条件导向 网络 / 观察 / 代表 / 结盟
• 跨文化能力 • 情商 • 社交 / 网络技能 • 虚拟团队合作 • 全球化思维 / 全球知识 • 伦理与合规意识 • 开放性 / 灵活性 • 沟通能力 • 伦理、道德和标准 • 人际关怀与关系管理 • 组织知识	• 确定优先级、组织和安排日程 • 提供明确的方向 • 澄清目标和期望 • 管理时间、资源和计划 • 评估质量、产出和进展 • 识别问题、原因并加以解决 • 建立全球和组织层面的专业知识 • 分享信息	• 迅速回应并帮助员工 • 倾听员工的需求 • 认可并奖励员工 • 提供辅导和指导 • 委托任务并进行协商 • 创建并分享知识 • 促进学习 • 对他人表示关心 • 与下属建立情感联系 • 建立个人紧密的关系 • 公平且平等地对待他人 • 建立信任	• 以愿景领导团队 • 引入创新 • 倡导变革 • 调整工作条件 • 激励并庆祝成就 • 管理情绪并保持诚信 • 坚守道德和标准 • 保持灵活性 • 促进公平 • 开放沟通 • 保持可接近性	• 参与并发展（外部）合作伙伴关系 • 响应客户需求 • 观察并分析环境 • 管理机会和风险 • 评估趋势和技术 • 保护团队成员 • 以身作则

该框架不仅涵盖了全球化经理人的个人素质，比如情商、诚信和抗压能力，还强调了在全球化环境中全球化经理人必须展现的战略思维、创新能力和团队建设能力。这个框架为管理者识别和培养具备跨文化适应能力的全球领导者提供了宝贵的理论指导和实践参考。

12.2.2　全球化经理人的培养

尽管全球化经理人能力的重要性已被广泛认可，但其培养效果仍未达到预期。根据2015 年《全球领导力发展现状》调查，[⊖] "在近 1400 家接受调查的组织中，47.7% 将培

　　⊖　PARK S, JEONG S, JANG S, et al. Critical review of global leadership literature: toward an integrative global leadership framework [J]. Human Resource Development Review, 2018, 17(1): 95-120.

　　⊖　DAVIS S. The state of global leadership development [J/OL]. Training Magazine, 2015.

养全球化经理人能力列为高度或非常高的优先事项，但仅有 32.7% 的受访者认为其培养效果达到较高或非常高的水平"。这一差距反映出，尽管全球化经理人的培养被视为企业发展的核心战略，其实际实施仍存在诸多挑战。参考 Kedia 与 Mukherji（1999）的研究，全球化经理人的培养可以从以下三大要素入手（见图 12-1）。[⊖]

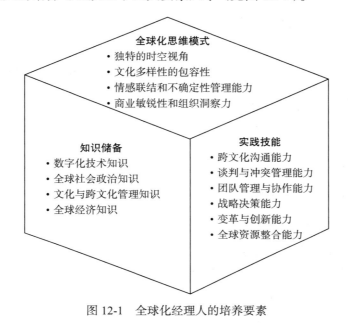

图 12-1　全球化经理人的培养要素

12.2.2.1　全球化思维模式

全球化思维模式（global mindset）是一种世界观，它让人能够从广阔的视角观察世界，始终寻找可能构成威胁或机会的意外趋势和机会，以实现个人、专业或组织目标。这种思维模式不仅强调管理者认识到其企业与全球经济的相互依赖性，还要求其能够在复杂多变的环境中有效整合全球业务、地区压力和跨国职能。培养全球化思维模式不仅是全球化经理人实现自我发展的重要一步，更是企业应对全球化挑战的关键策略。具体而言，全球化思维模式包括以下内容。

1. 独特的时空视角

全球化思维模式需要一种长远的时间观，即在处理国际商业活动时能够从长远考虑。此外，它还要求领导者拥有广阔的空间视角，不仅能够拓展自身的地理范围，还能延伸其与不同背景人群的关系网络。具体的培养措施如下所述。

- 设定清晰的长期目标，关注跨国市场的战略性机遇和挑战，比如为未来 5 ～ 10 年的业务增长规划明确路径。

⊖ KEDIA B L, MUKHERJI A. Global managers: developing a mindset for global competitiveness [J]. Journal of World Business, 1999, 34(3): 230-251.

- 通过多区域轮岗，培养经理人对不同市场的理解。例如，安排经理人分别在亚太、欧洲和北美的业务部门任职，积累全球视角经验。
- 参与牵涉多个国家的项目或跨地区的合作，比如领导全球市场推广团队，要求经理人实时适应不同国家的时区、政策和文化。

2. 文化多样性的包容性

拥有全球化思维模式的经理人会将文化多样性视为一种资产，能够在面对矛盾时保持平衡，重新思考边界，并在复杂和模糊的环境中成长。具体的培养措施如下所述。

- 参加文化敏感性课程，学习如何识别和尊重不同文化的习俗、价值观和沟通风格。
- 通过文化模拟（cultural simulation）活动，体验不同文化的矛盾点，并从中寻找调和策略。
- 主动接触并深度了解其他文化的同事和合作伙伴，参与文化交流活动，比如庆祝各国传统节日或学习外语。

3. 情感联结和不确定性管理能力

全球化思维模式的特征还包括在全球范围内的情感联结能力，以及在动态和复杂环境中有效管理不确定性的能力，这些能力帮助全球化经理人平衡全球整合和本地响应的各种张力。具体的培养措施如下所述。

- 通过冥想、压力管理课程及危机处理模拟，培养面对不确定性时的冷静和积极心态。
- 通过参加全球行业论坛或高层领导峰会，建立广泛的人际网络，为在动态环境中获取支持和资源提供保障。
- 实际参与公司应对突发事件的全球策略制定，比如供应链中断或地缘政治风险，应对复杂动态环境。

4. 商业敏锐性和组织洞察力

商业敏锐性是识别全球市场机会的能力，而组织洞察力是对企业能力的深入了解及调配全球资源的能力。这些能力使得全球化经理人能够抓住跨国市场机会并实现业务目标。具体的培养措施如下所述。

- 学习市场研究方法，掌握如何分析全球经济数据和行业趋势。
- 通过商业模拟游戏（business simulation games），参与模拟全球扩张策略或跨文化营销决策的制定。
- 在公司内部轮岗，通过接触供应链、市场营销和财务等职能，提升对组织全局运作的洞察力。

12.2.2.2　全球化经理人的知识储备

全球化经理人需要构建广阔的知识储备，以帮助他们形成全球视角，制定符合全球化需求的策略，并有效应对跨国运营中的复杂性。具体而言，这些知识如下所述。

（1）数字化技术知识：全球化经理人需熟练掌握数字化工具，尤其是数据分析和决策支持系统，并能将其有效应用于国际业务中。

（2）全球社会政治知识：对各国社会结构、法律法规及政治体制有深刻理解，尤其是贸易协定、政策变化和监管差异，以支持战略制定并确保合规运营。

（3）文化与跨文化管理知识：掌握文化多样性及跨文化管理方法，是全球化经理人的核心能力，能有效解决文化冲突并提升团队协作效能。

（4）全球经济知识：洞察全球经济动态，包括市场趋势、货币波动和经济政策，有助于优化跨国运营战略。例如，可以结合目标市场的经济增长潜力和消费者购买力，制定精准的产品定位和资源分配策略。

12.2.2.3 全球化经理人的实践技能

在全球化经营的背景下，全球化经理人需要具备一系列实践技能，以应对复杂的跨文化环境和动态的国际市场需求。这些技能及培养路径涉及以下方面。

（1）跨文化沟通能力：在多元文化背景下清晰、有效地传递信息，包括口头、书面及非语言交流；通过语言学习、跨文化培训及真实情境互动，提升文化敏感性与表达能力。例如，参与跨国项目或交流计划，磨炼与不同文化背景的同事和客户的沟通技巧。

（2）谈判与冲突管理能力：在国际环境中通过协商和妥协达成共识，同时有效化解文化和利益冲突；通过模拟谈判场景、参与多文化团队讨论及案例分析，学习在多元利益背景下找到共同点。例如，在跨国并购项目中调和各方文化差异与商业利益，确保合作顺利推进。

（3）团队管理与协作能力：在虚拟团队、远程团队及多文化团队中组织协作，激发潜能并促进高效合作；通过虚拟协作工具培训、团队建设及跨文化领导实践，提升团队多样性管理能力。例如，领导全球研发团队，利用数字工具协调任务分配与项目进度。

（4）战略决策能力：在复杂的国际环境中，基于多元视角与大数据分析，快速、准确地制定全球经营决策，通过商业分析工具学习、案例研讨及参与高层决策会议积累经验。例如，根据目标市场的宏观经济变化，调整企业国际化战略布局。

（5）变革与创新能力：在全球环境中推动组织变革与创新，敏锐捕捉市场新趋势，适应动态变化；通过创新管理培训、参与全球性挑战与项目实践，培养变革思维与适应力。例如，引入新技术或商业模式，在不同地区推动产品与服务的本地化创新。

（6）全球资源整合能力：协调优化全球资源分配，包括人力、资本、技术与供应链管理，通过全球项目管理与跨国资源调配实践，掌握资源整合技巧。例如，在多国供应链体系中协调采购、生产与分销，确保高效运营。

12.2.2.4 成为全球化经理人的路径

Kedia 和 Mukherji（1999）的研究进一步指出，在跨国公司全球化过程中，全球化经理人扮演的不同角色代表了各自不同的全球化战略定位和领导方式。这些角色通常经历从防御者、探索者、控制者到整合者的演变（见图 12-2）。这些角色模式深刻影响了全球化经理人如何分析环境、制定战略及做出商业决策。

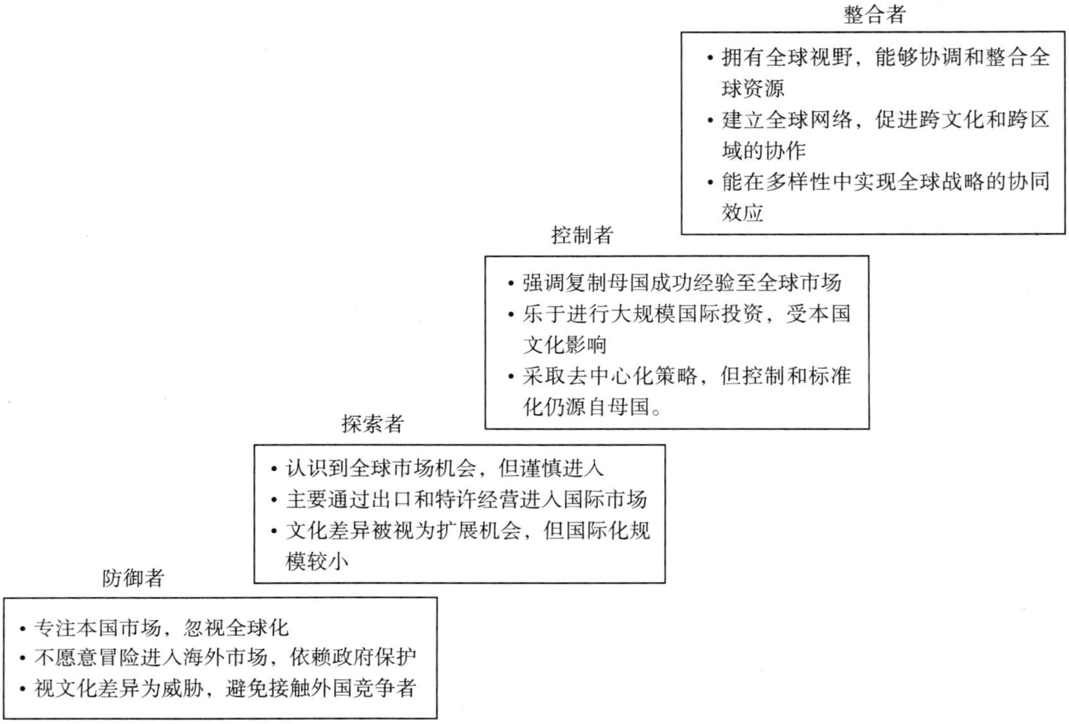

整合者
- 拥有全球视野，能够协调和整合全球资源
- 建立全球网络，促进跨文化和跨区域的协作
- 能在多样性中实现全球战略的协同效应

控制者
- 强调复制母国成功经验至全球市场
- 乐于进行大规模国际投资，受本国文化影响
- 采取去中心化策略，但控制和标准化仍源自母国。

探索者
- 认识到全球市场机会，但谨慎进入
- 主要通过出口和特许经营进入国际市场
- 文化差异被视为扩展机会，但国际化规模较小

防御者
- 专注本国市场，忽视全球化
- 不愿意冒险进入海外市场，依赖政府保护
- 视文化差异为威胁，避免接触外国竞争者

图 12-2　成为全球化经理人的路径

防御者的思维模式局限于本土市场，缺乏全球视野；探索者逐渐意识到全球市场的机会，但仍然较为保守；控制者更具全球扩张意识，但依赖本国文化和运营方式；整合者则具备真正的全球化思维，能够灵活应对多元文化和复杂的全球市场环境。整合者是最重要的角色并在以下三大关键动态中进行有效整合：全球规模效率与竞争力、国家或地区层面的响应与灵活性、全球化资源整合与学习能力。这些关键动态共同构成了全球战略的基础，整合者能够在全球市场中有效地平衡并整合来自业务、国家、职能等方面的挑战，从而实现企业的全球化成功。

12.3　跨文化团队管理

12.3.1　跨文化团队的类型

来自不同文化背景的人为了共同的目标工作，就组成了跨文化团队。Earley 和 Mosakowski（2000）[○]根据文化差异的程度，提出了三种类型的跨文化团队：象征性团

○ EARLEY C P, MOSAKOWSKI E. Creating hybrid team cultures: an empirical test of transnational team functioning [J]. Academy of Management Journal, 2000, 43(1): 26-49.

队、双文化团队、多文化团队。

- 在象征性团队中，团队的文化多样性更多体现在表面，文化差异对团队的实际工作影响较小。团队成员的互动较为简单，且主要集中于任务完成，不涉及深入的文化整合。
- 在双文化团队中，团队由两种不同文化背景的成员组成，这些成员需要调和彼此的文化差异。双文化团队的成功依赖于成员之间的跨文化理解和合作能力，通常需要处理沟通和协作中的文化冲突。
- 在多文化团队中，团队成员来自多种文化背景的国家和地区，文化差异显著，团队在决策和协作过程中必须进行更多的文化适应和整合。多文化团队的优势在于能够融合不同文化的观点，推动创新和高效合作，但也面临较大的文化冲突和适应压力。

关于跨文化团队绩效的研究表明，与单文化团队相比，多文化团队的绩效要显著更低或更高，而不是居于中位。并且双文化团队的工作绩效要显著低于多文化团队和象征性文化团队，呈现 U 形曲线——这可能是因为双文化团队容易产生"两军对垒"的局面，大大降低团队成员的沟通互动质量，导致团队绩效下降。[一]

12.3.2　文化多样性对跨文化团队绩效的影响

在全球商业环境中，随着新兴市场经济体的崛起、国际政治格局的深刻变化，以及全球经济、社会和环境问题的不断升级，多样性将变得愈加复杂和多元化，跨文化团队的研究显得尤为重要。如今，跨文化团队的潜力——例如创新能力、决策质量的提升，以及在跨地域分布式工作环境中的团队协作——变得更加紧迫和必要。跨国企业和全球社会亟须深入理解多样性如何影响团队绩效，以及在何种情境和环境下多样性对组织绩效至关重要，同时也需探索如何充分发挥多样性带来的优势，有效应对由多样性产生的挑战和摩擦。

Stahl 和 Maznevski（2021）[二]系统总结了当前关于跨文化团队的 108 项主要研究后，提出了文化多样性对跨文化团队绩效影响的理论框架，揭示文化多样性带来的机会与挑战（见图 12-3）。

他们指出，文化多样性本身并不会直接影响团队绩效，而是通过影响团队的发展过程（如创造力、冲突、凝聚力等）间接作用于绩效。文化多样性促进了团队的发散性过程（如创造力的提升），同时也加剧了收敛性过程的困难（如降低凝聚力）。

[一]　陈晓萍. 跨文化管理 [M]. 4 版. 北京：清华大学出版社，2022：170.

[二]　STAHL G K, MAZNEVSKI M L. Unraveling the effects of cultural diversity in teams: a retrospective of research on multicultural work groups and an agenda for future research [J]. Journal of International Business Studies, 2021, 52(1): 4-22.

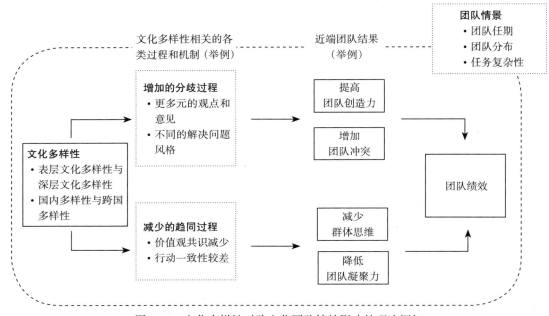

图 12-3　文化多样性对跨文化团队绩效影响的理论框架

　　文化多样性可以从两个维度进行分类：表层文化多样性（surface-level diversity，如国籍、民族等显性特征）和深层文化多样性（deep-level diversity，如认知方式、价值观等隐性特征）；以及跨国多样性（cross-national diversity，团队成员来自不同国家）和国内多样性（intra-national diversity，团队成员来自同一国家的不同地区）。下面我们主要介绍前两种文化多样性。

　　（1）表层文化多样性：团队成员在明显的、可见的文化特征上的差异，比如国籍、种族、语言、性别、年龄等。这些差异通常是显而易见的，很容易在团队成员之间被识别出来。表层文化多样性主要影响团队的社会认同过程，比如人们会根据外部可见特征对他人进行分类。

　　（2）深层文化多样性：团队成员在深层次、难以察觉的文化特征上的差异，比如价值观、认知方式、信仰、个性、工作方式、决策风格等。这些差异往往较为隐性，需要更长时间的互动才能显现出来。深层文化多样性对团队的影响较为深远，主要影响团队成员之间的合作、沟通和决策过程。

　　研究发现，表层文化多样性与团队的绩效之间没有直接的、显著的正向关系。尤其是表层文化差异（如国籍、性别等）增加了团队成员之间的冲突，降低了凝聚力，并且可能会在某些情况下导致较差的团队整体表现。深层文化多样性通常与团队的创造力和问题解决能力相关，能够促进团队成员之间的信息多样性和创新思维。研究表明，深层文化差异有助于团队在任务复杂度较高的情况下更好地进行创意思维和决策，但是其也可能带来一些心理不适应、价值观冲突等问题，影响团队的凝聚力和合作。

　　另外，文化智商和多文化个体是促进跨文化团队成功的核心要素。

　　（1）文化智商（cultural intelligence quotient，CQ）是指个体在多文化环境中有效工

作的能力，通常分为三个维度：认知文化智商（cognitive CQ），理解和解释文化差异的知识；动机文化智商（motivational CQ），跨文化互动中愿意并积极学习和适应的动力；行为文化智商（behavioral CQ），在实际跨文化交流中展现适应性行为的能力。研究表明，文化智商与团队成员的工作效率、创造力、冲突管理和团队凝聚力之间有着密切的关系。文化智商高的个体能够更好地处理因文化差异引起的挑战，比如冲突、误解等，并能促进团队内成员间的有效合作。例如，高文化智商的团队领导者能够更有效地管理团队成员的差异，帮助团队成员跨越文化障碍，增进信任与合作。

（2）多文化个体（multicultural individuals）是指那些具有多种文化背景或身份认同的人。这些个体通常具有双重或多重文化认同，并能够在不同文化环境中灵活适应和行动。多文化个体通常具备较强的跨文化沟通能力和适应能力，因此他们在跨国团队、国际合作项目等场景中表现突出。研究发现，多文化个体能够在文化冲突中充当"文化中介"，帮助团队成员理解与调和文化差异，增强团队的凝聚力与创新能力。

团队的情境因素（如任务的复杂性、团队的合作历史、团队成员是否在同一地点工作等）对文化多样性与团队绩效之间的关系有显著影响。具体而言：①任务复杂性越高，文化多样性带来的创新和创意效果越显著。多样化的视角可以帮助团队更有效地应对复杂的问题。团队的合作历史越长，团队成员越能有效利用文化多样性，并减少文化差异带来的摩擦。长期合作的团队有更高的能力管理文化冲突，促进高效合作。复杂的任务更能发挥文化多样性的优势，尤其是在需要创新和创造性解决方案的任务中。高文化多样性的团队能够利用不同的思维方式和知识背景来应对复杂的任务，提升团队的创意和问题解决能力。②团队成员在一起工作较长时间时，会积累更多的信任和协作经验，从而帮助团队更好地管理文化差异。反之，对于新组建的团队，文化差异可能会加剧冲突，降低团队的凝聚力。③分散式团队通常会经历更少的冲突，并且在社会整合和团队凝聚力方面表现得更好。这可能是因为地理分散的团队成员通常在沟通时更加谨慎，避免面对面的直接冲突，从而减少文化冲突。

🐚 实务指南 12-1

文化智商测试问卷

在国际项目中，你是如何融入跨文化环境的？请在最符合你实际情况的数字上打"√"。	很不符合→非常符合
1. 我能意识到自己与不同文化背景的人交往时所应用的文化常识。	1 2 3 4 5 6 7
2. 我能意识到自己在跨文化交往时所运用的文化常识。	1 2 3 4 5 6 7
3. 当与陌生文化中的人交往时，我会调整自己的文化常识。	1 2 3 4 5 6 7
4. 当与来自不同文化的人交往时，我会学习一些文化常识。	1 2 3 4 5 6 7
5. 我了解其他文化的法律和经济体系。	1 2 3 4 5 6 7
6. 我了解其他语言的规则（如词汇、语法）。	1 2 3 4 5 6 7
7. 我了解其他文化的价值观和宗教信仰。	1 2 3 4 5 6 7
8. 我了解其他文化中的婚姻体系。	1 2 3 4 5 6 7
9. 我了解其他文化的艺术行为和手工艺品。	1 2 3 4 5 6 7

（续）

在国际项目中，你是如何融入跨文化环境的？请在最符合你实际情况的数字上打"√"。	很不符合→非常符合
10. 我了解其他文化中肢体语言所表达的行为规则。	1 2 3 4 5 6 7
11. 我喜欢与来自不同文化的人交往。	1 2 3 4 5 6 7
12. 我相信自己能够与陌生文化中的当地人进行交往。	1 2 3 4 5 6 7
13. 我确信自己可以处理适应新文化所带来的压力。	1 2 3 4 5 6 7
14. 我喜欢生活在自己不熟悉的文化中。	1 2 3 4 5 6 7
15. 我相信自己可以适应不同文化中的购物环境。	1 2 3 4 5 6 7
16. 我会根据跨文化交往的需要而改变自己的语言方式（口音、语调）。	1 2 3 4 5 6 7
17. 我有选择性地使用停顿或沉默以适应不同的跨文化交往情境。	1 2 3 4 5 6 7
18. 我会根据跨文化交往的情境需要而改变自己的语速。	1 2 3 4 5 6 7
19. 我会根据跨文化交往的情境需要而改变自己的非语言行为（如手势、头部动作、站位的远近）。	1 2 3 4 5 6 7
20. 我会根据跨文化交往的情境需要而改变自己的面部表情。	1 2 3 4 5 6 7

12.3.3　如何建设跨文化团队

建设高效的跨文化团队是一个需要精心设计和持续努力的过程，涉及多个方面的策略与实践（见图 12-4）。

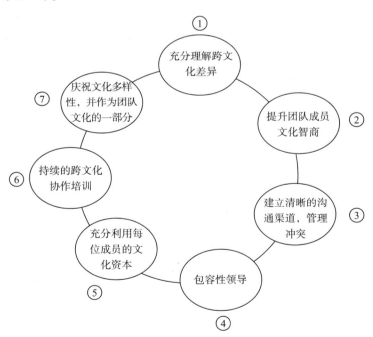

图 12-4　建设高效跨文化团队的要点

首先，成功的跨文化团队建设需要战略性地理解和尊重文化差异，帮助团队成员意识到不同文化背景对工作方式、沟通习惯、决策流程等方面的影响。为了实现这一点，组织需要积极培养团队成员的文化智商（CQ），使他们能够在多元文化环境中灵活适应、理解和处理文化冲突。其次，建立清晰的沟通渠道至关重要。为了避免误解，组织应规定统一的工作语言，并利用数字化工具（如 Slack、Teams 等）促进团队成员之间的沟通与协作。例如，跨时区的团队可以通过共享文档和召开定期的虚拟会议来确保信息及时传达。包容性领导是跨文化团队成功的另一个关键。领导者不仅要尊重每位成员的文化差异，还需通过设立明确的行为规范、倾听并鼓励不同声音，确保团队中的每位成员都能感受到平等与尊重。及时介入跨文化冲突进行干预、协调，甚至从团队结构等方面进行调整也是领导的重要职责。同时，团队应充分利用每位成员的文化资本，包括他们对不同市场、消费者习惯和文化背景的独特理解，从而在全球化竞争中占据优势。为了进一步提升跨文化合作的效率，组织还需要定期提供跨文化培训，帮助团队成员提升跨文化工作技能和应对文化挑战的能力。最后，庆祝文化多样性并将其作为团队文化的重要组成部分，通过文化交流、节日庆祝等活动，进一步加深团队成员间的相互理解与合作。

12.4　中国企业跨文化人力资源管理

12.4.1　中国企业国际化的现状

1. 中国企业国际化的发展阶段

回顾历史，中国企业的国际化发展经历了从探索、加速扩张再到高质量发展的渐进过程。在改革开放和全球化初期，中国企业以劳务输出和低端工程承包为主要形式参与国际市场，目标在于学习国际经验、积累技术与提高管理能力。这一阶段以"引进来"为主，"走出去"尚属探索阶段。

自 2001 年中国加入世界贸易组织后，中国企业迎来了"走出去"的新机遇，开始通过项目承包和国际合作提升技术与市场竞争力，并初步探索本地化用工和人才国际化培训；2008 年全球金融危机后，企业借助并购"借船出海"，进一步加快全球布局。2013 年"一带一路"倡议的提出推动企业以技术创新和全球资源整合为核心，实现从"中国制造"到"中国标准"的跃升，国际化发展进入质量优化阶段。近年来，电商和数字化推动了"出海"新模式的发展。2019—2021 年，互联网企业通过设立全球分拨中心和物流枢纽，扩大国际业务布局；2022—2023 年，中小企业借助平台化工具加速开拓海外市场，进入细分赛道。

到 2024 年，中国企业出海步伐在各种内部推力和外部拉力的作用下明显加快。在当前国内人口红利减弱、市场需求疲软的背景下，海外市场凭借多样化的需求和巨大的潜力，为中国企业提供了新的发展空间。从长期来看，"出海"不仅是企业寻求利润增长、消化产能的有效路径，更是实现全球竞争力和业务升级的重要战略。据德勤《中国企业出海研究报告（2024）》[⊖]显示，55% 的中国企业将"出海"视为市场扩张和服务全球客户的重要手段，标志着中国企业国际化迈向更深的层次。当前中国企业出海呈现以

⊖　见德勤的《中国企业出海研究报告（2024）》。

下发展特征。[○]

（1）从单一海外市场到多个海外市场；

（2）从中低端海外市场到中高端海外市场；

（3）从代加工模式到自有品牌拓展；

（4）从建设海外营销体系到构建全价值链体系。

未来，中国企业不仅要"走出去"，更要"走上去"和"融进去"。通过技术创新、品牌塑造和产业链升级，企业将在全球价值链中占据更高端的位置，致力于创建更多世界一流品牌。在此过程中，中国企业需要更加注重本地化运营和跨文化融合，以构建多元化团队、深化与本地社区的合作为基础，秉持合作共赢和可持续发展的理念，不断为全球经济和社会的共同进步贡献力量，从而赢得国际市场的广泛认可和信任。德勤与第一财经研究院联合发布的《中国企业全球化新纪元白皮书》[○]指出，2006 年中国企业海外员工数量仅为 63 万人，这一数字在 2021 年增长至 395 万人，其中超过 239 万人是外籍员工。外籍员工的占比也从 2006 年的 42.6% 提升至 2021 年的 60%。这一趋势表明，中国企业在海外的运营逐渐实现本地化，为其实现全球化布局和长远发展奠定了坚实基础。

2. 中国企业跨文化管理挑战

面对充满机遇的全球市场，中国企业的本地化经营并非一帆风顺，它们主要面临战略定位不清、东道国投资环境不稳定与合规风险、跨文化冲突及国际化人才匮乏等多重挑战。具体到人力资源管理领域，"走出去"的核心问题主要集中在以下几个方面。[⊜]

（1）如何搭建支撑业务落地的海外组织？企业需要建立灵活且高效的海外组织架构，以适应不同市场的需求。

（2）如何构建国际化人力资源管理体系？设计能够支撑当前业务和未来国际化发展的全面人力资源管理体系是关键。

（3）如何选拔并管理外派中方员工？包括如何挑选适合的中方外派员工、制定合理的人力资源政策，帮助外派员工顺利实现跨文化适应并充分发挥其价值。

（4）如何招聘与管理本地员工？解决海外市场本地员工的招聘难题，并通过科学的管理、发展与激励机制充分挖掘其潜力。

（5）如何培育本地管理者梯队？建立系统化的人才培养机制，为未来发展储备优秀的本地管理人才。

（6）如何处理文化差异并促进跨文化融合？有效应对中方团队与本地员工在文化、沟通与工作方式上的差异，实现文化的深度融合。

（7）如何确保海外人力资源管理的合规性？企业需要在劳动合同、用工规范、福利待遇等方面遵守东道国法律，以降低合规风险。

○ 见德勤的《企业全球化中的人力资源管理（上）》。

○ 见德勤和第一财经研究院的《中国企业全球化新纪元白皮书》。

⊜ 黄渊明. 海外人力资源管理：帮企业成功"走出去"[M]. 昆明：云南科技出版社，2021：14.

12.4.2 外派员工管理

1. 外派员工的管理流程

海外派遣人才居高不下的失败率一直是跨国公司面临的难题。调查显示，许多企业的外派效果未能达到预期，普遍存在外派失败率高、员工外派绩效低、人才流失率高等问题。一项针对美国跨国公司的统计显示，大约有 30% 的外派任命是错误的；另一项研究发现，外派人员的失败率为 30% ～ 70%，其中派往发展中国家和文化差异较大的国家的失败率更高。[一]海外派遣失败不仅给母公司带来了巨大的经济损失，也对海外子公司的运营造成了严重影响。对于中资企业而言，外派人员通常被视为沟通中介，负责联络总部与海外分公司。实现总部对分公司的有效控制是雇用外派人员的主要原因之一。因此，如何建立一个完善的海外派遣人才体系，以真正激发外派人员的积极性，成为关键。我们需要深入了解外派人员的现状，并解决"派不出、用不好、回不来"等问题，确保外派体系的有效运行。

自 20 世纪 80 年代起，国外学者开始关注美欧日等跨国企业外派人员的跨文化适应问题，Black、Mendenhall 与 Oddou（1991）提出了外派人员跨文化适应（expatriates' cross-cultural adaptation or expatriates adjustment，以下简称"外派适应"）[二]的定义，即"外派人员对海外的生活、工作环境从心理上感觉到舒适并对其文化觉得熟悉的过程"。外派适应可以分为三个主要的适应维度：文化适应、互动适应和工作适应。①文化适应是指外派人员在新的文化环境中，能够理解和接受当地文化的差异，并学会以当地的文化规范和价值观来进行生活与工作；②互动适应是指外派人员能够有效地与东道国的同事、上级及其他当地人员进行互动，并在这些互动中表现出文化敏感性和适应性。这不仅涉及语言能力的提升，还包括社交礼仪、非语言沟通的理解与使用，以及如何在跨文化的互动中建立信任和良好的关系；③工作适应是指外派人员在新的工作环境中，能够理解并适应工作内容、任务要求、工作方式和组织文化的差异。这包括了对新的工作流程、职责、管理风格及绩效评估标准的认知与适应。

美国国际人事管理协会（ASPAI）[三]建议跨国公司在海外派遣人才时实施全面的管理计划，涵盖三个关键步骤：准备、适应和归国。[四]这一流程旨在最大化地提高外派人员的成功率，减少外派失败的风险（见图 12-5）。

2. 外派人员甄选

Regina 和 Terry（2003）通过对 42 项实证研究和 5210 名外派人员的元分析，探讨了多个因素对外派适应的影响，包括个体因素（如年龄、性别、教育水平、人际技能、

[一] 彭剑锋. 战略人力资源管理：理论、实践与前沿 [M]. 2 版. 北京：中国人民大学出版社，2022：755.
[二] BLACK J S, MENDENHALL M, Oddou G. Toward a comprehensive model of international adjustment: an integration of multiple theoretical perspectives [J]. Academy of Management Review, 1991, 16(2): 291-317.
[三] 已更名为美国人力资源协会，即 Society for Human Resource Management（SHRM）。
[四] 霍尔特，维吉顿. 跨国管理 [M]. 王晓龙，史锐，译. 北京：清华大学出版社，2005：386-387.

语言能力、自我效能）及家庭因素（如配偶或家庭适应情况）、工作因素（如工作水平、工作经验、海外经历、任期、外派时间、结果期望、晋升机会、角色模糊、角色自由裁定、角色冲突、培训）、环境因素（如文化新颖性、与东道国互动的频率、与母国互动的频率）。

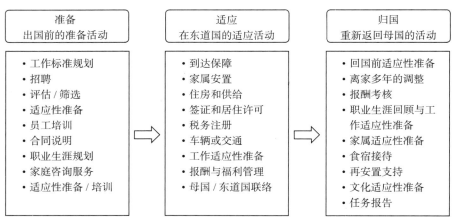

图 12-5 外派员工管理的流程与活动

在进行外派员工甄选时，企业应综合考虑员工的动机、个体特质、能力，以及家庭和配偶的情况。首先，外派成功与否与员工的动机密切相关。研究表明，主动追求外派机会，并积极通过学习和建立人际关系来改善自己环境的员工，更可能获得外派成功。这类员工不仅能有效应对外派中的压力，还能积极管理外派过程中遇到的文化和工作挑战。

除了专业知识外，外派人员还需要具备优秀的沟通技巧、语言能力和跨文化问题解决能力。在此基础上，员工的跨文化适应能力、沟通能力和社会资本在外派成功中起着至关重要的作用。具备较高跨文化适应能力的员工，通常能更好地应对异国文化和工作环境的挑战，特别是在处理文化冲击和跨文化沟通时，他们表现得更加游刃有余。而且拥有国际经验的员工，通常能够更快速地适应新环境，成功协调跨文化工作。

此外，情商较高、心理素质强的员工更善于应对外派过程中常见的压力与挑战，从而降低提前撤回的风险。Ang 等（2007）的研究进一步指出，⊖相较于人口统计学特征或一般人格特征，文化智商对外派绩效和适应能力的影响更为显著。此外，配偶和家庭成员的支持与适应情况，决定了外派员工是否能够专注于工作，是否能够长期稳定地留在外派岗位上。在甄选外派员工时，要充分考虑其家庭成员的需求和对外派的支持程度、对外派的适应情况。

⊖ ANG S, VAN DYNE L, KOH C, et al. Cultural intelligence: its measurement and effects on cultural judgment and decision making, cultural adaptation and task performance[J]. Management and Organization Review, 2007, 3(3): 335-371.

🜲 实务指南 12-2

外派人员甄选方法

跨国企业选择外派人员时普遍使用面谈、标准化测试、集中评估、简历审核、工作试用及推荐等方法，其中面谈是使用最广泛并被认为最有效的一种方法。[一] 外派人员甄选方法清单如表 12-7 所示。

表 12-7 外派人员甄选方法清单

选择标准		选择方法					
		面谈	标准化测试	集中评估	简历审核	工作试用	推荐
工作因素	业务技能	√	√		√	√	√
	工作经验	√		√	√	√	√
	教育经历	√			√		√
个体能力	接受海外派驻的动机	√			√		
	跨文化适应能力	√		√		√	
	语言技能	√	√	√	√		√
	文化智商	√	√	√			
	交流和沟通能力	√		√			√
	职业发展目标	√			√		
	健康状况		√		√		
家庭因素	配偶是否愿意居住在国外	√					
	配偶的交际能力	√		√			
	配偶的职业目标	√					
	家庭成员的适应能力	√		√			

3. 外派人员培训

外派人员培训是一个持续的、动态的过程，涵盖从派遣前到派遣后各个阶段，旨在确保员工能够顺利适应新的文化和工作环境，同时为公司提供更高效的业务成果。表 12-8 是外派人员培训的三个阶段及其关键内容。

表 12-8 外派人员培训内容

外派阶段	培训内容
外派预备培训	东道国文化与社会背景介绍 东道国语言基础与沟通技巧 跨文化沟通与适应技巧 业务知识与工作职责培训 心理健康与压力管理培训 家庭适应培训（针对配偶和家属的支持） 安全与应急处理培训
派遣期间培训	东道国跨国公司实际工作情况介绍 社交支持系统与人际网络建设 工作绩效管理与当地市场的运营技巧 情绪调节与跨文化冲突管理
归国前培训	母国文化与工作环境再适应 工作职责调整与职业路径规划 经验分享与知识传递

[一] 赵永秀.派驻海外人员管理与风险防范指南 [M].北京：人民邮电出版社，2015：42.

4.外派人员薪酬设计

外派人员的薪酬设计通常包括基薪、激励性薪酬、海外特殊津贴、福利及税收补贴五个主要部分。首先,基薪是外派人员薪酬的固定部分,它通常作为其他薪酬组成部分的基础。基薪可以根据岗位工资制或技能(胜任力)工资制进行确定。其次,激励性薪酬分为短期和长期两类,其中短期激励性薪酬如绩效奖金和海外任职奖金,长期激励性薪酬通常包括股权激励。再次,海外特殊津贴是为了补偿外派人员与家人、朋友及本国支持系统分离所产生的物质和精神损失,主要包括住宿津贴、生活津贴、艰苦地区津贴、教育津贴四个方面。又次,福利包括标准福利和额外福利,其中标准福利如保障计划和非工作时间薪酬,额外福利则包括搬家补助、休整假期等。最后,税收补贴是为了减轻外派人员双重纳税的负担,跨国公司通过税收均等化计划或税收保护政策来承担额外的税务负担,确保外派人员的税收负担不会超过母国的应纳税额。

❀ 实务指南12-3

国际典型的薪酬模式

在全球薪酬策略上,应针对不同国家、区域市场及岗位特点,制订相应的薪酬激励方案。特别是对于高管的中长期激励与福利,需要根据各国市场的特点进行调整。国际典型的薪酬模式如图12-6所示。

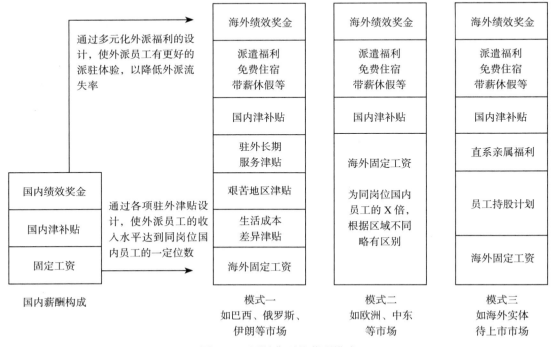

图12-6　国际典型的薪酬模式

⊖　见德勤中国的"企业全球化中的'人力资源管理'"。

12.4.3 人力资源本土化

1. 人力资源本土化的背景

C. K. 普拉哈拉德（C. K. Prahalad）提出，[注]本土化是指跨国公司为适应和融入东道国市场采取的经营决策与战略，从而形成自身的竞争优势。人力资源本土化的现代概念则是指跨国公司大量使用海外国家本地人员，并逐渐由优秀的本地人员取代外派人员来经营管理海外公司的本土化过程。这种本土化战略强调对本地人员的重用，跨国公司从提高海外组织人员质量角度、控制成本角度和加强社会关系角度出发，制定一系列人力资源政策，积极招聘、任用和发展本地优秀的人员。人力资源本土化本质上是一个权力配置的问题，即由外派人员逐渐被当地员工替代的过程，虽然这一替代过程并非一蹴而就，但仍然需要确保公司的平稳发展。

人力资源本土化能够为跨国公司带来多方面的优势。人力资源本土化的优势包括接触全球人才、提升企业在当地的影响力、建立合作伙伴关系、拓展市场并优化经营效益、增加工作关系控制权及更好地保护公司知识产权。然而，企业出海迈向人力资源本土化的过程为中国企业带来机遇的同时，随之而来的挑战、风险也不容忽视，包括人力资源管理、法律合规、文化融合等方面的复杂问题。其中最核心的问题如下所述。

（1）在招聘方面，企业普遍面临对目标市场特别是人才市场的了解不足，导致很难找到合适的当地人才；同时，海外人才对中企的雇主品牌认知度较低，缺乏足够的吸引力。

（2）在合规方面，跨国招聘需要满足各国的合规要求，比如员工合同签署的合规性问题，以及如何确保招聘过程符合当地法律和规定。在签证方面，复杂的申请要求、配额限制及公司外籍员工比例的限制等也是企业常见的挑战。此外，企业还需面对各国复杂多变的劳动法、税法和人力资源合规规定，且这些法律法规随时可能发生变化，增加了跨国企业人力资源管理的复杂性。

（3）在全球化人力资源管理方面，文化差异和远程员工管理的难度也是企业常见的痛点，尤其是如何在跨文化背景下协调全球团队，优化管理效率。企业还需应对全球化运营中的管理效率问题，需要对各国人力资源运营进行统一管理，并应对不同国家间巨大差异带来的挑战。

2. 人力资源本土化招聘

在企业出海过程中，人力资源本土化招聘成为解决人才短缺和提高市场竞争力的重要策略。为了更高效地进行国际化招聘并规避潜在风险，企业需要从多个维度进行考量，确保招聘的顺利进行。

（1）当地招聘配比与招聘要求调研。企业在进行本土化招聘时，首先需要评估目标市场的劳动力资源、文化背景和劳动法规，确保招聘活动合规进行。企业应明确外籍员工与本地员工的比例，并结合当地法规，避免招聘过程中可能出现的法律风险。例如，

⊖ PRAHALAD C K, DOZ Y L. The multinational mission: balancing local demands and global vision[M]. New York, NY: Free Press, 1987.

在新加坡招聘时，需要特别注意避免性别、年龄、国籍等歧视内容，以避免触犯当地的劳动法规。同时，企业还应根据目标市场的需求，明确岗位职能和人员规模，制定适应本地市场的招聘流程和标准。

（2）灵活的用工模式。随着市场和业务需求的多样化，越来越多的企业开始倾向于雇用兼职员工。兼职员工通常具备更高的性价比和灵活性，适合短期项目、资源有限或预算紧张的情况。雇用兼职员工可以避免高额的员工福利支出（如社会保险和医疗保险），并且减少对全职员工培训和培养的投入。此外，随着企业国际化发展，针对兼职员工进行国际发薪时能够简化流程，降低操作复杂度。因此，灵活的用工模式不仅能帮助企业控制成本，还能增强其应对市场变化的能力。

（3）拓展招聘渠道。企业可以利用当地官方免费招聘平台发布职位公告，节省平台费用并掌握当地招聘动态。针对不同岗位的招聘需求，企业应灵活选择招聘形式。例如，高端人才或专家顾问岗位可以通过远程招聘进行筛选，而面对面面试更适合精准人才筛选。另外，专业峰会和行业论坛是获取高素质国际化人才的绝佳平台，企业可以通过参加这些活动拓展人脉、提升品牌影响力。此外，外部人力资源公司，特别是名义雇主模式，承担招聘、薪酬支付、福利管理、税务合规、签证支持等职能，确保企业能迅速进驻海外市场，解决当地法规和劳动法合规等问题，进而推动企业的国际化发展。

（4）招聘专员的战略思维与软技能。在国际化招聘中，招聘专员的软技能至关重要。招聘团队不仅要具备解决问题的能力，还要能够快速适应不断变化的招聘需求，并通过数据分析精准捕捉人才市场的动态。随着"技能优先"招聘理念的普及，招聘专员需识别并招聘符合企业需求的核心人才；同时，生成式人工智能等技术的使用可以提高效率，但仍需招聘人员在关键决策上进行人工干预，以确保招聘的精准性。

（5）雇主品牌建设。在进入新市场时，企业往往面临较低的品牌认知度的问题，因此需要采取一系列措施来提升雇主品牌的影响力和吸引力。首先，企业应建立本地语言的官网，便于当地员工更好地了解公司的文化、发展历程及市场战略，以提高公司在目标市场的知名度，并提升雇主品牌的认可度。其次，加强企业文化建设也是提升品牌效应的重要途径。通过举办年会、团建活动等，企业不仅能够增强员工的凝聚力和归属感，还能提升公司在当地的口碑和声誉，从而吸引更多优秀人才加入。除此之外，建立多元、公平和包容等社会责任形象，积极履行企业社会责任，能够帮助企业在全球化竞争中树立更具吸引力的雇主形象，提升员工的认同感和忠诚度。这样一系列的雇主品牌建设措施，不仅有助于吸引和留住顶尖人才，还有助于公司在新市场上的可持续发展和扩张。

研究前沿 12-2

组织的多元、公平、包容和归属感

经济动荡与社会期望的日益增长，多元、公平、包容（DEI）逐渐成为企业发展的核心议题。其中：

多元性意味着员工的背景、经验、文化和身份的多元性。招聘时应确保候选人可以

作为真实的自己申请职位，并采用匿名筛选以消除偏见。

公平性不同于平等。公平性认可每个人的差异，并为他们提供独特的资源和机会，确保结果平等。可以通过薪酬公平分析和无意识偏见培训来推动公平性。

包容性确保每个员工都有平等的机会参与并获得认可。创建包容性文化的方式包括：及时认可个人和团队的成就，组织促进多样性的活动，确保工作环境无障碍。

归属感是多元、公平、包容和归属感（DEIB）战略的结果，是员工感受到自己是组织一部分的体现。建立归属感的方式包括：创建支持性工作环境，鼓励开放沟通，并为新员工提供导师支持。

尽管全球经济面临逆风，但企业在推动 DEI 目标的制定与实施方面却取得了显著进展。如今，企业已逐步意识到，实现 DEI 不仅仅是道德责任，更带来了商业利益和创新机遇。DEI 对于员工来说，不再是单纯的公司政策，而且还关乎个人认同和工作体验的深层意义。根据《哈佛商业评论》的数据显示，[一] 员工在选择雇主时，越来越看重企业的DEI 努力，多达 95% 的员工表示，他们会将潜在雇主的 DEI 政策作为考量因素。如果企业没有在 DEI 计划上投入大量资源，78% 的员工表示他们不会考虑加入该公司。因此，DEI 不仅是企业吸引全球顶级人才的手段，更深刻影响着员工的工作满意度和忠诚度。在一个被尊重和包容的环境中，员工更能发挥最大潜力，这对公司创新和提高创造力至关重要。具体实践请参考图 12-7。

多元性	公平性
a）推广多元性假期；提供多元文化和宗教节日的假期选项，尊重员工的不同需求 b）消除招聘过程中的偏见：通过匿名化候选人信息和使用自动化工具去除招聘广告中的歧视性语言，确保多元性招聘 c）无意识偏见培训：通过有意识的培训让员工认识到无意识偏见，帮助他们改变固有的偏见思维 d）员工资源小组（ERG）：创建员工资源小组，为少数群体提供支持，帮助他们解决工作中的歧视和心理安全问题	a）创建员工资源小组（ERGs）：这些是由志愿者组成的代表性不足的员工群体，分享相同的特征，比如种族、宗教信仰或性别身份 / 性取向。领导和人力资源应与他们合作，确保他们有足够的时间和资金来有效工作 b）无意识偏见培训：无法"修复"每个人的无意识偏见，但 DEIB 培训应提高对这一点的认识，确保所有培训课程经过精心设计，帮助你的团队认识到自己的偏见及其来源 c）审查薪酬公平性：女性的收入仍然只有男性的 83%，其中，黑人女性（67%）、西班牙裔女性（54%）差距更大。分析你的薪酬结构，发现并调整不平等之处
包容性	归属感
a）认可成就：无论是个人还是团队，都应该更多地因小的成就而获得赞扬，而不是因错误受到批评。你可以通过特别款待，或简单地召开会议表示感谢 b）对齐个人和公司目标：为你的团队提供支持个人成长的资源，同时让他们了解自己如何与公司使命和工作环境相契合并做出贡献 c）组织包容性的活动：像"我是_____，但我不是_____"这样的活动，可以让参与者分享误解经历，并就刻板印象进行开放和尊重的讨论	a）归属感环境：你的工作场所应该为任何有身体缺陷的人提供方便的通行工具，选择支持辅助设备（如屏幕阅读器）的工具，避免排斥任何残疾员工 b）鼓励开放沟通：心理安全意味着员工知道他们在提出想法或担忧时，不会遭到惩罚或羞辱。员工也可以在决策过程中拥有发言权，帮助共同创造公司文化

图 12-7　组织的多元、公平、包容和归属实践

㊀ 见 Opie T, Washington E 的 "Why companies can-and should-recommit to DEI in the wake of the SCOTUS decision"，发表于 2023 年的《哈佛商业评论》。

要确保 DEIB 实践的成功，需要通过具体的指标进行衡量：应聘者和招聘团队的多样性、内部调查数据（例如，你可以要求每个人提供"雇主净推荐值"）、员工流动率、员工资源小组参与人数、网站上偏见性关键词和短语的出现情况等。

3. 人力资源本土化的合规性

企业在进入海外市场时，常常面临不同国家和地区法律法规的复杂性和差异性。每个国家的薪酬、税务、劳工、福利等政策都有不同的要求，这使得企业在海外用工时面临较大的合规风险。企业若未能深入了解当地的法律法规，可能会导致因合规性问题而面临巨额罚款或诉讼风险。具体的合规风险来自以下四个方面。

（1）安全和尊重的工作环境：在不同国家，企业必须遵守反歧视、反欺凌与骚扰的法规，确保为员工提供一个安全和尊重的工作环境。任何在招聘、晋升或工作环境中的不公平对待都可能触犯当地法律并影响企业声誉。

（2）反腐败与税收风险：反商业贿赂和反腐败法规是跨国经营中的重要风险点。企业需要确保在所有海外运营中遵守反腐败政策，避免与政府官员或其他商业伙伴发生不当的金钱交易。此外，税务合规同样至关重要，企业必须遵循当地的税法规定，避免因税务问题引发的法律责任。

（3）跨境业务风险问题：包括个人隐私保护、数据保护及反垄断与公平竞争等合规要求。在许多国家，尤其是欧洲，数据隐私法规非常严格，企业需要确保所有客户和员工数据的收集与使用符合当地的法律规定。此外，企业在进行跨国招聘时还必须避免违反反垄断法和公平竞争的条款，尤其是在招聘活动中要防止不正当竞争。

（4）雇用与跨文化劳资关系：跨国公司在不同国家的雇用模式和劳资关系具有显著差异。企业需要确保所有雇用方式，包括签证管理、员工合同等，符合当地的劳动法规要求。在不同文化背景下，劳资关系的管理也可能面临挑战，企业需要灵活应对文化差异，确保各国和地区员工的合法权益（见表 12-9）。同时，企业还需履行社会责任，特别是在劳工权益方面，遵循相关的社会和环境标准。

表 12-9　各国和地区劳动法差异举例

国家/地区	强制性福利	最低时薪（美元）	最低年假天数（天）
美国	社会保障、医疗保险、联邦失业保险、州失业保险、工伤补偿保险	7.25	无
英国	社会保障、国家养老金、职业培训、雇主责任保险	13.01	28
澳大利亚	退休金、工伤补偿保险	16.08	20
新加坡	养老金、公共医疗保险、技能发展税	无	7
中国香港	工伤补偿保险、养老金	4.83	7
日本	社会保障	7.77	10
中国	社会保障、住房公积金	1.27	5

复习思考题

1. 在跨文化背景下，领导者如何在全球化的战略框架下保持本土文化的价值和敏感性，平衡"本土化"和"全球化"之间的张力？
2. 跨文化领导力的核心要素包括哪些？如何通过培养这些能力，提升自己在全球化环境中的领导效果？
3. 跨文化团队面临的文化冲突如何影响团队的工作氛围和生产力？领导者如何识别并及时解决这些冲突，将文化冲突转化为问题解决的新思路和团队创意？
4. 数字工具和平台是否能有效促进文化的融合，还是它们反而加剧了文化的疏远？如何通过人工智能、大数据等技术精准分析文化差异并制定相应的跨文化管理策略？

案例 12-1

华为的员工外派实践[⊖]

（一）外派选拔与认证

外派员工培训在华为内部被称为外派认证。只有达到了外派的标准，通过了认证，将个人的组织关系转到海外组织，才能够享受外派补助。华为外派人员的体量非常大，每个月都有几十到上百人，所以华为在早些年的时候每个月都要开面授班进行外派认证，当然也有一些员工由于紧急业务需求先进行外派，再通过在线远程认证班补充认证。

随着外派认证培训体系逐渐成熟，2014 年，华为直接将所有面授学习内容制作成MOOC（massive open online class），循环开班，按周推进学习。学员利用碎片时间学习、讨论、测试，在规定的时间内完成 MOOC 学习，获得认证。这样既方便了组织者，也方便了员工，还可以鼓励员工自主学习、自我牵引。

1. 外派选拔标准

在外派选拔标准方面，华为一般采用自荐或部门推荐提名的方式，主要有以下几个条件。

- 认同公司的核心价值观；
- 在总部工作 3 年及以上（小语种优秀应届生除外）；
- 在当前岗位上工作超过 1 年。

原则上，应届毕业生不建议马上外派，因为公司会有各种实践训练营给他们充电（如一营、二营、三营、核心工程营业等）。此外，应届生还会在总部先历练一两年，再考虑外派。

当然，特别优秀的小语种应届生除外，其中很多刚毕业就来华为工作的员工在各种

⊖ 黄渊明.海外人力资源管理：帮助企业成功"走出去"[M].昆明：云南科技出版社，2021.

训练营历练出来后就会被派到海外。华为的大多数组织是有外派指标的，有组织提名和员工自荐两种，比如研发体系每年就必须有员工外派到海外做行销工作。

绩效优良是华为各组织提名外派人员的一个重要标准，原则上绩效必须在 B 以上（华为绩效分为 A、B+、B、C、D），但华为海外组织可以自己设定一些个性化的要求，有些地区设定了更严格的要求（比如近两年绩效必须在 B+ 及以上）。

另外，语言是一个硬条件，英语必须要过关，如果英语没有达到托业 650 分以上，是没有资格外派的。英语专业和小语种专业的员工有绿色通道，可以免除英语认证。

2. 外派人员培养（即认证）

华为的外派认证可谓是"过五关、斩六将"，有英语认证、思想认证和技能认证三大关卡。英语认证分为笔试和口语，考试的前期准备是需要员工自己"掏腰包"的，所以某英语培训供应商直接进驻华为大学办公，很多员工都是利用晚上的时间提高英语水平。

思想认证（全称是思想教育认证）的主要目的是帮助外派员工坚定信念，做好去海外艰苦奋斗的思想准备，同时帮助他们提高外派适应性。

思想认证的内容包含核心价值观学习研讨、网络安全学习、"法律法规"（课程名）、"从压力到活力"（课程名）、"跨文化适应"（课程名）、优秀员工座谈（邀请有过跌宕起伏的海外工作经历者进行座谈）、团队体验活动等。

还有去东莞松山湖生产线实践和工程安装实践，让支撑岗位和研发岗位的员工真切直观地感受与了解公司业务，比如了解基站长什么样、盒子是什么形状的等。每次实践回来，还有大家敞开心扉、畅所欲言环节，此时大家可以分享自己做了什么工作，并联系实际谈感受等；老专家（华为特有的群体，多从部队、高校退休后被华为返聘）会轮流走到各组倾听大家的分享，并适当地给予反馈。

每个员工在认证环节中的一言一行（如每一次发言、参与活动，担任班委，甚至迟到、课上接打电话等），都会在培训过程中被观察、被记录，这些都被作为考察员工认证是否通过的依据。

一周外派认证学习结束后，每位学员要提交一篇学习心得，把自己的学习收获与实际工作联系起来，并提出未来的行动计划，评委会根据标准对心得进行打分。分数合格，且在培训认证过程中没有负面记录信息，思想认证才能通过。

除了英语认证、思想认证，还有技能认证。这个认证主要是员工自行完成外派岗位的"应知应会"学习，并在有人监考的情况下完成"应知应会"考试并合格。岗位"应知应会"的责任主体是外派岗位所在的组织，他们会定期审视学习内容和考试题，确保大家学习考试的效度。

3. 外派人员海外适应支持体系

一般来说，员工初次外派的时候，当地 HR 会给员工安排导师，使其尽早熟悉工作，同时海外当地行政平台会帮助员工解决住宿、交通、用餐等问题，让员工免除后顾之忧，尽快投入工作，适应当地的生活。员工自己也要主动适应，结识当地的同事、朋友，在海外培养自己的人际圈。

另外，公司还设有一个在线社区，上面会发布一些基本的海外安全、文化习俗等内容，员工可以随时查看；设有多个讨论专区，比如多元文化适应、压力管理、七彩海外生活等，员工可随时在线提问、求助、答疑和分享。

4. 员工派返回国

在华为一般不讨论职业生涯规划这样的话题，每个员工对自己的职业发展负责。许多外派员工都会关心什么时候可以回国。人力资源部的同事一般答复是 3 年。至于实际多少年，每个人遇到的情况不一样，不能一概而论。员工在海外如果待到一定的年头，可以向组织提出申请，同时自己也在华为内部人才市场上物色国内的岗位，一边面试新岗位，一边找人来替补现在的岗位。也有员工在海外工作、生活习惯了，回国后不适应，要求二次外派。这种情况，由组织推荐或员工自己在内部人才市场找到合适的岗位就可以再次外派，一般在派返两年内都不需再次进行外派认证。

（二）外派补助

在国际化的中资企业中，华为的外派补助比较有特色，实践效果也比较好。表 12-10 介绍了华为的外派补助。

表 12-10　华为的外派补助结构

项目	内容
住房补助	各个国家设定不同的标准，补助水平能够让员工及其家属在当地租赁中上水平的住宅区套房
离家补助	根据员工职级确定（元人民币 / 月），约占职级基本工资水平的 50% ～ 60% 13 ～ 16 级：11250 ～ 12500 17 级：16000 18 级：20000 19 级：25000
伙食补助	员工：15（美元 / 人·天） 配偶 / 子女：7.5（美元 / 人·天）
艰苦补助	根据派驻国环境、治安、战乱等情况，分为六类，固定金额（0 ～ 100 美元 / 人·天）

可以看到，华为的外派补助主要涉及住房补助、离家补助、伙食补助、艰苦补助。其中，住房补助与当地物价水平有关系；离家补助与职级薪酬水平有关系；伙食补助是固定的，而且覆盖员工及其家属；艰苦补助与环境艰苦和危险程度有关系。

下面具体介绍华为的外派伙食补助。华为中方外派员工的伙食补助不能超过公司规定的伙食标准上限（即 15 美元 / 人·天）。华为外派伙食补助在公司伙食标准上限范围内，实行"员工吃多少，公司补一半"的原则，即一半由公司直接补贴给食堂，另一半由员工自己承担（从伙食补助里扣），并根据其实际消费额发放外派伙食补助。

华为鼓励员工吃饱吃好，保障身体健康，伙食费由伙委会统一管理，如果有结余，可以组织集体聚餐，鼓励员工给保姆、司机小费；如果超出伙食标准上限，超出部分要由员工支付。另外，华为近几年考虑全球化食堂问题，可以向外籍员工开放，使食堂变得市场化。

华为也逐步简化福利管理，在部分发达国家（如美国、英国、法国等）取消家属伙食补助，其中艰苦地区补助等级也为最低等级（额度为零）。

还有一些中方外派人员的待遇标准完全本地化，签订当地合同，薪酬结构和福利都参照海外所在国的情况。

（三）外派福利

华为外派人员每年享有三次国内往返探亲机票，可供员工本人休假回国，以及父母、配偶和小孩使用。

华为为确保在海外工作的员工能很好地在当地工作和生活，并在面对人身意外、突发事件和重大疾病时获得优良的保障，为所有外派海外工作的员工提供了全面的福利待遇。

在平时的工作、生活中，外派海外的员工可享受公司提供的生活补助，并可享受免费的住宿和班车。

为保障外派海外员工在当地的医疗救治，公司外派海外的员工原则上都会在当地参加法定的社会保险体系。针对很多国家社会医疗保障水准还有待提升的现实，公司还为外派海外工作的员工购买了商业旅行险等商业医疗保险，同紧急救援等全球性医疗服务组织建立了密切的工作关系，确保员工获得及时、快速和优良的医疗服务。

为确保员工在遭受意外伤害或突发重大疾病时获得及时有效的救助和补偿，公司为外派海外的员工购买了商业人身意外伤害险。若员工因非工作原因遭受意外伤害导致死亡，可获得至少 50 万元人民币的保险赔偿；若因工作原因遭受意外伤害导致死亡，员工可获得至少 100 万元人民币的保险赔偿。

对于在海外派驻期间罹患重大疾病的员工，可获得 20 万元人民币的重大疾病保险赔偿；若因病去世，可另外获得 30 万元人民币的商业寿险赔偿。

华为还根据自身业务管理的要求，参考业界先进的员工保障机制，不断地审视和优化外派海外员工的福利与保障体系，为外派海外员工创造一个优良的生活和保障环境。

思考题

1. 华为外派补助结构如何体现其国际化管理策略？
2. 华为的外派体系如何平衡员工个人需求与公司需求之间的关系？
3. 华为的外派选拔和认证体系的优缺点各是什么？

主要参考文献

[1] GOMEZ-MEJIA L R, BALKIN D B, CARDY R L. Managing human resource [M]. 4th ed. Pearson Prentice Hall, CA: 2004.

[2] HOFSTEDE G. Culture's consequences: comparing values, behaviors, institutions, and organizations across nations [M]. 2nd ed. Thousand Oaks, CA: Sage Publications, 2000.

[3] JACKSON S E, SCHULER R S. 人力资源管理：从战略合作的角度 [M]. 范海滨，译. 北京：清华大学出版社，2005.

[4] MAYER K U. The sociology of the life course and lifespan psychology: diverging or converging pathways?[M]//Understanding human development: dialogues with lifespan psychology. Boston, MA: Springer US, 2003.

[5] NYBERG A J, MOLITERNO T P. Handbook of research on strategic human capital resources [M]. Northampton: Edward Elgar Publishing, 2019.

[6] PRAHALAD C K, DOZ Y L. The multinational mission: balancing local demands and global vision [M]. New York, NY: Free Press, 1987.

[7] ROBERTS G. Recruitment and selection: a competency approach [M]. London: CIPD Publishing, 1997.

[8] TABRIZI B. Going on offense: a leader's playbook for perpetual innovation [M]. Washington: Ideapress Publishing, 2023.

[9] TIMS M, AKKERMANS J. Job and career crafting to fulfill individual career pathways [M]//Hedge J W, Carter G W (Eds), Career Pathways. School to retirement and beyond. Oxford: Oxford University Press, 2020.

[10] TORNOW W W. Maximizing the value of 360-degree feedback [M]. San Francisco: Jossey-Bass Publishers, 1998.

[11] ULRICH D. Human resource champions: the next agenda for adding value and delivering results [M]. Cambridge: Harvard Business School Press, 1997.

[12] ULRICH D, KRYSCYNSKI D, VLRICH M, et al. Victory through organization: why the war for talent is failing your company and what you can do about it[M]. New York: McGraw-Hill, 2017.

[13] VAN DER HEIJDEN B I J M, DE VOS A. Sustainable careers: introductory chapter[M]//DE VOS A, VAN DER HEIJDEN B I J M (Eds.). Handbook of research on sustainable careers. Cheltenham: Edward Elgar Publishing, 2015.

[14] 沙因 E, 沙因 P. 沙因文化变革领导力 [M]. 徐烨华，译．天津：天津科学技术出版社，2021.

[15] 泰勒．原始文化：神话、哲学、宗教、语言、艺术和习俗发展之研究 [M]. 连树声，译．桂林：广西师范大学出版社，2005.

[16] 安鸿章．工作岗位的分析技术与应用 [M]. 天津：南开大学出版社，2001.

[17] 宝利嘉．人力资源工具库（第二辑）——如何评估和考核员工绩效 [M]. 北京：中国经济出版社，2001.

[18] 布勒，斯库勒．组织变革中的人力资源管理案例 [M]. 刘洪敏，等译．北京：人民邮电出版社，2004.

[19] 贝克，休斯理德，乌里奇．人力资源计分卡 [M]. 郑晓明，译．北京：机械工业出版社，2003.

[20] 恩伯 C, 恩伯 M. 文化的变异：现代文化人类学通论 [M]. 杜杉杉，译．沈阳：辽宁人民出版社，1988.

[21] 陈国海，马海刚．人力资源管理学 [M]. 2 版．北京：清华大学出版社，2021.

[22] 陈伟．腾讯人力资源管理 [M]. 苏州：古吴轩出版社，2018.

[23] 陈晓萍．跨文化管理 [M]. 4 版．北京：清华大学出版社，2022.

[24] 程社明．你的职业：职业生涯开发与管理 [M]. 北京：改革出版社，1999.

[25] 褚建航．实用面试招聘技巧 [M]. 北京：企业管理出版社，2010.

[26] 余凯成．管理案例研究—1999 年卷，第一辑 [M]. 大连：大连理工大学出版社，1999.

[27] 沃尔里奇．人力资源教程 [M]. 刘磊，译．北京：新华出版社，2000.

[28] 董克用，李超平．人力资源管理概论 [M]. 5 版．北京：中国人民大学出版社，2019.

[29] 方振邦，杨畅．绩效管理 [M]. 2 版．北京：中国人民大学出版社，2019.

[30] 付维宁．绩效与薪酬管理 [M]. 北京：清华大学出版社，2016.

[31] 葛鑫．第一资源 [M]. 成都：四川科学技术出版社，2001.

[32] 葛玉辉．人才测评 [M]. 北京：电子工业出版社，2020.

[33] 桂萍，彭华涛．人员测评与选拔 [M]. 北京：科学出版社，2019.

[34] 国际人力资源管理研究院（IHRI）编委会．人力资源经理胜任素质模型 [M]. 北京：机械工业出版社，2005.

[35] 何永福，杨国安．人力资源策略管理 [M]. 台北：三民书局，2005.

[36] 胡华成．颠覆 HR："互联网＋"时代的人才管理变革 [M]. 北京：中国铁道出版社，2016.

[37] 胡君辰，郑绍濂．人力资源开发与管理 [M]. 3 版．上海：复旦大学出版社，2004.

[38] 黄渊明．海外人力资源管理：帮企业成功"走出去" [M]. 昆明：云南科技出版社，2021.

[39] 霍尔特，维吉顿．跨国管理 [M]. 王晓龙，史锐，译．北京：清华大学出版社，2005.

[40] 德斯勒．人力资源管理 [M]. 刘昕，译．北京：中国人民大学出版社，2024.

[41] 梅洛．战略人力资源管理 [M]. 吴雯芳，译．北京：中国财政经济出版社，2004.

[42] 卡梅隆，奎因．组织文化诊断与变革 [M]. 王素婷，译．北京：中国人民大学出版社，2020.

[43] 井上智洋．就业大崩溃：后人工智能时代的职场经济学 [M]. 路邈，等译．北京：机械工业出版社，2018.

[44]　康士勇.薪酬设计与薪酬管理 [M].北京：中国劳动社会保障出版社，2005.

[45]　沃特克.OKR 工作法：谷歌、领英等顶级公司的高绩效秘籍 [M].明道团队，译.北京：中信出版集团，2017.

[46]　况阳.绩效使能：超越 OKR [M].北京：机械工业出版社，2019.

[47]　克雷曼.人力资源管理：获得竞争优势的工具 [M].吴培冠，译.北京：机械工业出版社，2009.

[48]　诺伊，霍伦贝克，格哈特，等.人力资源管理：赢得竞争优势 [M].刘昕，译.北京：中国人民大学出版社，2023.

[49]　诺伊.雇员培训与开发 [M].徐芳，邵晨，译.北京：中国人民大学出版社，2022.

[50]　李常仓，姜英男.人才盘点：创建人才驱动型组织 [M].3 版.北京：机械工业出版社，2024.

[51]　李树林.中国企业管理科学案例库教程 [M].北京：光明日报出版社，2001.

[52]　李燕萍，李锡元.人力资源管理 [M].3 版.武汉：武汉大学出版社，2020.

[53]　李中元.文化是什么 [M].北京：商务印书馆，2017.

[54]　梁钧平.人力资源管理 [M].北京：经济日报出版社，1997.

[55]　梁漱溟.东西文化及其哲学 [M].2 版.北京：商务印书馆，1999.

[56]　廖泉文.人力资源管理 [M].3 版.北京：高等教育出版社，2018.

[57]　林泽炎.3P 模式：中国企业人力资源管理操作方案 [M].北京：中信出版社，2001.

[58]　刘善仕，王雁飞，等.人力资源管理 [M].2 版.北京：机械工业出版社，2021.

[59]　刘永仁，刘晋叶.现代企业人事管理 [M].北京：中国人事出版社，1998.

[60]　路江涌，杨治.战略管理 [M].北京：高等教育出版社，2024.

[61]　罗帆，卢少华.绩效管理 [M].北京：科学出版社，2016.

[62]　马海刚，彭剑锋，西楠.HR+ 三支柱：人力资源管理转型升级与实践创新 [M].北京：中国人民大学出版社，2017.

[63]　梅晓文，梁晓翠，农艳，等.HR 管理标杆：世界知名企业人力资源管理最优实践 [M].上海：复旦大学出版社，2006.

[64]　麦考德.奈飞文化手册 [M].范珂，译.杭州：浙江教育出版社，2018.

[65]　彭剑锋.战略人力资源管理：理论、实践与前沿 [M].2 版.北京：中国人民大学出版社，2022.

[66]　彭剑锋.现代管理制度·程序·方法范例全集：劳动人事管理实务卷 [M].北京：中国人民大学出版社，1993.

[67]　乔健，康友兰.东方遇到西方：联想国际化之路 [M].韩文恺，曹理达，译.北京：机械工业出版社，2015.

[68]　斯迈兰斯基.新人力资源管理 [M].孙晓梅，译.大连：东北财经大学出版社，1999.

[69]　秦志华.人力资源管理 [M].4 版.北京：中国人民大学出版社，2019.

[70]　人力资源经理杂志社.人力资源管理实务及案例 [M].广州：中山大学出版社，2001.

[71]　任润，张正堂，张一弛.人力资源管理教程 [M].4 版.北京：北京大学出版社，2024.

[72]　亨廷顿，哈里森.文化的重要作用：价值观如何影响人类进步 [M].程克雄，译.北京：新华出版社，2010.

[73]　罗宾斯.组织行为学精要 [M].郑晓明，杨来捷，译.北京：人民邮电出版社，2025.

[74]　孙家君.现代企业专业岗位管理与人才资源开发 [M].北京：机械工业出版社，1998.

[75]　檀婧，张琪.实用人力资源管理信条 60 则 [M].北京：中国劳动社会保障出版社，2000.

[76]　彼得斯，沃特曼.追求卓越 [M].胡玮珊，译.北京：中信出版社，2012.

[77]　唐军.现代人事心理学 [M].北京：北京经济学院出版社，1997.

[78] 唐鑛，嵇月婷．人力资源与劳动关系管理 [M]. 北京：中国人民大学出版社，2022.

[79] 迪尔，肯尼迪．企业文化：企业生活中的礼仪与仪式 [M]. 李原，孙健敏，译．北京：中国人民大学出版社，2020.

[80] 汪玉弟．企业战略与 HR 规划 [M]. 上海：华东理工大学出版社，2008.

[81] 王继承．人事测评技术：建立人力资产采购的质检体系 [M]. 广州：广东经济出版社，2001.

[82] 王昆，等．团队学习法：解密中化、中粮、华润管理之道 [M]. 北京：机械工业出版社，2020.

[83] 王瀛，赵洱崟．数字人力资源管理 [M]. 北京：清华大学出版社，2023.

[84] 王重鸣．劳动人事心理学 [M]. 杭州：浙江教育出版社，1988.

[85] 卡肖．人，活的资源——人力资源管理 [M]. 张续超，等译．北京：煤炭工业出版社，1989.

[86] 蒙迪 R W，蒙迪 J B．人力资源管理 [M]. 朱舟，等译．北京：机械工业出版社，2011.

[87] 武泽信一，怀特希尔．日美企业人事管理比较 [M]. 刘亚红，等译．北京：求实出版社，1987.

[88] 多伦，舒尔乐．人力资源管理：加拿大发展的动力源 [M]. 董克用，等译．北京：中国劳动社会保障出版社，2000.

[89] 萧鸣政．人员测评与选拔 [M]. 4 版．上海：复旦大学出版社有限公司，2021.

[90] 徐均颂，孙伟．打造流程型组织：流程管理体系建设实操方法 [M]. 北京：电子工业出版社，2024.

[91] 许统邦，涂台良．怎样提高人力资源利用率 [M]. 广州：华南理工大学出版社，1999.

[92] 小舍曼，勃兰德，斯耐尔．人力资源管理 [M]. 张文贤，译．大连：东北财经大学出版社，2001.

[93] 晏雄，李永康．跨文化管理 [M]. 3 版．北京：北京大学出版社，2024.

[94] 姚琼．OKR 敏捷绩效管理你学得会 [M]. 北京：中华工商联合出版社有限责任公司，2019.

[95] 余凯成，程文文，陈维政．人力资源管理 [M]. 3 版．大连：大连理工大学出版社，2006.

[96] 俞文钊，苏永华．人事心理学 [M]. 2 版．大连：东北财经大学出版社，2006.

[97] 科特，赫斯克特．企业文化与绩效 [M]. 王红，译．北京：中信出版集团股份有限公司，2019.

[98] 库泽斯，波斯纳．领导力：如何在组织中成就卓越 [M]. 徐中，沈小滨，译．北京：电子工业出版社，2024.

[99] 沃克．人力资源战略 [M]. 吴雯芳，译．北京：中国人民大学出版社，2001.

[100] 张德．人力资源开发与管理 [M]. 5 版．北京：清华大学出版社，2016.

[101] 张苏宁．HR 达人教你招聘、面试新法一本通：实操案例版 [M]. 北京：中国铁道出版社有限公司，2020.

[102] 张正堂．HR 三支柱转型：人力资源管理的新逻辑 [M]. 北京：机械工业出版社，2018.

[103] 赵晨．数字人力资源管理 [M]. 北京：中国人民大学出版社，2024.

[104] 赵光辉，田芳．大数据人才管理：案例与实务 [M]. 北京：科学出版社，2019.

[105] 赵曙明．人力资源管理总论 [M]. 南京：南京大学出版社，2021.

[106] 赵永秀．派驻海外人员管理与风险防范指南 [M]. 北京：人民邮电出版社，2015.

[107] 郑晓明，王明娇．中国企业人力资源专业人员胜任力模型研究 [M]. 北京：电子工业出版社，2010.

[108] 本书编委会．中国企业人力资源管理优鉴：2006 CCTV 年度雇主案例 [M]. 北京：清华大学出版社，2007.

[109] 周可真．管理哲学元论 [M]. 北京：中国社会科学出版社，2023.

[110] 周施恩．世界顶级公司人力资源管理实操详解 [M]. 北京：中国纺织出版社，2010.